U0216165

吉林人民出版社

简体字本二十六史

金史

卷八七——卷一三五

（三）

［元］　脱　脱等　撰

张彦博　崔文辉　标点

金史卷八七
列传第二五

纥石烈志宁　仆散忠义
徒单合喜

纥石烈志宁本名撒曷辇,上京胡塔安人。自五代祖太尉韩赤以来,与国家世为甥舅。父撒八,海陵时赐名怀忠,为泰州路颜河世袭谋克,转猛安,尝为东平尹、开远军节度使。

志宁沉毅有大略,娶梁王宗弼女永安县主,宗弼于诸婿中,最爱之。皇统间,为护卫。海陵以为右宣徽使,出为汾阳军节度使,入为兵部尚书,改左宣徽使、都点检,迁枢密副使,开封尹。

契丹撒八反,枢密使仆散忽土、北京留守萧赜、西京留守萧怀忠皆以征讨无功,坐诛。于是,志宁为西北面副统,与都统白彦敬,以北京、临潢、泰州三路军讨之。志宁至北京,而海陵伐宋已渡淮。彦敬、志宁闻世宗有异志,乃阴结会宁尹完颜蒲速赉、利涉军节度使独吉义,将攻之。而世宗已即位,使石抹移迭、移剌曷补来招,彦敬、志宁杀其使者九人。世宗使完颜谋衍来伐,众不肯战,乃与彦敬俱降。世宗问曰:"正隆暴虐,人望既绝,朕以太祖之孙即大位。汝杀我使者,又不能为正隆死节,恐为人所图,然后来降。朕今杀汝等,将何辞?"彦敬未有以对,志宁前奏曰:"臣等受正隆厚恩,所以不降,罪当万死。"上曰:"汝辈初心亦可谓忠于所事,自今事朕,宜勉忠节。"

世宗使扎八招窝斡,扎八乃劝之,遂称帝。世宗使右副元帅完颜谋衍征之,志宁以临海节度使,都统右翼军。窝斡败于长泺,西走,志宁追及于雾凇河。贼已先渡,依岸为阵,毁桥岸以为阻。志宁与贼夹河,为疑兵,与万户夹谷清臣、徒单海罗于下流涉渡。已渡,前有支港岸斗绝,其中泥泞,乃束柳填藉,士卒毕济。行数里,得平地,将士方食,贼奄至。贼据南冈,三驰下志宁阵。阵坚,力战,流矢中左臂,战自若。贼据上风纵火,乘烟势驰击。志宁步军继至,转战十余合,火益炽,风烟突人不可当。会雨作,风烟乃熄,遂奋击,大破之,于是,元帅谋衍、右监军福寿不急击贼,久无功,右丞仆散忠义请自讨贼,而志宁击贼有功,上以忠义代谋衍,志宁代福寿,封定国公,使蒲察通至军中宣谕之。贼略懿州界,陷灵山、同昌、惠和三县,睥睨北京。会土河水涨,贼不得渡,乃西趋三韩县。志宁方追蹑之,元帅忠义与贼遇于花道,军颇失利,贼见志宁踵其后,不敢乘胜,遂西走。是时,大军马瘦弱,不堪追袭,诸将欲止军勿追。志宁获贼候人,知贼自选精锐,与老小辎重分道,期山后会集,可击其辎重。忠义以为然,遂过移马岭,进及袅岭西陷泉。贼见左翼据南冈为阵,不敢犯。右翼万户乌延查剌击贼少却,志宁与夹谷清臣等击之,贼众大败,涉水走。窝斡母徐辇举营由落括冈西去,志宁追及之,尽获其辎重,俘五万余人,杂畜不可胜计。伪度节使六,及其部族皆降。窝斡走奚中,至七渡河,志宁复败之。贼过浑岭,入于奚中。志宁获贼将稍合住,释弗杀,许以官赏,纵之归,约以捕窝斡自效。稍合住既去,见窝斡,秘不言见获事,乃反间奚人于窝斡曰:"陷泉失利,奚人有贰志,不可不察。"当是时,窝斡屡败,其下亦各有心,稍合住乃与贼帅神独斡执窝斡,诣右都监完颜思敬降。志宁与万户清臣、宗宁、速哥等,追捕余党至燕子城,尽得所畜善马,因至抹拔里达之地,悉获之。逆党既平,入朝为左副元帅,赐以玉带。

　　经略宋事,驻军睢阳,都元帅忠义居南京,节制诸军。宋将黄观察据蔡州,杨思据颍昌。志宁使完颜王祥复取蔡州,黄观察遁去。完颜襄攻颍州,拔之,获杨思。乃移牒宋枢密使张浚,使依皇统以来旧式,浚复书曰:"谨遣使者至麾下议之。"是时,宋得窝斡党人括里、扎八，用其谋攻灵璧、虹县，都统奚挞不也叛入于宋，遂陷宿州。括里等谋曰："北人恃骑射，战胜攻取。今夏月久雨，胶解，弓不可用。"故李世辅与之来攻宿州。归德尹术甲撒速、宿州防御使乌林答刺撒、万户温迪罕速可、裴满娄室，不守约束，不肯坚壁俟大军，辄出与战，由是军败，城陷。刺撒尝遣人入宋界贸易，交通李世辅，受其赂遗，久之，事觉，伏诛。谋克赛一坐故知不举，除名。挞不也母斡里懒，缘坐当死，上曰："挞不也背国弃母，杀之何益？朕闵其老"，遂原其死。诏撒速、刺撒、速可、娄室各杖有差，撒速、刺撒仍解职。世辅自以为得志，日与括里、扎八置酒高会。志宁以精兵万人，发自睢阳，趋宿州，中使来督军，志宁附奏曰："此役不烦圣虑，臣但恐世辅遁去耳。"世辅闻志宁军止万人，甚易之，曰："当令十人执一人也。"括里等问候人所见上将旗帜，知是志宁，谓世辅曰："此撒合辇监军也，军至万人，慎毋轻。"大定三年五月二十日，志宁将至宿州，乃令从军尽执旗帜，驻州西为疑兵，三猛安兵驻州南。志宁自以大军。驻州东南，扼其归路。世辅望见州西兵旌旗蔽野，果谓大军在州西，而谓东南兵少不足虑，先击之。以步骑数万，皆执盾，背城为阵，外以行马捍之。使别将将兵三千，出自东门，欲自阵后攻志宁军，万户蒲查击败之。右翼万户夹谷清臣为前行，撤毁行马，短兵接战，世辅军乱，诸将乘之，追杀至城下。是夕，世辅尽按败将，将斩之，其统制常吉惧而来奔，尽得城中虚实。明日，世辅悉兵出战，骑兵居前，志宁使夹谷清臣当之。世辅别将以五六千骑为一队，与清臣遇，清臣踵击之，宋将不能反斾。志宁麾诸军力战，世辅复大败，走者自相蹂藉，僵尸相枕，争城门而入，门填塞，人人自阻，遂缘城而上，我军自濠外射之，往往堕死于隍间，杀骑士万五千，步卒三万余人。世辅乘夜脱走。明日，夹谷清臣、张师忠追及世辅，斩首四千余，赴水死者不可胜计，获甲三万，他兵仗甚众。上以御服金线袍、玉吐鹘宾铁佩刀，使移剌道就军中赐之。凡有功将士，猛安、谋克并如陕西迁赏，蒲辇进官三阶、重彩三端、绢六匹，旗鼓笛手、吏人各赐钱十贯。诏志宁曰："卿虽年少，前征契丹战功居最，今复破大敌，朕甚嘉之。"

宋人议和不能决，都元帅仆散忠义移军泰和，志宁移军临涣，遂渡淮，徙单克宁取盱眙、濠、庐、和、滁等州。宋人惧，乃决意请和，使者六七往反，议遂定，宋世为侄国，约岁币二十万两、匹，魏杞奉誓书入见，复通好。志宁还军睢阳，上以御服、玉佩刀、通犀御带赐之。诏曰："灵璧、虹县、宿州兵士死者，朕实闵焉。宜归葬乡里，官为赍送，人赙钱三十贯。"凤翔尹孛术鲁定方以下猛安谋克，官为致祭。定方赙银五百两、重彩二十端，猛安三百贯，谋克二百贯，蒲里衍一百贯，权猛安二百贯，权谋克一百五十贯，权蒲里衍七十贯。

五年三月，忠义朝京师，志宁驻军南京。五月，志宁召至京师，拜平章政事，左副元帅如故。志宁复还军，赐玉束带，上曰："卿壮年能立功如此，朕甚嘉之。南服虽定，日月尚浅，须卿一往规画。"六年二月，志宁还京师，拜枢密使。七年十一月八日，皇太子生日，宴群臣于东宫，志宁奉觞上寿，上悦，顾谓太子曰："天下无事，吾父子今日相乐，皆此人力也。"使太子取御前玉大杓酌酒，上手饮志宁，即以玉杓及黄金五百两赐之。以第十四女下嫁志宁子诸神奴，八年十月，进币，宴百官于庆和殿。皇女以妇礼谒见，志宁夫妇坐而受之，欢饮终日，夜久乃罢。九年，拜右丞相。十一年，代宗叙北征。既还，遣使者迎劳，赐以弓矢、玉吐鹘。入见，上慰劳良久。是日，封广平郡王，复遣使就第慰劳之。皇太子生日，宴群臣于东宫，以玉带赐志宁，上曰："此梁王宗弼所服者，故以赐卿。"郊祀覃恩，从征护卫，皆有赐，进封金源郡王。

十二年，志宁有疾，中使看问，日三四辈，疾亟，赐金丹三十粒，诏曰："此丹未尝以赐人也。"使者至，志宁已不能言，但稽首而已。是岁，薨。上辍朝，临其丧，行哭而入，哀动左右。将葬，上致祭，见陈甲柩前，复恸哭之。赙银千五百两、重彩五十端、绢五百匹，葬事祠堂，皆从官给，谥武定。十五年，图像衍庆宫。

志宁妻永安县主妒甚，尝杀孕妾，及志宁薨后，诸神奴兄弟皆病亡，世宗甚惜之，遣使谕永安县主曰："丞相有大功三，先朝旧臣，惟秦、宋二王功大，余不及也。今养其孽子，当如亲子视之。"二十二年，上问宰臣："仆散忠义、纥石烈志宁孰愈？'尚书左丞襄奏曰："忠义兵权精致，此其所长也。"上曰："不然。志宁临敌，身先士卒，勇敢之气自太师梁王未有如此人者也。"明昌五年，配享世宗庙廷。

仆散忠义本名乌者，上京拔卢古河人，宣献皇后侄，元妃之兄也。高祖斡鲁补。鲁祖班睹。祖胡阑。父背鲁，国初世袭谋克，婆速路统军使，致仕。

忠义魁伟，长髯，喜谈兵，有大略。年十六，领本谋克兵，从宗辅定陕西，行间射中宋大将，宋兵遂溃，由是知名。帅府录其功，承制署为谋克。宗弼再取河南，表荐忠义为猛安。攻冀州先登，攻大名府以本部兵力战，破其军十余万，赏以奴婢、马牛、金银、重彩。从宗弼渡淮攻寿、庐等州，宗弼称之曰："此子勇略过人，将帅之器也。"赏马五匹、牛一百五十头、羊五百口，领亲军万户，超宁远大将军，承其父世袭谋克。

皇统四年，除博州防御使，公余学女直字，及古算法，阅月，尽能通之。在郡不事田猎、燕游，以职业为务，郡中翕然称治。忽一夕阴晦，囚徒谋为反狱，仓猝间，将校皆惶骇失措，忠义从容，但使守更吏挝鼓鸣角，囚徒以为天且晓，不敢出，自就桎梏。及考，郡民诣阙愿留，诏从之。八年，改同知真定尹，兼河北西路兵马都总管，迁西北路招讨使，入为兵部尚书。

仆散忽土尝与海陵篡立，恃势陵傲同列，忠义因会饮众辱之，海陵不悦，出为震武军节度使。火山贼李铁枪乘暑来攻，忠义单衣从一骑迎击之，射杀数人，贼乃退。改临洮尹，兼熙秦路兵马都总管。海陵召至京师谓之曰："洮河地接吐蕃、木波，异时剽害良民，州县不能制。汝宿将，故以命汝。"赐绦服、玉具、佩刀。阅再考，徙平阳尹，再徙济南尹。以本官为汉南路行营副统制，伐宋，克通化军。

世宗立，海陵死扬州，罢兵入朝京师，拜尚书右丞。移剌窝斡僭号，兵久不决。右副元帅完颜谋衍既败之于雾霰河，乃拥众，贪卤掠，不追讨，而纵其子斜哥暴横军中，士卒不用命。贼得水草善地，官军蹑其遗余，水草乏，马益弱，贼轶出山西，久无功。忠义请曰：
"契丹小寇，不时殄灭，致烦圣虑。臣闻主忧臣辱，愿效死力除之。"
世宗大悦。即召还谋衍，勒归斜哥本贯。拜忠义平章政事，兼右副
元帅，封荣国公，赐以御府貂裘、宾铁吐鹘弓矢大刀、具装对马及安
山铁甲、金牌，诏曰："军中将士有犯，连职之外并以军法从事，有功
者依格迁赏。"诏诸将士曰："兵久驻边陲，蠹费财用，百姓不得休
息。今以右丞忠义为平章政事、右副元帅，宜同心戮力，无或弛慢。"

　　忠义至军，贼陷灵山、同昌、惠和等县，阵而西行。忠义追之，及
于花道，宗亨为左翼，宗叙为右翼，与贼夹河而阵。贼渡河，先攻左
翼，偏败，右翼救之，贼引去。窝斡乃以精锐自随，以羸兵护其母妻
辎重由别道西走，期于山后会集。追复及于袅岭西陷泉。与贼遇，
时昏雾四塞，跬步莫睹物色，忠义祷曰："狂寇肆暴，杀戮无辜，天不
助恶，当为开雾。"奠已，昏雾廓然。及战，忠义左据南冈，为偃月阵，
右迤而北，大败之，获其弟袅，俘生口三十万，获杂畜十余万，车帐
金珍以巨万计，悉分诸军。贼走趋袅地，遣将追蹑，至七渡河，又败
之。既逾浑岭，复进军袭之，望风奔溃，遁入奚中，降者相属于路。诏
忠义曰："卿材能素著，果能大破贼众，朕甚嘉之。今遣劳卿，如朕亲
往。赐卿御衣、及骨睹犀具佩刀、通犀带等。就以俘获，均散军士。"
窝斡既败，遂入于奚中。高忠建败奚于栲栳山，移剌道取抹白诸奚
之家，抹白奚乃降，窝斡势益弱。纥石烈志宁获贼将稍合住，纵之使
归，约以捕窝斡自赎，仍许以官赏。稍合住与其党，执窝斡诣完颜思
敬降。契丹平。忠义朝京师，拜尚书右丞相，改封沂国公，以玉带赐
之。

　　自海陵遇弑，大军北还，而窝斡鸱张，命将徂征。及窝斡败，其
党括里、扎八奔入于宋，宋人用其谋，侵掠边鄙，攻取泗、寿、唐、海
州。于是，宋主传位于宗室子昚，是为宋孝宗，虽尝遣使来，而欲用
敌国礼。世宗以纥石烈志宁经略宋事，制诏忠义以丞相总戎事，居
南京节制诸将，时大定二年也。

　　忠义将行，陛辞，上谕之曰："彼若归侵疆，贡礼如故，则可罢

兵。"既至南京，简阅士卒，分屯要害，戒诸将严守备。使左副元帅志宁移牒宋枢密使张浚，其略曰："可还所侵本朝内地，各守自来画定疆界，凡事一依皇统以来旧约，帅府亦当解严。如必欲抗衡，请会兵相见。"宋宣抚使张浚复书志宁曰："疆场之一彼一此，兵家之或胜或负，何常之有，当置勿道。谨遣官僚，敬造麾下议之。"是时，已复泗、寿、邓州，请隳其城，迁其民于宿、亳、蔡州，上曰："三州本吾土也，得之则已。"忠义使将士择善水草休息，且牧马，俟来岁取淮南。初，世宗诏诸将由泗、寿、唐邓三道进发，宋人闻之，即自方城、叶县以来田野皆烧夷之，使无所刍牧。忠义命唐、邓道军刍牧许、汝间。

三年，忠义入奏事，遂以丞相兼都元帅。无何，还军中。忠义与宋相持日久，虑夏久雨，弓力易减，宋或乘时见攻，豫选劲弓万张于别库。及自汴赴阙议事，次浚州，宋将李世辅果掩取灵璧、虹县，遂陷宿州。忠义使人还汴，发所贮劲弓给志宁军，与宋人战，遂大捷，竟复宿州。忠义还，以书责宋。宋同知枢密院事洪遵、计议官卢仲贤，遣使二辈持与志宁书及手状，归海、泗、唐、邓州所侵地，约为叔侄国。报书期十一月使入境，宋又使人来言，礼物未备，请俟十二月行成。忠义以其事驰奏，请定书式，且言宋书如式，则许其入界，如其不然，势须遣还本国，复禀其主，若是往复，动经七八十日，恐误军马进取。世宗以诏谕之曰："若宋人归疆，岁币如昔，可免奉表称臣，许世为侄国。"忠义乃贻书宋人，前后凡七，宋人他托未从。忠义移大军压淮境，遣志宁率偏师渡淮，取盱眙、濠、庐、和、滁等州，宋人惧。而世宗意天下厌苦兵革，思与百姓休息，诏忠义度宜以行。

四年正月，忠义使右监军宗叙入奏，将近暑月，乞俟秋凉进发。诏从之。宋使胡昉以右仆射汤思退书来，宋称侄国，不肯加世字。忠义执昉留军中。答其书，使使以闻。诏曰："行人何罪，遣胡昉还国。边事从宜措画。"八月，诏忠义曰："前请俟秋凉进发，今已八月，复俟何时？"先是，忠义乞增金、银牌，上曰："太师梁王兼数职，未尝增也。"至是增都元帅金牌一、银牌二十，左右副元帅金牌各一、银牌各十，左右监军金牌各一、银牌各六，左右都监金牌各一、银牌各四,三路都府银牌各二。乃定南界官员、百姓归附迁赏格。

元帅府获宋谍人符忠。忠前尝至中都,大兴府官诘问,忠执文据,及与泗州防御判官张德亨知识,由是获免,厚谢德亨,德亨受之。忠具款服,乃奏其事于朝,于是,大兴少尹王全解职,德亨除名。和议始于张浚,中更洪遵、汤思退,及徒单克宁败宋魏胜于十八里庄,取楚州,世宗下诏进师,于是宋知枢密院周葵、同知枢密院事王之望书一一如约,和议始定。宋遣试礼部尚书魏杞,崇信军、承宣使康湑,充通问国信使,取到宋主国书式,并国书副本,宋世为侄国,约岁币为二十万两、匹,国书仍书名再拜,不称“大”字。大定五年正月,魏杞、康湑入见,其书曰:“侄宋皇帝睿,谨再拜致书于叔大金圣明仁孝皇帝阙下。”魏杞还,复书“叔大金皇帝”不名,不书“谨再拜”,但曰:“致书于侄宋皇帝”,不用尊号,不称阙下。和好已定,罢兵,诏天下。以左副都点检完颜仲为报问国信使,太子詹事杨伯雄副之。

忠义奏官军一十七万三千三百余人,留马步军一十一万六千二百屯戍。上曰:“今已许宋讲好,而屯戍尚多,可除旧军外,选马一万二千,阿里喜称是,步军虞候司军共选一万五千,及签军一万,与旧军通留六万。富强丁多者摘留,贫难者阿里喜官给,富者就用其奴。其存留马步军于河北东西、大名府、速频、胡里改、会宁、咸平府、济州、东京、曷速馆等路军内,约量拣取。其西南、西北招讨司、临潢府、泰州、北京、婆速、曷懒、山东东西路,并行放还。”诏近侍局使裴满子宁佩金牌,护卫丑底、符宝祗候驼满回海佩银牌,谕诸路将帅,以宋国进到岁币银绢二十万两、匹,尽数给与见存留及放散军充赏。曾过界者,人给绢二匹、银二两,不曾过界者银二两、绢一匹。阿里喜绢一匹。谋克倍军人,猛安倍谋克。押军猛安谋克年老有劳绩者,量与除授。又诏曰:“其令一路全罢者,先发遣之。”赐忠义玉束带。三月,诏曰:“如大军已放还,丞相忠义宜先还,左副元帅志宁、右监军宗叙留驻南京,余官非急用者并勒还任。”

忠义朝京师,上劳之曰:“宋国请和,偃兵息民,皆卿力也。”拜左丞相，兼都元帅。大定初，事多权制，诏有司删定，上谓宰臣曰：
"凡已奏之事，朕尝再阅，卿等毋怀惧。朕于大臣，岂有不相信者？但
军国事，不敢轻易，恐或有误也。"忠义对曰："臣等岂敢窃意陛下，
但智力不及耳。陛下留神万几，天下之福也。"

　　大定六年正月，忠义有疾，上遣太医诊视，赐以御用药物，中使
抚问，相继于道。二月，薨。上亲临哭之恸，辍朝奠祭，赙银千五百
两、重彩五十端、绢五百匹。世宗将幸西京，复临奠焉。命参知政事
唐括安礼护丧事，凡葬祭从优厚，官为给之。大宗正丞竟充敕祭使，
中都转运副使王震充敕葬使，百官送葬，具一品仪物，建大将旗鼓，
送至坟域，谥武庄。

　　忠义动由礼义，谦以接下，敬儒士，与人极和易，侃侃如也。善
御将士，能得其死力。及为宰辅，知无不言。自汉、唐以来，外家多
缘恩戚以致富贵，又多不克其终，未有兼任将相，功名始终如忠义
者。十一年，诏曰："故左丞相忠义族人，及昭德皇后亲族，人材可用
者，左副点检乌古论元忠体察以闻。"二十一年，上思忠义功，勒铭
墓碑。泰和元年，图像衍庆宫，配享世宗庙廷。子揆，别有传。

　　徒单合喜，上京速苏海水人也。父蒲涅，世袭猛安。合喜魁伟，
膂力过人，一经闻见，终身不忘。天辅间，从金源郡王娄室为扎也，
甚爱之。天会六年，以功为谋克，寻领娄室亲管猛安。元帅府闻其
才，命权左翼军事。皇统二年，为陇州防御使。以兵十五人败宋兵
二百于高陵，以兵五百人败宋兵二千于秦州，以兵八百人败宋兵三
千五百于凤翔。以二谋克拒饶风关，宋兵二千来夺其关口，奋击败
之，诸军乃得过险。迁平凉尹，再徙临洮、延安尹。是时，关、陕以西，
初去兵革，百姓多失业，合喜守之以静，民多还归者。天德二年，为
元帅左都监，陕西统军使。贞元二年，以本官兼河中尹。正隆六年，
为西蜀道兵马都统。

　　世宗即位，以手诏赐合喜曰："岐国失道，杀其母后，横虐兄弟，
流毒兆庶。朕惟太祖创业之艰难，勉膺大位。卿之子弟皆自军中来

归,卿国家旧臣,岂不知天道人事? 卿军不多,未宜深入,当领军屯境上。陕右重地,非卿无能措画者。俟兵革既定,即当召卿,宜自勉之。"大定二年,复为陕西路统军使。未几,改元帅右都监。表陈伐宋方略,诏许以便宜从事。转左都监。破宋兵于华州。

是时,宋吴璘侵古镇,分据散关、和尚原、神叉口、玉女潭、大虫岭、石壁寨、宝鸡县,兵十余万,陷河州、镇戎军。合喜乞济师,诏以河南兵万人益之。合喜遣丹州刺史赤盏胡速鲁改以兵四千守德顺,吴璘以二十万人围之。统军都监石抹迭勒将兵万人,破宋兵于河州,还过德顺,驻兵平凉,求益兵于合喜,以解德顺之围。合喜遣万户完颜习尼列、大良顺,宁州刺史颜盏门都各将本部兵,合二万人,以顺义军节度使乌延蒲离黑统押之,与迭勒会。吴璘闻之,使偏将将兵五千人来迎,前锋特里失乌也、奚王和尚击败之,追至德顺城南小溪边,璘自将大军蔽冈阜而出,乌也等驰击之,迭勒、蒲离黑继至,并力战,日已暮,两军不相辨,乃解。已而,璘报云:"宋主遣使至,两国讲和,请各罢兵。"璘遂遁去。蒲离黑亦引军还。自宋兵围城,至是凡四十余日乃解。

初,德顺在围中,押军猛安温敦蒲里海身先士卒,力战未尝少挫,及救兵至,围解,蒲里海之功为多。顷之,吴璘复来犯陕西州郡,兵十余万。诏以兵七千益合喜兵,号二万人,庆阳尹乌延蒲辖奴、延安尹高景山分领之。彰化军节度使璋、通远军节度使乌延吾里补、宁州刺史移剌高山奴、京兆少尹宗室泥河、恩州刺史完颜谋良虎,皆备军前任使。宋人驱率商、虢及华山、南山之民五万人,来围华州。押军万户裴满挼剌欲坚壁守之,猛安移剌沙里剌曰:"宋兵虽多,半是居民,不习战,不如击之。于是挼剌以骑兵千人败宋前锋,追至其大军,亦败之,斩首五千余级。已而,璋败宋姚良辅军于原州,宋成军自宝鸡以西,至于大虫岭,皆自散关遁去。

顷之,吴璘闻赤盏胡速鲁改、乌延蒲里黑军已去德顺,率兵号二十万,复据德顺,陷巩州、临洮府。临洮少尹纥石烈骚洽死之,诏赠官一阶,赐钱五百贯。合喜以璋权都统,习尼列权副统,将兵二万攻之。连战，宋兵虽败，璘恃其众，不肯去，分其兵之半，守秦州。合喜乃自行，驻水洛城，东自六盘山，西抵石山头，分兵守之。当德顺、秦州之两间，断其饷道，璘乃引去。

都统璋、副统习尼列邀击宋经略使荆皋，自上八节至甘谷城，杀数千人。习尼列擒宋将朱永以下将校十二人。宋张安抚守德顺，亦弃城遁，速鲁改邀击之，所杀过半，擒将校十余人，遂复德顺州。宋之守秦州者，亦自退。高景山定商、虢，宗室泥河取环州。于是，临洮、巩、秦、河、陇、兰、会、原、洮、积石、镇戎、德顺、商、虢、环、华等州府一十六，尽复之，陕西平。诏书奖谕，赐以玉带。诏陕西将士，猛安，阶昭毅以下迁两资，昭武以上者迁一资，谋克，阶六品以下迁两资，五品以上迁一资。押军猛安，阶昭武以上者迁一资，昭毅以下、武义以上迁两资，昭信以下，女直人迁宣武，余人迁奉信，无官者，女直人授敦信，余人授忠武。押军谋克，武功以下、忠显以上迁两资，忠勇以下，女直人迁昭信，余人迁忠显，无官者，女直人授忠显，余人授忠诩。正军，有官者迁一资，无官者授两资。猛安赏银五十两、重彩五端、绢十匹，权、正同之。正军人给钱三十贯，阿里喜十贯。战没军官、军士、长行，赠官赐钱有差。

五年，置陕西路统军使，兼京兆尹。元帅府移治河中府。统军使璋朝辞，上曰：“合喜年老，以陕西军事委卿，凡镇防利害，可访问合喜也。”七年，入为枢密副使，改东京留守，赐以衣带、佩刀，诏曰：“卿年老，以此职优佚，宜勉之。”九年，入为平章政事，秦睿宗收复陕西功数事，上嘉纳之，藏之秘府。封定国公。

十一年，薨。上方击球，闻讣遂罢。有司致祭，备礼以葬。赙银一千二百五十两及重彩币帛。二十一年，上念其功，迁其孙三合武功将军，授世袭本猛安曷懒若窟申谋克。泰和元年，配享世宗庙廷。

赞曰：大定之初，兵连于江、淮，难作于契丹，谋衍挟功，窝斡横噬，有弗戢之畏焉。世宗独断，召还谋衍，仆散忠义受任责成矣。故曰：“兵主于将，将贤则士勇”，其此之谓邪。纥石烈志宁有言，“受诏征伐，则不敢辞，为宰相则诚不能。"如知为相之难，固所谓贤也。
秦、陇之兵，殆哉岌岌乎。徒单合喜料敌应变若此之审，亦难矣哉。

金史卷八八
列传第二六

纥石烈良弼　完颜守道
石琚　唐括安礼　移剌道

纥石烈良弼，本名娄室，回怕川人也。曾祖忽懒。祖忒不鲁。父太宇，世袭蒲辇，徙宣宁。天会中，选诸路女直字学生送京师，良弼与纳合椿年皆童卯，俱在选中。是时，希尹为丞相，以事如外郡，良弼遇之途中，望见之，叹曰："吾辈学丞相文字，千里来京师，固当一见。"乃入传舍求见，拜于堂下。希尹问曰："此何儿也?"良弼自赞曰："有司所荐学丞相文字者也。"希尹大喜，问所学，良弼应对无惧色。希尹曰："此子他日必为国之令器。"留之数日。年十四，为北京教授，学徒常二百人，时人为之语曰："前有谷神，后有娄室。"其从学者，后皆成名。年十七，补尚书省令史。簿书过目，辄得其隐奥。虽大文牒，口占立成，词理皆到。时学希尹之业者称为第一。除吏部主事。

天德初，累官吏部郎中，改右司郎中，借秘书少监为宋主岁元使。是时，纳合椿年为参知政事，荐良弼才出己右，用是为刑部尚书，赐今名。丁父忧，以本官起复。海陵尝曰："左丞查张浩练达事务，而颇不实。刑部尚书娄室言行端正，无所阿谄。"因谓椿年曰："卿可谓举能矣。常人多嫉胜己者，卿举胜于己者，贤于人远矣。"改侍卫亲军马步军都指挥使。良弼音吐清亮，海陵诏谕臣下，必令良弼传旨，闻者莫不耸动，以故常被召问。不逾年，拜参知政事，进尚书右丞,赐佩刀入宫,转左丞。海陵伐宋,良弼谏不听,以为右领军大都督。海陵在淮南,诏良弼与监军徒单贞抚定上京、辽右。既而,诸军往往道亡北归,而世宗即位于辽阳,良弼乃还汴京。

海陵死,世宗就以良弼为南京留守兼开封尹,再兼河南都统,召拜尚书右丞。世宗谓良弼曰:"卿尝谏正隆伐宋,不用卿言,以至废殒。当时怀禄偷安之人,朕皆黜之矣。今复用卿,凡于国家之事,当尽言,无复顾忌也。良弼顿首谢。窝斡败于陷泉,入奚中,诏良弼佩金牌及银牌四,往北京招抚奚、契丹。还,拜尚书左丞。上言,"祖宗以来未录功赏者,臣考按得凡三十二人,宜差第封赏"。诏曰:"已有五品以上官者,闻奏。六品以下及无官者,尚书省约量迁除。"自是功劳毕赏矣。进拜平章政事,封宗国公。

初,山东两路猛安谋克与百姓杂居,诏良弼度宜易置,使与百姓异聚,与民田互相犬牙者,皆以官田对易之,自是无复争诉。六年十一月,皇太子生日,上置酒于东宫,良弼、志宁同赐酒。上曰:"边境无事,中外晏然,将相之力也。"良弼奏曰:"臣等不才,备位宰相,敢不竭犬马之力。"上悦。进拜右丞,监修国史。世宗谓良弼曰:"海陵时,记注皆不完。人君善恶,为万世劝戒,记注遗逸,后世何观?其令史官旁求书之。"又曰:"五从以上宗室在省只候者,才有可用,具名闻奏。其猥冗不足莅官者,亦闻奏罢去。"左丞完颜守道奏:"近都两猛安,父子兄弟往往析居,其所得之地不能赡,日益困乏。"上以问宰臣,良弼对曰:"必欲父兄聚居,宜以所分之地与土民相换易,虽暂扰,然经久甚便。"右丞石琚曰:"百姓各安其业,不若依旧便。"上竟从良弼议。《太宗实录》成,赐良弼金带、重彩二十端,同修国史张景仁、曹望之、刘仲渊以下赐有差。

世宗与侍臣论古今为臣孰贤不肖,因谓宰相曰:"皇统、正隆杀臣僚,往往死非其罪。朕委卿等以大政,毋违道以自陷,毋曲从以误朕。惟忠惟孝,匡救辅益,期致太平。"良弼对曰:"臣等过蒙嘉惠,虽谫薄,敢不尽心。圣谕谆谆,臣等不胜万幸。"良弼请于榷场市马,毋拘牝牡。今官马甚少,一旦边境有警,乃调于民,不亦晚乎。上从之。

八年，选侍卫亲军，世宗闻其中多不能弓矢，诏使习射。顷之，问良弼及平章政事思敬曰：“女直人习射尚未行耶？”良弼对曰：“已行之矣。”同知清州防御事常德晖上书言：“吏部格法，止叙年劳，虽有材能，拘滞下位。刺史、县令，多不得人。乞密加访察，然后廉问。今酒税使尚选能吏，县令可不择人才，乞以能吏当任酒税使者，任亲民之职。”上是其言，谓宰相曰：“朕思庶职多不得人，中夜而寤，或达旦不能寐。卿等注意选择，朕亦密加体察。”良弼对曰：“女直、契丹人，须是曾习汉人文字，然后可。方今大率多为党与，或称誉于此，或见毁于彼，所以难也。”上曰：“朕所以密令体察也。”上谓良弼曰：“猛安谋克牛头税粟，本以备凶年，凡水旱乏粮处就赈给之。”进拜左丞相，监修国史如故。

良弼为相既久，练达朝政，上所询访尽诚开奏，垂绅正笏不动声气，议政多长称上意。以母忧去，起复旧职。是时，夏国王李仁孝乞分国之半，以封其臣任得敬。上以问群臣，群臣多言此外国事，从之可也。上曰：“此非是仁孝本心，不可从。”良弼议与上意合。既而，夏国果诛任得敬，上表来谢。参知政事宗叙请置沿边壕堑，良弼曰：“敌国果来伐，此岂可御哉？”上曰：“卿言是也。”高丽国王王晛表让国于其弟晧，上疑之，以问宰相良弼。良弼策以为让国非王晛本心。其后赵位宠求以四十州来附，其表果言王晧弑其兄晛，如良弼策，语在《高丽传》中。

世宗罢采访官，谓宰臣曰：“官吏之善恶，何由知之？”良弼对曰：“臣等当为陛下访察之。”以进《睿宗实录》，赐通犀带、重彩二十端。是年，有事南郊，良弼为大礼使。自收国以来，未尝讲行是礼，历代典故又多不同，良弼讨论损益，各合其宜，人服其能。上与良弼、守道论猛安谋克官多年幼，不习教训，无长幼之礼。曩时，乡里老者辄教导之。今乡里中耆老有能教导者，或谓事不在己而不问，或非其职而人不从。可依汉制置乡老，选廉洁正直可为师范者，使教导之。良弼奏曰：“圣虑及此，亿兆之福也。”他日，上问曰：“朕观前史，有在下位而存心国家，直言为民者。今无其人，何也？”良弼曰:"今岂无其人哉。盖以直道而行,反被谤毁,祸及其身,是以不为也。"

大定十四年,岁在甲午,大兴尹璋为贺宋正旦使,宋人就馆夺其国书,诏梁肃详问。众议纷纷,谓凡午年必用兵,上以问良弼,对曰:"太祖皇帝以甲午年伐辽,太宗皇帝以丙午年克宋,今兹宋人夺我国书,而适在午年,故有此语,未必然也。"既而,梁肃至宋,宋主起立授受国书,如旧仪。梁肃既还,宋主遣工部尚书张子颜、知阁门事刘嚞来祈请,其书曰:"言念眇躬,夤承大统。荷上国照临之惠,寻盟遂阅于十年。修两朝聘问之勤,继好靡忘于一日。惟是函书之受,当新宾接之仪。尝空臆以屡陈,饬行人而再请。仰祈眷顾,俯赐矜从。"上与大臣议,良弼奏曰:"宋国免称臣为侄,免奉表为书,恩赐亦已多矣。今又乞免亲接国书,是无厌也,必不可从。"平章政事完颜守道、参知政事移剌道与良弼议合。左丞石琚、右丞唐括安礼以为不从所请,必至于用兵。上谓琚等曰:"卿等所言,非也。所请有大于此者,更欲从之乎。"遂从良弼议,答其书,略曰:"弗循定分之常,复有授书之请。谓承大统,愈见自尊。奈何以若所为,尚求其欲。矧曰已行之礼,靡得而更。"其授受礼仪,终不复改。

上问宰臣:"尝求内外官举贤能,未闻有举者,何也?"参政魏子平请,当举者每任须举一人,视其当不,以为赏罚。上曰:"宋制荐举,其人犯私罪者,举主虽至宰执,亦坐降罚。人心有恒者鲜,财利怵于前,或丧其所守。宰臣任大责重,岂坐是以为升黜邪?"良弼曰:"前诏朝官六品以上,外官五品以上,各举所知,盍申明前诏?"从之。上曰:"朕欲周知官吏善恶,若寻常遣官采访,恐用非其人。然则,官吏善恶何以知之?"良弼曰:"臣等当为陛下访察。"上曰:"然,但勿使名实混淆耳。"上欲徙窝斡逆党,分散置之辽东。良弼奏:"此辈已经赦宥,徙之生怨望。"上曰:"此目前利害,朕为子孙后世虑耳。"良弼曰:"非臣等所及也。"于是,以尝预乱者,徙居乌古里石垒部。上问宰臣曰:"尧有九年之水,汤有七年之旱,而民不病饥。今一二岁不登,而人民乏食,何也?"良弼对曰:"古者地广人淳,崇尚节俭，而又惟农是务，故畜积多，而无饥馑之患也。今地狭民众，又多弃本逐末，耕之者少，食之者众，故一遇凶岁而民已病矣。”上深然之，于是命有司惩戒荒纵不务生业者。

十七年，以疾辞相位，不许。告满百日，诏赐告，遣太医诊视，屡使中使问疾。良弼在告既久，省多滞事，上以问宰相、参政，张汝弼对曰：“无之。”上曰：“岂曰无之，自今疑事久不能决者，当具以闻。”

十八年，表乞致仕归田里，上遣使慰谕之曰：“卿比以疾在告，朕甚忧之。今闻卿将往西京养疾，彼中风土，非老疾所宜。京师中倦于人事，若就近都佳郡居处，待疾少间，速令朕知之。”良弼奏曰：“臣遭遇圣明，滥膺大任，夙夜忧惧，以至成疾。比蒙圣恩，数遣使存问，赐以医药，臣之苟活至今，皆陛下之赐也。臣岂敢望到乡里，便可愈疾。臣去乡岁久，亲识多已亡没，惟老臣独在，乡土之恋，诚不能忘。臣窃惟自来人臣受知人主，无逾臣者，臣虽粉骨碎身无以图报。若使一还乡社，得见亲旧，则死无恨矣。”上问宰相曰：“丞相良弼必欲归乡里，朕以世袭猛安封其子符宝曷答，俾之侍行，何如？”右丞相完颜守道曰：“不若以猛安授良弼，使其子摄事。”上从之。于是授胡论宋葛猛安，给丞相俸廪，良弼乃致仕归。上谓宰相曰：“卿等非不尽心，但才力不及良弼，所以惜其去也。”其后，尚书省奏差除，上曰：“丞相良弼拟注差除，未尝苟与不当得者，而荐举往往得人。粘割斡特剌、移剌愠、裴满余庆，皆其所举。至于私门请托，绝然无之。”尝问良弼，“每旦暮日色皆赤何也”？良弼曰：“旦而色赤应在东，高丽当之。暮而色赤应在西，夏国当之。愿陛下修德以应天，则灾变自弭矣。”既而，夏国有任德敬之乱，高丽有赵位宠之难，其言皆验云。是岁，薨。年六十。上悼惜之，遣太府监移剌愠、同知西京留守王佐为敕葬祭奠使，赙白金、彩币加等，丧葬皆从官给。追封金源郡王，命翰林待制移剌履勒铭墓碑，谥诚敏。

良弼性聪敏忠正，善断决，言论器识出人意表。虽起寒素，致位宰相，朝夕惕惕尽心于国，谋虑深远，荐举人材，常若不及。居家清俭，亲旧贫乏者周给之，与人交久而愈敬。居位几二十年，以成太平之功，号贤相焉。明昌五年，配飨世宗庙廷。

守道，本名习宜列，以祖谷神功，擢应奉翰林文字。皇统九年，同知卢龙军节度使事，历献、祁、滨、蓟四州刺史。世宗幸中都，过蓟，父老遮道请留再任。平章政事移剌元宜举以自代，于是迁昭毅大将军，授左谏议大夫。

内族晏以恩旧拜左丞相，守道谏曰：“陛下初即位，天下略定，边警未息，方大有为之时，恐晏非其材。必欲亲爱，莫若厚与之禄，俾勿事事。”乃授以太尉，致仕。世宗录扈从将士之劳，欲行赏赉，而帑藏空竭，议贷民财以与之。守道曰：“人罹虐政，方喜更生，今仁恩未及，而征敛遽出，如群望何，宁出宫中所有，无取于民。”遂从其言。契丹叛，辽东猛安谋克在其境者，或附从之，朝议欲徙之内地，守道极陈其不可。右副元帅谋衍将兵讨贼，不即击，守道力言于朝，诏遣仆散忠义、纥石烈志宁往代之，东方以平。

大定二年，宫中十六位火，方事完葺，时已入夏，颇妨民力，守道谏而罢。未几，改太子詹事，兼右谏议大夫，驰驿规画山东两路军粮，及赈民饥。守道籍大姓户口，限以岁储，使尽输其赢入官，复给其直，以是军民皆足。拜参知政事、兼太子少保，守道恳辞，世宗谕之曰：“乃祖勋在王室，朕亦悉卿忠谨，以是擢用，无为多让。”时契丹余党未附者尚众，北京、临潢、泰州民不安，诏守道佩金符往安抚之，给群牧马千匹，以备军用。守道招致契丹骨迭聂合等内附，民以宁息。还进尚书左丞，兼太子少师。尝从猎近郊，有虎伤猎夫，帝欲亲射之，守道叩马极谏而止。俄拜平章政事。十四年，宋人遣使因陈请手接书事，左丞石琚等议从其请，帝意未决，守道等以为不可许，帝卒从之，详在《纥石烈良弼传》中。既而，迁右丞相，监修国史，复迁左丞相，授世袭谋克。

二十年，修《熙宗实录》成，帝因谓曰：“卿祖谷神，行事有未当者，尚不为隐，见卿直笔也。”寻请避贤路，帝不许。进拜太尉、尚书令，改授尚书左丞相，谕之曰：“丞相之位不可虚旷，须用老成人，故复以卿处之,卿宜悉此。"未几,复乞致仕,帝曰:"以卿先朝勋臣之后,特委以三公重任,自秉政以来,效竭忠勤,朕甚嘉之。今引年求退,甚得宰相体,然未得代卿者,以是难从,汝勉之哉。"二十五年,坐擅支东宫诸皇孙食廪,夺官一阶。寻改兼太子太师,特录其子珪袭谋克,充符宝祗候。章宗为原王,诏习骑鞠,守道谏曰:"哀制中未可。"帝曰:"此习武备耳,自为之则不可,从朕之命,庸何伤乎?然亦不可数也。"二十六年,恳求致仕,优诏许之,特赐宴于庆春殿,帝手饮以卮酒,锡与甚厚,以其子珪侍行,又赐次子璋进士第。明昌四年卒,年七十四。上闻之震悼,遣其弟点检司判官蒲带致祭,赗银千两、重彩五十端、绢五百匹。太常议谥曰简宪,上改曰简靖,盖重其能全终始云。

石琚,字子美,定州人。沉厚好学。父皋,补郡吏,廉洁自将,称为长者。从鲁王阇母攻青州,州人坚守不降。阇母怒之,及城破,命皋计州民之数,将使诸军分掠有之,皋缓其事。阇母让之,皋曰:"大王将为朝廷抚定郡县,当使百姓按堵,无或侵苦之。若取城邑而残其民,则未下者必死守以拒我。皋之稽缓,安敢逃罪。"阇母感悟,乃下令曰:"敢有犯州人者,以军法论。"指其坐谓皋曰:"汝之子孙必有居此坐者。"皋随守定州,唐县人王八谋为乱,书其县人姓名于籍,无虑数千人,其党持其籍诣州发之,皋主鞫治。是时冬月,皋抱籍上厅事,佯为顿仆,覆其籍火炉中,尽焚之,不可复得其姓名,止坐为首者,余皆得释。

琚生七岁,读书过目即成诵,既长博通经史,工词章。天眷二年,中进士第一,再调弘政、邢台县令。邢守贪暴属县,掊取民财,以奉所欲,琚独一物无所与。既而守以赃败,他令佐皆坐累,琚以廉办,改秀容令。复擢行台礼部主事,召为左司都事,累迁吏部郎中。贞元三年,以父丧去官,寻起复为本部侍郎。世宗旧闻其名,大定二年,擢左谏议大夫,侍郎如故。奉命详定制度,琚上疏六事,大概言正纪纲,明赏罚,近忠直,远邪佞,省不急之务,罢无名之役。上嘉纳之。迁吏部尚书。琚自员外郎至尚书，未尝去吏部，且十年。典选久，凡宋、齐换授官格，南北通注铨法，能偻指而次第之，当时号为详明。顷之，拜参知政事，琚辞让再三，上曰："卿之材望无不可者，何以辞为。"右丞苏保衡监护十六位工役，诏共典其事，给银牌二十四，许从宜规画。上谓琚曰："此役不欲烦民，丁匠皆给雇直，毋使贪吏贪缘为奸利，以兴民怨。卿等勉力，称朕意焉。"徒单合喜定陕西，琚请曲赦秦、陇，以安百姓，上从之。丁母忧，寻起复，进拜尚书右丞。天长观灾，诏有司营缮，有司辟民居以广大之，费钱三十万贯。蔚州采地萆，役数百千人。琚奏之，上曰："自今凡称御前者，皆禀奏。"琚与孟浩对曰："圣训及此，百姓之福也。"是时，议禁网捕狐、兔等野物，累计其获，或至徒罪，琚奏曰："捕禽兽而罪至徒，恐非陛下意，杖而释之可也。"上曰："然。"久之，进拜左丞，兼太子少师。上问宰相："古有居下位能忧国为民直言无忌者，今何以无之。"琚对曰："是岂无之，但未得上达耳。"上曰："宜尽心采擢之。"

世宗将行郊祀，议配享，琚曰："配者，侑神作主也。自外至者无主不止，故推祖考以配天，同尊之也。《孝经》曰：'郊祀后稷以配天。'汉、魏、晋皆以一帝配之。唐高宗始以高祖、太宗崇配。垂拱初，以高祖、太宗、高宗并配。玄宗开元十一年，罢同配之礼，以高祖配。宋太宗时，以宣祖、太祖配。真宗时以太祖、太宗配。仁宗时，有司请以三帝并侑，遂以太祖、太宗、真宗并配。其后礼院议对越天地、神无二主，当以太祖配。此唐、宋变古以三帝配天，终竟依古以一祖配也。将来亲郊合依古礼，以一祖配之。"上曰："唐、宋不足为法，止当奉太祖皇帝配之。"琚尝请命太子习政事，或潛之曰："琚希恩东宫。"世宗察其无他，以此言告之，琚对曰："臣本孤生，蒙陛下拔擢，备位执政，兼师保之任。臣愚以为太子天下之本，当使知民事，遂言及之。"因乞解少师。十年二月，祭社，有司奏请御署祝版，上问琚曰："当署乎。"琚曰："故事有之。"上曰："祭祀典礼，卿等慎之，无使后世讥诮。熙宗尊谥太祖，宇文虚中定礼仪，以常朝服行事。当时朕虽童稚，犹觉其非。"琚曰："祭祀，大事也，非故事不敢行。"

　　上谓琚曰："女直人往往径居要达,不知间阎疾苦。卿尝为丞簿,民间何事不知,凡利害极陈之。"上与宰臣议铸钱,或以铸钱工费数倍,欲采金银坑冶,上曰："山泽之利可以与民,惟钱币不当私铸。若财货流布四方,与在官何异。"琚进曰："臣闻天子之富藏于天下,正如泉源欲其流通耳。"上问琚曰："古亦有百姓铸钱者乎?"对曰："使百姓自铸,则小人图厚利,钱愈薄恶,古所以禁也。"

　　时民间往往造作妖言,相为党与谋不轨,事觉伏诛。上问宰臣曰："南方尚多反侧,何也?"琚对曰："南方无赖之徒,假托释道,以妖幻惑人。愚民无知,遂至犯法。"上曰："如僧智究是也。此辈不足恤,但军士讨捕,利取民财,害及良民,不若杜之以渐也。"智究,大名府僧,同寺僧苑智义与智究言,《莲华经》中载五浊恶世佛出魏地,《心经》有梦想究竟涅槃之语,汝法名智究,正应经文,先师藏瓶和尚知汝有是福分,亦作颂子付汝。智究信其言,遂谋作乱,历大名、东平州郡,假托抄化,诱惑愚民,潜结奸党,议以十一年十二月十七日先取兖州,会徒峄山,以"应天时"三字为号,分取东平诸州府。及期向夜,使逆党胡智爱等,劫旁近军寨,掠取甲仗,军士击败之。会传戬、刘宣亦于阳谷、东平上变。皆伏诛,连坐者四百五十余人。

　　宗室子或不胜任官事,世宗欲授散官,量与廪禄,以赡足之,以问宰臣曰："于前代何如?"琚对曰："尧亲九族,周家内睦九族,皆帝王盛事也。"琚之将顺多此类。

　　十三年,上表乞致仕。十六年,再表乞致仕。皆不许。参知政事唐括安礼忤上意,出为横海军节度使,数年不复召。琚对便殿,从容进曰："唐括安礼忠直,久在外官。"世宗深然之,遂自南京留守召为尚书右丞。琚尝举室绍先以为右司员外郎,绍先中风暴卒,上甚惜之,谓琚曰："卿之所举也",感叹者再三。

　　十七年,拜平章政事,封莘国公。明年,拜右丞相。修起居注移剌杰上书言："朝奏屏人议事,史官亦不与闻,无由纪录。"上以问宰相,琚与右丞唐括安礼对曰："古者史官,天子言动必书,以儆戒人君,庶几有畏也。周成王剪桐叶为圭,戏封叔虞,史佚曰:'天子不可戏言,言则史书之。'以此知人君言动,史官皆得记录,不可避也。"上曰:"朕观《贞观政要》,唐太宗与臣下议论,始议如何,后竟如何,此政史臣在侧记而书之耳。若恐漏泄几事,则择慎密者任之。"朝奏屏人议事,记注官不避自此始。

以年衰病固辞,上曰:"朕知卿年老,勉为朕留,俟一二年,朕将思之。上谓宰臣曰:"朕为天子,未尝敢专行独断,每事遍问卿等,可行则行之,不可则止也。"琚与平章政事唐括安礼奏曰:"好问则裕,自用则小,陛下行之,天下幸甚。居一年,复表致仕,乃许。诏以一孙为阁门只候。即命驾归乡里。久之,世宗谓宰臣:"知人最为难事,近来左选多不得人。惟石琚为相时,往往举能其官,左丞移剌道、参政粘割斡特剌举右选,颇得之。朕常以不能遍人材为不足。此宰相事也,左右近侍虽常有言,朕未敢轻信。"又曰:"近日刺史县令多阙员,当择干济者除之,资级不到庸何伤。"又曰:"惟石琚最为知人。

唐括鼎为定武军节度使,上谓鼎曰:"久不见石琚,精力比旧何如?汝到官往视之。"显宗亦思之,因琚生日,寄诗以见意。二十二年,以疾薨于家,年七十二。谥文宪。泰和元年,图像衍庆宫,配享世宗庙廷。

唐括安礼,本名斡鲁古,字子敬。好学,通经史,工词章,知为政大体。贞元中,累官临海军节度使,入为翰林侍读学士,改浚州防御使、彰化军节度使。大定初,迁益都尹,召为大兴尹,上曰:"京师好讹言。府中奸吏为民患。卿虽年少,有治才,去其宿弊,毋为因仍。"察兼入第一等,进阶荣禄大夫;

七年五月,大兴府狱空,诏锡宴劳之。凡州郡有狱空者,皆赐钱为锡宴费,大兴府锡宴钱三百贯,其余有差。久之,拜参知政事,罢为横海军节度使,历河间尹、南京留守。以丧去官,起复尚书右丞。诏曰:"南路女直户颇有贫者,汉户租佃田土,所得无几,费用不给,不习骑射,不任军旅。凡成丁者签入军籍,月给钱米,山东路沿边安置。其议以闻。"浃旬，上问曰："宰臣议山东猛安贫户如之何？奏曰：
"未也。"乃问安礼曰："于卿意如何？"对曰："猛安人与汉户，今皆一
家，彼耕此种，皆是国人，即日签军，恐妨农作。"上责安礼曰："朕谓
卿有知识，每事专效汉人、若无事之际可务农作，度宋人之意且起
争端，国家有事，农作奚暇？卿习汉字，读《诗》、《书》，姑置此以讲本
朝之法。前日宰臣皆女直拜，卿独汉人拜，是邪非邪，所谓一家者皆
一类也，女直、汉人，其实则二。朕即位东京，契丹、汉人皆不往，惟
女直人偕来，此可谓一类乎。"又曰："朕夙夜思念，使太祖皇帝功业
不坠，传及万世，女直人物力不困。卿等悉之。"因以有益贫穷猛安
人数事，诏左司郎中粘割斡特剌使书之，百官集议于尚书省。

　　十七年，诏遣监察御史完颜觌古速行边，从行契丹押剌四人，
挼剌、招得、雅鲁、斡列阿，自边亡归大石。上闻之，诏曰："大石在夏
国西北。昔窝斡为乱，契丹等响应，朕释其罪，俾复旧业，遣使安辑
之，反侧之心犹未已。若大石使人间诱，必生边患。遣使徙之，俾与
女直人杂居，男婚女聘，渐化成俗，长久之策也。"于是遣同签枢密
院事纥石烈奥也、吏部郎中裴满余庆、翰林修撰移剌杰，徙西北路
契丹人尝预窝斡乱者上京、济、利等路安置。以兵部郎中移剌子元
为西北路招讨都监，诏子元曰："卿可省谕徙上京、济州契丹人，彼
地土肥饶，可以生殖，与女直人相为婚姻，亦汝等久安之计也。卿与
奥也同催发徙之。仍遣猛安一员以兵护送而东，所经道路勿令与群
牧相近，脱或有变，即便讨灭。俟其过岭，卿即还镇。"上已遣奥也、
子元等，谓宰臣曰："海陵时，契丹人尤被信任，终为叛乱，群牧使鹤
寿、驸马都尉赛一、昭武大将军术鲁古、金吾卫上将军蒲都皆被害。
赛一等皆功臣之后，在官时未尝与契丹有怨，彼之野心，亦足见
也。"安礼对曰："圣主溥爱天下，子育万国，不宜有分别。"上曰："朕
非有分别，但善善恶恶，所以为治。异时或有边衅，契丹岂肯与我一
心也哉。"

　　他日，上又曰："荐举，大臣之职。外官五品犹得举人，宰相无所
举，何也？"安礼对曰："孔子称才难。贤人君子，世不多有。陛下必

欲得人，当广取士之路，区别器使之，斯得人矣。”上曰：“除授格法不伦。奉职皆阀阅子孙，朕所知识，有资考出身月日。亲军不以门第收补，无荫者不至武义不得出职。但以女直人有超迁官资，故出职反在奉职上。天下一家，独女直有超迁格，何也？”安礼对曰：“祖宗以来立此格，恐难辄改。”

转左丞，与右丞蒲察通同日拜，上谓之曰：“朕今年五十有五，若过六十，必倦于政事。宜及朕之康强，凡女直猛安谋克当修举政事，改定法令。宗族中鲜有及朕之寿者，朕颇习女直旧风，子孙岂能知之，况政事乎，卿等宜悉此意。”上又曰：“大理寺事多留滞，宰执不督责之，何也？”安礼对曰：“案牍疑难者旧例给限。”上曰：“旧例是邪非邪，今不究其事，辄给以限邪？”参政移剌道曰：“臣在大理时，未尝有滞事。”上曰：“卿在大理无滞事，为宰执而不能检治，何也？”道无以对而退。上问宰臣曰：“御史台官，亦与亲知往来否？”皆曰：“往来殊少。”上曰：“台官当尽绝人事。谏官、记注官与闻议论，亦不可与人游从。”安礼对曰：“亲知之间，恐不可尽绝也。”上曰：“职任如是，何恤人之言。”

进拜平章政事，封芮国公，授世袭谋克。上谕安礼，前代史书详备，今祖宗实录太简略。对曰：“前代史皆成书，有帝纪、列传。他日修史时，亦有帝纪、列传，其详自见于列传也。”安礼尝议科目，言于上曰：“臣观近日士人不以策论为意。今若诗赋策论各场考试，文理俱优者为中选，以时务策观其器识，庶得人也。”上曰：“卿等议之。”上谓宰臣曰：“赏有功不可缓，缓赏无以劝善。”安礼对曰：“古所谓赏不逾时者，正谓此也。”

二十一年，拜右丞相，进封申国公，固辞曰：“臣备位宰相，无补于国家，夙夜忧惧，惟恐得罪，上负陛下，下负百姓。臣实不敢受丞相位，惟陛下择贤于臣者用之。”上曰：“朕知卿正直，与左丞相习显无异。且练习政事，无出卿之右者。其毋多让。”安礼顿首谢。是岁，薨。泰和元年，配享世宗庙廷。

移剌道，本名赵三，其先乙室部人也，初徙咸平。为人宽厚，有大志，以荐孝著名。通女直、契丹、汉字。皇统初，补刑部令史，转尚书省令史，再迁大理司直。丁母忧，起复，迁户部员外郎。正隆三年，徙临潢、咸平路、毕沙河等三猛安，屯戍斡卢速。还奏，海陵谓侍臣曰："道骨相异常，他日必登公辅。"明年，迁本部郎中。

海陵伐宋，为都督府长史。海陵死，师还，无复纪律，士卒掠淮南，百姓苦之。有男女二百余人，自愿与道为奴，道受之，至淮，俟诸军毕济，乃悉遣还。大定二年，复为户部郎中，与梁铢安抚山东，招谕盗贼。民或避盗避役者，并令归业，不问罪名轻重皆原之，军人不得并缘虏掠。仆散忠义讨窝斡，道参谋幕府事。贼平，元帅府以俘获生口分给官僚，道悉纵遣之。

还京师，入见，既退，世宗目送之，曰："此人有干才，可大用也。"迁翰林直学士，兼修起居注。顷之，世宗曰："道清廉有干局，翰林文雅之职，不足以尽其才。"中都转运繁剧，乃改同知中都路都转运事。诏道送河北、山东等路廉察善恶升降官员制敕，上曰："卿从讨契丹，不贪俘获，其志可嘉。故命卿为使。卿其勉之。"是岁，以廉升者，磁州刺史完颜浦速列为北京副留守，潍州刺史蒲察蒲查为博州防御使，威州刺史完颜兀答补为磁州刺史。治状不善下迁者，登州刺史大磐为嵩州刺史，同知南京留守高德基为同知北京转运事，卫州防御使完颜阿邻为陈州防御使，真定尹徒单拔改为兴平军节度使，安国军节度使唐括重国为彰化军节度使。仍具功过善恶宣谕，毋受馈献。迁大理卿。五年，宋人请和，罢兵。道往山东，阅实军器，振赡戍兵妻子。再除同知大兴尹。

亲军百人长完颜阿思钵非禁直日带刀入宫，其夜入左藏库，杀都监郭良臣，盗取金珠。点检司其执某疑似者八人，掠笞三人死，五人者自诬，其赃不可得。上疑之，命道参问。道持久其狱，既而阿思钵鬻金事觉，伏诛。上曰："箠楚之下，何求不得。奈何点检司不以情求之乎。"赐掠死者钱，人二百贯周其家，不死者人五十贯。诏自今护卫亲军百人长、五十人长，非直日不得带刀入宫。

迁户部尚书。上曰："朕初即位，卿为户部员外郎，闻卿孳孳为善，进卿郎中，果有可称。及贰京尹，亦能善治。户部经治国用，卿其勉之。"道顿首谢。改西北路招讨使，赐金带。故事，招讨使到官，诸部皆献驼马，多至数百，道皆却之，数月皆复贡职。父丧去官，起复参知政事。初，诸部有狱讼，招讨司例遣胥吏按问，往往为奸利。道请专设一官，上嘉纳之，招讨司设勘事官自此始。上谓宰臣曰："比闻大理寺断狱，辄经旬月，何邪？"道奏曰："在法，决死囚不过七日，徒刑五日，杖刑三日。"上曰："法有程限，而辄违之，此官吏之责也，严戒约以去其弊。"进尚书右丞。乞致仕，上曰："卿孝于家，忠于朕，通习法令政事，虽逾六十，心力未衰，未可退也。"乃除南京留守，赐通犀带。上曰："河南统军乌古论思列为人少憨，凡边事须与卿共议。卿以朕意谕思列也。"入拜平章政事。

道弟临潼令幼阿补犯罪至死，道待罪于家。皇太子生日，宴于庆和殿，上问道何故不在，参知政事粘割斡特剌奏曰："其弟犯死刑，据制不合入内。"上曰："此何伤也。"即诏道起视事。是时，县令多阙，上以问宰相，道奏曰："散官宣武以上借除以充之。"上曰："廉察八品以下已去官者，录事丞簿有清干之誉者，县尉入优等者，皆与县令。散官至五品，无贪污旷职之名者，亦可与之。俟县令不阙，即如旧制。"

二十三年，罢为咸平尹，封莘国公。上曰："卿数年前尝乞致仕，朕不许卿。卿今老矣。咸平卿故乡，地凉事少，老者所宜。"赐通犀带。明日，复遣近侍曹渊谕旨曰："咸平自窝斡乱后，民业尚未复旧，朕听卿归乡里，所以安辑一境也。"

二十四年，薨。上闻之，悼惜良久。是岁幸上京，道过咸平，遣使致祭，赙赠有加。诏图像藏秘府，擢其子八狗为阁门祗候。

光祖字仲礼，幼名八狗。以荫补阁门祗候，调平晋令、卫州都巡河、内承奉押班，累转东上阁门使，兼典客署令。大安中，改少府少监。丁母忧，起复仪鸾局使，同知宣徽院使事，秘书监右宣徽使。兴定二年十一月，诏集百官议所以为长久之利者，光祖等三人议曰：
"募土人假以方面权任，俾人自劝，各保一方。"由是公府封建之论
兴焉，语在"九公"传。三年，转左宣徽使。五年，卒。

　　赞曰：良弼、守道、琚、安礼、道，皆无闻正隆时，及其簉治朝，佐
明主，谏行言听，膏泽下于民，岂非遇其时邪。官序无阙，上下相安，
君享其名，臣终其禄，可谓盛哉。海陵能知移剌道有公辅之器，而不
能用，故其治绩亦待大定而后著焉。人才之显晦，有系于世道之污
隆也，尚矣。金世内燕，惟亲王公主驸马得与，世宗一日特召琚入，
诸王以下窃语，心盖易之。世宗觉之，即语之曰："使我父子家人辈
得安然无事，而有今日之乐者，此人力也。"乃历举近事数十，显著
为时所知者以晓之，皆俯伏谢罪。君臣相知如此，有不竭忠者乎。大
定未，世宗将立元妃为后，以问琚，琚屏左右曰："元妃之立，本无异
辞，如东宫何？"世宗愕然曰："何谓也？"琚曰："元妃自有子，元妃
立，东宫摇矣。"世宗悟而止。且人主家事，人臣之所难言者，许敬宗
以一言几亡唐祚，琚之对，其为金谋者至矣。

金史卷八九
列传第二七

苏保衡　翟永固　魏子平
孟浩　梁肃　移剌慥
移剌子敬

　　苏保衡字宗尹，云中天成人。父京，辽进士，为西京留守。宗翰兵至西京，京出降。久之，京病笃，以保衡属宗翰。京死，宗翰荐之于朝。赐进士出身，补太子洗马，调解州军事判官。左监军撒离喝驻军陕西，辟幕府，参议军事，累官同知兴中尹。天德间，缮治中都，张浩举保衡分督工役。改大兴少尹，督诸陵工役。再迁工部尚书。海陵治兵伐宋，与徐文等造舟于通州，海陵猎近郊，因至通州视工作。兵兴，保衡为浙东道水军都统制，率舟师泛海，径趋临安。宋兵来袭，败于海中，副统制郑家死之。

　　大定二年，召赴中都。是时，山东盗贼啸聚，契丹攻掠临潢等州郡，百姓困弊。诏保衡安抚山东，前太子少保高思廉安抚临潢，发仓粟以赈之，无衣者赐以币帛，或官粟有阙，则收籴以给之，无妻室者具姓名以闻。还除刑部尚书。与工部尚书宗永、兵部侍郎完颜余里也，往河南、山东、陕西宣问屯田军人，有曾破大敌及攻城野战立功者，具姓名以闻。或以寡敌众，或与敌相当能先登败敌者，正军及摆甲阿里喜补官一阶，猛安谋克以功状上尚书省，曾随海陵军至淮上破敌者亦准上迁赏。

　　仆散忠义伐宋，保衡行户部于关中，兼纠察，许以便宜，黜守令不法者十余人。邠守傅慎微忤用事者，被谗构下狱且死，保衡力救之得免，入为太常卿，迁礼部尚书。拜参知政事。三年，宋人请和，诏保衡往南京，与仆散忠义斟酌事宜，行之。入奏，进右丞。四年，宋人请和，师还，保衡朝京师。初，宫女称心纵火十六位，延烧诸殿，上以方用兵，国用不足，不复营缮。及宋和，诏保衡监护役事，遣少府监张仲愈取南京宫殿图本。上闻之，谓保衡曰："追仲愈还。民间将谓朕效正隆华侈也。"

　　六年冬，有疾，求致仕，不许，遣敬嗣晖传诏曰："卿以忠直擢居执政，齿发未衰，遽以小疾求退。善加摄养，以俟疾间视事。"未几，薨，年五十五。世宗将放鹰近郊，闻之乃还，为辍朝，赙赠，命有司致祭。

　　翟永固字仲坚，中都良乡人。太祖与宋约攻辽，事成以燕归宋。宋人以经义兼策取士，永固中第一，授开德府仪曹参军。金破宋，永固北归。中天会六年词赋科，授怀安丞，迁望云令，补枢密院令史，辟左副元帅宗翰府掾。永固家贫，求外补，宗翰爱其能，不许，以钱三千贯周之，荐于朝，摄左司郎中。除定武军节度副使，历同知清州防御使，入为工部员外郎。以母忧去官，起复礼部郎中，迁翰林直学士。

　　海陵篡立，宋国贺正旦使至广宁，海陵使使以废立事谕宋使，遣还之。以侍卫亲军都指挥使完颜思恭为报谕宋使，永固为副，且令永固伺察宋人动静。使还，改礼部侍郎。久之，分护燕京宫室役事，永固请写《无逸图》于殿壁，不纳。俄迁太常卿，考试贞元元年进士，出《尊祖配天赋》题，海陵以为猜度己意，召永固问曰："赋题不称朕意。我祖在位时祭天拜乎？"对曰："拜。"海陵曰："岂有生则致拜，死而同体配食者乎？"对曰："古有之，载在典礼。"海陵曰："若桀、纣曾行，亦欲我行之乎？"于是永固、张景仁皆杖二十。而进士张汝霖赋第八韵有曰："方今，将行郊祀。"海陵诘之曰："汝安知我郊祀乎？”亦杖之三十。顷之，永固迁礼部尚书，赐笏头球文金带。改永定军节度使。

正隆二年，例降二品以上官爵，永固阶光禄大夫不降，以宠异之。迁翰林学士承旨，与直学士韩汝嘉俱召至内殿，问以将亲伐宋事，永固对曰：“宋人事本朝无衅隙，伐之无名。纵使可伐，亦无烦亲征，遣将帅可也。”由是大忤海陵意，永固即请致仕。正隆四年正月丁巳，海陵朝永寿宫，四品以上官赐宴，永固至殿门外，海陵即以致仕宣命授之，永固归卧于家。

大定二年，起拜尚书左丞，请依旧制廉察官吏，革正隆守令之污，从之。明年，表乞致仕，诏不许。罢为真定尹，赐通犀带。尚书省奏，永固自执政为真定尹，其伞盖当用何制度，上曰：“用执政制度。”遂著为令。五年，恳乞致仕，许之。六年，薨。

魏子平字仲均，弘州人。登进士第，调五台主簿，累除为尚书省令史，除大理丞，历左司都事，同知中都转运使事，太府监。正隆三年，为贺宋主日生副使。是时，海陵谋伐宋，子平使还，入见，海陵问江左事，且曰：“苏州与大名孰优？”子平对曰：“江、湖地卑湿，夏服蕉葛犹不堪暑，安得与大名比也。”海陵不悦。世宗即位，除户部侍郎。大定二年，丞相仆散忠义伐宋，置元帅府于南京，子平掌馈运，给金牌一、银牌六，粮道给办。进户部尚书。六年，复为贺宋主生日使，上曰：“使宋无再往者，卿昔年供河南军储有劳，用此优卿耳。”

久之，拜参知政事。上问子平曰：“古者税什一而民足，今百一而民不足，何也？”子平对曰：“什一取其公田之入，今无公田而税其私田，为法不同。古有一易再易之田，中田一年荒而不种，下田二年荒而不种。今乃一切与上田均税之，此民所以困也。”上又问曰：“戍卒逋亡物故，今按物力高者补之，可乎？”对曰：“富家子弟骄懦不可用，守戍岁时求索无厌，家产随坏。若按物力多寡赋之，募材勇骑射之士，不足则调兵家子弟补之，庶几官收实用，人无失职之患。”上从之。

海州捕贼八十余人，贼首海州人，其兄今为宋之军官。上闻之，谓宰相曰："宋之和好恐不能久，其宿、泗间汉军，以女直军代之。"子平曰："誓书称沿边州城，除自来合设置射粮军数并巡尉外，更不得屯军守戍。"上曰："此更代之，非增戍也。"

上曰："前日令内任官六品以上，外任五品以上，并举所知。未闻有举之者，岂无其才，盖知而不举也。"子平曰："请令当举之官，每任须举一人。"泽州刺史刘德裕、祁州刺史斜哥、沧州同知讹里也、易州同知讹里剌、楚丘县令刘春哥以赃污抵罪，上欲诏示中外，丞相守道以为不可，上以问子平曰："卿意何如？"子平曰："臣闻惩一戒百，陛下固宜行之。"上曰："然"遂降诏焉。

宋人于襄阳汉江上造舟为浮梁三，南京统军司闻而奏之，上问宰臣曰："卿等度之，以为何如？"子平曰："臣闻襄阳薪刍，皆于江北取之，殆为此也。"上曰："朕与卿等治天下，当治其未然。及其有事，然后治之，则亦晚矣。"河南统军使宗叙求入见奏边事，上使修起居注粘割斡特剌就问状，宗叙言："得边报及宋来归者言，宋国调兵募民，运粮饷，完城郭，造战船浮桥，兵马移屯江北。自和议后即罢制置司，今复置矣。商、虢、海州皆有奸人出没，此不可不备。尝报枢密院，彼视以为文移，故欲入见言之。"斡特剌召凡言边事者诘问，皆无实状，行至境上，问知襄阳浮桥乃樵采之路，如子平策。还奏。诏凡妄说边关兵事者徒二年，告人得实，赏钱五百贯。

上问宰臣曰："祭宗庙用牛。牛尽力稼穑有功于人，杀之何如？"子平对曰："惟天地宗庙用之，所以异大祀之礼也。"

十一年，罢为南京留守，未几致仕。十五年，起为平阳尹，复致仕。二十六年，薨于家。

孟浩字浩然，滦州人。辽末年登进士第。天会三年，为枢密院令史，除平州观察判官。天眷初，选入元帅府备任使，承制除归德少尹，充行台吏、礼部郎中，入为户部员外郎、郎中。

韩企先为相，拔擢一时贤能，皆置机要，浩与田珏皆在尚书省。

珏为吏部侍郎,浩为左司员外郎。既典选,善铨量人物,分别贤否,所引用皆君子。而蔡松年、曹望之、许霖皆小人,求与珏相结,珏薄其为人拒之。

松年,蔡靖子。靖将兵不能守燕山,终败宋国,珏颇以此讥斥松年。松年初事宗弼于行台省,以微巧得宗弼意,宗弼当国,引为刑部员外郎。望之为尚书省都事,霖为省令史。皆怨珏等,时时毁短之于宗弼,凡与珏善者皆指以为朋党。韩企先疾病,宗弼往问之,是日,珏在企先所,闻宗弼至,知其恶己,乃自屏以避。宗弼曰:“丞相年老且疾病,谁可继丞相者?”企先举珏,而宗弼先入松年谮言,谓企先曰:“此辈可诛。”珏闻流汗浃背。企先薨,珏出为横海军节度使。选人龚夷鉴除名,值赦,赴吏部铨,得预覃恩。珏已除横海,部吏以夷鉴白珏,珏乃倒用月日署之。许霖在省典覃恩,行台省工部员外郎张子周素与珏有怨,以事至京师,微知夷鉴覃恩事,嗾许霖发之,诋以专擅朝政。诏狱鞫之,拟珏与奚毅、邢具瞻、王植、高凤庭、王效、赵益兴、龚夷鉴死,其妻子及所往来孟浩等三十四人皆徙海上,仍不以赦原。天下冤之。

世宗在熙宗时,知田珏党事皆松年等构成之。面浩等三十二人遇天德赦令还乡里,多物故,惟浩与珏兄谷、王补、冯煦、王中安在。大定二年,召见,复官爵。浩为侍御史,谷为大理丞,补为工部员外郎,煦为兵部主事,中安知火山军事,而浩寻复为右司员外郎。

浩笃实,遇事辄言,无所隐。上嘉其忠,每对大臣称之。有疾,求外补,除祁州刺史,致仕,归。七年,起为御史中丞,而浩已年老,世宗以不次用之,再阅月,拜参知政事。故事,无自中丞拜执政者,浩辞曰:“不次之恩,非臣所敢当。”上曰:“卿自刺史致仕,除中丞,国家用人,岂拘阶次。卿公正忠勤,虽年高犹可宣力数年,朕思之久矣。”浩顿首谢。

世宗敕有司东宫凉楼增建殿位,浩谏曰:“皇太子义兼臣子,若所居与至尊宫室相侔,恐制度未宜,固宜示以俭德。”上曰:“善。”遂罢其役,因谓太子曰:“朕思汉文纯俭,心常慕之,汝亦可以为则也。"未几，皇太子生日，上宴群臣于东宫，以大玉杓、黄金五百两，赐丞相志宁，顾谓群臣曰："卿等能立功，朕亦褒赏如此。"又曰："参政孟浩公正敢言，自中丞为执政。卿等能如是，朕亦不次用之。"世宗尝曰："女直本尚纯朴，今之风俗，日薄一日，朕甚悯焉。"浩对曰："臣四十年前在会宁，当时风俗与今日不同，诚如圣训。"上曰："卿旧人，固知之。"上谓宰臣曰："宋前废帝呼其叔湘东王为'猪王'，食之以牢，纳之泥中，以为戏笑。书于史策，所以劝善而惩恶也。海陵以近习掌记注，记注不明，当时行事，实录不载，众人共知之者求访书之。"浩对曰："良史直笔，君举必书。帝王不自观史，记注之臣乃得尽其直笔。"浩复奏曰："历古以来，不明赏罚而能治者，未之闻也。国家赏善罚恶，盖亦多矣，而天下莫能知。乞自今凡赏功罚罪，皆具事状颁告之，使君子知劝以迁善，小人知惧以自警。"从之。

进尚书右丞，兼太子少傅。罢为真定尹，上曰："卿年虽老，精神不衰，善治军民，毋遽言退。"以通犀带赐之。十三年，薨。

田谷自大理丞累官同知中京留守，终于利涉军节度使。

二十九年，章宗诏尚书省曰："故吏部侍郎田珏等皆中正之士，小人以朋党陷之，由是得罪。世宗用孟浩为右丞，当时在者俱已用之，亡者未加追复，其议以闻。"张汝霖奏曰："珏专权树党，先朝已正罪名，莫不称当。今追赠官爵，恐无惩劝。"汝霖先朝大臣，尝与顾命，上初即位，不肯辄逆其意，谓之曰："卿既以为不可，姑置之。"盖张浩与蔡松年友善，故汝霖犹挤之也。汝霖死后，章宗复诏尚书省曰："盖自田珏党事之后，有官者以为戒，惟务苟且，习以成风。先帝知珏等无罪，录用生存之人，有擢至宰执者，其次有为节度、防御、刺史者。其死者犹未追复，子孙犹在编户，朕甚悯焉。惟旌贤显善，无间存没，宜推先帝所以褒录忠直之意，并加恩恤，以励风俗。据田珏一起人除已叙用外，但未经任用身死，并与复旧官爵。其子孙当时已有官职，以父祖坐党因而削除者，亦与追复。应合追复爵位人等子孙不及荫叙者，亦皆量与恩例。"

梁肃字孟容,奉圣州人。自幼勤学,夏夜读书往往达旦,母葛氏常灭烛止之。

天眷二年,擢进士第,调平遥县主簿,迁望都、绛县令。以廉,入为尚书省令史。除定海军节度副使,改中都警巡使,迁山东西路转运副使。营治汴宫,肃分护役事。摄大名少尹。正隆末,境内盗起,驱百姓平人陷贼中不能自辨者数千人,皆系大名狱。肃到官,考验得其情讄,出者十八九。

大定二年,宛平赵植上书曰:“顷者,正隆任用阉寺,少府少监兼上林署令胡守忠因缘巧幸,规取民利。前蓟州刺史完颜守道、前中都警巡使梁肃,勤恪清廉,愿加进擢。”于是守忠落少监,守道自滨州刺史召为谏议大夫,肃中都转运副使改大兴少尹。

肃上疏言:“方今用度不足,非但边兵耗费而已。吏部以常调除漕司僚佐,皆年老资高者为之,类不称职。臣谓凡军功、进士诸科、门荫人,知钱谷利害,能使国用饶足而不伤民者,许上书自言。就择其可用,授以职事。每五年委吏部通校有无水旱屯兵,视其增耗而黜陟之。自汉武帝用桑弘羊始立榷酤法,民间粟麦岁为酒所耗者十常二三。宜禁天下酒曲,自京师及州郡官务,仍旧不得酤贩出城。其县镇乡村,权行停止。”不报。

三年,坐捕蝗不如期,贬川州刺史,削官一阶,解职。上御便殿,召左谏议大夫奚吁、翰林待制刘促诲,秘书少监移剌子敬,访问古今事。少间,吁从容请曰:“梁肃材可惜,解职太重。”上曰:“卿言是也。”乃除河北东路转运副使。是时,窝斡乱后,兵食不足,诏肃措置沿边兵食。移牒肇州、北京、广宁盐场,许民以米易盐,兵民皆得其利。四年,通检东平、大名两路户籍物力,称其平允。他使者所至皆以苛刻增益为功,百姓诉苦之。朝廷敕诸路以东平、大名通检为准,于是始定。

七年,父忧去官。起复都水监。河决李固,诏肃视之,还奏“决河水六分,旧河水四分。今障塞决河,复故道为一,再决而南则南京忧,再决而北则山东、河北皆可忧。不若止于李固南筑堤,使两河分流，以杀水势便"。上从之。

改大理卿。尚辇局本把石抹阿里哥，与钉校匠陈外儿，共盗宫中造车银钉叶。肃以阿里哥监临，当首坐。他寺官以陈外儿为首，抵死。上曰："罪疑惟轻，各免死，徒五年，除名。"于时，东京久不治，上自择肃为同知东京留守事。迁都都转运使，转吏部尚书。上疏论台谏，其大旨谓"台官自大夫至监察，谏官自大夫至拾遗，陛下宜亲择，不可委之宰相，恐树私恩，塞言路也。"上嘉纳之。复请奴婢不得服罗，上曰："近已禁奴婢服明金矣，可渐行之。"肃举同安主簿高旭，除平阳酒使，肃奏曰："明君用人，必器使之。旭儒士，优于治民，若使坐列肆，榷酒酤，非所能也。臣愚以为诸道盐铁使依旧文武参注，其酒税使副以右选三差俱最者为之。"上曰："善。"改刑部尚书。

宋主屡请免立受国书之仪，世宗不从。及大兴尹璋为十四年正旦使，宋主使人就馆夺其书，而重赂之。璋还，杖一百五十，除名。以肃为宋国详问使，其书略曰："盟书所载，止于帝加皇字，免奉表称臣称名再拜，量减岁币，便用旧仪，亲接国书。兹礼一定，于今十年。今知岁元国信使到彼，不依礼例引见，辄令迫取于馆，侄国礼体当如是耶？往问其详，宜以诚报。"肃至宋，宋主一一如约，立接国书。肃还，附书谢，其略曰："侄宋皇帝谨再拜，致书于叔大金应天兴祚钦文广武仁德圣孝皇帝阙下。惟十载遵盟之久，无一豪成约之违，独顾礼文，宜存折衷。刬辱函封之觊，尚循躬受之仪，既俯迫于舆情，尝屡伸于诚请，因岁元之来使，遂商榷以从权，敢劳将命之还，先布鄙悰之恳，自余专使肃控请祈。"肃还至泗州，先遣都管赵王府长史驼满蒲马入奏。世宗大喜，欲以肃为执政，左丞相良弼曰："梁肃可相，但使宋还即为之，宋人自此轻我矣。"上乃止。

久之，为济南尹，上疏曰："刑罚世轻世重，自汉文除肉刑，罪至徒者带镣居役，岁满释之，家无兼丁者，加杖准徒。今取辽季之法，徒一年者杖一百，是一罪二刑也，刑罚之重，于斯为甚。今太平日久，当用中典，有司犹用重法，臣实痛之。自今徒罪之人，止居作，更不决杖。"不报。

未几，致仕，起复彰德军节度使，召拜参知政事。上谓侍臣曰："梁肃以治入异等，遂至大任，廉吏亦可以劝矣"。肃奏："汉之羽林，皆通《孝经》。今之亲军，即汉之羽林也。臣乞每百户赐《孝经》一部，使之教读，庶知臣子之道，其出职也，可知政事。"上曰："善，人之行，莫大于孝，亦由教而后能。"诏与护卫俱赐焉。复上奏曰："方今斗米三百，人已困饿，以钱难得故也。计天下岁入二千万贯以上，一岁之用余千万。院务坊场及百姓合纳钱者，通减数百万，院务坊场可折纳谷帛，折支官兵俸给，使钱布散民间，稍稍易得。"上曰："悬欠院务，许折纳，可也。"

肃上疏论生财舒用八事。一曰，罢随司通事。二曰，罢酒税司杓栏人。三曰，天水郡王本族已无在者，其余皆远族，可罢养济。四曰，裁减随司契丹吏员。五曰，罢榷醋，以利与民。六曰，量减盐价，使私盐不行，民不犯法。七曰，随路酒税许折纳诸物。八曰，今岁大稔，乞广籴粟麦，使钱货流出。上曰："赵氏养济一事，乃国家美政，不可罢。其七事，宰相详议以闻。"上又曰："朕在位二十余年，鉴海陵之失，屡有改作，亦不免有缪戾者，卿等悉心奏之。"肃论"正员官被差，权摄官有公罪，及正员还任，皆准去官勿论，往往其人苟且，不事其事。乞于县令中留十人备差，无差正员官"。上曰："自今权摄有公罪，正员虽还而本职未替者，勿以去官论之。"肃曰："诚如圣旨。"肃与宰相奏事，既罢，肃跪而言曰："四时畋猎，虽古礼，圣人亦以为戒。陛下春秋高，属时严寒，驰骋于山林之间。法宫燕处，亦足怡神，愿为宗社自重，天下之福也。"上曰："朕诸子方壮，使之习武，故时一往尔。"

同知震武军节度使邓秉钧陈言四事，其一言外多阙官，及循资拟注不得人，上以问宰相张汝弼，曰："循资格行已久，仍旧便。"肃曰："不然。如亡辽固不足道，其用人之法有仕及四十年无败事，即与节度使，岂必循盗哉。"上曰："仕四十年已衰老。察其政迹，善者升之，后政再察之，善又升之，如此可以得人，亦无旷事。"肃曰："诚如圣训。"肃论资贼不息，请无禁兵器。上曰："所在有兵器，其利害如何?"肃曰:"他路则已,中都一路上农夫听置之,似乎无害。"上曰:"朕将思之。"

凡使宋者,宋人致礼物,大使金二百两,银二千两,副使半之,币帛杂物称是。及推排物力,肃自以身为执政,昔尝使宋,所得礼物多,当为庶民率先,乃自增物力六十余贯,论者多之。

二十三年,肃请老,上谓宰臣曰:"梁肃知无不言,正人也。卿等知而不言,朕实鄙之。虽然,肃老矣,宜从其请。"遂再致仕。诏以其子汝翼为阁门祗候。二十八年,薨。谥正宪。

移剌慥本名移敌列,契丹虞吕部人。通契丹、汉字,尚书省辟契丹令史,摄知除,擢右司都事。正隆南伐,兼领契丹、汉字两司都事。大定二年,除真定少尹,入为侍御史。母忧去官。起复右司员外郎,累官陈州防御使。左丞相纥石烈良弼致仕,上问谁可代卿者?对曰:"陈州防御使移剌慥,清干忠正,臣不及也。"遂召为太府监。改刑部侍郎。

十九年,以按出虎等八猛安,自河南徙置大名、东平之境。还为大理卿,被诏典领更定制条。初,皇统间,参酌隋、唐、辽、宋律令,以为皇统制条。海陵虐法,率意更改,或同罪异罚,或轻重不伦,或共条重出,或虚文赘意,吏不知适从,贪缘舞法。慥取皇统旧制及海陵续降,通类校定,通其窒碍,略其繁碎。有例该而条不载者,用例补之。特阙者用律增之。凡制律不该及疑不能参决者,取旨画定,凡特旨处分,及权宜条例内有可常行者,收为永格。其余未可削去者,别为一部。大凡一千一百九十余,为十二卷。书奏,诏颁行之,赐银币有差。

顷之,摘徙山东猛安八谋克于河北东路,置之酬斡、青狗儿两猛安旧居之地,诏无牛耕者买牛给之。摄御史大夫。数月,改御史中丞,兼同修国史,迁刑部尚书,改吏部尚书。寻改大兴尹。

驾幸上京,显宗守国,使人谕之曰:"自大驾东巡,京尹所治甚善。我将有春水之行,当益勤乃事。"还以所获鹅鸭赐之。有疾在告,遣官医诊视。复为刑部尚书。上还自上京，以为西京留守，改临洮尹，卒。

移剌子敬字同文，本名屋骨朵鲁，辽五院人。曾祖霸哥，同平章事。父拔鲁，准备任使官。都统呆克中京，辽主西走，留拔鲁督辎重，已而辎重被掠，拔鲁乃自髡，逃于山林。

子敬读书好学，皇统间，特进移剌固修《辽史》，辟为掾属，《辽史》成，除同知辽州事。旧本厅自有占地，岁入数百贯，州官岁取其课，地主以为例，未尝请辩。子敬曰：“已有公田，何为更取民田”，竟不取。秩满，郡人请留于行台省，不许。天德三年，入为翰林修撰，迁礼部郎中。

正隆元年，诸将巡边，诏子敬监战，军帅以战获分将士，亦以遗子敬，子敬不受。及还，入见，海陵谓之曰：“汝家贫而不苟得，不受俘获，朕甚嘉之。”凡同行官僚所取者，皆没入于官。其后诏子敬宴赐诸部，谕之曰：“凡受进，例遣宰臣，以汝前能称职，故特命汝。”使还，迁翰林待制。

大定二年，以待制同修国史。是时，窝斡余党散居诸猛安谋克中，诏子敬往抚之，仍宣谕猛安谋克，及州县汉人，无以前时用兵相杀伤，挟怨辄害契丹人。使还，改秘书少监，兼修起居注，修史如故。诏曰：“以汝博通古今，故以命汝。”常召入讲论古今及时政利害，或至夜半。子敬有良马，平章政事完颜元宜索之，子敬以元宜为相也，不与。至是，元宜乞致仕，罢为东京，子敬乃以此马贶行，识者韪之。

是时，仆散忠义代宋，宋请和，而书式、疆界未定。子敬与秘书少监石抹颐、修起居注张汝弼侍便殿，上曰：“宋主求成，反复无信，喜为夸大。”子敬对曰：“宋人自来浮辞相欺，来书言海陵败于采石，大军北归，按兵不袭，俾全师而还。海陵未尝败于采石，其谲诈多此类也。回书宜言往者大军若令渡江，宋国境土，必为我有。”上曰：“彼以诡诈，我以诚实，但当以理折之。”迁右谏议大夫，起居注如故。

上幸西京，州县官入见，猛安谋克不得随班。子敬奏军民一体，合令猛安谋克随班入见，上嘉纳之，于是责让宣徽院。及端午朝会，诏依子敬奏行之。子敬言山后禁猎地太广，有妨百姓耕垦，上用其言，遂以四外猎地与民。迁秘书监，谏议、起居如故。

子敬举同知宣徽院事移剌神独斡、兵部侍郎移剌按答，太子少詹事乌古论三合自代，上不许。子敬与同签宣徽院事移剌神独斡侍，上曰："亡辽不忘旧俗，朕以为是，海陵习学汉人风俗，是忘本也。若依国家旧风，四境可以无虞，此长久计也。"世宗将如凉陉，子敬与右补阙粘割斡特剌、左拾遗杨伯仁奏曰："车驾至曷里浒，西北招讨司囿于行宫之内地矣。乞迁之于界上，以屏蔽环卫。"上曰："善。"诏尚书省曰："诏讨斜里虎可徙界上，治蕃部事。都监撒八仍于燕子城治猛安谋克事。"

上与侍臣论古之人君贤否，子敬奏曰："陛下凡与宰臣谋议，不可不令史官知之。"上曰："卿言是也。"转签书枢密院事，同修国史，出为河中尹，请老。河中地热，上恐子敬不耐暑，改兴中尹。子敬女自懿州来兴中省谒，遇盗途中，剽掠其行李且尽，既而还之，谢曰："我辈初不知为府尹家也，尹有德于民，尚忍侵犯邪。"徙咸平、广宁尹。二十一年，致仕，卒于家，年七十一。子敬尝使宋，及受诸部进贡，所受礼物，皆散之亲旧。及卒，家无余财，其子质宅以营葬事。

赞曰：金制，尚书令、左右丞相、平章政事，是谓宰相。左右丞、参知政事，是谓执政。大抵因唐官而稍异焉，因革不同，无足疑者。《书》曰："元首明哉，股肱良哉，庶事康哉。"又曰："元首丛脞哉，股肱惰哉，万事堕哉。"宰相、执政，岂异道邪。苏保衡、翟永固、魏子平、孟浩、梁肃皆当时之贤执政也。移剌慥、子敬有其才，适其时，而位不及者，亦命也夫。

金史卷九〇
列传第二八

赵元　移剌道　高德基
马讽　完颜兀不喝　刘徽柔
贾少冲　移剌斡里朵
阿勒根彦忠　张九思　高衎
杨邦基　丁暐仁

　　赵元字善长,涿州范阳人。辽天庆八年,登进士第,仕至尚书金部员外郎。辽亡,郭药师为宋守燕,以元掌机宜文字。王师取燕,药师降,枢密使刘彦宗辟元为本院令史。天会间,同知蓟州事。有贼杀人横道,官吏圜视莫知所为,路人耕夫聚观甚众。元指田中释耒而来者曰:“此贼也。”叱左右缚之。遂伏。僚吏问其故,元曰:“偶得于眉睫间耳。”其后朝廷立磨勘格,凡尝仕宣和者皆除名籍,元在磨勘中。

　　齐国废,置行台省于汴,选名士十余人备官属,元在选中,授行兵部郎中。行台徙大名,再徙祁州,及宗弼再取河南,元皆摄户部事,赋调兵食取办。天眷三年,为行台右司员外郎,因有杀人当死者,行台欲宥之,元不从,反复数四,势不可夺,乃仰天叹曰:“如杀人者可宥,死者复何辜,何欲微己福而乱天下法乎?”行台竟不能夺。改左司员外郎,摄吏部事。在行台凡十年,吏事明敏,宗弼深知之，行台或有事上相府，宗弼必问“曾经赵元未也”？其见重如此。为同签汴京留守事，改同知大名尹，用廉迁河北西路转运使，历彰德、武胜等军节度使，以老致仕，卒于家。

移剌道本名按。宗室移剌古为山东东路兵马都总管，辟掌军府簿书，往来元帅府计议边事，右副元帅宗弼爱其才，召为元帅府令史。补尚书省令史，特除监察御史，再迁大理丞，兼工部员外郎。海陵南伐，使督运刍粮，所在盗起，道路梗涩，间关仅至淮南。上谒，承问，具言四方盗贼状，海陵恶闻其言，杖之七十，使督战舰渡江，会海陵死，军还。

大定二年，除工部郎中。奉诏招抚诸奚。是时，抹白猛安下谋克徐列等皆欲降，制于猛安合住，不敢即降。道发兵掩袭合住子妇孙男女甥，及谋克留住，及蒲辇白撒妻孥。是日，适窝斡遣白撒发抹白猛安军，白撒闻其家人被获，遂来降。改礼部郎中。从讨窝斡，佩金牌，与应奉翰林文字讹里也招降叛奚。

奉使河南，劝课农桑，密访吏治得失。累迁御史中丞、同修国史，廉职问官殿最，还奏。上曰：“职官贪污罪废，其余因循以苟岁月。今廉能即与升除，无以慰百姓爱留之意，可就迁秩，秩满升除。”于是，廉能官景州刺史耶律补进一阶。单州刺史石抹靳家奴、泰宁军节度副使尹升卿、宁陵县令监邦彦、浚州司候张匡福各进两阶，贪污官同知浚州防御使事蒲速越、真定县令特谋葛并免死，杖一百五十，除名。同知睢州事乌古孙阿里补杖一百，削四阶，非奉旨不得录用。于是，道改同知大兴尹事。诏曰：“京师士民辐凑，犯法者众，罪状自实，毋为文所持，断之以公可也。朕尝谕执政矣，必不以小苛谴卿，勉副朕意。”

迁刑部尚书。尚厩局使宗夔、副使石抹青狗私用官刍，事觉。尚厩局隶点检司，刑部当自问。点检乌林答天锡属刑部使轻其罪，刑部以付大兴府鞫治，于是道及天锡、郎中丁昈仁皆坐解职。寻起为大理卿，兼签书枢密院事，再迁西京留守，卒。

高德基字元履,辽阳渤海人。皇统二年,登进士第。六年,为尚书省令史。海陵为相,专愎自用,人莫敢拂其意,德基每与之详辨。及篡位,命左司郎中贾昌祚谕旨曰:“卿公直果敢,今委卿南京行省勾当。”未行,会海陵欲都燕京,命德基摄燕京行台省都事。改摄右司员外郎,除户部员外郎,改中都路都转运副使,迁户部郎中。

正隆三年,诏左丞相张浩、参知政事敬嗣晖营建南京宫室。明年,德基与御史中丞李筹、刑部侍郎萧中一俱为营造提点。海陵使中使谓德基等曰:“汝等欲乘传往邪?欲乘己马往邪?银牌可于南京尚书省取之。”筹乞先降银牌,复遣中使谓筹曰:“牌之与否,当出朕意,尔敢辄言,岂以三人中,官独高邪。”遂杖之三十,遣乘己马往,德基、中一乘传往。转同知开封尹。

大定三年,以察廉治状不善,下迁同知北京路都转运使事。是年秋,土河泛滥,水入京城,德基遽命开长乐门,疏分使入御沟,以杀其势,水不能为害。迁刑部侍郎。七年,改中都路都转运使。九年,转刑部尚书。有罪当死者,宰相欲从末减,德基曰:“法无二门,失出犹失入也。”不从。及奏,上曰:“刑部议,是也。”因召诸尚书谕之曰:“自朕即位以来,以政事与宰相争是非者,德基一人而已。自今部上省三议不合,即具以闻。”为宋主生日使。及还,宋人礼物外附进腊茶三千胯,不亲封署。德基曰:“侄献叔,而不署,是无名之物也。”却之。

十一年,改户部尚书。德基上疏,乞免军须房税等钱,减农税及盐酒等课,未报。随朝官俸粟折钱,增高市价与之,多出官钱几四十万贯,上使人谕之曰:“卿为尚书,取悦宰执近臣,滥出官钱。卿之官爵,一出于朕,奈何如此。”于是决杖八十,户部郎中王佐、员外郎卢彦冲、同知中都转运使刘㒟、副使石抹长寿、支度判官韩镇、左警巡使李克勤、右警巡使李宝、判官强锐昌、姚宗奭、尼庞古达吉不,皆决杖有差。诏自大定十一年八月郊祀赦后,尚书省、御史台、户部、转运司、警巡院多支俸粟折钱,皆追还之。德基降兰州刺史,王佐降大兴府推官,卢彦冲河北西路户籍判官,刘姚东京警巡使,石抹长寿东京留守推官,韩镇河东南路户籍判官,李克勤通远县令,李宝清水县令,强锐昌、姚宗奭、尼厖古达吉不皆除司候。大定十二年,德基卒,年五十四。子锡。

马讽字良弼,大兴淳阴人。国初以燕与宋,讽游学汴梁,登宣和六年进士第。宗翰克汴京,讽归朝,复登进士第,调蔚州广灵丞,迁雄州归信令。境有河曰八尺口,每秋潦涨溢害民田,讽视地高下,疏决之,其患遂息。召为尚书省令史,除献州刺史。

天德初,改宁州,民有告谋不轨者,株连数十百人,讽察其无状,乃究问告者,告者具伏其诬,众欢呼感泣。再迁南京副留守,入为大理少卿。是时,高桢为御史大夫,素贵重,绳治无所避,权贵惮其威严,乃以讽及张忠辅为中丞,欲有以中伤之者。讽、忠辅皆文吏巧法,不能与桢丝发相假借,桢畏其害已,因诉于海陵,海陵以桢太祖旧臣,每慰安之。讽改大理卿,岁余出为顺天军节度使。

大定二年,复为大理卿,迁刑部尚书,改忠顺军节度使,致仕。卒。

完颜兀不喝,会宁府海姑寨人。年十三,选充女直字学生。补上京女直吏,再习小字兼通契丹文字。充尚书省令史。天德初,除吏部主事,鞫问押懒路诈袭谋克事,人称其能,擢右拾遗。海陵谓之曰:“始闻汝名,试以吏部主事。今计其实,优于所闻远矣。”累迁右司郎中。从海陵伐宋,至淮南,闻世宗即位于辽阳,兀不喝入白其事,海陵沉思良久,曰:“卿等始闻之邪。我已知之,遣人往矣。此大事勿泄于外。”大定二年,秩满当代,世宗嘉其善敷奏,特诏再任,谓宰臣曰:“兀不喝为人公忠,后来有如斯人者,卿等宜荐举之。”其见知如此。

窝斡已平,诏罢契丹猛安谋克,其元管户口,及从窝斡作乱来降者,皆隶女直猛安谋克,遣兀不喝于猛安谋克人户少处分置。未经罢去猛安谋克合承袭者,仍许承袭,赈赡其贫乏者,仍括买契丹马匹,官员年老之马不在括限。顷之,世宗以诸契丹未尝为乱者与来降者一概隶女直猛安中,非是,未尝从乱可且仍旧。平章政事完颜元宜奏,已迁契丹所弃地,可迁女直人与不从乱契丹杂处。上以问右丞苏保衡、参政石琚,皆不能对。上责之曰:"卿等每事先熟议然后奏,有问即对,岂容不知此。"保衡、琚顿首谢,上曰:"分隶契丹,以本猛安租税给赡之,所弃地与附近女直人及余户,愿居者听,其猛安谋克官,选契丹官员不预乱者充之。"改同知大兴尹,迁横海军节度使。初到官,谳囚能得其情,人以为不冤。五年,卒官。

刘徽柔字君美,大兴安次人。天眷二年,擢进士第。初为真定栾城主簿,转开远军节度掌书记,迁洪洞令。徽柔明敏善听断。县人杨远者,投牒于县,以为夜雨屋坏,压其侄死,量诉哀切。徽柔熟视而笑曰:"汝利侄财而杀之,乃诬雨耶?"叱付狱,其人立伏曰:"公神明也,不敢延死。"遂置于法。秩满,县人遮恋不得去者弥日,为立生祠,刻石颂德。正隆二年,入为大理评事,迁司直。大定二年,同知河东南路转运使事,以廉第一,改知平定军,入为大理少卿。七年,知磁州,改同知南京留守事。十年,迁中都路转运使,卒官。

贾少冲字若虚,通州人。勤学,日诵数百千言。家贫甚,尝道中获遗金,访其主归之。天会中,再伐宋,调及民兵。少冲甫冠,代其叔行,虽行伍间,未尝释卷。中天眷二年进士。刘筈欲以妹妻之,少冲辞不就曰:"富贵当自致之。"调营州军事判官,迁定安令。蔚州刺史恃贵不法,属吏畏之,每事辄曲从其意,少冲守正不阿。用廉进官一阶,再迁吏部主事、定武军节度副使、河中府判官。海陵寖以失道,少冲谓所亲曰:"天下且乱,不可仕也。"秩满,乃不求仕。

大定二年,调御史台典事,累迁刑部郎中。往北京决狱,奏诛首恶,误牵连其中者皆释不问,全活凡千人。以本职摄右司员外郎。尝执奏刑名甚坚,既退,上谓侍臣曰:"少冲居下位,有守如此。"除同知河间尹。数月,入为秘书少监,兼起居注、左补阙。

少冲外柔内刚,每从容进谏,世宗称美之。十四年,为宋主生日副使,宋国方有祈请,上以意谕少冲,少冲对曰:"臣有死无辱。"宋人别致珍异,少冲笑谓其人曰:"行人受赐自有常数,宁敢以赂辱君命乎。"遂不受。使还,世宗嘉之,迁右谏议大夫,秘书、起居注如故。十七年请老,除卫州防御使,迁河东南路转运使,召为太常卿,兼秘书少监。复请致仕,不许,改顺天军节度使,卒。

少冲性夷简,不喜言利,尝教诸子曰:"荫所以庇身,管库不可为也。"闻者尚之。子益。

益字损之,少颖悟如成人。大定十四年,父少冲为秘书少监,充宋主生日副使,益侍行。是时,宋人常争起立接受国书之礼,少冲问益曰:"即宋人欲变礼,持议不决,奈何"益曰:"宁死无辱,可谓使矣。"少冲大奇之。中大定十九年进士,调河津主簿。丁父忧去官,察廉起复矾山令,补尚书省令史。丁母忧,服阕,除定海军节度副使,监察御史,治书侍御史,转侍御史,知登闻鼓院,兼少府少监。未几,改礼部郎中,兼知登闻鼓院,看读陈言文字,迁左司郎中,改吏部侍郎,兼蔡王傅。以病免。除郑州防御使,陕西东路转运使,顺天军节度使。

大安初,召为吏部尚书,有疾,改安国军节度使。益调民夫修完城郭,为战守备,按察司止之,不听,曰:"治城,守臣事也,按察何预。"既而兵至,以有备解去。改横海、定国军节度使,道阻不赴。宣宗初为吏部尚书,益为侍郎,相得欢甚,贞祐二年至汴京,访益所在,召为太常卿。上防秋十三事,与户部尚书李革论迁河北军民不便,不报。贞祐三年,致仕。元光元年,卒。

移剌斡里朵,一名八斤,系出辽五院司,通契丹字。天会三年伐宋,隶军中,遇战辄先登,屡获侦人,有司上其功,补尚书省令史。十五年,籍发诸部兵于山后,将与右丞萧庆会,时官军窜而南者凡数千,斡里朵以兵邀击之,尽获其辎重财物,悉送有司而去,一毫弗取。以劳迁修武校尉。宗弼复河南,斡里朵督诸路帅臣进讨,事定以劳迁宣武将军。时六部未分,乃以为兵刑二部主事。未几,迁右司都事。皇统二年,授大理正,历同知昭德军节度使事,以廉升孟州防御使。

正隆间,转同知北京留守事。会游古河阇子山等猛安契丹谋乱,时方发兵讨之,别遣斡里朵押军南下。至松山县为贼党江哥所执,且欲推为主盟,要以契约,斡里朵怒曰:“我受国厚恩,岂能从汝反耶,宁杀我,契约不可得也。”贼知不可屈,乃因辱之,使布衣草履逐马而行,且欲害之。斡里朵说其监奴,因得脱还。六年九月,改北京路转运使。

大定初,为博州防御使,再迁利涉军节度使。先是,有农民避贼入保郡城,以钱三十千寄之邻家,贼平索之,邻人讳不与,诉于县,县官以无契验却之,乃诉于州。斡里朵阳怒械系之,捕其邻人,关以三木,诘之曰:“汝邻乙坐劫杀人,指汝同盗。”邻人大惧,始自陈有欺钱之隙,乃责归所隐钱而释之,郡人骇服。改通远军节度使,卒。

阿勒根彦忠本名窊合山,曷速馆人也。好学,通吏事。天会十四年,选充尚书兵部孔目官,升尚书省令史,除右司都事。七年,改大理丞,为会宁少尹,进同知会宁府事,入为尚书吏礼部郎中。贞元二年,进本部侍郎。海陵庶人凡有所疑,常使彦忠裁决,彦忠据法以对。间有不合,则召让之,彦忠执奏如前,终无阿屈,同列咸为惧,彦忠固执不变,海陵壮之。明年,除御史中丞,历尚书户部侍郎、侍卫亲军副都指挥使。海陵南伐,除南京路都转运使。大定二年,改大名尹,兼本路兵马都总管。四年,入为刑部尚书。诏规措北边艰食户口。及泰州、临潢接境,度宜安置堡戍七十,驻兵万三千,刍粮之用就经画之。还朝未及入对,以疾卒,年五十三。

彦忠性孝友,尝使宋,所得金帛,尽分兄弟亲友。赠荣禄大夫,命有司致祭,并以银绢赐其家。

　　张九思字全行，锦州人。皇统初，补行台省女直译史，除同知易州事，三迁亳州防御使、归德尹。刘仲延受宋国岁贡于泗州，九思副之。往岁受岁贡者，每以币物不精责宋使者，宋使者私馈银币各直数百千以为常，九思独不肯受，仲延从之，自是私馈遂绝。自大理评事，再迁大理少卿。清池令双申自陈"父虔，天眷初，知永安军，遇叛寇孟邦杰，执而胁之，不从，遂被害。乞正班用荫。"大理寺议，虔子止合杂班叙，九思曰："虔奋不顾身，守节以死，其子正班用荫，以劝忠孝。"世宗从九思议。改工部郎中，大兴少尹，同知中都都转运使事，转刑部侍郎，改工部。

　　九思所守清约，然急于进取，一切以功利为务，率意任情不恤百姓。诏检括官田，凡地名疑似者，如皇后店、太子庄、燕乐城之类，不问民田契验，一切籍之，复有邻接官地冒占幸免者。世宗闻其如是，召还戒之曰："如辽时支拨地土，及国初元帅府拘刷民间指射租田，近岁冒为己业，此类当拘籍之。其余民田，一旦夺之则百姓失业，朕意岂如此也。"转御史中丞。九思言屯田猛安人为盗征偿，家贫辄卖所种屯地。凡家贫不能征偿者，止令事主以其地招佃，收其租入，估贾与征偿相当，即以其地还之。临洮尹完颜让亦论屯田贫人征偿卖田，乞用九思议，诏从之。

　　迁工部尚书。年高愈自用，上谓左丞张汝弼曰："九思耄矣，颇执强自用，欲令外补，何如？"于是，九思男若拙为尚书省令史，冒填诏敕，事觉，亡命。汝弼因奏其事，上曰："九思岂不知若拙处邪？可免其官，捕若拙，获日授职。"九思闻命惶惧，因感疾，卒。

　　高衎字穆仲，辽阳渤海人。敏而好学，自少有能赋声，同舍生欲试其才，使一日赋十题戏之，衎执笔怡然，未暮十赋皆就，彬彬然有可观。年二十六登进士第，乞归养，逾二年方调漷阴丞，召为尚书省令史，除右司都事。母丧去官，起复吏部员外郎，摄左司员外郎。

　　王彦潜、常大荣、李庆之皆在吏部选中，吏部拟彦潜、大荣皆进士第一，次当在庆之上，彦潜洺州防御判官，大荣临海军节度判官，庆之沈州观察判官。左司郎中贾昌祚挟私，欲与庆之洺州，诡曰："洺虽佳郡，防御幕官在节镇下。"乃改拟彦潜临海军，大荣沈州，庆之洺州。庆之初赴选，昌祚以庆之为会试诠读官，而庆之弟庆云为尚书省令史，多与权贵游，海陵心恶之，尝谓左右司"昌祚必与庆之善阙。"大奉国臣者，辽阳人，永宁太后族人，先为东京警巡院使，以赃免去，欲因太后求见，海陵不许。衎与奉国臣有乡里旧，拟为贵德县令。海陵大怒，于是昌祚、衎、吏部侍郎冯仲等，各杖之有差，庆云决杖一百五十，罢去。未几，仲、昌祚、庆云皆死，衎降为清水县主簿，兵部员外郎摄吏部主事杨邦基降宜君县主簿，吏部主事宋仝降漷阴县主簿，尚书省知除杨伯杰，降间阳县主簿。

居二年，为大理司直，迁户部员外郎，同知中都都转运使，太常少卿，吏部郎中。大定初，转左司郎中。世宗孜孜求谏，群臣承顺旨意，无所匡正，上曰："朕初即位，庶政多未谙悉，实赖将相大臣同心辅佐。百姓且上书言事，或有所补。夫听断狱讼，簿书期会，何人不能，如唐、虞之圣，犹曰：'稽于众，舍已从人。'正隆专任独见，不谋臣下，以取败乱。卿等其体朕意。"使衎传诏台省百司曰："凡上书言事，或为有司沮遏，许进表以闻。"

迁吏部尚书。每季选人至，吏部托以检阅旧籍，谓之检卷，有滞留至后季犹不得去者。衎三为吏部知其弊，岁余铨事修理，选人便之。

五年，为贺宋国生日使，中道得疾去职。大定七年，卒。

杨邦基字德懋，华阴人。父绚，宋末为易州州佐。宗望伐宋，蔡靖以燕山降，易州即日来附。绚被杀，邦基年十余岁，匿僧舍中，得免。既长，好学。

天眷二年，登进士第，调滦州军事判官，迁太原交城令。太原尹徒单恭贪污不法，托名铸金佛，命属县输金，邦基独不与，徒单恭怒，召至府，将以手持铁挂杖撞邦基面，邦基不动。秉德廉察官吏，尹与九县令皆免去,邦基以廉为河东第一,召为礼部主事。以兵部员外郎摄吏部差除,坐铨注李庆之、大兴国奴,与高衎等皆贬官,邦基降坊州宜君簿。转高密令。

大定初,尚书省拟邦基刑部郎中,世宗曰:"县官即除郎中,如何?"太师张浩对曰:"邦基前为兵部员外郎矣,且其人材可用。"上许之。改太府少监,知登闻检院,秘书少监,迁翰林直学士,再迁秘书监兼左谏大夫,修起居注。

中都警巡使张子衍与邦基姻家,子衍道中遇皇太子卫仗,立马市门不去伞,卫士诃之,子衍以鞭鞭卫士诃己者。御史台劾奏子衍,邦基见台官为子衍求解,及入见显宗,求脱子衍罪。诏削子衍官两阶。邦基坐削官一阶,出为同知西京留守事,徙山东东路转运使,永定军节度使,致仕。大定二十一年,卒。邦基能属文,善画山水人物,尤以画名当世云。

丁旵仁字藏用,大兴府宛平人。曾祖奭。祖惟寿。父筼,以吏补州县,所至有治声,其后致仕,杜门不出,乡里有斗讼者,不之官而就筼质焉。

旵仁冲澹寡欲,读书之外,无他好,辽季避难,虽间关道涂未尝释卷。皇统二年,登进士第,调武清县丞。县经兵革后,无学校,旵仁召邑中俊秀子弟教之学,百姓欣然从之。调磁州军事判官。是时,诏使廉察官吏,旵仁以廉摄守事。迁和川令。前令罢耎不事事,群小越法干禁无所惮,旵仁申明法禁,皆屏息,或走入他县以避之。有董祐者最强悍,畏服旵仁,以刀断指,誓终身不复犯法。凡租赋与百姓前为期率,比他邑先办。历北京推官,再迁大理司直,以忧去官,寻起复。

大定三年,除定武军节度副使,而节度使、同知皆阙,旵仁为政无留讼。改大理丞,吏部员外郎,转户部郎中。于是,贾少冲为刑部郎中,上谓左丞相纥石烈良弼曰:"少冲为人柔缓,不称刑部之职,其议易之。"乃以旵仁为刑部郎中。坐尚厩局官私用官刍,违格付大兴府鞫问，解职。改祁州刺史。祁州为定武支郡，士民闻晔仁之官，相率欢迎界上，相属不绝。改同知西京留守事，首兴学校，以明养士之法。迁陕西西路转运使。大定二十一年，卒官。

赞曰：吏之兴，其秦之季邪？吏有选试，其辽、金之际邪？其文"从一，从史"，守法不贰之谓邪？守法不贰，斯真吏矣。巧者舞文以乱法，窒者执一而弗通，此皆吏道之自失者也。高衎、高德基、张九思之徒，皆诡法以自失者矣。

金史卷九一
列传第二九

完颜撒改　　庞迪
温迪罕移室懑　　神土懑
移剌成　　石抹卞　　杨仲武
蒲察世杰　　萧怀忠
移剌按答　　孛术鲁阿鲁罕
赵兴祥　　石抹荣　　敬嗣晖

完颜撒改,上京纳鲁浑河人也,其先居于兀冷窟河。身长多力,善用枪。王师南征,睿宗为右副元帅,置之麾下,佩以金牌,使督军事。天眷元年,授本班祗候郎君详稳。其后从军泰州路,军帅以撒改为万户,领银术可等猛安,戍北边,数有战功。天德二年正月,海陵庶人遣使夏国,谕以即位事,因令伺彼之意。既还,称旨,为尚书兵部郎中。改同知会宁尹,迁迭剌部族节度使,改瓯里本群牧使,为曷懒路都总管。海陵伐宋,授卫州防御使,为武震军都总管。

世宗即位,遣使召撒改,既至,除昌武军节度使。已而为山东路元帅副都统,改安化军节度使,兼副都统如故。四年,徙镇安武,仍兼副统。领山东、大名、东平三路军八万余渡淮,会大军伐宋。进至楚州,宋遣使奉岁币。还邳州,卒。

庞迪字仲由，延安人。少倜傥，喜读兵书，习骑射，学推步孤虚之术，无所效用。应募，隶泾原路第三副将，破贼有功，授保义郎。尝从百余骑经行山谷，遇夏人数千，众皆骇惧请避，迪遂跃马犯阵，敌皆披靡，身被重创，神色自若，完军以还。自是知名，擢为正将，权发遣泾原路兵马都监。

齐国建，泾原路经略使张中孚举迪权知怀德军，兼沿边安抚使。夏人合军五万薄怀德城，迪开门待之，夏人不敢入。因以数千骑分门突出，遂破之，斩首五百级，获军资羊马甚众。复破关师古兵，擢知泾州。未到官，改知镇戎军、沿边安抚使。已而权淮南东路马步军副总管，总制沂、密、淮阳，兼权知沂州。丁父忧，去官，寻起复为环庆路兵马都铃辖，权知邠州。齐国废，改华州防御使。顷之，军变，被执入山。已而贼众悔曰：“公为政素善，岂宜劫辱。”遂纵之还，复领州事。

天眷元年，除永兴军路兵马都总管兼知京兆府，徙临洮尹，兼熙秦路兵马都总管。陕右大饥，流亡四集，迪开渠溉田，流民利其食，居民藉其力，各得其所，郡人立碑纪其政绩。官制行，吏部以武功大夫、博州团练使特授定远大将军。七年，除庆阳尹。历三考不易，以治最闻，诏书褒美，西人荣之。正隆元年，迁凤翔尹，屡上章求退，不许。

海陵南伐，征敛烦急，官吏因缘为奸，富者用赂以免，贫者破产益困。迪悉召民使共议增减，不加威督而役力均，人情大悦。五年，徙汾阳军节度使。大定初，复为临洮尹，迁南京路都转运使，以省事惜费，安静为政，河南称之。徙绛阳军节度使。卒官，年七十。

迪性纯孝，父病，医药弗效，迪仰天泣祷，刲股作羹，由是获安。昆弟析家财，迪尽以与之，一无所取。官爵之荫，率先诸侄。疾革，沐浴朝服而逝。

温迪罕移室懑，速频屯懑欢春人，徙上京忽论失懒。兄术辇，国初有功，授世袭谋克。移室懑性忠正强毅，善骑射，膂力过人。皇统初，袭其兄谋克，积战功，为洮州刺史。谓人曰："谋克，兄职也。兄子斡鲁古今已长矣。"遂以谋克让还兄子。宗弼闻而嘉之曰："能让世袭，可谓难矣。"除贵德州刺史，改移典纠详稳，迁乌古里部族节度使，改德昌军。

正隆四年，大征兵南伐，泰州猛安定远阿补以所部叛还，移室懑以七谋克执定远阿补，勒其众付大军。契丹反，败会宁六猛安于缔母岭，屯于信、韩二州之境。移室懑率数千人杀贼万余于伊改河，以功迁临潢尹。

世宗即位，赐手诏曰："南征诸路将士及卿子侄安远斡鲁古、斜普兄弟，具甲仗悉来推戴，朕勉即大位。卿累世有功耆旧之臣，缘边事未宁，临潢剧任，姑仍旧职。闻枢密副使白彦敬、南京留守纥石烈志宁来讨契丹，今已遣人往招之。其家皆在南京，恐或遁去，兼起异谋，若至则已，若不至，卿当以计执而献之。两次遣人往招诱招讨都监老和尚，去人不知彼之所在，久而不还。兼老和尚不知朕已即位，卿可使人谕以朕意。如来降，悉令复旧，边关之事，可设耳目。"

是时，窝斡已反，领兵数万来攻临潢，诸路军未至，窝斡势益大。移室懑领城中军士六百人邀击窝斡，凡数接战，剿杀甚众，所乘马中流矢而仆，为贼所执。贼使移室懑招城中人曰："尔生死在顷刻，能使城中出降，官爵如故；不然杀汝矣。"移室懑怒骂贼曰："我受国家爵禄，肯从汝叛贼乎？"贼执之至城下，迫胁之使招城中。其妻子官属将士皆登城临望。移室懑厉声曰："我恨军少不能灭贼。人生会有一死耳，汝辈慎勿降贼！一旦开门纳贼，城中百姓皆被杀掠，毋以我故败国家事，贼无能为也。"贼怒杀之。城中人皆为之感激，推官麻珪益缮完城郭，右监军神土懑、辅国上将军阿思懑乘城固守。贼不克攻，遂引众东行。

神土懑本诸宗室，赠银青光禄大夫胡速鲁改子也。年十五，事太宗为左奉宸。皇统二年，充护卫，除武器署丞，累官肇州防御史。

大定初,除元帅右都监,与咸平尹吾扎忽率泰州兵及曷懒路兵千五百人,会临潢尹移室懑讨契丹。契丹犯临潢,移室懑死,攻之不能克,乃引众东行。神土懑表乞济师。十二月甲辰,世宗次海滨县,得奏,上曰:“神土懑、吾扎忽军不少,可以从长攻袭矣。”会右副元帅谋衍以大军至,神土懑改曷速馆节度使,隶右翼,与纥石烈志宁败贼于长泺,战雾凇河,皆有功,改婆速路兵马都总管,卒。

移剌成本名落兀,其先辽横帐人也。沉勇有谋,通契丹、汉字。天会间,隶挞懒下为行军猛安,与宋人战于楚、泗之间,成以所部先登,大破宋军,功最诸将。刘麟约会天长军议进止。成与夹古查合你俱为挞懒前锋,得宋生口为乡导,遂达天长,睿宗嘉之。后从宗弼将兵废齐国。及再伐宋,攻濠州,每战辄先登,多所摧破。宗弼再取河南,成及萧怀忠等八猛安先渡。河南平,第功授宣武将军,除威州刺史。用廉,擢同知延安尹,再迁昭义军节度使。

正隆南伐,为武毅军都总管。撒八反,海陵以事诛契丹名将,成以本军守磁,即遣妻子还汴。海陵用是不疑。时人高其有识。改神武军都总管,与孛术鲁定方为浙东道先锋,使由淮阴进兵。以所部护粮赴扬州,敌兵乘夜来攻,成整兵奋击,斩刈甚众。会海陵庶人死,军还,复镇昭义。

大定二年,以廉在优等,改河中尹。再除临洮尹,招降乔家等族首领结什角。迁南京留守,召拜枢密副使,封任国公。改北京留守。卒。讣闻,上悼惜之,授其子顺思阿不武功将军,世袭咸平路钞赤邻猛安下查不鲁谋克。

结什角者,西番既衰,其苗裔曰董毡,其子曰巴毡角,始附宋,赐姓赵,改名顺忠。顺忠子永吉,永吉子世昌,皆受宋官,为左武大夫,遥领莱州防御使,袭把羊族长。朝廷定陕西,世昌换忠翊校尉。既而鬼芦族长京臧杀世昌,朝廷遣兵执京臧,斩之临洮市,以世昌子铁哥为把羊族都管。大定四年,宋人破洮州,铁哥弟结什角与其母走入乔家族避之。乔家族首领播逋与邻族木波陇逋、庞拜、丙离四族耆老大僧等立结什角为木波四族长，号曰王子。其地北接洮州、积石军。其南陇逋族，南限大山，八百余里不通人行。东南与叠州羌接。其西丙离族，西与卢甘羌接。其北庞拜族，与西夏容鲁族接。地高寒，无丝枲五谷，惟产青稞，与野菜合酥酪食之。其疆境共八千里，合四万余户。其居随水草畜牧，迁徙不常。结什角念朝廷为其父报雠，欲弃四族归朝，四族不许。成至临洮，使人招结什角，乃率四族来附，进马百匹，仍请每年贡马。诏曰："远人慕义，朕甚嘉之。其遣能吏往抚其众，厚其赏赐。"

初，天会中，诏以旧积石地与夏人，夏人谓之祈安城。有庄浪四族，一曰吹折门，二曰密臧门，三曰陇逋门，四口庞拜门，虽属夏国，叛服不常。大定六年，夏人破灭吹折、密臧二门，其陇逋、庞拜二门与乔家族相邻，遂归结什角。夏国遣使来告庄浪族违命作乱，欲兴兵剪除。朝廷不知陇逋、庞拜二门旧属夏国，报以将检会其地旧所隶属，毋擅出兵。

结什角之母居于庄浪族中。大定九年，结什角往省其母，夏人伺知之，遂出兵围结什角，招之使降。结什角不从，率所部力战，溃围出，夏人斫断其臂，虏其母去，部兵亦多亡者。结什角寻亦死，遗言请命朝廷，复立乔家族首领。陕西奏："闻知夏国王李仁孝与其臣任得敬中分其国，发兵四万，役夫三万，筑祈安城，杀乔家族首领结什角。屡获宋谍人，言宋欲结夏国谋犯边境。"诏遣大理卿李昌图、左司员外郎粘割斡特剌往按之，且止夏人毋筑祈安城及处置乔家等族别立首领。夏国报云："祈安本积石旧城，久废，边臣请设戍兵镇抚庄浪族，所以备盗，非有他也。结什角以兵入境，以是杀之，不知为乔家族首领也。"李昌图等按视，杀结什角之地本在夏境，筑祈安城已毕工，皆罢归，不得宋、夏交通之状，乃于熙秦迫近宋、夏冲要量添戍兵。及问乔家等族民户，愿以结什角侄赵师古为首领，于是诏以赵师古为木波乔家、丙离、陇逋、庞拜四族都钤辖，加宣武将军。

　　石抹卞本名阿鲁古列。五代祖王五，辽驸马都尉。父五斤为群牧使，从睿宗秋山，卞年十三，已能射，连获二鹿，睿宗奇之，赐以良马及金吐鹘。

　　天会末，宗弼为右监军，召卞隶帐下，丁父忧，是时宗磐为太师，挞懒为左副元帅，人争附之，使人召卞，卞不往。宗磐、挞懒皆以罪诛，人多其有识。宗弼复取河南，与宋人战于颍州，汉军少却，卞身被七创，率勇士十余骑奋击，败之。及宋称臣，宗弼选尝有劳者与俱入朝，授卞忠勇校尉。迁宣武将军，除河间少尹。察廉，升遂州刺史，改寿州，再改唐州。丁母忧去官，起复唐州刺史。

　　海陵伐宋，卞为武毅军都总管，由别道进兵。遇宋伏兵数百人，以三十骑击败之，遂下信阳军及罗山县。至蒋州，宋守将弃城遁，因取其城。顷之，军士皆欲逃归，阑子山猛安结汉军三猛安谋克劫卞还，舍于奖水之曲。卞乃阴约汉军将吏乘夜掩杀阑子山猛安，复将其军。

　　大定二年，除郑州防御使，以本官领行军万户伐宋。迁武胜军节度使。宋人请和，明年，有水牛数百头自淮南走入州境，僚佐欲收之充官用，卞不听，复驱过淮还之。迁河南尹，转西南路招讨使，改大名尹。大名多盗而城郭不完，卞请修大名城。奏可。城完葺，盗贼不得发。徙临洮尹，卒官，年六十三。

　　杨仲武字德威，保安人。父遇，以勇闻关西，为宥州团练使。宋末，仲武谒经略使王庶求自效，遂用为先锋。屡室入关，仲武与鄜延路兵马都郑建充俱降，为安塞堡。环庆路兵马都监。皇统初，复陕西，将兵戍凤翔，屡却宋军。除知宁州。关中荐饥，境内盗贼纵横，仲武悉平之。改坊州刺史，复知宁州，迁同知临洮尹，改同知河中府。

　　海陵营缮南京，典浮桥工役。临洮地接西羌，与木波杂居，边将贪暴，木波苦之，遂相率为寇掠。仲武前治临洮，乃从数骑入其营谕之曰："此皆将校侵渔汝等,以至此尔。今惩治此辈,不复扰害汝也。"并以祸福晓之,羌人喜悦,寇掠遂息。至是,木波复掠熙河,熙河主帅使人谕之,不肯去,曰:"杨总管来,我乃解去。"熙河具奏,诏复遣仲武。当是时,木波谓仲武不能复来,及仲武至,与其酋帅相见,责以负约。对曰:"边将苦我,今之来,求诉于上官耳。今幸见公,愿终身不复犯塞。"乃举酒酹天,折箭为誓。仲武因以卮酒饮之曰:"当更为汝请,若复背约,必用兵矣。"羌人罗拜而去。

及伐宋,以仲武为威定军都总管,驻兵归德。大定三年,除武胜军节度使,改陕西西路转运使,卒。

蒲察世杰本名阿撒,曷速馆斡笃河人,徙辽阳。初在梁王宗弼军中。为人多力,每与武士角力赌羊,辄胜之。能以拳击四岁牛,折胁死之。有粮车陷淖中,七牛挽不能出,世杰手挽出之。宗敏为东京留守,召置左右。海陵篡立,即以为护卫。

海陵谓世杰曰:"汝勇力绝伦,今我兄弟有异志者,期以十日除之,则有非常之赏,仍尽以各人家产赐汝。"世杰受诏而不肯为。已过十日,海陵怒,面责之。世杰曰:"臣自誓不以非道害物,虽死不敢奉诏。"海陵爱其勇,不之罪也。正隆四年,调诸路兵伐宋,年二十以上、五十以下皆籍之。他使者唯恐不如诏书,得数多,世杰往曷懒路得数少。海陵怪问之,对曰:"曷懒地接高丽,今若多籍其丁,即有缓急,何以为备?"海陵喜曰:"他人用心不能及也。"除同知安国军节度使事,赐银二百五十两、绢彩六百匹、马二匹。

是时征发不已,民不堪命,犯法者众,邢久无长吏,狱囚积四百余人。世杰到官月余,决遣略尽。入为宿直将军,以事往胡里改路,还奏:"契丹部族大抵皆叛,百姓惊扰不安。今举国南伐,贼若乘虚入据东土根本之地,虽得江、淮,无益也。宜先讨平契丹,南伐未晚。"海陵不悦曰:"诏令已出矣。今以三万兵选将屯中都以北,足以镇压。"世杰又曰:"若东土大族附于贼,恐三万众未易当也。"海陵不听。

及发汴京,授郑州防御使,领武捷军副总管。大军渡淮,世杰以军三千护粮饷东下,败宋兵数千人,夺其战船甚众。至和州境,击宋兵五万人走之。明日,使其子兀迭领二百八十骑为应兵,自领八百骑前战,连射六十余人皆应弦而毙,宋兵遂奔溃。海陵欲观水战,使世杰领水军百人试之。宋人舟大而多,世杰舟小,乃急进,至中流取胜而还。

大定初,世杰复取陕州,败宋兵石壕镇,复败宋援兵三千人,遂围陕州。宋兵二千自潼关来,世杰以兵二百四十迎击之,射杀十余人,宋兵败走。复败之于土壕山,生擒一将。复以兵三百至斗门城,遇宋兵万余,宋将三人挺枪来刺世杰,世杰以刀断其枪,宋兵乃退。复以四谋克军败宋兵于土华,复围陕州。世杰尝擐甲佩刀,腰箭百支,持枪跃马,往来军中。敌人见而异之,曰:“真神将也。”亲率选卒二百余人穴地以入,城遂拔。再破宋军三万人,复虢州。

未几,为卫州防御使,改河南路统军都监。召赴阙,上慰劳良久,除西北路副统,赐厩马、弓矢、佩刀。从仆散忠义讨契丹。贼平,改华州防御使,与徒单合喜经略陇右。合喜复德顺,至东山堡,宋兵捍绝樵路,世杰击走之,追至城下。城中出兵约二万余,败之,杀伤甚众。宋经略使荆皋弃德顺走,世杰与左都监璋追破其军。改亳州防御使,四迁通远军节度使。宋人辄入巩州境粜米面,有司执之,世杰署案作归附人,纵遣之。译吏蔡松寿诬府主谋叛,坐斩。十八年,起为弘州刺史。母忧去职。累迁亳州防御使,卒。

世杰少贫,然疏财尚气,每临阵,敌众既败,必戒士卒毋纵杀掠。平居非忠孝不言,亲贤乐善,甚获当世之誉云。

萧怀忠本名好胡,奚人也。为西北路招讨使。萧裕等谋立辽后,使萧招折往西北路结怀忠,并结节度使耶律朗为助。怀忠与朗有隙,遂执招折并执朗,遣使上变。裕等既诛,怀忠为枢密副使,赐今名。复为西北路招讨使,西京留守,封王。改南京留守。

契丹撒八反,复以怀忠为西京留守、西南面兵马都统,与枢密使仆散思恭、北京留守萧赜、右卫将军萧秃剌、护卫十人长斡卢保往讨之。萧秃剌战无功，大军追撒八不及。而海陵意谓怀忠与萧裕皆契丹人，本同谋，逾年乃执招折上变，而撒八亦契丹部族，恐其合，以师恭与太后密语，而秃剌无功，怀忠、赜、师恭逸贼，既杀师恭，族灭其家，使使即军中杀赜、怀忠，皆族之。斡卢保、秃剌初为罪首，但诛之而已。大定三年，追复赜、怀忠、秃剌、斡卢保官爵。赜弟安州刺史颐求袭赜之谋克，上不许谋克而以赜家产付之。

移剌按答，辽横帐人也。父留斡，与耶律余睹俱来降。西京下，复叛，留斡遇害。按答以死事之子，授左奉宸。熙宗初，充护卫，除安州刺史，累官东京副留守。参知政事完颜守道经略北方，摄咸平路屯军都统。入为兵部侍郎，徙西北、西南两路旧设堡戍迫近内地者于极边安置，仍与泰州、临潢边堡相接。除武定军节度使，以招徕边部功迁东北路招讨使，改临潢尹，卒。

按答骑射绝伦，善相马，尝论及善射者，世宗曰："能如卿乎？"阅马于市，见良马，虽羸瘦，辄与善价取之，他日果良马也。

孛术鲁阿鲁罕，隆州邑离葛山人，年八岁，选习契丹字，再选习女直字，既壮，为黄龙府路万户令史。贞元二年，试外路胥吏三百人补随朝，阿鲁罕在第一，补宗正府令史。累擢尚书省令史。仆散忠义讨窝斡，辟置幕府，掌边关文字，甚见信任。窝斡既平，阿鲁罕招集散亡，复业者数万人。

复从忠义伐宋，屡入奏事，论列可否。上谓宰相曰："阿鲁罕所言，可行者即行之。"宋人请和，忠义使阿鲁罕往。和议定，阿鲁罕入奏，赐银百两、重彩十端。忠义荐可阿鲁罕有才干，可任尚书省都事，诏以为大理司直。未几，授尚书省都事，除同知顺天军节度事。纥石烈志宁北巡，阿鲁罕摄左右司郎中。还朝，除刑部员外郎，再迁侍御史。上问纥石烈良弼曰："阿鲁罕何如人也？"对曰："有干材，持心忠正，出言不阿顺。"数日，迁劝农副使，兼同修国史，侍御史如

故。改右司郎中。奏请徒河南戍军屯营城中者于十里外，从之。迁
吏部侍郎，除山东统军都监，徒置河南八猛安。迁武胜军节度使。入
为吏部尚书，改西南路招讨使。有司督本路猛安人户所贷官粟，阿
鲁罕乞俟丰年，从之。军人有以甲叶贸易诸物，天德榷场及界外岁
采铜矿，或因私挟兵铁与之市易，皆一切禁绝之。上番军不许用亲
戚、奴婢及佣雇者，营堑损圯以时葺治，不与所部猛安谋克会宴，故
兵民皆畏爱之。

上谓太尉守道曰："阿鲁罕及上京留守完颜乌里也皆起身胥
吏，阿鲁罕为人沉厚，其贤过之。"改陕西路统军使兼京兆尹，陕西
军籍有阙，旧例用子弟补充。而材多不堪用，阿鲁罕于阿里喜旗鼓
手内选补，军人以春牧马，经夏不收饲，脊弱多死，阿鲁罕命以时收
秣之，故死损者少。仍春秋督阅军士骑射，以严武备。终南采漆者，
节其期限，检其出入，以防奸细。上谓宰相曰："阿鲁罕所至称治，陕
西政迹尤著，用之虽迟，亦可得数年力也。"召为参知政事，命条上
天德、陕西行事，上称善，以疾乞致仕，除北京留守，卒。

赞曰：记曰"君子听磬声，则思死封疆之臣"。《传》曰"疆场之
事，慎守其一而备其不虞。"故守戍边圉之臣不可以不论焉。

赵兴祥，平州卢龙人。六世祖思温，辽这燕京留守，封天水郡
王。父瑾，辽静江军节度使。兴祥以父任阁门祗候，谒告省亲于白
霤。会辽季土贼据郡作乱，兴祥携母及弟妹奔燕京，不能进，乃自柳
城涉砂碛，夜视星斗而行。仅达辽军，而不知辽主所向，遂还柳城。
及娄室获辽主，兴祥乃归国，从宗望伐宋，为六宅使。

天眷初，累官同知宣徽院事。母忧去官。熙宗素闻兴祥孝行，
及英悼太子受册，以本官起复，护视太子。转右宣徽使。天德初，改
左宣徽使。海陵尝问兴祥，欲使子弟为官，当自言。兴祥辞谢。海
陵善之，赐以玉带，诏曰："汝官虽未至一品，可佩此侍立。"为济南
尹，赐车马、金币、金银器皿，改绛阳军节度使，召为太子少保，封广

平郡王，改封钜鹿。正隆初，例夺王爵，迁太子少傅，封申国公，起为定武军节度使，海陵伐宋，兴祥二子从军。

世宗即位，海陵尚在淮南，二子未得还。兴祥来见于平州，世宗嘉其诚款，以为秘书监，复为左宣徽使。上曰："尚食庖人猥多，徒费廪禄。朕在藩邸时，家务皆委执事者，自即位以来，事皆留心，俸禄出于百姓，不可妄费，庖人可约量损减。"近臣献琵琶，世宗却之，谓兴祥曰："朕忧劳天下，未尝以声伎为心，自今勿复有献，宜悉谕朕意。"有司奏南北边事未息，恐财用未给，乞罢修神龙殿凉位工役。上即日使兴祥传诏罢之。久之，以其孙珣为阁门祗候。

十五年，上幸安州春水，召兴祥赴万春节。上谒于良乡，赐银五百两，感风眩，赐医药。未几，卒官。

石抹荣字昌祖。七世祖仕辽，封顺国王。辽主奔天德，荣父惕益挺身赴之。是时，荣方六岁，母忽土特满携之流离道路，宗室神谷得之，纳为次室，荣就养于神谷家。惕益既见辽主，委以军事。军败被执，将杀之，金源郡王银术可曰："彼忠于所事，杀之何以劝后。"遂释之。后从伐宋，卒于军中。

荣年长，事秦王宗翰，居幕府。天眷二年，充护卫。熙宗宴饮，命胙王元与荣角力，荣胜之，连仆力士六七人。熙宗亲饮之酒，赐以金币，迁宿直将军。天德初，除开远军节度使。入谢，不觉泣下。海陵问其故。对曰："老母在神谷家，违去膝下，是以感泣。"乃诏其母与之俱行，仍赐钱万贯。改天德尹，徙泰宁军，再除延安、东平尹。海陵南征，为神果军都总管，留驻泗州，以遏通卒。

大定初，还镇东平，与户部尚书梁铢按治山东盗贼。二年，以本官充山东东西、大名等路都统。有疾，改太原尹，徙益都尹。丁母忧，起复召为签书枢密院事，北京、东京留守，陕西路统军使，南京、西京留守。

荣与河南尹娄室、陕州防御使石抹靳家奴皆坐高贾卖私物、抑贾买民物得罪。靳家奴前为单州刺史，廉察官行郡，乃劫制民使作虚誉,用是得迁同知太原尹,复多取民利。及为陕州,尚书省奏其事,法当解职削阶,上以靳家奴鼓虚声以诳朝廷,不可恕,特诏除名。荣与娄室削两阶解职。久之,荣除临潢尹,改临洮尹。卒,年六十三。

敬嗣晖字唐臣,易州人。登天眷二年进士第,调怀安丞,迁弘政令,补尚书省令史。有才辩,海陵为宰相,爱之,及篡立,擢起居注,历谏议大夫、吏部侍郎、左宣徽使。贞元三年八月,尚食烹饪失宜,庖官各杖二百,嗣晖与同知宣徽院事乌居仁各杖有差。久之,拜参知政事。正隆六年伐宋,留张浩及嗣晖于南京,治尚书省事。

世宗即位,恶嗣晖巧佞,御史大夫完颜元宜劾奏萧玉、嗣晖、许霖等六人不可用。嗣晖降通议大夫,放归田里。嗣晖练习朝仪,进止应对闲雅,由是起为丹州刺史,戒谕之曰:“卿为正隆执政,阿顺取容,朕甚鄙之。今当竭力奉职,以洗前日之咎。苟或不悛,必罚无赦。”未几,丁母忧,起复为左宣徽使。

世宗颇好道术,谓嗣晖曰:“尚食官毋于禁中杀羊豕,朔望上七日有司毋奏刑名。”大定七年,蒲察通除肇州防御使,上责其饰诈,因顾嗣晖曰:“如卿不可谓无才,但纯实不足耳。”久之,有榜匿名书于通衢者,称海陵旧臣不得用者有怨望心,将图不轨。上曰:“岂有是哉。”谓嗣晖曰:“正隆时。卿为执政,今指卿以为怨望,朕极知其不然。卿性明达能辨,但颇自炫,钓众人之誉,所以致此媒蘖,后当改之。”

大定十年,将有事南郊,廷议嗣晖在海陵时凡宗庙禘祫辄行太常事,复拜参知政事,诏以执政冠服摄太常。礼成,薨。

赞曰:赵兴祥、石抹荣自拔流离艰厄中,而克有所树立,固其识之过人,亦其所遭际致然也。迹世宗之却声技、减庖人,仁爱若是,而其下孰不兴起哉。

金史卷九二
列传第三○

毛硕　李上达　曹望之
大怀贞　卢孝俭　卢庸
李偲　徒单克宁

毛硕字仲权，甘陵人。宋末，试弓马子弟，硕中选，调高阳关路安抚司准备差使。寻辟河间尉，再辟兵马都监。宗望军至，硕以本部迎降。齐国建，由淮东路第一副将擢知滑州。刘麟伐宋，充行营中军统制军马。天眷间，历汴京路、山东西路兵马都监。皇统元年，权知拱州。宋将张俊据亳州，而柘城酒监房人杰叛以应俊，硕发兵讨之。至柘城，躬扣城门，呼耆老以谕意。县人缚人杰以降。硕径入县署，召百姓慰安之，众皆感悦，刻石纪其事。四年，真授拱州刺史，元帅梁王宗弼承制超武义将军，改知曹州。有书生投书于硕，辞涉谤讪，僚属皆不能堪。硕延之上座，谢曰："使硕常闻斯言，庶乎寡过。"士论以故嘉之。迁郑州防御使，寻改通州。

天德二年，充陕西路转运使。硕以陕右边荒，种艺不过麻、粟、荞麦，赋入甚薄，市井交易惟川绢、干姜，商贾不通，酒税之入耗减，请视汴京、燕京例给交钞通行。而巩、会、德顺道路多险，盐引斤数太重，请一引分作三四，以从轻便。朝廷皆从之。秦州仓粟陈积，而百姓有支移者，止就本州折纳其直，公私便之。改河东南路转运使。上言："顷者，定立商酒课，不量土产厚薄、户口多寡及今昔物价之增耗,一概理责之,故监官被系,失身破家,折佣逃窜。或为奸吏盗有实钱,而以赊券输官,故河东有积负至四百余万贯,公私苦之。请自今禁约酒官,不得折准赊贷,惟许收用实钱,则官民俱便。"至今行之。秩满,除南京路都转运使。

大定六年,致仕,卒于家。硕文雅好事,性谨饬,每见古人行事有益于时者,常书置座右,以为莅官之戒云。

李上达字达道,曹州济阴人。在宋时以荫补官,累东平府司户参军。挞懒取东平,上达给军须,号办治。齐国建,为吏部员外郎,摄户部事。刘豫行什一之法,乐岁输多,歉岁寡取之。盖古人助法也。收敛之时,蓄积盖藏,民或不以实输官,官亦不肯尽信,于是告讦起而狱讼繁,公私苦之。上达论其弊,豫改定为五等之制。

齐国废,以河南与宋人,上达随地人宋,宗弼复取河南,上达为同知大名尹,按察陕西、河南。是时,关、陕、蒲、解、汝、蔡民饥,上达辄以便宜发仓粟赈百姓。累迁知山东西路转运使。上达到官再期,比旧增三十余万贯。户部以其法颁之邻路。上达长于吏事,能治繁剧,猾吏不能欺,所至称之。卒官,年六十一。

曹望之字景萧,其先临潢人,辽季移家宣德。天会间,以秀民子选充女直字学生。年十四,业成,除西京教授。为元帅府书令史,补正令史,转行台省令史。录教授资,补修武校尉,除右司都事。吏部侍郎田珏素薄望之,望之愿交不肯纳,遂与蔡松年、许霖构致党狱。改行台吏部员外郎。

海陵为相,尝以书致其私,望之不从。天德元年,调同知石州军州事,坐事免。丁母忧,久之,除绛阳军节度副使,入为户部员外郎。诏买牛万头给按出虎八猛安徙居南京者,望之主给之。撒八反,转致甲仗八万自洺州输燕子城。运米八十万斛由蔡水入淮,馈伐宋诸军。期以一日,望之如期集事。进本部郎中,特赐进士及第。

大定初,讨窝斡,望之主军食,给与有节,凡省粮三十万石,省铤草五十万石，帅府以捷入告，议者欲遂罢转输，望之以为元恶未诛，不可弛备。既而大军追讨，果赖以济。以劳进一阶。兼同修国史。请于大盐泺设官榷盐，听民以贮米贸易，民成聚落，可以固边围，其利无穷。从之。其后凡贮米二十余万石。及东北路岁饥，赖以济者不可胜数。

三年，上曰："自正隆兵兴，农桑失业，猛安谋克屯田多不如法。"诏遣户部侍郎魏子平、大兴少尹同知中都转运事李涤、礼部侍郎李愿、礼部郎中移剌道、户部员外郎完颜兀古出、监察御史夹谷阿里补及望之分道劝农，廉间职官臧否。望之还言，乞汰诸路胥吏，可减其半。诏胥吏如故。于是始禁用贴书云。迁本部侍郎，领复实缮修大内财用，费用大省。复以劳进阶，上召见谕勉之。

望之家奴袁一言涉妖妄，大兴府鞫治。望之恐，使户部令史刘公辅问其事于大兴少尹王全，全具其事语公辅，公辅以语望之。御史台劾奏刘公辅言泄狱情。上曰："妖妄之言，交相传说何也？"于是，望之决杖一百，王全杖八十，刘公辅杖一百五十，除名。

顷之，运河堙塞，世宗出郊见之，问其故。主者奏曰："户部不肯经画，岁久乃致如此。"上责望之曰："有水运不浚治，乃用陆运，烦费民力，罪在汝等，其往治之。"尚书省奏当用夫役数万人。上曰："方春耕作，不可劳民，以宫籍监户及摘东宫、诸王人从充役，若不足即以五百里内军夫补之。"

《太宗实录》成，监修国史纥石烈良弼赐金带一、重彩二十端。同修国史张景仁、刘仲渊、望之皆赐银币有差。望之叹赏薄，谓人曰："栽花接木乃加爵命，勤劳者不迁官。"无何，张景仁迁翰林学士，望之又曰："止与他人便遣，独不及我哉。"世宗闻之，出望之德州防御使，谓之曰："汝为人能干而心不忠实。朕前往安州春水，人言汝无事君之义。朕敕臣下，有过即当谏争。汝但面从，退则谤议，此不忠不孝也。汝自五品起迁四品，《太宗皇帝实录》成，优赐银币，不思尽心竭力，惟官赏是觊。今出汝于外，宜改心涤虑。不然，则身亦莫保。"望之到德州，有惠政，百姓为立生祠。改同知西京留守事。

上书论便宜事:

其一,论山东、河北猛安谋克与百姓杂处,民多失业。陈、蔡、汝、颍之间土广人稀,宜徙百姓以实其处,复数年之赋以安辑之。百姓亡命及避役军中者,阅实其人,使还本贯。或编近县以为客户,或留为佃户者,亦籍其姓名。州县与猛安事干涉者无相党匿,庶几军民协和,盗贼弭息。

其二,论荐举之法虚文无实。宰相拔擢及其所识,不及其所不识。内外官所举亦辄不用,或指以为朋党,遂不敢复举。宜令宰执岁举三品二人,御史大夫以下内外官终秩举二人,自此以下以品杀为差等。终秩不举者遇转官勒不迁,三品者削任俸三月。其举者已改除,吏部以类品第,季而上之。三品阙则于类第四品中补授,四品五品以下视此为差。其待以不次者,宰执具才行功实以闻。举当否罪当如律。廉介之士老于令幕无举主者、七考无赃私罪者,准朝官三考劳叙。吏部每季图上外路职官姓名,路为一图,大书赃污者于其名下,使知畏慎。外任五品以上官改除,令代之者具功过以闻。年六十以上者,终更赴调,有司察其视听精力,老疾不堪厘务,给以半禄罢遣。

其三,论守边将师及沿边州县官渔剥军民,擅兴力役,宜岁遣监察御史周行察之。边部有讼,招讨司无得辄遣白身人征断,宜于省部有出身女直、契丹人及县令丞簿中择廉能者,因其风俗,略定科条,务为简易。征断羊马入官籍数,如边部遇饥馑,即以此赈给之。招讨及都监视事,宜限边部馈送驼马。招讨司女直人户或撷野菜以济艰食,而军中旧籍马死则一村均钱补买,往往鬻妻子、卖耕牛以备之。臣恐数年之后边防困弊,临时赈济,费财十倍而无益,早为之所,则财用省而边备实矣。官给军箭用尽,则市以补之,皆朽钝不堪用,可每岁给官箭一分,以补其阙。边民阙食给米,地远负重,往往就仓贱卖而去,可计口支钱,则公私两便。陕西正副,宜如猛安谋克用土人一员,队将亦宜参用土人,久居其任。增弓箭田,复其赋役。以廉吏为提举,举察总管府以下官。农隙校阅,以严武备。则太平之时有经略之制矣。

又论六盐场用人，宜令户部公议辟举。

论漕运，先计河仓见在几何，通州容受几何，京师岁费几何。今近河州县岁税或六七万石，小民有入资之费，富室收转输之利，宜计实数以科税人。

论民间私钱苦恶，宜以官钱五百易私钱千，期以一月易之，过期以销钱法坐之。

论州府力役钱物，户部颁印署白簿，使尽书之，以俟审阅，有畏避不书者坐之。

论工部营造调发，妨民生业。诸路射粮军约量人数，习武艺，期以三年成，以息调民。

书奏，多见采纳。以本官行六部事于北边，召拜户部尚书。上数之曰："汝前为侍郎以不忠外补，颇能练习钱谷，故任以尚书之重，宜改前非，以图新效也。"

是时户部尚书高德基坐高估俸粟责降，世宗念望之吝出纳或惩德基也，既出，使人谕之曰："勿以高德基下粟直，要在平估而已。"十五年新宫成，世宗幸新宫，敕望之曰："新宫中所须，毋取于民间也。"有良民夫妇质身于东京留守完颜毅英家，期终而不遣，尚书省下东京鞫治。望之言毅英为留守，其同官必且阿徇，不肯穷竟，当移他州。

望之久习事，有治钱谷名，性刚愎，颇沾沾自露，希觊执政。而刑部尚书梁肃自详问宋国使还，世宗尝欲以为执政，久而未用，亦颇炫耀求进。世宗谓左丞相纥石烈良弼曰："曹望之、梁肃急于见知，涉于躁进。"遂出梁肃为济南尹。数年，乃召拜参知政事。而望之终于户部尚书，年五十六。世宗惜其未及用，赐钱三千贯，敕使致祭，赙银五百两、重彩二十端、绢二百匹，以其子渊为奉御，泽为笔砚承奉。

其后，尚辇局举出身人年六十余可以临事，世宗曰："岂为此辈惜官邪，但此辈专以盗取官钱为谋生计，不可用也。"由是欲更改监临格式,以问户部尚书刘玮。玮恐监官谤己,不肯实对。世宗因思望之,叹曰:"不如望之之敢行也。"

望之初不学,及贵,稍知读书,遂刻苦自致,有诗集三十卷。

大怀贞字子正,辽阳人。皇统五年,除阁门祗候,三迁东上阁门使。丁母忧,起复符宝郎,累官右宣徽使。正隆伐宋,为武胜军都总管。

大定二年,除洺州防御使兼押军万户,改沂州,再迁彰国、安武军节度使。县尉获盗,得一旗,上图亢宿。诘之,有谋叛状,株连几万人。怀贞当以乱民之刑,请诛其首乱者十八人,余皆释之。尝以私忌饭僧数人,就中一僧异常,怀贞问曰:"汝何许人也?"对曰:"山西人。"复问"曾为盗杀人否?"对曰:"无之。"后三日诘盗,果引此僧,皆服其明察。改兴中尹。锦州富民萧鹤寿涂中杀人,匿府少尹家,有司捕不得,怀贞以计取之,置于法。改彰德军节度使,卒。

卢孝俭,宣德州人,登天眷二年第,调宪州军事判官,补尚书省令史,累官太原少尹。大定二年,陕西用兵,尚书省发本路税粟赴平凉充军实,期甚严迫。孝俭辄易以金帛,驰至平凉,用省而不失期,并人称之。用廉,进官二阶,迁同知广宁尹。广宁大饥,民多流亡失业,乃借僧粟,留其一岁之用,使平其价市与贫民,既以救民,僧亦获利。累迁山东东路转运使。

孝俭素褊躁,与同僚王公谨失欢。其子尝私用官幐,孝俭不知也。既而改河北西路转运使,公谨乃发其事。孝俭闻被逮,莫测所以,行至章丘,自缢死。

卢庸字子宪,蓟州丰润人。大定二十八年进士,调唐州军事判官,再调定平县令。庸治旧堰,引泾水溉田,民赖其利。补尚书省令史,除南京转运副使,改中都户籍判官。察廉,迁礼部主事,累官凤翔治中。大安三年，征陕西屯田军卫中都，以庸签三司事，主兵食。至潞州，放还屯田军，庸改乾州刺史，入为吏部郎中。

至宁元年，改陕西按察副使。夏人犯边，庸缮治平凉城池，积刍粟，团结士兵为备。十一月，夏人掠镇戎，陷泾、邠，遂围平凉。庸矢尽，募人取夏兵射城上箭以济急用，出府库赏有功者，人乐为死，平凉赖以完。贞祐二年，庸移书陕西行省仆散端，大概谓庆阳、平凉、德顺陕西重地，长安以西邠为厄塞，当重兵屯守。诏赏平凉功，庸进官四阶，迁按察转运使。

三年，诏诸道按察司讲究防秋，庸陈便宜曰："自鄜延至积石，虽多沟坂，无长河大山为之屏蔽，恃弓箭手以御侮，其人皆刚猛善斗，熟于地利，夏人畏之。向者徙屯他所，夏人即时犯边，此近年深患也。人情乐土，且耕且战，缓急将自奋。"又曰："防秋之际，宜先清野。"又曰："掌军之官不宜临时易代，兵家所忌，将非其人，屡代何益？"无何，有言庸老不胜任者，即罢之。

未几，改定海军节度使，山东乱，不能赴，按察司劾之，当夺两官，审理官直之。庸以病请求医药，遂致仕。兴定三年，卒。

李偲字子友，定州安喜人。中天眷二年进士，调辽山簿，累官户部主事。丁母忧，起复旧职，除同知河东南路转运使事。大定初，改同知中都路转运使事。仆散忠义行台省事于汴京，奏偲幕府，世宗曰："李偲方治京畿漕事，行省可他选也。"三年，权知登闻检院，再迁户部侍郎，上曰："户部，财用出入，朕难其人。卿非旧劳，资叙尚浅，勿以秩满例升三品，因循岁月，若不自勉，必不汝贷。"偲每朝会与高德基屏人私语。上闻而怪之，问右丞石琚曰："李偲果何如人？"琚曰："亦干事吏耳。"改同知北京留守、沂州防御使。

沂南边郡，户部符借民闲田，种禾取药秸，备警急用度。偲曰："如此则农民失业。"具奏止之。转运司牒郡输粟朐山，调急夫数万人，是时久雨泥泞，挽运不能前进。偲遣吏往朐山刺取其官廪，见储粮数可支半岁,即具其事牒运司,请缓期,毋自困百姓。先是,郡县街陌间听民作廛舍,取其僦直。至是,罢收僦直,廛舍一切撤毁。他郡奉承号令,督百姓必尽撤去,使街陌绳齐矢棘如初时然后止。偲独教民撤治前却不齐一者三五所,使巷道端正即已,民便之。改陕西西路转运使,卒。

赞曰:毛硕、李上达、曹望之、李偲之流,皆金之能吏也。望之悻悻然以求大用,君子无取焉。

徒单克宁本名习显,其先金源县人,徙居比古土之地,后徙置猛安于山东,遂占籍莱州。父况者,官至汾阳军节度使。

克宁资质浑厚,寡言笑,善骑射,有勇略,通女直、契丹字。左丞相希尹,克宁母舅。熙宗问希尹表戚中谁可侍卫者,希尹奏曰:“习显可用。”以为符宝祗候。是时,悼后干政,后弟裴满忽土侮克宁,克宁殴之。明日,忽土以告悼后,后曰:“习显刚直,必汝之过也。”已而,充护卫,转符宝郎,迁侍卫亲军马步军都指挥使,改忠顺军节度使。

克宁娶宗干女嘉祥县主,同母兄蒲甲判大宗正事,海陵心忌之,出为西京留守,搆致其罪诛之,因降克宁知滕阳军。历宿州防御使、胡里改路节度使、曷懒路兵马都总管。

大定初,诏克宁以本路兵会东京。迁左翼都统。诏与广宁尹仆散浑坦、同知广宁尹完颜岩雅、肇州防御使唐括乌也,从右副元帅完颜谋衍讨契丹窝斡。趋济州。谋衍用契丹降吏糺者计策袭贼辎重,克宁与纥石烈志宁为殿,与贼遇于长泺。谋衍使伏兵于左翼之侧。贼二万余蹑吾后,又以骑四百余突出左翼伏兵之间,欲绕出阵后攻我。克宁与善射二十余人拒之。众曰:“贼众我寡,不若与伏兵合击,或与大军相依,可以万全。”克宁曰:“不可。若贼出阵后,则前后夹击,我败矣,大军不可俟也。”于是奋击,贼乃却。左翼万户襄与大军合击之,贼遂败,追奔十余里,二年四月一日也。越九日,复追及贼于雾淞河。左翼军先与贼战,克宁以骑二千追掩十五里,贼迫涧不得亟渡,杀伤甚众。贼收军返旆,大军尚未至,克宁令军士下马射贼,贼遂引而南。

是时,窝斡已再北,元帅谋衍利卤掠,驻师白泺。世宗讶其持久,遣问之。谋衍曰:"贼骑壮,我骑弱,此少驻所以完养马力也。不然,非益万骑不可胜。"克宁奋然而言曰:"吾马固不少,但帅不得人耳。其意常利虏掠,贼至则引避,贼去则缓随之,故贼常得善牧,而我常拾其蹂践之余,此吾马所以弱也。今诚能更置良帅,虽不益兵,可以有功。不然,骑虽十倍,未见其利也。"朝迁知其议,召还谋衍,以平章政事仆散忠义兼都元帅。师将发,贼声言乞降。克宁曰:"贼初困蹙,且无降意,所以扬言者,是欲缓吾师期也。不若攻其未备,贼若挫衄,则其降必速。如其不降,乘其怠而急击之,可一战而定也。"忠义以为然,乃与克宁出中路,遂败贼兵于罗不鲁之地。贼奔七渡河。负险为栅,克宁觇知贼栅之背其势可上,乃潜师夜登,俯射之,大军自下攻,贼溃,皆遁去。

契丹平,克宁除太原尹。未阅月,宋吴璘侵陕右,元帅左都监徒单合喜乞益兵,遣克宁佩金牌驻军平凉。诏合喜曰:"朕遣克宁参议军事,此其智勇足敌万人,不必益军也。"克宁至,下令安辑,未几,民皆完聚。

治兵伐宋,右丞相仆散忠义驻南京节制诸军,左副元帅纥石烈志宁经略边事,克宁改益都尹,监山东路兵马都总管、行军都统。四年,元帅府欲遣左都监璋以兵四千由水路进,诏曰:"可付都统徒单习显,仍益兵二千,择良将副之。璋可经略山东。"于是,克宁出军楚、泗之间,与宋将魏胜相拒于楚州之十八里口。魏胜取弊舟凿其底,贯以大木,列植水中,别以船载巨石贯以铁锁,沉之水底,以塞十八里口及淮渡舟路,以步兵四万人屯于淮渡南岸、运河之间。克宁使斜卯和尚选善游者没水,系大绳植木上,数百人于岸上引绳拽一植木,皆拔出之,撤去沉船。进至淮口,宋兵来拒,隔水矢石俱发,斜卯和尚以竹编篱捍矢石,复拔去植木沉船,师遂入淮。与宋兵夺渡口，合战数四，猛安长寿先行薄岸，水浅，先率劲卒数人涉水登岸，败其津口兵五百人，余众皆济。宋兵四百余自清河口来，镇国上将军蒲察阿离合懑以步兵百人御之。克宁自与扎也银术可五骑先行六七里与战，银术可先登，奋击败之。宋大兵整阵来拒，克宁麾兵前战，自旦至午，宋兵败，逾运河为阵，余众数千皆走入营中。克宁使以火箭射其营舍，尽焚，逾河撤桥，与其大军相会。隔水射之，宋兵不能为阵。猛安钞兀以六十骑击宋骑兵千余，不利，少却。克宁以猛安塞剌九十骑横击之，宋兵大败。追至楚州，射杀魏胜，遂取楚州及淮阴县。是役也，塞剌功居多。是时，宋屡遣使请和，仆散忠义、纥石烈志宁约以世为叔侄国，割还海、泗、唐、邓四州。宋人尚迁延有请，及克宁取楚州，宋人乃大惧，一一如约。

兵罢，改大名尹，历河间东平尹，召为都点检。十一年，从丞相志宁北伐，还师。十一月皇太子生日，世宗置酒东宫，赐克宁金带。明年，迁枢密副使，兼知大兴府事，改太子太保，枢密副使如故。拜平章政事，封密国公。

克宁女嫁为沈王永成妃，得罪，克宁不悦，求致仕，不许，罢为东京留守。明年，上将复相克宁，改南京留守，兼河南统军使。遣使者谕之曰："统军使未尝以留守兼之，此朕意也。可过京师入见。"克宁至京师，复拜平章政事，授世袭不扎土河猛安兼亲管谋克。

世宗欲以制书亲授克宁，主者不知上意，及克宁已受制，上谓克宁曰："此制朕欲亲授与卿，误授之于外也。"又曰："朕欲尽徙卿宗族在山东者居之近地，卿族多，官田少，无以尽给之。"乃选其最亲者徙之。十九年，拜右丞相，徙封谭国公。克宁辞曰："臣无功，不明国家大事，更内外重任，当自愧。乞归田里，以尽余年。"上曰："朕念众人之功无出卿右者，卿慎重得大臣体，毋复多让。"克宁出朝，上使徒单怀忠谕之曰："凡人醉时醒时处事不同，卿今日亲宾庆会，可一饮，过今日可勿饮也。"克宁顿首谢曰："陛下念臣及此，臣之福也。"

克宁为相，持正守大体，至于簿书期会，不屑屑然也。世宗尝曰："习显在枢密,未尝有过举。"谓克宁曰："宰相之职,进贤为上。"克宁谢曰："臣愚幸得备位宰辅,但不能明于知人,以此为恨耳。"二十一年,左丞相守道为尚书令,克宁为左丞相,徙封定国公,恳求致仕。上曰："汝立功立事,乃登相位,朝廷是赖,年虽及,未可去也。"后三日,与守道奏事,俱跪而请曰："臣等齿发皆衰,幸陛下赐以余年。"上曰："上相坐而论道,不惟其官惟其人,岂可屡改易之邪?"顷之,克宁改枢密使,而难其代。复以守道为左丞相,虚尚书令位者数年,其重如此。未几,以司徒兼枢密使。二十二年,诏赐今名。二十三年,克宁复以年老为请。上曰："卿昔在政府,勤劳夙夜,除卿枢密使亦可以优逸矣。朕念旧臣无几人,万一边隅有警,选将帅,授方略,山川险要,兵道军谋,舍卿谁可与共者?勉为朕留。"克宁乃不敢复言。

二十四年,世宗幸上京,皇太子守国,诏左丞相守道与克宁俱留中都辅太子。上谓克宁曰："朕巡省之后,万一有事,卿必躬亲之,毋忽细微,图难于其易,可也。"二十五年,左丞相守道赐宴北部,诏克宁行左丞相事。

是时,世宗自上京还,次天平山清暑,皇太子薨于京师,诸王妃主入宫吊哭,奴婢从入者多,颇喧杂不严。克宁遣出之,身护宫门,严饬殿廷宫门禁卫如法,然后听宗室外戚入临,从者有数。谓东宫官属曰："主上巡幸,未还宫阙,太子不幸至于大故,汝等此时能以死报国乎? 吾亦不敢爱吾生也。"辞色俱厉,闻者肃然敬悼。章宗时为金源郡王,哀毁过甚,克宁谏曰："哭泣,常礼也。郡王身居冢嗣,岂以常礼而忘宗社之重乎?"召太子侍读完颜匡曰："尔侍太子日久,亲臣也。郡王哀毁过甚,尔当固谏。谨视郡王,勿去左右。"世宗在天平山,皇太子讣至,哀恸者屡矣。闻克宁严饬宫卫,谨护皇孙,嘉其忠诚而愈重之。

九月,世宗还京师。十一月,克宁表请立金源郡王为皇太孙,以系天下之望。其略曰："今宣孝皇太子陵寝已毕,东宫虚位,此社稷安危之事,陛下明圣超越前古,宁不察此,事贵果断,不可缓也。缓之则起觊觎之心，来谗佞之言。谗佞之言起，虽欲无疑得乎？兹事深可畏、大可慎，而不畏不慎，邑惟储位久虚，而骨肉之祸，自此始矣。臣愚不避危身之罪，伏愿亟立嫡孙金源郡王为皇太孙，以释天下之惑，塞觊觎之端，绝搆祸之萌，则宗庙获安，臣民蒙福。臣备位宰相，不敢不尽言，惟陛下裁察。”

逾月，有诏起复皇孙金源郡王判大兴尹，封原王。世宗储子中赵王永中最长，其母张玄征女，玄征子汝弼为尚书左丞。二十六年，世宗出汝弼为广宁尹。于是，左丞相守道致仕，遂以克宁为太尉，兼左丞相。原王为右丞相，因使克宁辅导之。

原王为丞相方四日，世宗问之曰：“汝治事几日矣？”对曰：“四日。”“京尹与省事同乎？”对曰：“不同。”上笑曰：“京尹浩穰，尚书省总大体，所以不同也。”数日，复谓原王曰：“宫中有四方地图，汝可观之，知远近厄塞也。”世宗与宰相论钱币，上曰：“中外皆患钱少，今京师积钱止五百万贯，除屯兵路分其他郡县钱可运至京师。”克宁曰：“郡县钱尽入京师，民间钱益少矣。若起运其半，其半变折轻赍，庶几钱货流布也。”上嘉纳之。

章宗虽封原王，为丞相，克宁犹以未正太孙之位，屡请于世宗，世宗叹曰：“克宁，社稷之臣也。”十一月戊午，宰相入见于香阁，既退，原王已出，克宁率宰臣屏左右奏立太孙，世宗许之。庚申，诏立原王右丞相为皇太孙。

明日，徒单公弼尚息国公主纳币，赐六品以上宴于庆和殿。上谓诸王大臣曰：“太殿忠实明达，汉之周勃也。”称叹再三。克宁进酒，上举觞为之釂。有诏给太尉假三日。明年正月，复求解机务。上曰：“卿遽求去邪？岂朕用卿有未尽乎？或因喜怒用刑赏乎？其他宰相未有能如卿者，宜勉留以辅朕。卿若思念乡土，可以一往，不必谢政事。三月一日朕之生辰，卿不必到，从容至暑月还京师相见。”四月，克宁还朝，入见上。上问曰：“卿往乡中，百姓皆安业否？”克宁曰：“生业颇安，然初起移至彼，未能滋殖耳。”未几，以丞相监修国史。上问史事，奏曰：“臣闻古者人君不观史，愿陛下勿观。”上曰：

"朕岂欲观此？深知史事不详，故问之耳。"初，泸沟河决久不能塞，加封安平侯，久之，水复故道。上曰："鬼神虽不可窥测，即获感应如此。"克宁奏曰："神之所佑者正也，人事乖，则弗享矣。报应之来皆由人事。"上曰："卿言是也。"世宗颇信神仙浮图之事，故克宁及之。

宋前主殂，宋主遣使进遗留物，上怪其礼物薄。克宁曰："此非常贡，责之近于好利。"上曰："卿言是也。"乃以其玉器五事、玻璃器大小二十事及茶器刀剑等还之。

二十八年十一月癸丑，上幸克宁第。初，上欲以甲第赐克宁，克宁固辞，乃赐钱因其旧居宏大之。毕工，上临幸，赐金器锦绣重彩，克宁亦有献。上饮欢甚，解御衣以衣之。诏画克宁像藏内府。

十二月乙亥，世宗不豫。甲申，克宁率宰执入问起居。上曰："朕疾殆矣。"谓克宁曰："皇太孙年虽弱冠，生而明达，卿等竭力辅之。"又曰："尚书省政务权听于皇太孙。"克宁奏曰："陛下幸上京时，宜孝太子守国，诈除六品以下官，今可权行也。"上曰："五品以下亦何不可。"乙酉，诏皇太孙摄行政事，注授五品以下官。诏太孙与诸王大臣俱宿禁中，克宁奏曰："皇太孙与诸王宜别嫌疑，正名分，宿止同处，礼有未安。"诏太孙居庆和殿东庑。丙戌，诏克宁以太殿兼尚书令，封延安郡王。平章政事襄为右丞相，右丞张汝霖为平章政事。戊子诏克宁、襄、汝霖宿于内殿。

二十九年正月癸巳，世宗崩于福安殿。是日，克宁等宣遗诏立皇太孙为皇帝，是为章宗。徒封为东平郡王。诏克宁朝朔望，朝日设坐殿上。克宁固辞，诏近臣勉谕。克宁涕泣谢曰："怜悯老臣，幸免常朝，岂敢当坐礼。"其后，每朝必为克宁设坐，克宁侍立益敬。即位诏文"凡除名开落官吏并量材录用"，张汝霖奏真盗枉法不可恕，克宁曰："陛下初即位行非常之典，赃吏误沾恩宥其害小，国之大信不可失也。"章宗深然之。无何，拜进太傅，兼尚书令，赐尚衣玉带。乞致仕，不许。诏译《诸葛孔明传》赐之。诏尚书省曰："太傅年高，旬休外四日一居休，大事录之，细事不须亲也。"赐金五百两、银五千两、钱千万、重彩二百端、绢二千匹。

尚书省奏猛安谋克愿试进士者听之，上曰："其应袭猛安谋克者学于太学可乎？"克宁曰："承平日久，今之猛安谋克其材武已不及前辈，万一有警，使谁御之？习辞艺，忘武备，于国弗便。"上曰："太傅言是也。"章宗初即位，颇好辞章，而疆场方有事，故克宁言及之。

明昌二年，克宁属疾，章宗往视之。克宁顿首谢曰："臣无似，尝蒙先帝任使，陛下即位，属以上相，今臣老病，将先犬马填沟壑，无以辅明主绥四方，陛下念臣驽怯，亲枉车驾临幸，死有余罪矣。"是日，即榻前拜太师，封淄王，加赐甚厚。

是岁二月，薨，遗表，其大概言："人君往往重君子而反疏之，轻小人而终昵之。愿陛下慎终如始，安不忘危，而言不及私，"诏有司护丧事，归葬于莱州，谥曰忠烈。明昌五年，配享世宗庙廷，图像衍庆宫。大安元年，改配享章宗庙廷。

赞曰：徒单克宁可谓大臣矣，功高而身愈下，位盛而心愈劳。《经》曰："在上不骄，高而不危，制节谨度，满而不溢"，所以长守富贵。故曰忠信匪懈，不施其功，履盛满而不忘，德之上也。孜孜勉勉，恪守职业，不居不可成，不事不可行，人主知之，次也。谏期必行，言期必听，为其事必有其功者，又其次也。

金史卷九三
列传第三一

显宗诸子

琮　璹　从彝　从宪　玠

章宗诸子

洪裕　洪靖　洪熙　洪衍　洪辉
忒邻

卫绍王子

按辰　从恪

宣宗诸子

庄献太子　玄龄　守纯

独吉思忠　承裕　仆散揆
抹捻史扢搭　宗浩

　　显宗孝懿皇后生章宗,昭圣皇后生宣宗,诸姬田氏生郓王琮、瀛王璆、霍王从彝、刘氏生瀛王从宪,王氏生温王玠。

　　郓王琮本名承庆,母田氏,其后封裕陵充华。琮仪观丰伟,机警清辩,性宽厚,好学。世宗选进士之有名行者纳坦谋嘉教之,女直小字及汉字皆通习。及长,轻财好施,无愠色,善吟咏,不喜闻人过,至于骑射绘塑之艺,皆造精妙。大定十八年,封道国公。二十六年,加崇进。章宗即位,迁开府仪同三司,封郓王。明昌元年,授婆速路获火罗合打世袭猛安,留京师。五年,薨。上辍朝,亲临奠于殡所。谥曰庄靖,改庄惠。

　　瀛王璆本名桓笃,郓王琮之同母弟也。重厚寡言,内行修饬,工诗,精于骑射、书艺、女直大小字。大定二十二年,封崇国公。二十六年,加崇进。章宗即位,迁开府仪同三司,封瀛王,明昌三年,薨。敕葬事所须皆从官给,命工部侍郎胥持国等典丧事。比葬,帝三临奠,哭之恸。谥曰文敬。其后帝谓辅臣曰:"王性忠孝,兄弟中最为善人,故朕尝命在左右。温王虽幼,亦佳。不二旬俱逝,良可哀悼。"

　　霍王从彝本名阿怜,母田氏早卒,温妃石抹氏养为己子。大定二十五年,封宿国公,加崇进。二十六年,赐名瓒。章宗即位,封沂王。明昌元年,谕旨有司曰:"丰、郓、瀛、沂四王府各赐奴婢七百人。"四年,诏追封故鲁王永功为赵王,以从彝为赵王后。承安元年,为兵部尚书,改封蔡。四年,除秘书监。泰和五年,赐今名。八年,封霍。贞祐二年,薨。

瀛王从宪本名吾里不,母刘氏,后封裕陵茂仪,大定二十六年,赐名琦,章宗即位,加开府仪同三司,封寿王。承安元年,以郊祀恩进封英。四年,改封瀛。泰和五年,更赐今名。六年,授秘书监。八年,薨。

从宪风仪秀峙,性宽厚,善骑射,待府僚以礼,秩满去者皆有赆。帝尤爱重,初以病闻,即临问之,赐钱五百万。还宫,诏府僚上其疾增损状,仍敕门司夜一鼓即奏,比五更重言之。及薨,上哭之恸,为辍朝临奠者再。谕旨判大睦亲府事宛王永升曰:"瀛王家事,叔宜规画。闻其二姬方孕,若生子,即以付之。"以右宣徽使移剌都护其丧葬,敛以内库之服,其余所须,亦从官给。谥曰敦懿。

温王玠本名谋良虎,母王氏,后封裕陵婉仪。玠幼颖秀,性温秀,好学。大定二十九年,章宗即位,加开府仪同三司,封温王。明昌三年,薨,年十一。讣闻,上为辍朝,亲临奠哭之。谥曰悼敏。

章宗钦怀皇后生绛王洪裕,资明夫人林氏生荆王洪靖。诸姬生荣王洪熙、英王洪衍、寿王洪辉,元妃李氏生葛王忒邻。

洪裕,大定二十六年生。是时显宗薨逾年,世宗深感,及闻皇曾孙生,喜甚,满三月,宴于庆和殿,赐曾孙金鼎,金香合,重彩二十端,骨睹犀、吐鹘玉山子、兔儿垂头一副,名马二匹。章宗进玉双驼镇纸、玉琵琶拨、玉凤钩、骨睹犀具佩刀,衣服一袭。世宗御酒歌欢,乙夜方罢,二十八年十月丙寅,薨。明昌三年,追封绛王,赐名。

洪靖本名阿虎懒,明昌三年生。生而警秀,上所钟爱。四年,薨。

承安四年,追封荆王,赐名,加开府仪同三司。

洪熙本名讹鲁不,明昌三年生,未弥月薨。承安四年,追封荣王,赐名,加开府仪同三司。

洪衍本名撒改,明昌四年生,未几薨。承安四年,追封英王,赐名,加开府仪同三司。

洪辉本名讹论,承安二生五月生,弥月,封寿王。闰六月壬午,病急风,募能医者加宣武将军,赐钱五百万。甲申,疾愈,印《无量寿经》一万卷报谢,衍庆宫作普天大醮七日,无奏刑名,仍禁屠宰。十月丁亥,薨,备礼葬。

忒邻,泰和二年八月生。上久无皇嗣,祈祷于郊、庙、衍庆宫、亳州太清宫,至是喜甚。弥月,将加封,三等国号无惬上意者,念世宗在位最久,年最高,初封葛王,遂封为葛王。十二月癸酉,生满百日,放僧道度牒三千道,设醮玄真观,宴于庆和殿,百官用天寿节礼仪,进酒称贺,三品以上进礼物。泰和三年,薨。

卫绍王六子,大定二十六年,赐名猛安曰琚,按出曰瑄,按辰曰璪。

泰和七年,诏按辰出继郑王永蹈后,诏曰:“朕追惟郑邸,误蹈非彝,藁窆原野,多历岁年,怛然轸怀,有不能已,乃诏追复王爵,备礼改葬,今稽式古典,命汝为郑王后,守其祭祀。”

大安元年,封子六人为王,从恪胙王,有任王、巩王、余弗传。是岁,从恪为左丞相。二年八月,立从恪为皇太子。至宁未,胡沙虎杀卫王,从恪兄弟皆废居中都。贞祐二年,徙郑州。四年,徙居南京。天兴元年,崔立以从恪为梁王,汴京破,死焉。

赞曰：章宗晚年，继嗣不立，遂属意卫绍王。卫绍历年不永，诸子凡禁锢二十余年，镐厉王诸子禁锢四十余年，长女鳏男皆不得婚嫁。天兴初，方弛其禁，金亡祚后可知矣。

庄献太子名守忠，宣宗长子也。其母未详，说在《王后传》。胡沙虎既废卫王，时上未至，即迎守忠入居东宫。贞祐元年闰九月甲申，立为皇太子，诏曰："朕以眇躬，嗣服景命，念祖宗之遗统，方夙夜以靡遑，将上以承九庙之灵，而下以系多方之望。皇太子守忠性秉温良，地居长嫡，以次弟言之，则宜升储嗣，以典礼质之，则足惬群情，其立为皇太子。"十月己未，以镇国上将军、太子少保阿鲁罕为太子少师。庚申，上遣谕曰："朕宫中每事裁减，汝亦宜知时艰，斟酌撙节也。"又谓曰："时方多难，每事当从贬损，吾已放宫人百余矣，东宫无用者亦宜出之。汝读书人，必能知此也。"

二年四月，宣宗迁汴，留守中京。七月，召至汴。三年正月，薨。上临奠殡所凡四次，四月，葬迎朔门外五里。谥庄献。五月，立其子铿为皇太孙，始二岁。十二月薨，四年正月，赐谥冲怀太孙。

玄龄，或曰庄献太子母弟，早卒，末封爵。或曰丽妃史氏所生。

荆王守纯本名盘都，宣宗第二子也。母曰真妃庞氏。贞祐元年，封濮王。二年，为殿前都点检兼侍卫亲军都指挥使，权都元帅，上谕帅府曰："濮王年幼，公事殊未谙，卿等毋以朕子故不相规戒。凡见将校，令谦和接遇可也。"三年，为枢密使。四年，拜平章政事。兴定元年，授世袭东平府路三屯猛安。三年，以知管差除令史梁璊，误书转运副使张正伦宣命，奏乞治罪。上曰："令史有犯，宰臣自当治之，何必关朕耶？"是年三月，进封英王。时监察御史程震言其不法，宣宗切责，杖司马及大奴尤不法者数人。四年九月，守纯欲发丞相高琪罪，密召知案蒲鲜石鲁剌、令史蒲察、胡鲁、员外郎王阿里谋之，且属令勿泄,而石鲁剌胡鲁辄以告都事仆散奴失不,奴失不白高琪。及高琪伏诛,守纯劾三人者泄密事,奴失不免死,除名,石鲁剌、胡鲁各杖七十,勒停。

元光二年三月壬子,上戒谕守纯曰:"始吾以汝为相者,庶几相辅,不至为人讥病耳。汝乃惟饮酒耽乐,公事漫不加省,何耶? 吾常闻人言己过,虽自省无之,亦未敢容易去怀也。"又曰:"吾所以责汝者,但以崇饮不事事之故,汝勿过虑,遂至夺权。今诸相皆老臣,每事与之商略,使无赇物议足矣。"

是年十二月庚寅,宣宗病喉痹,危笃,将夕,守纯趣入侍。哀宗后至,东华门已闭,闻守纯在宫,分遣枢密院官及东宫亲卫军总领移剌蒲阿集军三万余屯东华门外。部署定,扣门求见。都点检驸马都尉徒单合住奏中宫,得旨,领符钥开门。哀宗入,宰相把胡鲁已遣人止丞相高汝砺,不听入宫,以护卫四人监守纯于近侍局。是夕,宣宗崩。明日,哀宗即位。

正大元年正月,进封荆王,罢平章政事、判睦亲府,封真妃庞氏为荆国太妃。三月,或告守纯谋不轨,下狱推问。慈圣宫皇太后有言于帝,由是获免,语在《皇后传》。守纯三子,长曰讹可,封肃国公,天兴元年三月进封曹王,出质于军前。次曰某,封戴王。次曰孛德,封巩王。

天兴初,守纯府第产肉芝一株,高五寸许,色红鲜可爱,既而枝叶津流,濡地成血,臭不可闻,铲去复生者再。夜则房楄间群狐号鸣,秉烛逐捕则失所在。未几,讹可出质,哀宗迁归德。明年正月,崔立乱。四月癸巳,守纯及诸宗室皆死青城。

赞曰:《诗》云"天难忱斯,不易维王,天位殷适,使不挟四方。"信哉。守忠立为太子,未几而薨,其子铿立,又薨,哀宗复乏嗣,岂非天乎。正大间,国势日蹙,本支殆尽,哀宗尚且疏忌骨肉,非明惠之贤,荆王几不能免,岂"宗子维城"之道哉。

独吉思忠本名千家奴。明昌六年，为行省都事，累迁同签枢密院事。承安三年，除兴平军节度使，改西北路招讨使。

初，大定间修筑西北屯戍，西自坦舌，东至胡烈么，几六百里。中间堡障，工役促迫，虽有墙隍，无女墙副堤。思忠增缮，用工七十五万，止用屯戍军卒，役不及民。上嘉其劳，赐诏奖谕曰："直乾之维，扼边之要，正资守备，以靖翰藩，坦垒弗完，营屯未固。卿督兹事役，唯用戍兵，民不知劳，时非淹久，已臻休毕，仍底工坚。赖尔忠勤，办兹心画，有嘉乃力，式副予怀。"赐银五百两、重币十端。入为签枢密院事，转吏部尚书，拜参知政事。

泰和五年，宋渝盟有端，平章政事仆散揆宣抚河南。揆奏宋人懦弱，韩侂胄用事，请遣使诘问。上召大臣议。左丞相宗浩曰："宋久败之国，必不敢动。"思忠曰："宋虽羁栖江表，未尝一日忘中国，但力不足耳。"其后，果如思忠策。六年四月上召大臣议伐宋事，大臣犹言无足虑者。或曰："鼠窃狗盗，非用兵也。"思忠执前议曰："不早为之所，彼将误也。"上深然之。

七年正月，元帅左监军纥石烈执中围楚州，久不能下，宰臣奏请命大臣节制其军，及益兵攻之。思忠请行。上曰："以执政将兵攻一小州，克之亦不武。"乃用唐宰相宣慰诸军故事，以思忠充淮南宣慰使，持空名宣敕赏立功者。诏大臣宿于秘书监，各具奏帖以闻。明日，诏百官集议于广仁殿，问对者久之。既而宋人来请和。议遂寝。

顷之，进拜尚书右丞。大安初，拜平章政事。三年，与参知政事承裕将兵屯边，方缮完乌沙堡，思忠等不设备，大元前兵奄至，取乌月营，思忠不能守，乃退兵，思忠坐解职。卫绍王命参知政事承裕行省，既而败绩于会河堡云。

承裕本名胡沙，颇读孙、吴书，以宗室子充符宝祗候。除中都左警巡副使，通括户籍，百姓称其平。迁殿中侍御史，改古警巡使、彰德军节度副使、刑部员外郎，转本部郎中。历会州、惠州刺史，迁同知临潢府事，改东北路诏讨副使。以病免，起为西南招讨副使。

泰和六年，伐宋，迁陕西路统军副使，俄改通远军节度使、陕西兵马都统副使，与秦州防御使完颜璘屯成纪界。宋吴曦兵五万由保岔、姑苏等谷袭秦州，承裕、璘以骑兵千余人击走之，追奔四十里，凡六战，宋兵大败，斩首四千余级。诏承裕曰：“昔乃祖乃父，戮力戎旅，汝年尚少，善于其职，故命汝与完颜璘同行出界。昔汝自言得兵三万足以办事，今以石抹仲温、术虎高琪及青宜可与汝军相合，计可六万，斯亦足以办矣。仲温、高琪兵道险阻，汝兵道甚易也。自秦州至仙，人关才四百里耳，从长计画，以副朕意。”诏完颜璘曰：“汝向在北边，以干勇见称，顷以过失，逮问有司。近知与宋人奋战，故特赦免，仍充副统，如能佐承裕立功业，朕于官赏，岂复吝惜。闻汝临事颇黠，若复速自罪，且不赦汝矣。”

宋吴曦使其将冯兴、杨雄、李珪以步骑八千入赤谷，承裕、璘及河州防御使蒲察秉铉逆击破之。宋步兵保西山，骑兵走赤谷。承裕遣部将唐括按答海率骑二百驰击宋步兵，甲士蒙括挺身先入乘之，宋步兵大溃，追奔至皁郊城，斩二千余级。猛安把添奴追宋骑兵，杀千余人，斩杨雄、李珪于阵，冯兴仅以身免。承裕进兵克成州。

八年，罢兵，迁河南东路统军使，兼知归德府事，俄改知临潢府事。赐金带、重币十端、银百五十两。大安初，召为御史中丞。三年，拜参知政事，与平章政事独吉思忠行省戍边。乌沙堡之役不为备，失利，朝廷独坐思忠，诏承裕主兵事。

八月，大元大兵至野狐岭，承裕丧气，不敢拒战，退至宣平。县中土豪请以士兵为前锋，以行省兵为声援，承裕畏怯不敢用，但问此去宣德间道而已。土豪嗤之曰：“溪涧曲折，我辈谙知之。行省不知用地利力战，但谋走耳，今败矣。”其夜，承裕率兵南行，大元兵踵击之。明日，至会河川，承裕兵大溃，承裕仅脱身，走入宣德。大元游兵入居庸关，中都戒严。识者谓金之亡决于是役，卫绍王犹薄其罪，除名而已。

崇庆元年，起为陕西安抚使。至宁元年，迁元帅右监军，兼咸平府路兵马都总管，与契丹留可战，败绩。改同判大睦亲府事、辽东宣抚使。贞祐初,改临海军节度使,卒。

赞曰:曹刿有言:"一鼓作气,再而衰,三而竭。"夫兵以气为主,会河堡之役,独吉思忠、承裕沮丧不可复振,金之亡国,兆于此焉。

仆散揆本名临喜,其先上京人,左丞相兼都元帅沂国武庄公忠义之子也。少以世胄,选为近侍奉御。大定十五年,尚韩国大长公主,擢器物局副使,特授临潢府路赫沙阿世袭猛安。历近侍局副使、尚衣局使、拱卫直副都指挥使,为殿前左卫将军。罢职,世宗谕之曰:"以汝宣献皇后之亲,故令尚主,置之宿卫,谓当以忠孝自励。日者乃与外人窃议,汝腹中事,朕不能测,其罢归田里。"寻起为滦州刺史,改蠡州,入为兵部侍郎、大理卿、刑部尚书。

章宗即位,出为泰定军节度使,改知临洮府事。以政迹闻。升河南路统军使。陕西提刑司举揆"刚直明断,狱无冤滞。禁戢家人,百姓莫识其面。积石、洮二州旧寇皆遁,商旅得通。"于是,进官一阶,仍诏褒谕。

明昌四年,郑王永蹈谋逆,事觉,揆坐尝私品藻诸王,独称永蹈性善,静不好事,乃免死,除名。未几,复五品阶,起为同知崇义军节度使事。以战功迁西北路副招讨,进官七阶,赐金马盂一、银二百两,重彩一十端。复以战功升西南路招讨使兼天德军节度使,赐金五百两、重彩一十端。复出御边,尝转战出塞七百里,至赤胡睹地而还。优诏褒谕,迁一官,仍许其子安贞尚刑国长公主,且许揆入谢,礼成,归镇。

会韩国大长公主薨,揆来赴,上谕之曰:"北边之事,非卿不能办。"乃赐战马二,即日遣还。揆沿徼筑垒穿堑,连亘九百里,营栅相望,烽候相应,人得恣田牧,北边遂宁。复以手诏褒谕,且欲大用,以知兴中府事纥石烈子仁代之,敕尽以方略授子仁。既入,拜参知政事,改授中都路胡土爱割蛮世袭猛安。进拜尚书右丞。寻出经略边事,还拜平章政事,封济国公。

　　泰和五年，宋人渝盟，以揆为宣抚河南军民使。上谕之曰："朕即位以来，任宰相未有如卿之久者，若非君臣道合，一体同心，何以及此。先丞相亦尝总师南边，效力先朝，今复委卿，谅无过举。朕非好大喜功，务要宁静内外。宋人屈服，无复可议，若恬不改，可整兵渡淮，扫荡江左，以继尔先公之功。"即以尚厩名马、玉束带、内府重彩及御药赐之。揆至汴，搜练将士，军声大振。会天寿节，特遣其子安贞赐宴，且命持白玉杯以饮揆，及上秋猎所亲获鹿尾舌为赐。宋人服罪，即罢宣抚使，召揆还。

　　六年春，宋人复数路来侵，取泗州，取灵璧，围寿春。命揆为左副元帅以讨之。揆至军前，集诸将校告以朝廷吊伐之意，分遣将士御敌。复取临淮、蕲县，而符离、寿春之围亦解去。敌屡败衄，悉遁出境。上即遣提点近侍局乌古论庆寿持手诏劳问征讨事宜，仍赐玉具剑一、玉荷莲盏一、金器一百两、重彩一十端。寻复以诏褒谕。赐玉鞍勒马二及玉具佩刀、内府重彩、御药，以旌其功。

　　宋人既败退，上欲进讨，乃召揆赴阙，戒以师期，宴于庆和殿，亲谕之曰："朕以赵扩背盟，侵我疆场，命卿措画。曾未期月，诸处累报大捷。振我国威，挫彼贼锋，皆卿之力，朕不能忘。"是日宠锡甚厚，特收其次子宁寿为奉御，乃密授以成算，俾还军。

　　十一月，揆总大军南伐，分兵为九路进。揆以行省兵三万出颍寿，至淮，宋人旅拒于水南。揆密遣人测淮水，惟八叠滩可涉，即遣奥屯骧扬兵下蔡，声言欲渡。宋帅何汝砺、姚公佐悉锐师屯花靥以备。揆乃遣右翼都统完颜赛不、先锋都统纳兰邦烈潜渡八叠，驻南岸。揆麾大军直压其阵。敌不虞我卒至，皆溃走，自相蹂践，死于水者不可胜计。进得颍口，下安丰军，遂攻合肥，取滁州，尽获其军实。上遣使谕之曰："前得卿奏，先锋已夺颍口，偏师又下安丰，斩馘之数，各以万计。近又西帅奏捷，枣阳、光化既为我有，樊城、邓州亦自溃散。又闻隋州阖城归顺，山东之众久围楚州，陇右之师克期出界。卿提大兵攻合肥，赵扩闻之，料已破胆，失其神守。度彼之计，乞和为上。昔尝画三事付卿，以今事势计之，径渡长江，亦其时矣。淮南既为我有,际江为界,理所宜然。如使赵扩奉表称臣,岁增贡币,缚送贼魁,还所浮掠,一如所谕,亦可罢兵。卿宜广为渡江之势,使彼有必死之忧,从其所请而纵之,仅得余息偷生,岂敢复萌他虑。卿于此时,经营江北,劳徕安集,除其虐政横赋,以良吏抚安疲民,以精兵分守要害,虽未系赵扩之颈,而朕前所画三事,上功已成矣。前入见时,已尝议定,会复谆谆者,欲决卿成功尔。机会难遇,卿其勉之。"

既而,宋帅丘崈奉书乞和,揆以前五事谕而遣之。复进军围和州,敌以骑万五千驻六合,揆侦知之,即以右翼掩击,斩首八千级,进屯于瓦梁河以控真、扬诸路之冲。乃整列军骑,毕张旗帜,沿江上下,皆金兵焉。于是江表震恐。宋真州兵数万保河桥,复遣统军纥石烈子仁往攻之,分军涉浅,潜出敌后。敌见之大惊,不战而溃,斩首二万余级,生擒其帅刘侹、常思敬、萧从德、莫子容,皆宋骁将也,遂下真州。宋复遣陈璧来告和,揆以乞辞未诚,徒欲缓师,却之。宋人既丧败,不获请成,乃决巨胜、成公、雷塘诸积水以为阻,尽焚其庐舍储积,过江遁去。

揆以方春地湿,不可久留,且欲休养士马,遂振旅而还。次下蔡,遇疾。诏遣宣徽使李仁惠及其子宁寿引太医诊视,仍遣中使抚问。泰和七年二月,薨。讣闻,上哀悼之,辍朝,遣使迎丧殡于都城之北。百官会吊,车驾临奠哭之,赗银一千五百两、重币五十端、绢五百匹,其葬祭物皆从官给。谥曰武肃。

揆体刚内和,与物无忤,临民有惠政。其为将也,军门镇静,赏罚必行。初渡淮,即命撤去浮梁。所至皆因粮于敌,无馈运之劳。未尝轻用士卒,而与之同甘苦,人亦乐为之用。故南征北伐,为一名将云。

抹捻史扢搭,临潢路人也,其先以功授世袭谋克。史扢搭幼袭爵,守边有劳。泰和六年,南鄙用兵,授同知蔡州防御使事。

五月,宁将李爽围寿州,田俊迈陷蕲县,平章政事仆散揆谓诸将曰:"符离、彭城,齐鲁之蔽,符离不守,是无彭城,彭城陷则齐鲁危矣。"乃遣安国军节度副使纳兰邦烈与史抆搭以精骑三千戍宿州。俊迈果率步骑二万来袭,邦烈、史抆搭逆击,大破之。邦烈中流矢。郭倬、李汝翼以众五万继至,遂围城,攻之甚力,城中丛射,敌不能逼。会淫雨潦溢,敌露处劳倦,邦烈遣骑二百潜出敌后突击之。敌乱,史抆搭率骑蹂之,杀伤数千人。敌复闻援军将至,遂夜遁。邦烈、史抆搭蹑其后,黎明合击,大破之,获田俊迈。十月,搉以行省兵三万出颍、寿,史抆搭为骁骑将中军副统,克安丰军,战霍丘,花靥,攻居多。十二月。从攻和州,中流矢卒。

史抆搭形不过中人,而拳勇善斗,所用枪长二丈,军中号为"长枪副统"。又工用手箭,箭长不盈握,每用百数,散置铠中,遇敌抽箭,发鞭挥之,或以指钳取飞掷,数矢齐发,无不中,敌以为神。其箭皆以智创,虽子弟亦不能传其法。在北部守厌山营,敌尤畏之,不敢近。及死,将士皆惋惜之。

内族宗浩字师孟,本名老,昭祖四世孙,太保兼都元帅汉国公昂之子也。贞元中,为海陵庶人入殿小底。世宗即位辽阳,昂遣宗浩驰贺。世宗见之喜,命充符宝祗候。大定二年冬,昂以都元帅置幕山东,宗浩领万户从行,仍授山东东路兵马都总管判官。丁父忧,起复,承袭因闵幹鲁浑猛安,授河南府判官。以母丧解,服阕,授同知陕州防御使事。察廉能第一等,进官一阶,升同知彰化军节度使事,累迁同签枢密院事,改葛苏馆节度使。

世宗谓宰臣曰:"宗浩有才干,可及者无几。"二十三年,征为大理卿,逾年授山东路统军使,兼知益都府事。陛辞,世宗谕之曰:"卿年尚少,以卿近属,有治迹,故以此授卿,宜体朕意。"因赐金带遣之。二十六年,为赐宋主赵昚生日使。还,授刑部尚书,俄拜参知政事。

章宗即位,出为北京留守,三转同判大睦亲府事。北方有警,命宗浩佩金虎符驻泰州便宜从事。朝廷发上京等路军万人以戍。宗浩以粮储未备,且度敌未敢动,遂分其军就食隆、肇间。是冬,果无警。

北部广吉剌者尤桀骜,屡胁诸部入塞。宗浩请乘其春暮马弱击之。时阻𫗦亦叛,内族襄行省事于北京,诏议其事。襄以谓若攻破广吉剌,则阻𫗦无东顾忧,不若留之,以牵其势。宗浩奏:"国家以堂堂之势,不能扫灭小部,顾欲籍彼为捍乎?臣请先破广吉剌,然后提兵北灭阻𫗦。"章再上,从之。诏谕宗浩曰:"将征北部,固卿之诚,更宜加意,毋致后悔。"宗浩觇知合底忻与婆速火等相结,广吉剌之势必分,待彼畏我见讨,而复掣肘仇敌,则理必求降,可呼致也。因遣主簿撒领军二百为先锋,戒之曰:"若广吉剌降,可就征其兵以图合底忻,仍侦余部所在,速使来报,大军当进,与汝击破之必矣。"合底忻者,与山只昆皆北方别部,恃强中立,无所羁属,往来阻𫗦广吉剌间,连岁扰边,皆二部为之也。撒入敌境,广吉剌果降,遂征其兵万四千骑,驰报以待。

宗浩北进,命人赍三十日粮,报撒会于移米河共击敌,而所遣人误入婆速火部,由是东军失期。宗浩前军至忒里葛山,遇山只昆所统石鲁、浑滩两部,击走之,斩首千二百级,俘生口车畜甚众。进至呼歇水,敌势大蹙,于是合底忻部长白古带、山只昆部长胡必剌及婆速火所遣和火者皆乞降。宗浩承诏,谕而释之。胡必剌因言,所部迪列土近在移米河不肯偕降,乞讨之。乃移军趋移米,与迪列土遇,击之,斩首三百级,赴水死者十四五,获牛羊万二千,车帐称是。合底忻等恐大军至,西渡移米,弃辎重遁去。撒与广吉剌部长忒里虎追蹑及之,于窊里不水纵击大破之。婆速火九部斩首、溺水死者四千五百余人,获驼马牛羊不可胜计。军还,婆速火乞内属,并请置吏。上优诏褒谕,迁光禄大夫,以所获马六千置牧以处之。明年,宴赐东北部,寻拜枢密使,封荣国公。

初,朝廷置东北路招讨司泰州,去境三百里,每敌入,比出兵追袭,敌已遁去。至是,宗浩奏徙之金山,以据要害,设副招讨二员,分置左右,由是敌不敢犯。

会中都、山东、河北屯驻军人地土不赡，官田多为民所冒占，命宗浩行省事，诣诸道括籍，凡得地三十余万顷。还，坐以倡女自随，为宪司所纠，出知真定府事。徙西京留守，复为枢密使，进拜尚书右丞相，超授崇进。时惩北边不宁，议筑壕垒以备守戍，廷臣多异同。平章政事张万公力言其不可，宗浩独谓便，乃命宗浩行省事，以督其役。功毕，上赐诏褒责甚厚。

撒里部长陀括里入塞，宗浩以兵追蹑，与仆散揆军合击之，杀获甚众，敌遁去。诏征还，入见，优诏奖谕，躐迁仪同三司，赐玉束带一、金器百两、重币二十端，进拜左丞相。

宋人畔盟，王师南伐，会平章政事揆病，乃命宗浩兼都元帅往督进讨。宗浩驰至汴，大张兵势，亲赴襄阳巡师而还。宋人大惧。乃命知枢密院事张岩以书乞和。宗浩以辞旨未顺却之，仍谕以称臣、割地、缚送元谋奸臣等事。岩复遣方信孺赍其主赵扩誓藁来，且言扩并发三使，将贺天寿节及通谢，仍报其祖母谢氏殂，致书于都元帅宗浩曰：

方信孺还，远贻报翰及所承钧旨，仰见以生灵休息为重，曲示包容矜轸之意。闻命踊跃，私窃自喜，即具奏闻，备述大金皇帝天覆地载之仁，与都元帅海涵春育之德。旋奉上旨，亟遣信使通谢宸庭，仍先令信孺再诣行省，以请定议。区区之愚，实恃高明，必蒙洞照，重布本末，幸垂听焉。

兵端之开，虽本朝失于轻信，然痛罪奸臣之蔽欺，亦不为不早。自去岁五月，编窜邓友龙，六月又诛苏师旦等，是时大国尚未尝一出兵也，本朝即捐已得之泗州，诸军屯于境外者尽令彻戍而南，悔艾之诚，于兹可见。惟是名分之谕，令昔事殊，本朝皇帝本无佳兵之意，况关系至重，又岂臣子之所敢言？

江外之地，恃为屏蔽，倘如来谕，何以为国？大朝所当念察。至于首事人邓友龙等误国之罪，固无所逃，若使执缚以送，是本朝不得自致其罚于臣下。所有岁币，前书已增大定所减之数，此在上国初何足以为重轻，特欲藉手以见谢过之实。倘上国谅此至情，物之多寡，必不深计。矧惟兵兴以来，连岁创残，赋入屡蠲，若又重取于民，岂基元元无穷之困，窃计大朝亦必有所不忍也。于通谢礼币之外，别致微诚，庶几以此易彼。

其归投之人，皆雀鼠偷生，一时窜匿，往往不知存亡，本朝既无所用，岂以去来为意。当隆兴时，固有大朝名族贵将南来者，洎和议之定，亦尝约各不取索，况兹琐琐。诚何足云。倘大朝必欲追求，尚容拘刷。至如泗州等处驱掠人，悉当护送归业。

夫缔新好者不念旧恶，成大功者不较小利。欲望力赐开陈，捐弃前过，阔略他事，玉帛交驰，欢好如初，海内宁谧，长无军兵之事。功烈昭宣，德泽洋溢，鼎彝所纪，方册所载，垂之万世，岂有既乎。重惟大金皇帝诞节将临，礼当修贺，兼之本国多故，又言合遣人使，接续津发，已具公移，企望取接。伏冀鉴其至再至三有加无已之诚，亟践请盟之诺，即底于成，感戴恩德永永无极。誓书副本虑往复迁延，就以录呈。

初，信孺之来，自以和议遂成，辄自称通谢使所参议官。大定中，宋人乞和，以王抃为通问使所参议官，信孺援以为例。宗浩怒其轻妄，囚之以闻。朝廷亦以其为行人而不能孚两国之情，将留之，遣使问宗浩。宗浩曰："今信孺事既未集，自知还必得罪，拘之适使他日有以籍口。不若数其悱易，而释遣之使归，自穷无辞以白其国人，则扩、侂胄必择谨厚者来矣。"于是遣之。而复张岩书曰：

方信孺重以书来，详味其辞，于请和之意虽若婉逊，而所画之事犹未悉从，惟言当还泗州等驱掠而已。至于责贡币，则欲以旧数为增，追叛亡，则欲以横恩为例，而称臣、割地、缚送奸臣三事，则并饰虚说，弗肯如约。岂以为朝廷过求有不可从，将度德量力足以背城借一，与我军角一日胜负者哉？既不能强，又不能弱，不深思熟虑以计将来之利害，徒以不情之语，形于尺牍而勤邮传，何也？

兵者凶器，佳之不祥，然圣人不得已而用之，故三皇、五帝所不能免。夫岂不以生灵为念，盖犯顺负义有不可恕者。乃者彼国犯盟，侵我疆场，帅府奉命征讨，虽未及出师，姑以逐处戍兵随宜捍御，所向摧破，莫之敢当，执俘折馘不可胜计，余众震慑靡然奔溃。是以所侵疆土，旋即底平，爰及泗州亦不劳而复。今乃自谓捐其已得，敛军彻戍，以为悔过之效，是岂诚实之言！据陕西宣抚司申报，今夏宋人犯边者十余次，并为我军击退，枭斩捕获，盖以亿计。夫以悔艾罪咎，移书往来丐和之间，乃暗遣贼徒突我守围，冀乘其不虞，以侥幸毫末，然则所为来请和者，理安在哉！

其言名分之谕，今昔事殊者，盖与大定之事固殊矣。本朝之于宋国，恩深德厚，莫可殚述，皇统谢章可概见也。至于世宗皇帝俯就和好，三十年间恩泽之渥，夫岂可忘。江表旧臣于我，大定之初，以失在正隆，致南服不定，故特施大惠，易为侄国，以镇抚之。今以小犯大，曲在于彼，既以绝大定之好，则复旧称臣，于理为宜。若为非臣子所敢言，在皇统时何故敢言而今独不敢，是又诚然乎哉！又谓江外之地将为屏蔽，割之则无以为国。夫藩篱之固，当守信义，如不务此，虽长江之险，亦不可恃，区区两淮之地，何足屏蔽而为国哉！昔江左六朝之时，淮南屡尝属中国矣。至后周显德间，南唐李景献庐、舒、蕲、黄，画江为界，是亦皆能为国。既有如此故实，则割地之事，亦奚不可！

自我师出疆，所下州军县镇已为我有，未下者即当割而献之。今方信孺赍到誓书，乃云疆界并依大国皇统、彼之隆兴年已画为定，若是则既不言割彼之地，又翻欲得我之已有者，岂理也哉！又来书云通谢礼币之外，别备钱一百万贯，折金银各三万两，专以塞再增币之责，又云岁币添五万两匹，其言无可准。况和议未定，辄前具载约，拟为誓书，又直报通谢等三番人使，其自专如是，岂协礼体。此方信孺以求成自任，臆度上国，谓如此径往，则事必可集，轻渎诳绐，理不可容。

寻具奏闻，钦奉圣训："昔宣、靖之际，弃信背盟，我师问罪，尝割三镇以乞和。今既无故兴兵，蔑弃信誓，虽尽献江、淮之地，犹不足以自赎。况彼国尝自言，叔父侄子与君臣父子略不相远，如能依应称臣，即许以江、淮之间取中为界。如欲世为子国，即当尽割淮南，直以大江为界。陕西边面并以大军已占为定据。元谋奸臣必使缚送，缘彼恳欲自致其罚，可今函首以献。外岁币虽添五万两匹，止是复皇统旧额而已，安得于增？可令更添五万两匹，以表悔谢之实。向汴阳乞和时尝进赏军之物，金五百万两、银五千万、表段裹绢各一百万、牛马骡各一万、驼一千、书五监。今即江表一隅之地，与昔不同，特加矜悯，止令量输银一千万两以充犒军之用。方信孺言语反覆复不足取信，如李大性、朱致知、李璧、吴琯辈似乎忠实，可遣诣军前禀议。据方信孺诡诈之罪，过于胡昉，然自古兵交，使人容在其间，姑放令回报。”

伏遇主上圣德宽裕光大，天覆地容，包荒宥罪，其可不钦承以仰副仁恩之厚！倘犹有所稽违，则和好之事，勿复冀也。夫宋国之安危存亡，将系于此，更期审虑，无贻后悔！

泰和七年九月，薨于汴。其后宋人竟请以叔为伯，增岁币，备犒军银，函奸臣韩侂胄、苏师旦首以献而乞盟焉。讣闻，上震悼，辍朝，命其子宿直将军天下奴奔赴丧所，仍命葬毕持绘像至都，将亲临奠。以南京副留守张岩叟为敕祭兼发引使，莒州刺史女奚列尝葛速为敕葬使，仍摘军前武士及旗鼓笛角各五十人，外随行亲蜀官员亲军送至葬所，赙赠甚厚。谥曰通敏。

赞曰：金自宗弼渡江而还，既而画淮为界。厥后海陵咈众举兵，国用虚耗，上下离心，内难先作。故世宗之初，章宗之末，有事于南，皆非得已，而详问之使每先发焉。侂胄狂谋误国，动非其时，取败宜也。揆、宗浩虽师出辄捷，而行成之使，不拒其来，仪币书辞，抑扬增损之际，有可藉口，即许其平矣。函首之事，宋人亦欲因是以自除其祸耳。虽然，揆、宗浩常胜之家，史挞搭骁勇之将，三人相继而死，和议亦成，天意盖已休息南北之人欤？

金史卷九四
列传第三二

夹谷清臣　襄　夹谷衡
完颜安国　瑶里孛迭

夹谷清臣本名阿不沙，胡里改路桓笃人也。姿状雄伟，善骑射。皇统八年，袭祖驳达猛安。大定元年，闻世宗即位，率本部军六千赴中都会之，以功迁昭武大将军。从右副元帅纥石烈志宁为管押万户，接应左都监完颜思敬，逐窝斡余党，败之柔远，至抹拔里达悉获之。贼平，迁镇国上将军，知颍顺军事。

会宋兵二万袭陷汝州，杀刺史乌古孙麻发及汉军二千。河南统军宗尹遣万户孛术鲁定方与清臣等领骑兵四千往击之。宋人弃城遁，遂复汝州。三年五月，从志宁复取宿州，宋将李世辅大败遁去，志宁复遣清臣等以兵追袭，又败之。捷闻，授宿州防御使。

移博州，改西北路招讨都监，迁乌古十垒部族节度使。十二年，授右副都点检，迁左副都点检，出为陕西路统军使，兼知京兆府事。朝辞，赐以金带厩马，仍谕之曰：“卿典禁兵，日侍左右，勤劳久矣，故以是授卿，宜益思勉。”二十六年，改西京留守，阅三岁，迁枢密副使。

明昌元年，初议出师，以本职充东北路兵马都统制使，既而诏止之。俄以其女为昭仪，眷倚益重。二年，拜尚书左丞。顷之，进平章政事，封芮国公，赐同本朝人。四年，迁右丞相，监修国史。

时议签军戍边，上问：“汉人与夏人孰勇？”清臣曰：“汉人勇。”

上曰："昔元昊扰边，宋终不能制，何也？"清臣曰："宋驭军法不可得知，今西南路人殊胜彼也。"未几，迁崇进，改封戴。一曰，上谓宰臣曰："人有以《八阵图》来上者，其图果何如？朕尝观宋白所集《武经》，然其载攻守之法亦多难行。"清臣曰："兵书皆定法，难以应变。本朝行兵之术，惟用正奇二军，临敌制变，以正为奇，以奇为正，故无往不克。"上曰："自古用兵亦不出奇正二法耳。且学古兵法如学弈棋，未能自得于心，而欲用旧阵势以接敌，亦以疏矣。"

寻上表丐闲，不许。固请，乃赐告省亲，谕之曰："闻卿母老，欲令归省，故特给假五十日，驰驿以往，至彼可为一月留也。"五年二月，上御凝和殿，清臣省觐还，谒上。上问："卿母健否？其寿几何？相别几年矣？"清臣对曰："臣母年八十三矣，别十年，幸颇强健。"上曰："何不来此？"曰："急于家务，故不欲离耳。"上曰："老人多如是，所谓'血气既衰，戒之在得'也。"复谓清臣："胡里改路风俗何如？"对曰："视旧则稍知礼貌，而勇劲不及矣。"因言西南、西北等路军人，其闲习弓矢，亦非复曩时。

六年，迁仪同三司，进拜左丞相，改封密。受命出师，行尚书省事于临潢府。清臣遣人侦知虚实，以轻骑八千，令宣徽使移剌敏为都统，左卫将军充、招讨使完颜安国为左右翼，分领前队，自选精兵一万以当后队。进至合勒河，前队敏等于栲栳泺攻营十四，下之，回迎大军，属部斜出掩其所获羊马资物以归。清臣遣人责其赎罚，北阻鞁由此叛去，大侵掠。上遣责清臣，命右丞相襄代之。承安五年，降授横海军节度使兼沧州管内观察使。

初，上谕宰臣曰："清臣旧有劳效，罪状未甚明，若降授，应须告致仕耳。"初拟知广宁府，上曰："姑与沧州。"既而又曰："与则与之，第恐有人言也。"寻复致仕。泰和二年薨，年七十。子么查剌袭猛安。初议征讨，清臣主其事，既而领军出征，虽屡获捷而贪小利，遂致北边不宁者数岁，天下尤之。

丞相襄本名唵，昭祖五世孙也。祖什古乃从太祖平辽，以功授上京世袭猛安,历东京留守。父阿鲁带,皇统初北伐有功,拜参知政事。

襄幼有志节,善骑射,多勇略,年十八袭世爵。大定初,契丹叛,从左副元帅谋衍以本部兵讨贼,战于肇州之长泺。襄先登鏖击,足中流矢,裹创以战,气愈厉,七战皆胜。谋衍握其手曰:"今日之捷,皆公力也。"贼走渡雾松河,追之。所驻地多草,贼乘风纵火,襄亦纵火,立空地以俟,战十余合,贼益困。襄谓谋衍曰:"今不乘此平殄,后将有悔。"谋衍然之。襄率众搏战。大败之,俘获万计。会朝廷遣平章政事仆散忠义代谋衍将,襄复从忠义追贼至袅岭西之陷泉,及之,率右翼身先奋击,贼大溃,人马相蹂而死,陷泉几平。贼酋窝斡仅与数十骑遁去,卒就擒,论功为第一。有司拟淄州刺史,诏特授亳州防御使,时年二十三。

宋人犯南鄙,襄为颍、寿都统,率甲士二千人渡颍水,败敌兵五千,复颍州,生擒宋帅杨思。次濠州,宋将郭太尉退保横涧山,襄攻之,伏弩射中其膝,督攻愈急,拔之,获郭太尉。既而趋滁州,襄为先锋,将至清流关,得宋侦者,知敌欲三道夜出,掩我不备。左副元帅纥石烈志宁问计。襄曰:"今兵少地隘,倘不得关,敌至,我无所据,必先取之。"曰:"我与若孰往?"襄曰:"元帅国家大臣,讵宜轻动?襄当为公往取。"志宁韪之。襄率骑二千,分二道,一由冲路,自以千兵间道潜登。既近,敌始觉。襄攻克之,据其关,志宁履行战地,顾谓曰:"克敌于不可胜之地,真天下英杰也。"及宋乞盟,班师,召为拱卫直都指挥使,改殿前右卫将军,转左卫,出为东北路招讨都监,迁速频路节度使,移曷懒路兵马都总管。

左丞相志宁疾甚,世宗临问之,志宁荐襄"智勇兼济,有经世才,他人莫及,异时任用,殆胜于臣。"即召授殿前左副都点检。为宋生日使,宋方祈免亲接国书,襄至,宋人屡来议,皆折之,迄成礼而还。授陕西路统军使,赐之尚服、厩马、鞍勒、佩刀。改河南统军使。

入为吏部尚书,转都点检,赐钱千万。世宗谓宰执曰:"襄为人甚蕴藉,非直日,亦入宫规画诸事,事有所付乃退,其公勤如此。若襄之才岂多得哉！”擢御史大夫，逾月，拜尚书右丞，谕之曰：“卿在河南经制边事，甚有统纪，及在吏部，至为点检，尤奉公守法，朕甚嘉之。近长宪台，亦以刚直闻，是用委以机政，其益勉之！”未几，进拜左丞。襄在外任，治有异效，至是朝廷以褒赏廉吏诏天下，列其名以示奖励。二十三年，进拜平章政事，封萧国公。

世宗以金源郡王世嫡皇孙，将加王爵，诏择国号。襄曰：“为天下大计，必先正其本，原者本也，请封原。”从之。故事，诸部族节度使及其僚属多用乣人，而颇有私纵不法者，议改用诸色人。襄曰：“北边虽无事，恒须经略之，若杜此门，其后有劳绩何以处之？请如旧。”他日，议及古有监军之事。襄曰：“汉、唐初无监军，将得专任，故战必胜，攻必克。及叔世始以内臣监其军，动为所制，故多败而少功。若将得其人，监军诚不必置。”并嘉纳之。诏受北部进贡。使还，世宗问边事，具图以进，因上羁縻属部、镇服大石之策，诏悉行之。进拜右丞相，徙封戴。

世宗不豫，与太尉徒单克宁、平章政事张汝霖宿内殿，同受顾命。章宗初即政，议罢僧道奴婢。太尉克宁奏曰：“此盖成俗日久，若遽更之，于人情不安。陛下如恶其数多，宜严立格法，以防滥度，则自少矣。”襄曰：“出家之人安用仆隶？乞不问从初如何所得，悉放为良，若寺观物力元系奴婢之数推定者，并合除免。”诏从襄言。由是二税户多为良者。

明昌元年，同知棣州防御使訾上封事，历诋宰执。太傅克宁奏，訾所言襄预知之。于是诏訾还本猛安，而襄出知平阳府事。移知凤翔，历西京留守，召授同判大睦亲府事，进枢密使，复拜右丞相，改封任。

时左丞相夹谷清臣北御边，措画乖方，属边事急，命襄代将其众，佩金牌，便宜从事。临宴慰遣，赐以貂裘、鞍山、细铠及战马二。时胡汪乣亦叛，啸聚北京、临潢之间。襄至，遣人招之，即降，遂屯临潢。顷之，出师大盐泺，复遣右卫将军完颜充进军斡鲁速城，欲屯守，俟隙进兵。绘图以闻，议者异同，即召面论，厚赐遣还。

　　未几，遣西北路招讨使完颜安国等趋多泉子。密诏进讨，乃命支军出东道，襄由西道。而东军至龙驹河为阻𩣡所围，三日不得出，求援甚急，或请俟诸军集乃发。襄曰："我军被围数日，驰救之犹恐不及，岂可后时？"即鸣鼓夜发。或请先遣人报围中，使知援至。襄曰："所遣者倘为敌得，使知我兵寡而粮在后，则吾事败矣。"乃益疾驰。迟明，距敌近，众请少憩。襄曰："吾所以乘夜疾驰者，欲掩其不备尔。缓则不及。"响晨压敌，突击之，围中将士亦鼓噪出，大战，获舆帐牛羊。众皆奔斡里札河。遣安国追蹑之。众散走，会大雨，冻死者十八九，降其部长，遂勒勋九峰石壁。捷闻，上遣使厚赐以劳之，别诏许便宜赏赉士卒。九月，赴阙，拜左丞相，监修国史，封常山郡王。宴庆和殿，上亲举酒饮，解所服玉具佩刀以赐，俾即服之。

　　十月，阻𩣡复叛，襄出屯北京，会群牧契丹德寿、陀锁等据信州叛，伪建元曰身圣，众号数十万，远近震骇。襄闲暇如平日，人心乃安。初，襄之出镇也，至石门镇，密谓僚属曰："北部犯塞奚足虑。第恐奸人乘隙而动。北京近地军少，当预为之备。"即遣官发上京等军六千，至是果得其用。临潢总管乌古论道远、咸平总管蒲察守纯分道进讨，擒德寿等送京师。

　　契丹之乱，廷臣议罢郊祀，又欲改用正月上辛，上遣使问之，对曰："郊为重礼，且先期诏天下，又藩国已报表贺，今若中罢，何以副四方倾望之意？若改用正月上辛，乃祈谷之礼，非郊见上帝之本意也。大礼不可轻废，请决行之，臣乞于祀前灭贼。"既而贼破，果如所料。郊礼成，进封南阳郡王。始讨契丹，自龙虎卫上将军、节度使以下许承制授之。襄以为赏罚之柄非人臣所预，不敢奉诏。贼平，请委近臣谕旨将士，使知上恩。乃遣李仁惠持宣三十、敕百五十，视功给之。

　　方德寿之叛，诸糺亦剽略为民患，襄虑其与之合，乃称诸糺居之近京地，抚慰之。或曰："糺人与北俗无异，今置内地，或生变奈何？襄笑曰："糺虽杂类，亦我之边民，若抚以恩，焉能无感？我在此，必不敢动。"后果无患。寻诏参知政事裔代领其军。入见，赐钱五千万。明年，以内艰免。翌日，起复视事。时议以契丹户之驱奴尚众，乞尽鬻以散其党，襄以为非便，奏请量存口数，余悉官赎为良，上纳之。

北部复叛，裔战失律，复命襄为左副元帅莅师，寻拜枢密使兼平章政事，屯北京。民方艰食，乃减价出枭仓粟以济之。或以兵食方阙为言，襄曰："乌有民足而兵不足者？"卒行之，民皆悦服。时议北讨，襄奏遣同判大睦亲府事宗浩出军泰州，又请左丞衡于抚州行枢密院，出军西北路以邀阻鞬，而自帅兵出临潢。上从其策，赐内库物即军中用之。其后斜出部族诣抚州降，上专使问襄，襄以为受之便。赐宝剑，诏度宜穷讨。乃令士自赍粮以省挽运，进屯于沔移刺烈、乌满扫等山以逼之。因请就用步卒穿壕筑障，起临潢左界北京路以为阻塞。言者多异同，诏问方略。襄曰："今兹之费虽百万贯，然功一成则边防固而戍兵可减半，岁省三百万贯，且宽民转输之力，实为永利。"诏可。襄亲督视之，军民并役，又募饥民以佣即事，五旬而毕。于是西北、西南路亦治塞如所请。无何，泰州军与敌接战，宗浩督其后，杀获过半，诸部相率送款，襄纳之。自是北陲遂定。

襄还临潢，减屯兵四万、马二万匹。上以信符召还，遣近臣迎劳于途。既至，复抚问于第，入献边机十事，皆为施行，仍厚赐之，复拜左丞相。初，襄至自军，上谕宰臣曰："枢密使襄筑立边堡完固。古来立一城一邑，尚有赏赉，即欲拜三公，三公非赏功官，如左丞相亦非赏功者，虽然可特授之。"遣左司郎中阿勒根阿海降诏褒谕。四年正月，进拜司空，领左丞相如故。

襄重厚寡言，务以镇静守法。每掾有所禀，必问曰："诸相云何？"掾对某相如是，某相如是。襄曰："从某议。"其事无有异者。识者谓襄诚得相体。时上颇更定制度，初置提刑司，又议设清闲职位，如宋朝宫观使，以待年高致仕之官。襄言："年老致仕，朝廷养以俸廪，恩礼至渥。老不为退，复有省会之法，所以抑贪冒，长廉节。若拟别设，恐涉于滥。"又言："省事不如省官，今提刑官吏，多无益于治，徒乱有司事。议者以谓斯乃外台，不宜罢。臣恐混淆之辞，徒烦圣听。且宪台所掌者察官吏非违，正下民冤枉，亦无提点刑狱、举荐之权。若已设难以遽更，其采访廉能不宜隶本司，宜令监察御史岁终体究，仍不时选官廉访。”上皆听纳。俄乞致仕，不许。

时方旱，命有司祈雨，襄及平章政事张万公、参政仆散揆等上表待罪。上召翰林学士党怀英草罪已诏，仍慰谕襄等视事。泰和元年春，承命驰祷于亳州太清宫及后土方岳。以其世封远，特改授河间府路算术海猛安。明年，皇子生，襄复自请报谢。既祀嵩岳，还次芝田之府店，遂以疾薨，年六十三。讣闻，辍朝，遣使祭于路，葬礼依太师淄王克宁。谥曰武昭。命张行简铭其碑。

襄明敏，才武过人，上亲待之厚，故所至有功。其驻军临潢也，有以伪书遗西京留守徒单镒，欲构以罪。书闻，上以书还界襄，其明信如此。既而果获为伪书者。在政府二十年，明练故事，简重能断，器局尤宽大，待掾吏尽礼，用人各得所长，为当世名将相。大安间，配享章宗庙廷。

夹谷衡本名阿里不，山东西路三土猛安益打把谋克人也。大定十三年，创设女直进士举，衡中第四人，补东平府教授。调范阳簿，选充国史院编修官，改应奉翰林文字。世宗尝谓宰臣曰：“女直进士中才杰之士盖亦难得，如徒单镒、夹谷衡、尼庞古鉴皆有用材也。”迁修起居注。章宗立，为侍御史，转右司员外郎，敷奏称旨，升左司郎中。明昌二年，擢御史中丞，未几，拜参知政事。三年八月，以病，表乞致仕，诏抚慰不许。

衡久在告，承诏始出，上见其羸瘠，复赐告一月。四年，诏赐今名，谕之曰：“朕选大臣，俾参机务，必资谋画，协赞治平，其或得失晦而未形，利害胶而未决，正须识见纯直，方能去取合公。比来议事之臣，鲜有一定之论，盖以内无所守，故临事而惑，致有中失，朕将何赖？卿忠实公方，审其是则执而不回，见其非则去而能果，度其事势，有若权衡。汝之所长，衡实似之，可赐名‘衡’。古者命名将以责实，汝先有实，可谓称名，行之克终，乃副朕意。”

参知政事胥持国言区种法。衡曰:"若苟有利,古已行之,且用功多而所种少,复恐荒废土田,徒劳民,无益也。"进尚书右丞。旧制,久历随朝职任者,得奉使江表。衡未使而拜执政,特赐钱六千贯。六年,迁尚书左丞,寻出行省于抚州。洎还入朝,闻父忧去,上亟召回,起复本职。

承安二年,出为上京留守,寻改枢密副使,行院规画边事。三年,以修完封界,赐诏褒谕。四年正月,就拜平章政事,封英国公。薨,年五十一。上闻之恻然,为辍朝,命官致祭赙赠有加。遣使敕葬,谥曰贞献。

完颜安国字正臣,本名阇母。其先占籍上京,世有战功。祖斜婆,授西南路世袭合札谋克。

安国沉雄有谋画,尤善骑射。正隆元年,从军为谋克,常以少击众。大定中,为常出簿,转虹县令。会王府新建,选充虞王府掾。再迁仪鸾局副使。明昌元年,改本局使。会大石部长有乞修岁贡者,朝廷许其请,诏安国往使之。至则率众远迓至帐,望阙罗拜,执礼无惰容。

时北阻𪏆迫近塞垣,邻部欲立功以夸雄上国,议邀安国俱行讨之。安国以未奉诏为辞。强之,不可。或以危言怵之,安国曰:"大丈夫岂以生死易节。暴骨边庭,不犹愈于病死牖下。"众壮其言,馈饩如礼。既还,以奉使称旨,升武卫军都指挥使。出为东北路副招讨,未赴,改西北路副招讨。

六年,左丞相夹谷清臣用兵,以安国为先锋都统。适临潢、泰州属部叛,安国先讨定之,以功迁本路招讨使,兼威远军节度使。承安元年,大盐泺之战,杀获甚众,诏赐金币。既而右丞相襄总大军进,安国为两路都统,大捷于多泉子。襄遣安国追敌,金言粮道不继,不可行也。安国曰:"人得一羊可食十余日,不如驱羊以袭之便。"遂从其计。安国统所部万人疾驱以薄之,降其部长。捷闻,进官四级,迁左翼都统。

承安二年,经营边堡功,召签枢密院事。赐虎符还边,得以便宜从事。时并塞诸部降,谕使输贡如初。进拜枢密副使。泰和元年,特授世袭西南路延晏河猛安,兼合札谋克。帝幸庆宁宫,命安国严饬边备。奏西路南边戍私宰者乞招诱以安人心,上是其言。三年,以疾致仕,封道国公。四年,起复前职,卒。上闻之,辍朝。敕有司葬以执政礼。赠特进。

安国在军旅几十五年,号令严明,指麾卒伍如左右手。又善伺知敌人虚实及山川险易,战必身先士卒,故所向辄克。诸部入贡,安国能一一呼其祖先弟侄名字以戒谕之,诸部皆震悚,甚为邻国所畏服。

瑶里孛迭,北京路窟白猛安陀罗山谋克人也。以军功历海滨令,迁徐王府掾,以称职,再任御史台。察廉,升同知震武军节度使事。明昌初,为唐州刺史,寻授西北路招讨副使。未几,改东北路。六年正月,北边有警,聚兵围庆州急,孛迭率本路军往救,敌解去,州竟无患。

承安元年,丞相襄北伐,孛迭为先锋副统,进军至龙驹河,受围,会襄引大军至,得解。后授镇宁军节度使,以六群牧人叛,改宁昌军。孛迭为都统,领步骑万次懿州,敌数万来逆战,兵势甚张,孛迭亲陷阵,奋力鏖击却之,身中二创,捷闻。迁一官。

承安二年,纠军千余出没剽掠锦、懿间,孛迭追败之,复获所掠,悉还本户。三年,从同判大睦亲府事宗浩为左翼都统,战移密河,胜;战骨堡子西,杀获甚众。五年,授知广宁府事,俄改东北路招讨使。以捍边有功,赐诏褒谕,三迁为崇义军节度使。泰和六年,卒。讣闻,遣官致祭,赐银五百两,赠金紫光禄大夫。

孛迭勇决善战,自幼以军功显,任兵镇十余年,所向克捷,凡再迁官,赐金币,甚为上倚注云。

赞曰:《易师》之初六:“师出以律,否臧凶。”盖初为师之始,出师之道,当慎其始。清臣首议出师,遽以贪小利败。襄虽贤,竭力而后胜其任。衡、安国、孛迭之功又亚于襄者也。然而,兵连祸结,以终金世。故兵无常胜,制胜在势。势制兵者强,兵制势者亡。迹襄之开筑壕堑以自固,其犹元魏、北齐之长城欤?金之势可知矣。势屈而兵胜,亡国之道也。金以兵始,亦以兵终。呜呼!用兵之始,可不慎欤,可不慎欤!

金史卷九五
列传第三三

移剌履　张万公　蒲察通
粘割斡特剌　程辉　刘玮
董师中　王蔚　马惠迪
马琪　杨伯通　尼厖古鉴

　　移剌履字履道,辽东丹王突欲七世孙也。父聿鲁,早亡。聿鲁之族兄兴平军节度使德元无子,以履为后。方五岁,晚卧庑下,见微云往来天祭,忽谓乳母曰:"此所谓'卧看青天行白云'者耶?"德元闻之,惊曰:"是子当以文学名世。"及长,博学多艺,善属文。初举进士,恶搜检烦琐,去之。荫补为承奉班祗候、国史院书写。

　　世宗方兴儒术,诏译经史,擢国史院编修官,兼笔砚直长。一日,世宗召问曰:"朕比读《贞观政要》,见魏征嘉谋忠节,良可称叹。近世何故无如征者?"履曰:"忠嘉之士,何代无之,但上之人用与不用耳。"世宗曰:"卿不见刘仲海、张汝霖耶,朕超用二人者,以尝居谏职,屡有忠言故也。安得谓之不用,第人材难得耳。"履曰:"臣未闻其谏也。且海陵杜塞言路,天下缄口,习以成风。愿陛下惩艾前事,开谏诤之门,天下幸甚。"

　　初议以时务策设女直进士科,礼部以所学不同,未可概称进士,诏履定其事,乃上议曰:"进士之科,起于隋大业中,始试以策。

唐初因之,高宗时杂以箴铭赋诗,至文宗始专用赋。且进士之初,本专试策,今女直诸生以试策称进士,又可疑焉。"世宗大悦,事遂施行。十五年,授应奉翰林文字,兼前职,俄迁修撰。二十年,诏提控衍庆宫画功臣像,过期,降应奉。逾年,复为修撰,转尚书礼部员外郎。

章宗为金源郡王,喜读《春秋左氏传》,闻履博洽,召质所疑。履曰:"左氏多权诈,驳而不纯。《尚书》、《孟子》皆圣贤纯全之道,愿留意焉。"王嘉纳之。二十六年,进本部郎中,兼同修国史、翰林修撰,表进宋司马光《古文孝经指解》曰:"臣窃观近世,皆以兵刑财赋为急,而光独以此进其君。有天下者,取其辞施诸宇内,则元元受赐。"俄以疾,乞补外,世宗曰:"履多病,可与便州。"遂授蓟州刺史。无几,召为翰林待制,同修国史。明年,擢尚书礼部侍郎,兼翰林直学士。

世宗崩,遗诏移梓宫寿安宫。章宗诏百官议,皆谓当如遗诏,履独曰:"非礼也。天子七月而葬,同轨毕至。其可使万国之臣朝大行于离宫乎?"上曰:"朕日夜思之,舍正殿而奠于别宫,情有所不忍,且于礼未安。"遂殡于大安殿。二十九年三月,进礼部尚书,兼翰林直学士,赐大定三年孟宗献榜下进士及第。七月,拜参知政事,提控刊修《辽史》。明昌元年,进尚书右丞。

初,河溢曹州,帝问曰:"《春秋》二百四十二年,不言河决,何也?"履曰:"《春秋》止是鲁史,所以鲜及他国事。"二年六月,薨,年六十一。是日,履所生也。谥曰文献。

履秀峙通悟,精历算书绘事。先是,旧《大明历》舛误,履上乙未历,以金受命于乙未也,世服其善。初,德元未有子,以履为后,既而生子震,德元殁,尽推家资与之。其自礼部兼直学士为执政,乃举前代光院故事,以钱五十万送学士院,学者荣之。

张万公字良辅,东平东阿人也。幼聪悟,喜读书。父弥学,梦至一室,榜曰:"张万相公读书堂",已而万公生,因以名焉。登正隆二年进士第，调新郑簿。以忧去。服阕，除费县簿。大定四年，为东京辰禄盐副使，课增，迁长山令。时土寇未平，一旦至城下者几万人，万公登陴谕以乡里亲旧意，众感悟相率而去，邑人赖之，为立生祠。久之，补尚书省令史，擢河北西路转运司都勾判官，改大理评事，就升司直，四迁侍御史、尚书右司员外郎。丞相徒单克宁尝谓曰："后代我者必汝也。"俄授郎中，敷奏明敏，世宗嘉之，谓侍臣曰："张万公纯直人也。"寻迁刑部侍郎。

章宗即位，初置九路提刑司，选为南京路提刑使。以治最，迁御史中丞。会北边屡有警，上命枢密使夹谷清臣发兵击之。万公言："劳民非便。"诏百官议于尚书省，遂罢兵。寻为彰国军节度使。

明昌二年，知大兴府事，拜参知政事，逾年，以母老乞就养，诏不许，赐告省亲。还，上问山东、河北粟贵贱，今春苗稼，万公具以实对。上谓宰臣曰："随处虽得雨，尚未沾足，奈何？"万公进曰："自陛下即位以来，兴利除害，凡益国便民之事，圣心孜孜，无不举行。至于旱灾，皆由臣等，若依汉典故，皆当免官。"上曰："卿等何罪，殆朕所行不逮者。"对曰："天道虽远，实与人事相通，唯圣人言行可以动天地。昔成汤引六事自责，周宣遇灾而惧，侧身修行，莫有修饬人事。方今宜崇节俭，不急之务、无名之费，可俱罢去。"上曰："灾异不可专言天道，盖必先尽人事耳，故孟子谓王无罪岁。"左丞完颜守贞曰："陛下引咎自责，社稷之福也。"上由是以万公所言下诏罪己。

进士李邦乂者上封事，因论世俗侈靡，讥涉先朝，有司议言者罪，上谓宰臣曰："昔唐张玄素以桀、纣比文皇。今若方我为桀、纣，亦不之罪。至于世宗功德，岂容讥毁。"顾问万公曰："卿谓何如？"万公曰："讥斥先朝，固当治罪，然旧无此法。今宜定立，使人知之。"乃命免邦乂罪，惟殿三举。其奏对详敏，多类此。

四年，复申前请，授知东平府事，谕之曰："卿在政府，非不称职，以卿母老，乞侍养，特畀乡郡，以遂孝养。朕心所属，不汝忘也。"万公谢，且捧书言曰："臣狂妄，有一言欲今日以闻，会受除未及耳。夫内外之职，忧责如一，畎亩之臣犹不忘君，刍荛之言，明主所择，伏望圣聪省察。”上嘉纳之。六年，改知河中府，时军兴，调发丛剧，悉为宽假，使民力易办。人为绘像于薰风楼，又建“去思堂”。

移镇济南，以母忧去职。卒哭，诏起复，拜平章政事，躐迁资善大夫，封寿国公。时李淑妃有宠，用事，帝意惑之，欲立为后，大臣多不可。御史姬端修上书论之，帝怒，御史大夫张晖削一官，侍御史路铎削两官，端修杖七十，以赎论。淑妃竟进封元妃。又大兵虽罢，而边事方殷，连岁旱暵，灾异数见。又多变更制度，民以为弗便而又改之，纷纷无定。万公素沉厚深谨，务安静少事以为治，与同列议多不合，然颇嫌畏，不敢犯颜强谏，须帝有问，然后审画利害而质言之，帝虽从而弗行也。万公于是两上表以衰病丐闲，诏谕曰：“近卿言数事，朕未尝行，乃朕之过。卿年未老，而遽告病，今特赐告两月，复起视事。”

初，明昌间，有司建议，自西南、西北路，沿临潢达泰州，开筑壕堑以备大兵，役者三万人，连年未就。卿史台言：“所开旋为风沙所平，无益于御侮，而徒劳民。”上因旱灾，问万公所由致。万公对以“劳民之久，恐伤和气，宜从御史台所言，罢之为便”。后丞相襄师还，卒为开筑，民甚苦之。主兵者又言：“比岁征伐，军多败衄，盖屯田地寡，无以养赡，至有不免饥寒者，故无斗志。愿括民田之冒税者分给之，则战士气自倍矣。”朝臣议已定，万公独上书，言其不可者五，大略以为：“军旅之后，疮痍未复，百姓拊摩之不暇，何可重扰，一也。通检未久，田有定籍，括之必不能尽，适足以增猾吏之敝，长告讦之风，二也。浮费佣用，不可胜计，推之以养军，可敛不及民而足，无待于夺民之田，三也。兵士失于选择，强弱不别，而使同田共食，振厉者无以尽其力，疲劣者得以容其奸，四也。夺民而与军，得军心而失天下心，其祸有不可胜言者，五也。必不得已，乞以冒地之已括者，召民蒔之，以所入赡军，则军有坐获之利，而民无被夺之怨矣。”皆不报。一日奏事，上谓万公曰：“卿昨言天久阴晦，亦由人君用人邪正不分。君子当在内，小人当在外，甚有理也，然孰谓小人？”万公奏张炜、田栎、张嘉贞等，虽有才干，无德可称”。上即命三人补外。

泰和元年，连章请老，不许，迁荣禄大夫，赐其子进士及第。明年，章再上，有旨：“得非卿有所言，朕有不从者乎？或同列情见不一，而多违卿意邪？不然，何求去如是之数也。”万公谢无他，第以病言。三年正月，章再上，不允，加银青光禄大夫。三月，历举朝臣有名者以自代，求去甚力，上知其不能留，谕曰：“朕初即位，擢卿执政，继迁相位，以卿先朝旧人，练习典故，朕甚重之。且年虽高而精力未衰，故以机务相劳。为卿屡求退去，故勉从之，甚非朕意也。”加金紫光禄大夫，致仕。

六年，南鄙用兵，上以山东重地，须大臣镇抚之，先任完颜守贞卒，于是特起万公知济南府、山东路安抚使。山东连岁旱蝗，沂、密、莱、莒、潍五州尤甚。万公虑民饥盗起，当预备赈济。时兵兴，国用不给，万公乃上言乞将僧道度牒、师德号、观院名额并盐引，付山东行部，于五州给卖，纳粟易换。又言督责有司禁戢盗贼之方。上皆从之。宋人请和，复乞致仕，许之，加崇进，仍给平章政事俸之半。泰和七年，薨。命依宰臣故事，烧饭、赙葬。赠仪同三司，谥曰文贞。

万公淳厚刚正，门无杂宾，典章文物，多所裁正。上尝与司空襄言秋山之乐，意将有事于春搜也。顾视万公，万公曰：“动何如静。”上改容而止。辅政八年，其所荐引，多廉让之士焉。大安元年，配享章宗庙廷。

蒲察通本名蒲鲁浑，中都路胡土爱割蛮猛安人也。熙宗选护卫，见通名，以笔识之。通以父老，恳乞就养。众诮之曰：“得充侍卫，终身荣贵，今乃辞，过人远矣。”朝廷义而从之。后因会葬宋王宗望于房山，以门阀，加昭信校尉，授顿舍。改御院通进。

海陵伐宋，隆州诸军尤精锐，付通总之。兵压淮，令通率骑二百先济觇敌。及夺中，敌兵跃出，通按兵直前，傍有舞槊来刺者，回身射之，应弦而毙。诸军并击，败之。海陵召见，喜形于色，曰：“兵事定，汝勿忧爵赏。”至扬州，通营别屯。是夜，海陵遇弑，有来告者，通欲执而杀之，续闻其实，哀闵仆地，众掖而起，径入营门哭之。

军还，入见，世宗顾谓近臣曰："朕素知是人，幼尝从游，性温厚，有识虑，又精骑射。"授尚厩局副使。又谕近臣曰："常令见朕，欲问以事而考其言，朕将用之。"窝斡反，命通佩金符，诣军前督战。贼破，以功授世袭谋克。奚人乱，承诏继往莅军。迁本局使，以母丧免，起为殿前右卫将军，兼领闲厩。寻命其子蒲速烈尚卫国公主。出为肇州防御使，赐以金带，仍谕以补外之意，因戒敕之，语在《世宗纪》中。寻擢蒲与路节度使，移镇归德军，迁西南路招讨，入知大兴府事，除殿前都点检。初，大理卿阙，世宗欲令通为之，问宰臣，对曰："通，点检器也。"上曰："点检繁冗，无由显其能。通明敏才干，正掌法之官。"又曰："通之机识，崇尹不及也。"

大定十七年，拜尚书右丞，转左丞。诏议推排猛安谋克事，大臣皆以为止验见在产业，定贫富，依旧科差为便。通言："必须通括各谋克人户物力多寡，则贫富自分。贫富分，则版籍定，如有缓急，验籍科差，富者不得隐，贫者不重困。与一例科差者，大不侔矣。"上是通言，谓宰臣曰："议事当如通之尽心也。"阅三岁，进平章政事，封任国公。

世宗将幸上京，以通朝廷旧人，命为上京留守，先往镇抚之。二十五年，除知真定府事，世宗曰："朕复欲相卿，惜卿老矣，故以此授卿。"仍赐钱千贯。未几，改知平阳府事，移凤翔，致仕。明昌四年，上谕宰臣曰："通先朝重臣，年虽高而未衰。"因命知广宁府事。累表请老，复以开府仪同三司致仕。

承安三年薨。谕旨于其弟曰："旧制，致仕宰相，无祭葬礼，通旧臣懿戚，故特命敕祭及葬。"初，通在政府，举太子率府完颜守贞、监察御史裔俱可大用，其后皆为名臣，世多其知人云。

粘割斡特剌，盖州别里卖猛安奚屈谋克人也。贞元初，以习女直字试补户部令史，转尚书省令史。大定七年，选授吏部主事，历右补阙、修起居注。

九年，河南路统军使宗叙以宋人欲启兵衅，上言求入见，世宗遣斡特剌就问之，仍究其实。至汴，问宗叙，及召凡尝言边事者诘之，皆无状。还报，世宗喜曰："朕固知妄也。"授左司员外郎。

十年，以夏国发兵筑祁安城及袭杀乔家族首领结什角，又谍者言夏与宋人通谋犯边，诏大理卿李昌图与斡特剌往按其事。夏人报言，结什角以兵犯夏境故杀之，祁安城本上国所赐旧积石地，发兵修筑以备他盗耳。又察知宋、夏无交通状，及乔家族民户愿令结什角侄赵师古为首领，具以闻。世宗甚悦，转右卫将军。赐衣马车牛弓矢器仗。十二年，为夏国生日使，还授右司郎中，迁右副都点检。久之，出为河南路统军都监，赐金带及具装马。

十七年，授昌武军节度使，兼领前职。明年，入为刑部尚书，拜参知政事。世宗尝谕平章政事唐括安礼曰："朕思为治之道，考择人材最为难事，其余常务各有程式，非此比也。如斡特剌所举者，颇称朕意。"时右三部检法蒙括蛮都告斡特剌与招讨哲典朋党，乞付刑部诘问，世宗曰："若哲典免死，则可谓朋党。今已伏诛，乃诬谤耳。"又谓宰臣曰："朕素知此人极有识虑，貌虽柔而心甚刚直，所行不率易也。"二十二年，委提控代州阜通监，召见谕之曰："朕自任卿以来，悉卿材干，故擢为执政。卿亦体朕待遇之意，能勉尽所职，凡谋议奏对多副朕心，莫倚上有宰相而自嫌外。盖旧人年老，新人未苦经练，是以委责于卿，但有所见悉心以言，勿持嫌以为不知也。"二十三年，进尚书右丞，兼枢密副使，表乞解一职，召许解枢密。世宗以猛安谋克抛留土田，责宰臣曰："此事皆卿辈所当陈举，乃俟朕言而后行，盖卿辈以为细务非天子所亲。朕尝思之，狱讼簿书有斡特剌在，余事卿辈略不介意，朕亦安能置而不问邪？"俄坐事削一阶，令视事如故。

二十六年，转尚书左丞，世宗谓曰："朕昨与宰臣议可授执政者，卿不在焉。今阿鲁罕年老，斡鲁也多病，吾欲用宗浩何如？"斡特剌奏曰："彼二人者恐不得力，独宗浩干能可任。"遂用宗浩。又谓曰："朕于天下事无不用心，一如草创时。"斡特剌曰："自古人君始

勤终怠者多矣，有始有终，惟圣人能之。"上曰："唐太宗至明之主
也，然魏征谏以十事，谓其不能有终，是则有终始者实为难矣。"二
十八年，为上京留守，赐通犀带及射生马一。

明昌二年致仕。承安初，有事北方，朝廷欲得旧臣任之，乃起为
东京留守，遣监察御史完颜纲谕旨曰："知汝精神尚健，故复用也。"
明年，改上京留守，又谕之曰："上京祖先基业之地，卿驰驿之任，到
彼便宜行事。边事稍息，即召卿还。"二年九月，还朝，拜平章政事，
封芮国公。在位数月，薨，年六十九。讣闻，上伤悼久之。遣官致祭，
赙赠银千二百五十两、重币四十五端、绢四百五十匹、钱二千贯，谥
曰成肃。

斡特剌性温厚酝藉，尝为丞相纥石烈良弼所荐，后世宗谓宰臣
曰："良弼善知人，如斡特剌辈其才真可用也。"在相位十余年，甚见
宠遇，唯奏定五品官子与外路司吏同试部令史、及令随朝吏员得试
国史院书写，世宗以为非云。

程辉字日新，蔚州灵仙人也。皇统二年，擢进士第，由尚书省令
史升左司都事。久之，为南京路转运使，以宫殿火，降授磁州刺史。
有吴僧者杀州人张善友而取其妻，辉督捕之，命张母以长锥刺僧与
其妻无完肤以死。改陕西东路转运使，再迁户部尚书。

大定二十三年，拜参知政事。世宗谕之曰："卿年虽老，犹可宣
力。事有当言，毋或隐默。卿其勉之。"一日，辉侍朝，世宗曰："人尝
谓卿言语荒唐，今遇事辄言，过于王蔚。"顾谓宰臣曰："卿等以为何
如？"皆曰："辉议政可否，略无隐情。"辉对曰："臣年老耳聩，第患听
闻不审，或失奏对。苟有所闻，敢不尽心。"旧庙祭用牛，世宗晚年欲
以他牲易之，辉奏曰："凡祭用牛者，以牧之最重，故号太牢。《语》
曰：'犁牛之子骍且角，虽欲勿用，山川其舍诸？'古礼不可废也。"

二十四年，世宗幸上京，尚书省奏来岁正旦外国朝贺事，世宗
曰："上京地远天寒，朕甚悯人使劳苦，欲即南京受宋书，何如？"辉
对曰："外国使来必面见天子，今半途受书，异时宋人托事效之，何

以辞为?"世宗曰:"朕以诚实,彼若相诈,朕自有处置耳。"辉以为不可,于是议权免一年。会有司市面不时酬直,世宗怒监察不举劾,杖责之。以问辉,辉对曰:"监察君之耳目。所犯罪轻,不赎而杖,亦一时之怒也。"世宗曰:"职事不举,是故犯也,杖之何不可。"辉对曰:"往者不可谏,来者犹可追"。

二十六年,以老致仕。次年,复起知河南府事,辉辞以衰老不任,召入香阁,谕之曰:"卿年老而精力尚强,虽久历外,未尝得嘉郡,河南地胜事简,故以处卿,卿可优游颐养。"辉曰:"臣犹老马也,刍豆待养,岂可责以筋力。向者南京官殿火,非圣恩宽贷,臣死久矣。今河之径河南境上下千余里,河防之责视彼尤重,此臣所以忧不任也。"于是特诏不预河事。章宗立,时辉年七十六,复乞致仕,诏许之,仍给参知政事半俸。承安元年卒,谥曰忠简。

辉性偶倘敢言,喜杂学,尤好论医,从河间刘守真说,率用凉药。神童尝添寿者方数岁,辉召之,因书"医非细事"四字,添寿涂"细"字,改书作"相",辉颇惭,人亦以此为中其病云。

刘玮字德玉,咸平人也。唐卢龙节度使仁敬之裔。祖弘,辽季镇懿州,王师至,弘以州降,太祖俾知咸州,后以同平章政事致仕。父君诏,同知宣徽院事。玮幼警悟,业进士举,熙宗录其旧,特赐及第。调安次丞。由遵化县令补尚书省令史,历户部主事、监察御史,累转尚书省都事。宰臣奏拟玮经画军民田土,世宗见其名曰:"刘玮尚淹此乎。"迁户部员外郎。时将东巡,命玮同工部郎中宋中往营行宫,就升郎中。改同知宣徽院事,为使宋国信副使。玮父兄皆以是官使江左,当时荣之。还授户部侍郎。

初,世宗器玮材干,以为无施不可,及将幸上京,以行在所须皆隶太府,欲玮领其事,嫌其稍下,故移户部侍郎张大节于工部,而以户部授玮。上还,谓宰臣曰:"刘玮极有心力,临事闲暇,第用心不正耳。若心正当,其人才不可得也。"

明年,擢户部尚书。时河决于卫,自卫抵清、沧皆被其害,诏兼工部尚书往塞之。或以谓天灾流行，非人力所能御，惟当徙民以避其冲，玮曰："不然。天生五材，递相休王，今河决者土不胜水也。俟秋冬之交，水势稍杀，以渐兴筑，庶几可塞。"明年春，玮斋戒祷于河，功役齐举，河乃复故。召还增秩，以为宋吊祭副使。世宗不豫，拜参知政事，仍领户部，既而为山陵使。寻上表请外，出知齐南府事，移镇河中。明昌二年，徙知大名府，仍领河防事。

三年，入拜尚书右丞。上尝问考课法今可行否，右丞相夹谷清臣曰："行之亦可，但格法繁则有司难于承用耳。"玮曰："考课之法本于总核名实，今提刑司体察廉能赃滥以行赏罚，亦其意也。若别议设法，恐涉太繁。"上问唐代何如，玮对以"四善、二十七最"。明年六月，卒。是日，上将击球于临武殿，闻玮卒而止，谥曰安敏。

后上谓宰臣曰："人为小官或称才干，及其大用则不然。如刘玮固甚干，然自世宗朝逮辅朕，于事多有知而不言者。若实愚人则不足论，知及之而不肯尽心，可乎？"平章政事完颜守贞曰："《春秋》之法，责备贤者。"上曰："夫为宰相而欲收恩避怨，使人人皆称已是，贤者固若是乎？"

董师中字绍祖，洺州人也。少敏赡，好学强记。擢皇统九年进士第，调泽州军事判官。改平遥丞。县有剧贼王乙，素凶悍不可制，师中捕得杖杀之，一境遂安。时大军后，野多枯胔，县有遗骸寓于驿舍者，悉为葬之。迁绵上令，补尚书省令史，右相唐括讹鲁古尤器重之，抚其座曰："子议论英发，襟度开朗，他日必居此座。"再考，擢监察御史，迁尚书省都事。初，师中为监察时，漏察大名总管忽剌不公事，及忽剌以罪诛，世宗怒曰："监察出使郡县，职在弹纠，忽剌亲贵尤当用意，乃徇不以闻。"削官一阶，降授沁南军节度副使。累迁坊州刺史。

明昌元年，初置九路提刑司，师中选为陕西路副使，坐修公廨滥支官钱罪，以赎论。及御史台言其宽和有体，召为大理卿。御史中丞吴鼎枢举以自代，尚书省亦奏其才行，遂擢中丞，时西北路诏讨使宗肃以平章夹谷清臣荐,知大兴府事。师中上言:"宗肃近以赃罪鞫于有司,狱未竟,不宜改除。"上纳其言,曰:"朕知之矣。有功不赏,有罪不罚,虽唐、虞不能化天下。"命复送有司。

四年,上将幸景明宫,师中及侍御史贾铉、治书侍御史粘割遵古谏,以谓"劳人费财,盖其小者,变生不虞,所系非轻。圣人法天地以顺动,故万举万全。今边鄙不驯,反侧无定,必里哥孛瓦贪暴强悍,深可为虑。陛下善问诸左右,必有容悦而言者,谓堂堂大国,何彼之恤。夫蜂虿有毒,患起所忽。今都邑壮丽,内外苑囿足以优佚皇情,近畿山川飞走充牣,足以阅习武事,何必千车万骑,草居露宿,逼介边陲,远烦侦候,以冒不测之悔哉。"上不纳。师中等又上疏曰:"近年水旱为沴,明诏罪己求言,罢不急之役,省无名之费,天下欣幸。今方春东作,而亟遣有司修建行宫,揆之于事,似为不急。况西、北二京,临潢诸路,比岁不登。加以民有养马签军挑壕之役,财力大困,流移未复,米价甚贵,若扈从至彼,又必增价。日籴升合者口以万数,旧藉北京等路商贩给之,倘以物贵或不时至,则饥饿之徒将复有如曩岁,杀太尉马、毁太府瓜果、出忿怨言、起而为乱者矣。《书》曰:'民情大可见,小人难保。'况南北两属部数十年捍边者,今为必里哥孛瓦诱胁,倾族随去,边境荡摇如此可虞,若忽之而往,岂圣人万举万全之道哉。乃者太白昼见,京师地震,又北方有赤色,迟明始散。天之示象,冀有以警悟圣意,修德销变。矧夫逸游,古人所戒,远自周秦、近逮隋唐与辽,皆以是生衅,可不慎哉,可不畏哉。"左补阙许安仁、右拾遗路铎亦皆上书论谏。是日,上御后阁,召师中等赐对,即从其奏,仍遣谕辅臣曰:"朕欲巡幸山后,无他,不禁暑热故也。今台谏官咸言民间缺食处甚多,朕初不尽知,既已知之,暑虽可畏,其忍私奉而重民之困哉。"乃罢北幸。寻为宋生日国信使,还以所得金帛分遗亲旧。五年,上复如景明宫,师中及台谏官各上疏极谏,上怒,遣近侍局直长李仁愿诣尚书省,召师中等谕之曰:"卿等所言,非无可取,然亦有失君臣之体者。今命平章谕旨,其往听焉。"

户部尚书马琪表举自代，擢吏部尚书。初，完颜守贞改为西京留守，朝京师，上欲复用，监察御史蒲剌都等纠弹数事，师中辨其诬，而守贞正人可用，守贞由是复拜平章政事。及守贞以罪斥，上曰："向荐守贞者应降黜。如董师中言台省无此人不治，路铎、李敬义亦尝推举，可左迁于外。然三人者后俱可用，今姑出之，以正失举罪。"除陕西西路转运使。岁余，征为御史大夫，命与礼部尚书张晖看读言陈文字。逾三月，拜参知政事，进尚书左丞。他日奏事，上语辅臣曰："御史姬端修言小人在侧，果谁欤？"师中曰："应谓李喜儿辈。"上默然。

师中通古今，善敷奏，练达典宪，处事精敏，尝言曰："宰相不当事细务，要在知人才，振纲纪，但一心正、两目明，足矣。"承安四年，表乞致仕，诏赐宅一区，留居京师。以寒食，乞过家上冢，许之，且命赋《寒食还家上冢诗》。每节辰朝会，召入侍宴，其眷礼如此。泰和二年，薨，年七十四。上闻之，甚悼惜，顾谓大臣曰："凡正人多执方而不通，独师中正而通。"诏依见任宰执例葬祭，仍赙赠之，谥曰文定。

师中工文，性通达，疏财尚义，平居则乐易真率，其临事则刚决，挺然不可夺。弟师俭，初业进士，欲籍其资荫。师中保任之，密令人代给堂帖，使之肄业。师俭感其义方，力学后遂登第。方在政府，近侍传诏，将录用其子，师中奏曰："臣有侄孤幼，若蒙恩录，胜于臣子。"上义之，以其侄为笔砚承奉。与胥持国同辅政，颇相亲附，世以此少之。

王蔚字叔文，香河人也。登皇统二年进士第，调良乡丞。治绩优等，补尚书省令史，知管差除，蔚性通敏，晓析吏事，寻授都事，以丧去，起复，行左司员外郎，迁郎中。大定二年，超授河东北路转运使，谕旨曰："汝在海陵时，行事多不法。然朕素知尔才干，欲授以内除，而宪台有言，以是补外。如能澡心易行，必当升擢，否则勿望再用。"既而察廉为第一，授中都路都转运使。改吏部尚书，以断护卫出职事不当,夺官一阶。顷之,出知河中府事,迁南京留守。

十五年,拜参知政事,蔚恳辞不任负荷,敕谕之曰:“卿但履正奉公,无或阿顺,何以辞为?”十六年,出知真定府事,累转知河中府,明昌元年,召拜尚书右丞,致仕,卒。

马惠迪字吉甫,漯阴人也。擢天德三年进士第,再调昌邑令。察廉第一,补尚书省令史。大定中,出为西京留守判官,以治最,擢同知崇义军节度事。累迁左司郎中。先是,邓俨居是职,世宗爱其明敏,惠迪一日奏事退,上谓宰臣曰:“人之聪明多失于浮炫,若惠迪聪明而朴实,甚可喜也。朕尝与论事,五品以下朝官少有如者。”未几,超授御史中丞,拜参知政事。

时乌底改叛亡,世宗已遣人讨之,又欲益以甲士,毁其船筏。惠迪奏曰:“得其人不可用,有其地不可居,恐不足劳圣虑。”上曰:“朕固知之。所以毁其船筏,正欲不使再窥边境耳。”寻以忧去,起为昭义军节度使。明昌元年,为南京留守,致仕,卒。

马琪字德玉,大兴宝坻人。正隆五年擢进士第,调清源主簿,三迁永清令。永清畿县,号难治,前令要介有能声,琪继以治闻。补尚书省令史,以永清治最,授同知定武军节度使事、兴中府治中,召为户部员外郎,改侍御史。

世宗谓宰臣曰:“比者马琪主奏高德温狱,其于富户寄钱事皆略不奏,朕以琪明法律而正直,所为乃尔,称职之才何其难也?古人虽云‘罪疑惟轻’,非为全尚宽纵也。”寻转左司员外郎,扈从东巡,迁右司郎中,移左司。时择使宋国者,世宗欲命琪,宰臣言其资浅,诏特遣之,还授吏部侍郎,改户部。

章宗即位,除中都路都转运使。时户部阙官,上令宰臣选可任者,或举同知大兴府事乌古孙仲和,上曰:“仲和虽有智力,恐不能主钱谷。理财安得如刘晏者,官用足而民不困,唐以来一人而已。”或举琪,上然之,曰:“琪不肯欺官,亦不肯害民,是可用也。”遂擢为户部尚书。久之，削官一阶。初，琪病告，近侍传旨，不具服曳履而出，有司议当徒二年，减外犹追官解任，大理小卿阁公贞以为琪本荒遽失措，与非病告有违不同，宜减徒二年三等论之。上从公贞议，任职如故。

明昌四年，拜参知政事，诏谕之曰："户部遽难得人，顾无以代卿者，故用卿晚耳。"一日，上谓琪曰："卿在省久矣，比来事少于往时何也。"琪曰："昔宰职多有异同，今情见不同者甚少。"。上曰："往多情见为是耶，今无者为是耶？"琪曰："事状明者不假情见，便用情见，亦要归之是而已。"五年，河决阳武，灌封丘而东，琪行尚书省事往治之，讫役而还。迁中大夫。承安元年，北边用兵，而连岁旱暵，表乞致仕，不许。明年，出镇安武军，致仕，卒。子师周，阁门祇候，当给假。以闻。上悼之，以不奏闻责谕有司，后二品官卒皆具以闻，自琪始。

琪性明敏，习吏事，其治钱谷尤长，然性吝好利，颇为上所少云。

杨伯通字吉甫，弘州人。擢大定三年进士第，由尚书省令史为吏部主事、顺义军节度副使，以忧去。吏部侍郎马琪表荐伯通廉干，尚书省复察如所举，召为尚书省都事，授同知定武军节度使事，明昌元年，擢左司员外郎，转郎中，累迁吏部尚书，寻移户部。

承安二年，拜参知政事。监察御史路铎劾奏伯通引用乡人李浩，以公器结私恩。左司郎中贾益承望风旨，不复检详，言之台端，欲加纠劾，大夫张昢辄尼不行。上命同知大兴府事贾铉诘之，伯通居家待罪。铉奏："昢言弹细大臣，须有实迹，所劾不当，徒坏台纲。益言除授皆宰执公议，不信伯通私枉。"诏责铎言事轻率，而慰谕伯通治事。伯通再上表辞，不许。四年，进尚书左丞，致仕，卒。

尼庞古鉴本名外留，隆州人也。识女直小字及汉字，登大定十三年进士第，调隆安教授。改即墨主簿，召授国子助教，擢近侍局直长。世宗器其材，谓宰臣曰："新进士中如徒单镒、夹谷衡、尼庞古鉴，皆可用也。"改太子侍丞。逾年，迁应奉翰林文字，兼右三部司正。世宗复谓宰臣曰："鉴尝近侍，朕知其正直干治。及为东宫侍丞，保护太孙，礼节言动犹有国俗纯厚旧风，朕甚嘉之。"

章宗立，累迁尚书户部侍郎，兼翰林直学士。俄转同知大兴府，用大臣荐，改知大兴府事。明昌五年拜参知政事，薨，谥曰文肃。

赞曰：移剌履从容进说，信孚于君，至论经纯传驳，以孝行为治本，其得古人遗学欤。昔臧孙达忠谏于鲁，君子知其有后，信矣。张万公引正守己，质言无华。开壕括地之议，明灼利害，如指诸掌，闭于群说而不式，致仕而归，理势然也。蒲察通之哭海陵，君臣大义死生一之，其志烈矣。程辉、斡特剌之鲠直，刘玮、董师中之通敏，才皆足以发闻，然师中有附胥之讥，刘玮见避事之责，其视前人多有愧矣。王蔚、马惠迪之徒，何足算也。

金史卷九六
列传第三四

黄久约　李晏　李愈　王贲
许安仁　梁襄　路伯达

黄久约字弥大，东平须城人也。曾祖孝绰有隐德，号"潜山先生。"父胜，通判济州。母刘氏，尚书右丞长言之妹，一夕梦鼠衔明珠，寤而久约生，岁实在子也。

擢进士第，调郓城主簿，三迁曹州军事判官。有盗窃民财，诉者以为强，郡守欲傅以重辟，久约阅实，囚得免死。累擢礼部员外郎，兼翰林修撰，升待制，授磁州刺史。磁并山，素多盗，既获而款伏者，审录官或不时至，系者多以杖杀，或死狱中。久约恻然曰："民虽为盗而不死于法可乎？"乃尽请谳之而后行。

久之，复入翰林为直学士，寻授左谏议大夫，兼礼部侍郎，为贺宋生日副使。至临安，适馆伴使病，宋人议欲以副使代行使事，久约曰："设副使亦病，又将使都辖、掌仪辈行礼乎？"竟令国信使独前行，副使与馆伴副使联骑如故，乃终礼而还。道经宿、泗，见贡新枇杷子者，州县调民夫递进，还奏罢之。

时以贫富不均，或欲令富民分贷贫者，下有司议，久约曰："物之不齐，物之情也。贫富不均，亦理之常。若从或者言，适足以敛怨，非损有余补不足之道。"章宗时领右丞相，韪其议。寻上章请老，诏谕之曰："卿忠直敢言，匡益甚多，未可使去左右。"迁太常卿，仍兼谏职。

时郡县多阙官，久约言："世岂乏材，阂于资格故也。明诏每责大臣以守格法而滞人材，乞断自宸衷而力行之。"世宗曰："此事宰相不属意，而使谏臣言之欤？"即日授刺史者数人。久约又言宜令亲王以下职官递相推举，世宗曰："荐举人材惟宰相当为耳，他官品虽高，岂能皆有知人之监。方今县令最阙，宜令刺史以上举可为县令者，朕将察其实能而用之。"又谓久约曰："近日察举好官皆是诸科监临，全无进士何也？岂荐举之法已有奸弊，不可久行乎？"久约曰："诸科中岂无廉能人，不因察举有终身不至县令者，此法未可废也。"上曰："尔举孙必福是乎？"久约曰："臣顷任磁州时，必福为武安丞，臣见其廉洁向公、无所顾避，所以保举。不谓必福既任警巡使，处决凝滞。"上曰："必福非独迟缓，亦全不解事，所以罪不及保官者，幸其无赃污耳。"久约无以对。必福五经出身，盖诸科人，故上问及之。翌日侍朝，故事，宰相奏事则近臣退避，久约欲趋出，世宗止之，自是谏臣不避以为常。

章宗即位，久约以国富民贫、本轻末重、任人太杂、吏权太重、官盐价高、坊场害民、与夫选左右、择守令八事为献，皆嘉纳之。再乞致仕，不许，授横海军节度使以优佚之。明昌二年致仕，卒。久约隽朗敢言，性友弟，为文典赡，有外祖之风云。

李晏字致美，泽州高平人。性警敏，倜傥尚气。皇统六年，登经义进士第。调岳阳丞。再转辽阳府推官，历中牟令，会海陵方营汴京，运木于河，晏领之。晏以经三门之险，前后失败者众，乃驰白行台，以其木散投之水，使工取于下流，人皆便之。丁内艰，服除，召补尚书省令史。辞去，为卫州防御判官。世宗素识其才名，寻召为应奉翰林文字，特令诣阁谢，上顾谓左右曰："李晏精神如旧。"慰劳甚悉。时方议郊礼，命摄太常博士，俄而真授。为高丽读册官，五迁秘书少监，兼尚书礼部郎中，除西京副留守。世宗谓侍臣曰："翰林旧人少，新进士类不学，至于诏赦册命之文鲜有能者，可选外任有文章士为之。"左右举晏，上曰："李晏朕所自识。"于是召为翰林直学士,兼太常少卿。以母老乞归养,授郑州防御使,未赴,母卒。起复为翰林直学士。

世宗御后阁,召晏读新进士所对策,至"县令阙员取之何道",上曰:"朕夙夜思此,未知所出。"晏对曰:"臣伏念久矣,但无路不敢言。今幸待罪侍从,得承大问,顾竭所知。"上曰:"然则何如?"对曰:"国朝设科取士始分南北两选,北选百人,南选百五十人,合二百五十人。词赋经义入仕之人既多,所以县令未尝阙员。其后南北通选,止设词赋一科,每举限取六七十人。入仕之人既少,县令阙员盖由此也。"上以为然,诏后取人毋限以数。寻擢吏部侍郎,兼前职,谕旨曰:"卿性果敢,有激扬之意,故以授卿,宜加审慎,毋涉荒唐。"俄为中都路推排使,迁翰林侍讲学士,赚御史中丞。

会朝士以病谒告,世宗意其诈,谓晏曰:"卿素刚正,今某诈病,以宰相亲故,畏而不纠欤?"晏跪对曰:"臣虽老,平生所恃者诚与直尔。百官病告,监察当视。臣为中丞,官吏奸私则当言之。病而在告,此小事臣容有不知,其畏宰相何图焉。"既出,世宗目送之,曰:"晏年老,气犹未衰。"一日,御史台奏请增监察员,上曰:"采察内外官吏,固系监察。然尔等有所闻知,亦当弹劾。况纠正非违,台官职也,苟不能正其身,如正人何?"顾谓晏曰:"幽王年少未练,朕以台事委卿,当一一用意。"

初,锦州龙宫寺,辽主拨赐户民俾输税于寺,岁久皆以为奴,有欲诉者害之岛中。晏乃具奏:"在律,僧不杀生,况人命乎。辽以良民为二税户,此不道之甚也,今幸遇圣朝,乞尽释为良。"世宗纳其言,于是获免者六百余人。故同判大睦亲府事谋衍家有民质券,积其息不能偿,因没为奴,屡诉有司不能直,至是,投匦自言。事下御史台,晏检摘案状得其情,遂奏免之。寻为贺宋正旦国信副使。及世宗不豫,命宿禁中,一时诏册皆晏为之。

章宗立,晏画十事以上。一曰,风俗奢僭,宜定制度。二曰,禁游手。三曰,宜停铸钱。四曰,免上户管库。五曰,太平宜兴礼乐。六曰,量轻租税。七曰,减盐价。八曰,免监官陪纳亏欠。九曰,有司尚苟且，乞申明经久远图。十曰，禁网差密，宜尚宽大。又奏"乞委待制党怀英、修撰张行简更直进读陈言文字，以广视听。"皆采纳之。以年老乞致仕，改礼部尚书，兼翰林学士承旨。越二年，复申前请，授沁南军节度使，久之，致仕。上念其先朝旧人，复起为昭义军节度使。

明昌六年，归老，得疾，昭除其子左司员外郎仲略为泽州刺史，以便侍养。承安二年卒，年七十五，谥曰文简。

仲略字简之。聪敏力学，登大定十九年词赋进士第，调代州五台主簿。以母忧去，服阕，转韩州军事判官，迁泽州晋城令，补尚书省令史。除翰林修撰，兼太常博士。改授左司都事，为立夏国王读册官。还，权领左司。一日，奏事退，上顾谓侍臣曰："仲略精神明健，如俊鹘脱帽。"又曰："李仲略健吏也。"未几，转员外郎，以亲病求侍，特授泽州刺史以便禄养。先是，晏领沁南军节度使，泽于怀为支郡，父子相继，乡人荣之。以父丧免，起为户部郎中。

时上命六品以上官，十日以次转对，乃进言曰："凡救其末，不若正其本。所谓本者厚风俗，去冗食，养财用而已。厚风俗在乎立制度，禁奢僭。去冗食在乎宠力农，抑游堕。养财用在乎广储蓄，时敛散。商贾不通难得之货，工匠不作无用之器，则下知重本。下知重本，则末息矣。"又条陈制度之宜，上嘉纳之。俄授翰林直学士，兼前职，因命充经义读卷官。上问曰："有司以谓经义不若词赋，罢之何如？"仲略奏曰："经乃圣人之书，明经所以适用，非词赋比。乞自今以经义进士为考试官，庶得硕学之士。"上可其奏。改吏部郎中，迁侍郎，兼翼王傅，俄兼宛王傅。

时知大兴府事纥石烈执中坐赃，上命仲略鞫之，罪当削解。权要竞言太重，上颇然之，仲略奏曰："教化之行，自近者始。京师，四方之则也。郡县守令无虑数百，此而不惩，何以励后？况执中凶残很愎，慢上虐下，岂可宥之。"上曰："卿言是也。"未几，授山东东西路按察使。寻以病访医京师，泰和五年卒。上闻之，叹曰："此人于国家宣力多矣，何遽止是耶。"赠朝列大夫，谥曰襄献。

仲略性豪迈有父风，刚介特立，不阿权贵，临事明敏无留滞，故所任以干济称云。

李愈字景韩，绛之正平人。业儒术，中正隆五年词赋进士第，调河南渑池主簿。察廉优等为平阳酒副使，迁冀氏令，累迁解州刺史。章宗即位，召授同知中都路都转运使事，改同知济南府。

明昌二年，授曹王傅，兼同知定武军节度使事。王奉命宴赐北部，愈从行，还过京师，表言："诸部所贡之马，止可委招讨司受于界上，量给回赐，务省费以广边储。拟自临潢至西夏沿边创设重镇十数，仍选猛安谋克勋臣子孙有材力者使居其职，田给于军者许募汉人佃种，不必远挽牛头粟而兵自富强矣。"上览其奏，谓宰臣曰："愈一书生耳，其用心之忠如是。"以表下尚书省议。会愈迁同知西京留守，过阙复上言，以为"前表倘可采，乞断自宸衷"，上纳用焉。自是，命五年一宴赐，人以为便。改棣州防御使。未几，授大兴府治中，上谕之曰："卿资历应得三品，以是员方阙而卿能干，故用之，当知朕意。"北京提刑副使范楫、知归德府事邓俨各举愈以自代，由是擢河南路提刑使。上言："随路提刑司乞留官一员，余分部巡按。"又言："本司见置许州，乞移治南京为便。"并从之。宪台廉察，九路提刑司以愈为最。

五年，入见，尚书省以闻，上问宰执有何议论，平章政事守贞曰："李愈言河决事。"上曰："愈向陈备御北边策。言甚荒唐。"守贞曰："愈于见职甚干。"上曰："盖以其敢为耳。"又曰："李愈论河决事，谓宜遣大臣视护以慰人心，其言良是。"明年，改河平军节度使。承安二年，徙顺义军，奏陈屯田利害，上遣使宣谕，仍降金牌俾领其事。四年，召为刑部尚书。先是，刑部尚书阙，上以愈为可用，令议之，或言愈病，上曰："愈比陈言，有退地千里而争言其功之语，卿等定恶此人多言耶。"特召用之。旧制，陈言者漏所言事于人，并行科罪，仍给告人赏。愈言："此盖所以防闲小人也。比年以来诏求直言，及命朝臣转对，又许外路官言事，此皆圣言乐闻忠谠之意，请除去旧条以广言路。”上嘉纳焉。寻为贺宋正旦副使。

泰和二年春，上将幸长乐川，愈切谏曰：“方今戍卒贫弱，百姓骚然，三叉尤近北陲，恒防外患。兼闻泰和宫在两山间，地形狭隘，雨潦遄集，固不若北宫池台之胜，优游闲适也。”上不从，夏四月，愈复谏曰：“北部侵我旧疆千有余里，不谋雪耻，复欲北幸，一旦有警，臣恐丞相襄、枢密副使阇母等不足恃也。况皇嗣未立，群心无定，岂可远事逸游哉。”上异其言。未几，授河平军节度使，改知河中府事，致仕。泰和六年卒，年七十二。谥曰清献。自著《狂愚集》二十卷。

王贲字文孺，其先自临潢移贯宛平。曾祖士方，正直敢言。辽道宗信枢密使耶律乙辛之谮杀其太子，世无敢白其冤者，士方击义钟以诉，辽主感悟，卒诛乙辛，厚赏士方，授承奉官。父中安，擢进士第，坐田珏党事废。世宗即位党禁解，终沂州防御使。

贲性孝友，勤敏好学，第进士，由复州军事判官补尚书省令史，擢右三部检法司正。侍御史贾铉举贲安静有守，不尚奔竞，政府亦言其廉，素善论议。擢河北东西、大名府路提刑判官，选授尚书省都事，以丧去。用荐者多，起复刑部员外郎、侍御史，累迁南京路按察使，卒。贲敦厚尚义，笃于亲朋，不营产业，比殁家甚窭，上闻悯惜之，赠朝列大夫，仍厚恤其家。

弟质字敬叔，登大定二十五年进士第，累官吏部主事，以才干举迁昭义军节度副使。章宗问质临事若何，张万公对曰：“胜其兄贲。”章宗曰：“及其兄亦可矣。”后以礼部尚书致仕，终。

许安仁字子静，献州交河人。幼孤，能自刻苦读书，善属文。登大定七年进士第，调河间县主簿。累迁太常博士，兼国史院编修官。章宗为皇太孙，安仁以讲学被选东宫，转左补阙、应奉翰林文字。上即位，改国子监丞，兼补阙，徙翰林修撰，同知制诰，兼职如故。侍御史贾铉以安仁守道端悫，荐于朝。同知济南府事路伯达继上章称其立已纯正,宜加显任,超授礼部郎中,兼左补阙。适朝议以流人实边,安仁言:"昔汉有募民实边之议,盖度地营邑,制为田宅,使至者有所居,作者有所用,于是轻去故乡而易于迁徙。如使被刑之徒寒饿困苦,无聊之心靡所顾藉,与古之募民实塞不同,非所宜行。"上然之。

明昌四年春,上将幸景明宫,安仁与同列谏曰:"昔汉、唐虽有甘泉、九成避暑之行,然皆去京师不远。非如金莲千里之外,邻沙漠,隔关岭,万一有警,何以应变,此不可不虑也。"疏奏,遂罢幸。

出为泽州刺史,作《无隐论》上之,凡十篇,曰本朝、曰情欲、曰养心、曰田猎、曰公道、曰养源、曰冗官、曰育材、曰限田、曰理财。在郡二年,徙同知河南府事,升汾阳军节度使,致任。泰和五年卒,年七十七,谥曰文简。安仁质实无华,澹然有古君子风,故为时人所称云。

梁襄字公赞,绛州人。少孤,养于叔父宁。性颖悟,日记千余言。登大定三年进士第,调耀州同官主簿。三迁邠州淳化令,有善政。察廉升庆阳府官推官,召为薛王府掾。

世宗将幸金莲川,有司具办,襄上疏极谏曰:

金莲川在重山之北,地积阴冷,五谷不殖,郡县难建,盖自古极边荒弃之壤也。气候殊异,中夏降霜,一日之间寒暑交至,特与上京、中都不同,尤非圣躬将摄之所。凡奉养之具无不远劳飞挽,越山逾岭,其费数倍。至于顿舍之处,军骑阗塞,主客不分,马牛风逸以难收,臧获逋逃而莫得,夺攘蹂躏,未易禁止。公卿百官卫士,富者车帐仅容,贫者穴居露处,舆台皂录不免困踏,饥不得食,寒不得衣,一夫致疾染及众人,夭伤无辜何异刃杀。此特细故耳,更有大于此者。

臣闻高城、峻池、深居、邃禁,帝王之藩篱也,壮士、健马、坚甲、利兵,帝王之爪牙也。今行宫之所,非有高殿广宇城池之固,是废其藩篱也。挂甲常坐之马,日暴雨蚀,臣知其必赢脊矣。御侮待用之军,穴居野处,冷唼寒眠,臣知其必疲瘵矣。卫宫周庐才容数人,一旦霖潦积旬,衣甲弓刀沾湿柔脆,岂堪为用,是失其爪牙也。秋杪将归,人已疲矣,马已弱矣,裹粮已空,褚衣已弊,犹且远幸松林,以从畋猎,行于不测之地,往来之间动逾旬月,转输移徙之劳更倍于前矣。

以陛下神武善骑射,举世莫及,若夫衔橛之变,猛挚之虞,姑置勿论。设于行猎之际,烈风暴至,尘埃涨天,宿雾四塞,跬步不辨,以致翠华有崤陵之避、襄城之迷,百官狼狈于道途,卫士参错于队伍,当此宸衷宁无戒悔。夫神龙不可以失所,人主不可以轻行,良谓此也。所次之宫,草略尤甚,殿宇周垣唯用毡布。押宿之官、上番之士,终日驱驰,加之饥渴,已不胜倦。更使彻曙巡警,露坐不眠,精神有限,何以克堪。虽陛下悦以使人,劳而不怨,岂若不劳之为愈也。故君人者不可恃人无异谋,要在处己于无忧患之域也。

燕都地处雄要,北倚山崄,南压区夏,若坐堂陛,俯视庭宇,本地所生,人马勇劲,亡辽虽小,止以得燕故能控制南北,坐致宋币。燕盖京都之选首也,况今又有宫阙井邑之繁丽,仓府武库之充实,百官家属皆处其内,非同曩日之陪京也。居庸、古北、松亭、榆林等关,东西千里,山峻相连,近在都畿,易于据守,皇天本以限中外,开大金万世之基而设也。奈何无事之日越居草莱,轻不赀之圣躬,爱沙碛之微凉,忽祖宗之大业,此臣所惜也。又行幸所过,山径阻修,林谷晻霭,下有悬崖,下多深壑,垂堂之戒不可不思。

臣闻汉、唐离宫去长安才百许里,然武帝幸甘泉遂中江充之奸,太宗居九成几致结社之变。太康畋于洛汭,后羿拒河而失邦。魏帝拜陵近郊,司马懿窃权而篡国。隋炀、海陵虽恶德贯盈,人谁敢议,止以离弃宫阙,远事巡征,其祸遂速,皆可为殷鉴也。臣尝论之,安民济众,唐、虞犹难之。而今日之民,赖陛下之英武无兵革之忧,赖陛下之圣明无官吏之虐,赖陛下之宽仁无刑罚之枉,赖陛下之节俭无赋敛之繁,可谓能安济矣。而游畋纳凉之乐,出于富贵之余,静而思动,非如衣食切身有不可去者,罢之至易耳。唐太宗将行关南,畏魏征而停,汉文帝欲驰霸陵,袁盎谏而遽止。是陛下能行唐、虞之难行,而未能罢中主之易罢,臣所未谕也。

且燕京之凉非济南之比,陛下牧济南日,每遇炎蒸不离府署,今九重之内,台榭高明,宴安穆清,何暑得到。议者谓陛下北幸久矣,每岁随驾大小前歌后舞而归,今兹再出,宁有遽不可乎。臣愚以为患生于不戒者多矣,西汉崇用外戚,而有王莽之祸,梁武好纳叛降,而有侯景之变。今者累岁北幸,狃于无虞,往而不止,臣甚惧焉。夫事知其不可犹冒为之,则有后难必矣。

议者又谓往年辽国之君,春水、秋山、冬夏捺钵,旧人犹喜谈之,以为真得快乐之趣,陛下效之耳。臣愚以谓三代之政今有不可行者,况辽之过举哉。且本朝与辽室异,辽之基业根本在山北之临潢,臣知其所游不过临潢之旁,亦无重山之隔,冬犹处于燕京。契丹之人以逐水草牧畜为业,穹庐为居,迁徙无常,又壤地褊小,仪物殊简,辎重不多,然隔三五岁方能一行,非岁岁皆如此也。我本朝皇业根本在山南之燕,岂可舍燕而之山北乎。上京之人栋宇是居,不便迁徙。方今幅员万里,惟奉一君,承平日久,制度殊异,文物增广,辎重浩穰,随驾生聚,殆逾于百万。如何岁岁而行,以一身之乐,岁使百万之人困于役、伤于财、不得其所,陛下其忍之欤?臣又闻,陛下于合围之际,麋麂充牣围中,大而壮者才取数十以奉宗庙,余皆纵之,不欲多杀。是陛下恩及于禽兽,而未及于随驾众多之臣庶也。

议者谓,前世守文之主,生长深宫,畏见风日,弯弧、上马皆所不能,志气销懦,筋力拘柔,临难战惧,束手就亡。陛下监其如此,不惮勤身,远幸金莲,至于松漠,名为坐夏打围,实欲服劳讲武。臣愚以为战不可忘,畋猎不可废,宴安鸩毒亦不可怀，然事贵适中，不可过当。今过防骄惰之患，先蹈万有一危之途，何异无病而服药也。况欲习武不必度关，涿、易、雄、保、顺、蓟之境地广又平，且在邦域之中，猎田以时，谁曰不可。伏乞陛下发如纶之旨，回北辕之车，塞鸡鸣之路，安处中都，不复北幸，则宗社无疆之休，天下莫大之愿也。

方今海内安治，朝廷尊严，圣人作事，固臣下将顺之时，而臣以蝼蚁之命，进危切之言，仰犯雷霆之威，陷于吏议，小则名位削除，大则身首分磔，其为身计岂不愚谬。惟陛下深思博虑，不以人废言，以宗庙天下为心，俯垂听纳，则小臣素愿遂获，虽死犹生，他非所觊望也。

世宗纳之，遂为罢行，仍谕辅臣曰："梁襄谏朕毋幸金莲川，朕以其言可取，故罢其行。然襄至谓隋炀帝以巡游败国，不亦过乎。如炀帝者盖由失道虐民，自取灭亡。民心既叛，虽不巡幸，国将安保？为人上者但能尽君道，则虽时或巡幸，庸何伤乎？治乱无常，顾所行何如耳。岂必深处九重便谓无虞，巡游以时即兆祸乱者哉。"

襄由是以直声闻。擢礼部主事、太子司经。选为监察御史，坐失察宗室弈事，罚俸一月。世宗责之曰："监察，人君耳目，风声弹事可也。至朕亲发其事，何以监察为？"转中都路都转运户籍判官，未几，迁通远军节度副使，以丧去。服阕，授安国军节度副使，同知定武军节度事，避父讳改震武军。太常卿张晖、曹州刺史段铎荐襄学问该博，练习典故，可任礼官。转同知顺义军节度使事、东胜州刺史。坐簸扬俸粟责仓典使偿，为按察司所劾，以赎论。历隩州刺史，累迁保大军节度使，卒。

襄长于《春秋左氏传》，至于地理、氏族，无不该贯。自蚤达至晚贵，膳服常淡薄，然议者讥其太俭云。

赞曰：金起东海，始立国即设科取士，盖亦知有文治也。渐摩培养，至大定间人材辈出，文义蔚然。加以世宗之听纳，人各尽其所能，论议书疏有可传者，惜史无全文，仅存梁襄《谏北幸》一书，辞虽过繁而意亦切至,故备载之,以见当时君明臣直,不以言为忌。金之致治于斯为盛,呜呼休哉。

路伯达字仲显,冀州人也。性沉厚,有远识,博学能诗,登正隆五年进士第,调诸城主簿。由泗州榷场使补尚书省掾,除兴平军节度副使,入为大理司直。大定二十四年,世宗将幸上京,伯达上书谏曰:“人君以四海为家,岂独旧邦是思,空京师而事远巡,非重慎之道也。”书奏,不报。阅岁,改秘书郎,兼太子司经。时章宗初向学,伯达以文行知名,选为侍读,居无何以忧去。会安武军节度使王克温举伯达行义,起为同知西京路转运使事,召为尚书礼部员外郎,兼翰林修撰,敕与张行简进读陈言文字。

先是,右丞相襄奏移贺天寿节于九月一日,伯达论列以其非时,平章政事张汝霖、右丞刘玮及台谏亦皆言其不可,下尚书省议,伯达曰:“上始即政,当行正、信之道,今易生辰非正,以给四方非信。且贺非其时,是轻礼重物也。”因陈正名从谏之道。升尚书刑部郎中。上问群臣曰:“方今何道使民务本业、广储蓄?”伯达对曰:“布德流化,必自近始。请罢畿内采猎之禁,广农郊以示敦本,轻币重谷,去奢长俭,遵月令开籍田以率先天下,如是而农不劝、粟不广者未之有也。”是时,采捕禁严,自京畿至真定、沧、冀,北及飞狐,数百里内皆为禁地,民有盗杀狐兔者有罪,故伯达及之。累迁刑部侍郎、太常卿,拜安国军节度使,未几,改镇安武。

尝使宋回,献所得金二百五十两、银一千两以助边,表乞致仕,未及上而卒。其妻傅氏言之,上嘉其诚,赠太中大夫,仍以金银还之,傅泣请,弗许。傅以伯达尝修冀州学,乃市信都、枣强田以赡学,有司具以闻,上贤之,赐号“成德夫人”。

子铎、钧。钧字和叔,登大定二十五年进士第,终莱州观察判官。铎最知名,别有传。

赞曰:金诎宋称臣称侄,受其岁币,礼也。使聘于其国,燕享礼也,纳其重赂其可乎哉?时人贪利忘礼,习以为常,莫有知其为非者。故去则云酬劳效,还则户增物力,上下交征,惟利是事,此何谊耶?伯达独能明其非礼,回献所馈,赉志未毕,傅氏又能成之,及归所献,竟以买田赡学。妇人秉心之烈、制事之宜,乃能如是,士大夫溺于世俗之见者宁不愧哉。赐号成德,不亦宜乎。

金史卷九七
列传第三五

裴满亨　斡勒忠　张大节
张亨　韩锡　邓俨　巨构
贺扬庭　阎公贞　焦旭
刘仲洙　李完　马百禄
杨伯元　刘玑　康元弼
移剌益

　　裴满亨字仲通,本名河西,临潢府人。其先世居辽海,祖讳虎山者,天辅间,移屯东受降城以御夏人,后徙居临潢。

　　亨性敦敏习儒,大定间,收充奉职,世宗谓曰:"闻尔业进士举,其勿忘为学也。"二十八年,擢第,世宗嘉之,升为奉御。一日问以上古为治之道,亨奏:"陛下欲兴唐、虞之治,要在进贤,退不肖,信赏罚,薄征敛而已。"

　　章宗即位,谕之曰:"朕左右侍臣多以门第显,惟尔繇科甲进,且先朝信臣,国家利害为朕尽言。"俄擢监察御史。内侍梁道儿恃恩骄横,朝士侧目,亨劾奏其奸。迁镐王府尉,出为定国军节度副史,三迁同知大名府事。先是,豪猾从衡,前政莫制,亨下车宣明约束,阖境帖然。承安四年,改河南路按察副使,就迁本路副统军,中都、西京等路按察使。时世袭家豪夺民田，亨检其实，悉还正之。泰和五年，改安武军节度使。岁大雪，民多冻殍，亨输己俸为之周赡，及劝率僚属大姓同出物以济。转河东南北路按察使，卒于官。上闻而惜之，赠嘉议大夫，赙物甚厚。

亨性尤谨密，出入宫禁数年，说议忠言多所裨益，有藁则焚之，谁家人辈莫知也。所历州郡，皆有政绩可纪云。

斡勒忠本名宋浦，盖州人也。习女直、契丹字，历兵部、枢密院、尚书省令史，再转大理寺知法，迁右三部司正。练达边事，尝奉命使北，归致马四千余匹，诏褒谕之。大定二十六年为监察御史。转尚书省都事。章宗立，迁尚书兵部员外郎，出为沧州刺史。河东路提刑副使徒单移剌古举以自代，改滕州刺史。尝调发黄河船，数以稽期听赎。授北京副留守，入为同签枢密院事，兼沂王傅。

承安二年，拜武宁军节度使，致仕。泰和三年卒，年七十一。忠性敦悫，通法律，以直自守，不交权贵，故时誉归之。

张大节字信之，代州五台人。擢天德三年进士第，调崞县丞。改东京市令。世宗判留务，甚爱重之。海陵修汴京，以大节领其役。世宗改元于辽东，或劝赴之，富贵可一朝遂，大节曰："自有定分，何遽尔。"随例补尚书省令史，擢秘书郎、大理司直。会左警巡使阙，世宗谓宰臣曰："朕得其人矣，"遂授大节。俄以杖杀豪民为有司所劾，削一阶解职。未几，授同知洺州防御使事。

入为太府丞、工部员外郎。卢沟水啮安次，承诏护视堤城。擢修内司使，推排东京路户籍，人服其平。进工部郎中。时阜通监铸钱法弊，与吏部员外郎麻珪莅其事，积铜窳窃恶，或欲征民先所给直，大节曰："此有司受纳之过，民何与焉。"以其事闻，卒得免征。就改户部郎中，定襄退吏诬县民匿铜者十八村，大节廉得其实，抵吏罪，民斫石颂之。召授工部侍郎，改户部。世宗东巡，徙太府监，谕之曰："侍郎与太府监品同，以从行支应籍卿办耳。"寻为宋生日使，还授横海军节度使，过阙谒谢东宫，显宗抚慰良久，曰："万事惟中可也。"因榜其公堂曰"惟中"。郡境有巨盗久不获，大节以方略擒之。后河决于卫，横流而东，沧境有九河故道，大节即相宜缮堤，水不为害。

章宗即位，擢中都路都转运使，因言河东赋重宜减，议者或不同，大节以他路田赋质之，遂使减焉。乞致仕，不许，徙知太原府，以并、代乡郡，故优宠之。近郭有男子被杀者，闻其妻哭声不哀，召而审之，果为奸夫所杀，人以为神。西山有晋叔虞祠，旧以施钱输公使库，大节还其庙以给营缮。选授河东路提刑使，未赴，留知大兴府事，治有能名。

阅岁，移知广宁府，复请老，授震武军节度使。部有银冶，有司以为争盗由此生，付河东、西京提刑司与州同议，皆以官榷为便，大节曰："山泽之利当与民共，且贫而无业者虽严刑能禁其窃取乎。宜明谕民，授地输课，则其游手者有所资，于官亦便。"上从其议。复乞致仕，许之，仍擢其子尚书刑部员外郎岩叟为忻州刺史，以便禄养。承安五年卒，年八十。

大节素廉勤好学，能励勉后进，自以得学于任倜，待倜子如亲而加厚。又善弈棋，当世推为第一，尝被召与礼部尚书张景仁弈。世宗尝谓宰臣曰："人多称王翛能官，以朕观之，凡事不肯尽心，一老奸耳。张大节赋性刚直，果于从政，远在王翛之上，惜乎用之太晚。"又屡语近臣曰："某某非不干，然不及张大节忠实也。"其见知如此。

岩叟字孟弼，大节子也。大定十九年进士，调葭州司候判官，再除雄州观察判官，补尚书省令史，除大理评事，再迁监察御史、同知河东北路转运使事、中都路都转运副使、刑部员外郎、忻州刺史，以父忧去官。起复大理少卿、河北东西大名等路按察转运副使，累迁刑部侍郎，兼夔王傅，太常卿兼国子祭酒。

大安三年，朝廷欲塞诸城门以为兵备，集三品官议于尚书省，岩叟曰："塞门所以受兵，是任城而不任人。莫若遣兵择将，背城疾战。"时议多之。除镇西军节度使，移定国军。贞祐二年改昭义，复移沁南。逾年，按察司言其年老不任边要，乃致仕，退寓洛阳，卒。

张亨字彦通，大兴潞阴人。登皇统六年进士第，调樊山丞，以廉干闻。授弘州军事判官，历钜鹿、宜川令。大定二年，补尚书省令史，除大理司直，累迁尚书左司郎中，授户部侍郎，移吏部。擢中都路都转运使，坐草场使邓汝霖盗草失举劾，解职，削一官。

起授户部尚书。世宗问宰臣曰：“御史中丞马惠迪与张亨人才孰优？”平章政事张汝霖曰：“惠迪为人虽正，于事不敏，亨吏才极高。”上曰：“如汝父浩，于事明敏少有及者，但临事多徇，若无此过则诚难得之贤相也。”时车驾东巡，费用百出，自辽以东泉货甚少，计司患其不给，欲辇运以支调度，亨谓：“上京距都四千里，若挽钱而行，是率三而致一也，不独枉费国用，无乃重劳民力乎。不若行会便法，使行旅便于囊橐，国家无转输之劳而用自足矣。”出为绛阳军节度使。已而，复谓宰臣曰：“汉人三品以上官常少得人，如张亨近令补外，颇为众议所归，以朕观之，无甚过人。小官中岂无才能之士，第未知耳。”又曰：“亨尝为左司，奏事多有脱略，是亦谬庸人也。”

章宗即位，初置九路提刑司，时方重其选，上以亨为河东南北路提刑使，兼劝农采访事。访其利病，条为十三事以闻，上嘉纳之。亨在职每事存大体、略苛细，御史以宽缓不事事劾之，降授蔡州防御使。明年，迁南京路转运使，转知归德府事，致仕。泰和二年卒，年七十八。亨才识强敏，明达吏事，终始有可称云。

韩锡字难老，其先自析津徙蓟之渔阳。祖贻愿，辽宣徽北院使。父秉休，归朝，领忠正军节度使。

锡以荫补阁门祗候。天会中，南伐，锡从军掌礼仪，俄以母老乃就监差。久之，授神锐军都指挥使，入为宫苑使。天德元年，擢尚书工部员外郎，领燕都营缮。特赐胡砺榜进士及第，四迁尚书户部侍郎，以母丧解。

旋起复旧职,付金牌一、银牌十,籍水手于山东。时苏保衡为水军都统制,趋杭州,俾锡部船三百会广陵。适保衡败还,丧船过半,令锡补足之。时水浅。船不得进,海陵遣使急责之,众稍亡,锡召诸豪谕之曰:"今连保法严,逃将安往,纵一身偶脱,其如妻子何?"众悟,亡者稍止。

大定改元于辽东,锡奔赴行在,诏复前职。明年,授同知河间府事,引见于香阁,诫之曰:"闻皇族居彼者纵甚,卿当以法绳之。"锡下车宣布诏言,后无有挠政害民者。迁孟州防御使,累拜绛阳军节度使,改知济南府事,告老,许之。明昌五年卒,年八十三。

邓俨字子威,懿州宜民人也。天德三年,擢进士第。大定中,为左司员外郎、右司郎中,寻转左司,掌机务者数年。有司奏使宋者,世宗命选汉官一人,参知政事梁肃以户部侍郎王脩、工部侍郎张大节、左司郎中邓俨对,世宗曰:"王脩、张大节苦无资历,与左右司官辛苦不同,其命俨往。"尝谓宰臣曰:"人言邓俨用心不正,朕视俨奏事其心识甚明,在太府监心亦向公。"宰臣因奏俨明事机、有心力,于是擢户部侍郎。翌日,复谓宰臣曰:"吏部掌铨选,当得通练人,可置俨于吏部。"因改命焉。累迁中都路都转运使。

明昌初,为户部尚书。上命尚书省集百官议,如何使民弃末务本以广储蓄。俨言:"今之风俗竞为侈靡,莫若定立制度,使贵贱、上下、衣冠、车马、室宇、器用各有等差,裁抑婚姻丧葬过度之礼,罢去乡社追逐无名之费,用度有节则蓄积日广矣。"寻知归德府事,致仕,卒。

初,俨致仕复夤缘求进,上问左右"邓俨可复用乎"?平章政事完颜守贞曰:"俨有才力,第以谋身为心。"上曰:"朕亦知之。然俨可以谁比?"守贞曰:"临事则不后于人,但多务自便耳。俨前乞致仕,陛下以其颇黠故许之,甚合从议。今使复列于朝,恐风化从此坏矣。"上然之,遂不复用云。

巨构字子成，蓟州平谷人。幼笃学，年二十登进士第。由信都
丞，察廉为石城令，补尚书省令史，授振武军节度副使。改同提举解
盐司事，以课增人为少府监丞。再迁知登闻检院，兼都水少监。时
右司郎中段珪卒，世宗曰："是人甚明正可用，如巨构每事但委顺而
已。"二十五年，除南京副留守，上谓宰臣曰："巨构外淳质而内明
悟，第乏刚鲠耳。佐贰之任贵能与长官辨正，恐此人不能尔。若任
以长官，必有可称。"章宗即位，擢横海军节度使。承安五年致仕，
卒。

构性宽厚寡言，所治以镇静称，性尤恬退，故人既贵不复往来，
先遣以书则裁答寒温而已。大定中，诏与近臣同经营香山行宫及佛
舍，其近臣私谓构曰："公今之德人，我欲举奏，公行将大任矣。"构
辞之。以廉慎守法在考功籍，始终无过云。

贺扬庭字公叟，曹州济阴人也。登天德三年经义进士第，调范
县主簿兼尉，籍有治声。大定十三年，由安肃令补尚书省令史，授沁
南军节度副使，入为监察御史，历右司都事、户部员外郎、侍御史、
右司员外郎。世宗喜其刚果，谓扬庭曰："南人矿直敢为，汉人性奸，
临事多避难。异时南人不习词赋，故中第者少，近年河南、山东人中
第者多，殆胜汉人为官。"俄以廉能迁户部郎中，进官二阶。顷之，授
左司郎中，改刑部侍郎、山东东路转运使。

章宗即位，初置九路提刑司，驿召赴阙，授山东东西路提刑使。
扬庭性疾恶，纤介不少容。明昌改元，诏诸路提刑使入见，亲问所察
事条，至扬庭则斥之曰："尔何治之烦也。"明年，下除洺州防御使，
时岁歉民饥，扬庭谕蓄积之家令出所余以粜之，饥者获济，洺人为
之立石颂德。改陕西西路转运使，表乞致仕，上曰："扬庭能干者也，
当何如？"右丞刘玮言其疾，遂许之。卒年六十七。

赞曰：裴满亨以进士选奉御，能陈唐、虞致治之道于宫庭燕私
之地，又能斥中贵梁道儿之奸。斡勒忠以吏道致身，始终不交权贵

世宗自立于辽东，归者如市，张大节独守正不赴。韩锡出守河间，面谕皇族之居彼者恣睢不道，俾绳以法，佞者必希旨以市权，锡下车宣布告戒而已。是皆有识之士，不为富贵所移者也。巨构骫骳，贺扬庭骨鲠，大定于二人而屡评南北士习之优劣，讵其然乎。张亨始以缪庸见薄，晚以论列称赏，亦砥砺之功欤。邓俨专务谋身，上下称黜，致仕又求进用，弗可改也夫。

　　阎公贞字正之，大兴宛平人。大定七年擢进士第，调朝邑主簿。由普润令补尚书省令史，察廉，升同知亳州防御事，改中都左警巡使。以政绩闻，迁同知武定军节度使。明昌初，召为大理正，累进大理卿。承安元年，迁翰林侍读学士，仍兼前职，命与登闻检院贾益同看读陈言文字。

　　公贞居法寺几十年，详慎周密，未尝有过举。被命校定律令，多所是正，金人以为法家之祖云。

　　焦旭字明锐，沃州柏乡人。第进士，调安喜主簿。再转大兴令，摄左警巡事，以杖亲军百人长，有司议其罪当杖决，世宗曰：“旭亲民吏也，若因杖有官人复行杖之，何以行事？其令收赎。”改良乡令。世宗幸春水，见石城、玉田令皆年老不治，谓宰臣曰：“县令最亲民，当得贤才。畿甸尚如此，天下可知矣。”平章政事石琚荐旭干能可甄用，上然之，召为右警巡使。

　　旭为人刚果自任，不避权势。初，旭部民诉良，旭以无文据付本主，道逢监察御史诉其事，语涉讹乱，即收付旭，旭释之不问，为御史所劾，削官两阶，杖百八十，出为大名府推官。寻授右三部检法司正，代韩天和为监察御史，时御史台言：“监察纠弹之司，天和诸科出身，难居是职。”上命别举，中丞李晏荐旭刚正可任，遂授之，而改天和获鹿令。

　　章宗初即位，太傅克宁、右丞相襄请上出猎，旭劲奏其非，上慰谕之，为罢猎。明昌元年，登闻鼓院初设官，宰执奏司谏郭安民、补阙许安仁及旭皆堪擢用。改侍御史,四迁都水监,以治河防劳进官一阶,授西京路转运使,卒。旭性警敏,练达时政,与王脩、刘仲洙辈世称能吏云。

　　刘仲洙字师鲁,大兴宛平人。大定三年,登进士第。历龙门主簿、香河酒税使,再调深泽令。县近滹沱河,时秋成,水忽暴溢,仲洙极力护塞,竟无害。有盗夜发,居民震惊,仲洙率县卒生执其一,余众遂溃,且日掩捕皆获。寻以廉能进官一阶,升河北西路转运司支度判官,入为刑部主事,六迁右司员外郎,俄转吏部。世宗谓宰臣曰:"人有言语敏辩而庸常不正者,有语言拙讷而才智通达、存心向正者,如刘仲洙颇以才行见称,然而口语甚讷也。"右丞张汝霖曰:"人之若是者多矣,愿陛下深察之。"二十九年,出为祁州刺史,以六善为教,民化之。

　　章宗即位,除中都、西京等路提刑副使。先是,田珏等以党罪废锢者三十余家,仲洙知其冤,上书力辨,帝从之,乃复珏官爵而党禁遂解。明昌二年,授并王傅、兼同知大同府事,寻改平阳,移德州防御使。转运郭邦杰、节度李晏皆举仲洙以自代。升为定海军节度使。岁饥,仲洙表请开仓,未报,先为赈贷,有司劾之,罪以赎论。时仲洙兄仲渊以罪责石州,仲洙上书请以莱易石,朝廷义而不许。久之,以年老乞致仕,累表方听。泰和八年卒,年七十五。

　　仲洙性刚直,果于从政,尤长于治民,所在皆有功迹,盖一时之能吏云。

　　李完字全道,朔州马邑人。经童出身,复登词赋进士第。调澄城主簿,有遗爱,民为立祠。用廉迁定襄令,召补尚书省令史。时以县令阙人廉问,世宗选能吏八人按行天下,完其一也。明昌初,为监察御史。故事,台令史以六部令史久次者补,吏皆同类,莫肯举劾。完言:"尚书省令史,正隆间用杂流,大定初以太师张浩奏请,始纯取进士,天下以为当。今乞以三品官子孙及终场举人,委台官辟用。"上纳其言。擢尚书省都事，出为同知横海军节度使事、河间府治中。提刑司言："完习法律，有治剧材，军民无间语。"升沁州刺史，仍以玺书褒谕。迁同知广宁府。初，辽滨民崔元入城饮不归，求得尸于水中，有司执同饮者讯之，皆诬服，提刑司疑其冤，以狱畀完。完廉得其贼乃舟师也，遂免同饮人。改北京临潢路提刑副使。

承安二年，迁陕西西路转运使，寻授南京路按察使，卒。完长于吏治，所至奸恶屏迹，民皆便之。

马百禄字天锡，通州三河人。父柔德，天会初第进士，累迁翰林修撰，坐田珏党免官，迨世宗朝解党禁，复召用焉。百禄幼志学，事继母以孝闻，登大定三年词赋进士第，调武清主簿。由龙山令召补尚书省令史，不就，改榷货副使、平阳府判官，入为国子博士。朝延以宰县日清白有治迹，特迁官一阶，升同知北京路转运事。委录南北路刑狱，所至无冤。召为尚书户部员外郎，与同知河北东路转运事李京为中都等路推排使。明昌初，迁耀州刺史，吏民畏爱。提刑司以状闻，授韩王傅、同知安武军节度事。俄改兼同知兴平军，以提刑司复举廉，升孟州防御使，再迁南京路提刑使。御史台以刚直能干闻，转知河中府。承安四年致仕，卒。谥曰贞忠。

杨伯元字长卿，开封尉氏人。登大定三年进士第，调郾城主簿。升榆次令，召为大理评事，累除定海军节度副使，用廉超授同知河东北路转运事，入为尚书刑部员外郎，以忧免，起为辽州刺史。明昌元年，移涿州。久之，擢工部侍郎，四迁安武军节度使。泰和三年致仕，卒。

伯元以才干多被委注，凡两为推排定课使，累为审录官，人称其平。每有疑狱，必专遣决，明辩多中理。赐谥曰达。

刘玑字仲璋，益都人也。登天德三年进士第。大定初，为太常博士，改左拾遗，兼许王府文学。玑奏王府事，世宗责之曰："汝职掌教道，何预奏事！”因命近侍谕旨永中曰：“卿有长史，而令文学奏事何也？后勿复尔。”累除同知漕运司事，尝奏言：“漕户顾直太高，虚费官物，宜约量裁损。若减三之一，岁可省官钱一十五万余贯。”世宗是其言。授户部员外郎，条上便宜数事，世宗谓宰臣曰：“玑言河堤种柳可省每岁堤防之费，及言官钱利害，甚可取。前后户部官往往偷延岁月，如玑者不可多得，卿等议其可者行之。玑向言漕运省费事，尽心公家，不厚赏无以劝来者。”乃赐钱三千贯。擢潍州刺史，徙知济州。

未几，迁同知北京留守事，坐曲法放免奴婢诉良者，左降管州刺史。世宗谓宰臣曰：“玑为人何如？”参知政事程辉曰：“玑执强跋扈，尝追济南府官钱，以至委曲生意而害及平民。”上曰：“朕闻玑在北京，凡奴隶诉良，不问契券真伪辄放为良，意欲徼福于冥冥，则在己之奴何为不放？”又曰：“玑放朕之家奴，意欲以此邀福，存心若是，不宜再用。”

明昌二年，入为国子司业，乞致仕不许，转国子祭酒，寻擢太常卿，以昏耄不任职为御史台所纠罢。承安二年卒，年八十二。兄珫。

珫字伯玉，幼名太平。以功臣子补阁门祗候，遭父丧求终制，会海陵篡立，不许，改充护卫。海陵忌宗室，珫坐与往来，斥居乡里。

世宗即位，珫昼夜兼驰上谒，世宗大悦，以为护卫十人长。往招宗叙、白彦敬、纥石烈志宁，皆相继来附。还报，上喜其有功，呼其小字而谓之曰：“太平所至，庶几能赞朕致太平矣。”改御院通进。与乌居仁等往南京发遣六宫百司，珫建议留尚书右丞纥石烈良弼经略淮右，余皆北来，诏从之。丁母忧，起复，三迁武库署令。车驾幸西京，留珫为中都总管判官。再转近侍局使，迁太子少詹事，兼引进使，赐袭衣。未几，为陕西统军都监，赐厩马、金带，皇太子以马与币为赆。召为同知宣徽院事，迁太子詹事、右宣徽使，与张仅言与领昭德皇后园陵，襄事，太子赠以厩马。转左宣徽使，以疾求补外，除定海军节度使，以其弟太府监玮为同知宣徽院事。珫朝辞，上曰：“卿旧臣，今补外，宁不恻然。东莱濒海，风物亦佳，卿到必得调养。朕用卿弟在近密，如见卿也。"仍赐厩马、金带、彩十端、绢百匹。卒官，年五十七。琉枢过京畿，敕有司致祭，赙银三百两、重彩三十端。

康元弼字辅之，大同云中人。幼敏学，善属文，登正隆二年进士第。调汝阳簿，改崇义军节度判官。由垣曲县令补尚书省令史，累迁同知河北西路转运使事，召为大理丞。

大定二十七年，河决曹、濮间，濒水者多垫溺，朝延遣元弼往视，相其地如盉，而城在盉中，水易为害，请命于朝以徙之，卒改筑于北原，曹人赖焉。出为弘州刺史，阅岁授大理少卿。先是，卫州为河所坏，增筑苏门以寓州治。水既退，民不乐迁，欲复归卫，于是遣元弼按视，还言治故城便，遂复其旧。转秘书少监，兼著作郎，改通州刺史，兼领漕事。

章宗立，尊孝懿皇后为皇太后，以元弼旧臣诏充副卫尉。再转大理卿，以丧去，起复为尚书刑部侍郎，兼郓王傅，迁南京路转运使。承安三年致仕，卒。

移剌益字子迁，本名特末阿不，中都路胡鲁土猛安人也。以荫补国史院书写，积劳调徐州录事，召为枢密院知法，三迁翰林修撰。时北边有警，诏百官集尚书省议之，太尉克宁锐意用兵，益言天时未利，宜俟后图。御史台举益刚正可任，遂兼监察御史。未几，改户部员外郎。

明昌三年，畿内饥，擢授霸州刺史，同授刺史者十一人，既入谢，诏谕之曰："亲民之职惟在守令，比岁民饥，故遣卿等往抚育之。其资序有过者有弗及者，朕不计此，但以材选，尔其知之。"既至，首出俸粟以食饥者，于是倅以下及郡人递出粟以佐之，且命属县视以为法，多所全活。郡东南有堤久颓圮，水屡为害，益增修之，民以为便，为益立祠。升辽东路提刑副使。五年，宋主新立，诏以泗州当使客所经，守臣宜择人，宰臣进拟数人，皆不合上意，上曰："特末阿不安在？此人可也。”即授防御使。

召为尚书户部侍郎，寻转兵部。属群牧人叛，命益同殿前都点检充往招降之。承安二年，边鄙弗宁，上御便殿，召朝官四品以上入议，益谓“守为便。天子之兵当取万全，若王师轻出，少有不利，非惟损大国之威，恐启敌人侵玩之心。”出为山东西路转运使。有敕使按鹰于山东，益奏：“乞止令调于近甸，何必惊远方耳目。”书闻，上命有司治使者罪。迁河东南北路按察使。旧制，在位官有不任职。委所属上司体访。州府长贰幕职，许互相举申。益上言以为“伤礼让之风，亦恐同官因之不睦，别生奸弊。乞止令按察司纠劾，似为得体。”又言：“随路点军官与富人饮会，公通献遗，宜依准监临官于所部内犯罪究治。”上皆纳焉。泰和二年，卒于官。

赞曰：阎公贞定金律令，杨伯元定金推排，人皆以平称之，难矣。焦旭畿内小官，听断不受御史风指，遂罹深宪。大臣请人主游猎，劾奏其非，为之罢猎，诚有古人之风焉。李完、康元弼无他足称，完论台令史一事，元弼论曹、卫两城，各当其可。马百禄初坐党废，晚著治迹。刘玑初以理财得幸，晚以曲法得罪，人有前后遭遇不同，而百禄求福不回。非玑所及也。刘琔以大定之立驰赴行在，虽终身荣宠，盖一趋时之士耳。刘仲洙刚而讷于言，移剌益刚而敢言。益以志宁北伐为不可，仲洙释田珏党祸三十家。语曰“刚毅木讷近仁”，岂不信哉。

金史卷九八
列传第三六

完颜匡　完颜纲

完颜匡本名撒速，始祖九世孙。事幽王允成，为其府教读。大定十九年，章宗年十余岁，显宗命詹事乌林答愿择德行淳谨、才学该通者，使教章宗兄弟。阅月，愿启显宗曰："幽王府教读完颜撒速、徐王府教读仆散讹可二人，可使教皇孙兄弟。"显宗曰："典教幼子，须用淳谨者。"已而，召见于承华殿西便殿，显宗问其年，对曰："臣生之岁，海陵自上京迁中都，岁在壬申。"显宗曰："二十八岁尔，詹事乃云三十岁何也？"匡曰："臣年止如此，詹事谓臣出入宫禁，故增其岁言之耳。"显宗顾谓近臣曰："笃实人也。"命择日，使皇孙行师弟子礼。七月丁亥，宣宗、章宗皆就学，显宗曰："每日先教汉字，至申时汉字课毕，教女直小字，习国朝语。"因赐酒及彩币。顷之，世宗诏匡、讹可俱充太子侍读。

寝殿小底驼满九住问匡曰："伯夷、叔齐何如人？"匡曰："孔子称夷、齐求仁得仁。"九住曰："汝辈学古，惟前言是信。夷、齐轻去其亲，不食周粟饿死首阳山，仁者固如是乎？"匡曰："不然，古之贤者行其义也，行其道也。伯夷思成其父之志以去其国，叔齐不苟从父之志亦去其国。武王伐纣，夷、齐叩马而谏。纣死，殷为周，夷、齐不食周粟遂饿而死。正君臣之分，为天下后世虑至远也，非仁人而能若是乎。"是时，世宗如春水，显宗从，二人者马上相语遂后。显宗迟九住至，问曰："何以后也？"九住以对，显宗叹曰："不以女直文字译经史，何以知此。主上立女直科举，教以经史，乃能得其渊奥如此哉。"称善者良久，谓九住曰："论语'知之为知之，不知为不知，是知也'。汝不知不达，务辩口以难人。由是观之，人之学、不学，岂不相远哉。"

显宗尝谓中侍局都监蒲察查剌曰："入殿小底完颜讹出，侍读完颜撒速，与我同族，汝知之乎？"对曰："不知也，"显宗曰："撒速，始祖九世孙。讹出，保活里之世也。始祖兄弟皆非常人，汝何由知此。"

显宗命匡作《睿宗功德歌》，教章宗歌之，其词曰："我祖睿宗，厚有阴德。国祚有传，储嗣当立。满朝疑惧，独先启策。祖征三秦，震惊来附。富平百万，望风奔仆。灵恩光被，时寸春旸。神化周浃，春生冬藏。"盖取宗翰与睿宗定策立熙宗，及乎陕西大破张浚于富平也。二十三年三月万春节，显宗命章宗歌此词侑觞，世宗愕然曰："汝辈何因知此？"显宗奏曰："臣伏读《睿宗皇帝实录》，欲使儿子知创业之艰难，命侍读撒速作歌教之。"世宗大喜，顾谓诸王侍臣曰："朕念睿宗皇帝功德，恐子孙无由知，皇太子能追念作歌以教其子，嘉哉盛事，朕之乐岂有量哉。卿等亦当诵习，以不忘祖宗之功"命章宗歌数四，酒行极欢，乙夜乃罢。

二十五年，匡中礼部策论进士。是岁，世宗在上京，显宗监国。三月甲辰，御试，前一日癸卯，读卷官吏部侍郎李晏、棣州防御使把内剌、国史院编修官夹谷衡、国子助教尼庞古鉴进禀，策题问"契敷五教，皋陶明五刑，是以刑措不用、比屋可封。今欲兴教化，措刑罚，振纪纲，施之万世，何术可致？"匡已试，明日入见，显宗问对策云何，匡曰："臣熟观策问敷教、措刑两事，不详'振纪纲'一句，只作两事对，策必不能中。"显宗命匡诵所对策，终篇，曰："是亦当中。"匡曰："编修衡、助教鉴长于选校，必不能中。"已而，匡果下第。显宗惜之，谓侍臣曰："我只欲问教化、刑罚两事，乃添振纪纲一句，命删去，李晏固执不可，今果误人矣。"谓侍正石敦寺家奴、唐括曷答曰："侍读二十一年府试不中，我本不欲侍读再试，恐伤其志，今乃下第,使人意不乐。"是岁初取止四十五人,显宗命添五人,仆散讹可中在四十五人,后除书画直长。匡与讹可俱为侍读,匡被眷遇特异,显宗谓匡曰:"汝无以讹可登第快快,但善教金源郡王,何官不可至哉。"是岁,显宗薨,章宗判大兴尹,封原王,拜右丞相,立为皇太孙。匡仍为太孙侍读。二十八年,匡试诗赋,漏写诗题下注字,不取,特赐及第,除中都路教授,侍读如故。

章宗即位,除近侍局直长,历本局副使、局使,提点太医院,迁翰林直学士。使宋,上令权更名弼,以避宋祖讳,事载本纪。迁秘书监,仍兼太医院、近侍局事,再兼大理少卿。迁签书枢密院事,兼职如故。承安元年,行院于抚州。河北西路转运使温昉行六部事,主军中馈饷,屈意事匡,以马币为献,及私及官钱佐匡宴会费,监察御史姬端修劾之,上方委匡以边事,遂寝其奏。三年,入奏边事,居五日,还军。寻入守尚书左丞,兼修国史,进《世宗实录》。

章宗立提刑司,专纠察黜陟,当时号为外台,匡与司空襄、参政揆奏:"息民不如省官,圣朝旧无提刑司,皇统、大定间每数岁一遣使廉察,郡县称治。自立此官,冀达下情,今乃是非混淆,徒烦圣听。自古无提点刑狱专荐举之权者,若陛下不欲遽更,不宜使兼采访廉能之任。岁遣监察体究,仍不时选使廉访。"上从其议,于是监察体访之使出矣

初,匡行院于抚州,障葛将攻边境,会西南路通事黄掴按出使乌都碗部知其谋,奔告行院为之备,迎击障葛,败其兵。按出与八品职,迁四官。匡迁三官。匡奏乞以所迁三官让其兄奉御赛一,上嘉其义,许之。改枢密副使,授世袭谋克。

宋主相韩侂胄。侂胄尝再为国使,颇知朝廷虚实。及为相,与苏师旦倡议复仇,身执其咎,缮器械,增屯戍,初未敢公言征伐,乃使边将小小寇钞以尝试朝廷。泰和五年正月,入确山界夺民马。三月,焚平氏镇,剽民财物,掠邓州白亭巡检家赀,持其印去。遂平县获宋人王俊,唐州获宋谍者李忭,俊襄阳军卒,忭建康人。俊言宋人于江州、鄂、岳屯大兵,贮甲仗,修战舰,期以五月入寇。忭言侂胄谓

大国西北用兵连年,公私困竭,可以得志,命修建康宫,劝宋主都建康节制诸道。河南统军司奏请益兵为之备。诏平章政事仆散揆为河南宣抚使,籍诸道兵,括战马,临洮、德顺、秦、巩各置弓手四千人。诏揆遗书宋人曰:"奈何兴兵?"宋人辞曰:"盗贼也。边臣不谨,今黜之矣。"

宋人将启边衅,太常卿赵之杰、知大兴府承晖、中丞孟铸皆曰:"江南败衄之余,自救不暇,恐不敢败盟。"匡曰:"彼置忠义保捷军,取先世开宝、天禧纪元,岂忘中国者哉。"大理卿畏也曰:"宋兵攻围城邑,动辄数千,不得为小寇。"上问参政思忠,思忠极言宋人败盟有状,与匡、畏也合,上以为然。及河南统军使纥石烈子仁使宋还,奏宋主修敬有加,无他志。上问匡曰:"于卿何如?"匡曰:"子仁言是。"上愕然曰:"卿前议云何,今乃中变邪?"匡徐对曰:"子仁守疆圉,不妄生事,职也。书曰'有备无患',在陛下宸断耳。"于是,罢河南宣抚司,仆散揆还朝。

六年二月,宋人陷散关,取泗州、虹县、灵璧。四月,复诏仆散揆行省事于汴,制诸军。顷之,以匡为右副元帅。揆请匡先取光州,还军悬瓠,与大军合势南下。匡奏:"仆散揆大军渡淮,宋人聚兵襄、沔以窥唐、邓,汴京留兵颇少,有掣肘之患,请出唐、邓。"从之。遣前锋都统乌古论庆寿以骑八千攻枣阳,遣左翼提控完颜江山以骑五千取光化,右翼都统乌古孙兀屯取神马坡,皆克之。匡军次白虎粒,都统完颜按带取随州,乌古论庆寿扼赤岸,断襄、汉路。宋随州将雷太尉遁去,遂克随州。于是,宋邓城、樊城戍兵皆溃。赐诏奖谕,戒诸军毋掳掠、焚坏城邑。匡进兵围德安,分遣诸将徇下安陆、应城、云梦、汉川、荆山等县,副统蒲察攻宜城县取之。十二月败宋兵二万人于信阳之东,诏曰:"卿总师出疆屡捷,殄寇抚降,日辟土宇。彼恃汉、江以为险阻,筏马而渡,如涉坦途,荆、楚削平,不为难事,虽天祐顺,亦卿筹画之效也。益宏远图,以副朕意。"匡进所获女口百人。诏匡权尚书右丞,行省事,右副元帅如故。

吴曦以蜀、汉内附,诏匡先取襄阳以屏蔽蜀、汉。完颜福海破宋援襄阳兵于白石硌,遂取谷城县。仆散揆得疾,遂班师,至蔡,疾革,诏右丞相宗浩代之。七年二月,揆薨。匡久围襄阳,士卒疲疫,会宗浩至汴,匡乃放军朝京师,转左副元帅,赐宴于天香殿,还军许州。九月,宗浩薨,匡为平章政事,兼左副元帅,封定国公,代宗浩总诸军,行省于汴京。

初,仆散揆初至汴,既定河南诸盗,乃购得韩侂胄族人元靓,使行间于宋。元靓渡淮,宋督视江、淮兵马事丘崈奏之宋主。是时,宋主、侂胄见兵屡败以为忧,欲乞盟无以为请,得崈奏,即命遣人护元靓北归,因请议和。崈使其属刘祐送元靓申和议于揆,揆曰:"称臣割地,献首祸之臣,然后可。"宋主因密谕丘崈,使归罪边将以请焉。及宗浩代揆,方信孺至,宗浩以方信孺轻佻不可信,移书宋人,果欲请和当遣朱致知、吴琚、李大性、李璧来。侂胄得报大喜过望,乃召张岩于建康,罢为福建观察使,归罪苏师旦,贬之岭南。是时,李璧已为参政,不可遣。朱致知、吴琚已死,李大性知福州,道远不能遽至。乃遣左司郎中王楠来,至濠州,匡使人责以称臣等数事。楠以宋主、侂胄情实为请,依靖康二年正月请和故事,世为伯侄国,增岁币为三十万两、匹,犒军钱三百万贯,苏师旦等俟和议定当函首以献。楠至汴,以侂胄书上元帅府,匡复诘之,楠恳请曰:"此事实出朝旨,非行人所专。"匡察其不妄,乃具奏。章宗诏匡移书宋人,当函侂胄首赎淮南地,改犒军钱为银三百万两。于是,宋吏部侍郎史弥远定计杀韩侂胄,弥远知国政,和好自此成矣。

于是,延议诸军已取关隘不可与。王楠以宋参政钱象祖书来,略曰:

窃惟昔者修好之初,蒙大金先皇帝许以画淮为界。今大国遵先皇帝圣意,自盱眙至唐、邓画界仍旧,是先皇帝惠之于始,今皇帝全之于后也。然东南立国,吴、蜀相依,今川、陕关隘大国若有之,则是撤蜀之门户,不能保蜀,何以固吴?已增岁币至三十万,通谢为三百万贯,以连岁师旅之余,重以丧祸,岂易办集。但边隙既开和议,区区悔艾之实,不得不黾勉遵承。又蒙圣画改输银三百万两,在本朝宜不敢固违,然倾国资财,竭民膏血,恐非大金皇帝弃过图新、兼爱南北之意也。

主上仁慈宽厚,谨守信誓,岂有意于用兵。止缘侂胄启衅生事,迷国罔上,以至于斯。是以奋发英断,大正国典,朋附之辈诛斥靡贷。今大国欲使斩送侂胄,是未知其亡死也。侂胄实本庸愚,怙权轻信,有误国事,而致侂胄误国者苏师旦也。师旦既贬侂胄尚力庇之,嘱方信孺妄言己死,近推究其事,师旦已行斩首。倘大国终惠川、关隘,所画银两悉力祗备,师旦首函亦当传送,以谢大国。

本朝与大国通好以来,譬如一家叔侄,本自协和,不幸奴婢交斗其间,遂成嫌间。一旦犹子翻然改悟,斥逐奴隶,引咎谢过,则前日之嫌便可销释,奚必较锱铢豪末,反伤骨肉之恩乎?惟吴、蜀相为首尾,关隘系蜀安危,望敢备奏,始终主盟,使南北遂息肩之期,四方无兵革之患,不胜通国至愿。

是时,陕西宣抚司请增新得关隘戍兵万人。王楠状禀,如蒙归川、陕关隘,韩侂胄首必当函送,遵上国之命。匡奏曰:“关隘之事,臣初亦惑之,今当增戍万人,壁垒之役,馈饷之劳,费用必广。祖宗所以不取者,以关隘仅能自保耳,非有益于战也。设能入寇,纵之平地,以铁骑蹂之,无一得脱。彼哀祈不已者,以前日负固尚且摧覆,今遂失之,是无一日之安也。必谓兵力得之不可还赐,则汉上诸郡皆膏腴耕桑之地,枣阳、光化归顺之民数万户,较之陕右轻重可知,独在陛下决之耳。”诏报曰:“侂胄渠魁,既请函首,宋之悔服可谓诚矣。”匡乃遣王楠还,复书曰:“宋国负渝盟之罪,自陈悔艾,主上德度如天,不忍终绝,优示训谕,许以更成,所以覆护镇抚之恩至深至厚。昨奉圣训,如能斩送韩侂胄,徐议还淮南地。来书言韩侂胄已死,将以苏师旦首易之,饰辞相给如此。至于犒军银两欲俟归关隘然后祗备,是皆有咈圣训。及王楠状禀,如蒙归还川、陕关隘,其韩侂胄首必当函送。圣训令斩送侂胄首者,本欲易淮南地,陕西关隘不预焉。王楠所陈亦非元画事理,不敢专决,具奏。奉旨‘朕以生灵为念，已贳宋罪，关隘区区岂足深较，既能函送韩侂胄首，陕西关隘可以还赐'。今恩训如此，其体大国宽仁矜恤曲从之意，追修誓书，赍遣通谢人使赴阙。"

王楠之归也，匡要以先送叛亡驱掠，然后割赐淮南、川、陕，及彼誓书草本有犯庙讳字及文义有不如体制者，谕令改之。宋人以叛亡驱掠散在州县，一旦拘刷，未易聚集。今已四月，农事已晚，边民连岁流离失所，扶携道路，即望复业，过此农时，遂失一岁之望。岁币犒军物多，非旬月可办。钱象祖复以书来，略曰："窃见大金皇帝前日圣旨，如能斩送韩侂胄首，沿淮之地并依皇统、大定已画为定。又睹今来圣旨，既能送侂胄首，陕西关隘可并还赐。以此仰见圣慈宽大，初无必待发遣驱掠官兵，然后退兵交界之语。誓书草本添改处，先次录、本、赍呈，并将侂胄首函送，及管押纳合、道僧、李全家口一并发还。欲望上体大金皇帝画定圣旨，先赐行下沿边及陕西所属，候侂胄首到界上，即便抽回军马，归还淮南及川、陕关隘地界。所以驱掠官兵留之何益，见已从实刷勘发还。其使人礼物岁币等已起发至真、扬间，伺候嘉报，迤逦前去界首，以俟取接。"

匡得钱象祖书，即具奏，诏报曰："朕以生灵之故已从请，称臣割地尚且阔略，区区小节何足深较。其侂胄、师旦首函及诸叛亡至濠州，即听通谢人使入界，军马即当彻还，川、陕关隘俟岁币犒军银纲至下蔡，画日割赐。"匡得诏书，即以谕宋人，使如诏书从事。

泰和八年闰四月乙未，宋献韩侂胄、苏师旦首函至元帅府，匡遣平南抚军上将军纥石烈贞以侂胄、师旦首函露布以闻。五月丁未，遣户部尚书高汝砺、礼部尚书张行简奏告天地，武卫军都指挥使徒单镛奏告太庙，御史中丞孟铸告社稷。是日，上御应天门，立黄麾仗，受宋馘。尚书省奏露布，亲王百官起居上表称贺。献馘庙社，以露布颁中外。竿侂胄、师旦首并二人画像于通衢，百姓纵观，然后漆其首藏之军器库。丙辰，匡朝京师，进官两阶，赐玉带、金一百两、银一千五百两、重币三十端。罢元帅府仍为枢密院。六月癸酉，宋通谢使许弈、吴衡等入见。癸未，以宋人请和诏天下。

十一月丙辰，章宗崩，匡受遗诏，立卫绍王。其遗诏略曰："皇叔卫王，承世宗之遗体，钟厚庆于元妃，人望所归，历数斯在。今朕上体太祖皇帝传授至公之意，付畀宝祚，即皇帝位于枢前。载惟礼经有嫡立嫡、无嫡立庶，今朕之内人见有娠者两位，已诏皇帝，如其中有男当立为储贰，如皆是男子，择可立者立之。"丁巳，卫绍王即位。戊午，章宗内人范氏胎气有损。大安元年四月，平章政事仆散端、左丞孙即康奏："承御贾氏产期已出三月，有人告元妃李氏令贾氏诈称有身。"诏元妃李氏、承御贾氏皆赐死。初，章宗大渐，匡与元妃俱受遗诏立卫王，匡欲专定策功，遂构杀李氏。数日，匡拜尚书令，封申王。大安元年十二月，薨。

匡事显宗，深被恩遇。自章宗幼年，侍讲读最亲幸，致位将相，怙宠自用，官以贿成。承安中，拨赐家口地土，匡乃自占济南、真定、代州上腴田，百姓旧业辄夺之，及限外自取。上闻其事，不以为罪，惟用安州边吴泊旧放围场地、奉圣州在官闲田易之，以向自占者悉还百姓。宣宗尝谓侍臣曰："撒速往年尝受人玉吐鹘，然后与之官，此岂宰相所为哉。"

完颜纲本名元奴，字正甫。明昌中，为奉御，累官左拾遗。诏三叉口置捺钵，纲上疏谏，疏中有云"贼出没其间"，诏尚书省诘问，所言不实，章宗以纲谏官，不之罪。

迁刑部员外郎，纲言："诸犯死罪除名移推相去二百里，并犯徒罪连逮二十人以上者并令就问，曾经所属按察司审谳者移推别路，官亦依上就问。凡告移推之人皆已经本路按察审讫，即当移推别路。按察司部分广阔，如上京路移推临潢路，最近亦往复二三千里，北京留守司移推西北路招讨司，最近亦须数月。乞依旧制，令移推官司追取其人归问。"从之。

故事，使夏国者夏人馈赠礼物，视书几道以为多寡。泰和元年，纲为赐夏主生日使，章宗命赍三诏，左司员外郎孙椿年奏诏为一道，寻自陈首，上责宰臣曰："椿年忽略，卿等奈何不奏也。"转工部郎中，上言：“太府监官兼尚食局官，乞于少府监依此例，注能干官一员兼仪鸾局官，仪鸾局官一员兼少府监官，相须检治。”从之。四年，诏纲与乔宇、宋元吉编类陈言文字，纲等奏，“凡关涉宫庭及大臣者摘进，其余以省台六部各为一类”，凡二十卷。迁同签宣徽院事。

六年，与宋连兵，陕西诸将颇相异同，以纲为蜀汉路安抚使、都大提举兵马事，与元帅府参决西事，调羌兵之未附者。于是，知凤翔府事完颜昱、同知平凉府事蒲察秉铉分驻凤翔诸隘，通远军节度使承裕、秦州防御使完颜璘屯成纪界，知临洮府事石抹仲温驻临洮，同知临洮府事术虎高琪、彰化军节度副使把回海备巩州诸镇，乾州刺史完颜思忠扼六盘，陕西路都统副使斡勒牙剌、京兆府推官蒲察秉彝戍虢华、扼潼关蒲津，陕西都统完颜忠本名裒懒、同知京兆府事乌古论兖州守京兆要害，以凤翔、临洮路蕃汉弓箭手及绯翩翅军散据边陲。“绯翩翅”，军名也。元帅右监军充右都监蒲察贞分总其事。

宋吴曦以兵六千攻盐川，巩州戍将完颜王善、队校仆散六斤、猛安龙延常击走之，斩首二百级。七月，吴曦兵五万由保坌、姑苏等路寇秦州，承裕、璘以骑千余击之，曦兵大败，追奔四十里。曦别兵万人入来远镇，术虎高琪破之。

青宜可者，吐蕃之种也。宋取河湟，夏取河西四郡，部落散处西鄙，其鲁黎族帅曰冷京，据古叠州，有四十三族、十四城、三十余万户，东邻宕昌，北接临洮、积石，南行十日至笋竹大山，盖蛮境也。西行四十日至河外，俗不论道里而以日计之云。冷京卒，子耳骨延嗣，宋不能制，縻以官爵。传六世至青宜可，尤劲勇得众，以宋政令不常，有改事中国之意。曹佛留为洮州刺史。佛留材武有智策，能结诸羌。青宜可畏慕佛留，以父呼之，请举国内附，朝廷以宋有盟不许，厚赐金帛以抚之。

明昌间，属羌已彪杀郡佐反，是时纲为奉御，奉诏与曹佛留计事，因召青宜可会兵击破已彪。曹佛留迁同知临洮尹，兼洮州刺史。

子普贤为洮州管内巡检使。纲屡以事至洮，佛留每谓纲言青宜可愿内属，出其至情，纲辄奏之，上终不纳。

及纲部署陕西，上密敕经略西事。于是，曹佛留已死，普贤为怀羌巡检使。纲至洮，驰召普贤摄同知洮州事。普贤传箭入羌中，青宜可大喜，率诸部长，籍其境土人民，诣纲请内属。纲奏其事，上以青宜可为叠州副都总管，加广威将军。诏青宜可曰："卿统有部人，世为雄长，向风慕义，背伪归朝，愿效纯诚，恒输忠力，缅怀嘉瞩，式厚褒旌。览卿进上所受伪牌，朝延之驭诸蕃固无此例，欲使卿有以镇抚部族、增重观望，是以特加改命，赐金牌一、银牌二，到可祗承，服我新恩，永为藩卫。"曹普贤真授同知洮州事，纲迁拱卫直都指挥使，迁三阶，安抚、都大提举如故。以商州刺史乌古论兖州领、曹普贤押领、青宜可勾当。诏曰："完颜纲，初行时汝未知朝延有青宜可之事，独言可以招抚，必获其用，既而果来效顺。今汝勿以青宜可兵势重大，卑屈失体，亦勿以蕃部而藐视之。"

九月，诏安慰陕西，略曰："京兆、凤翔、临洮三路，应被宋兵逼胁，背国从伪，或没落外境，若能自归者，官吏依旧勾当，百姓各令复业，元抛地土依数给付。及受宋人旗榜结构等，或值惊扰因而避役逃亡，未发觉者，许令所在官司陈首，并行释免，更不追究，军前可用之人随宜任使。限外不首，复罪如初。"

宋程松遣别将曲昌世袭方山原，自率兵数万分道袭和尚原、西山寨、龙门等关。是日，大雾四塞，既又暴雨，和尚原、西山寨、龙门关戍兵不知宋兵来，松遂据之。蒲察贞遣行军副统裴满阿里、同知陇州事完颜勃论以兵千人伏方山原下，万户奥屯撒合门、美原县令术虎合沓别将壮士五百，取间道潜登，出宋兵上，自高而下，宋兵大骇，伏兵合击，遂破之。贞乃分遣术虎合沓、部将完颜出军奴率兵千人出黄儿谷取和尚原，同知会州事女奚列南家、押军猛安粘割撒改率兵千人出大宁谷取西山寨，贞以兵七百由中路取龙门等关。程松已焚阁道，贞且修道、且进兵，至小关，松将杨廷据险注射，贞不得前，令行军副统裴满阿里为疑兵，潜遣猛安胡信率甲士五十人绕出其后,反击之,宋兵大乱,遂斩廷于阵。宋兵走二里关,复败。宋将彭统领宋兵走龙门,追击大破之。合沓乘夜潜登和尚原绝顶,宋人惊以为神,皆散走。破其众二千,生获数十人。南家斩木开道以登西山,再与宋兵遇,皆败。遂尽复故地。

宋吴曦将冯兴、杨雄、李珪以步骑八千人入赤谷,将寇秦州。承裕、完颜璘、河州防御使蒲察秉铉逆击,破之。宋步兵趋西山,骑兵走赤谷。承裕分兵蹑宋步兵,宋步兵据山搏战,部将唐括按答海率二百骑驰击之,甲士蒙葛挺身先入其阵,众乘之,宋步兵大溃,杀数百人,追者至皂郊城,斩首二千级。猛安把添奴追宋骑兵,杀千余人,冯兴仅以身免,杨雄、李珪皆为金军所杀。十月,纲以蕃、汉步骑一万出临潭,充以关中兵一万出阵仓,蒲察贞以岐、陇兵一万出成纪,石抹仲温以陇右步骑五千出盐川,完颜璘以本部兵五千出来远。

初,吴玠、吴璘俱为宋大将,兄弟父子相继守西土,得梁、益间士众心。璘孙曦太尉、昭武军节度使、成都潼川府夔利等州路宣抚副使,泰和六年出兵兴元,有窥关、陇之志,诱募边民为盗,遣谍以利饵凤翔卒温昌,结三虞候军为内应。昌诣府上变。曦遣诸将出秦、陇间,与纲等诸军相拒。上闻韩侂胄忌曦威名,可以间诱致之,梁、益居宋上游,可以得志于宋,封曦蜀国王,铸印赐诏,诏纲经略之。其赐曦招曰:

宋自佶、桓失守,构窜江表,僭称位号,偷生吴会,时则乃祖武安公玠捍御两川。洎武顺王璘嗣有大勋,固宜世胙大帅,遂荒西土,长为藩辅,誓以河山,后裔纵有栾黡之汰,犹当十世宥之。然威略震主者身危,功盖天下者不赏,自古如此,非止于今。

卿家专制蜀汉,积有岁年,猜嫌既萌,进退维谷,代之而不受,召之而不赴,君臣之义已同路人,譬之破桐之叶不可以复合,骑虎之势不可以中下矣。此事流传,稔于朕听,每一思之未尝不当馈叹息,而卿犹偃然自安。且卿自视翼赞之功孰与岳飞?飞之威名战功暴于南北,一旦见忌,遂被参夷之诛,可不畏哉。故智者顺时而动,明者因机而发，与其负高世之勋见疑于人，惴惴然常惧不得保其首领，曷若顺时因机，转祸为福，建万世不朽之业哉。

今赵扩昏孱，受制强臣，比年以来顿违誓约，增屯军马，招纳叛亡。朕以生灵之故，未欲遽行讨伐，姑遣有司移文，复因来使宣谕，而乃不顾道理，愈肆凭陵，虔刘我边陲，攻剽我城邑。是以忠臣扼腕，义士痛心，家与为仇，人百其勇，失道至此，虽欲不亡得乎？朕已分命虎臣，临江问罪，长驱并骛，飞渡有期，此正豪杰分功之秋也。

卿以英伟之姿，处危疑之地，必能深识天命，洞见事机，若按兵闭境不为异同，使我师并力巢穴而无西顾之虞，则全蜀之地卿所素有，当加封册，一依皇统册构故事。更能顺流东下，助为掎角，则旌麾所指尽以相付。天日在上，朕不食言。今送金宝一钮，至可领也。

纲次临江被诏，进至水洛，访得曦族人端，署为水洛城巡检使，遣持诏间行谕曦。曦得诏意动，程松尚在兴元，未敢发，诈称杖杀端，以蔽匿其事。松兵既败，曦乃遣掌管机宜文字姚圆与端奉表送款。纲遣前京兆府录事张仔会吴曦于兴州之置口，曦言归心朝廷无他，张仔请以告身为报，曦尽出以付之。仍献阶州。

朝廷以曦初附，恃中国为援，欲先取襄阳以为蜀汉屏蔽，乃诏右副元帅匡先攻襄阳，诏略曰：“陕西一面虽下四州，吴曦之降朕所经略。自大军出境，惟卿所部力战为多，方之前人无所愧谢。今南伐之事责成卿等，区区俘获不足羡慕，果能为国建功，岂止一身荣宠，后世子孙亦保富贵。”匡得诏，乃移兵趋襄阳。十二月，曦遣果州团练使郭澄、仙人关使任辛奉表及蜀地图志、吴氏谱牒来上。

七年正月，召纲赴京师，以为陕西宣抚副使，进三阶。还军，吴曦遣郭澄进谢恩表、誓表、贺全蜀归附三表，亲王百官称贺，朝廷以诏答之，并赐誓诏。郭澄朝辞，谕澄曰：“汝主效顺，以全蜀归附，朕甚嘉之。然立国日浅，恐宋兵侵轶，人心不安，凡有当行事务已委宣抚完颜纲移文计议。或有紧急，即差人就去讲究。大定间，汝主尝以事入觐，今亦多岁，朕嘉汝主之义，怀想不忘，欲得其绘像，如见其面。今已遣使封册，俟回日附进。可以此意归谕汝主。”诏以同知临洮府事术虎高琪为封册使，翰林直学士乔宇副之。诏高琪曰："卿以边面宣力，加之读书，蜀人识卿威名，勿以财贿动心，失大国体。检制随去奉职，勿有违枉生事。"

顷之，宋安丙杀吴曦。上闻曦死，遣使责纲，诏曰："曦之降，自当进据仙人关，以制蜀命，且为曦重。既不据关，复撤兵，使丙无所惮，是宜有今日也。"于是，诏赠曦太师，命德顺州刺史完颜思忠招魂葬于水洛县。以曦族兄端之子为曦后。诏谕陕西军士，略曰："汝等爰自去冬，出疆用命，擐披甲胄，冒涉艰险，直取山外数州，比之他军实有勤效。界外屯驻日久，负劳苦，恩赏未行，有司申奏不明，以致如此。朕已令增给赏物，以酬尔劳。惟是余贼未殄，犹须经略。眷我师徒，久役未解，深怀悯念，寤寐弗忘。汝等益思体国之忠，奋敌忾之勇，协心毕力，建立功勋，高爵厚禄，朕所不吝。"

宋人复陷阶州、西和州，纲至凤翔，诏彻五州之兵退保要害，五州之民愿徙内地者厚抚集之。以近侍局直长为四川安慰使。蒲察贞撤黄牛戍，宋安丙乘之，连兵来袭，遂陷散关，巩州钤辖兀颜阿失死之。诏夺纲官一阶，降兵部侍郎，权宣抚副使。遣户部侍郎尼庞古怀忠按治纲以下将吏。怀忠未至陕西，纲、贞遣兵潜自昆谷西山养马涧入，四面攻之，复取散关，斩宋将张统领、于团练。纲遣使奏捷，诏书奖谕，贞等释不问。

八年，宋献韩侂胄、苏师旦首，诏以陕西关隘还之，宋罢兵。纲还京师。是岁，章宗崩，卫绍王即位，除陕西路按察使，累官尚书左丞。至宁元年，纲行省事于缙山，徒单镒使人谓纲曰："高琪驻兵缙山甚得人心，士皆思奋，与其行省亲往，不若益兵为便。"纲不听。徒单镒复使人止之曰："高琪措画已定，彼之功即行省之功。"纲不从。纲至缙山遂大败。

胡沙虎斩关入中都，迁卫绍王于卫邸，命纲子安和作家书，使亲信人召纲。纲至，囚之悯忠寺，明日，押至市中，使张霖卿数以失四川、败缙山之事，杀之。

贞祐四年。纲子权复州刺史安和上书讼父冤，略曰："先臣纲在章宗时，招怀西羌青宜可等十八部族，取宋五州，吴曦以全蜀归朝。胡沙虎无故见杀，夺其官爵。”诏下尚书省议，“谨按元年诏书云，胡沙虎屡害良将，正谓纲辈也。”乃追复尚书左丞。弟定奴。

定奴与兄纲俱知名，充护卫，除平凉府判官，累官同知真定府。从平章政事仆散揆伐宋，加平南虎威将军。兵罢，迁河南东路副统军，三迁武胜军节度使，入为右副点检。大安二年，迁元帅右都监，救西京，改震武军节度使。元帅奥屯襄败绩，定奴坐失期及不以军败实奏，降河州防御使。迁镇西军节度使、河东北路按察转运使。宣宗即位，改知归德府。贞祐二年，改知河南府，兼河南副统军。录迁河南统军使，兼昌武军节度使。请内外五品以上举能干之士充河北州县官。改签枢密院事、殿前都点检、兼侍卫亲军都指挥使。复为签枢密院事、行院事兼知归德府事，改兼武宁军节度使，行院于徐州。召为刑部尚书、参知政事。兴定三年，薨。

赞曰：章宗伐宋之役，三易主帅，兵家所忌也，宋不知乘此以为功，犹曰有人焉？韩侂胄心强智疏，苏师旦谋浅任大，函首燕、蓟，南北皆曰贼臣，何哉？完颜匡完颜纲皆泰和终功之臣，然匡隳忠于大安，纲罔难于至宁，富贵之惑人乃如此邪？

金史卷九九
列传第三七

徒单镒　贾铉　孙铎
孙即康　李革

　　徒单镒本名按出，上京路速速保子猛安人。父乌辇，北京副留守。镒颖悟绝伦，甫七岁，习女直字。大定四年，诏以女直字译书籍。五年，翰林侍讲学士徒单子温进所译《贞观政要》、《白氏策林》等书。六年，复进《史记》、《西汉书》，诏颁行之。选诸路学生三十余人，令编修官温迪罕缔达教以古书，习作诗、策。镒在选中，最精诣，遂通契丹大小字及汉字，该习经史。久之，枢密使完颜思敬请教女直人举进士，下尚书省议。奏曰：“初立女直进士科，且免乡、府两试，其礼部试、廷试，止对策一道，限字五百以上成。在都设国子学，诸路设府学，并以新进士充教授，士民子弟愿学者听。岁久，学者当自众，即同汉人进士三年一试。”从之。十三年八月，诏策女直进士，问以求贤为治之道。侍御史完颜蒲涅、太常博士李晏、应奉翰林文字阿不罕德甫、移剌杰、中都路都转运副使奚蹈考试镒等二十七人及第。镒授两官，余授一官，上三人为中都路教授，四名以下除各路教授。

　　十五年，诏译诸经，著作佐郎温迪罕缔达、编修官宗璧、尚书省译史阿鲁、吏部令史杨克忠译解，翰林修撰移剌杰、应奉翰林文字移剌履讲究其义。镒自中都路教授选为国子助教。左丞相纥石烈良弼尝到学中与镒谈论，深加礼敬。丁母忧，起复国史院编修官。

世宗尝问太尉完颜守道曰："徒单镒何如人也?"守道对曰："有材力,可任政事。"上曰："然,当以剧任处之。"又曰："镒容止温雅,其心平易。"久之,兼修起居注,累迁翰林待制,兼右司员外郎。献《汉光武中兴赋》,世宗大悦曰："不设此科,安得此人。"

章宗即位,迁左谏议大夫,兼吏部侍郎。明昌元年,为御史中丞。无何,拜参知政事,兼修国史。镒言："人生有欲,不限以制则侈心无极。今承平日久,当慎行此道,以为经久之治。"

章宗锐意于治平,镒上书,其略曰："臣窃观唐、虞之书,其臣之进言于君曰'戒哉','懋哉',曰'吁',曰'都'。既陈其戒,复导其美。君之为治也,必曰'稽于众,舍己从人'。既能听之,又能行之,又从而兴起之。君臣上下之间相与如此。陛下继兴隆之运,抚太平之基,诚宜稽古崇德,留意于此,无因物以好恶喜怒,无以好恶喜怒轻忽小善,不恤人言。夫上下之情有通塞,天地之运有否泰,唐陆贽尝陈隔塞之九弊,上有其六,下有其三。陛下能慎其六,为臣子者敢不慎其三哉。上下之情既通,则大纲举而群目张矣。"进尚书右丞,修史如故。

三年,罢为横海军节度使,改定武军节度使,知平阳府事。先是,郑王永蹈判定武军,镐王永中判平阳府,相继得罪,连引者众,上疑其有党,或命节度定武,继又知平阳焉。改西京留守。承安三年,改上京留守。五年,上问宰臣："徒单镒与宗浩孰优?"平章政事张万公对曰："皆才能之士,镒似优者,镒有执守,宗浩多数耳。"上曰："何谓多数?"万公曰："宗浩微似趋合。"上曰："卿言是也。"顷之,镒拜平章政事,封济国公。

淑妃李氏擅宠,兄弟恣横,朝臣往往出入其门。是时烈风昏曀连日,诏问变异之由。镒上疏略曰："仁、义、礼、智、信谓之五常,父义、母慈、兄友、弟敬、子孝谓之五德。今五常不立,五德不兴,缙绅学古之士弃礼义,忘廉耻,细民违道畔义,迷不知返,背毁天常,骨肉相残,动伤和气,此非一朝一夕之故也。今宜正薄俗,顺人心,父父子子夫夫妇妇,各得其道,然后和气普洽,福禄荐臻矣。"因论"为政之术,其急有二。一日,正臣下之心。窃见群下不明礼义,趋利者众,何以责小民之从化哉。其用人也,德器为上,才美为下,兼之者待以不次,才下行美者次之,虽有才能,行义无取者,抑而下之,则臣下之趋向正矣。其二曰,导学者之志。教化之行,兴于学校。今学者失其本真,经史雅奥,委而不习,藻饰虚词,钓取禄利,乞令取士兼问经史故实,使学者皆守经学,不惑于近习之靡,则善矣。"又曰:"凡天下之事,丛来者非一端,形似者非一体,法制不能尽,隐于近似,乃生异论。孔子曰:'义者天下之断也。'记曰:'义为断之节。'伏望陛下临制万机,事有异议,少凝圣虑,寻绎其端,则裁断有定,而疑可辨矣。"镒言皆切时弊,上虽纳其说,而不能行。

上问汉高帝、光武优劣。平章政事张万公对曰:"高祖优甚。"镒曰:"光武再造汉业,在位三十年,无沈湎冒色之事。高祖惑戚姬,卒至于乱。由是言之,光武优。"上默然。镒盖以元妃李氏隆宠过盛,故微谏云。泰和四年,罢知咸平府。五年,改南京留守。六年,徙知河中府,兼陕西安抚使。

仆散揆行省河南、陕西,元帅府虽受揆节制,实颛方面,上思用谋臣制之,由是升宣抚使一品,镒改知京兆府事,充宣抚使,陕西元帅府并受节制。诏曰:"将帅虽武悍,久历行阵,而宋人狡狯,亦资算胜。卿之智略,朕所深悉,且股肱旧臣,故有此寄。宜以长策御敌,厉兵抚民,称朕意焉。"镒言:"初置急递铺本为转送文牒,今一切乘驿,非便。"上深然之。始置提控急递铺官。自中都至真定、平阳置者,达于京兆。京兆至凤翔置者,达于临洮。自真定至彰德置者,达于南京。自南京分至归德置者,达于泗州、寿州,分至许州置者,达于邓州。自中都至沧州置者,达于益都府。自此邮达无复滞焉。

七年,吴曦死,宋安丙分兵出秦、陇间。十月,诏镒出兵金、房以分掣宋人梁、益、汉、沔兵势。镒遣行军都统斡勒叶禄瓦、副统把回海、完颜掴剌以步骑五千出商州。十一月,叶禄瓦拔鹘岭关,掴剌别将攻破燕子关新道口,回海取小湖关敖仓,至营口镇,破宋兵千余人,追至上津县,斩首八百余级,遂取上津县。叶禄瓦破宋兵二千于平溪，将趋金州。宋王楠以书乞和，诏镒召叶禄瓦军退守鹘岭关。八年正月，宋安丙遣景统领由梅子溪、新道口、朱砂谷袭鹘岭关，回海、掴刺击走之，斩景统领于阵。是岁，罢兵。镒迁特进，赐赉有差。改知真定府事。

大安初，加仪同三司，封濮国公。改东京留守，过阙入见。卫绍王谓镒曰："卿两朝旧德，欲用卿为相。太尉匡，卿之门人，朕不可屈卿下之。"迁开府仪同三司，佩金符，充辽东安抚副使。三年，改上京留守。平章政事独吉思忠败绩于会河堡，中都戒严，镒曰："事急矣。"乃选兵二万，遣同知乌古孙兀屯将之，入卫中都。朝廷嘉之，征拜尚书右丞相，监修国史。

镒言："自用兵以来，彼聚而行，我散而守，以聚攻散，其败必然。不若入保大城，拼力备御。昌、桓、抚三州素号富贵，人皆勇健，可以内徙，益我兵势，人畜货财，不至亡失。"平章政事移剌、参知政事梁瑭曰："如此是自蹙境土也。"卫绍王以责镒。镒复奏曰："辽东国家根本，距中都数千里，万一受兵，州府顾望，必须报可，误事多矣。可遣大臣行省以镇之。"卫绍王不悦曰："无故置行省，徒摇人心耳。"其后失昌、桓、抚三州，卫绍王乃大悔曰："从丞相之言，当不至此！"顷之，东京不守，卫绍王自诵曰："我见丞相耻哉！"

术虎高琪驻兵缙山，甚得人心，士乐为用。至宁元年，尚书左丞完颜纲将行省于缙山，镒谓纲曰："行省不必自往，不若益兵为便。"纲不听。且行，镒遣人止之曰："高琪之功即行省之功也。"亦不听。纲至缙山，逐败绩焉。"

顷之，镒坠马伤足在告，闻胡沙虎难作，命驾将入省。或告之曰："省府相幕皆以军士守之，不可入矣。"少顷，兵士索人于闾巷，镒乃还第。胡沙虎意不可测，方犹豫，不能自定，乃诣镒问疾，从人望也。镒从容谓之曰："翼王，章宗之兄，显宗长子，众望所属，元帅决策立之，万世之功也。"胡沙虎默然而去，乃迎宣宗于彭德。胡沙虎既杀徒单南平，欲执其弟知真定府事铭，镒说之曰："车驾道出真定，镐王家在威州，河北人心易摇，徒单铭有变，朝廷危矣。不好与之金牌,奉迎车驾,铭必感元帅之恩。"胡沙虎从之。至宁、贞祐之际,转败为功,惟镒是赖焉。

宣宗即位,进拜左丞相,封广平郡王,授中都路迭鲁都世袭猛安蒲鲁吉必剌谋克。镒尚有足疾,诏侍朝无拜。明年,镒建议和亲。言事者请罢按察司。镒曰:"今郡县多残毁,正须按察司抚集,不可罢。"遂止。宣宗将幸南京,镒曰:"銮辂一动,北路皆不守矣。今已讲和,聚兵积粟,固守京师,策之上也。南京四面受兵。辽东根本之地,依山负海,其险足恃,备御一面,以为后图,策之次也。"不从。是岁,薨。诏赗赠从优厚。

镒明敏方正,学问该贯,一时名士皆出其门,多至卿相。尝叹文士委顿,虽巧拙不同,要以仁义道德为本,乃著《学之急》、《道之要》二篇。太学诸生刻之于石。有《弘道集》六卷。

贾铉字鼎臣,博州博平人。性纯厚,好学问。中大定十三年进士,调滕州军事判官、单州司候,补尚书省令史。章宗为右丞相,深器重之,除陕西东路转运副使。入为刑部主事,迁监察御史。迁侍御史,改右司谏。上疏论边戍利害,上嘉纳之,迁左谏议大夫兼工部侍郎,与党怀英同刊修《辽史》。

铉上书曰:"亲民之官,任情立威,所用决杖,分径长短不如法式,甚者以铁刃置于杖端,因而致死。间者阴阳愆戾,和气不通,未必不由此也。愿下州郡申明旧章,检量封记,按察官其检察不如法者,具以名闻。内庭敕断,亦依已定程式。"制可。复上书论山东采茶事,其大概以为"茶树随山皆有,一切护逻,已夺民利,因而以拣茶树执诬小民,吓取货赂,宜严禁止。仍令按察司约束。"上从之。

承安四年,迁礼部尚书,谏议如故。是时有诏,凡奉敕商量照勘公事皆期日闻奏。铉言:"若如此,恐官吏迫于限期,姑务苟简,反害事体。况簿书自有常程,御史台治其稽缓,如事有应密,三月未绝者,令具次第以闻。"下尚书省议。如省部可即定夺者,须三月拟奏,如取会案牍卒难补勘者,先具次第奏知,更限一月结绝,违者准稽缓制书罪之。

上议置相，欲用铉，宰臣荐孙即康。张万公曰："即康及第在铉前。"上曰："用相安问榜次？朕意以为贾铉才可用也。"然竟用即康焉。

泰和二年，兴陵崇妃薨，上欲成服苑中，行登门送丧之礼，以问铉，铉对曰："故宋尝行此礼，古无是也。"遂已。改刑部尚书。泰和三年，拜参知政事。亳州医者孙士明辄用黄纸大书"敕赐神针先生"等十二字，及于纸尾年月间摹作宝样朱篆青龙二字，以诳惑市人。有司捕治款伏。值赦，大理寺议宜准伪造御宝，虽遇赦不应原。已奏可矣。铉奏："天子有八宝，其文各异，若伪造，不限用泥及黄蜡。今用笔描成青龙二字，既非八宝文，论以伪造御宝，非本法意。"上悟，遂以赦原。明日，上谓大臣曰："已行之事，贾铉犹执奏，甚可嘉也，群臣亦当如此矣。"

泰和六年，御试，铉为监试官。上曰："丞相宗浩尝言试题颇易，由是进士例不读书。朕今以《日合天统》为赋题。"铉曰："题则佳矣，恐非所以牢笼天下士也。"上曰："帝王以难题窘举人，固不可，欲使自今积致学业而已。"遂用之。久之，铉与审官院掌书大中漏言除授事。上谓铉曰："卿罪自知之矣。然卿久参机务，补益弘多，不深罪也。"乃出为安武军节度使，改知济南府。致仕。贞祐元年，薨。

孙铎字振之，其先滕州人，徙恩州历亨县。铎性敏好学，辽阳王遵古一见器之，期以公辅。登大定十三年进士第，调海州军事判官，卫县丞，补尚书省令史。章宗为右丞相，语人曰："治官事如孙铎，必无错失。"初即位，问铎安在？有司奏为右都管，使宋。及还，除同知登闻检院事。铎言："凡上诉者皆因尚书省断不得直，若上诉者复送省，则必不行矣，乞自宸衷断之。"上以为然。诏登闻检院，凡上诉者，每朝日奏十事。诏刊定旧律，铎先奏《名例》一篇。

承安元年，迁左谏议大夫，改河东南路转运使，召为中都路都转运使。初置讲议钱谷官十人，铎为选首。承安四年，迁户部尚书。

铎因转对奏曰："比年号令，或已行而中辍，或既改而复行，更张太烦，百姓不信。乞自今凡将下令，再三讲究，如有益于治则必行，无恤小民之言。"国子司业纥石烈善才亦言"颁行法令，丝纶既出，尤当固守"。上然之。

泰和二年闰十二月，上召铎、户部侍郎张复亨议交钞。复亨曰："三合同钞可行。"铎请废不用，诘难久之，复亨议诎。上顾谓侍臣曰："孙铎刚正人也，虽古魏征何加焉！"

三年，御史中丞孙即康、刑部尚书贾铉皆除参知政事，铎再任户部尚书。铎心少之，对贺客诵古人诗曰："唯有庭前老柏树，春风来似不曾来。"御史大夫卞劻铎怨望，降同知河南府事。改彰化军节度使，复为中都转运使。泰和七年，拜参知政事。

蒲阴县令大中与左司郎中刘昂、通州刺史史肃、前监察御史王宇、吏部主事曹元、户部员外郎李著、监察御史刘国枢、尚书省都事曹温、雄州都军马师周、吏部员外郎徒单永康、太仓使马良显、顺州刺史唐括直思白坐私议朝政，下狱，尚书省奏其罪。铎进曰："昂等非敢议朝政，但如郑人游乡校耳。"上悟，乃薄其罪。

铎上言："民间钞多，宜收敛。院务课程及诸寨名钱须要全收交钞。秋夏税本色外，尽令折钞，不拘贯例，农民知之，迤渐重钞。比来州县抑配行市买钞，无益，徒扰之耳。乞罢诸处钞局，惟省库仍旧，小钞无限路分，可令通行。"上览奏，即诏有司曰："可速行之。"

大安初，议诛黄门李新喜。铎曰："此先朝用之太过耳。"卫绍王不察，即曰："卿今日始言之何耶？"既而复曰："后当尽言，勿以此介意。"顷之，迁尚书左丞，兼修国史。议钞法忤旨，犹以论李新喜降浚州防御使。改安国军节度使，徙绛阳军。

宣宗即位，召赴阙，以兵道阻。宣宗迁汴，铎上谒于宜村，除太子太师。有疾，累遣使候问。贞祐三年，致仕。是岁，薨。

孙即康字安伯，其先沧州人。石晋之末，辽徙河北实燕、蓟，八代祖延应在徙中，占籍析津，实大兴，仕至涿州刺史。延应玄孙克构，辽检校太傅、启圣军节度使。

即康，克构曾孙，中大定十年进士第。章宗为右丞相，是时，即康为尚书省令史，由是识其人。章宗即位，累迁户部员外郎，讲究盐法利害，语在《食货志》。除耀州刺史，入为吏部左司郎中。

上谓宰臣曰："孙即康向为省掾，言语拙讷，今才力大进，非向时比也。"宰臣因曰："即康年已高，幸及早用之。"上问："年几何矣？"对曰："五十六岁。"上复问："其才何如张万公？"平章政事守贞对曰："即康才过之。"上曰："视万公为通耳。"由是迁御史中丞。

初，张汝弼妻高陀斡不道，伏诛。汝弼，镐王永中舅也，上由是颇疑永中。永中府傅尉奏永中第四子阿离合懑语涉不轨，诏同签大睦亲府事覃与即康鞠之。第二子神土门尝撰词曲，颇轻肆，遂以语涉不逊就逮。家奴德哥首永中尝与侍姜瑞云言："我得天下，以尔为妃，子为大王。"覃、即康还奏，诏礼部尚书张昉覆讯。永中父子皆死，时论冤之。顷之，迁泰宁军节度使，改知延安府事。

承安五年，上问宰相："今汉官谁可用者？"司空襄举即康。上曰："不轻薄否？"襄曰："可再用为中丞观之。"上乃复召即康为御史中丞。泰和三年，除参知政事。明年，进尚书右丞。六年，宋渝盟有端，大臣犹以为小盗窃发不足恤。即康与左丞仆散端、参政独吉思忠以为必当用兵，上以为然。

上问即康、参知政事贾铉曰："太宗庙讳同音字，有读作'成'字者，既非同音，便不当缺点画。睿宗庙讳改作'崇'字，其下却有本字全体，若将'示'字依《兰亭帖》写作'未'字。显宗庙讳"允"，'充'字合缺点画，如'统'傍之'充'，似不合缺。"即康奏曰："唐太宗讳世民，偏傍犯如'叶'字作'萊'字，'泯'字作'汦'字。"乃拟"熙宗庙讳从'面'从'且'。睿宗庙讳上字从'未'，下字从㙝。世宗庙讳从'系'。显宗庙讳如正犯字形，止书斜画，'沇'字'铳'字各从'口'，'兑''悦'之类各从本传。"从之，自此不胜曲避矣。进左丞。宋人请和，进官一阶。

旧制，尚书省令史考满优调，次任回降，崔建昌已优调兴平军节度副使,未回降即除大理司直。诏知除郭邦杰、李蹊杖七十勒停,左司员外郎高庭玉决四十解职,即康待罪,有诏勿问。章宗崩,卫绍王即位,即康进拜平章政事,对崇国公。大安三年,致仕。是岁,薨。遣使致祭。

李革字君美,河津人。父余庆,三至廷试,不遂,因弃去。革颖悟,读书一再诵,辄记不忘。大定二十五年进士。调真定主簿。察廉,迁韩城令。同知州事纳富商赂,以岁课军须配属县,革独不听,提刑司以为能。迁河北东路转运都勾判官、太原推官。丁母忧,起复,迁大兴县令、中都左警巡使、南京提刑判官、监察御史、同知昭义军节度事。丁父忧,起复,签南京按察事。

泰和六年,伐宋,尚书省奏:“军兴,随路官,差占者别注,阙者选补,老不任职者替罢,及司、县各存留强干正官一员。”革与签陕西高霖、签山东孟子元俱被诏,体访三路官员能否,籍存留正官,行省、行部、元帅府差占员数及事故阙员,老不任职,赴阙奏事。改刑部员外郎,调观州刺史兼提举漕运,陕西西路按察副使,大兴府治中。知府徒单南平贵幸用事,势倾中外,遣所亲以进取诱革,革拒之。贞祐二年,迁户部侍郎。宣宗迁汴,行河北西路六部事,迁知开封府事,河南劝农使,户部、吏部尚书,陕西行省参议官。

四年,拜参知政事,革奏:“有司各以情见引用断例,牵合附会,实启幸门。乞凡断例救条特旨奏断不为永格者,不许引用,皆以律为正。”诏从之。是岁,大元兵破潼关,革自以执政失备御之策,上表请罪。不许,罢为绛阳军节度使。兴定元年,胥鼎自平阳移镇陕西,革以知平阳府事,权参知政事,代鼎为河东行省。

是时兴兵伐宋,革上书曰:“今之计当休兵息民,养锐待敌。宋虽造衅,止可自备。若不忍小忿以勤远略,恐或乘之,不能支也。”不纳。太原兵后阙食,革移粟七万石以济之。二年,宣差粘割梭失至河东,于是晚禾未熟,牒行省耕毁清野。革奏:“今岁雨泽及时,秋成可待。如令耕毁,民将不堪。"诏从革奏。十月,平阳被围,城中兵不满六千,屡出战,旬日间伤者过半。征兵吉、隰、霍三州,不时至。裨将李怀德缒城出降,兵自城东南入。左右请革上马突围出。革叹曰:"吾不能保此城,何面目见天子！汝辈可去矣。"乃自杀。赠尚书右丞。

　　赞曰:传曰"君子之言,其利博哉。"徒单镒拱把一语而宣宗立,厥功懋矣。贾铉、孙铎皆旧臣,铉久致仕,铎忤旨卫王,皆不复见用。徒单镒亦外官,惟孙即康诡随,乃骤至宰相。古所谓斗筲之人,即康之谓矣。铎论李新喜,其言似汉耿育,有旨哉。贞祐执政李革,可谓君子,其进退之际,有古人为相之风焉。

金史卷一〇〇
列传第三八

孟铸　宗端脩　完颜闾山
路铎　完颜伯嘉　术虎筠寿
张炜　高竑　李复亨

孟铸，大定末，补尚书省令史。明昌元年，御史台奏荐户部员外郎李献可、完颜扫合、太府丞徒单绛、宫籍监丞张庸、右警巡使衮、礼部主事蒲察振寿、户部主事郭蜕、应奉翰林文字移剌益、中都盐铁判官赵昌、尚书省令史刘昂及铸十一人皆刚正可用。诏除献可用右司谏，扫合磁州刺史，绛秘书丞，庸中都右警巡使，衮彰国军节度副使，振寿治书侍御史，蜕同知定武军节度使事，益翰林修撰，昌都水丞，昂户部主事，铸刑部主事。累迁中都路按察副使、南京副留守、河平军节度使。

泰和四年，入为御史中丞，召见于香阁。上谓铸曰："朕自知卿，非因人荐举也。御史责任甚重，往者台官乃推求细故，弹劾小官，至于巨室重事，则畏徇不言。其勤乃职，无废朕命。"是岁，自春至夏，诸郡少雨。铸奏："今岁愆阳，已近五月，比至得雨，恐失播种之期，可依种麻菜法，择地形稍下处拨畦种谷，穿土作井，随宜灌溉。"上从其言，区种法自此始。

无何，奏弹知大兴府事纥石烈执中过恶，其文略曰："京师百郡之首，四方取则。知府执中贪残专恣，不奉法令，自奉圣州罪解以后,怙罪不悛,蒙朝廷恩贷,转生跋扈。雄州诈夺人马,平州冒支已俸,无故破魏廷硕家,发其冢墓。拜表以调鹰不赴,祈雨聚妓戏嬉,殴詈同僚,擅令住职,失师帅之体。乞行黜退,以厌人望。"上以执中东宫旧人,颇右之,谓铸曰:"执中粗人,似有跋扈者。"铸曰:"明天子在上,岂容有跋扈之臣?"上悟,诏尚书省问之。

泰和五年,唐、邓、河南屡有警,议者谓宋且败盟。六年正月,宋贺正旦使陈克俊等朝辞,上使铸就馆谕克俊以国家涵容之意,果不详此旨,恐兵未可息也。使以上言达宋主。章宗本无意用兵,故再三谕之。

铸论提刑司改按察司,差官覆察,权削望轻。下尚书省议。参知政事贾铉奏:"乞差监察时,即别遣官偕往,更不覆察,诸疑狱并令按察司从正与决,庶几可慰人望。"从之。

永丰库官不守宿,因而被盗;上召登闻鼓院官欲有所问,皆不在。上谕铸曰:"此辈慢法如此,御史台所职何事也!"复谕御史大夫宗肃及铸曰:"朕闻唐宰相宿省中,卿等所知也。台官、六部官、其余司局亦尝宿直。今尚书省左右司官宿直,余亦当准此。"八年,除绛阳军节度使。至宁元年,复为御史中丞。

纥石烈执中作乱,召铸及右谏议大夫张行信俱至大兴府,问曰:"汝辈向来弹我者耶?"铸等各以正言答之。执中乃遣还家,曰:"且须后命。"既而执中死,铸亦寻卒。

宗端脩字平叔,汝州人。章宗避睿宗讳上一字,凡太祖诸子皆加"山"为"崇",改"宗"氏为"姬"氏。端脩好学,喜名节,中大定二十二年进士第。明昌间,补尚书省令史。承安元年,监察御史孙椿年、武简职事不修举,诏以端脩及范铎代之。

是时元妃李氏兄弟干预朝政,端脩上书乞远小人。上遣李喜儿传诏问端脩:"小人为谁,其以姓名对。"端脩对曰:"小人者,李仁惠兄弟。"仁惠,喜儿赐名也。喜儿不敢隐,具奏之。上虽责喜儿兄弟,而不能去也。四年,复上书言事,宰相恶之,坐以不经台官直进奏帖,准上书不以实,削一官,期年后叙。章宗知端脩不为众所容,释之,改大理司直。

泰和四年,迁大理丞,召见于香阁。上谓端脩曰:“汝前为御史,以干能见用。汝言多细碎,不究其实,尝令问汝,亦不汝罪。及为大理司直,乃能称职,用是擢汝为丞,尽乃心力,惟法是守,勿问上位宰执所见何如,汝其志之!”知大兴府纥石烈执中陈言,下大理寺议。端脩谓执中言事涉私治罪。诏以端脩别出情见不当,与司直温敦按带各削一官解职。久之,为节度副使,卒官。

端脩终以直道不振于时,自守愈笃。妻死不复更娶,独居二十年,士论高之。汝州司候游彦哲将之官,问为政。端脩曰:“为政不难,治气养心而已。”彦哲不达,端脩曰:“心正则不私,气平则不暴。为政之术,尽于此矣。”

完颜阎山,盖州猛安人。明昌二年进士,累调观察判官,补尚书省令史,知管差除。授都转运都勾判官,改河东南路转运都勾判官、南京警巡使。丁母忧,起复南京按察判官,累迁沁南军节度使,入为工部尚书。贞祐三年,知京兆府事,充行省参议官。四年,知凤翔府事。

兴定元年冬,诏陕西行省伐宋,阎山权元帅右都监,参议诸军事。宋兵千余人伏吴寨谷,阎山率骑兵掩击败之,追袭十五里,杀三百余,获牛羊以千计。改知平凉府,败宋人于步落埚。迁官一阶。三年,召为吏部尚书。廷议选户部官,往往举聚敛苛刻以应诏。阎山曰:“民劳至矣,复用此辈,将何以堪。”识者称之。三年,朝廷以晋安行元帅府陀满胡土门暴刻,以阎山代之。是岁十月,卒。

路铎字宣叔,伯达子也。明昌三年,为左三部司正。上书言事,召见便殿,迁右拾遗。明年,卢沟河决,铎请自玄同口以下、丁村以上无修旧堤,纵使分流,以杀减水势。诏工部尚书胥持国与铎同检视。章宗将幸景明宫,是岁民饥,不可行。御史中丞董师中上书谏,

铎与左补阙许安仁继之,赐对御阁。诏尚书省曰:"朕不禁暑热,欲
往山后。今台谏言民间多阙食,朕初不尽知,既已知之,其忍自奉以
重困民哉。"乃罢行。

尚书左丞完颜守贞每论政事,守正不移,与同列不合,罢知东
平府事,台谏因而挤之。铎上书论守贞贤,可复用,其言太切,召对
于崇政殿。既而章宗以铎书语大臣,于是尚书左丞乌林答愿、参知
政事夹谷衡、胥持国奏路铎以梁冀比右丞相,所言狂妄,不称谏职。
右丞相,夹谷清臣也。上曰:"周昌以杰、纣比汉高祖,高祖不以为
忤。路铎以梁冀比丞相耳。"顷之,守贞入为平章政事。五年,复与
礼部尚书张晖、御史中丞董师中、右谏议大夫贾守谦、翰林修撰完
颜撒剌谏幸景明宫,语多激切,章宗不能堪,遣近侍局直长李仁愿
召凡谏北幸者诣尚书省,诏曰:"卿等谏北幸甚善,但其间颇失君臣
之体耳。"

是岁,郝忠愈狱起,事密,谏官不能察其详,议者颇谓事涉镐王
永中,思有以宽解上意。右谏议大夫贾守谦上封事,铎继之,尤切
直。上优容之,谓铎曰:"汝言诸王皆言觊心,游其门者不无横议,是
何言也。但朕不罪谏官耳。"顷之,尚书省奏拟铎同知河北西路转运
使事,诏再任右拾遗,谓宰相曰:"铎敢言,但识短耳。朕尝当诘责而
气不沮。"铎因召对,论宰相权太重。上曰:"凡事由朕,宰相安得权
重。"既而复奏曰:"乞陛下勿泄此言,泄则臣齑粉矣。"上曰:"宰相
安能齑粉人。"至是,章宗并以此言告宰相,虽留再任,宰相愈衔之。
改右补阙。

自完颜守贞再入相,以政事为已任,胥持国方幸,尤忌守贞,并
忌铎辈。铎辈虽尝为守贞论辨而不相附。铎论边防,守贞以为掇拾
唐人余论,皆不行。及守贞持镐王永中事久不决,铎等亦上言切谏,
并指以为党。上乃出守贞知济南府。凡曾荐守贞者皆黜降,谓宰臣
曰:"董师中谓台省无守贞不可治"路铎、李敬义皆称举之者。然三
人者后俱可用,今姑出之。"上复曰:"路铎敢言,甚有时名,一旦外
补,人将谓朕不能容直臣。可选敢言及才识处铎右者。"参知政事马

琪奏曰："铎虽知无不言,然亦多不当理。"上曰："谏官非但取敢言,亦须间有出朕意表者,乃有裨益耳。"于是,吏部尚书董师中出为陕西西路转运使,铎为南京留守判官。户部郎中李敬义方使高丽还,即出为安化军节度副使。诏曰："卿等昨来交荐守贞公正可用,今坐所举失实耳。"

承安二年,召为翰林修撰,同看读陈言文字。上召礼部尚书张暐、大理卿麻安上及铎,问赵晏所言十事,因问董师中、张万公优劣。铎奏："师中附胥持国以进,赵枢、张复亨、张嘉贞皆出持国门下,嘉贞复趋走襄之门。持国不可复用,若再相,必乱纲纪。"上曰:"朕岂复相此人,但迁官二阶使致仕,何为不可?"持国党闻之,怒愈甚。改监察御史。

参知政事杨伯通引用乡人李浩,铎劾奏:"伯通以公器结私恩,左司郎中贾益、知除武郁承望风旨,不详检起复条例。"涉妄冒,大夫张暐抑之不行。上命同知大兴府事贾铉诘问。张暐、伯通待罪于家。贾铉奏:"近诏书诘问御史大夫张暐。暐言路铎尝禀会杨伯通私用乡人李浩。暐以为弹绌大臣,须有阿曲实迹,恐所劾不当,台纲愈坏,令再体察。贾益言除授皆宰执公议,奏禀,不见伯通私任形迹。"于是,诏责铎言事轻率,慰谕伯通治事如故。

顷之,迁侍御史,主奏事。监察御史姬端脩以言事下吏,使御史台令史郭公仲达意于大夫张暐及铎。暐与铎奏事殿上,上问:"姬脩修弹事尝申台官否?"对曰:"尝来面议。"端脩款伏乃云:"祗曾与侍御私议。大夫不知也。"即而端脩杖七十收赎,公仲杖七十替罢。暐、铎坐奏事不实,暐追一官,铎两官,皆解职,顷之,起为泰定军节度副使。上谓宰臣曰:"凡言事者,议及朕躬亦无妨,语涉宰相,间有憎嫌,何以得进?"诏左司计铎资考至正五品,即除东平府治中。未几,景州阙刺史,尚书省已奏郭歧为之,诏特改铎为景州刺史,仍勿送审官院。铎述十二训以教民。诏曰:"路铎十二训皆劝人为善,谕州郡使知之。"迁陕西路按察副使。坐以纠弹之官与京兆府治中蒲察张铁、总管判官辛孝俭、推官爱剌宴饮,夺一官解职。泰和六年,召为翰林待制兼知登闻鼓院,累除孟州防御使。贞祐初,城破,投沁水死。

铎刚正,历官台谏,有直臣之风。为文尚奇,诗篇温润精致,号《虚舟居士集》云。

完颜伯嘉字辅之,北京路讹鲁古必剌猛安人。明昌二年进士,调中都左警巡判官。孝懿皇后妹晋国夫人家奴买漆不酬直,伯嘉钩致晋国用事奴数人系狱。晋国白章宗,章宗曰:“姨酬其价,则奴释矣。”由是豪右屏迹。改宝坻丞。补尚书省令史,除太学助教、监察御史。劾奏平章政事仆散揆。或曰:“与宰相有隙,奈何?”伯嘉曰:“职分如此。”迁平凉治中。累官莒州刺史。谳屡县盗,伯嘉曰:“饥寒为盗,得钱二千,经月不使一钱云何?此必官兵捕他盗不获,诬以准罪耳。”诘之,果然。诏与按察官俱推排物力,召见于香阁。

大安中,三迁同知西京留守,权本路安抚使。贞祐初,迁顺义军节度使。居父母丧,卒哭,起复震武军节度使兼宣抚副使,提控太和岭诸隘。副统李鹏飞诬杀彰国军节度使牙改,诏伯嘉治之。贞祐四年三月,伯嘉奏:“西京副统程琢智勇过人,持心忠孝,以私财募集壮士二万,复取浑源、白登,有恢复山西之志,已命驻于弘州矣。近者靖大中、完颜毛吉打以三千人归国,各迁节度副使。今山西已不守,琢收合余众,尽忠于国,百战不挫。臣恐失机会,辄拟琢昭勇大将军,同知西京留守事,兼领一路义军,给以空名敕二十道,许择有谋略者充州县。”制可,仍赐琢姓夹谷氏。琢请曰:“前代皆赐国姓,不系他族,如蒙更赐,荣莫大焉。”诏更赐完颜氏。

是月,伯嘉迁元帅左监军,知太原府事,河东北路宣抚使。以同知太原府斡勒合打为彰国军节度使、宣抚副使。六月,斡勒合打奏:“同知西京留守完颜琢恃与宣抚使伯嘉雅善,徙居代州,肆为侵掠。遥授太原治中、权坚州刺史完颜斜烈私离边面,臣白伯嘉,伯嘉不悦,遣臣护送粮运于代州。臣请益兵,乃以赢卒数百见付,半无铠仗。臣复为言,伯嘉怒臣,榜掠几死。臣立功累年,颇有寸效,伯嘉挟私陵轹,无复宣抚同僚之礼。臣欲不言,恐他日反为所诬,无以自明。"上问宰臣,奏曰:"太原重镇,防秋在迩,请敕谕和解。"诏曰:"太原兵冲,若以私忿废国事,国家何赖焉!卿等同心戮力,以分北顾之忧,无执前非,误大计也。"七月,伯嘉改知归德府事,合打改武宁军节度使。御史台奏:"宣抚副使合打诉元帅伯嘉以私忿加箠楚,令本台廉问,既得其事,遂不复穷治。若合打奏实,伯嘉安得无罪,伯嘉无罪,合打合坐欺罔,乞审正是非,明示黜陟。"宣宗曰:"今正防秋,且已。"

　　初,河东行省胥鼎奏:"完颜伯嘉屡言同知西京留守兼台州刺史完颜琢,可倚之以复山西,朝廷迁官赐姓,令屯代北,扼太和岭。今闻诸隘悉无琢兵,盖琢挈太原之众,保五台剽掠耳。如尚以伯嘉之言为可信,乞遣琢出太原,或徙之内地,分处其众,以备不测之变。"宰臣奏:"已遣官体究琢军,且令太原元帅府乌古论德升召琢使之矣。当以此意报鼎。"无何,德升奏:"琢兵数万分屯代州诸险,拒战甚力,其众乌合,非琢不可制。"胥鼎复奏:"宣差提控古里甲石伦言,琢方招降人,谋复山西,盘桓于忻、代、定、襄间,恣为侵扰,无复行意。发掘民粟,戕杀无辜,虽曰不烦官廪,博易为名,实则攘劫,欺国害民无如琢者。石伦之言如此,臣已令帅府禁止之矣。"宰臣奏:"所遣官自忻、代来,云不见劫掠之迹,惟如德升言便。"从之。

　　伯嘉至归德,上言,乞杂犯死罪以下纳粟赎免。宰臣奏:"伯嘉前在代州尝行之,盖一时之权,不可为常法。"遂寝。俄改签枢密院事。未阅月,改知河南府事。是时,甫经兵后,乏兵食,伯嘉令输枣栗菜根足之,皆以为便。兴定元年,知河中府,充宣差都提控,未几召为吏部尚书。二年,改御史中丞。

　　初,贞祐四年十月,诏以兵部尚书、签枢密院事蒲察阿里不孙为右副元帅,备御潼关、陕州。次渑池土濠村,兵不战而溃。阿里不孙逸去,亡所佩虎符,变易姓名,匿柘城县,与其妻妹前韩州刺史合喜男妇纥石烈氏及仆婢三人僦民舍居止。合喜母徒单氏闻之,捕执纥石烈,断其发,拘之佛寺中。阿里不孙复亡去。监察御史完颜药师劾奏："乞就诘纥石烈及仆婢,当得所在。其妻子见在京师,亦无容不知,请穷治。"有司方系其家人,特命释之,诏曰："阿里不孙若能自出,当免极罪。"阿里不孙乃使其子上书,请图后效。尚书省奏:"阿里不孙幸特赦死,当诣阙自陈,乃令其子上书,犹怀顾望。"伯嘉劾之曰:"古之为将者,受命之日忘其家,临阵之日忘其身,服丧衣、凿凶门而出,以示必死。进不求名,退不避罪,惟民是保。阿里不孙膺国重寄,握兵数万,未阵而溃,委弃虎符,既不得援枹鼓以死敌,又不能负斧锧铁而请罪,逃命窜伏,猥居里巷,挟匿妇人,为此丑行。圣恩宽大,曲赦其死,自当奔走阙庭,皇恐待命。安坐要君,略无忌惮,迹其情罪,实不容诛。此而不惩,朝纲废矣。乞尸诸市以戒为臣之不忠者!"宣宗曰:"中丞言是,业已赦之矣。"阿里不孙乃除名。

五月,充宣差河南提控捕蝗,许决四品以下。宣宗忧旱。伯嘉奏曰:"日者君之象,阳之精,旱熯乃人君自用亢极之象,宰执以为冤狱所致。夫燮和阴阳,宰相之职,而猥归咎于有司。高琪武弁出身,固不足论,汝砺辈不知所识,其罪大矣。汉制,灾异策免三公,顾归之有司邪。臣谓今日之旱,圣主自用,宰相诣谀,百司失职,实此之由。"高琪、汝砺深怨之。

礼部郎中抹捻胡鲁剌以言事忤旨,集五品以上官显责之。明日,伯嘉谏曰:"自古帝王莫不欲法尧、舜而耻为桀、纣,盖尧、舜纳谏,桀、纣拒谏也。故曰'纳谏者昌,拒谏者亡'。胡鲁剌所言是,无益于身,所言不是,无损于国。陛下廷辱如此,独不欲为尧、舜乎。近日言事者语涉谤讪,有司当以重典,陛下释之。与其释之以为恩,曷若置之而不问。"

宰相请修山寨以避兵,伯嘉谏曰:"建议者必曰据险可以安君父,独不见陈后主之入井乎?假令入山寨可以得生,能复为国乎。人臣有忠国者,有媚君者,忠国者或拂君意,媚君者不为国谋。臣窃论之,有国可以有君,有君未必有国也。"高琪、汝砺闻之,怒愈甚。

十二月,以御史中丞、权参知政事、元帅左监军,行尚书省、元帅府于河中,控制河东南北路便宜从事。兴定三年,伯嘉至河中,奏曰:"本路冲要,不可阙官,凡召辟者每以艰险为辞。乞凡檄召无故不至者宜令降罚,悉心干当者视所历升迁。"诏召不至者决杖一百,余如所请。廷议欲弃河东,徙其民以实陕西。伯嘉上书谏曰:"中原之有河东,如人之有肩背。古人云'不得河东不雄',万一失之,恐未易取也。"大忤宰执意。

顷之,召还,罢为中丞。伯嘉入见,奏曰:"如臣驽钝,固宜召还,更须速遣大臣镇抚。"宣宗深然之。伯嘉上疏曰:"国家兵不强,力不足以有为,财不富,赏不足以周众,独恃官爵以激劝人心。近日以功迁官赴都求调者,有司往往驳之,冒滥者固十之三,既与而复夺之,非所以劝功也。乞应军功迁官,宣勒无伪者即准用之。"又曰:"自兵兴以来,河北桀黠往往聚众自保,未有定属。乞赐招抚,署以职名,无为他人所先。"又曰:"河东、河北有能招集余民完守城寨者,乞无问其门地,皆超逾等级,授以本处见任之职。"又曰:"河中,晋安被山带河,保障关、陕,此必争之地。今虽残破,形势犹存,若使他人据之,因盐池之饶,聚兵积粮,则河津以南,太行以西,皆不足恃矣。"

四年秋,河南大水,充宣慰副使,按行京东。奏曰:"亳州灾最甚,合免三十余万石。三司止奏除十万石,民将重困,惟陛下怜之!"诏治三司奏灾不以实罪。伯嘉行至蕲县,闻前有红袄贼,不敢至泗州。监察御史乌古孙奴申劾伯嘉违诏,不遍按视。又曰:"伯嘉知永城县主簿蒙古讹里剌不法,沈丘令夹谷陶也受贿,匿而不发。前谷城县令独吉鼎术可尝受业伯嘉,伯嘉讽御史辟之。"诏有司鞫问,会赦免。

五年,起为彰化军节度使,改翰林侍讲学士。伯嘉纯直,不能与时低昂,尝曰:"生为男子,当益国泽民,其他不可学也。"高汝砺方希宠固位,伯嘉论事辄与之忤,由是毁之者众。元光元年,坐言事过切,降遥授同知归德府事。二年三月,遥授集庆军节度使,权参知政事,行尚书省于河中,率陕西精锐与平阳公史咏共复河东。顷之,伯嘉有疾。六月,薨。

伯嘉去太原后,完颜琢寓军平定石仁寨,权平定州刺史范铎以阎德用充本州提控。德用桀骜,蓄奸谋,铎不能制,委曲容庇之。兴定二年,德用率所部掩袭,杀琢及官属程珪等百余人,遂据石仁寨。铎惧,挈家奔太原。德用遂据平定州。十月,诏诛范铎。

术虎筹寿,贞祐间为器物局直长,迁副使。贞祐三年七月,工部下开封市白牦取皮治御用鞠仗。筹寿以其家所有鞠仗以进,因奏曰:“中都食尽,远弃庙社,陛下当坐薪悬胆之日,奈何以球鞠细物动摇民间,使屠宰耕牛以供不急之用,非所以示百姓也。”宣宗不怿,掷仗笼中。明日,出筹寿为桥西提控。

赞曰:孟铸、宗端脩、路铎尽言于章宗,皆摈斥不遂。铸劾胡沙虎,可谓先知,虽行其言,弗究厥罚。厥后胡沙虎逆谋,胥持国终至于误国,而不悟也。宣宗时,完颜素兰、许古皆敢言者,亦挫于高琪、汝砺之手。贲土不能塞河决,有以也夫。完颜伯嘉以著功参大政,亦不能一朝而安,言之难也如是哉。术虎筹寿,所谓执艺事以谏者邪。

张炜字子明,洺州永年人,本名燇,避章宗嫌名改焉。大定二十五年进士,调葭州军事判官,再迁中都左警巡使。炜喜言功利,寡廉节,交通部民阎元羣,缙绅薄之。累官户部员外郎。

承安五年,天色久阴晦,平章政事张万公奏:“此由君子小人邪正不分所致,君子宜在内,小人宜在外。”章宗问:“孰为小人?”万公对曰:“户部员外郎张炜、文绣署丞田栎、都水盐丞张嘉贞虽有干才,无德而称,好奔走以取势利。大抵论人当先德后才。”诏三人皆与外除,炜出为同知镇西军节度使事,转同知西京转运使事。是时,大筑界墙,被行户工部牒主役事。丁母忧,起复桓州刺史,奏请以盐易米事,且所言利害甚多,恐涉细碎,不敢尽上。诏尚书省曰:“张炜通晓人也,朕不敢缕诘,卿等详问之,毋为虚文。”充宣差西北路军储,自言敛不及民,可以足用。大抵募商贾纵其贩易,不问所从来。奸人往往投牒,妄指产业,疏邻保姓名,炜信之,多与之钱。已而亡去,即逮系邻保,使之代偿,一路为之疲弊。以故旧毡罽缯絮皮革折给军士,皆弃于道而去。岁余,改户部郎中,迁翰林直学士,俱兼规措职事。左丞相宗浩奏:“张玮长于恢办,比户部给钱三十方,已增息十四万矣。请给钱通百万,令从长恢办,乞不隶省部,委臣专一提控,有应奏者,许玮专达,岁差干事官计本息具奏。”上从其请。

泰和六年,伐宋,炜进银五千两。诏曰:“汝干集资储,固其职也,毋令军士有议国家。人之短汝,朕皆知之,惟能兴利,斯惟汝功。”自西北路召还,勾计诸道仓库,除签三司事。上问:“谁可代卿规措者?”炜举中都转运户籍判官王谦。谦至西北路,尽发炜前后散失钱物以钜万计,对狱者积年。大安三年,起为同签三司事。会河东兵败,军士犹云张宣差刻我,欲倒戈杀之。累迁户部侍郎。贞祐初,迁河北西路按察转运使。

贞祐二年春,中都乏粮,诏同知都转运使事。边源以兵万人护运通州积粟,军败死焉,平章政事高琪举炜代源行六部事。以劳进官一阶,改河北东路转运使。宣宗迁汴,佐尚书右丞胥鼎前路排顿,及修南京宫阙。无何,坐事降孟州防御使。三年,迁安国军节度使。致仕。宣宗初以炜有才,既察其无实,遂不复用。贞祐四年,卒。

高竑,渤海人。以荫补官,累调贵德县尉。提刑司举任繁剧,迁奉圣州录事。察廉,迁内黄令,累官左藏库副使。元妃李氏以皂币易红币,竑独拒不肯易。元妃奏之。章宗大喜,遣人谕之曰:“所执甚善。今姑与之,后不得为例。”转仪鸾局、少府少监,改户部员外郎、安州刺史。

大安中,越王永功判中山,竑以王傅同知府事。改同知河南府,充安抚使。徙同知大名府,兼本路安抚使。贞祐二年,迁河北西路按察转运使,录大名功,迁三官,致仕。兴定四年,卒。

李复亨字仲修，荣州河津人。年十八，登进士第。复中书判优等，调临晋主簿。护送官马入府，宿逆旅，有盗杀马，复亨曰：“不利而杀之，必有仇者。”尽索逆旅商人过客。同邑人櫜中盛佩刀，谓之曰：“刀蔑马血，火煅之则刃青。”其人款服，果有仇。以提刑荐迁南和令。盗割民家牛耳。复亨尽召里中人至，使牛家牵牛偏过之，至一人前，牛忽惊跃，诘之，乃引伏。察廉，迁临洮府判官，改陕西东路户籍判官，转河东北度支判官。

泰和中，伐宋，充宣抚司经历官，迁解盐副使，历保大、震武同知节度事。丁母忧，起复同知震武节度，加遥授忻州刺史。贞祐间，历左司员外郎、郎中，迁翰林直学士行三司事。兴定三年，上言：“近日兴师伐宋，恐宋人乘虚掩袭南鄙，故籍边郡民为军。今大军已还，乞罢遣归本业。”从之。复亨举陈留县令程震等二十九人农桑有效，征科均一，朝廷皆迁擢之。

是岁七月，置京东、京西、京南三路行三司，掌劝农催租、军须科差及盐铁酒榷等事，户部侍郎张师鲁摄东路，治归德，户部侍郎完颜麻斤出摄南路，治许州，复亨摄西路，治中京实河南府，三司使侯挚总之。复亨奏：“民间销毁农具以供军器，臣窃以为未便。汝州鲁山、宝丰，邓州南阳皆产铁，募工置冶，可以获利，且不厉民。”又奏：“阳武设卖盐官以佐军用，乞禁止沧、滨盐勿令过河，河南食阳武、解盐，河北食沧、滨盐，南北俱济。”诏尚书省行之。九月，以劝农有劳，迁兵部尚书。再阅月，转吏部尚书，权参知政事。四年三月，真拜参知政事，兼修国史。

七月，河南雨水害稼，复亨为宣慰使，御史中丞完颜伯嘉副之，循行郡县，凡官吏贪污不治者，得废罢推治。复亨奏乞禁宣慰司官吏不得与州府司县行总管府及管军官会饮。又奏曰：“诏书令臣，民间差发可免者免之。民养驿马，此役最甚，使者求索百端，皆出养马之家，人多逃窜，职此之由。可依旧设回马官，使者食料皆官给之，岁终会计，均赋于民。”又奏：“河南闲田多，可招河东、河北移民耕种。被灾及沿边郡县租税全免，内地半之，以救涂炭之民，资蓄积之用。"诏有司议行焉。还奏:"南阳禾麦虽伤,土性宜稻,今因久雨,乃更滋茂。田凡五百余顷。亩可收五石,都得二十五万余石。可增直籴稻给唐、邓军食。缘诏书不急科役即令免罢,臣不敢辄行,如以臣言为然,乞付有司计之。"制可。无何,被诏提控军兴粮草。复亨奏:"河渡不通,陕西盐价踊贵,乞以粟互易足兵食。"诏户部从长规措。

复亨有会计才,号能吏,当时推服,故骤至通显。既执政,颇矜持,以私自营,誉望顿减。五年三月,廷试进士,复亨监试。进士卢元谬误,滥放及第。读卷官礼部尚书赵秉文、翰林待制崔禧、归德治中时戬、应奉翰林文字程嘉善当夺三官降职,复亨当夺两官。赵秉文尝请致仕,宣宗怜其老,降两阶,以礼部尚书致仕。复亨罢为定国军节度使。元光元年十一月,城破自杀,年四十六。赠资德大夫、知河中府事。

赞曰:大凡兵兴则财用不足,是故张炜、李复亨乘时射利,聚敛为功。大安,军士欲倒戈杀炜。复亨宣慰南阳,还奏稻熟可籴。所谓聚敛之臣者,二子之谓矣。高竑之守藏,君子颇有取焉。

金史卷一〇一
列传第三九

承晖　抹捻尽忠　仆散端
耿端义　李英　孛术鲁德裕
乌古论庆寿

承晖字维明,本名福兴。好学,淹贯经史。袭父益都尹郑家塔割剌讹没谋克。大定十五年,选充符宝祗候,迁笔砚直长,转近侍局直长,调中都右警巡使。章宗为皇太孙,选充侍正。章宗即位,迁近侍局使。孝懿皇后妹夫吾也蓝,世宗时以罪斥去,乙夜,诏开宫城门召之。承晖不奉诏,明日奏曰:"吾也蓝得罪先帝,不可召。"章宗曰:"善。"未几,迁兵部侍郎兼右补阙。

初置九路提刑司,承晖东京咸平等路提刑副使,改同知上京留守事。御史台奏:"承晖前为提刑,豪猾屏息。"迁临海军节度使。历利涉、辽海军,迁北京路提刑使。历知咸平、临潢府,为北京留守。副留守李东阳素贵,承晖自非公事,不与交一言。改知大名府,召为刑部尚书,兼知审官院。惠民司都监余里痕都迁织染署直长,承晖驳奏曰:"痕都以荫得官,别无才能,前为大阳渡讥察,才八月擢惠民司都监,已为太优,依格两除之后,当再入监差,今乃超授随朝八品职任。况痕都乃平章镒之甥,不能不涉物议。"上从承晖议,召徒单镒深责之。

改知大兴府事。宦者李新喜有宠用事,借大兴府妓乐。承晖拒不与，新喜惭。章宗闻而嘉之。豪民与人争种稻水利不直，厚赂元妃兄左宣徽使李仁惠。仁惠使人属承晖右之。承晖即杖豪民而遣之，谓其人曰："可以此报宣徽也。"复改知大名府事。雨潦害稼，承晖决引潦水纳之濠隍。

及伐宋，迁山东路统军使。山东盗贼起，承晖言"捕盗不即获，比奏报或迁官去官，请权行之决。"尚书省议："猛安依旧收赎，谋克奏报，其余钤辖都军巡尉先决奏闻，俟事定复旧。"从之。及罢兵，盗贼渠魁稍就招降，犹往往潜匿泰山岩穴间。按察司请发数万人刊除林木，则盗贼无所隐矣。承晖奏曰："泰山五岳之宗，故曰岱宗。王者受命，封禅告代，国家虽不行此事，而山亦不可赭也。齐人易动，驱之入山，必有冻饿失所之患，此海盗非止盗也。天下之山亦多矣，岂可尽赭哉。"议遂寝。

是时，行限钱法。承晖上疏，略曰："货聚于上，怨结于下。"不报。改知兴中府事。卫绍王即位，召为御史大夫，拜参知政事。驸马都尉徒单没烈与其父南平干政事，大为奸利，承晖面质其非。进拜尚书左丞，行省于宣德。参知政事承裕败绩于会河堡，承晖亦坐除名。至宁元年，起为横海军节度使。贞祐初，召拜尚书右丞。承晖即日入朝，妻子留沧州。沧州破，妻子皆死。纥石烈执中伏诛。进拜平章政事，兼都元帅，封邹国公。

中都被围，承晖出议和事。宣宗迁汴，进拜右丞相，兼都元帅，徒封定国公，与皇太子留守中都。承晖以尚书左丞抹撚尽忠久在军旅，知兵事，遂以赤心委尽忠，悉以兵事付之，己乃总持大纲，期于保完都城。顷之，庄献太子去之，右副元帅蒲察七斤以其军出降，中都危急。诏以抹撚尽忠为平章政事，兼左副元帅。三年二月，诏元帅左监军永锡将中山、真定兵，元帅左都监乌古论庆寿将大名军万八千人、西南路步骑万一千、河北兵一万，御史中丞李英运粮，参知政事、大名行省术鲁德调遣继发，救中都。承晖间遣人以矾写奏曰："七斤既降，城中无有固志，臣虽以死守之，岂能持久。伏念一失中都，辽东、河朔皆非我有，诸军倍道来援，犹冀有济。"诏曰："中都重地，庙社在焉，朕岂一日忘也。已趣诸路兵与粮俱往，卿会知之。"及诏中都官吏军民曰："朕欲纾民力，遂幸陪都，天末悔祸，时尚多虞，道路久梗，音问难通。汝等朝暮矢石，暴露风霜，思惟报国，靡有贰心，俟兵事之稍息，当不惩于旌赏。今已会合诸路兵马救援，故兹奖谕，想宜知悉。"永锡、庆寿等军至霸州北。三月乙亥，李英被酒，军无纪律，大元兵攻之，英军大败。

是时，高琪居中用事，忌承晖成功，诸将皆顾望。既而，以刑部侍郎阿典宋阿为左监军，行元帅府于清州，同知真定府事女奚烈胡论出为右都监，行元帅府于保州，户部侍郎侯挚行尚书六部，往来应给，终无一兵至中都者。庆寿军闻之亦溃。

承晖与抹捻尽忠会议于尚书省。承晖约尽忠同死社稷。尽忠谋南奔，承晖怒，即起还第，亦无如尽忠何。召尽忠腹心元帅府经历官完颜师姑至，谓曰："始我谓平章知兵，故推心以权界平章，尝许与我俱死，今忽异议，行期且在何日，汝必知之。"师姑曰："今日向暮且行。"曰："汝行李办未？"曰："办矣。"承晖变色曰："社稷若何？"师姑不能对。叱下斩之。

承晖起，辞谒家庙，召左右司郎中赵思文与之饮酒，谓之曰："事势至此，惟有一死以报国家。"作遗表付尚书省令史师安石，其表皆论国家大计，辨君子小人治乱之本，历指当时邪正者数人，曰："平章政事高琪，赋性阴险，报复私憾，窃弄威柄，包藏祸心，终害国家。"因引咎以不能终保都城为谢。复谓妻子死于沧州，为书以从兄子永怀为后。纵容若平日，尽出财物，召家人随年劳多寡而分之，皆与从良书。举家号泣，承晖神色泰然，方与安石举白引满，谓之曰："承晖于五经皆经师授，谨守而力行之，不为虚文。"既被酒，取笔与安石诀，最后倒写二字，投笔叹曰："遽尔谬误，得非神志乱邪？"谓安石曰："子行矣。"安石出门，闻哭声，复还问之，则已仰药薨矣。家人匆匆瘗庭中。是日暮，尽忠出奔，中都不守。贞祐三年五月二日也。师安石奉遗表奔赴行在奏之。宣宗设奠于相国寺，哭之尽哀。赠开府仪同三司、太尉、尚书令、广平郡王，谥忠肃。诏以永怀为器物局直长。永怀子撒速为奉御。

承晖生而贵富，居家类寒素，常置司马光、苏轼像于书室，曰：
"吾师司马而友苏公。"平章政事完颜守贞素敬之，与为忘年交。

抹捻尽忠本名象多，上京路猛安人。中大定二十八年进士第，
调高阳、朝城主簿，北京、临潢提刑司知事。御史台举廉能，迁顺义
军节度副使。以忧去官，起复翰林修撰，同知德昌军节度事，签北京
按察司、滑州刺史，改恩州。上言："凡买卖军器，乞令告给凭验，以
防盗贼私市。"尚书省议，"止听系籍人匠货卖，有知情售不应存留
者同私造法"。从之。迁山东按察副使，坐虚奏田稼丰收请籴常平
粟，诈称宣差和籴，降虢州刺史，改乾州。

泰和六年，伐宋，为元帅右监军完颜充经历官，坐奏报稽滞，仗
五十。八年，入为吏部郎中，累迁中都、西京按察使。是时，纥石烈
执中为西京留守，与尽忠争，私意不协。尽忠阴伺执中过失，申奏。
执中虽跋扈，善抚御其部曲，密于居庸、北口置腹心刺取按察司文
字。及执中自紫荆关走还中都，诏尽忠为左副元帅兼西京留守。以
保全西京功进官三阶，赐金百两、银千两、重彩百段、绢二百匹。未
几，拜尚书右丞，行省西京。

贞祐初，进拜左丞。诏曰："卿总领行省，镇抚陪京，守御有功，
人民攸赖。朕新嗣祚，念尔重臣，益勉乃力，以副朕怀。"二年五月，
自西京入朝，加崇进，封申国公，赐玉带、金鼎、重币。二年，进拜都
元帅，左丞如故。

宣宗迁汴，与右丞相承晖守中都。承晖为都元帅，尽忠复为左
副元帅。十月，进拜平章政事，监修国史，左副元帅如故。宣宗诏尽
忠善抚乣军，尽忠不察，杀乣军数人。已而中都受围，承晖以尽忠久
在军旅，付以兵事，尝约同死社稷。及乌古论庆寿等兵溃，外援不
至，中都危急，密与腹心元帅府经历官完颜师姑谋弃中都南奔，已
戒行李，期以五月二日向暮出城。是日，承晖、尽忠会议于尚书省，
承晖无奈尽忠何，径归家，召师姑问之，知将以其夜出奔，乃先杀师

姑，然后仰药而死。是日，凡在中都妃嫔，闻尽忠出奔，皆束装至通玄门。尽忠谓之曰："我当先出，与诸妃启途。"诸妃以为信然。尽忠乃与爱妾及所亲者先出城，不复顾矣。中都遂不守。尽忠行至中山，谓所亲曰："若与诸妃偕来，我辈岂能至此！"

　　尽忠至南京，宣宗释不问弃中都事，仍以为平章政事。尽忠言："记注之官，奏事不当回避，可令左右司官兼之。"宣宗以为然。尽忠奏应奉翰林文字完颜素兰可为近侍局。宣宗曰："近侍局例注本局人及宫中出身，杂以他色，恐或不和。"尽忠曰："若给使左右，可止注本局人。既令预政，固宜慎选。"宣宗曰："何谓预政？"尽忠曰："中外之事得议论访察，即为预政矣。"宣宗曰："自世宗、章宗朝许察外事，非自朕始也。如请谒营私，拟除不当，台谏不职，非近侍体察，何由知之？"尽忠乃谢罪。参政德升继之曰："固当慎选其人。"宣宗曰："朕于庶官曷尝不慎，有外似可用而实无才力者，视之若忠孝而包藏悖逆者。蒲察七斤以刺史立功，骤升显贵，辄怀异志。蒲鲜万奴委以辽东，乃复肆乱。知人之难如此，朕敢轻乎！众以蒲察五斤为公干，乃除副使。众以斜烈为淳直，乃用为提点。若乌古论石虎乃汝等共举之，朕岂不尽心哉！"德升曰："比来访察，开决河堤，水损田禾等，覆之皆不实。"上曰："朕自今不敢问若辈，外间事皆不知，朕干何事，但终日默坐听汝等所为矣。方朕有过，汝等不谏，今乃面讦，此岂为臣之义哉！"德升亦谢罪。

　　纥石烈执中之诛，近侍局尝先事启之，遂以为功，阴秉朝政。高琪托此辈以自固。及尽忠、德升面责，愈无所忌。未几，德升罢相，尽忠下狱，自是以后，中外蔽隔，以至于亡。

　　尽忠与高琪素不相能，疑宣宗颇疏己，高琪间之。其兄吾里也为许州监酒，秩满，求调南京。尽忠与吾里也语及中都事，曰："迩来上颇疏我，此高琪所为也。若再主兵，必不置此，胡沙虎之子孰为为之！"吾里也曰："然。"九月，尚书省奏："遥授武宁军节度副使徒单吾典告尽忠谋逆。"上怃然曰："朕何负象多，彼弃中都，凡祖宗御容及道陵诸妃皆不顾，独与其妾偕来，此固有罪。"乃命有司鞫治，问得与兄吾里也相语事,遂并吾里也诛之。

仆散端本名七斤,中都路火鲁虎必刺猛安人。事亲孝,选充护卫,除太子仆正、滕王府长史、宿直将军、邠州刺史、尚厩局副使、右卫将军。章宗即位,转左卫。章宗朝隆庆宫,护卫花狗邀驾陈言:"端叔父胡睹预弑海陵,端不宜在侍卫。"诏杖花狗六十,代撰章奏人杖五十。丁忧,起复东北路招讨副使,改左副点检,转都点检,历河南、陕西统军使,复召为都点检。

承安四年,上如蓟州秋山猎,端射鹿误入围,杖之,解职。泰和三年,起为御史大夫。明年,拜尚书左丞。泰和六年,诏大臣议伐宋,皆曰无足虑者。左丞相崇浩、参知政事贾铉亦曰:"狗盗鼠窃,非举兵也。"端曰:"小寇当昼伏夜出,岂敢白日列阵,犯灵璧、入涡口、攻寿春邪?此宋人欲多方误我,不早为之所,一旦大举入寇,将堕其计中。"上深然之。未几,丁母忧,起复尚书左丞。

平章政事仆散揆伐宋,发兵南京,诏端行省,主留务。仆散揆已渡淮,次庐州。宋使皇甫拱奉书乞和,端奏其书。朝议诸道兵既进,疑宋以计缓师,诏端遣拱还宋。七年,仆散揆以暑雨班师,端还朝。

初,妇人阿鲁不嫁为武卫军士妻,生二女而寡,常托梦中言以惑众,颇有验,或以为神。乃自言梦中屡见白头老父指其二女曰:"皆有福人也。若侍掖廷,必得皇嗣。"是时,章宗在位久,皇子未立,端请纳之。章宗从之。既而京师久不雨,阿鲁不复言:"梦见白头老父使己祈雨,三日必大澍足。"过三日雨不降,章宗疑其诞妄,下有司鞫问,阿鲁不引伏。诏让端曰:"昔者所奏,今其若何?后人谓朕信其妖妄,实由卿启其端,倪郁于予怀,念之难置。其循省于往咎,思善补于将来。恪整乃心,式副朕意!"端上表待罪,诏释不问。顷之,进拜平章政事,封申国公。八年,宋人请盟,端迁一官。

章宗遗诏:"内人有娠者两位,生子立为储嗣。"卫绍王即位,命端与尚书左丞孙即康护视章宗内人有娠者。泰和八年十一月二十日,章宗崩。二十二日,太医副使仪师颜状:"诊得范氏胎气有损。"

明年四月,有人告元妃李氏教承御贾氏诈称有身。元妃、承御皆诛死。端进拜右丞相,授世袭谋克。

贞祐二年五月,判南京留守,与河南统军使长寿、按察转运使王质表请南迁,凡三奏,宣宗意乃决。百官士庶皆言其不可,太学生赵昉等四百人上书极论利害,宣宗慰遣之,乃下诏迁都。明年,中都失守。

宣宗至南京,以端知开封府事。顷之,为御史大夫,无何,拜尚书左丞相。三年,兼枢密副使,未几,进兼枢密使。数月,以左丞相兼都元帅行省陕西,给亲军三十人、骑兵三百为卫,次子宿直将军纳坦出侍行。赐契纸勘同曰:"缓急有事,以此召卿。"端招遥领通安军节度使完颜狗儿即日来归,奏迁知平凉府事,诸将闻之,莫不感激。遣纳兰伴僧招谕临洮芷黎五族都管青觉儿、积石州章罗谒兰冬及铎精族都管阿令结、兰州葩俄族都管汪三郎等,皆相继内附。汪三郎赐姓完颜,后为西方名将。

四年,以疾请致仕,不许,遣近侍与太医诊视。端虽癃老,凡朝廷使至必远迓,宴劳不懈,故谗构不果行。宣宗闻之,诏自今专使酒三行别于仪门,他事经过者一见而止。初,同、华旧屯陕西军及河南步骑九千余人,皆隶陕州宣抚副使永锡,端奏:"潼关之西,皆陕西地,请此军隶行省,缓急可使。"朝廷从之。及大元兵入潼关,永锡坐诛,而罪不及端。

兴定元年,朝廷以知临洮府事承裔为元帅左都监,行元帅府于凤翔。端奏:"陇外十州,介宋、夏之间,与诸番杂处,先于巩州置元帅府以镇之。今承裔以陇外万兵移居凤翔,臣恐一旦有警,援应不及。乞令承裔行元帅府于巩州。若以凤翔密迩宋界,则本路屯兵已多,但令总管摄行帅事,与京兆、巩相为首尾,足以备缓急矣。"从之。是岁,薨。讣闻,宣宗震悼,辍朝。赠延安郡王,谥忠正。正大三年,配享宣宗朝廷。

子纳坦出为定国军节度使。天兴元年十一月,纳坦出之子忙押门与兄石里门及护卫颜盏宗阿同饮，忙押门诈以事出投北兵，省以刑部郎中赵楠推其家属及同饮人。时上下迎合，必欲以知情处之，至于忙押门妻皆被讯掠。其母完颜氏曰："忙押门通其父妾，父杀此妾，忙押门不自安，遂叛，求脱命而已。"委曲推问，无知情之状。省中微闻之，召小吏郭从革喻以风旨，从革言之。楠方食，掷匕箸于案，大言曰："宁使赵楠除名，亦不能屈断无辜人。"遂以不知情奏，且以妾事上闻。上曰："丞相功臣，纳坦出父子俱受国恩，吾已保其不知情也。立命赦出之。"楠字才美，进士，高平人。

耿端义字忠嗣，博州博平人。大定二十八年进士。调滑州军事判官，历上洛县令，安化、顺义军节度判官，补尚书省令史，除汾阳军节度副使，改都转运司户籍判官，转太常博士，迁太常丞兼秘书郎，再除左司员外郎，历太常少卿兼吏部员外郎，同修国史，户部郎中，河北东路按察副使，同知东平府事，充山东安抚使。宣宗判汾阳军，是时端义为副使。宣宗即位，召见，访问时事，迁翰林侍讲学士兼户部侍郎，未几，拜参知政事。

贞祐二年，中都被围，将帅皆不肯战。端义奏曰："今日之患，卫王启之。士卒纵不可使，城中军官自都统至谋克不啻万余，遣此辈一出，或可以得志。"议竟不行。中都解围，端义请迁南京。既而仆散端三表皆言迁都事，宣宗意遂决。是岁，薨。宣宗辍朝，赙赠甚厚，遣使祭葬。

李英字子贤，其先辽阳人，徙益都。中明昌五年进士第，调淳化主簿、登州军事判官、封丘令。丁父忧，服除，调通远令。番部取民物不与直，摄之不时至，即掩捕之，论如法。补尚书省令史。

大安三年，集三品以上官议兵事，英上疏曰："军旅必练习者，术虎高琪、乌古孙兀屯、纳兰狐头、抹捻尽忠先朝尝任使，可与商略。余者纷纷，恐误大计。"又曰："比来增筑城郭，修完楼橹，事势可知。山东、河北不大其声援，则京师为孤城矣。"不报。除吏部主事。

贞祐初，摄左司都事，迁监察御史。右副元帅术虎高琪辟为经历官，乃上书高琪曰："中都之有居庸，犹秦之崤、函，蜀之剑门也。迩者撤居庸兵，我势遂去。今土豪守之，朝迁当遣官节制，失此不图，忠义之士，将转为他矣。"又曰："可镇抚宣德、德兴余民，使之从戎。所在自有宿藏，足以取给，是国家不费斗粮尺帛，坐收所失之关隘也。居庸咫尺，都之北门，而不能卫护，英实耻之。"高琪奏其书，即除尚书工部员外郎，充宣差都提控，居庸等关隘悉隶焉。

二年正月，乘夜与壮士李雄、郭仲元、郭兴祖等四百九十人出城，缘西山进至佛岩寺。令李雄等下山招募军民，旬日得万余人。择众所推服者领之，诡称土豪，时时出战。被创，召还。迁翰林待制，因献十策，其大概谓："居中土以镇四方，委亲贤以守中都，立藩屏以固关隘，集人力以防不虞，养马力以助军威，爱禾稼以结民心，明赏罚以劝百官，选守令以复郡县，并州县以省民力。"颇施行之。

宣宗南迁，与左谏议大夫把胡鲁俱为御前经历官。诏曰："扈从军马，朕自总之，事有利害，可因近侍局以闻。"宣宗次真定，以英为国子祭酒，充宣差提控陇右边事。无何，召为御史中丞。英言："兵兴以来，百务皆弛，其要在于激浊扬清，奖进人材耳。近年改定四善、二十七最之法，徒为虚文。大定间，数遣使者分道考察廉能，当时号为得人。愿改前日徒设之文，遵大定已试之效，庶几人人自励，为国家用矣。"宣宗嘉纳之。

自兵兴以来，亟用官爵为赏，程陈僧败官军于鬶谷，遣伪统制董九招西关堡都统王狗儿，狗儿立杀之。诏除通远军节度使，加荣禄大夫，赐姓完颜氏。英言："名器不可以假人，上恩以难得为贵。比来酏于用赏，实骇闻听。帑藏不足，惟恃爵命，今又轻之，何以使人？伏见兰州西关堡守将王狗儿向以微劳，既蒙甄禄，顷者坚守关城，诱杀贼使，论其忠节，诚有可嘉。若官之五品，命以一州，亦无负矣。急于劝奖，遂擢节钺，加阶二品，赐以国姓，若取兰州，又将何以待之？陕西名将项背相望，曹记僧、包长寿、东永昌、徒单丑儿、郭禄大皆其著者。狗儿藐然贱卒，一朝处众人之右，为统领之官，恐众望不厌，难得其死力。"宣宗以英奏示宰臣。宰臣奏："狗儿奋发如此，赏以异恩，殆不为过。"上然其言。

中都久围，丞相承晖遣人以矾写奏告急。诏元帅右监军永锡、左都监乌古论庆寿将兵，英收河间清、沧义军自清州督粮运救中都。英至大名，得兵数万，驭众素无纪律。贞祐三年三月十六日，英被酒，与大元兵遇于霸州北，大败，尽失所运粮。英死，士卒歼焉。庆寿、永锡军闻之，皆溃归。五月，中都不守，宣宗犹加恩，赠通奉大夫，谥刚贞，官护葬事，录用其子云。

宇术鲁德裕本名蒲剌都，隆安路猛安人。补枢密院尚书省令史，右三部检法、监察御史，迁少府监丞。明昌末，修北边壕堑，立堡塞，以劳进官三阶，授大理正。丁母忧，起复广宁治中，历顺州、滨州刺史。坐前在顺州市物亏直，遇赦，改刺沈州，累官北京路按察使、太子詹事、元帅左都监，迁左监军兼临潢府路兵马都总管。坐士马物故多，及都统按带私率官兵救护家属，德裕蔽之，御史劾奏逮狱。遇赦，谪宁海州刺史，稍迁泗州防御使、武胜军节度使。

贞祐二年，改知临洮府事，兼陕西路副统军。召为御史中丞，拜参知政事兼签枢密院事，行省大名。诏发河北兵救中都。凡真定、中山、保、涿等兵，元帅左监军永锡将之，大名、河间、清、沧、观、霸、河南等兵，德裕将之，并护清、沧粮运。德裕不时发。及李英至霸州兵败，粮尽亡失，坐弛慢兵期，责授沂州防御使，寻知益都府事。兴定元年二月，卒。

乌古论庆寿，河北西路猛安人，由知把书画充奉御，除近侍局直长，再转本局使。御边有劳，进一阶，赐金带。泰和四年，迁本局提点。是时，议开通州漕河，诏庆寿按视。漕河成，赐银一百五十两、重币十端。

泰和六年，伐宋，从右副元帅完颜匡出唐邓，为先锋都统，赐御弓二。以骑兵八千攻下枣阳。顷之，完颜匡军次白虎粒，遣都统完颜按带取随州，遣庆寿以兵五千扼赤岸，断襄汉路。行与宋兵遇，斩首五百级，宋随州将雷太尉遁去，遂克随州。于是宋邓城、樊城戍兵皆溃，遂与大军渡汉江，围襄阳。元帅匡表荐庆寿谋略出众。上嘉之，进一官，迁拱卫直都指挥使，提点如故。

初，庆寿上书云："汝州襄城县去汝州远于许州两舍，请割隶许州便。"尚书省议："汝州南有鸦路旧屯四千，其三千在襄城，今割襄隶许州，道里近便，仍食用解盐，其屯军三千，依旧汝州总押。"从之。八年，罢兵，迁两阶，赐银二百五十两、重币十端。有疾，赐御药。卫绍王即位，改左副点检、近侍局如故。未几，坐与黄门李新喜题品诸王，免死除名。久之，起为保安州刺史，历同知延安府，西北、西南招讨副使，棣州防御使，兴平军节度使。

贞祐二年，迁元帅右都监，以保全平州功进官五阶，赐金吐鹘，重币十端。顷之，宣宗迁汴，改右副点检兼侍卫亲军副都指挥使。阅月，知大兴府事。未行，改左副点检兼亲军副都指挥。数月，知彰德府事。三年，中都危急，改元帅左都监，将大名兵万八千、西南路步骑万一千、河北兵一万救中都。次霸州北，兵溃。顷之，中都不守，改大名府权宣抚使。未几，知河中府，权河东南路宣抚副使。四年，迁元帅左监军兼陕西统军使。驻兵延安，败夏人于安塞堡。战于鄜州之仓曲谷，有功。

兴定元年，与签枢密院事完颜赛不经略伐宋，败宋兵于泥河湾石壕村，斩首三千级，获马四百匹、牛三百头，器械称是。复破宋兵七千于樊城县。既而，以军士多被伤，奏不以实，诏有司鞫问，已而释之。历镇南集庆军节度使，卒。

赞曰：承晖守中都期年，相为存亡，临终就义，古人所难也。大抵宣宗既迁，则中都必不能守，中都不守，则土崩之势决矣。仆散端、耿端义似忠而实愚，抹捻尽忠委中都，庸何议焉。高琪忌承晖成功，字术鲁德裕缓师期，奸人之党，于是何诛。李英被酒败军，虽死不能赎也。乌古论庆寿无罚，贞祐之刑政，从可知矣。

金史卷一〇二
列传第四〇

仆散安贞　田琢　完颜弼
蒙古纲　必兰阿鲁带

仆散安贞本名阿海，以大臣子充奉御。父揆，尚韩国公主，郑王永蹈同母妹也。永蹈诛，安贞罢归，召为符宝祗候。复为奉御，尚邢国长公主，加驸马都尉，袭胡土爱割蛮猛安。历尚衣直长、御院通进、尚药副使。丁母忧，起复，转符宝郎，除同知定海军节度使事。历邳、淄、涿州刺史，拱卫直都指挥使。贞祐初，改右点检兼侍卫亲军副都指挥使，迁元帅左都监。二年，中都解严，河北州郡未破者惟真定、大名、东平、清、沃、徐、邳、海州而已。朝廷遣安贞与兵部尚书裴满子仁、刑部尚书武都分道宣抚。于是除安贞山东路统军安抚等使。

初，益都县人杨安国自少无赖，以鬻鞍材为业，市人呼为"杨鞍儿"，遂自名杨安儿。泰和伐宋，山东无赖往往相聚剽掠，诏州郡招捕之。安儿降，隶诸军，累官刺史、防御使。大安三年，招铁瓦敢战军得千余人，以唐括合打为都统，安儿为副统，戍边。至鸡鸣山不进。卫绍王驿召问状。安儿乃曰："平章参政军数十万在前，无可虑者。屯驻鸡鸣山所以备间道透漏者耳。"朝廷信其言。安儿乃亡归山东，与张汝楫聚党攻劫州县，杀略官吏，山东大扰。

安贞至益都，败安儿于城东。安儿奔莱阳。莱州徐汝贤以城降安儿，贼势复振。登州刺史耿格开门纳伪邹都统，以州印付之，郊迎安儿,发帑藏以劳贼。安儿遂僭号,置官属,改元天顺,凡符印诏表仪式皆格草定,遂陷宁海,攻潍州。伪元帅郭方三据密州,略沂、海。李全略临朐,扼穆陵关,欲取益都。安贞以沂州防御使仆散留家为左翼,安化军节度使完颜讹论为右翼。

七月庚辰,安贞军昌邑东,徐汝贤等以三州之众十万来拒战。自午抵暮,转战三十里,杀贼数万,获器械不可胜计。壬午,贼棘七率众四万阵于辛河。安贞令留家由上流胶西济,继以大兵,杀获甚众。

甲申,安贞军至莱州,伪宁海州刺史史泼立以二十万阵于城东。留家先以轻兵薄贼,诸将继之,贼大败,杀获且半,以重赏招之,不应。安贞遣莱州黥卒曹全、张德、田贵、宋福诈降于徐汝贤以为内应。全与贼西南隅戍卒姚云相结,约纳官军。丁亥夜,全缒城出,潜告留家。留家募勇敢士三十人从全入城,姚云纳之,大军毕登,遂复莱州,斩徐汝贤及诸贼将以徇。安儿脱身走,讹论以兵追之。耿格、史泼立皆降。留家略定胶西诸县,宣差伯德玩袭杀方郭三,复密州。余贼在诸州者皆溃去。安儿尝遣梁居实、黄县甘泉镇监酒石抹充浮海赴辽东构留哥,已具舟,皆捕斩之。

十一月戊辰,曲赦山东,除杨安儿、耿格及诸故官家作过驱奴不赦外,刘二祖、张汝楫、李思温及应胁诱从贼,并在本路自为寇盗,罪无轻重,并与赦免。获杨安儿者,官职俱授三品,赏钱十万贯。十二月辛亥,耿格伏诛,妻子皆远徙。诸军方攻大沫堌,赦至,宣抚副使、知东平府事乌林答与即引军还。贼众乘之,复出为患。诏以陕西统军使完颜弼知东平府事,权宣抚副使。其后杨安儿与汲政等乘舟入海,欲走岠嵎山。舟人曲成等击之,坠水死。

三年二月,安贞遣提控纥石烈牙吾塔破巨蒙等四堌,及破马耳山,杀刘二祖贼四千余人,降余党八千,擒伪宣差程宽、招军大使程福,招降胁从百姓三万余人。安贞遣兵会宿州提控夹谷石里哥同攻大沫堌,贼千余逆战。石里哥以骑兵击之,尽殪。提控没烈夺其北门以入,别军取贼水寨,诸军继进,杀贼五千余人。刘二祖被创,获之,及伪参谋官崔天祐,杨安儿伪太师李思温。余众保大小峻角子山,前后追击,杀获以万计,斩刘二祖。诏迁赏没烈等有差。诏尚书省曰:"山东东、西路贼党犹啸聚作过者,诏书到日,并与免罪,各令复业。在处官司尽心招抚,优加存恤,无令失所。"十月,安贞迁枢密副使,行院于徐州。

四年二月,杨安儿余党复扰山东。诏安贞与蒙古纲、完颜弼以近诏招之。五月,安贞遣兵讨郝定,连战皆克,杀九万人,降者三万余,郝定仅以身免。获伪金银牌、器械甚众,来归且万人,皆安慰复业。自杨安儿、刘二祖败后,河北残破,干戈相寻。其党往往复相困结,所在寇掠,皆衣红纳袄以相识别,号"红袄贼"。官军虽讨之,不能除也。大概皆李全、国用安、时青之徒焉。

兴定元年十月,诏安贞曰:"防河卒多老幼疲软不胜执役之人,其令速易之。"二年十月,开封治中吕子羽等以国书议和于宋,宋人不受。以安贞为左副元帅权参知政事行尚书省元帅府,及唐、息、寿、泗行元帅府分道各将兵三万,安贞总之,画定期日,下诏伐宋。安贞至安丰,宋兵七千拒战,权都事完颜胡鲁刺冲击败之,追至淝水,死者二千余人。安贞至大江,乃班师。

三年闰月,安贞至自军中,入见于仁安殿。胡鲁刺进一阶。久之,安贞燕见,奏曰:"淝水之捷,胡鲁刺功第一,臣之兵事皆咨此人,功厚赏薄,乞加赏以劝来者。"尚书省奏:"凡行省行院帅府参议左右司经历官都事以下皆迁一官,所以绝求请之路,塞奸幸之门也。安贞之请不可从。"遂止。

五年,复伐宋。二月,安贞出息州,军于七里镇,宋兵据净居山,遣兵击败之。宋兵保山寺。纵火焚寺,乘胜追至洪门山。宋兵方浚濠立栅,安贞军亟战,夺其栅。宋黄统制团兵五千保黄土关,关绝险,素有备,坚壁不出。安贞遣轻兵分为左右军澄登,别以兵三千直逼关门。翼日,左右军会于山颠,俯瞰关内。宋人守关者望之,骇聘不能立。中军急攻,宋兵溃,遂夺黄土关。遂入梅林关,拔麻城县,抵大江,至黄州,克之。进克蕲州,前后杀略不可胜计。获宋宗室男女七十余口，献之，师还。安贞每获宋壮士，辄释不杀，无虑数万，因用其策，辄有功。宣宗谓宰臣曰："阿海将略固善矣，此辈得无思归乎？南京密迩宋境，此辈既不可尽杀，安所置之？朕欲驱之境上，遣之归如何？"宰臣不对。

六月甲寅朔，尚书省奏安贞谋叛。宣宗谓平章政事英王守纯曰："朕观此奏，皆饰词不实，其令覆案之。"戊寅，并其二子杀之，以祖忠义、父揆有大功，免兄弟缘坐。诏曰："银青荣禄大夫、左副元帅兼枢密副使、驸马都尉仆散阿海，早藉世姻，寝驰仕轨，属当军旅之事，益厚朝廷之恩，爰自帅藩，擢居枢府。顷者南伐，时乃奏言，是俾行鳞介之诛，而尽露枭獍之状。二城虽得，多罪稔彰，念胜负之靡常，肯刑章之轻用。始自画因粮之计，乃更严横敛之期，督促计司，雕弊民力，信其私意，或失防秋。顾利害之实深，尚优容而弗问。顷因近侍，悉露奸谋，盖虞前后罪之上闻，乃以金玉带而夜献。审事情之诡秘，命信臣而鞫推，追致款词，乃详实状。自以积愆之著，必非公宪所容，欲结近臣之欢心，俾伺内庭之指意，如衅端之少露，得先事而易图。因其方握兵权，得以谋危庙祐，事或不济，计即外奔。前日之俘，随时诛戮，独于宋族，曲活全门，示其悖德于敌仇，豫冀全身而纳用。"

初，安贞破蕲州，获宋宗室不杀而献之，遂以为罪。安贞忧谗，以贿近侍局，乃以质成其诬。安贞典兵征伐，尝曰："三世为将，道家所忌。"自忠义、揆至安贞，凡三世大将焉。

初，安贞破蕲州，所得金帛，分给将士。南京都转运使行六部事李特立、金安军节度副使纥石烈蒲剌都、大名路总管判官银术可因而欺隐。事觉，特立当死，蒲剌都、银术可当杖一百除名。诏薄其罪，特立夺三官、降三等，薄剌都、银术可夺两官、降二等云。

田琢字器之，蔚州定安人。中明昌五年进士，调宁边、茌平主簿，潞州观察判官，中都商税副使。丁父忧，起复怀安令，补尚书省令史。

贞祐二年,中都被围,琢请由间道往山西招集义勇,以为宣差兵马提控、同知忠顺军节度使事,经略山西。琢与弘州刺史魏用有隙,琢自飞狐还蔚州,用伏甲于路,将邀而杀之。琢知其谋,自别道入定安。用入蔚州,杀观察判官李宜、录事判官马士成、永兴县令张福,劫府库仓廪,以兵攻琢于定安。琢与战,败之。用脱身走,易州刺史蒲察缚送中都元帅府杀之。

是时,劝农副使侯挚提控紫荆等关隘,朝廷闻蔚州乱,欲以挚就代琢守蔚州,令军中推可为管押者,即以魏用金牌佩之,以安其众。丞相承晖奏:"田琢实得军民心,谙练山西利害,魏用将士本无劳效,以用弄兵死祸,遂尔任用,恐开幸门。"诏从之。

琢至蔚州,诛与用同恶数人。募兵旬日,得二万人。十月,琢兵败,仅以身免。招集散亡,得三万余,入中山界屯驻,而遣沈思忠招集西京荡析百姓,得万余人,皆愿徙河南。琢上书:"此辈与河南镇防,往往乡旧,若令南渡,择壮健为兵,自然和协,且可以招集其余也。"从之。加沈思忠同知深州军州事。琢复遣沈思忠、宫楫招弘州、蔚州百姓,得五万余人,可充军者万五千人,分屯蔚州诸隘,皆愿得沈思忠为将。诏加思忠顺天军节度副使,提控弘、蔚州军马,宫楫副之。

顷之,西山诸隘皆不能守。琢移军浼州。浼州刺史完颜僧家奴奏:"田琢军二千五百人,官廪不足,发民窖粟犹不能赡。其中多女直人,均为一军,不可复有厚薄,可令于卫、辉、大名就食。"制可。加琢河北西路宣抚副使,遥授浚州防御使,屯浚州。琢欲陂西山诸水以卫浚州。

贞祐三年十一月,河北行省侯挚入见,奏:"河北兵食少,请令琢汰遣老弱,就食归德。"琢奏:"此辈岭外失业,父子兄弟合为一军,若离而分之,定生他变,乞以全军南渡,或徙卫州防河。"诏尽徙屯陕。琢复奏:"臣幸徙安地,然浚乃河北要郡,今见粮可支数月,乞俟来春乃行。"数日,琢复奏:"浚不可守,惟当迁之。"宰臣劾琢前后奏陈不一,请逮鞫问。宣宗不许。

琢至陕,上书曰:"河北失业之民侨居河南、陕西,盖不可以数计。百司用度,三军调发,一人耕之,百人食之,其能赡乎?春种不广,收成失望,军民俱困,实系安危。臣闻古之名将,虽在征行,必须屯田,赵充国、诸葛亮是也。古之良吏,必课农桑以足民,黄霸、虞诩是也。方今旷土多,游民众,乞明敕有司,无蹈虚文,严升降之法,选能吏劝课,公私皆得耕垦。富者备牛出种,贫者佣力服勤。若又不足,则教之区种,期于尽辟而后已。官司围牧,势家兼并,亦籍其数而授之农民,宽其负算,省其徭役,使尽力南亩,则蓄积岁增,家给人足,富国强兵之道也。"宣宗深然之。

陕西元帅府请益兵,诏以琢众与之。兴定元年,朝廷易置诸将,迁山东西路转运使。二年,改山东东路转运使,权知益都府事,行六部尚书宣差便宜招抚使。李旺据胶西,琢遣益都治中张林讨之,生擒李旺。八月,莱州经略使术虎山寿袭破李旺党伪邹元帅于小堌,获其前锋于水等三十人,追击伪陈万户,斩首八百级。明日,复破之于朱寒寨。胶西、高密官军亦屡破之于诸村及海岛间。

是月,棣州裨将张聚杀防御使斜卯重兴,遂据棣州,袭滨州,其众数千人。琢遣提控纥石烈丑汉会兵讨之。聚弃滨专保棣州。诸军趣棣,聚出战,败之,斩首百级,生擒伪都统王仙等十三人。余众奔溃,追及于别寨。攻拔之,聚仅以身免。遂复二州。

李全据安丘,琢遣总领提控王政、王庭玉讨之。宣差提控、太府少监伯德玩率政兵攻安丘,败焉,提控王显死之。琢奏:"伯德玩本相视山东山堌水寨,未尝偏行,独留密州,辄为此举,乞治其罪。"诏遣官鞫玩,会赦而止。既而昌乐县令术虎桓都、临朐县令兀颜吾丁、福山县令乌林答石家奴、寿光县巡检纥石烈丑汉破李全于日照县,琢承制各迁官一阶,进职一等,诏许之。

三年,沂州注子堌王公喜构宋兵据沂州,防御使徒单福定徒跣脱走,百姓溃散。琢奏:"去岁顾王二尝据沂州,邳州总领提控纳合六哥前为同知沂州防御事,招集余众攻取之,百姓归心。可用六哥取沂州,今方在行省侯挚麾下,乞发还,取便道进讨。"制可。既而莒州提控燕宁复沂州，王公喜复保注子堌。琢奏："沂州须知兵者守之。徒单福定已衰老，纳合六哥善治兵，识沂形势。"诏福定专治州事，以六哥为沂州总领。琢奏："潍州刺史致仕独吉世显能招集猛安余众及义军，却李全、保潍州。六哥破灰山堌，沂境以安。守兖州观察判官梁昱尝摄淄州刺史，率军民力田，征科有度，馈饷不乏，保全淄州，土贼不敢发。前猗氏主簿张亚夫尝权行部官，主饷密州，委曲购得粮二万斛，兵储乃足，行至高密，征他州兵拒李全。"诏世显升职从四品，遥授同知海州事。六哥迁一官，升一等，充沂州宣差都提控。梁昱迁一官，同知淄州事。张亚夫迁两官，密州观察判官。

初，张林本益都府卒，有复立府事之功，遂为治中，而凶险不逞，耻出琢下。琢在山东征求过当，颇失众心，林欲因众以去琢，未有间也。会于海、牟佐据莱州，琢遣林分兵讨之。林既得兵，伺琢出，即率众噪入府中。琢仓猝入营，领兵与林战，不胜，欲就外县兵，且战且行。至章丘，兵变，求救于邻道，不时至。东平行省蒙古纲以状闻。宣宗度不能制林，而欲驯致之，乃遣人召琢还。行至寿张，疽发背卒。

完颜弼本名达吉不，盖州猛安人。充护卫，转十人长。从丞相襄戍边，功最，除同知德州防御使事、武卫军钤辖，转宿直将军、深州刺史。泰和六年，从左副元帅完颜匡攻襄阳，破雷太尉兵，积功加平南荡江将军。丁母忧，起复。八年，除南京副留守、寿州防御使。大安二年，入为武卫军副都指挥使。三年，以本官领兵驻宣德。会河之败，弼被创，马中流矢，押军千户夹谷王家奴以马授弼，遂得免。迁右副都点检。

至宁元年，东京不守，弼为元帅左监军，捍御辽东。请"自募二万人为一军，万一京师有急，亦可以回戈自救。今驱市人以应大敌，往则败矣。"卫绍王怒曰："我以东北路为忧，卿言京师有急何邪？就如卿言，我自有策。以卿皇后连姻，故相委寄，乃不体朕意也。"弼曰："陛下勿谓皇后亲姻俱可恃也。"时提点近侍局驸马都尉徒单没烈侍侧,弼意窃讥之。卫绍王怒甚,顾谓没烈曰:"何不叱去?"没烈乃引起,付有司,论以奏对无人臣礼,诏免死,杖一百,责为云内州防御使。

贞祐初,宣宗驿召弼赴中都,是时云内已受兵,弼善马稍,与数骑突出,由太原出泽、潞,将从清、沧赴阙。会有诏除定武军节度使,寻为元帅左都监,驻真定。弼奏:"赏罚所以劝善惩恶,有功必赏,有罪必罚,而后人可使、兵可强。今外兵日增,军无斗志。亦有逃归而以战溃自陈者,有司从而存恤之,见闻习熟,相效成风。"又曰:"村寨城邑,兵退之后,有心力勇敢可使者,乞招用之。"又曰:"河朔郡县,皆以拘文不相应救,由此残破。乞敕州府,凡有告急征兵,即须赴救,违者坐之。"又曰:"河北军器,乞权宜弛禁,仍令团结堡寨以备外兵。"又曰:"今虽议和,万一轻骑复来,则吾民重困矣。愿速讲防御之策。"及劝迁都南京,阻长淮,拒大河,扼潼关以自固。

宣宗将迁汴,弼兼河北西路兵马都总管。宣宗次真定,弼言:"皇太子不可留中都,盖军少则难守,军多则难养。"又奏:"将帅以阃外为威,今生杀之权皆从中覆。"又奏:"瑞州军颇狡,左丞尽忠多疑,乞付他将。"宣宗颇采用其言。

大名军变,杀薄察阿里,诏弼镇抚之。未几,改陕西路统军使、京兆兵马都总管。宣抚副使乌古论兖州置秦州榷场,弼以擅置,移文问之。兖州曰:"近日入见,许山外从宜行事。秦州自宋兵焚荡榷场,几一年矣,今既安帖,复宜开设,彼此获利,岁收以十万计。对境天水军移文来请,如俟报可,实虑后时。"弼奏其事,宰臣以兖州虽擅举而无违失,苟利于民,专之亦可。宣宗曰:"朕固尝许其从宜也。"

三年,改知东平府事、山东西路宣抚副使。是时,刘二祖余党孙邦佐、张汝楫保济南勤子堌,弼遣人招之,得邦佐书云:"我辈自军兴屡立战功,主将见忌,阴图陷害,窜伏山林,以至今日,实畏死耳。如蒙湔洗,便当释险面缚,余贼未降者保尽招之。"弼奏:"方今多故,此贼果定,亦一事毕也。乞明以官赏示之"诏曰:"孙邦佐果受招,各迁五官职。"于是邦佐、汝楫皆降。邦佐遥授潍州刺史,汝楫遥授淄州刺史,皆加明威将军。顷之,弼荐邦佐、汝楫改过用命,招降甚众,稍收其兵仗,放归田里。诏邦佐遥授同知益都府事,汝楫遥授同知东平府事,皆加怀远大将军。梁聚宽遥授泰定军节度副使,加宣武将军。四年,弼迁宣抚使。已而,汝楫复谋作乱,邦佐密告弼,弼飨汝楫,伏甲庑下,酒数行,钟鸣伏发,杀汝楫并其党与。手诏褒谕,封密国公。其后邦佐屡立功。元光末,累官知东平府事、山东西路兵马都总管,充宣差招抚使。"

弼上书曰:"山东、河北、河东数镇仅能自守,恐长河之险有不足恃者。河南尝招战士,率皆游惰市人,不闲训练。若选签驱丁监户数千,别为一军。立功者全户为良,必将争先效命以取胜矣。武卫军家属尝苦于兵,人人怀愤,若择骁悍千余,加以爵赏,亦可得其死力。"又曰:"老病之官,例许致仕,居河北者嫌于避难,居河南者苟于尸禄,职事旷废。乞遍谕核实,其精力可用者仍旧,年高昏聩不事事者罢之。"又曰:"赋役频烦,河南百姓新强旧乏,诸路豪民行贩市易,侵土人之利,未有定籍,一无庸调,乞权宜均定。如知而辄避、事过复来者,许诸人捕告,以军兴法治之。"诏下尚书省议,惟老病官从所言,余皆不允。

大元兵围东平,弼百计应战,久之乃解围去。宣宗赐诏,奖谕将士,赏赉有差。是岁五月,疽发于脑。诏太医诊视,赐御药。俄卒。

弼平生无所好,惟喜读书,闲暇延引儒士,歌咏投壶以为常。所辟如承裔、陀满胡土门、纥石烈牙吾塔,皆立方面功。治东平,爱民省费,井邑之间军民无相讼,有古良将之风焉。

蒙古纲本名胡里纲,咸平府猛安人。承安五年进士,累调补尚书省令史,除国子助教。贞祐初,自请招集西山兵民,进官一阶,赐钱二百万,迁都水监丞,寻加遥授永定军节度副使。招捕有功,迁太子左谕德,除顺州刺史,迁同知大兴府事。三年,知河间府事,权河北东路宣抚使,屯冀州。军食不足,徙济南。纲欲徙河南,行至徐州,未渡河，尚书省奏："东平宣抚使完颜弼行事多不尽。"乃以纲权山东宣抚副使。改山东路统军使，兼知益都府事，权元帅右都监，宣抚如故。

四年十月，行元帅府事。纲奏："山东兵后，杨安儿党内有故淄王习显、故留守术罗等家奴，不在赦原，据险作乱，至今未息，民多归之，乞普赐恩宥。"宣宗即命赦之，仍赎为良。

兴定元年，徙知东平府事，迁元帅右监军。久之，拜右副元帅权参知政事，行尚书省。先是，东平治中没烈坐事削降殿年，诏仍从军，有功复用。纲遣没烈讨花帽贼于曹、济间，捷报，乃没烈乃复前职。兴定二年，诏曰："卿以忠贞，为国捍难，保完城邑，朕甚嘉之。可进官二阶，赐金带一重、币十端。"

兴定三年，奏曰："济南介山东两路之间，最为冲要，被兵日久，虽与东平邻接，不相统属，缓急不相应，乞权隶本路，且差近于益都。"诏从之。纲奏："恩州武城县艾家凹水泺、清河县涧口河泺，其深一丈，广数十里，险固可恃。因其地形，少加浚治，足以保御。请迁州民其中，多募义军以实之。"纲以山东恃东平为重镇，兵卒少，守城且不足，况欲分部出战，是安坐以待困也。乃上奏曰："伏见贞祐三年古里甲石伦招义军，设置长校，各立等差，都统授正七品职，副统正八品，万户正九品，千户正班任使，谋克杂班，仍三十人为一谋克，五谋克为一千户，四千户为一万户，四万户为一副统，两副统为一都统，设一总领提控。今乞依此格募选，以益兵威。"制可。

是岁，益都桃林寨总领张林号"张大刀"，据险为乱，自称安化军节度使。纲奏："林势甚张，乞遣河南马军千人，单州经略司以众接应。"左司郎中李蹊请令纲约燕宁同力殄灭，单州经略使完颜仲元分兵三千人同往。宰相以粮运不给，益都以东，啸聚不止一张林，宜令纲设备御，俟来春议之。

四年，张林侵掠东平，纲遣元帅右监军行枢密院事王庭玉讨之。至旧县，遇张林众万余人据岭为阵，庭玉督兵逾岭搏战。林众少却，且欲东走。庭玉踵击，大破之，杀数千人，生擒张林，获杂畜兵仗万计。招降虎窟诸寨,悉令归业。诏赐空名宣敕,听纲第功迁赏。遣枢密院令史刘颙莅杀张林于东平。张林乞贳死自效,请曰:"臣兄演在宋为统制,有众三千,驻即墨、莱阳之境,请以书招之,使转致诸贼之款密者,相为表里,然后以檄招益都张林,不从则合击之,山东不足平也。"所谓益都张林,即据府事逐田琢者也,事见琢传。纲以林策请于朝,枢密院请羁縻使之。制可,以为莱州兵马钤辖。久之,山东不能守,林乃降于宋云。

初,东平提控郑偶生擒宋将李资,纲奏赏偶。宰臣谓:"李资自称宋将,无所凭据,请详究其实。"纲奏:"臣自按问俱获宋将统制十余人,皆以资为将无异辞。此辈力屈就擒,岂肯虚称伪将以重获者之功?今多故之际,赏功后时,将士且解体。凡行赏必求形迹,过为逗遛,甚未可也。"诏即赏之。纲奏:"辽东渡海,必由恩、博二州之间,乞置经略司镇抚。"从之,兴定五年二月,东平解围,宣宗曲赦境内。凡东平府试诸科中选人,尝被任使,已逾省试期日,特免省试,惟经童律科即为及第,似涉太优,别日试之。皆从纲所请也。诏以纲、王庭玉、东莒公燕宁保全东平,各迁一阶。

是岁,燕宁战死。纲奏:"宁所居天胜寨,乃益都险要之地。宁尝招降群盗胡七、胡八,用为牙校,委以腹心,群盗皆有归志。及宁死,复怀顾望,胡七、胡八亦反侧不安。臣以提空孙邦佐世居泰安,众心所属,遂署招抚使。以提控黄掴兀也总领,副之。此当先奏可,顾事势危迫,故辄授之。"燕宁死而纲势孤矣。

纲奏请移军于河南,诏百官议,御史大夫纥石烈胡失门以下皆曰:"金城汤池,非粟不守。东平孤城,四无应援,万一失之,则官吏兵民俱尽。徙之河南,以助防秋。"翰林待制抹捻阿虎德奏曰:"车驾南迁,恃大河以为险。大河以东平为藩篱,今乃弃之,则大河不足恃矣。兵以将为主,将以心为主,蒙古纲既欲弃之,决不可使之守矣。宜就选将士之愿守者擢用之,别遣官为行省,付以兵马铠仗,从宜规画军食。"枢密院请用胡失门议,焚其楼橹廨舍而徙之。宣宗曰:"此事朕不能决择,众议可者行之。"枢密院颇采阿虎德议,许纲内

徙,率所部女直、契丹、汉军五千人,行省邳州。元帅左监军王庭玉
将余军屯黄陵冈,行元帅府事。于是,纲改兼静难军节度使,行省邳
州。自此山东事势去矣。

是岁六月,以归德、邳、宿、徐、泗乏军食,诏纲率所部就食睢
州。纲奏:"宿州连年饥馑,加之重敛,百姓离散。镇防军遽征逋课,
窘迫陵辱有甚于官,众不胜其酷,皆怀报复之心。近日,高羊哥等苦
其佃户,佃户愤怒,执羊哥等投之井中。武夫不识缓急,乃至于此。
乞一切所负并令停止,俟夏秋收成征还,军人量增廪给,可也。"诏
议行之。元光二年三月,以邳州经略司隶纲,令募勇敢收复山东。

初,砀山首领数人,以减罢怀忿怨,诱胁余众作乱,引水环城以
自固,构浮桥于河上,结红袄贼为援。同签枢密院事徒单牙剌哥会
诸道兵讨之。纲云:"砀山北近大河,南近汴堤,东西二百里,大河分
派其间,干滩泥淖,步骑俱不可行,惟宜轻舟往来。可选锐卒数千与
水军埇兵,以舟二百艘,由便道断浮梁,绝红袄之援。募胆勇有口辩
者,持牒密谕之以离间其党,与臣已遣三人入贼中。复分兵屯要害,
别以三百人巡逻。乞赐空名告身,从便迁赏。"枢密院奏:"已委监军
王庭玉驻归德,宁陵备之矣。仍令牙剌哥水陆并进,先行招诱,不
从,乃合击之。其空名告身,宜从所请,以责成功。"

无何,砀山贼夜袭永城县,行军副总领高琬、万户麻吉击走之,
杀伤及溺死者甚众,夺其所俘掠而还。诏纲拼力讨之。纲遣降人陈
松持牒招李全,全缚松将斩之,已而但黥其面遣还。纲奏:"全有归
国意,严实、张林亦可招之。"此谓益都张林也。诏拟实一品官职,封
国公,仍世袭。全阶正三品、职正二品。林山东西路宣抚使兼知益
都府事,与全皆赐田百顷。受命往招者先授正七品官职,赐银二十
五两,事成迁五品。会纲遇害而止。

纲御下严,信赏必罚,邳州军不乐属纲。八月辛未朔,邳州从宜
经略使纳合六哥、都统金山颜俊率沂州军士百余人晨入行省,杀纲
及僚属于省署,遂据州反。枢密院奏请出空名宣敕,设重赏招诱。丞
相高汝砺曰:"悬重赏募死士,必有能取之者。"宣宗不得已,下诏罪

纲,以抚谕六哥。六哥遣人送纲尸及虎符牌印,终不肯出。乃升经略司为元帅府,加六哥泗州防御使,权元帅左监军,副使乌古论老汉加邳州刺史,权右监军。顷之,邳州卒逃归,诣总帅牙吾塔言,六哥已结李全为助。遣总领字术鲁留住等毁其桥梁,攻破承安、青阳寨,留兵戍守。六哥惶惧,乃言待李全兵入邳州,诱而杀之,以图报效。宣宗曰:"李全岂无心者,六哥能诱而杀之,殆诈耳。"十月壬辰,牙吾塔围邳州,急攻之。红袄贼高显等杀六哥,函首以献。诏加显三品官职,授世袭谋克,侯进四品,陈荣、邢进、边全、魏兴、孙仲皆五品,赏银有差。

必兰阿鲁带,贞祐初,累官宁化州刺史。二年,同知真定府事,权河北、大名宣抚副使。三年,保全赞皇,加遥授安武军节度使,改昭义军节度使,充宣抚副使。阅月,权元帅左都监行元帅府事,节度、宣抚如故。

遣都统奥屯喜哥复取威州及获鹿县。既而诏择义军为三等,阿鲁带奏:"自去岁初置帅府,已按阅本军,去其冗食。部分既定,上下既亲,故能所向成功,此皆血战屡试而可者。父子兄弟自相救援,各顾其家,心一力齐,势不可离。今必析之,将互易其处,不相谙委矣。国家粮储常患不继,岂容侥冒其间?但本府之兵不至是耳。事势方殷,分别如此,彼居中下,将气挫心懈而不可用。且义军率皆农民,已散归田亩,趋时力作,征集旬日,农事废而岁计失矣。乞本府所定,无轻变易。"诏许之。阿鲁带缮完州县之可守者,其不可守者迁徙其民,依险为栅以备缓急。

泽州旧隶昭义军,近年改隶孟州,阿鲁带奏:"泽州城郭坚完,器械具备,若屯兵数千,臣能保守之。今闻议迁于青莲寺山寨,距州既远,地形狭隘,所容无几。一旦有急,所保者少,所遣者多,徒弃名城以失太行之险,则沁南、昭义不通问矣。"诏泽州复隶昭义军。

是岁,潼关失守,阿鲁带趋备蓝田、商州,乃陈河北利害,略曰:"今忻、代撤戍,太原帅府众才数千,平阳行省兵亦不多,河东、河北之势全恃潞州,潞州兵强则国家基本渐可复立。臣已将兵离境。乞复置潞州帅府。"阿鲁带行次渑池,右副元帅蒲察阿里不孙败绩,逃匿不知所在。阿鲁带亦被创,收集溃卒,卧渑池。诏还潞州。

兴定元年,改签枢密院事。数月,以元帅左监军兼山东路统军使,知益都府事。未几,权参知政事,行尚书省于益都。阿鲁带复立潞州,最有功,识辽州刺史郭文振,举以为将。既而去潞州,张开代领其众,与郭文振不相得,文振渐不能守矣。

赞曰:贞祐之时,仆散安贞定山东,仆散端镇陕西,胥鼎控制河东,侯挚经营赵、魏,其措注施设有可观者。故田琢抚青、齐,完颜弼保东平,必兰阿鲁带守上党,皆向用有功焉。高琪忌功,汝砺固位,西启夏衅,南挑宋兵。宣宗道谋是用,煦煦以为慈,皦皦以为明,孑孑以为强。既而潼关破毁,崤、渑丧败,汴州城门不启连月,高琪方且增埤浚隍为自守计,缮御寨以祈逃死。然后田琢走益都而青、齐裂,蒙古纲去东平而兖、鲁蹙,仆散安贞死而南伐无功。虽曰天道,亦由人事。自是以往,无足言者矣。

金史卷一〇三

列传第四一

完颜仲元　完颜阿邻
完颜霆　乌古论长寿
完颜佐　石抹仲温
乌古论礼　蒲察阿里
奥屯襄　完颜蒲剌都
夹谷石里哥　术甲臣嘉
纥石烈桓端　完颜阿里不孙
完颜铁哥　纳兰胡鲁剌

完颜仲元本姓郭氏，中都人。大安中，李雄募兵，仲元与完颜阿邻俱应募，数有功。贞祐三年，与阿邻俱累功至节度。仲元为永定军节度使，赐姓完颜氏。仲元在当时兵最强，号“花帽军”，人呼为“郭大相公”，以与阿邻相别。顷之，兼本路宣抚使。八月，遥授知河间府事。数月，改知济南府事，权山东东路宣抚副使。

贞祐四年，山东乏粮，仲元军三万欲于黄河之侧或陕右分屯，上书乞补京官，且言恢复河朔之策，当诣阙面陈。诏曰：“卿兄弟鸠集义旅，所在立功，忠义之诚，皎然可见。朕以参政侯挚与卿素厚，

命于彼中行省,应悉朕心。卿求入见,其意固嘉,东平方危,正赖卿
等相为声援,俟兵势稍缓,即徙军附河屯驻,此时卿来,盖未晚也。
尚思戮力,朕不汝忘。"未几,改河北宣抚副使。

仲元部将李霆等积功至刺史、提控,仲元奏赐金牌,霆等皆为
名将,功名与仲元相埒。仲元屡有功,以本职为从宜招抚使,计约从
坦等军图恢复。诏以仲元军猥多,差为三等,上等备征伐,中下给戍
守,懦弱者皆罢去。红袄贼千余人据涟水县,仲元遣提控娄室率兵
击破之,斩首数百,败祝春,擒郭伟,余众奔溃,遂复涟水县。仲元兼
单州经略使,娄室迁两阶,升职一等。未几,仲元遥授知归德府事。

是岁十月,徙军卢氏,改商州经略使,权元帅右都监。诏曰:
"商、虢、潼关,实相连属,卿思为万全之计。"未几,潼关失守,仲元
军趋商、虢,复至嵩、汝,皆弗及。仲元上书曰:"去年六月,臣尝请于
朝廷,乞选名将督诸军,臣得推锋,身先士卒,粮储不继,竟不果行。
今将坐甲待敌,则师老财殚,日就困弊。"其大概欲伐西夏以张兵
势。又曰:"陕西一路最为重地,潼关、禁坑及商州诸隘俱当预备。向
者中都,居庸最为要害,乃由小岭、紫荆绕出,我军腹背受兵,卒不
能守。近日由禁坑出,遂失潼关。可选精兵分地戍之。"其后乃置秦、
蓝守御,及用兵西夏矣。

兴定元年,复为单州经略使,败宋人二千于龟山,复败步骑千
余于盱眙,败红袄于白里港,获老幼万余人,皆纵遣之。宋人围海
州,仲元军高桥,令提控兀颜阿邻领骑绕出其后夹击之。宋兵解去。
赐金带,优诏奖谕。红袄贼陷曹马城,剽掠徐、单之间。提控高琬等
分兵击之,俘生口二千。三年,仲元奏:"州城既固,积粮二十万石,
集卿义军万余人,并闲训练,足以守御,乞以所部渡河。"诏屯宿州,
与右都监纥石烈德同行帅府事。仲元有足疾,满百日,诏曰:"卿处
置机务,抚存将士,出兵使李辛可也。"四年,兼保静军节度使,寻为
劝农使。五年,为镇南节度使。

元光元年,知凤翔府事。凤翔被围,左监军石盏合喜来济军。仲
元让合喜总兵事。合喜曰:"公素得众心,不必以官位见让。"仲元请

身先士卒，谕诸将士曰："凡有奇功者，即承制超擢。"及危急乃辄注四品以下。颜盏虾蟆力战功最，辄授通远军节度使。围解。奏请擅除拜之罪。宣宗嘉其功，皆许之。

迁元帅右监军，授河北东路洮委必剌猛安，赐金五十两、重币十五端、通犀带，优诏褒谕。正大间，为兵部尚书，皇太后卫尉，卒。仲元为将，沈毅有谋，南渡后最称名将云。

完颜阿邻本姓郭氏，以功俱赐姓完颜。大安中，李雄募兵，阿邻与完颜仲元等俱应募，数有功。宣宗即位，迁通州防御使。宣宗迁汴，阿邻改同知河间府事兼清州防御使，将所部兵驻清、沧，控扼山东。迁横海军节度使，赐以国姓。阿邻与山东路宣抚副使颜盏天泽不相能，诏阿邻当与天泽共济国事，无执偏见，妄分彼此。寻改泰定军节度使、山东西路宣抚使。是时，仲元亦积功劳，知济南府，赐姓完颜，与阿邻俱加从宜招抚使，诏书奖谕，且令计约涿州刺史从坦等军恢复中都。于是，仲元、阿邻部兵猥多，诏以三等差第之，上等备征伐，中下戍守，懦弱者罢去，量给地以赡其家。阿邻所部"黄鹤袖军"驻鱼台者，桀骜不法，掠平民，劫商旅，道路不通，有司乞徙于滕州。诏阿邻就处置之。顷之，破红袄贼郝定于泗水县柘沟村，生擒郝定，送京师斩之。

近制，赐本朝姓者，凡以千人败敌三千者赐及缌麻以上，败二千人以上者赐及大功以上，败千人以上者赐止其家。阿邻既赐姓，以兄守楫及从父兄弟为请。宰臣奏阿邻功止赐一家，宣宗特诏许之。至是仲元上奏曰："臣顷在军旅，才立微功，遽蒙天恩，赐之国姓，非臣杀身所能仰报。族兄徐州机察副使僧喜、前汾州酒同监三喜、前解州盐管勾添章、守兴平县监酒添福犹姓郭氏。念臣与僧喜等昔同一家，今为两族，完颜阿邻与臣同功，皇恩所加并及本族，僧喜等四人乞依此例。"不许。改辉州经略使。

阿邻有众万五千，诏分五千隶东平行省，其众泣诉云："我曹以国家多难，奋义相从，捐田宅，离亲戚，转战至此，誓同立功，偕还乡里。今将分配他军，心实艰苦。乞以全军分驻怀、卫、辉州之间，捍蔽大河，惟受阿邻节制。"阿邻亦不欲分之，因以为请。宰臣奏："若遂听之，非唯东平失备，他将仿效，皆不可使矣。"宣宗以为然。加遥授知河南府事，应援陕西。阿邻将兵八千，西赴至潼关，闻京兆已被围，游骑至华州，陕西行院欲令阿邻驻军商、虢，拒东向之路。阿邻上奏："臣本援陕西，遇难而止，岂人臣之节？夫自古用兵，步骑相参，乃可以得志。今乃各有所属，临难不救，互分彼此。今臣所统皆步卒，愿赐马军千人，则京兆之围不足解矣。"宣宗谓皇太子曰："阿邻赴难不回，固善矣。而军势单弱，且驻内地以观事变，并以虢州兵五千付之，使乘隙而进，卿以此意谕之也。"

兴定元年，迁元帅右都监。出秦州伐宋，宋统制吴筠守皂角角又作郊堡，城三重，据山之镇。阿邻分兵绝其汲路，克其外城，再克其次城。宋兵纵火而出，阿邻以骑兵邀之，遣步卒袭其后，宋兵败，生获吴筠及将校二百人，马数百匹，粮万石及兵甲衣袄。复败宋兵于裴家庄六谷中，斩五百级，坠涧死者甚众。又败之于寒山岭、龙门关、大石渡，得粟二千余石。复败之于稍子岭，斩首二千余级，生擒百人。是时三月，宿麦方滋，阿邻留兵守之。已而宋兵大至，金兵败，阿邻战没。赠金紫光禄大夫、西京留守。

完颜霆本姓李氏，中都宝坻人。粗知书，善骑射，轻财好施，得乡曲之誉。贞祐初，县人共推霆为四乡部头。霆招集离散，纠合义兵，众赖以安。招抚司奏其事，迁两官。霆与弟云率众数千巡逻固安、永清间，遥授宝坻县丞，充义军都统。刘璋说霆使出降，霆缚送经略司。迁三阶，摄宝坻令，升都提控，遥授同知通州军州事。

中都食尽，霆遣军分护清、沧河路，召募贾船通饷道。遥授同知清州防御事，从河北路宣抚使完颜仲元充保清、沧。遥授通州刺史、河北东路行军提控，佩金牌。旧制，宣抚副使乃佩金牌，仲元奏："臣军三万，管军官三人，皆至五品，乞各赐金牌。"廷议霆辈忠勇绝人，遂与之。改大名路提控，复取玉田、三河、香河三县。徙屯滨、棣、淄，留副将孙江守沧州。江以沧州降于王楫，而江将兵围观州。霆乃诈作书与孙江,约同取沧州者。王楫得其书,果疑孙江与霆有谋,召江还,杀之。霆乃定观州而还。进官三阶,充滨、棣行军都提控。未几,遥授同知益都府事,加宣差都提控,迁棣州防御使,赐姓完颜氏,屯海州。俄权单州经略司事,充宣差总领都提控。

兴定元年,泰安、滕、兖土寇蜂起,东平行省侯挚遣霆率兵讨之,降石花五、夏全余党二万人,老幼五万口,充权海州经略副使。红袄贼于忙儿寇海州,霆击走之。二年,宋高太尉兵三万驻朐山。霆军乏粮,采野菜麦苗杂食之。宋兵栅朐山,下隔湖港,霆作港中暗桥,遣万户胡仲珪、副统刘赟率死士由暗桥登山,霆率兵四千人趋山下,约以昏时举火为期,上下夹击,宋兵大败,坠涧溺水死者,不可胜计,斩高太尉、彭元帅于阵,余众溃去。迁安化军节度使,经略副使如故。以其子为符宝典书。逾月,宋兵复至,霆逆战,驻兵城外。夜半,宋人乘虚逾城而入。经略使阿不罕奴失剌率兵扼战,都统温迪罕五儿、副统蒲察永成、蒲察只鲁身先士卒,杀二百余人,城赖以完。诏五儿等各迁两阶。

四年,改集庆军节度使,兼同知归德府事。五年,改定国军节度使,兼同知京兆府事,擢其子为护卫。元光元年,陕西行省白撒奏:"京兆南山密迩宋境,官民迁避其间者,无虑百万人。可遣官镇抚,庶几不生他变。"宣宗以为然。十月,霆以本官为安抚使,守同知归德府惟宏、大司农丞郭皓为副使,分护百姓之迁南山者。元光二年,卒。

乌古论长寿,临洮府第五将突门族人也。本姓包氏,袭父永本族都管。泰和伐宋,充绯翻翅军千户,取床川寨及佑州、宕昌、辛城子,以功进官二阶。贞祐初,夏人攻会州,统军使署征行万户,升副统,与夏人战于窄土峡,先登陷阵,赏银五十两。战东关堡,以功署都统。兼充安定、定西、保川、西宁军马都弹压。诏录前后功,遥授同知陇州防御事,世袭本族都巡检。三年,赐今姓。攻兰州程陈僧,为先锋都统。夏人围临洮,扼渭源堡,内外不通。统军司募人侦候临洮消息,长寿应募,馘二人,擒一人,问得临洮及夏兵事势。以劳迁宣武将军,遥授通远军节度副使。招降诸蕃族及熟羊寨秦州通亡者。复迁怀远大将军,升提控。兴定元年,夏人大入陇西,长寿拒战,迁平凉府治中,兼节度副使,充宣差巩州规措官。顷之,遥授同知凤翔府事,兼同知通远军节度事,提控如故。

兴定二年,迁同知临洮府事。与提控洮州刺史纳兰记僧分兵伐宋。长寿由盐川镇进兵,宋人守戍者走保马头山,合诸部族兵来拒。长寿击败之,复破其援兵四千于荔川寨。即趋宕昌县,破宋兵二千于八斜谷,拔宕昌县,进攻西和州,先败其州兵。明日,木波兵三千与宋兵合,依川为阵,长寿奋击,宋兵入保城,坚壁不复出,长寿乃还。凡斩馘八千,获马二百余、牛羊三万,器械军实甚多。纳兰记僧出洮州铁城堡,屡败宋人,完军而还。诏赏凤翔、秦、巩伐宋将士,长寿遥授陇安军节度使,同知通远军、提控如故。顷之,长寿升总领都提控,改通远军节度使。

夏人攻定西,是时弟世显已降夏人,夏人执世显至定西城下,谓长寿曰:“若不速降,即杀汝弟。”长寿不顾,奋战,夏兵退,加荣禄大夫,赐金二十五两、重弊三端。世显既降,二子公政、重寿当缘坐。宣宗嘉长寿守定西功,释公政兄弟,有司廪给之。诏长寿曰:“汝久在戎行,尽忠国事。世显之降,必不得已,汝永念国恩,益思自效。”未几,夏人复攻会州,行元帅府事石盏合喜发兵救未至,夏人移兵临洮,长寿伏精兵五千于定西险要间,败夏兵三万骑,杀千余人,获马数百。夏入已破西宁,乃犯定西,长寿击却之,斩首三百级。既而三万骑复至,攻城甚急,长寿乘城拒战,矢石如雨,夏兵死者数千,被创者众,乃解去。是岁,卒。

完颜佐本姓梁氏,初为武清县巡检。完颜咬住本姓李氏,为柳口镇巡检。久之,以佐为都统,咬住副之,戍直沽寨。贞祐二年,纥军遣张晖等三人来招佐,佐执之。翌日,刘永昌率众二十人持文书来,署其年曰天赐,佐掷之,麾众执永昌,及晖等并斩之。宣宗嘉其功,迁佐奉国上将军,遥授德州防御使,咬住镇国上将军,遥授同知河间府事,皆赐姓完颜氏。诏曰:"自今有忠义如是者,并一体迁授。"

赞曰:古者天子胙土命氏,汉以来乃有赐姓。宣宗假以赏一时之功,郭仲元、郭阿邻以功皆赐国姓。女奚烈资禄、乌古论长寿皆封疆之臣而赐以他姓。贞祐以后,赐姓有格。夫以名使人,用之贵则贵,用之贱则贱,使人计功而得国姓,则以其贵者反贱矣。完颜霆、完颜佐皆赐国姓者,并附于此。

石抹仲温本名老斡,懿州胡土虎猛安人。充护卫十人长、太子仆正,除同知武宁军节度使事、宿直将军、器物局使。坐前在武宁造马鞍亏直,章宗原之,改左卫将军,迁左副点检。坐征契丹逗留,降蔡州防御使。复召为左副点检,迁知临洮府事。

泰和伐宋,青宜可内附,进爵二级,赐银二百五十两、重弊十端。诏曰:"青宜可之来,乃汝管内,与有劳焉。比与青宜可相合,其间诸事量宜而行。"顷之,诸道进兵,仲温以陇右步骑五千出盐川。八年,罢兵,改知河中府。崇庆初,迁陕西统军使。贞祐二年,宋人攻秦州,仲温率兵败之。寻充本路安抚使,改镇南军节度使。致仕。兴定三年,卒。

乌古论礼本名六斤,益都猛安人。充习骑,累擢近侍局直长,转本局副使、左卫副将军。坐受沁南军节度使允王永成名马玉带,杖一百,削官解职。起为蒲速碗群牧副使,改武库署令、宿直将军,复为左卫副将军、顺州刺史,累迁武宁军节度。

泰和伐宋,为山东路兵马都统副使兼副统军、安化军节度。八年,宋人请盟,罢兵马都统官,仍以节度兼副统军。大安三年,改知归德府兼河南副统军,历知河南府。至宁初,改知太原府事。贞祐二年,兼河东北路安抚使。三年,充本路宣抚使,顷之,兼左副元帅。

四年,太原被围,未几围解,进官二阶。兴定三年,卒。

　　蒲察阿里,兴州路人。以荫补官,充护卫十人长、武器署令,转宿直将军,迁右卫副将军。宋兵犯分道铺,驰驿赴边,伺其入,以伏兵掩之。改提点器物局。泰和伐宋,从右副元帅匡为副统,攻宜城县,取之。八年,以功迁武卫军副都指挥使。大安元年,同知南京留守事,徙寿州防御使,迁兴平军节度使。崇庆初,迁元帅右都监,明年,转左都监。时都城被围,道路梗塞,阿里由太原至真定,率师赴援,抵中山,不克进。贞祐二年,移驻大名。征河南镇防军图再举,众既惮于行,而阿里遇之有厚薄,军变,遇害,众因逃散。宣宗诏元帅左都监完颜弼安集其军,赦首恶以下,河南统军司更加抚谕。

　　奥屯襄本名添寿,上京路人。大定十年,袭猛安。丞相襄举通练边事,授崇义军节度副使,改乌古里乣详稳,召为都水少监、石州刺史。未几,为平南荡江将军,以功升寿州防御使,迁河南路副统军兼同知归德府事、昌武军节度使,仍兼副统军。崇庆改元,为元帅左都监,救西京,至墨谷口,一军尽殪,襄仅以身免,坐是除名。明年,授上京兵马使。宣宗即位,擢辽东路宣抚副使。未几,改速频路节度使,兼同知上京留守事。二年二月,为元帅右都监,行元帅府事于北京。五月,改留守,兼前职,俄迁宣抚使兼留守。
　　十一月,诏谕襄及辽东路宣抚使薄鲜万奴、宣差薄察五斤曰:“上京、辽东国家重地,以卿等累效忠勤,故委腹心,意其协力尽公,以徇国家之急。及详来奏,乃大不然,朕将何赖。自今每事同心,并力备御,机会一失,悔之何及!且师克在和,善钧从众,尚惩前过,以图后功。”三年正月,襄为北京宣差提控完颜习烈所害。未几,习烈复为其下所杀,诏曲赦北京。

　　完颜蒲剌都,西南路按出灰必剌孛猛安人。充护卫,除泰定军节度副使。以忧去官,起复唐古部族节度副使,徙安国军、移乣详稳,累官原州刺史。坐买部内马亏直,夺官一阶,降北京兵马都指挥使、宁远军刺史,历同知临洮府、西京留守事。崇庆元年,迁震武军节度,备御有功,迁一官。

贞祐初,置东西面经略司,就充西面经略使,上言:"管内大和岭诸隘屯兵,控制边要。行元帅府辄分臣兵万二千戍真定,余众不足守御,近日复简精锐二千七百人以往。今见兵不满,万老羸者十七八。臣死固不足惜,顾国家之事不可不虑,新设经略移文西京、太原、河东取军马,大数并称非臣所统。"诏真定元帅府还其精锐二千七百人。西京、太原、岚州有警急,约为应援。州郡皆不欲属经略司,遂罢经略官,入为签枢密院事,改左副点检。四年,迁兵部尚书。兴定元年,致仕。四年,卒。

夹谷石里哥,上京路猛安人。明昌五年进士,泰州防御判官,补尚书省令史,历临潢、婆速路都总管判官,累除刑部主事,改蓟州副提控,驻军大名。俄迁翰林待制,为宿州提控。与山东宣抚完颜弼攻大沫堌,贼众千余逆战,石里哥以骑兵击之,尽殪。提控没烈入自北门,遂擒刘二祖。以功迁武卫军副都指挥使。坐前在宿州掠良人为生口,当死,特诏决杖八十。徙洺州防御使、山东路副统军。坐不时进兵,往宿迁取妻子,解职。起为东平行军提控。兴定元年,破宋兵于宿州,以功遥授安化军节度使,移定海军,卒。

术甲臣嘉,北京路猛安人,袭父谋克。泰和伐宋,隶陕西完颜纲麾下。历通州、海州同知军州事。贞祐二年,除武器署丞。救集宁有功,迁河南统军判官、拱卫直副都指挥使、河南治中,遥领绥州刺史兼延安治中,就迁同知府事,改同知河间府事。

兴定元年,行枢密院于寿州,由寿、泗渡淮伐宋。二月,破宋兵三千于渐湖滩,斩三百级。有诏蹂践宋境上,毋深入。臣嘉驻霍丘楮冈村,纵轻骑钞掠,焚毁积聚。获宋谍者张聪,知宋兵二千屯高柳桥,老幼甚众,其寨两城,环之以水。臣嘉遣张聪持牒招之,不从。先令水军径渡攻之。军士牛青操戈刺门卒，皆披靡散去，遂登陴，大军继之，夷其寨而还。遇宋兵数千于梅景村。臣嘉伏兵林间，以步卒诱致之，伏发，宋兵溃，追奔十余里，生擒其将阮世安等五人，获器仗甚众。二年，赏征南功，升职一等，迁元帅右都监，充陕西行省参议官。四年，兼金安军节度使。五年，改知延安府事，转左都监，驻兵京兆。元光元年，卒。

纥石烈桓端，西南路忽论宋割猛安人，袭兄银术可谋克。泰和伐宋，充行军万户，破宋兵二千于蔡州，加宣武将军。自寿州渡淮，败宋步骑一万五千于鹞子岭，遂克安丰军。军还，除同知怀远军节度事，权木典乣详稳。大安三年，西京行省选充合扎万户，遥授同知清州防御事，改兴平军节度副使，遥授显德军节度副使，徙东路宣抚司都统。败移剌留哥万五千众于御河寨，夺车数千两，降万余人。加骠骑卫上将军，遥授同知顺天军节度事。

贞祐二年，为宣差副提控，同知婆速路兵马都总管，行府事。贞祐三年，蒲鲜万奴取咸平、东京沈、澄诸州，及猛安谋克人亦多从之者。三月，万奴步骑九千侵婆速近境，桓端遣都统温迪罕怕哥辇击却之。四月，复掠上古城，遣都统兀颜钵辖拒战。万奴别遣五千人攻望云驿，都统奥屯马和尚击之。都统夹谷合打破其众数千于三义里。五月，都统温迪罕福寿攻万奴之众于大宁镇，拔其垒，其众歼焉。九月，万奴众九千人出宜风及汤池，桓端率兵与战，其众溃去，因招唵吉、斡都、麻浑、宾哥出、台答爱、颜哥、不灰、活拙、按出、孛德、烈邻十一猛安复来附，择其丁男补军，攻城邑之未下者。贞祐四年，桓端遣王汝弼由海道奏事，宣宗嘉其功，桓端迁辽海军节度使、同知行府事，宣差提控如故。婆速路温甲海世袭猛安、权同知府事温迪罕哥不霭迁显德军节度使，兼婆速府治中。权判官、前修起居注裴满按带迁两阶，升二等。王汝弼迁四阶，升四等。余将士有功者，诏辽东宣抚承制迁赏。是岁，改邳州刺史，充徐州界都提控。

红袄贼数万攻邳州，桓端破之于黄山。贼复来，桓端薄其营，走保北山,追击败之,溺沂水死者甚众。贼数万围沂州,同知防御事仆散撒合突围出求救,桓端率兵赴之。撒合还入沂州,与桓端内外夹击之,杀万余人,贼乃去。枢密副使仆散安贞上其功,因奏曰:"桓端天资忠实,深有计画,晓习军事,撒合勇而有谋,皆得军民心,乞加擢用。"桓端进金紫光禄大夫,兼同知武宁军节度事,提控如故。召为劝农副使,充都提控,屯陈州。

兴定元年,自新息渡淮伐宋,破中渡店,至定城,以少击众,战不留行。未几,充宣差参议官,复渡淮,连破宋兵,获其将沈俊,迁武卫军副都指挥使。宋人城守不出,分兵攻其山寨水堡,杀获甚众。兴定二年,迁镇南军节度使,权元帅右都监。数月,改武卫军都指挥使,仍权右都监,行元帅府于息州。

徐州行枢密院石盏女鲁欢刚愎自用,诏桓端以本官权签枢密院事,往代之。四年冬,上言:"窃闻宋人与李全将并力来攻,当预为之防。"枢密院奏可,召桓端与朝臣面议。寻有疾,赐太医御药。五年正月,召至京师,疾病不能入见,力疾草奏,大略以南北皆用兵,当豫防其患,及防河数策。无何,卒,年四十五。敕有司给丧事。

完颜阿里不孙字彦成,曷懒路泰申必剌猛安人。明昌五年进士,调易州、忻州军事判官、安丰县令。补尚书省令史,除兴平军节度副使,应奉翰林文字,转修撰,充元帅左监军纥石烈执中经历官。执中围楚州,纵兵大掠,坐不谏正,决杖五十。大年初,改户部员外郎、钧州刺史。执中行枢密院于西京,复以为经历官。改威州刺史。贞祐初,累迁国子祭酒,历越王、濮王傅,改同知平阳府事,兼本路宣抚副使。召为兵部侍郎,迁翰林侍讲学士。改陕西路宣抚副使,迁元帅左都监。改河平军节度使、河北西路宣抚副使。改御史中丞、辽东宣抚副使。再阅月,权右副元帅、参知政事、辽东路行尚书省事,赐御衣、厩马、安山甲。上京行省蒲察五斤奏其功,赐金百两、绢百匹。

兴定元年,真拜参知政事,权右副元帅,行尚书省、元帅府于婆

速路,承制除拜刺史以下。不协。是时,蒲鲜万奴据辽东,侵掠婆速
之境,高丽畏其强,助粮八万石。上京行省蒲察五斤入朝,辽东兵势
愈弱,五斤留江山守肇州,江山亦颇怀去就。及上京宣抚使蒲察移
剌都改陕西行省参议官,而伯德胡土遂有异志。宣抚使海奴不迎制
使,坐而受诏,阿里不孙械系之。顷之,阿里不孙辄矫制大赦诸道,
众乃稍安,而请罪于朝。

初,留哥据广宁,知广宁府事温迪罕青狗居盖州,妻子留广宁,
与伯德胡土约为兄弟。青狗兵隶阿里不孙,内猜忌不协,蒲察移剌
都尝奏青狗无隶阿里不孙。宣宗乃召青狗,青狗不受诏,阿里不孙
杀之。胡土乃怨阿里不孙。既而胡土率众伐高丽,乃以兵戕杀阿里
不孙。权左都监纳坦裕与监军温迪罕哥不霭、遥授东平判官参议军
事郭澍谋诛胡土,未敢发,会上京留守蒲察五斤遣副留守夹谷爱
答、左右司员外郎抹捻、独鲁诣裕计事。裕以谋告二人,二人许诺,
遂召胡土至账中杀之。阿里不孙已死,朝廷始得矫赦奏疏,诏有司
奖谕。未几,闻阿里不孙死于乱,诏赠平章政事、芮国公。纳合裕真
授左都监,哥不霭进一阶,爱答、独鲁、郭澍迁官升职有差。

阿里不孙宽厚爱人,敏于吏事,能治剧要,识者以为用之未尽
云。

完颜铁哥性淳直,体貌雄伟,粗通书。年二十四,袭父速频路曷
懒合打猛安。授广威将军。御下惠爱。察廉,除临海军节度副使,
改底剌乣详稳。

丞相襄行省于北京,铁哥为先锋万户,有功。丁母忧,服除,迁
同知武腾军节度使事,充右副元帅完颜匡副统,号平南荡江将军。
攻光化军,王统制以步骑出东门逆战,铁哥击却之,拔鹿角,夺门以
入,遂克之。进攻襄阳,为前驱,获生口,知江渡可涉处,阴植标以识
之。大军至,铁哥导之济,屡战皆捷,以劳进官两阶。匡围德安,铁
哥总领攻城,筑垒于德安南凤凰台,并城作甬道,立鹅车,对楼攻
之,击走张统制兵。时暑,还屯邓州。兵罢,进官两阶,迁同知临潢

府事,改西南路副招讨、宿州防御使。贞祐二年,枢密使徒单度移剌以铁哥充都统,入卫中都。迁东北路招讨使,兼德昌军节度使。

蒲鲜万奴在咸平,忌铁哥兵强,牒取所部骑兵二千,又召泰州军三千及户口迁咸平。铁哥察其有异志,不遣。宣抚使承充召铁哥赴上京,命伐蒲与路。既还,适万奴代承充为宣抚使,摭前不发军罪,下狱被害。谥勇毅。

纳兰胡鲁剌,大名路怕鲁欢猛安人。性淳直,寡言笑,好读书,博通今古。承安二年,进士第一,除应奉翰林文字。被诏括牛于临潢、上京等路。丞相襄有田在肇州,家奴匿牛不以实闻,即械系正其罪而尽括之。于是豪民皆惧,无敢匿者。使还,襄称能。居父丧尽礼,御史举其清节。服除,转修撰。平章政事仆散端举廉能有文采,迁同知顺天军节度使事,从伐宋。以劳加朝请大夫,改礼部员外郎、曹州刺史。豪民仆散扫合立私渡于定陶间,逃兵盗劫,皆籍为囊橐,累政莫敢问。胡鲁剌捕治之,穷竟其党,阖郡肃然。改沃州。改南京路按察副使。贞祐二年,改泗州防御使。召为吏部侍郎,迁绛阳军节度使,权河东南路宣抚副使。

是时兵兴,胡鲁剌完城郭,缮器械,料丁壮为乡兵。延问耆老,招致儒士,咨以备御之策。盐米储偫,劝富民出粟,郡赖以完。赐诏褒谕,加资善大夫,官其次子吾申。改权经略使,被召,以疾不能行,卒于绛州。

赞曰:泰和、贞祐,其间相去五年耳,故将遗老往往在为。高琪得君,宿将皆斥外矣。高汝砺任职,旧臣皆守藩矣。假以重任,其实疏之。故石抹仲温以下,以见当时之将校焉。

金史卷一○四
列传第四二

纳坦谋嘉　　邹谷　　高霖
孟奎　　乌林答与　　郭俣
温迪罕达　　王扩　　移剌福僧
奥屯忠孝　　蒲察思忠
纥石烈胡失门　　完颜寓
斡勒合打　　蒲察移剌都

纳坦谋嘉,上京路牙塔懒猛安人。初习策论进士,大定二十六年,选入东宫,教郓王琮、瀛王环读书。以终场举人试补上京提刑司书史,以廉能著称。承安元年,契丹陀锁寇掠韩州、信州,提刑司问诸书史"谁入奏者"? 皆难之,谋嘉请行。五年,特赐同进士出身,调东京教授、汤池主簿、大学助教。丁母忧,服阕,累除翰林修撰,兼修起居注、监察御史。贞祐初,迁吏部员外郎、翰林待制、侍御史。

完颜寓举谋嘉才行,志在匡国,可预军政。充元帅府经历官。中都被围,食且尽,胥鼎奏"京师官民能赡足贫民者,计所赡迁官,皆先给据",谋嘉不受据而去。中都危急,谋嘉曰:"帅臣统数万众不能出城一战,何如自缚请降邪?"宣宗议迁都,谋嘉曰:"不可。河南地狭土薄,他日宋、夏交侵,河北非我有矣。当选诸王分镇辽东、河南,中都不可去也。"不听。顷之,除唐州刺史。入为太常少卿兼左拾遗,迁郑州防御使。改左谕德,转少詹事,摄御史中丞,未几,摄太子詹事。兴定元年,潼关失守,迁河南统军使兼昌武军节度使,摄签枢密院事,行院许州,汰去冗食军士二千余人。上书谏伐宋,不听。

三年,降颍州防御使。有告宋人将袭颍州者,已而宋兵果至,谋嘉有备,乃引去。有司上功,不及告者,谋嘉请而赏之。四年,召为翰林侍讲学士兼兵部侍郎,同修国史。五年,卒。

邹谷字应仲,密州诸城人。中大定十三年进士第,累官沈王府文学。尚书省奏拟大理司直,上曰:"司直争论情法,折正疑难,谷非所长也。"宰臣曰:"谷有吏才,陕西、河南访察及定课皆称职。"上以谷为同知曹州军州事。召为刑部主事,转北京、临潢提刑判官,入为大理寺丞。

尚书省点差接送伴宋国使官,令史周昂具数员呈请,左司都事李炳乘醉见之,怒曰:"吾口举两人即是,安用许为?"命左右揽昂衣欲杖之,会左司官召昂去乃已,詈诸令史为奴畜。明日语权令史李秉钧曰:"吾岂惟箠骂,汝进退去留,亦皆在我!"群吏将陈诉,会官劾奏,事下大理寺议,差接送伴官事当奏闻,炳谓口举两人,当科"违制"。谷曰:"口举两人,一时之言,当杖赎。揽昂衣欲加杖,当决三十。"上曰:"李炳读书人,何乃至是?"宰臣对曰:"李炳疾恶,众人不能容耳。"上曰:"炳诚过矣,告者未必是也。"乃从谷议。

历济南、彰德府治中,吏部郎中,河东按察副使,沂州防御使。历定海、泰宁军节度使。泰和六年,致仕。贞祐初,卒。

高霖字子约,东平人。大定二十五年进士,调符离主簿。察廉,迁泗水令,再调安国军节度判官。以父忧还乡里,教授生徒,恒数百人。服除,为绛阳军节度判官。用荐举,召为国史院编修官。建言:"黄河所以为民害者,皆以河流有曲折,适逢隘狭,故致湮决。按《水经》当疏其厄塞,行所无事。今若开鸡爪河以杀其势,可免数埚之劳。凡卷埽工物，皆取于民，大为时病。乞并河堤广树榆柳，数年之后，堤岸既固，埽材亦便，民力渐省。"朝廷从之。迁应奉翰林文字兼前职，改监察御史。丁母忧，起复太常博士。改都水监丞，签陕西路按察司事。体访官员能否，仍赴阙待对。时南征调发繁急，民稍稽滞，有司皆坐失误军期罪。霖言其枉，悉出之。授都水少监。

大安初，为耀州刺史。三年，迁河北东路按察副使，改韩王傅，兼翰林直学士。崇庆初，改工部侍郎兼直学士。至宁元年八月，霖奉储偫迎宣宗至新城，敕霖南迎诸妃。既至，赐钱千贯，迁官三阶。二年，除河平军节度使兼都水监。霖请城宜村为卫州以护北门，上从之。入为兵部尚书，知大兴府事，俄权参知政事，与右丞相承晖行省于中都。寻改中都留守，兼本路兵马都总管。

平章政事抹捻尽忠弃中都南奔，霖与子义杰率其徒夜出，不能进，谓义杰曰："汝可求生，吾死于此矣。"霖死，义杰伏群尸中以免。赠翰林学士承旨，令立碑乡里，岁时致祭，访其子孙录用，谥文简。

孟奎字元秀，辽阳人也。大定二十一年进士，调黎阳主簿。丁母忧，服阕，调淄州军事判官，迁汲县令。察廉，改定兴令。补尚书省令史。从参知政事马琪塞澶渊决河，改中都左警巡使。平章政事完颜守贞礼接士大夫在其门者，号"冷岩十俊"，奎其一也。改都转运司支度判官、上京等路提刑判官。

初，辽东契丹判余里也尝杀驿使大理司直，有契丹人同名者，有司辄系之狱，奎按囚速频路谳而出之，既而果获其杀司直者。迁同知西京路转运使事。置行枢密院于镇宁，充宣差规措所官给军用。改签河东南北路按察司事、武州刺史。上言三事，其一曰："亲民之寄，今吏部之选颇轻，使武夫计资而得，权归胥吏。每县宜参用士人，使纪纲其事。"未几，改曹州刺史，再调同知中都路都转运使事。旱，诏审录中都路冤狱，多平反。

大安初，除博州防御使，凡属县事应赴州者，不得泊于逆旅，以防吏奸，人便之。改山东东西路安抚副使，迁北京、临潢等路按察转运使，以本官为行六部侍郎。劾奏监军完颜讹出虚造功状，讹出坐免官。诏以奎为宣差都提控。贞祐初，以疾卒，谥庄肃。

乌林答与本名合住，大名路纳邻必剌猛安人。充奉职、奉御、尚食局直长，兼顿舍。除监察御史，累官武胜军节度使、北京按察转运使、太子詹事、武卫军都指挥使。贞祐二年，知东平府事，权宣抚副使。改西安军节度使，入为兵部尚书，上言：“按察转运司拘榷钱谷，纠弹非违，此平时之治法。今四方兵动，民心未定，军士动见刻削，乞权罢按察及劝农使。”又曰：“东平屯兵万余，可运滨盐易粮刍给之。”又曰：“潼关及黄河津要，将校皆出卒伍，类庸懦不可用。乞选材武者代之。”又曰：“兖、曹、濮、浚诸郡皆可屯重兵，敕州县官劝民力稼，至于防秋，则清野保城。”下尚书省，竟不施行。新制科买军器材物稽缓者并的决，与奏：“有司必督责趣办，民将不堪，可量罚月俸。”从之。坐前在陕州市物亏直，降郑州防御使。寻召为拱卫直都指挥使，复为兵部尚书。兴定三年，卒。

郭俣字伯有，泽州人。大定二十二年进士，调长子主簿、莱州观察判官、莱阳县令，补尚书省令史，知管差除。除大理司直。丁母忧，起复太常博士、左司都事。御史台举俣及前应奉翰林文字张楫、吏部主事王质、刑部主事抹捻居中、通事舍人完颜合住、弘文校理把扫合、吏部架阁管勾乌古论和尚、尚书省令史温迪罕思敬皆才干可用。诏各升一等，迁除俣平阳府治中、张楫国子博士、王质昭义军节度副使、抹捻居中大理司直、完颜合住侍仪司令、把扫合同知弘文院事、乌古论和尚利涉军节度副使、温迪罕思敬同知定武军节度事。

久之，俣召为同知登闻鼓院兼秘书丞，迁礼部郎中、滕州刺史、同知真定府事。上言：“每季合注巡尉官，吏、刑两部斟酌盗贼多寡处选注。”诏议行之。改中都、西京按察副使，迁国子祭酒。泰和六年，伐宋，充宣差山东安抚副使。七年，迁山东宣抚副使。大安元年，迁辽东按察转运使,改中都路都转运使、泰定军节度使、陕西东路按察转运使。贞祐三年,罢按察司,仍充本路转运使,行六部尚书。改河北西路转运使,致仕。元光二年,卒。

温迪罕达字子达,本名谋古鲁,盖州按春猛安人。性敦厚,寡言笑。初举进士,延试搜阅官易达藐小,谓之曰:“汝欲求作官邪?”达曰:“取人以才学,不以年貌。”众咸异之。明昌五年,中第,调固安主簿。以忧去官,服除,调信州判官。丞相襄辟行省幕府。改顺州刺史,补尚书省令史,除南京警巡使。居父丧,是时伐宋兵兴,起复,给事行尚书省。大安初,迁德兴府判官,再迁监察御史。宣宗迁汴,以本职护送卫士妻子。复被诏运大名粟,由御河抵通州,事集,迁一官,转户部员外郎、左司郎中。遇继母忧,起复太常少卿,充陕西元帅府经历官。

兴定元年,召还,摄侍御史,上疏论伐宋,略曰:“天时向暑,士马不利,宜俟秋凉,无不可者。”又曰:“辽东兴王之地,移剌都不能守,走还南京。度今之势,可令濮王守纯行省盖州,驻兵合思罕,以系一方之心。昔祖宗封建诸王,错峙相维,以定大业。今乃委诸疏外,非计也。”宣宗曰:“一子非所爱,便幼不更事,讵能办此?”逾月,复上言:“天下轻重,系于宰相,迩来每令权摄,甚无谓也。今之将帅,谋者不能战,战者不能谋。今岂无其人,但用之未尽耳。”宣宗曰:“人才难知,故先试其称否,卿何患焉。所谓用之未尽者为谁?”对曰:“陕西统军使把胡鲁忠直干略,知延安府古里甲石伦深沉有谋,能得士心,虽有微过,不足以累大。”宰相高琪、高汝励恶其言。俄充陕州行枢密院参议官。二年,召为户部侍郎。改刑部,兼左司谏,同知集贤院。改大理卿,兼越王傅。寻迁河南统军使、昌武军节度使,行六部,摄同签枢密院,行院许州。改集庆军节度使。

是时,东方荐饥,达上疏曰:“亳州户旧六万,今存者无十一,何以为州?且今调发数倍于旧,乞量为减免。”是岁大水,砀山下邑野无居民,转运司方忧兵食,达谩闻二县无主稻田且万顷,收可数万斛,即具奏。朝延大骇,诏户部尚书高霬佩虎符专治其事,所获无几,霬坐累抵罪。达自念失奏,因感愧发病,寻卒。

　　王扩字充之,中山永平人。明昌五年进士,调邓州禄事,润色律令文字。迁怀安令。猾吏张执中诬败二令,扩到官,执中挈家避去。改徐州观察判官,补尚书省令史,除同知德州防御使事。被诏赈贷山东西路饥民,棣州尤甚,扩辄限数外给之。

　　泰和伐宋,山东盗贼起,被安抚使张万公牒提控督捕。扩行章丘道中,遇一男子举止不常,捕讯,果历城大盗也。众以为有神。再迁监察御史,被诏详谳冤狱。是时,凡斗杀奏决者,章宗辄减死,由是中外断狱,皆以出罪为贤。抗拒谓同辈曰:"生者既谳,地下之冤云何!"是时,置三司治财,扩上书曰:"大定间,曹望之为户部,财用殷阜,亦存乎人而已。今三司职掌,皆户部旧式,其官乃户部之旧官,其吏亦户部之旧吏,何愚于户部而智于三司乎?"即而三司亦竟罢。张炜职办西北路粮草者数年,失亡多,尚书省奏扩考按,会炜亦举王谦自代,王谦发其奸蠹,扩按之无所假借。炜旧与扩厚,使人诿扩曰:"君不念同舍邪?"扩曰:"既奉诏,安得顾故人哉!"

　　大安中,同知横海军节度事,签河东北路按察事。贞祐二年,上书陈河东守御策,大概谓:"分军守隘,兵散而不成军。聚之隘内,军合则势重。馈饷一涂。以逸待劳,以主待客,此上策也。"又曰:"军校猥众,分例过优,万户一员,其费可给兵士三十人。本路三从宜,万户二百余员,十羊九牧,类例可知。乞以千人为一军,择望重者一人万户,两猛安、四谋克足以教阅约束矣,岂不简易而省费哉。"又曰:"按察兼转运,本欲假纠劾之权,以检括钱谷。迩来军兴,粮道军府得而制之。今太原、代、岚三军皆其州府长官,如令通掌资储,则弊立革,按察之职举矣。"又曰:"数免租税,科籴益繁,民不为恩,徒增廪给,教练无法,军不足用。"书奏,不见省。

　　迁汴后,召为户部侍郎,迁南京路转运使。太府监奏羊瘦不可供御。宣宗召扩诘问。扩奏曰:"官无羊,皆取于民,今民心未安,宜

崇节俭。延议肥瘠纷纷，非所以示圣德也。"宣宗首肯之。平章政事
高琪阅尚食物，谓扩曰："圣主焦劳万机，赖膳羞以安养，臣子宜尽
心。"扩曰："此自食监事，何劳宰相！"高琪默然，衔之。有司夺市人
衣，以给往戍潼关军士，京师大扰。扩白宰相，请三日造之。高琪怒
不从。潼关已破，大元兵至近郊，遣扩行六部事，规办潼关刍粮。偕
户部员外郎张好礼往商、虢，过中牟不可进。高琪奏扩畏避，下吏论
死。宣宗薄其责，削两阶，杖七十，张好礼削三阶，杖六十。降为遥
授陇州防御使，行六部侍郎，规办秦、巩军食。逾月，权陕西东路转
运使，行六部尚书。致仕。兴定三年，卒。谥刚毅。扩博学多才，梗
直不容物，以是不振于时云。

移剌福僧，东北路乌连苦河猛安人。以荫补吏部令史，转枢密
院，调滕州军事判官，历甄官署直长、豳王府司马、顺义军节度副
使。部内世袭猛安木吞掠民妇女，藏之窟室，人颇闻之，无敢发其罪
者。福僧请于节度使，愿自效，既迹得其所在，率众入索之，得妇女
四十三人，木吞抵罪。徙横海军，转同知开远军节度事，签北京、临
潢按察事，兴中治中，莫州刺史。上言"沿边军官私役军人，边防不
治，及扰动等事，按察司专一体究，各路宣差提控严勒禁治"。诏尚
书省行之。

大安初，改沃州，同知兴中府事。福僧督民缮治城郭，浚濠为御
守备，百姓颇怨。顷之，兵果至，攻其北城。福僧战其北，使备其西，
薄暮果攻其西，以有备乃解去。寻改广宁。

崇庆元年秋，福僧被牒如邻郡，大兵薄城，其子铜和尚率家奴
拒战，广宁赖之以完。福僧还，悉放奴为良，终不言子之功，识者多
之。未几，充辽东宣抚副使。岁大饥，福僧出沿海仓粟，先赈其民，
而后奏之，优诏奖谕。至宁元年，除巩王傅兼吏部郎中。胡沙虎作
难，福僧称疾不出。宣宗封胡沙虎泽王，百官皆贺，福僧不往，胡沙
虎欲撼而罪之。诏除福僧寿州防御使。贞祐三年，迁山东西路按察
转运使。是岁按察司罢，仍充转运使。久之，致仕。

兴定二年十一月庚辰，宣宗御登贤门，召致仕官，兵部尚书完颜蒲剌都、户部尚书萧贡、刑部尚书伏散伟、工部尚书奥屯扎里吉、翰林学士完颜勃迭、转运使福僧、河东北路转运使赵重福、沁南军节度使猪奋、镇南军节度使石抹仲温、泰定军节度使李元辅、中卫尉完颜奴婢、原州刺史纥石烈勃吉赐食，访问时政得失。福僧乃上书曰："为今之计，惟先招徕纥人。选择纥人旧有宿望雄辨者，谕以恩信，彼若内附，然后中都可复，辽东可通。今西北多虞，而南鄙不敢撤戍，刍粮调度，仰给河南，赋役频繁，民力疲弊。宜开宋人讲和之端，抚定河朔，养兵蓄锐，策之上也。"又曰："山东残破，群盗满野，官军既少，且无骑兵。若宋人资以粮饷，假以官爵，为患愈大。当选才干官充宣差招捕，以恩赏谕使复业。募其壮悍为兵，亦致胜之一也。"又曰："自承安用兵，军中设监战官，论议之间，动相矛盾，不惩其失，反以为法。若辈平居，皆选材勇自卫，一旦有急，驱疲懦出战，宁不败事？罢之为便。"书奏，朝廷略施用焉。元光元年，卒。

赞曰：宣宗急于求贤，而使小人间之；悦于直言，而使邪说乱之。贞祐、兴定之间，岂无其人哉！是故直言蔽于所惑，群才拙于见忌耳。自纳坦谋嘉以下，可考见焉。

奥屯忠孝字全道，本名牙哥，懿州胡土虎猛安人。幼孤，事母孝。中大定二十二年进士科，调蒲州司候。察廉，迁一官，除校书郎兼太子司经。三迁礼部员外郎。迁翰林待制，权户部侍郎，佐参知政事胥持国治决河，以劳进一阶。除河平军节度使，兼都水监，遂疏七祖佛河及王村、周平、道口、鸡爪、孙家港，复开东明、南阳冈、马蹄、孙村诸河。忠孝常曰："河之为忠，不免劳民。复垒石为岸十余里，民不胜其病矣。"改沁南军，坐前在卫州勾集妨农军借民钱不令偿，由是贫富不相假贷，军民不相安，降宁海州刺史。改滑州，历同知南京留守，迁定国军节度使，复为沁南军。入为太子少傅兼礼部尚书。

贞祐初,议降衙绍王,忠孝与蒲察思忠附胡沙虎议,语在《思忠传》。顷之,拜参知政事,中都围急,粮运道绝,诏忠孝搜括民间积粟,存两月食用,悉令输官,酬以银钞或僧道戒牒。是时,知大兴府事胥鼎计画军食,奏许人纳粟买官,鼎已籍者忠孝再括之,令百姓两输,欲为己功。左谏议大夫张行信上疏论之曰:"民食止存两月,而又夺之,使当绝食,不独归咎有司,而亦怨朝廷之不察也。"宣宗善行信言,命近臣与忠孝同审取焉。谓忠孝曰:"国家本欲得粮,今既得矣,姑从民便可也。"

顷之,行信复奏曰:"参政奥屯忠孝平生矫伪不近人情,急于功名,诡异要誉,惨刻害物,忍而不恤。勾当河防,河朔居民不胜其病。军负民钱,抑不令偿。东海欲用胡沙虎,举进皆曰不可,忠孝独力荐。及胡沙虎作难,忠孝自谓有功。诏议东海爵号,忠孝请籍没其子孙,及论特末也则云不当籍没,其偏党不公如此。无事之时,犹不容一相非才,况今多故,乃使此人与政,如社稷何!"宣宗曰:"朕初即位,当以礼进退大臣,卿语其亲知,讽之求去可也。"行信以语右司郎中把胡鲁,把胡鲁以宣宗意白忠孝,忠孝觍然不听。顷之,罢为太子太保,出知济南府事,改知中山府。寻薨,年七十,谥惠敏。

蒲察思忠本名畏也,隆安路合懒合兀主猛安人。大定二十五年进士,调文德、淳阴主簿,国子助教,应奉翰林文字,太学博士,累迁涿州刺史、吏部郎中,迁潞王傅。被诏与翰林侍读学士张行简讨论武成王庙配等列,思忠奏曰:"伏见武成王庙配享诸将,不以世代为先。后按唐祀典,李靖、李勣居吴起、乐毅上。圣朝太祖以二千之众,破百万之师,太宗克宋,成此帝业,秦王宗翰、宋王宗望、娄室、谷神与前代之将,各以功德间列可也。"思忠论多矫饰,不尽录,录其颇有理者云。迁大理卿,兼左司谏,同修国史。

泰和六年,平章政事伏散揆宣抚河南,诏以备御攻守之法,集百官议于尚书省。廷臣尚多异议,思忠曰:"宋人攻围城邑,动至数千,不得为小寇。但当选择贤将,宜攻宜守,临时制变,无不可者。"

上以为然。顷之，迁翰林侍讲学士兼左谏议大夫，大理卿、同修国史如故。再阅月，兼知审官院正职，外兼四职自思忠始。宋人请和。赐银五十两、重彩十端。丁母忧，起复侍讲学士，兼谏议、修史、知审官院，转侍读，兼兵部侍郎。

贞祐初，胡沙虎请废卫绍王为庶人，思忠与奥屯忠孝阿附胡沙虎，曰："窥人之财，犹谓之盗，况偷天位以私己乎！"宣宗不从。顷之，迁太子太保兼侍读、修国史。二年春，享于太庙，思忠摄太尉，醉殴礼直官，御史台劾奏，降秘书监兼同修国史。顷之，迁翰林学士同修国史，卒。

纥石烈胡失门，上京路猛安人。明昌五年进士，累官补尚书省令史，除中都路支度判官，调河北东路都勾判官，累官翰林直学士、大理卿、右谏议大夫。兴定二年，伐宋，充元帅左都监纥石烈牙吾塔参议官。牙吾塔至楚州，不待行省仆散安贞节制，辄制兵。宋人坚壁不出，野无所掠，军士疲乏，饿死相望，直前至江而复。安贞劾奏之，牙吾塔坐不奉诏约，胡失门不矫正，特诏原之。改同知彰德府事。五迁吏部尚书。五年，拜御史大夫。元光元年，兼大司农。二年，薨，宣宗辍朝，百官致奠。

完颜寓本名讹出，西南路猛安人。大定二十八年进士，累调河东北路提刑司知事，改同知辽州军州事，召为国史院编修官，迁应奉翰林文字、南京路转运副使。丁父忧，起复太府监丞，改吏部员外郎。大安初，除知登闻检院，累迁右司郎中、翰林待制，兼侍御史。贞祐初，议卫绍王事，语在《卫绍王纪》。

中都围急，诏于东华门置招贤所，内外士庶皆得言事，或不次除官，由是闾阎细民，往往衔鬻求售。王守信者，本一村夫，敢为大言，以诸葛亮为不知兵，寓荐于朝。诏署行军都统，募市井无赖为兵，教阅进退跳掷，大概似童戏。其阵法大书"古今相对"四字于旗上，作黄布袍、缁巾、镴牌各三十六事，牛头响环六十四枚，欲以怖

敌而走之，大率皆诞妄。因与其众出城，杀百姓之樵采者以为功。贾
耐儿者，本歧路小说人，俚语诙嘲以取衣食，制运粮车千两。是时材
木甚艰，所费浩大，观者皆窃笑之。草泽李栋在卫绍王时尝事司天
监李天惠，依附天文，假托占卜，趋走贵臣，俱为司天官。栋掌密奏
白气贯紫微，主京师兵乱，幸不贯彻，得不成祸。既而高琪杀胡沙
虎，宣宗愈益信之。

左谏议大夫张行信奏曰："狂子庸流，猥蒙拔擢，参预机务，甚
无谓也。司天之官，占见天象，据经陈奏，使人主饬己修政，转祸为
福。如有天象，乞令诸监官公同陈奏，所见或异，则各以状闻，不宜
偏听也。"上召行信与寓面订守信事，复与近侍就决于高琪。高琪言
守信不可用，上乃以行信之言为然。

顷之，寓迁礼部侍郎，改东京副留守、陇州防御使，迁安化军节
度使，兼山东路统军副使。兴定元年四月，诏寓以本官权元帅左都
监，行元帅府事，和辑苗道润、移剌铁哥军事，语在《道润传》。十二
月，密州破，寓为乱军所杀。

斡勒合打，盖州本得山猛安人，以阴补官，充亲军，调阴山尉。
县当兵冲，合打率土豪官兵身先行阵。贞祐初，以功迁本县令。县
升为忠州，合打充刺史。州被兵久，耕桑俱废，诏徙其民于太和岭
南。合打遥授同知太原府事，仍领其众。俄以本官遥授彰国军节度
使，权河东北路宣抚副使，督粮饷往代州。合打不欲行，因与宣抚使
完颜伯嘉争辨。合打恐伯嘉奏闻，乃先奏伯嘉辱己。御史台廉得其
事，未及奏，伯嘉、合打皆改迁。合打改武宁军节度使。数月，召为
劝农使。久之，为金安军节度使。兴定元年，复为劝农使，历知河间
府，权元帅右都监，行元帅府事，驻兵蔡、息间。权同签枢密院事，守
河清，改知归德府事。合打屡守边要，无他将略，虽未尝败北，亦无
大功。元光元年，卒。

蒲察移剌都，东京猛安人。父吾迭，太子太傅致仕。移剌都勇

健多力,充护卫十人长,调同知秦州防御使事。武卫军铃辖,以忧去官。起复武器署令。从军,兵溃被执。贞祐二年,与降兵万余人俱脱归。迁隆重安府治中,赐银百两、重币六端,遥授信州刺史。有功,迁蒲与路节度使兼同知上京留守事,进三阶,改知隆重安府事。逾年,充辽东、上京等路宣抚使兼左副元帅。再阅月,就拜尚书右丞。

移剌都与上京行省薄察五斤争权,及卖隆安战马,擅造银牌,睚眦杀人,已而矫称宣召,弃隆重安赴南京,宣宗皆释不问。除知河南府事,俄改元帅左监军,权左副元帅,充陕西行省参议官。无何,兼陕西路统军使。兴定二年四月,改签枢密院事,权右副元帅,行枢密院于邓州。御史台奏移剌都在军中,买沙覆道,盗用官银,矫制收禁书,指斥銮舆,使亲军守门,护卫押宿,拟前后卫仗,婢妾效内人妆饰等数事。诏吏部尚书阿不罕斜不失鞠之,坐是诛。

赞曰:读金史,至张行信论奥屯忠孝事,曰:嗟乎,宣宗之不足与有为也如此! 夫进退宰执,岂无其道也哉! 语其亲知,讽之求去,岂礼邪?是故奥屯忠孝、蒲察思忠之党比,纥石烈胡失门之疲众,完颜寓之轻信误国,斡勒合打之诋讼上官,于是曾不之罪,失政刑矣,岂小惩大诫道哉!

金史卷一〇五
列传第四三

程寀　任熊祥　孔璠　范拱

张用直　刘枢　王翛

杨伯雄　萧贡　温迪罕缔达

张翰　任天宠

程寀字公弼,燕之析津人。祖冀,仕辽广德军节度使。冀凡六男,父子皆擢科第,士族号其家为"程一举"。冀次子四穆,辽崇义军节度使。

寀,四穆之季子也。自幼如成人。及冠,笃学,中进士甲科,累迁殿中丞。天辅七年,太祖入燕,授尚书都官员外郎、锦州安昌令,累加起居郎,为史馆修撰,以从军有劳,加少府少监

熙宗时,历翰林待制,兼右谏议大夫。寀上疏言事,其略曰:"殿前点检司,古殿岩环卫之任,所以肃禁籞、尊天子、备不虞也。臣幸得近清光,从天子观时畋之礼。比见陛下校猎,凡羽卫从臣无贵贱皆得执弓矢驰逐,而圣驾崎岖沙砾之地,加之林木丛郁,易以迷失。是日自卯及申,百官始出沙漠,独不知车驾何在。瞻望久之,始有骑来报,皇帝从数骑已至行在。窃惟古天子出入警跸,清道而行。至于楚畋云梦,汉猎长杨,皆大阵兵卫,以备非常。陛下膺祖宗付托之重,奈何独与数骑出入林麓沙漠之中,前无斥候,后无羽卫,甚非肃

禁籞之意也。臣愿陛下熟计之。后若复猎，当预戒有司，图上猎地，具其可否，然后下令清道而行。择冲稍平之地，为驻跸之所，简忠义爪牙之士，统以亲信腹心之臣，警卫左右。俟其麋鹿既来，然后驰射。仍先遣搜阅林薮，明立幖帜，为出入之驰道。不然，后恐贻宗庙社稷之忧。"

又曰："臣伏读唐史，追尊高祖以下，谥号或加至十八字。前宋大中祥符间亦加至十六字，亡辽因之，近陛下亦受'崇天体道钦明文武圣德'十字。臣窃谓人臣以归美报上为忠，天子以追崇祖考为孝。太祖武元皇帝受命开基，八年之间，奄有天下，功德茂盛，振古无前，止谥'武元'二字，理或未安，何以示将来？臣愿诏有司定议谥号，庶几上慰祖宗在天之灵，使耿光丕烈，传于无穷。"

又曰："古者天子皆有巡狩，无非事者。或省察风俗，或审理冤狱，或问民疾苦，以布宣德泽，皆巡狩之名也。国家肇兴，诚巩郡国新民，逐末弃本，习旧染之污，奢侈诈伪，或有不明之狱，僭滥之刑，或力役无时，四民失业。今銮辂省方，将宪古行事，臣愿天心洞照，委之长贰，厘正风俗，或置甀匦，以申冤枉，或遣使郡国，问民无告，皆古巡狩之事。昔汉昭帝问疾苦，光武求民瘼，如此则和气通，天下丕平可坐而待也。"

又曰："臣闻，善医者不视他人之肥瘠，察其脉之病否而已。善计天下者不视天下之安危，察其纪纲理否而已。天下者人也，安危者肥瘠也，纪纲者脉也，脉不病虽瘠不害，脉病而肥者危矣。是故，四肢虽无故，不足恃也，脉而已矣。天下虽无事，不足矜也，纲纪而已矣。尚书省，天子喉舌之官，纲纪在焉。臣愿诏尚书省，戒励百官，各扬其职，以立纲纪。如吏部天官以进贤、退不肖为任，诚使升黜有科，任得其人，则纲纪理而民受其赐，前代兴替，未始不由此者。"

又曰："虞舜不告而娶二妃。帝喾娶四妃，法天之四星。周文王一后、三夫人，嫔御有数。选求淑媛以充后宫，帝王之制也。然女无美恶，入宫见妒，陛下欲广嗣续，不可不知而告戒之。"

又曰："臣伏见本朝富有四海，礼乐制度，莫不一新。宫禁之制，尚未严密，胥吏健卒之辈，皆得出入，莫有呵止，至淆混而无别。虽有阑入之法，久尚未行，甚非严禁卫、明法令之意，陛下不可不知而必行。”

疏奏，上嘉纳之，于是始命有司议增上太祖尊谥。皇统八年十二月，由翰林侍讲学士为横海军节度使，移彰德军节度使。卒官，年六十二。宷刚直耿介，不诌奉权贵以希苟进，有古君子之风云。

任熊祥字子仁。八代祖圜，为后唐宰相。圜孙睿，随石晋北迁，遂为燕人。熊祥登辽天庆八年进士第，为枢密院令史。太祖平燕，经其地界宋，熊祥至汴，授武当丞。宋法，新附官不厘务，熊祥言于郡守杨晰曰：“既不与事，请止给半俸以养亲。”晰虽不许，而喜其廉。

金人取均、房州，熊祥归朝，复为枢密院令史。时西京留守高庆裔摄院事，无敢忤其意者，熊祥未尝阿意事之。其后杜充、刘筈同知燕京行省，法制未一，日有异论，熊祥为折衷之。历深、磁州刺史，开封少尹，行台工部郎中，同知汴京留守事。天德初，为山东东路转运使，改镇西军节度使。是时，诏徐文、张弘信讨东海县，弘信逗留，称疾不进，决杖二百。熊祥被诏为会试主文，以“事不避难臣之职”为赋题。及御题，熊祥复以“赏罚之令信如四时”为赋题，海陵大喜，以为翰林侍读学士。

大定初，起为太子少师。时契丹贼窝斡窃号，北鄙用兵未息，上以为忧，诏公卿百官议所以招伐之宜。众皆异议，熊祥徐进曰：“陛下以劳民为忧，用兵为重，莫若以恩信招怀之。”上问：“孰可使者？”对曰：“臣虽老，凭国威灵，尚堪一行。”上曰：“卿老矣，无烦为此。”七年，复致仕。熊祥事母以孝闻，母没时，熊祥年已七十，不食三日，人皆称之。卒于家。

孔璠字文老，至圣文宣王四十九代孙，故宋朝奉郎袭封端友弟端操之子。齐阜昌三年补迪功郎，袭封衍圣公，主管祀事。天会十五年,齐国废。熙宗即位,兴制度礼乐,立孔子庙于上京天眷三年,诏求孔子后,加璠承奉郎,袭封衍圣公,奉祀事。是时,熙宗颇读《论语》、《尚书》、《春秋左氏传》及诸史、《通历》、《唐律》,乙夜乃罢。皇统元年三月戊午,上谒奠孔子庙,北面再拜,顾谓侍臣曰:"朕幼年游侠,不知志学,岁月逾迈,深以为悔。大凡为善,不可不勉,孔子虽无位,其道可尊,万世高仰如此。"皇统三年,璠卒。子拯袭封,加文林郎。

拯字元济。天德二年,定袭封衍圣公俸格,有加于常品。是岁立国子监,久之,加拯承直郎。大定元年,卒。弟总袭封,加文林郎。

总字元会。大定二十年,召总至京师,欲与之官。尚书省奏:"总主先圣祀事,若加任使,守奉有阙。"上曰:"然。"乃授曲阜县令。明昌元年,卒。子元措袭封,加文林郎。

元措字梦得。三年四月诏曰:"衍圣公视四品,阶止八品,不称。可超迁中议大夫,永著于令。"四年八月丁未,章宗行释奠礼,北面再拜,亲王、百官、六学生员陪位。承安二年正月,诏元措兼曲阜县令,仍世袭。元措历事宣宗、哀宗,后归大元终焉。

四十八代端甫者,明昌初,学士党怀英荐其年德俱高,读书乐道,该通古学。召至京师,特赐王泽榜及第,除将仕郎、小学教授,以主簿奉致仕。

范拱字清叔,济南人。九岁能属文,深于《易》学。宋末,登进士第,调广济军曹,权邦彦辟为书记,摄学事。刘豫镇东,拱撰谒庙文,豫奇之,深加赏识。拱献《六箴》。

齐国建,累擢中书舍人。上《初政禄》十五篇:一曰《得民》,二曰《命将》,三曰《简礼》,四曰《纳谏》,五曰《远图》,六曰《治乱》,七曰《举贤》,八曰《守令》,九曰《延问》,十曰《畏慎》,十一曰《节祥瑞》,十二曰《戒雷同》,十三曰《用人》,十四曰《御将》,十五曰《御军》。豫纳其实其说而不能尽用也。久之，权尚书右丞，进左丞，兼门下侍郎。

豫以什一税民，名为古法，其实衰敛，而刑法严急，吏贪缘为暴。民久罹兵革，益穷困，陷罪者众，境内苦之。左丞相张孝纯及拱兄侍郎巽，极言其弊，请仍因履亩之法，豫不从。巽坐贬官，自是无复敢言者。拱曰："吾言之则为党兄，不言则百姓困弊。吾执政也，宁为百姓言之。"乃上疏，其大略以为"国家惩亡宋重敛弊，什一税民，本务优恤，官吏奉行太急，驱民犯禁，非长久计也。"豫虽未即从，而亦不加遣。拱令刑部条上诸路以税抵罪者凡千余人，豫见其多，乃更为五等税法，民犹以为重也。

齐废，梁王宗弼领行台省事，拱为官属。宗弼访求百姓利病，拱以减税为请，宗弼从之，减旧三分之一，民始苏息。拱慎许可，而推毂士，李南、张辅、刘长言皆拱荐也。长言自汝州郏城酒监擢省郎，人不知其所以进，拱亦不自言也。以久病乞近郡，除淄州刺史。皇统四年，以疾求退，以通议大夫致仕。斋居读书，罕对妻子。

世宗在济南闻其名。大定初，拱上封事。七年，召赴阙，除太常卿。议郊祀。或有言前代都长安及汴、洛，以太、华等山列为五岳，今既都燕，当别议五岳名。寺僚取《崧高》疏"周都酆镐，以吴岳为西岳。"拱以为非是，议略曰："轩辕居上谷，在恒山之西，舜居蒲坂，在华山之北。以此言之，未尝据所都而改岳祀也。"后遂不改。拱尝言："礼官当守礼，法官当守法，若汉张释之可谓能守法矣。"故其议论确然不可移夺。九年，复致仕，卒于家，年七十四。

张用直，临潢人。少以学行称。辽王宗干闻之，延置门下，海陵与其兄充皆从之学。天眷二年，以教宗子赐进士及第，除礼部郎中。皇统四年，为宣徽判官，历横海军节度副使，改宁州刺史。海陵即位，召为签书徽政院事、太常卿、太子詹事。海陵尝谓用直曰："朕虽不能博通经史，亦粗有所闻，皆卿平昔辅导之力。太子方就学，宜善导之。朕父子并受卿学，亦儒者之荣也。"为贺宋国正旦使，卒于汴。

海陵深悼惜之,遣使迎护其丧,官给道途费。丧至,亲临奠,赐钱千万。其养子始七岁,特受武义将军。

　　刘枢字居中,通州三河人。少以良家子从军,屯河间。同辈皆骑射,独枢刻意经史。登天眷二年进士,调唐山主簿。改飞狐令,蔚州刺史恃功贪污无所顾忌,属邑皆厌苦之,枢一无所应,乃擿以他事击狱,将致之死。郡人有怜枢者,导枢脱走,诉于朝。会廉察使至,守倅而下皆抵罪废,独枢治状入优等,躐迁奉直大夫。张浩营建燕京宫室,选枢分治工役。迁尚书刑部员外郎,鞠治太原尹徒单阿里虎出反状,旬日狱具。转工部郎中,进本部侍郎。正隆末,从军选自江上。大定初,与左司郎中王蔚、右司员外郎王全俱出补外,枢为南京路转运使事。

　　初,世宗欲复用枢等,御史台奏:“枢等在正隆时皆以巧进,改法蠹政,人多怨嫉之。”上以枢等颇干济,犹用之,戒之曰:“能悛心改过,必加升擢。不然,则斥汝等矣。”是时,阿勒根彦忠为南京都转运使,不闲吏事,故用枢以佐之。迁山东路转运使,改中都路转运使。大定四年,卒于官。

　　王翛字翛然,涿州人也。登皇统二年进士第,由尚书省令史除同知霸州事。累迁刑部员外郎,坐请嘱故人奸罪,杖四十,降授泰定军节度副使。四迁大兴府治中,授户部侍郎。世宗谓宰臣曰:“王翛前为外官,闻有刚直名。今闻专务出罪为阴德,事多非理从轻。又巧幸偷安,若果刚直,则当忘身以为国,履正以无偏,何必卖法以徼福耶?”寻命赈济密云等三十六县猛安人户,冒请粟三万余石,为尚书省奏夺官一阶,出为同知北京留守事。上曰:“人多言王翛能官,以朕观之,凡事不肯尽力,直一老奸耳。”二十四年,迁辽东路转运使。岁余,改显德军节度使。以前任转运使拽辱仓使王祺致死,追两官解职,敕杖七十,降授郑州防御使。

　　章宗即位,擢同知大兴府事。审禄官奏,翛前任显德洁廉刚直,军吏敛迹，无讼狱。迁礼部尚书，兼大理卿。使宋还，会改葬太师广平郡王徒单贞。贞，章宗母孝懿皇后父也。帝欲用前代故事，班剑、鼓吹、羽葆等仪卫。宰臣以贞与弑熙宗诛死，意难之。于是，诏下礼官议。脩言："晋葬丞相王导，给前后羽葆、鼓吹、武贲、班剑百人。唐以来，大驾卤簿有班剑，其王公以下卤簿并无班剑，兼羽葆非臣下所宜用，国朝葬大臣亦无之。"上先知唐葬大臣李靖等皆用班剑、羽葆，怒曰："典故所无，固可从，然用之亦不过礼。"一日，诏脩及谏议大夫兼礼部侍郎张晖诣殿门，谕之曰："朝廷之事，汝谏官、礼官即当辩析。且小民言可采，朕尚从之，况卿等乎？自今议事，毋但附合尚书省。"

明昌二年，改知大兴府事。时僧徒多游贵戚门，脩恶之，乃禁僧午后不得出寺。尝一僧犯禁，皇姑大长公主为请，脩曰："奉主命，即令出之。"立召僧，杖一百死，京师肃然。后坐故出人罪，复削官解职。明年，特授定海军节度使。谕旨曰："卿赋性太刚，率意行事，乃自陷于刑。若殿年降叙，念卿入仕久，颇有执持，故特起于罪谪之中，授以见职。且彼岁歉民饥，盗贼多，须用旧人镇抚，庶得安治。勉尽乃心，以图后效。"未几，表乞致仕。上曰："脩能干者，得力为多。"不许，复申请，从之。泰和七年，卒，年七十五。

脩性刚严，临事果决，吏民惮其威，虽豪右不敢犯。承安间，知大兴府事阙，诏谕宰臣曰："可选极有风力如王脩辈者用之。"其为上所知如此。

杨伯雄字希云，真定藁城人。八世祖彦稠，后唐清泰中为定州兵马使。后随晋主北迁，遂居临潢。父丘行，太子左卫率府率。

伯雄登皇统二年进士，海陵留守中京，丘行在幕府，伯雄来省视，海陵见之，深加器重。久之，调韩州军事判官。有二盗诈称贾贩，逆旅主人见欺，至州署陈诉，实欲劫取伯雄，伯雄心觉其诈，执而诘之，并获其党十余人，一郡骇服。迁应奉翰林文字。是时，海陵执政，自以旧知伯雄，属之使时时至其第，伯雄诺之而不往也。日，海陵怪问之,对曰:"君子受知于人当以礼进,附丽奔走,非素志也。"由是愈厚待之。

海陵篡立,数月,迁右补阙,改修起居注。海陵锐于求治,讲论每至夜分,尝问曰:"人君治天下其道何贵?"对曰:"贵静。"海陵默然。明日,复谓曰:"我迁诸部猛安分屯边戍,前夕之对岂指是为非静邪?"对曰:"徙兵分屯,使南北相维,长策也。所谓静者,乃不扰之耳。"乙夜,复问鬼神事。伯雄进曰:"汉文帝召见贾生,夜半前席,不问百姓而问鬼神,后世颇讥之。陛下不以臣愚陋,幸及天下大计,鬼神之事未之学也。"海陵曰:"但言之,以释永夜倦思。"伯雄不得已,乃曰:"臣家有一卷书,记人死复生,或问冥官何以免罪,答曰,汝置一历,白日所为,暮夜书之,不可书者是不可为也。"海陵为之改容。夏日,海陵登瑞云楼纳凉,命伯雄赋诗,其卒章云:"六月不知蒸爵到,清凉会与万方同。"海陵忻然,以示左右曰:"伯雄出语不忘规戒,为人臣当如是矣。"再迁兵部员外郎。丁父忧,起复翰林待制,兼修起居注。迁直学士,再迁右谏议大夫,兼著作郎,修起居注如故。

皇子慎思阿不薨,伯雄坐与同直者窃议被责,语在《海陵诸子传》。海陵议征江南,伯雄奏:"晋武平吴皆命将帅,何劳亲总戎律?"不听。乃落起居注,不复召见。

大定初,除大兴少尹,丁母忧。显宗为皇太子,选东宫官属,张浩荐伯雄,起复少詹事,兄子蟠为左赞善,言听谏从,时论荣之。集古太子贤不肖为书,号《瑶山往鉴》,进之。及进羽猎、保成等箴,皆见嘉纳。复为左谏议大夫、翰林直学士。会太子詹事阙,宰相复举伯雄。上曰:"伯雄不可去朕左右,而东宫亦须辅导。"遂以太子詹事兼谏议。

六年,上幸西京,欲因往凉陉避暑,伯雄率众谏官入谏。上曰:"朕徐思之。"伯雄言之不已,同列皆引退,久之乃起。是年,至凉陉,微巡果有疏虞。上思伯雄之言,及还,迁礼部尚书,谓近臣曰:"群臣有干局者众矣,如伯雄忠实,皆莫及也。上谓伯雄曰:"龙逄、比干皆以忠谏而死,使遇明君,岂有是哉!"伯雄对曰:"魏征愿为良臣,正谓遇明君耳。"因顾谓宰相曰："《书》曰'汝无面从,退有后言'。朕与卿等共治天下,事有可否,即当面陈。卿等致位卿相,正行道扬名之时,偷安自便,徼幸一时,如后世何?"群臣皆称万岁。

十二年,改沁南军节度使,召为翰林学士承旨。丞相石琚致仕,上问:"谁可代卿者?"琚对曰:"伯雄可。"时论以琚举得其人。复权詹事,伯雄知无不言,匡救弘多。后宫僚有诡随者,人必称杨詹事以愧之。除定武军节度使,改平阳尹。先是,张浩治平阳,有惠政,及伯雄为尹,百姓称之,曰:"前有张,后有杨。"徙河中尹。卒,年六十五。谥庄献。弟伯杰、伯仁,族兄伯渊。

伯渊字宗之。父丘文,辽中书舍人。伯渊早孤,事母以孝闻,疏财好施,喜收古书。天会初,以名家子补尚书省令史。十四年,赐进士第,历吏、礼二部主事、御前承应文字,秩满,除同知永定军节度使事。召为司计郎中。知平定军,用廉,迁平州路转运使。知泰安军,有惠政,百姓刻石纪其事。四迁山东东路转运使。正隆末,群盗蜂起,州郡往往罹害,独济南赖伯渊保全。大定三年,致仕,卒于家。

萧贡字真卿,京兆咸阳人。大定二十二年进士,调镇戎州判官,泾阳令,泾州观察判官。补尚书省令史。旧例,试补两月,乃补用。贡至数日,执政以为能,即用之。擢监察御史。提刑司奏泾州有美政,迁北京转运副使。亲老,归养。

左丞董师中、右丞杨伯通荐其文学,除翰林修撰。上书论"比年之弊,人才不以器识、操履,巧于案牍,不涉吏议者为工。用人不务因才授官,惟泥资叙。名器不务慎与,人多侥幸。守令不务才实,民罹其害。伏望擢真才以振浇俗,核功能以理职业,慎名器以抑侥幸,重守令以厚邦本。然后政化可行,百事可举矣。"诏词臣作唐用《董重质诛郭谊得失论》,贡为第一,赐重币四端。贡论时政五弊,言路四难,词意切至,改治书侍御史。丁父忧,起复,改右司员外郎,寻转郎中,迁国子祭酒,兼太常少卿,与陈大任刑修辽史。改刑部侍郎,历同知大兴府事、德州防御使,三迁河东北路按察转运使。

大安末,改彰德军节度使。坐兵兴不能守城,亡失百姓,降同知通远军节度事。未几,改静难军节度使,历河东北路、南京路转运使、御史中丞、户部尚书。南京戒严,坐乏军储,诏释不问。兴定元年,致仕。元光二年,卒,谥文简。贡好学,读书至老不倦,有注《史记》一百卷。

温迪罕缔达,该习经史,以女直字出身,累官国史院编修官。初,丞相希尹制女直字,设学校,使讹离剌等教之。其后学者渐盛,转习经史,故纳合椿年、纥石烈良弼皆由此致位宰相。缔达最号精深。大定十二年,诏缔达所教生员习作诗、策,若有文采,量才任使,其自愿从学者听。十三年,设女直进士科。是岁,徒单镒等二十七人登第。十五年,缔达迁著作佐郎,与编修官宗璧、尚书省译史阿鲁、吏部令史张克忠译解经书。累迁秘书丞。

十九年,改左赞善,以母老求养。显宗使内直丞六斤谓缔达曰:"赞善,初未除此官,天子谓孤曰:'朕得一出伦之才,学问该贯,当令辅汝德义。'既数日,赞善除此官。自谓亲炙德义,不胜其喜。未可去也,勿难于怀。"久之,转翰林待制,卒。明昌五年,赠翰林学士承旨,谥文成。

子二十,章宗即位,以为符宝典书,累官左谏议大夫。贞祐四年,上疏,略曰:"今边备未撤,征调不休,州县长吏不知爱养其民,督责征科,鞭笞逼迫,急于星火,文移重复,不胜其弊,宜敕有司务从简易。兵兴以来,忠臣烈士,孝子顺孙,义夫节妇,湮没无闻者甚众,乞遣史官一员,广为采访,以议褒嘉。"兴定元年,迁武胜军节度使,改吏部尚书,知开封府。坐纵军人家属出城,当杖,诏解职。四年,复知开封府,复坐以事嘱警巡使完颜金僧奴,降为郑州防御使。未几,复为知开封府事。

　　张翰字林卿，忻州秀容人。大定二十八年进士，调隰州军事判官。有诬昆弟三人为劫者，翰微行廉得其状，白于州释之。历东胜、义丰、会川令，补尚书省令史，除户部主事，迁监察御史。丁母忧，且服阕，调山东路盐使。丁父忧，起复尚书省都事、户部员外郎。大安间，平章政事独吉思忠、参知政事承裕行省戍边，翰充左右司郎中，论议不相协。处置乖方，翰屡争之不见省。承裕就逮，卫绍王知翰尝有言，召见抚慰之。改知登闻鼓院，兼前职，迁侍御史。贞祐初，为翰林直学士，充元帅府经历官。中都戒严，调度方殷，改户部侍郎。

　　宣宗迁汴，翰规措扈从粮草至真定，上书言五事："一曰强本，谓当衰兵徒、徙豪民，以实南京。二曰足用，谓当按蔡、汴旧渠以通漕运。三曰防乱，谓当就集义军假之官印，使相统摄，以安反侧。四曰省事，谓县邑不能自立者宜稍并之，既以省官，且易于备盗。五曰推恩，谓当推恩以示天子所在称幸之意。"上略施行之。

　　翰雅有治剧才，所至辄办。迁河平军节度使、都水监、提控军马使，俄改户部尚书。是时，初至南京，庶事草略，翰经度区处皆有条理。是岁卒，谥达义。

　　任天宠字清叔，曹州定陶人也。明昌二年进士，调考城主簿，再迁威戎县令。县故堡寨，无文庙学舍，天宠以废署建。有兄弟讼田者，天宠谕以理义，委曲周至，皆感泣而去。调泰定军节度判官。丁父忧，服阕，调崇义军节度判官。补尚书省令史、右三部检法司正，迁监察御史。改右司都事，迁员外郎。改左司谏，转左司郎中，迁国子祭酒。

　　贞祐初，转秘书监兼吏部侍郎，改中都路都转运使。时京师戒严，粮运艰阻，天宠悉力营办，曲尽劳瘁，出家赀以饥者，全活甚众。监察御史高瓌、刘元规举天宠二十人公勤明敏，有才干，可安集百姓。迁户部尚书。三年，中都不守，天宠继走南京，中道遇兵，死之。谥纯肃。

赞曰：程寀、任熊祥，辽之进士，孔璠、范拱事宋、事齐，太祖皆见礼遇，而金之文治日以盛矣。张用直，海陵父子并列旧学。刘枢之练达，王脩之强敏于事，杨伯雄之善讽谏、工辞藻，萧贡、温迪罕缔达之文艺适时，之数人者迭用于正隆、大定、明昌之间。张翰、任天宠之经理调度，宣宗南迁，犹赖其用焉。金源氏百余年所以培植人才而获其效者，于斯可概见矣。

金史卷一〇六

列传第四四

张 行　贾益谦　刘炳
术虎高琪　移剌塔不也

张行字明仲，莒州日照县人。博学该通。登正隆重五年进士。调陈留主簿、淄州酒税副使，课增羡，迁昌乐令。改永清令，补尚书省令史，除太常博士，兼国子助教。丁父忧，服除，调山东东路转运副使，入为太常丞，兼左赞善大夫。章宗封原王，兼原王府文学。章宗册为皇太孙，复为左赞善，转左谕德，兼太常丞，充宋国报谕使。至盱眙，宋人请赴宴，行曰："大行在殡，未可。"及受赐，不舞蹈，宋人服其知礼。使还，迁太常少卿，兼修起居注。改礼部郎中，修起居注如故。迁右谏议大夫，兼礼部侍郎。

明昌二年，太傅徒单克宁薨，章宗欲亲为烧饭，是时，孝懿皇后梓宫在殡，行奏："仰惟圣慈，追念勋臣，恩礼隆厚，孰不感劝。太祖时享，尚且权停，若为大臣烧饭，礼有未安。今已降恩旨，圣意至厚，人皆知之，乞俯从典礼，则两全矣。"章宗从之。

上封事者言提刑司可罢，行上疏曰："陛下即位，因民所利更法立制，无虑数十百条。提刑之设，政之大者，若为浮议所摇，则内外无所取信。唐开元中，或请选择守令，停采访使，姚崇奏'十道采访犹未尽得人，天下三百余州，县多数倍，安得守令皆称其职'。然则，提刑之任，诚不可罢，择其人而用之，生民之大利，国家之长策也。"因举汉刺史六条以奏。上曰："卿言与朕意合。"

拜礼部尚书。孙即康鞫治镐王永中事，还奏，有诏覆讯，群臣举晞及兵部侍郎乌古论庆裔。上使参知政事马琪谕晞曰："百官举阅实镐王事，要勿屈抑其人，亦不可亏损国法。"上因谓宰臣曰："镐王视永蹈为轻。"马琪曰："人臣无将。"由是永中之狱决矣。

霍王从彝母早死，温妃石抹氏养之，明昌六年温妃薨，上问从彝丧服。晞奏："慈母服齐衰三年，桐杖布冠，礼也。从彝近亲，至尊压降与臣下不同，乞于未葬以前服白布衣绢巾，既葬止用素服终制，朝会从吉。"上从其奏。

承安元年八月壬子，上召晞至内殿，问曰："南郊大祀，今用度不给，俟他年可乎？"晞曰："陛下即位于今八年，大礼未举，宜亟行之。"上曰："北方未宁，致斋之际有不测奏报何如？"对曰："岂可逆度而妨大礼。今河平岁丰，正其时也。"上复问曰："僧道三年一试，八十而取一，不亦少乎？"对曰："此辈浮食，无益有损，不宜滋益也。"上曰："周武帝、唐武宗、后周世宗皆贤君，其寿不永，虽曰偶然，似亦有因也。"对曰："三君矫枉太过。今不毁除、不崇奉，是为得中矣。"是岁，郊见上帝焉。

顷之，翰林修撰路铎论胥持国不可再用，因及董师中趋走持国及丞相襄之门，上曰："张晞父子必不如是也。"三年，为御史大夫，恳辞，不许。明年，坐奏事不实，夺一官，解职。起为安武军节度使。致仕，例给半俸，久之，晞不复请，遂止。

晞自妻卒后不复娶，亦无姬侍，斋居与子行简讲论古今，诸孙课诵其侧，至夜分乃罢，以为常，历太常、礼部二十余年，最明古今礼学，家法为士族仪表。子行简、行信，行信自有传。

行简字敬甫，颖悟力学，淹贯经史。大定十九年进士第一，除应奉翰林文字。丁母忧，归葬益都，杜门读书，人莫见其面。服除，复任。章宗即位，转修撰，进读陈言文字，摄太常博士。夏国遣使陈慰，欲致祭大行灵殿。行简曰："彼陈慰非专祭，不可。"延议遣使横赐高丽，"比遣使报哀，彼以细故邀阻，且出嫚言，俟移问还报，横赐未晚"。徒单克宁韪其言,深器重之。转翰林修撰,与路伯达俱进读陈言文字,累迁礼部郎中。

司天台刘道用改进新历,诏学士院理会定历名,行简奏乞覆校测验,俟将来月食无差,然后赐名。诏翰林侍讲学士党怀英等覆校。怀英等校定道用新历:明昌三年不置闰,即以闰月为三月,二年十二月十四日,金木星俱在危十三度,道用历在十三度,差一日,三年四月十六日夜月食,时刻不同。道用不曾考验古今所记,比证事迹,辄以上进,不可用。道用当徒一年收赎,长行彭徽等四人各杖八十罢去。

群臣屡请上尊号,章宗不从,将下诏以示四方,行简奏曰:"往年饥民弃子,或丐以与人,其后诏书官为收赎,或其父母衣食稍充,即识认,官亦断与之。自此以后,饥岁流离道路,人不肯收养,肆为捐瘠,饿死沟中。伏见近代御灾诏书,皆曰'以后不得复取',今乞依此施行。"上是其言,诏书中行之。久之,兼同修国史。改礼部侍郎、提点司天台,直学士,同修史如故。

行简言:"唐制,仆射、宰相上日,百官通班致贺,降阶答拜。国朝皇太子元正、生日,三师、三公、宰执以下须群官同班拜贺,皇太子立受再答拜。今尚书省宰执上日,分六品以下另为一班揖贺,宰执坐答揖,左右司郎中五品官延揖,亦坐答之。臣谓身坐举手答揖,近于坐受也。宰执受贺,其礼乃重于皇太子,恐于义未安。别嫌明微,礼之大节,伏请宰执上日令三品以下官同班贺,宰执起立,依见三品官仪式通答揖。"上曰:"此事何不早辨正之,如都省擅行,卿论之是矣。"行简对曰:"礼部盖尝参酌古今典礼,拟定仪式,省延不从,辄改以奏。"下尚书省议,遂用之。宰执上日,三品以下群官通班贺,起立答拜,自此始。

行简转对,因论典故之学,乞于太常博士之下置检阅官二员,通礼学资浅者使为之,积资乃迁博士。又曰:"今虽有国朝《集礼》,至于食货、官职、兵刑沿革,未有成书,乞定会要,以示无穷。"承安五年,迁侍讲学士,同修史、提点司天如故。

　　泰和二年,为宋主生日副使。上召生日使完颜璘戒之曰:"卿过界勿饮酒,每事听于行简。"谓行简曰:"宋人行礼,好事末节,苟有非是,皆须正之,旧例所有不可不至。"上复曰:"颇闻前奉使者过淮,每至中流,节以分界争渡船,此殊非礼。卿自戒舟人,且语宋使曰:'两国和好久矣,不宜争细故伤大体。'丁宁谕之,使悉此意也。"四年,诏曰:"每奉事之际,须令张行简常在左右。"

　　五年,群臣复请上尊号,上不许,诏行简作批答,因问行简宋范祖禹作《唐鉴》论尊号事。行简对曰:"司马光亦尝谏尊号事,不若祖禹之词深至,以谓臣子生谥君父,颇似惨切。"上曰:"卿用祖禹意答之,仍曰太祖虽有尊号,太宗未尝受也。"行简乞不拘对偶,引祖禹以微见其意。从之。其文深雅,甚得代言之体。

　　改顺天军节度使。上谓行简曰:"卿未更治民,今至保州,民之情伪,卒难臆度,如何治之则可?"对曰:"臣奉行法令,不敢违失,狱讼之事,以情察之,钤制公吏,禁抑豪猾,以镇静为务,庶几万分之一。"上曰:"在任半岁或一年,所得利害上之。"行简到保州,上书曰:"比者括官田给军,既一定矣,有告欲别给者,辄从其告,至今未已。名曰官田,实取之民以与之,夺彼与此,徒启争端。臣所管已拨深泽县地三百余顷,复告水占沙咸者三之二,若悉从之,何时可定。臣谓当限以月日,不许再告为便。"下尚书省议,奏请:"如实有水占河塌不可耕种,本路及运司佐官按视,尚书省下按察司覆同,然后改拨。若沙咸瘠薄,当准已拨为定。"制曰:"可。"

　　六年,召为礼部尚书,兼侍讲、同修国史。秘书监进《太一新历》,诏行简校之。七年,上遣中使冯贤童以实封御扎赐行简曰:"朕念镐、郑二王误干天常,自贻伊戚。藁葬郊野,多历年所,朕甚悼焉。欲追复前爵,备礼改葬,卿可详阅唐贞观追赠隐、巢,并前代故事,密封以闻。"又曰:"欲使石古乃于威州择地营葬,岁时祭奠,兼命卫王诸子中立一人为郑王后,谨其祭祀。此事既行,理须降诏,卿草诏文大意,一就封进。"行简乃具汉淮南历王长、楚王英、唐隐太子建成、巢剌王元吉、谯王重福故事为奏,并进诏草,遂施行焉。累迁太子太保、翰林学士承旨,尚书、修史如故。

贞祐初,转太子太傅,上书论议和事,其略曰:"东海郡侯尝遣约和,较计细故,迁延不决。今都城危急,岂可拒绝。臣愿更留圣虑,包荒含垢,以救生灵。或如辽、宋相为敌国,岁奉币帛,或二三年以继。选忠实辨捷之人,往与议之,庶几有成,可以纾患。"是时,百官议者,虽有异同,大概以和亲为主焉。庄献太子葬后,不置宫师官,升承旨为二品,以宠行简,兼职如故。

三年七月,朝廷备防秋兵械,今内外职官不以丁忧致仕,皆纳弓箭。行简上书曰:"弓箭非通有之物,其清贫之家及中下监当,丁忧致仕,安有所谓如法军器。今绳以军期,补弊修坏,以求应命而已,与仓猝制造何以异战。若于随州郡及猛安谋克人户拘括,择其佳者贾之,不足则令职输所贾之价,庶不扰而事可办。"左丞相伏散端、平章政事高琪、尽忠、右丞贾益谦皆曰:"丁忧致仕者可以免此。"权参政乌古论德升曰:"职官久享爵禄,军兴以来,曾无寸补,况事已行而复改,天下何所取信。"是议也,丁忧致仕官竟得免。是岁,卒,赠银青荣禄大夫,谥文正。

行简端悫慎密,为人主所知。自初入翰林,至太常、礼部,典贡举终身,缙绅以为荣。与弟行信同居数十年,人无间言。所著文章十五卷,《礼例纂》一百二十卷,会同、朝献、禘祫、丧葬,皆有记录,及《清台》、《皇华》、《戒严》、《为善》、《自公》等记,藏于家。

赞曰:张昉、行简世为礼官,世习礼学。其为礼也,行于家庭,讲于朝廷,施用于邻国,无不中度。古者官有世掌,学有专门,金诸儒臣,唯张氏父子庶几无愧于古乎。

贾益谦字彦亨,沃州人也,本名守谦,避哀宗讳改焉。大定十年词赋进士,历仕州郡,以能称。明昌间,入为尚书省令史,累迁左司郎中。章宗谕之曰:"汝自知除至居是职,左司事不为不练,凡百官行止、资历固宜照勘,勿使差缪。若武库署直长移剌郝自平定州军事判官召为典舆副辖,在职才五月,降授门山县簿尉。朕比阅贴黄,行止乃俱书作一十三月,行止尚如此失实,其如选法何?盖是汝不用心致然尔。今姑杖知除掾,汝勿复犯之。”

五年,为右谏议大夫,上言:“提刑司官不须遣监察体访,宜据其任内行事,考其能否而升黜之。”上曰:“卿之言其有所见乎?”守谦对曰:“提刑官若不称职,众所共知,且其职与监察等,臣是故言之。”上嘉纳焉。是年夏,上将幸景明宫清暑,守谦连上疏,极谏之。上御后阁,召守谦入对,称旨。进兼尚书吏部侍郎。时镐王以疑忌下狱,上怒甚,朝臣无敢言者。守谦上章论其不可,言极恳切。上谕之曰:“汝言诸王皆有觊心,而游其门者不无横议。此何等语,固当罪汝。以汝前言事亦有当处,故免。”既而以议镐王事有违上意,解职,削官二阶。承安元年七月,降为宁化州刺史。五年八月,改为山东路按察使,转河北西路转运使。泰和三年四月,召为御史中丞。四年三月,出为定武军节度使。

八年六月,复为御史中丞。八月,改吏部尚书。九月,诏守谦等一十三员分诣诸路,与本路按察司官一员同推排民户物力。上召见于香阁,谕之曰:“朕选卿等随路推排,除推收外,其新强、销乏户,虽集众推唱,然销乏者勿销不尽,如一户元物力三百贯,今蠲减二百五十贯,犹有不能当。新强者勿添尽,量存气力,如一户添三百贯而止添二百贯之类。卿等宜各用心。百姓应当赋役,十年之间,利害非细。苟不称所委,治罪当不轻也。”寻出知济南府,移镇河中。大安末,拜参知政事。贞祐二年二月,改河东南路安抚使,俄知彰德府。

三年,召为尚书省右丞。会宣宗始迁汴梁,益谦乃建言:“汴之形势,惟恃大河。今河朔受兵,群盗并起,宜严河禁以备不虞,凡自北来而无公凭者勿听渡。”是时,河北民迁避河南者甚众。侍御史刘元规上言:“侨户宜与土民均应差役。”上留中,而自以其意问宰臣。丞相端、平章尽忠以为便。益谦曰:“侨户应役,甚非计也。盖河北人户本避兵而来,兵稍息即归矣。今旅寓仓皇之际,无以为生,若又与地著者并应供亿，必骚动不能安居矣。岂主上矜恤流亡之意乎。"上甚嘉赏，曰："此非朕意也。"因出元规章示之。三年八月，进拜尚书左丞。四年正月，致仕；居郑州。

兴定五年正月，尚书省奏："《章宗实录》已进呈，卫王事迹亦宜依《海陵庶人实录》，纂集成书，以示后世。"制可。初，胡沙虎弑卫王，立宣宗，一时朝臣皆谓卫王失道，天命绝之，虎实无罪，且有推戴之功，独张行信抗章言之，不报，举朝遂以为讳。及是，史官谓益谦尝事卫王，宜知其事，乃遣编修一人就郑访之。益谦知其旨，谓之曰："知卫王莫如我。然我闻海陵被弑而世宗立，大定三十年，禁近能暴海陵蛰恶者，辄得美仕。故当时史官修实录多所附会。卫王为人勤俭，慎惜名器，较其行事，中材不及者多矣。吾知此而已，设欲饰吾言以实其罪，吾亦何惜余年。"朝议伟之。正大三年，年八十，薨。三子，贤卿、颐卿、翔卿，皆以门资入仁。

赞曰：贾益谦于卫绍王，可谓尽事君之义矣。海陵之事，君子不无憾焉。夫正隆重之为恶，暴其大者斯亦足矣。中冓之丑史不绝书，诚如益谦所言，则史亦可为取富贵之道乎？噫，其甚矣。传曰："不有废者，其何以兴。"

刘炳，葛城人。每读书，见前古忠臣烈士为国家画策虑万世安，辄叹息景慕。贞祐三年，中进士第，即日上书条便宜十事：

其一曰，任诸王以镇社稷。臣观往岁，王师屡战屡衄，率皆自败。承平日久，人不知兵，将帅非才，既无靖难之谋，又无效死之节，外托持重之名，而内为自安之计，择骁果以自随，委疲懦以临阵，阵势稍动，望尘先奔，士卒从而大溃。朝廷不加诘问，辄为益兵。是以法度日紊，仓庾日虚，闾井日凋，土地日蹙。自大驾南巡，远近相望，益无固志。吏任河北者以为不幸，逡巡退避，莫之敢前。昔唐天宝之末，洛阳、潼关相次失守，皇舆夜出，向非太子回趋灵武，率先诸将，则西行之士当终老于剑南矣。臣愿陛下择诸王之英明者，总监天下之兵，北驻重镇，移檄远近，戒以军政。则四方闻风者皆将自奋，前死不避。折冲厌难，无大于此。夫人情可以气激不可以力使，一卒先登，则万夫齐奋，此古人所以先身教而后威令也。

二曰，结人心以固基本。天子惠人，不在施予，在于除其同患，因所利而利之。今艰危之后，易于为惠，因其欲安而慰抚之，则忠诚亲上之心，当益加于前日。臣愿宽其赋役，信其号令，凡事不便者一切停罢。时遣重臣按行郡县，延见耆老，问其疾苦，选廉正，黜贪残，拯贫穷，恤孤独，劳来还定，则效忠徇义，无有二志矣。故曰安民可与行义，危民易与为乱，惟陛下留神。

三曰，广收人材以备国用。备岁寒者必求貂狐，适长涂者必畜骐骥。河南、陕西，车驾临幸，当有以大慰士民之心。其有操行为民望者，稍擢用之，平居可以励风俗，缓急可以备驱策。昭示新恩，易民观听，阴系天下之心也。

四曰，选守令以安百姓。郡守、县令，天子所恃以为治，百姓所依以为命者也。今众庶已弊，官吏庸暗，无安利之才，贪暴昏乱，与奸为市，公有斗粟之赋，私有万钱之求，远近嚣嚣，无所控告。自今非才器过人，政迹卓异者，不可使在此职。亲勋故旧，虽望隆资高，不可使为长吏。则贤者喜于殊用，益尽其能，不肖者愧慕而思自励矣。

五曰，褒忠义以励臣节。忠义之士，奋身效命，力尽城破而不少屈。事定之后，有司略不加省，弃职者愿以恩贷，死事者反不见录，天下何所慕惮，而不为自安之计邪？使为臣者皆知杀身之无益，临难可以苟免，甚非国家之利也。

六曰，务农力本以广蓄积。此最强兵富民之要术，当今之急务也。

七曰，崇节俭以省财用。今海内虚耗，田畴荒芜，废奢从俭以纾生民之急，无先于此者。

　　八曰，去冗食以助军费。兵革之后，人物凋丧者十四五，郡县官吏署置如故，甚非审权救弊之道。

　　九曰，修军政以习守战。自古名将料敌制胜，训练士卒，故可使赴汤蹈火，百战不殆。孔子曰："以不教民战，是谓弃之。"兵法曰："器械不利，以其卒与敌也。卒不服习，以其将与敌也。将不知兵，以其主与敌也。主不择将，以其国与敌也。"可不慎哉。

　　十曰，修城池以备守御。保障国家，惟都城与附近数郡耳。北地不守，是无河朔矣，黄河岂足恃哉。

　　书奏，宣宗异焉。复试之曰："河北城邑，何术可保？兵民杂居，何道可和？钞法如何而通？物价如何而平？"炳对大略以审择守将则城邑固，兵不侵民则兵民和，敛散相权则钞法通，劝农薄赋则物价平。宣宗虽异其言，而不能用，但补御史台令史而已。

　　论曰：刘炳可谓能言之士矣。宣宗召试既不失对，而以一台令史赏之，足以倡士气乎？

　　术虎高琪或作高乞，西北路猛安人。大定二十七年充护卫，转十人长，出职河间都总管判官，召为武卫军铃辖，迁宿直将军，除建州刺史，改同知临洮府事。

　　泰和六年，伐宋，与彰化军节度副使把回海备巩州诸镇，宋兵万余自巩州辘轳岭入，高琪奋击破之，赐银百两、重彩十端。青宜可内附，诏知府事石抹仲温与高琪俱出界，与青宜可合兵进取。诏高琪曰："汝年尚少，近闻与宋人力战奋勇，朕甚嘉之。今与仲温同行出界，如其成功，高爵厚禄，朕不吝也。"

　　诏封吴曦为蜀国王，高琪为封册使。诏戒谕曰："卿读书解事，蜀人亦识威名，勿以财贿动心，失大国体。如或随去奉职有违礼生事，卿与乔宇体察以闻。"使还，加都统，号平南虎威将军。

　　宋安丙遣李孝义率步骑三万攻秦州，先以万人围皂角堡，高琪赴之。宋兵列阵山谷，以武车为左右翼，伏弩其下来逆战。既合，宋兵阳却。高琪军见宋兵伏不得前，退整阵，宋兵复来。凡五战，宋兵益坚，不可以得志。高琪分骑为二，出者战则止者俟，止者出则战者还，还者复出以更。久之，遣薄察桃思剌潜兵上山，自山驰下合击，大破宋兵，斩首四千级，生擒数百人，李孝义乃解围去。宋兵三千致马连寨以窥湫池，遣夹谷福寿击走之，斩七百余级。

大安三年，累官泰州刺史，以纥军三千屯通玄门外。未几，升缙山县为镇州，以高琪为防御使，权元帅右都监，所部纥军赏赉有差。至宁元年八月，尚书左丞完颜纲将兵十万行省于缙山，败绩。贞祐初，迁元帅右监军。闰月，诏高琪曰："闻军事皆中覆，得无失机会乎？自今当即行之，朕但责成功耳。"

是月，被诏自镇州移军守御中都迤南，次良乡不得前，乃还中都。每出战辄败，纥石烈执中戒之曰："汝连败矣，若再不胜，当以军法从事。"及出果败，高琪惧诛。十月辛亥，高琪自军中入，遂以兵围执中第，杀执中，持其首诣阙待罪。宣宗赦之，以为左副元帅，一行将士迁赏有差。丙寅，诏曰："胡沙虎畜无君之心，形迹露见，不可尽言。武卫副使提点近侍局庆山奴、近侍局使斜烈、直长撒合辇累曾陈奏，方慎图之。斜烈漏此意于按察判官胡鲁，以告翰林待制讹出，讹出达于高琪，今月十五日将胡沙虎戮讫。惟兹臣庶将恐有疑，肆降札书，不匿厥旨。"论者谓高琪专杀，故降此诏。顷之，拜平章政事。

宣宗论马政，顾高琪曰："往岁市马西夏，今肯市否？"对曰："木波畜马甚多，市之可得，括缘边部落马，亦不少矣。"宣宗曰："尽括边马，缓急如之何？"阅三日，复奏曰："河南镇防二十余军，计可得精骑二万，缓急亦足用。"宣宗曰："马虽多，养之有法，习之有时，详谕所司令加意也。"贞祐二年十一月，宣宗问高琪曰："所造军器往往不可用，此谁之罪也？"对曰："军器美恶在兵部，材物则户部，工匠则工部。"宣宗曰："治之！且将败事。"宣宗问杨安儿事，高琪对曰："贼方据险，臣令主将以石墙围之，势不得出，擒在旦夕矣。"宣宗曰："可以急攻，或力战突围，我师必有伤者。"

应奉翰林文字完颜素兰自中都议军事还，上书求见，乞屏左右。故事，有奏密事辄屏左右。先是，太府监丞游茂以高琪威权太重，中外畏之，常以为忧，因入见，屏人密奏，请裁抑之。宣宗曰："既委任之，权安得不重？"茂退不自安，复欲结高琪，诣其第上书曰："宰相自有体，岂可以此生人主之疑，招天下之议。"恐高琪不相信，复曰："茂尝间见主上，实恶相公权重。相公若能用茂，当使上下不疑，而下无所议。"高琪闻茂尝请间屏人奏事，疑之，乃具以闻。游茂论死，诏免死，杖一百，除名。自是凡屏人奏事，必令近臣一人侍立。及素兰请密，召至近侍局，给笔札，使书所欲言。少顷，宣宗御便殿见之，惟留近侍局直长赵和和侍立。素兰奏曰："日者，元帅府议削伯德文哥兵权，朝廷乃诏领义军。改除之命拒而不受，元帅府方欲讨捕，朝廷复赦之，且不令隶元帅府。不知谁为陛下画此计者，臣自外风闻皆出平章高琪。"宣宗曰："汝保以知此事出于高琪？"素兰曰："臣见文哥与永清副提控刘温牒云，差人张希韩至自南京，道副枢平章处分，已奏令文哥录大名行省，毋遵中都帅府约束。温即具言于帅府。然则，文哥与高琪计结，明矣。"上颔之。素兰复奏曰："高琪本无勋望，向以畏死擅杀胡沙虎，计出于无聊耳。妒贤能，树党与，窃弄威权，自作威福。去岁，都下书生樊知一诣高琪，言纠军不可信，恐生乱。高琪以刀杖决杀之，自是无复敢言军国利害者。使其党移剌塔不也为武宁军节度使，招纠军，已而无功，复以为武卫军使。以臣观之，此贼灭乱纪纲，戕害忠良，实有不欲国家平治之意。惟陛下断然行之，社稷之福也。"宣宗曰："朕徐思之。"素兰出，复戒曰："慎无泄也。"

四年十月，大元大兵取潼关，次嵩、汝间，待阙台院令史高巎上书曰："向者河朔败绩，朝廷不时出应，此失机会一也。及深入吾境，都城精兵无虑数十万，若效命一战，必无今日之忧，此失机会二也。既退之后，不议追袭，此失机会三也。今已度关，不亟进御，患益深矣。乞命平章政事高琪为帅，以厌众心。"不报。御史台言："兵逾潼关、崤、渑，深入重地，近抵西郊。彼知京师屯宿重兵，不复叩城索战，但以游骑遮绝道路，而别兵攻击州县，是亦困京师之渐也。若专以城守为事，中都之危又将见于今日，况公私蓄积视中都百不及一，此臣等所为寒心也。不攻京城而纵其别攻州县，是犹火在腹心，拨置于手足之上，均一身也，愿陛下察之。请以陕西兵扼拒潼关，与右副元帅薄察阿里不孙为掎角之势，选在京勇敢之将十数人，各付精兵数千，随宜伺察，且战且守，复谕河北，亦以此待之。"诏付尚书省，高琪奏曰："台官素不习兵，备御方略，非所知也。"遂寝。高琪止欲以重兵屯驻南京以自固，州郡残破不复恤也。宣宗惑之，计行言听，终以自毙。

未几，进拜尚书右丞相，奏曰："凡监察有失纠弹者从本法。若人使入国，私通言语，说知本国事情，宿卫、近侍官、承应人出入亲王、公主、宰执之家，灾伤阙食，体究不实，致伤人命，转运军储，而有私载，及考试举人关防不严者，并的杖。在京犯至两次者，台官减监察一等论赎，余止坐专差者。任满日议定升降。若任内有漏察之事应的决者，依格虽为称职，止从平常，平常者从降罚。"制可。高琪请修南京里城，宣宗曰："此役一兴，民滋病矣。城虽完固，能独安乎！"

初，陈言人王世安献攻取盱眙、楚州策，枢密院奏乞以世安为招抚使，选谋勇二三人同往淮南，招红祆贼及淮南宋官。宣宗可其奏，诏泗州元帅府遣人同往。兴定元年正月癸未，宋贺正旦使朝辞，宣宗曰："闻息州透漏宋人，此乃彼界饥民沿淮为乱，宋人何敢犯我？"高琪请伐之以广疆土。上曰："朕但能守祖宗所付足矣，安事外讨。"高琪谢曰："今雨雪应期，皆圣德所致。而能包容小国，天下幸甚，臣言过矣。"四月，遣元帅左都监乌古论庆寿、鉴枢密院事完颜赛不经略南边，寻复下诏罢兵，然自是与宋绝矣。

兴定元年十月，右司谏许古劝宣宗与宋议和，宣宗命古草牒，以示宰臣，高琪曰："辞有哀祈之意，自示微弱不足取。"遂寝。集贤院谘议官吕鉴言："南边屯兵数十万，自唐、邓至寿、泗沿边居民逃亡殆尽，兵士亦多亡者，亦以人烟绝少故也。臣尝比监息州榷场，每场所获布帛数千匹、银数百两,大计布帛数万匹、银数千两,兵兴以来俱失之矣。夫军民有逃亡之病,而国家失日获之利,非计也。今隆重冬冱寒,吾骑得骋,当重兵屯境上,驰书谕之,诚为大便。若俟春和,则利在于彼,难与议矣。昔燕人获赵王,赵遣辩士说之,不许,一牧竖请行,赵王乃还。孔子失马,驭卒之。人无贵贱,苟中事机,皆可以成功。臣虽不肖,愿效牧竖驭卒之智,伏望宸断。”诏问尚书省。高琪曰:“鉴狂妄无稽,但其气岸可尚,宜付陕西行省备任使。”制可。十二月,胥鼎谏伐宋,语在《鼎传》。高琪曰:“大军已进,无复可议。”遂寝。

二年,胥鼎上书谏曰:“钱谷之冗,非九重所能兼,天子总大纲,责成功而已。”高琪曰:“陛下法上天行健之义,忧勤庶务,夙夜不遑,乃太平之阶也。鼎言非是。”宣宗以南北用兵,深以为忧,右司谏吕造上章:“乞诏内外百官各上封事,直言无讳。或时召见,亲为访问。陛下博采兼听,以尽群下之情,天下幸甚。”宣宗嘉纳,诏集百官议河北、陕西守御之策。高琪心忌之,不用一言。是时,筑汴京城里城,宣宗问高琪曰:“人言此役恐不能就,如何?”高琪曰:“终当告成,但其濠未及浚耳。”宣宗曰:“无濠可乎?”高琪曰:“苟防城有法,正使兵来,臣等愈得效力。”宣宗曰:“与其临城,曷若不令至此为善。”高琪无以对。

高琪自为宰相,专固权宠,擅作威福,与高汝砺相唱和。高琪主机务,高汝砺掌利权,附己者用,不附己者斥。凡言事忤意,及负材力或与己颉顽者,对宣宗阳称其才,使干当于河北,阴置之死地。自不兼枢密元帅之后,常欲得兵权,遂力劝宣宗伐宋。置河北不复为意,凡精兵皆置河南,苟且岁月,不肯辄出一卒,以应方面之急。

平章政事英王守纯欲发其罪,密召右司员外郎王阿里、知案蒲鲜石鲁剌、令史蒲察胡鲁谋之。石鲁剌、胡鲁以告尚书省都事仆散奴失不,仆散奴失不以告高琪。英王惧高琪党与,遂不敢发。顷之,高琪使奴赛不杀其妻,乃归罪于赛不,送开封府杀之以灭口。开封府畏高琪,不敢发其实,赛不论死。事觉,宣宗久闻高琪奸恶,遂因此事诛之，时兴定三年十二月也，尚书省都事仆散奴失不以英王谋告高琪，论死。蒲鲜石鲁剌、蒲察胡鲁各杖七十，勒停。

初，宣宗将迁南，欲置乣军于平州，高琪难之。及迁汴，戒象多厚抚此军，象多辄杀乣军数人，以至于败。宣宗末年尝曰："坏天下者，高琪、象多也。"终身以为恨云。

移剌塔不也，东北路猛安人。明昌元年，累官西上阁门使。二年，袭父谋克。泰和伐宋，有功，遥授同知庆州事，权迪列乣详稳。丁父忧，起复西北路招讨判官，改尚辇局使、曹王傅。贞祐二年，迁武宁军节度使，招徕中都乣军，无功，平章高琪疵之，召为武卫军都指挥使。应奉翰林文字完颜素兰尝面奏高琪党比，语在《高琪传》。寻知河南府事，兼副统军，徙彰化军节度使。上言："尽籍山东、河间、大名猛安人为兵，老弱城守，壮者捍御。"又言："河东地险人勇，步兵为天下冠，可尽调以戍诸隘。"从之。自是河东郡县屯兵少，不可守矣。改知临洮府事，兼陕西副统军。

贞祐三年十一月，破夏兵于熟羊寨。平章高琪率宰臣入贺曰："塔不也以少败众，盖陛下威德所致。"宣宗曰："自古兴国皆赖忠贤，今兹立功，皆将率诸贤之力也。"乃以塔不也为劝农使，兼知平凉府事，进阶银青荣禄大夫。四年，伐西夏，攻威、灵、安、会等州。兴定元年，知庆阳府事。三年，迁元帅左都监，卒。

论曰：高琪擅杀执中，宣宗不能正其罪，又曲为之说，以诏臣下。就其事论之，人君欲诛大臣，而与近侍密谋于宫中，已非其道。谋之不密，又为外臣所知，以告败军之将，因杀之以为说，此可欺后世邪。金至南渡，譬之尫羸病人，元气无几。琪喜吏而恶儒，好兵而厌静，沮迁乣之议，破和宋之谋，正犹缪医，投以乌喙、附子，祗速其亡耳。使宣宗于擅杀之日，即能伸大义而诛之，何至误国如是邪。"

金史卷一○七
列传第四五

高汝砺　　张行信

　　高汝砺字岩夫，应州金城人。登大定十九年进士第，莅官有能声。明昌五年九月，章宗诏宰执，举奏中外可为刺史者，上亲阅阙点注，盖取两员同举者升用之。于是，汝砺自同知绛阳军节度事起为石州刺史。承安元年七月，入为左司郎中。一日奏事紫宸殿，时侍臣皆回避，上所御凉扇忽堕案下，汝砺以非职不敢取以进。奏事毕，上谓宰臣曰："高汝砺不进扇，可谓知体矣。"

　　未几，擢为左谏议大夫。以赋调军须，郡县有司或不得人，追胥走卒利其事急，规取货赂，深为民害，建言"自今若因兵调发，有犯者乞权依'推排受财法'治之，庶使小人有所畏惧"。二年六月，定制，因军前差发受财者，一贯以下徒二年，以上徒三年，十贯处死，从汝砺之言也。

　　时遇奏事，台臣亦令回避，汝砺乃上言："国家置谏臣以备侍从，盖欲周知时政以参得失，非徒使排行就列而已。故唐制，凡中书、门下及三品以上入阁，必遣谏官随之，俾预闻政事，冀其有所开说。今省台以下，遇朝奏事则一切回避，与诸侍卫之臣旅进旅退。殿廷论事初莫得闻，及其已行，又不详其始末，遂事而谏，欺亦难矣。顾谏职为何如哉？若曰非材，择人可也，岂可置之言责而疏远若此。乞自今以往，有司奏事谏官得以预闻，庶望少补。且修注之职，掌记言动，俱当一体。"上从之。

又言："年前十月尝举行推排之法,寻以逾时而止,诚知圣上爱民之深也。切闻周制,以岁时定民之人寡,辨物之多少,入其数于小司徒,以施政教,以行征令,三年则天下大比,按为定法。伏自大定四年通检前后,迄今三十余年,其间虽两经推排,其浮财物力,惟凭一时小民之语以为增减,有司惟务速定,不复推究其实。由是豪强有力者符同而幸免,贫弱寡援者抑屈而无诉。况近年以来,边方屡有调发,贫户益多。如止循例推排,缘去岁条理已行,人所通知,恐新强之家预为请嘱狡猾之人,冀望至时同辞推唱。或虚作贫乏,故以产业低价质典,及将财物徙置他所,权止营运。如此奸弊百端,欲望物力均一,难矣。欲革斯弊,莫若据实通检,预令有司照勘大定四年条理,严立罪赏,截日立取限,关防禁约。其间有可以轻重者斟酌行之,去烦碎而就简易,戒搔扰而事镇静,使富者不得以苟避,困者有望于少息,则赋税易办,人免不均之患矣。"诏尚书省俟边事息行之。

是岁十月,上谕尚书省,遣官诣各路通检民力,命户部尚书贾执刚与汝砺先推排在都两警巡院,令诸路所差官视以为法焉。寻为同知大兴府事。四年十二月,为陕西东路转运使。泰和元年七月,改西京路转运使。二年正月,为北京临潢府路按察使。四年二月,迁河北西路转运使。十一月,进中都路都转运使。

六年六月,拜户部尚书。时钞法不能流转,汝砺随事上言,多所更定,民甚便之,语在《食货志》。上嘉其议,勅尚书省曰:"内外百官所司不同,比应诏言事者不啻千数,俱不达各司利害,汗漫陈说,莫能详尽。近惟户部尚书高汝砺,论本部数事,并切事情,皆已行之。其谕内外百司各究利害举明,若可举而不即申闻,以致上司举行者,量制其罚。"

贞祐二年六月,宣宗南迁,次邯郸,拜汝砺为参知政事。次汤阴,上闻汴京谷价腾踊,虑扈从人至则愈贵,问宰臣何以处之。皆请命留守司约束,汝砺独曰:"物价低昂,朝夕或异,然籴多粜少则贵,盖诸路之人辐凑河南,籴者既多,安得不贵。若禁止之,有物之家皆将闭而不出,商旅转贩亦不复入城,则籴者益急而贵益甚矣。事有难易,不可不知,今少而难得者谷也,多而易致者钞也,自当先其所难,后其所易,多方开诱,务使出粟更钞,例谷价自平矣。"上从之。

三年五月,朝廷议徙河北军户家属于河南,留其军守卫郡县,汝砺言:"此事果行,但便于豪强家耳,贫户岂能徙。且安土重迁,人之情也。今使尽赴河南,彼一旦去其田园,扶携老幼,驱驰道路,流离失所,岂不可怜。且所过百姓见军户尽迁,必将惊疑,谓国家分别彼此,其心安得不摇。况军人已去其家,而令护卫他人,以情度之,其不肯尽心必矣。民至愚而神者也,虽告以卫护之意,亦将不信,徒令交乱,俱不得安,此其利害所系至重。乞先令诸道元帅府、宣抚司、总管府熟论可否,如无可疑,然后施行。"不报。

军户既迁,将括地分授之,未有定论,上敕尚书省曰:"北兵将及河南,由是尽起诸路军户,共图保守。今既至矣,粮食所当必与,然未有以处之。可分遣官聚耆老问之,其将益赋,或与之田,二者孰便。"又以谕汝砺。既而所遣官言:"农民并称,比年以来租赋已重,若更益之,力实不足,不敢复佃官田,愿以给军。"于是汝砺奏:"迁徙军户,一时之事也。民佃官田,久远之计也。河南民地、官田、计数相半。又多全佃官田之家,坟茔、庄井俱在其中。率皆贫民,一旦夺之,何以自活。夫小民易动难安,一时避赋,遂有此言。及其与人,即前日之主今还为客,能勿悔乎,悔则忿心生矣。如山东拨地时,腴田沃壤尽入势家,瘠恶者及付贫户。无益于军,而民则有损,至于互相憎疾,今犹未已,前事不远,足为明戒。惟当倍益官租,以给军粮之半,复以系官荒田、牧马草地量数付之,令其自耕,则百姓免失业之艰,而官司不必为厉民之事矣。且河南之田最宜麦,今雨泽沾足,正播种之时,诚恐民疑以误岁计,宜早决之。"上从其请。

寻迁尚书右丞。时上以军户地当拨付,使得及时耕垦,而汝砺复上奏曰:"在官荒田及牧马地,民多私耕者。今正艺麦之时,彼知将以与人,必皆弃去,军户虽得,亦已逾时,徒成旷废。若候毕功而后拨,量收所得,以补军储,则公私俱便。乞尽九月然后遣官。"十月,汝砺言:"今河北军户徙河南者几百万口,人日给米一升,岁率三百六十万石,半给其直犹支粟三百万石。河南租地计二十四万顷,岁征粟才一百五十六万有奇,更乞于经费之外倍征以给,仍以系官闲田及牧马地可耕者界之。"奏可。乃遣右司谏冯开等分诣诸郡就给之,人三十亩,以汝砺总之。既而,括地官还,皆曰:"顷亩之数甚少,且瘠恶不可耕。计其可耕者均以与之,人得无几,又僻远处不免徙就之,军人皆以为不便。"汝砺遂言于上,诏有司罢之,但给军粮之半,而半折以实直焉。

四年正月,拜尚书左丞,连上表乞致仕,皆优诏不许。会朝廷议发兵河北,护民艾麦,而民间流言谓官将尽取之。上闻,以问宰职曰:"为之奈何?"高琪等奏:"若令枢密院遣兵居其冲要,镇遏土寇,仍许收逃户之田,则军民两便。或有警急,军士亦必尽心。"汝砺曰:"甚非计也。盖河朔之民所恃以食者惟此麦耳。今已有流言,而复以兵往,是益使之疑惧也。不若听其自便,令宣抚司禁戢无赖,不致侵扰足矣。逃户田令有司收之,以充军储可也。乃诏遣户部员外郎裴满蒲剌都阅视田数,及访民愿发兵以否,还奏:"臣西由怀、孟,东抵曹、单,麦苗苦亦无多,讯诸农民,往往自为义军。臣即宣布朝廷欲发兵之意,皆感戴而不愿也。"于是罢之。

汝砺以数乞致仁不从,乃上言曰:"立非常之功,必待非常之人。今大兵既退,正完葺关隘、简练兵士之时,须得通敏经纶之才预为筹画,俾济中兴。伏见尚书左丞兼行枢密副使胥鼎,才擅众长,身兼数器乞召还朝省。"不从。时高琪欲从言事者岁阅民田征租,朝廷将从之。汝砺言:"臣闻治大国者若烹小鲜,最为政之善喻也。国朝自大定通检后,十年一推物力,惟其贵简静而重劳民耳。今言者请如河北岁括实种之田,计数征敛,即是常时通检,无乃骇人视听,使之不安乎。且河南、河北事体不同,河北累经劫掠,户口亡匿,田畴荒废,差调难依元额,故为此权宜之法,盖军储不加多,且地少而易见也。河南自车驾巡幸以来,百姓凑集,凡有闲田及逃户所弃,耕垦殆遍,各承元户输租,其所征敛皆准通推之额,虽军马益多,未尝阙误，讵宜一概动扰。若恐豪右蔽匿而逋征赋，则有司检括亦岂尽实。但严立赏罚，许其自首，及听人告捕，犯者以盗军储坐之，地付告者，自足使人知惧，而赋悉入官，何必为是纷纷也。抑又有大不可者三，如每岁检括，则忧田春量，秋田夏量，中间杂种亦且随时量之，一岁中略无休息，民将厌避，耕种失时，或止耕膏腴而弃其余，则所收仍旧而所输益少，一不可也。检括之时，县官不能家至户到，里胥得以暗通货赂，上下其手，虚为文具，转失其真，二不可也。民田与军田犬牙相错。彼或阴结军人以相冒乱，而朝廷止凭有司之籍，倘使临时少于元额，则资储阙误必矣，三不可也。夫朝廷举事，务在必行，既行而复中止焉，是岂善计哉。"议遂寝。

兴定元年十月，上疏曰："言者请姑与宋人议和以息边民，切以为非计。宋人多诈无实，虽与文移往来，而边备未敢遽撤。备既不撤，则议和与否盖无以异。或复蔓以浮辞，礼例之外别有求索，言涉不逊，将若之何？或曰'大定间亦尝先遣使，今何不可'。切谓时殊事异，难以例言。昔海陵师出无名，曲在于我，是以世宗即位，首遣高忠建等报谕宋主，罢淮甸所侵以修旧好。彼随遣使来，书辞慢易，不复奉表称臣，愿还故疆为兄弟国。虽其枢密院与我帅府时通书问，而侵轶未尝已也。既而，征西元帅合喜败宋将吴璘、姚良辅于德顺、原州，右丞相仆散忠义、右副元帅纥石烈志宁败李世辅于宿州，斩首五万，兵威大振。世宗谓宰臣曰'昔宋人言遣使请和，乘吾无备遂攻宿州，今为我军大败，杀戮过当，故不敢复通问。朕哀南北生灵久困于兵，本欲息民，何较细故，其令帅移书宋人以议和好。'宋果遣使告和，以当时堂堂之势，又无边患，竟免其奉表称臣之礼。今宋弃信背盟，侵我边鄙，是曲在彼也。自若请和，于理为顺，岂当先发此议而自示弱耶？恐非徒无益，反招谤侮而已。"

十一月，汝砺言："臣闻国以民为基，民以财为本，是以王者必先爱养基本。国家调发，河南为重，所征税租率常三倍于旧。今省部计岁收通宝不敷所支，乃于民间科敛桑皮故纸钱七千万贯以补之。近以通宝稍滞，又加两倍。河南人户，农民居三之二，今税租犹多未足,而此令复出,彼不枭所当输租,则必减其食以应之。夫事有难易,势有缓急。今急用而难得者刍粮也。出于民力,其来有限,可缓图。而易为者钞法也,行于国家,其变无穷。向者大钞滞更为小钞,小钞弊改为宝券,宝券不行易为通宝,从权制变皆由于上,尚何以烦民为哉。彼悉力以奉军储已患不足,而又添征通宝,苟不能给,则有逃亡。民逃亡则农事废,兵食何自而得。有司不究远图而贪近效,不固本原而较末节,诚恐军储、钞法两有所妨。臣非于钞法不为意也,非与省部故相违也,但以钞法稍滞物价稍增之害轻,民生不安军储不给之害重耳。惟陛下外度事势,俯察臣言,特命有司减免,则群心和悦,而未足之租有所望矣。"

时朝廷以贾全、苗道润等相攻不和,将分畀州县、别署名号以处之。汝砺上书曰:"甚非计也。盖河北诸帅多本土义军,一时权为队长,亦有先尝叛亡者,非若素宦于朝,知礼义、识名分之人也。贪暴不法,盖无足怪。朝廷以时方多故,姑牢笼用之,庶使遗民少得安息。彼互相攻劫则势浸弱,势力既弱则朝廷易制。今若分地而与之,州县官吏得辄署置,民户税赋得擅征收,则地广者日益强,狭者日益弱。久之,弱者皆并于强,强者之地不可复夺,是朝廷愈难制也。昔唐分河朔地授诸叛将,史臣谓其护养孽萌以成其祸,此可为今日大戒也。不若姑令行省羁縻和辑,多方牵制使之不得逞。异时边事稍息,气力渐完,若辈又何足患哉。"议遂寝。

上尝谓汝砺曰:"朕每见卿侍朝,恐不任其劳,许坐殿下,而卿终不从何哉?夫君臣相遇贵在诚实,小谨区区朕固不较也。"汝砺以君臣之分甚严,不敢奉命。

三年,河南颇丰稔,民间多积粟,汝砺乃奏曰:"国家之务莫重于食,今所在屯兵益众,而修筑新城其费亦广,若不及此丰年多方营办,防秋之际或乏军兴。乞于河南州府验其物价低昂,权宜立式,凡内外四品以下杂正班散官及承荫人,免当暴使监官功酬,或僧道官师德号度牒、寺观院额等,并听买之。司县官有能劝诱输粟至三千石者,将来注授升本榜首,五千石以上迁官一阶,万石以上升职一等，并注见阙。庶几人知劝慕，多所收获。"上从之。

同提举榷货司王三锡建议榷油，高琪以用度方急，劝上行之。汝砺上言曰："古无榷法，自汉以来始置盐铁酒榷均输官，以佐经费。末流至有算舟车、税间架，其征利之术固已尽矣，然亦未闻榷油也。盖油者世所共用，利归于公则害及于民，故古今皆置不论，亦厌苛细而重烦扰也。国家自军兴，河南一路岁入税租不啻加倍，又有额征诸钱、横泛杂役，无非出于民者，而更议榷油，岁收银数十万两。夫国以民为本，当此之际民可以重困乎。若从三锡议，是以举世通行之货为榷货，私家常用之物为禁物，自古不行之法为良法，切为圣朝不取也。若果行之，其害有五，臣请言之。河南州县当立务九百余所，设官千八百余员，而胥隶工作之徒不与焉。费既不赀，而又创搆屋宇，夺买作具，公私俱扰，殆不胜言。至于提点官司有升降决罚之法，其课一亏必生抑配之弊，小民受病益不能堪，其害一也。夫油之贵贱所在不齐，惟其商旅转贩有无相易，所以其价常平，人易得之。今既设官各有分地，辄相侵犯者有罪，是使贵处常贵而贱处常贱，其害二也。民家日用不能躬自沽之，而转鬻者增取利息，则价不得不贵，而用不得不难，其害三也。监、铁、酒、醋，公私所造不同，易于分别，惟油不然，莫可辨记。今私造者有刑，捕告者有赏，则无赖辈因之得以诬搆良民枉陷于罪，其害四也。油户所置屋宇、作具，用钱已多，有司按业推定物力，以给差赋。今夺其具、废其业而差赋如前，何以自活，其害五也，惟罢之便。"上是之，然重违高琪意，乃诏集百官议于尚书省。户部尚书高霦、工部侍郎粘割荆山、知开封府事温迪罕二十等二十六人议同高琪，礼部尚书杨云翼、翰林侍读学士赵秉文、南京路转运使赵瑄、吏部侍郎赵伯成、刑部郎中姬世英、右司谏郭著、提举仓场使时戬皆以为不可。上曰："古所不行者而今行之，是又生一事也，其罢之。"

十月，赐金鼎一、重弊三。四年三月，拜平章政事，俄而进拜尚书右丞相，监修国史，封寿国公。五年二月，上表乞致政，不许。九月，上谕汝砺曰："昨日视朝，至午方罢。卿老矣，不任久立，奏事毕，用宝之际,可先退坐,恐以劳致疾,反妨议政也。"是月,复乞致仕,上谕之曰:"丞相之礼尽矣,然今廷早臣谁如丞相者,而必欲求去乎,姑留辅朕可也。"十月,躐迁荣禄大夫,仍谕曰:"丞相数求去,朕以社稷事重,故坚留之。丞相老矣,而官犹未至二品,故特升两阶。"十二月,上复谕曰:"向朕以卿年老,视朝之日侍立为劳,令用宝时退坐廊下,而卿违之,复侍立终朝,岂有司不为设榻耶,卿其勉从朕意。"元光元年四月,汝砺跪奏事,上命起曰:"卿大臣也,所言皆社稷计。朕之责卿惟在尽诚,何事小谨,自今勿复尔也。"

七月,上谓宰臣曰:"昔有言世宗太俭者,或曰不尔则安得广畜积。章宗时用度甚多,而得不阙乏者,盖先朝有以遗之也。"汝砺因进言曰:"俭乃帝王大德,陛下言及此,天下福也。"九月,上又谓宰臣曰:"有功者虽有微过亦当贷之,无功者岂可贷耶。然有功者人喜谤议。凡有以功过言于朕者,朕必深求其实,虽近侍为言不敢轻信,亦未尝徇一己之爱憎也。"汝砺因对曰:"公生明,偏生暗。凡人多徇爱憎,不合公议,陛下圣明,故能如是耳。"

二年正月,复乞致政,上面谕曰:"今若从卿,始终之道俱尽,于卿甚安,在朕亦为美事。但时方多故,而朕复不德,正赖旧人辅佐,故未能遂卿高志耳。"汝砺固辞,竟不许,因谓曰:"朕每闻人有所毁誉,必求其实。"汝砺对曰:"昔齐威王封即墨大夫,烹阿大夫及左右之尝毁誉者,由是群臣恐惧,莫敢饰非,齐国大治。陛下言及此,治安可期也。"二月,上以汝厉年高,免朝拜,侍立久则憩于殿下,仍敕有司设榻焉。三月,又乞致仕,复优诏不许。上谓群臣曰:"人有才堪任事,而处心不正者,终不足贵。"汝砺对曰:"其心不正而济之以才,所谓虎而翼者也,虽古圣人亦未易知。"上以为然,他日复谓宰臣曰:"凡人处心善良而行事忠实,斯为难得。若言巧心伪,亦复何用。然善良者,人又多目为平常。汝砺对曰:"人才少全,亦随其所长取之耳。"上然之。五月,上问宰执以修完京城楼橹事,汝砺奏:"所用皆大木,顾今难得,方令计置。"上曰:"朕宫中别殿有可用者即用之。"汝砺对以不宜毁,上曰:"所居之外,毁亦何害,不愈于劳民远致乎。"

哀宗初即位,谏官言汝砺欺君固位,天下所共嫉,宜黜之以厉百官。哀宗曰:"昔惠帝言,我不如高帝,当守先帝法耳。汝砺乃先帝立以为相者,又可黜欤。"又有投匿名书云:"高某不退当杀之。"汝砺因是告老,优诏不许。正大元年三月,薨,年七十一,配享宣宗庙。

为人慎密廉洁,能结人主知,然规守格法,循嘿避事,故为相十余年未尝有遣诃。贪恋不去,当时士论颇以为讥云。

张行信字信甫,先名行忠,避庄献太子讳,改焉。行简弟也。登大定二十八年进士第,累官铜山令。明昌元年,以廉擢授监察御史。泰和三年,同知山东西路转运使,俄签河东路按察司事。四年四月,召见于泰和殿,行信因言二事,一依旧移转吏目以除民害,一徐、邳地下宜麦,税粟许纳麦以便民。上是其言,令尚书省议行之。

崇庆二年,为左谏议大夫。时胡沙虎已除名为民,赂遗权贵,将复进用。举朝无敢言者,行信乃上章曰:"胡沙虎残忍凶悖,跋扈强梁,媚结近习,以图称誉。自其废黜,士庶莫不忻悦。今若复用,惟恐为害更甚前日,况利害之机更有大于此者。"书再上,不报。及胡沙虎弑逆,人甚危之,行信坦然不顾也。

是岁九月,宣宗即位,改元贞祐。行信以皇嗣未立,无以系天下之望,上疏曰:"自古人君即位,必立太子以为储副,必下诏以告中外。窃见皇长子每遇趋朝,用东宫仪卫,及至丹墀,还列诸王班。况已除侍臣,而今未定其礼,可谓名不正言不顺矣。昔汉文帝元年,首立子启为太子者,所以尊祖庙、重社稷也。愿与大臣详议,酌前代故事,早下明诏,以定其位,慎选宫僚,辅成德器,则天下幸甚。"上嘉纳之。

胡沙虎诛,上封事言正刑赏,辞载《胡沙虎传》。又言:"自兵兴以来,将帅甚难其人,愿陛下令重臣各举所知,才果可用,即赐召见,褒显奖谕,令其自效,必有夺命报国者。昔李牧为赵将,军功爵赏皆得自专，出攻入守不从中覆，遂能北破大敌，西抑强秦。今命将若不以文法拘绳、中旨牵制，委任责成，使得尽其智能，则克复之功可望矣。"上善其言。时方擢任王守信、贾耐儿者为将，皆鄙俗不材、不晓兵律，行信惧其误国，上疏曰："《易》称'开国承家，小人勿用'。圣人所以垂戒后世者，其严如此。今大兵纵横，人情汹惧，应敌兴理非贤智莫能。狂子庸流，猥蒙拔擢，参预机务，甚无谓也。"于是，上皆罢之。

权元帅右都监内族讹可率兵五千护粮通州，遇兵辄溃，行信上章曰："御兵之道，无过赏罚，使其临敌有所慕而乐于进，有所畏而不敢退，然后将士用命而功可成。若讹可败衄，宜明正其罪，朝廷宽容，一切不问，臣恐御兵之道未尽也。"诏报曰："卿意具悉，讹可等已下狱矣。"

时中都受兵，方遣使请和，握兵者畏缩不敢战，曰"恐坏和事"。行信上言："和与战二事本不相干，奉使者自专议和，将兵者惟当主战，岂得以和事为辞。自崇庆来，皆以和误，若我军时肯进战，稍挫其锋，则和事成也久矣。顷北使既来，然犹破东京，略河东。今我使方行，将帅则按兵不动，于和议卒无益也。事势益急，刍粮益艰，和之成否盖未可知，岂当闭门坐守以待弊哉。宜及士马尚壮，择猛将锐兵，防卫转输，往来拒战，使之少沮，则附近蓄积皆可入京师，和议亦不日可成矣。"上心知其善而不能行。

二年三月，以朝廷括粮恐失民心，上书言："近日朝廷令知大兴府胥鼎便宜计画军食，鼎因奏许人纳粟买官。既又遣参知政事奥屯忠孝括官民粮，户存两月，余悉令输官，酬以爵级银钞。时有粟者或先具数于鼎，未及入官。忠孝复欲多得以明己功，凡鼎所籍者不除其数，民甚苦之。今米价踊贵，无所从籴，民粮止两月又夺之，将不独归咎有司，亦怨朝廷不察也。大兵在迩，人方危惧，若复无聊，或生他变，则所得不偿所损矣。"上深善其言，即命与近臣往审处焉。仍谕忠孝曰："极知卿尽心于公，然国家本欲得粮，今既得矣，姑从人便可也。"四月，迁山东东路按察使，兼转运使，仍权本路宣抚副使。将行，求入见，上御便殿见之。奏曰："臣伏见奥屯忠孝饰诈不忠，临事惨刻，与胡沙虎为党。"历数其罪，且曰："无事时犹不容一相非才，况今多故，可使斯人与政乎？愿即罢之。"上曰："朕始即位，进退大臣自当以礼，卿语其亲知，讽令求去可也。"行信以告右司郎中把胡鲁白忠孝，忠孝不恤也。

三年二月，改安武军节度使，兼冀州管内观察使。始至，即上书言四事，其一曰："杨安儿贼党旦暮成擒，盖不足虑。今日之急，惟在收人心而已。向者官军讨贼，不分善恶，一概诛夷，劫其资产，掠其妇女，重使居民疑畏，逃聚山林。今宜明敕有司，严为约束，毋令劫掠平民。如此则百姓无不安之心，奸人诳胁之计不行，其势渐消矣。"其二曰："自兵乱之后，郡县官豪，多能纠集义徒，摧击土寇，朝廷虽授以本处职任，未几遣人代之。夫旧者人所素服，新者未必皆才，缓急之间，启衅败事。自今郡县阙员，乞令尚书省选人拟注。其旧官，民便安者宜就加任使，如资级未及，令摄其职，待有功则正授。庶几人尽其才，事易以立。"其三曰："掌军官敢进战者十无一二，其或有之，即当责以立功，不宜更授他职。"其四曰："山东军储皆鬻爵所获，及或持敕牒求仕，选曹以等级有不当鬻者往往驳退。夫鬻所不当，有司罪也，彼何责焉。况海岱重地，群寇未平，田野无所收，仓廪无所积，一旦军饷不给，复欲鬻爵，其谁信之。"朝廷多用其议。八月，召为吏部尚书。九月，改户部尚书。十二月，转礼部尚书，兼同修国史。

四年二月，为太子少保，兼前职。时尚书省奏："辽东宣抚副使完颜海奴言，参议官王浍尝言，本朝绍高辛，黄帝之后也。昔汉祖陶唐，唐祖老子，皆为立庙。我朝迄今百年，不为黄帝立庙，无乃愧于汉、唐乎。"又云："本朝初兴，旗帜尚赤，其为火德明矣。主德之祀，阙而不讲，亦非礼经重祭祀之意。臣闻于浍者如此，乞朝廷议其事。"诏问有司，行信奏曰："按《始祖实录》止称自高丽而来，未闻出于高辛。今所据欲立黄帝庙，黄帝高辛之祖，借日绍之，当为木德，今乃言火德，亦何谓也。况国初太祖有训，因完颜部多尚白，又取金之不变,乃以大金为国号,未尝议及德运。近章宗庙始集百僚议之,而以继亡宋火行之绝,定为土德,以告宗庙而诏天下焉。顾浍所言特狂妄者耳。"上是之。

八月,上将袝享太庙,诏依世宗十六拜之礼。行信与官参定仪注,上言宜从四十四拜之礼,上嘉纳焉,语在《礼志》。祭毕,赐行信宝券二万贯、重币十端,谕之曰:"太庙拜礼,朕初欲依世宗所行,卿进奏章,备述随室读祝,殊为中理。向非卿言,朕几失之,故特以是旌赏,自今每事更宜尽心。"是年十二月,行信以父昈卒,去官。

兴定元年三月,起复旧职,权参知政事。六月,真拜参知政事。时高琪为相,专权用事,恶不附己者,衣冠之士动遭窘辱,惟行信屡引旧制力抵其非。会宋兵侵境,朝廷议遣使详问,高琪等以为失体,行信独上疏曰:"今以遣使为不当,臣切惑之。议者不过曰:'遣使则为先示弱,其或不报,报而不逊,则愈失国体。'臣独以为不然。彼幸吾衅隙,数肆侵掠,边臣以兵却之复来,我大国不责以辞而敌以兵,兹非示弱乎。至于问而不报,报而不逊,曲自在彼,何损于我。昔大定之初,彼尝犯顺,世宗虽遣丞相乌者行省于汴,实令元帅撒合辇先为辞诘之,彼遂伏罪。其后宋主夺取国书,朝廷复欲加兵,丞相娄室独以为不可,及刑部尚书梁肃衔命以往,寻亦屈焉。在章宗时,猖狂最甚,犹先理问而后用兵。然则遣使详问正国家故事,何失体之有。且国步多艰,戍兵滋久,不思所以休息之,如民力何。臣书生无甚高论,然事当机会,不敢不罄其愚,惟陛下察之。"上复令尚书省议,高琪等奏:"行信所言固遵旧制,然今日之事与昔不同。"诏姑待之。已而,高汝砺亦上言先遣使不便,议遂寝,语在《汝砺传》。

时监察御史多被的决,行信乃上言曰:"大定间,监察坐罪大抵收赎,或至夺俸,重则外降而已,间有的决者皆在为而然。当时执政程辉已尝面论其非是,又有敕旨,监察职主弹劾,而或看循者,非谓凡失察皆然也。近日无问事之大小、情之轻重,一概的决,以为大定故实、先朝明训,过矣。"于是诏尚书省更定监察罪名制。

史馆修《章宗实录》,尚书省奏:"旧制,凡修史,宰相执政皆预焉。然女直、汉人各一员。崇庆中,既以参知政事梁璙兼之,复命翰林承旨张行简同事,盖行简家学相传,多所考据。今修《章宗实录》,左丞汝砺已充兼修,宜令参知政事行信同修如行简例。"制可。

二年二月,出为彰化军节度使,兼泾州管内观察使,谕之曰:"初,朕以朝臣多称卿才,乃令参决机务。而廷议之际,每不据正,妄为异同,甚非为相之道。复闻迩来殊不以干当为意,岂欲求散地故耶。今授此职,卿宜悉之。"初,内族合周避敌不击,且诡言密奉朝旨,下狱当诛。诸皇族多抗表乞从末减,高琪以为自古犯法无告免者,行信独曰:"事无古今,但合周平昔忠孝,或可以免。"又以行信族弟行贞居山东,受红袄贼伪命,枢密院得宋人书,有干涉行信事,故出之。其子莒,时为尚书省令史,亦命别加注授焉。

初,行信言:"今法,职官论罪,多从的决。伏见大定间世宗敕旨,职官犯故违圣旨,徒年、杖数并的决。然其后三十余年,有司论罪,朱尝引用,盖非以久为例之事也。乞详定之。"行信既出,上以其章付尚书省。至是,宰臣奏:"自今违奏条之所指挥、及诸条格,当坐违制旨者,其徒年、杖数论赎可也。特奉诏旨违者,依大定例。"制可。行信法未久,上尝谕宰臣曰:"自张行信黜,卿等遂缄默,此殊非是。行信事,卿等具知,岂以言之故耶。自今宜各尽言,毋复畏忌。"

行信始至泾,即上书曰:"马者甲兵之本,方军旅未息,马政不可缓也。臣自到泾,闻陕右豪民多市于河州,转入内地,利盖百倍。及见省差买马官平凉府判官乌古论桓端市于洮州,以银百铤几得马千匹,云生羌木波诸部蕃族人户畜牧甚广。盖前所遣官或抑其直,或以势陵夺,遂失其和,且常患银少,所以不能多得也。又闻蕃地今秋薄收,鬻马得银辄以易粟。冬春之交必艰食,马价甚低。乞令所司辇银粟于洮、河等州,选委知蕃情、达时变如桓端者贸易之。若捐银万两,可得良马千匹,机会不可失,惟朝廷亟图之。"

又曰:"比者沿边战士有功,朝廷遣使宣谕,赐以官赏,莫不感戴圣恩,愿出死力,此诚得激劝之方也。然赠遣使者或马或金,习以为常,臣所未谕也。大定间,尝立送宣礼,自五品以上各有定数,后竟停罢。况今时务与昔不同，而六品以下及止迁散官者，亦不免馈献，或莫能办，则敛所部以应之，至有因而获罪者。彼军士效死立功，仅蒙恩赏，而反以馈献为苦，是岂朝廷之意哉。乞令有司依大定例，参以时务，明立等夷，使取予有限，无伤大体，则上下两得矣。"

又曰："近闻保举县令，特增其俸，此朝廷为民之善意也。然自关以西，尚未有到任者，远方之民不能无望，岂举者犹寡，而有所不敷耶。乞诏内外职事官，益广选举，以补其阙，使天下均受其赐，且丞、簿、尉皆亲民，而独不增俸，彼既不足以自给，安能禁侵其牟乎。或谓国用方阙，不宜虚费，是大不然。夫重吏禄者，固使之不扰民也，民安则国定，岂为虚费。诚能裁减冗食，不养无用之人，亦何患乎不足。今一军充役，举家廪给，军既物故，给其子弟，感悦士心，为国尽力耳。至于无男丁而其妻女犹给之，此何谓耶？自大驾南巡，存赡者已数年，张颐待哺，以困农民。国家粮储常患不及，愿乃久养此老幼数千万口，冗食虚费，正在是耳。如即罢之，恐其失所，宜限以岁月，使自为计，至期而罢，复将何辞。"上多采纳焉。

元光元年正月，迁保大军节度使，兼鄜州管内观察使。二月，改静难军节度使，兼邠州管内观察使。未几，致仕。哀宗即位，征用旧人，起为尚书左丞，言事稍不及前，人望颇减。寻复致仕家居，惟以抄书教子孙为事，葺园池汴城东，筑亭号"静隐"，时时与侯挚辈游咏其间。正大八年二月乙丑，薨于嵩山崇福宫，年六十有九。初游嵩山，尝曰："吾意欲主此山"，果终于此。

为人纯正真率，不事修饰，虽两登相位，殆若无官然。遇事辄发，无所畏避，第奏事上前，旁人为动色，行信处之坦如也。及薨之日，虽平昔甚媢忌者，亦曰正人亡矣。初至汴，父昈以御史大夫致仕犹康健，兄行简为翰林学士承旨，行信为礼部尚书，诸子侄多中第居官，当世未之有也。

赞曰：高汝砺祗身清慎，练达事宜，久居相位，虽为大夫士所鄙，而人主宠遇不衰。张行信砺志謇谔，言无避忌，然一筮政涂，便多坎壈，及其再用，论事稍不及前，岂以汝砺为真可法耶。宣宗伐宋本非万全之策，行信谏，汝砺不谏，又沮和议。胡沙虎之恶未著，行信两疏击之。汝砺与高琪共事，人疑其党附。优劣可概见于斯矣。

金史卷一〇八
列传第四六

胥鼎　侯挚　把胡鲁
师安石

　　胥鼎字和之，尚书右丞持国之子也，大定二十八年擢进士第，入官以能称，累迁大理丞。承安二年，持国卒，去官。四年，尚书省起复为著作郎。上曰："鼎故家子，其才如何？"宰臣奏曰："为人甚干济。"上曰："著作职闲，缘今无他阙，姑授之。"未几，迁右司郎中，转工部侍郎。泰和六年，鼎言急递铺转送文檄之制，上从之，时以为便。至宁初，中都受兵，由户部尚书拜参知政事。

　　贞祐元年十一月，出为泰定军节度使，兼兖州管内观察使，未赴，改知大兴府事，兼中都路兵马都总管。二年正月，鼎以在京贫民阙食者众，宜立法振救，乃奏曰："京师官民有能赡给贫人者，宜计所赡迁官升职，以劝奖之。"遂定权宜鬻恩例格，如进官升职、丁忧人许应举求仕、官监户从良之类，入粟草各有数，全活甚众。四月，拜尚书右丞，仍兼知府事。五月，宣宗将南渡，留为汾阳军节度使，兼汾州管内观察使。十一月，改知平阳府事，兼河东南路兵马都总管，权宣抚使。

　　三年四月，建言利害十三事，若积军储、备黄河、选官谳狱、简将练卒、钞法、版籍之类，上颇采用焉。又言："平阳岁再被兵，人户散亡，楼橹修缮未完，衣甲器械极少，庾廪无两月食。夏田已为兵蹂，复不雨，秋种未下。虽有复业残民，皆老幼，莫能耕种，岂足征求。比闻北方刘伯林聚兵野狐岭，将深入平阳、绛、解、河中，遂抵河南。战御有期，储积未备，不速错置，实关社稷生灵大计。乞降空名宣敕一千、紫衣师德号度牒三千，以补军储。”上曰："鼎言是也，有司其如数亟给之。”

七月，就拜本路宣抚使，兼前职。朝廷欲起代州戍兵五千，鼎上言："岭外军已皆南徙，代为边要，正宜益兵保守，今更损其力，一朝兵至，何以待之。平阳以代为藩篱，岂可撤去。”尚书省奏宜如所请，诏从之。又言："近闻朝廷令臣清野，切谓臣所部乃河东南路，太原则北路也，大兵若来，必始于北，故清野当先北而后南。况北路禾稼早熟，其野既清，兵无所掠，则势当自止。不然，南路虽清，而谷草委积于北，是资兵而召之南也。臣已移文北路宣抚司矣，乞更诏谕之。”既而大兵果出境，赐诏奖谕曰："卿以文武之才，膺兵民之寄，往镇方面，式固边防，坐释朕忧，孰如卿力。益懋忠勤之节，以收绥静之功，仰副予心，嗣有后宠。”寻以能设方略退兵，进官一阶。

十月，鼎上言："臣所将义军，皆从来背本趋末、勇猛凶悍、盗窃亡命之徒，苟无训练统摄官以制之，则朋聚党植，无所不至。乞许臣便宜置总领义军使、副及弹压，仍每五千人设训练一员，不惟预为防闲，使有畏忌，且令武艺精熟，人各为用。”上从之。

四年正月，大兵略霍、吉、隰三州，已而步骑六万围平阳，急攻者十余日，鼎遣兵屡却之，且上言："臣以便宜立官赏，预张文榜，招还胁从人七千有奇，续至者又六千余，俱令复业。窃谓凡被俘未归者，更宜多方招诱，已归者所居从便，优加存恤，无致失所。”制可。二月，拜枢密副使，权尚书左丞，行省于平阳。时鼎方抗表求退，上不许，因进拜焉，且遣近侍谕曰："卿父子皆朕所知，向卿执政时，因有人言，遂以河东事相委，果能勉力以保无虞。方国家多难，非卿孰可倚者。卿退易耳，能勿虑社稷之计乎。今特授卿是任，咫尺防秋，更宜悉意。”

时河南粟麦不令兴贩渡河，鼎上言曰："河东多山险，平时地利不遗，夏秋荐熟，犹常藉陕西、河南通贩物斛。况今累值兵戎，农民浸少,且无雨雪,阙食为甚。又解州屯兵数多,粮储仅及一月。伏见陕州大阳渡、河中大庆渡皆邀阻粟麦,不令过河,臣恐军民不安,或生内患,伏望朝廷听其输贩,以纾解州之急。"从之。

又言:"河东兵革之余,疲民稍复,然丁牛既少,莫能耕稼,重以亢旱蝗螟,而馈饷所须,征科颇急,贫无依者俱已乏食,富户宿藏亦盗发,盖绝无而仅有焉,其憔悴亦已甚矣。有司宜奉朝廷德意,以谋安集,而潞州帅府遣官于辽、沁诸郡搜括余粟,悬重赏诱人告讦,州县惮帅府,鞭箠械系,所在骚然,甚可怜悯。今大兵既去,惟宜汰冗兵,省浮费,招集流亡,劝督农事。彼不是务,而使疮痍之民重罹兹苦,是兵未来而先自弊也。愿朝廷亟止之,如经费果阙,以恩例劝民入粟,不犹愈于强括乎。"又言:"霍州回牛、凤栖岭诸厄,戍卒几四千。今兵既去而农事方兴,臣乞量留侦候,余悉遣归,有警复征。既休民力,且省县官,万一兵来,亦足御遏。举一事而获二利,臣敢以为请。"诏趣行之。

又言:"河东两路农民浸少,而兵戍益多,是以每岁粮储常苦不继。臣切见潞州元帅府虽设鬻爵恩例,然条目至少,未尽劝诱之术,故进献者无几。宜增益其条,如中都时,仍许各路宣抚司俱得发卖,庶几多获贮储,以济不给。"于是尚书省更定制奏行焉。

又言:"交钞贵于通流,今诸路所造不敷所出,苟不以术收之,不无阙误。宜从行省行部量民力征敛,以裨军用。河中宣抚司亦以宝券所支已多,民不贵,乞验民贫富征之。虽然,陕西若一体征收,则彼中所有日凑于河东,其与不敛何异。又河北宝券以不许行于河南,由是愈滞,将误军储而启衅端。"时以河北宝券商旅赍贩南渡,致物价翔贵,权限路分行用,因鼎有言,罢之。

又言:"比者朝廷命择义军为三等,臣即檄所司,而潞帅必兰阿鲁带言:'自去岁初置帅府时已按阅本军,去其冗者。部分既定,上下既亲,故能所向成功。此皆血战之余,屡试可者。且又父子兄弟自相赴援,各顾其家,心一而力齐,势不可离。今必析之,将互易而不相谙矣。国家粮储常恐不继,岂容侥冒,但本府兵不至是耳。况潞州北即为异境,日常备战,事务方殷,而分别如此,彼居中下者皆将气挫心懈而不可用,虑恐因得测吾虚实。且义军率皆农民,已各散归田亩,趋时力作。若征集之,动经旬日,农事废而岁计失矣。乞从本府所定,无轻变易。'臣切是其言。"时阿鲁带奏亦至,诏遂许之。

又言:"近侦知北兵驻同、耀,窃虑梗吾东西往来之路,遂委河中经略使陀满胡土门领军赴援。今兵势将叩关矣,前此臣尝奏闻,北兵非止欲攻河东,陕西,必将进取河南。虽已移文陕州行院陕西邻境。惧令设备,恐未即遵行。乞诏河南行院统军司,议所以御备之策。"上以示尚书省,宰臣奏:"兵已逾关,惟宜严责所遣帅臣趋迎击之,及命鼎益兵渡河以掣其肘。"制可。既而鼎闻大兵已越关,乃急上章曰:"臣叨蒙国恩擢列枢府,凡有戎事,皆当任之。今入河南,将及畿甸,岂可安据一方,坐视朝廷之急,而不思自奋以少宽陛下之忧乎。去岁颁降圣训,以向者都城被围四方无援为恨,明敕将帅,若京师有警,即各提兵奔赴,其或不至自有常刑。臣已奉诏,先遣潞州元帅左监军必兰阿鲁带领军一万,孟州经略使徒单百家领兵五千,由便道济河以趋关、陕,臣将亲率平阳精兵直抵京师,与王师相合。"又奏曰:"京师去平阳千五百余里,倘俟朝廷之命图入援,须三旬而后能至,得无失其机耶。臣以身先士卒倍道兼行矣。"上嘉其意,诏枢府督军应之。

初,鼎以将率兵赴援京师,奏乞委知平阳府事王质权元帅左监军,同知府事完颜僧家奴权右监军,以镇守河东,从之。至是,鼎拜尚书左丞,兼枢密副使。是时,大兵已过陕州,自关以西皆列营栅,连亘数十里。鼎虑近薄京畿,遂以河东南路怀、孟诸兵合万五千,由河中入援,又遣遥授河中府判官仆散扫吾出领军趋陕西,并力御之。且虑北兵扼河,移檄绛、解、吉、隰、孟州经略司,相与会兵以为夹攻之势。已而北兵果由三门、集津北渡而去。

鼎复上言:"自兵兴以来,河北溃散军兵、流亡人户,及山西、河东老幼,俱徙河南。在处侨居,各无本业,易至动摇。窃虑有司妄分彼此，或加迫遣，以致不安。今兵日益盛，将及畿甸，倘复诱此失职之众使为乡导，或驱之攻城，岂不益资其力。乞朝廷遣官抚尉，及今所司严为防闲，庶几不至生衅。"上从其计，遣监察御史陈规等充安抚捕盗官，巡行郡邑。大兵还至平阳，鼎遣兵拒战，不利乃去。

兴定元年正月，上命鼎选兵三万五千，付陀满胡土门统之西征。至是，鼎驰奏以为非便，略曰："自北兵经过之后，民食不给，兵力未完。若又出师，非独馈运为劳，而民将流亡，愈至失所。或宋人乘隙而动，复何以制之，此系国家社稷大计。方今事势，止当御备南边，西征未可议也。"遂止。是月，进拜平章政事，封莘国公。又上奏曰："臣近遣太原、汾、岚官军以备西征，而太原路元帅左监军乌古论德升以状白臣，甚言其失计。臣愚以为德升所言可取，敢具以闻。"诏付尚书省议之，语在《德升传》。三月，鼎以祖父名章，乞避职，诏不从。

朝廷诏鼎举兵伐宋，且令勿复有言以沮成算。鼎已分兵由秦、巩、凤翔三路并进，乃上书曰："窃怀愚恳，不敢自默，谨条利害以闻。昔泰和间，盖尝南伐，时太平日久，百姓富庶，马蕃军锐，所谓万全之举也，然犹亟和，以偃兵为务。大安之后，北兵大举，天下骚然者累年，然军马气势视旧才十一耳。至于器械之属亦多损弊，民间差役重繁，浸以疲乏，而日勤师旅，远近动摇，是未获一敌而自害者众，其不可一也。今岁西北二兵无入境之报，此非有所惮而不敢也，意者以去年北还，姑自息养，不然则别部相攻，未暇及我。如闻王南征，乘隙并至，虽有潼关、大河之险，殆不足恃，则三面受敌者首尾莫救，得无贻后悔乎？其不可二也。凡兵雄于天下者，必其士马精强，器械犀利，且出其不备而后能取胜也。宋自泰和再修旧好，练兵峙粮，缮修营垒，十年于兹矣。又车驾至汴益近宋境，彼必朝夕忧惧，委曲为防。况闻王师已出唐、邓，必徙民渡江，所在清野，止留空城，使我军无所得，徒自劳费，果何益哉？其不可三也。宋我世仇，比年非无恢复旧疆、洗雪前耻之志，特畏吾威力，不能窥其虚实，故未敢轻举。今我军皆山西、河北无依之人，或招还逃军，胁从归国，大抵乌合之众，素非练习，而遽使从戎，岂能保其决胜哉。虽得其城，内无储蓄，亦何以守。以不练乌合之军，深入敌境，进不得食，退无所掠，将复遁逃啸聚为腹心患，其不可四也。发兵进讨，欲因敌粮，此事不可必者。随军转输，则又非民力所及。沿边人户虽有恒产，而赋役繁重，不胜困惫，又凡失业寓河南者，类皆衣食不给。贫穷之迫，盗所由生，如宋人阴为招募，诱以厚利，使为乡导，伺我不虞突而入寇，则内有叛民，外有勍敌，未易图之，其不五也。今春事将兴，若进兵不还，必违农时，以误防秋之用，此社稷大计，岂特疆场利害而已哉，其不可六也。臣愚以为止当遴选材武将士，分布近边州郡，敌至则追击，去则力田，以广储蓄。至于士气益强，民心益固，国用丰饶，自可恢廓先业，成中兴之功，一区区之宋何足平乎。”诏付尚书省，宰臣以为诸军既进，无复可议，遂寝。

　　既而元帅承裔等取宋大散关，上谕鼎曰：“所得大散关，可保则保，不可则焚毁而还。”于是鼎奏：“臣近遣官问诸帅臣，皆曰散关至蓥关诸隘，其地远甚，中间堡垒相望，如欲分屯非万人不可。而又有恒州、虢县所直数关，宋兵皆固守如旧，缓急有事当复分散关之兵。余众数少必不能支，而凤翔，恒、陇亦无应援，恐两失之。且比年以来，民力困于调度，今方春农事已急，恐妨耕垦，不若焚毁此关，但屯边隘以张其势，彼或来侵，互相应援易为力也。”制可。

　　二年四月，鼎乞致仕，上遣近侍谕曰：“卿年既耄，朕非不知，然天下事方有次第，卿旧人也，姑宜勉力以终之。”鼎以宣宗多亲细务，非帝王体，乃上奏曰：“天下之大，万机之众，钱谷之冗，非九重所能兼，则必付之有司，天子操大纲、责成功而已，况今多故，岂可躬亲细务哉？惟陛下委任大臣，坐收成算，则恢复之期不远矣。”上览其奏不悦，谓宰臣曰：“朕惟恐有怠，而鼎言如此何耶？”高琪奏曰：“圣主以宗庙社稷为心，法上天行健之义，忧勤庶政，夙夜不遑，乃太平之阶也。鼎言非是。”上喜之。

　　三年正月，上言：“沿边州官既有减定资历月日之格，至于掌兵及守御边隘者，征行暴露，备历艰险，宜一体减免，以求激劝。”从之。二月，上言：“近制，军前立功犯罪之人，行省、行院、帅府不得辄行诛赏。夫赏由中出则恩有所归，兹固至当。至于部分犯罪，主将不得施行，则下无所畏而令莫得行矣。”宰臣难之，上以问枢密院官，对如鼎言，乃下诏，自今四品以下皆得裁决。

　　时元帅内族承裔、移剌粘何伐宋，所下城邑多所焚掠，于是鼎上言：“承裔等奉诏宣扬国威，所谓‘吊民伐罪’者也。今大军已克武体，将至兴元。兴元乃汉中、西蜀喉衿之地，乞谕帅臣，所得城邑姑无焚掠，务慰抚之。诚使一郡帖然，秋毫不犯，则其余三十军，将不攻自下矣。若拒王师，乃宜有戮。”上甚是其言，遂诏谕承裔。鼎以年老屡上表求致仕，上谓宰臣曰：“胥鼎以老求退，朕观其精力未衰，已遣人往慰谕之。鼎尝荐把胡鲁，以为过己远甚，欲以自代。胡鲁固佳，至于驾驭人材，处决机务，不及鼎多矣。”俄以伐宋有功，迁官一阶。

　　八月，上言：“臣奉诏兼节制河东，近晋安帅府令百里内止留桑枣果木，余皆伐之。方今秋收，乃为此举以夺其事，既不能御敌而又害民，非计也。且一朝警急，其所伐木岂能尽去，使不资敌乎。他木虽伐，桑枣舍屋独非木乎，此殆徒劳。臣已下帅府止之，而左都监完颜闾山乃言尝奉旨清野，臣不知其可。”诏从鼎便宜规画。是时，大元兵大举入陕西，鼎多料敌之策，朝臣或中沮之，上谕枢密院官曰：“胥鼎规画必无谬误，自今卿等不须指授也。”寻又遣谕曰：“卿专制方面，凡事得以从宜规画，又何必一一中覆，徒为逗留也。”

　　四年，进封温国公，致仕，诏谕曰：“卿屡求退，朕初不许者，俟其安好，复为朕用尔。今从卿请，仍可来居京师，或有大事得就谘决也。”五年三月，上遣近侍谕鼎及左丞贾益谦曰：“自去冬至今，雨雪殊少，民心不安，军用或阙，为害甚重。卿等皆名臣故老，今当何以处之。欲召赴尚书省会议，恐与时相不合，难于面折，故令就第延问，其悉意以陈，毋有所隐。”元光元年五月，上敕宰相曰：“前平章胥鼎、左丞贾益谦、工部尚书札里吉、翰林学士勃迭，皆致政老臣，经练国事，当邀赴省与议利害。”仍遣侍官分诣四人者谕意焉。

六月，晋阳公郭文振奏："河朔受兵有年矣，向皆秋来春去，今已盛暑不回，且不嗜戕杀，恣民耕稼，此殆不可测也。枢府每檄臣会合府兵进战，盖公府虽号分封，力实单弱，且不相统摄，方自保不暇，朝廷不即遣兵为援，臣恐人心以谓举弃河北，甚非计也。伏见前平章政事胥鼎，才兼将相，威望甚隆，向行省河东，人乐为用。今虽致政，精力未衰，乞付重兵，使总制公府，同力战御，庶几人皆响应，易为恢复，惟陛下图之。"

明年，宣宗崩，哀宗即位。正大二年，起复，拜平章政事，进封英国公，行尚书省于卫州。鼎以衰病辞，上谕曰："卿向在河东，朝廷倚重。今河朔州郡多归附，须卿图画。卿先朝大臣必济吾事，大河以北，卿皆节制。"鼎乃力疾赴镇，来归者益众。鼎病不能自持，复申前请，优诏不许。三年，复上章请老，且举朝贤练军政者自代。诏答曰："卿往在河东，残破孤危，殆不易保，卿一至而定。迄卿移镇，敌不复侵。何乃过为嫌避？且君臣均为一体，朕待下亦岂自殊，自外之语殆为过计。况余人才力孰可副卿者。卿年高久劳于外，朕岂不知，但国家百年积累之基，河朔亿万生灵之命，卿当勉出壮图，同济大事。"鼎奉诏惶惧不敢退。是年七月，薨。

鼎通达吏事，有度量，为政镇静，所在无贤不肖皆得其欢心。南渡以来，书生镇方面者，惟鼎一人而已。

侯挚初名师尹，避讳改今名，字莘卿，东阿人。明昌二年进士，入官慷慨有为。承安间，积迁山东路盐使司判官。泰和元年，以课增四分，特命迁官二阶。八年七月，追官一阶，降授长武县令。初，挚为户部主事，与王说规措西北路军储以代张炜，挚上章论本路财用不实，至是降除焉。贞祐初，大兵围燕都，时挚为中都曲使，请出募军，已而婴城有功，擢为右补阙。二年正月，诏挚与少府监丞李迥秀分诣西山招抚。宣宗南渡，转劝农副使，提控紫荆等关。俄迁行六部侍郎。三年四月，同签枢密院阿勒根讹论等以谓"今车驾驻南京，河南兵不可易动，且兵不在多，以将为本。侯挚有过人之才，倘假以便宜之权,使募兵转粮,事无不克,可升为尚书,以总制永锡、庆寿两军。”于是以挚为太常卿,行尚书六部事,往来应给之。

挚遂上章言九事,其一曰:“省部所以总天下之纪纲,今随路宣差便宜、从宜,往往不遵条格,辄匆付六部及三品以下官,其于纪纲岂不紊乱,宜革其弊。”其二曰:“近置四帅府,所统兵校不为不众,然而弗克取胜者,盖一处受敌,余徒傍观,未尝发一卒以为援,稍见小却,则弃戈遁去,此师老将怯故也。将将之道,惟陛下察之。”其三曰:“率兵御寇,督民运粮,各有所职,本不可以兼行,而帅府每令杂进,累遇寇至,军未战而丁夫已遁,行伍错乱,败之由也。夫前阵虽胜,而后必更者,恐为敌所料耳,况不胜哉。用兵尚变,本无定形,今乃因循不改覆辙,臣虽素不知兵,妄谓率由此失。”其四曰:“雄、保、安肃诸郡据白沟、易水、西山之固,今多阙员,又所任者皆柔懦不武,宜亟选勇猛才干者分典之。”其五曰:“漳水自卫至海,宜沿流设备,以固山东,使力穑之民安服田亩。”其六曰:“近都州县官吏往往逋逃,盖以往来敌中失身者多,兼转输频并,民力困弊,应给不前复遭责罚,秩满乃与他处一体计资考,实负其人。乞诏有司优定等级,以别异之。”其七曰:“兵威不振,罪在将帅轻敌妄举,如近日李英为帅,临阵之际酒犹未醒,是以取败。臣谓英既无功,其滥注官爵并宜削夺。”其八曰:“大河之北,民失稼穑。官无俸给,上下不安,皆欲逃窜。加以溃散军卒还相剽掠,以致平民愈不聊生。宜优加矜恤,亟招抚之。”其九曰:“从来掌兵者多用世袭之官,此属自幼骄惰不任劳苦,且心胆懦怯何足倚办。宜选骁勇过人、众所推服者,不考其素用之。”上略施行焉。

时元帅蒲察七斤以通州叛,累遣谍者间挚,挚恐为所陷,上章自辩。诏谕之曰:“卿朕素知,岂容间耶。其一意于职,无以猜嫌自沮也。”八月,权参知政事。俄拜参知政事,行尚书省于河北。先是,挚言:“河北东、西两路最为要地,真定守帅胡论出辄弃城南奔,州县危惧。今防秋在迩,甚为可忧,臣愿募兵与旧部西山忠义军往安抚之。”制可,故有是命。十一月,入见。壬申,遣祭河神于宜村。十二月，复行省于河北。

四年正月，进拜尚书右丞。尝上言，宜开沁水以便馈运，至是，诏有司开之。是时，河北大饥，挚上言曰："今河朔饥甚，人至相食，观、沧等州半米银十余两，殍殣相属。伏见沿河上下许贩粟北渡，然每石官籴其八，彼商人非有济物之心也，所以涉河往来者特利其厚息而已，利既无有，谁复为之。是虽有济物之名，而实无所渡之物，其与不渡何异。昔春秋列国各列疆界，然晋饥则秦输之粟，及秦饥，晋闭之籴，千古讥之。况今天下一家，河朔之民皆陛下赤子，而遭罹兵革，尤为可哀，其忍坐视其死而不救欤。人心惟危，臣恐弄兵之徒，得以藉口而起也。愿止其籴，纵民输贩为便。"诏尚书省行之。

时红袄贼数万人入临沂、费县之境，官军败之，生擒伪宣徽使李寿甫。讯之，则云其众皆杨安儿、刘二祖散亡之余，今复聚及六万，贼首郝定者兖州泗水人，署置百官，僭称大汉皇帝，已攻泰安、滕、兖、单诸州，及莱芜、新泰等十余县，又破邳州碙子堌，得船数百艘，近遣人北构南连皆成约，行将跨河为乱。挚以其言闻于上，且曰："今邳、滕之路不通，恐实有此谋。"遂诏挚行省事于东平，权本路兵马都总管，以招诱之，若不从即率兵捕讨。兴定元年四月，济南、泰安、滕、兖等州土贼并起，肆行剽掠，挚遣提控遥授棣州防御使完颜霆率兵讨之，前后斩首千余，招降伪元帅石花五、夏全余党壮士二万人，老幼五万口。

是年冬，升资德大夫，兼三司使。二年二月，挚上言："山东、河北数罹兵乱，遗民嗷嗷，实可哀恤，近朝廷遣官分往抚辑，其惠大矣。然臣忝预执政，敢请继行，以宣布国家德信，使疲瘵者得以少苏，是亦图报之一也。"宰臣难之，无何，诏遣挚行省于河北，兼行三司安抚事。既行，又上言曰："臣近历黄陵岗南岸，多有贫乏老幼自陈本河北农民，因敌惊扰故南迁以避，今欲复归本土及春耕种，而河禁邀阻。臣谓河禁本以防闲自北来者耳，此乃由南而往，安所容奸，乞令有司验实放渡。"诏付尚书省，宰臣奏"宜令枢府讲究"，上曰："民饥且死，而尚为次第河耶。其令速放之。"

　　四月,招抚副使黄掴阿鲁答破李全于密州。初,贼首李全据密州及胶西、高密诸县,挚督兵讨之。会高密贼陈全等四人默白招抚副使黄掴阿鲁答,愿为内应,阿鲁答乃遣提控朱琛率兵五百赴之。时李全暨其党于忙儿者皆在城中,闻官军且西来,全潜逸去,忙儿不知所为。阿鲁答驰抵城下,鼓噪逼之,贼守陴者八百人皆下乞降。余贼四千出走,进军邀击之,斩首千级,俘百余人,所获军实甚众,遂复其城。是夜,琛又用陈全计,拔高密焉。六月,上遣谕挚曰:“卿勤劳王家,不避患难,身居相职而往来山塯水寨之间,保庇农民收获二麦,忠恪之意朕所具知。虽然,大臣也,防秋之际亦须择安地而处,不可堕其计中。”挚对曰:“臣蒙大恩,死莫能报,然承圣训敢不奉行。拟驻兵于长清县之灵岩寺,有屋三百余间,且连接泰安之天胜寨,介于东平、益都之间,万一兵来,足相应援。”上恐分其兵粮,乃诏权移邳州行省。

　　九月,挚上言:“东平以东累经残毁,至于邳、海尤甚,海之民户曾不满百而屯军五千,邳户仅及八百,军以万计。夫古之取兵以八家为率,一家充军七家给之,犹有伤生废业,疲于道路之叹。今兵多而民不足,使萧何、刘晏复生亦无所施其术,况于臣者何能为哉。伏见邳、海之间,贫民失业者甚众,日食野菜,无所依倚,恐因而啸聚以益敌势。乞募选为兵,自十月给粮,使充戍役,至二月罢之,人授地三十亩,贷之种粒而验所收获,量多取之,逮秋复隶兵伍。且战且耕,公私俱利,亦望被俘之民易于招集也。”诏施行之。

　　是时,枢密院以海州军食不足,艰于转输,奏乞迁于内地。诏问挚,挚奏曰:“海州连山阻海,与沂、莒、邳、密皆边隅冲要之地,比年以来为贼渊薮者,宋人资给之故。若弃而他徙,则直抵东平无非敌境,地大气增,后难图矣,臣未见其可。且朝廷所以欲迁者,止虑粮储不给耳。臣请尽力规画,劝喻农民趋时耕种,且令煮盐易粮,或置场宿迁,以通商旅,可不劳民力而办。仍择沭阳之地可以为营屯者,分兵选护逻,虽不迁无患也。”上是其言,乃止。

　　十月,先是,邳州副提控王汝霖以濠州将乏,扇其军为□。山东东路转运副使兼同知沂州防御使程戬惧祸及己,遂与同谋,因结宋兵以为外应。挚闻,即遣兵捕之,讯竟具伏,汝霖及戬并其党弹压崔荣、副统韩松、万户戚谊等皆就诛,至是以闻。三年七月,设汴京东、西、南三路行三司,诏挚居中总其事焉。十月,以里城毕工,迁官一阶。四年七月,迁荣禄大夫,致仕。

天兴元年正月,起复为大司农。四月,归大司农印,复致仕。八月,复起为平章政事,封萧国公,行京东路尚书省事。以军三千护送就舟张家渡,行至封丘,敌兵觉,不能进。诸将卒谋例戈南奔,留数骑卫挚。挚知其谋,遂下马,坐语诸将曰:“敌兵环视,进退在我。汝曹不思持重,吾宁死于汝曹之手,不忍为乱兵所蹂,以辱君父之命。”诸将诺而止,得全师以还,闻者壮之。十一月,复致仕。居汴中,有园亭蔡水滨,日与耆旧宴饮,及崔立以汴城降,为大兵所杀。

挚为人威严,御兵人莫敢犯。在朝遇事敢言,又喜荐士,如张文举、雷渊、麻九畴辈皆由挚进用。南渡后宰执中,人望最重。

把胡鲁,不详其初起。贞祐二年五月,宣宗南迁,由左谏议大夫擢为御前经历官,上面谕之曰:“此行,军马朕自总之,事有利害可因近侍局以闻。”三年十一月,出为彰化军节度使,兼泾州管内观察使。四年五月,改知京兆府事,兼本路兵马都总管,充行省参议官。

兴定元年三月,授陕西路统军使,兼前职。二年正月,召为御史中丞。三月,上言:“国家取人,惟进士之选为重,不求备数,务在得贤。窃见今场会试,考官取人泛滥,非求贤之道也。宜革其弊,依大定旧制。”诏付尚书省集文资官杂议,卒依泰和例行之,是月,拜参知政事。六月,诏权左副元帅,与平章胥鼎同事防秋。三年六月,平凉等处地震,胡鲁因上言:“皇天不言,以象告人,灾害之生必有其故,乞明谕有司,敬畏天戒。”上嘉纳之,遣右司谏郭著往阅其迹,抚谕军民焉。

四年四月,权尚书右丞、左副元帅,行尚书省、元帅府于京兆。时陕西岁运粮以助关东,民力浸困,胡鲁上言:“若以舟楫自渭入河,顺流而下,庶可少纾民力。"从之。时以为便。

五年正月,朝议欲复取会州,胡鲁上言:"臣窃计之,月当费米三万石、草九万称,转运丁夫不下十余万人。使此城一月可拔,其费已如此,况未必耶。临洮路新遭劫掠,疮痍未复,所须刍粮决不可办,虽复取之庆阳、平凉、凤翔及邠、泾、宁、原、恒、陇等州,亦恐未能无阙。今农事将兴,沿边常费已不暇给,岂可更调十余万人以饷此军。果欲行之,则数郡春种尽废矣。政使此城必得,不免留兵戍守,是飞挽之役无时而已也。止宜令承裔军于定西、巩州之地,护民耕稼,俟敌意息,然后取之。"诏付省院曰:"其言甚当,从之可也。"

三月,上言:"御敌在乎强兵,强兵在乎足食,此当今急务也。窃见自陕以西,州郡置帅府者九,其部众率不过三四千,而长校猥多,虚糜廪给,甚无谓也。臣谓延安、凤翔、巩州边隅重地固当仍旧,德顺、平凉等处宜皆罢去。河南行院、帅府存沿边并河者,余亦宜罢之。"制可。

是年十月,西北兵三万攻延安,胡鲁遣元帅完颜合达、元帅纳合买住御之,遂保延安。先是,胡鲁以西北兵势甚大,屡请兵于朝,上由是恶之。元光元年正月,遂罢参知政事,以河中府事权安抚使。于是陕西西路转运使夹欲德新上言曰:"臣伏见知河中府把胡鲁廉直忠孝,公家之利知无不为,实朝廷之良臣也。去岁,兵入延安,胡鲁遣将调兵,城赖以完,不为无功。今合达、买住各授世封,而胡鲁改知河中府。切谓方今用人之时,使谋略之臣不获展力,缓急或失事机。诚宜复行省之任,使与承裔共守京兆,令合达、买住捍御延安,以蕃卫河南,则内外安矣。"不报。

六月,召为大司农,既至汴,遂上言曰:"迩来群盗扰攘,侵及内地,陈、颍去京不及四百里,民居稀阔,农事半废,蔡、息之间十去八九。甫经大赦,贼起益多,动计数百,驱牛焚舍,恣行剽掠,田谷虽熟莫敢获者。所在屯兵率无骑士,比报至而贼已遁,丛薄深恶复难追袭,则徒形迹而已。今向秋成,奈何不为处置也。"八月,复拜参知政事,上谓之曰:"卿顷为大司农,巡行郡县,盗贼如何可息?"对曰:

“盗贼之多，以赋役多也。赋役省则盗贼息。”上曰：“朕固省之矣。”
胡鲁曰：“如行院、帅府扰之何。”上曰：“司农官既兼采访，自今其令
禁止之。”

初，胡鲁拜命日，巡护卫绍王宅都将把九斤来贺，御史粘割阿
里言：“九斤不当游执政门，胡鲁亦不当受其贺，请并案之。”于是诏
谕曰：“卿昔行省陕西，擅出系囚，此自人主当行，非臣下可专，人苟
有言，其罪岂特除名。朕为卿地，因而肆赦，以弭众口，卿知之乎。今
九斤有职守，且握兵柄，而纵至门下，法当责降，朕重卿素有直气，
故复曲留。公家事但当履正而行，要取人情何必尔也，卿其戒之。”
是年十二月，进拜尚书右丞。

元光二年正月，上谕宰臣曰：“陕右之兵将退，当审后图，不然
今秋又至矣。右丞胡鲁深悉彼中利害，其与共议之。”寻遣胡鲁往陕
西，与行省赛不合达从宜规画焉。哀宗即位，以有册立功，进拜平章
政事。正大元年四月，薨。诏加赠右丞相、东平郡王。胡鲁为人忠
实，忧国奉公。及亡，朝廷公宰，下迨吏民，皆嗟惜之。

师安石字子安，清州人，本姓尹氏，避国讳更焉。承安五年词赋
进士。为人轻财尚义。初补尚书省令史，适宣宗南迁，留平章完颜
承晖守燕都，承晖将就死，以遗表托安石使赴行在，安石间道走汴
以闻。上嘉之，擢为枢密院经历官。时哀宗在春宫，领密院事，遂见
知遇。

元光二年，累迁御史中丞。其七月，上章言备御二事，其一曰：
“自古所以安国家、息祸乱，不过战、守、避、和四者而已。为今之计，
守、和为上。所谓守者，必求智谋之士，使内足以得戍卒之心，外足
以挫敌人之锐，不惟彼不能攻，又可以伺其隙而败之。其所谓和，则
汉、唐之君固尝用此策矣，岂独今日不可用乎。乞令有司详议而
行。”其二曰：“今敌中来归者颇多，宜丰其粮饷，厚其接遇，度彼果
肯为我用，则择有心力者数十人，潜往以诱致其余。来者既众，彼必
转相猜贰，然后徐起而图之，则中兴之功不远矣。”上嘉纳之。

　　九月，坐劾英王守纯附奏不实，决杖追官。及哀宗即位，正大元年擢为同签枢密院事。二年，复御史中丞。三年，工部尚书、权左参政。四年，进尚书右丞。五年，台谏劾近侍张文寿、张仁寿、李麟之，安石亦论列三人不已，上怒甚，有旨谓安石曰："汝便承取贤相，朕为昏主，止矣。"如是数百言。安石骤蒙任用，遽遭摧折，疽发脑而死，上甚悼惜之。

　　赞曰：宣宗南迁，天命去矣，当是时虽有忠良之佐、谋勇之将，亦难为也。然而汝砺、行信拯救于内，胥鼎、侯挚守御于外，讫使宣宗得免亡国，而哀宗复有十年之久，人才有益于人国也若是哉。胡鲁养兵惜谷之论，善矣。安石不负随晖之托，遂见知遇，以论列近侍触怒而死，悲夫。

金史卷一〇九
列传第四七

完颜素兰　陈规　许古

完颜素兰一名翼，字伯扬，至宁元年策论进士也。贞祐初，累迁应奉翰林文字，权监察御史。二年，宣宗迁汴，留皇太子于燕都，既而召之，素兰以为不可，平章高琪曰："主上居此，太子宜从。且汝能保都城必完否？"素兰曰："完固不敢必，但太子在彼则声势俱重，边隙有守则都城可无虞。昔唐明皇幸蜀，太子实在灵武，盖将以系天下之心也。"不从，竟召太子从。

七月，车驾至汴，素兰上书言事，略曰："昔东海在位，信用谗谄，疏斥忠直，以致小人日进，君子日退，纪纲紊乱，法度益隳。风折城门之关，火焚市里之舍，盖上天垂象以徼惧之也。言者劝其亲君子、远小人、恐惧修省以答天变，东海不从，遂至亡灭。夫善救乱者必迹其乱之所由生，善革弊者必究其弊之所自起，诚能大明黜陟以革东海之政，则治安之效可指日而待也。陛下龙兴，不思出此，辄议南迁，诏下之日士民相率上章请留，启行之日风雨不时、桥梁数坏，人心天意亦可见矣。此事既往，岂容复追，但自今尤宜戒慎，覆车之辙不可引辕而复蹈也。"

又曰："国家不可一日无兵，兵不可一日无食。陛下为社稷之计，宫中用度皆从贬损，而有司复多置军官，不恤妄费，甚无谓也。或谓军官之众所以张大威声，臣窃以为不然。不加精选而徒务其多，缓急临敌其可用乎？且中都惟其粮乏，故使车驾至此。稍获安地,遂忘其危而不之备,万一再如前日,未知有司复请陛下何之也。"

三年正月,素兰自中都计议军事回,上书求见,乞屏左右。上遣人谕之曰:"屏人奏事,朕固常尔。近以游茂因缘生疑间之语,故凡有所引见,必令一近臣立侍,汝有封章亦无患不密也。"寻召至近侍局,给纸札令书所欲言,书未及半,上出御便见之,悉去左右,惟近侍局直长赵和和在焉。素兰奏曰:"臣闻兴衰治乱有国之常,在所用之人如何耳。用得其人,虽衰乱尚可扶持,一或非才,则治安亦乱矣。向者叺军之变,中都帅府自足剿灭,朝廷乃令移剌塔不也等招诱之,使帅府不敢尽其力,既不能招,愈不可制矣。至于伯德文哥之叛,帅府方议削其权,而朝廷传旨俾领义军,文哥由是益肆,改除之令辄拒不受,不臣之状亦显矣。帅府方且收捕,而朝廷复赦之,且不令隶帅府。国家付方面于重臣,乃不信任,顾养叛贼之奸,不知谁为陛下画此计者。臣自外风闻,皆平章高琪之意,惟陛下裁察。"上曰:"汝言皆是。文哥之事,朕所未悉,诚如所言,朕肯赦之乎?且汝何以知此事出于高琪。"素兰曰:"臣见文哥牒永清副提控刘温云'所差人张希韩至自南京,道副枢平章处分,已奏令文哥隶大名行省,勿复遵中都帅府约束'。温即具言于帅府。然则,罪人与高琪计结明矣。"上颔之。素兰续奏曰:"高琪本无勋劳,亦无公望,向以畏死故擅诛胡沙虎,盖出无聊耳。一旦得志,妒贤能,树奸党,窃弄国权,自作威福。去岁,都下书生樊知一者诣高琪言,'叺军不可信,恐终作乱',遂以刀杖决杀之,自是无复敢言军国利害者。宸聪之不通,下情之不达,皆此人罪也。及叺军为变,以党人塔不也为武宁军节度使往招之,已而无成,则复以为武卫军使。塔不也何人,且有何功,而重用如此。以臣观之,此贼变乱纪纲,戕害忠良,实有不欲国家平治之意。昔东海时,胡沙虎跋扈无上,天下知之,而不敢言,独台官乌古论德升、张行信弹劾其恶,东海不察,卒被其祸。今高琪之奸过于胡沙虎远矣。台谏职当言责,迫于凶威,嗫不敢忤。然内外臣庶见其恣横,莫不扼腕切齿,欲一剚刃,陛下何惜而不去之耶。

臣非不知言出而患至，顾臣父子迭仕圣朝，久食厚禄，不敢偷安。惟陛下断然行之，社稷之福也。"上曰："此乃大事，汝敢及之，甚善。"素兰复奏："丞相福兴，国之勋旧，乞召还京，以镇雅俗，付左丞象多以留后事，足矣。"上曰："如卿所言，二人得无相恶耶。"素兰曰："福兴、象多同心同德，无不协者。"上曰："都下事殷，恐丞相不可辍。"素兰曰："臣闻朝廷正则天下正，不若令福兴还，以正根本。"上曰："朕徐思之。"素兰出，上复戒曰："今日与朕对者止汝二人，慎无泄也。"阙后，上以素兰屡进直言，命再任监察御史。

四年三月，言："臣近被命体问外路官，廉干者拟不差遣，若懦弱不公者罢之，具申朝廷，别议拟注。臣伏念彼懦弱不公之人虽令罢去，不过止以待阙者代之，其能否又未可知，或反不及前官，盖徒有选人之虚名，而无得人之实迹。古语曰'县令非其人，百姓受其殃'。今若后官更劣，则为患滋甚，岂朝廷恤民之意哉。夫守令，治之本也。乞令随朝七品、外路六品以上官，各举堪充司县长官者，仍明著举官姓名，他日察其能否，同定赏罚，庶几其可。议者或以阅选法、絫资品为言，是不知方今之事与平昔不同，岂可拘一定之法，坐视斯民之病而不权宜更定乎。"诏有司议行之。

时哀宗为皇太子，春宫所设师保赞谕之官多非其人，于是素兰上章言："臣闻太子者天下之本也，欲治天下先正其本，正本之要无他，在选人辅翼之耳。夫生于齐者能齐言而不能楚语，未习之故也。人之性亦在夫习之而已。昔成王在襁褓中，即命周、召以为师保，戒其逸豫之心，告以持守之道，终之功光文、武，垂休无穷。钦惟陛下顺天人之心，预建春宫。皇太子仁孝聪明出于天资，总制枢务固已绰然有余，倘更选贤如周、召之傅者之夹辅，则成周之治不足侔矣。"上称善。未几，擢为内侍局直长，寻迁谏议大夫，进侍御史。

兴定二年四月，以蒲鲜万奴叛，遣素兰与近侍局副使内族讹可同赴辽东，诏谕之曰："万奴事竟不知果何如，卿等到彼当得其详，然宜止居铁山，若复远去，则朕难得其耗也。"又曰："朕以讹可性颇率易，故特命卿偕行，每事当详议之。"素兰将行，上言曰："臣近请宣谕高丽复开互市事,闻以诏书付行省必兰出。若令行省就遣谕之,不过邻境领受,恐中间有所不通,使圣恩不达于高丽,高丽亦无由知朝廷本意也。况彼世为藩辅,未尝阙臣子礼,如遣信使明持恩诏谕之,贷粮、开市二者必有一济。苟俱不从,则其曲在彼,然后别议图之可也。”上是其言,于是遣典客署书表刘丙从行。及还,授翰林待制。

正大元年正月,诏集群臣议修复河中府,素兰与陈规等奏其未可,语在《规传》。是月,转刑部郎中。时南阳人布陈谋反,坐系者数百人,司直白华言于素兰曰:“此狱诖误者多,新天子方务宽大,他日必再诏推问,比得昭雪,死于榜笞之下者多矣。”素兰命华及检法边泽分别当死、当免者,素兰以闻,止坐首恶及拟伪将相者数人,余悉释之。八月,权户部侍郎。二年三月,授京西司农卿,俄改司农大卿,转御史中丞。七年七月,权元帅右都监、参知政事,行省于京兆。未几,迁金安军节度使,兼同、华安抚使。既而,召还朝,行至陕被围,久之,亡奔行在,道中遇害。

素兰莅官以修谨得名,然苛细不能任大事,较之辈流颇可称。自擢为近侍局直长,每进言多有补益。其居父丧,不饮酒,庐墓三年,时论以为难。

陈规字正叔,绛州稷山人。明昌五年词赋进士,南渡为监察御史。贞祐三年十一月,上章言:“参政侯挚初以都西立功,获不次之用,遂自请镇抚河北。陛下遽授以执政,盖欲责其报效也。既而盘桓西山,不能进退,及召还阙,自当辞避,乃恬然安居,至于按阅仓库,规画榷酤,岂大臣所宜亲。方今疆土日蹙,将帅乏人,士不选练,冗食猥多,守令贪残,百姓流亡,盗贼滋起,灾变不息,则当日夜讲求其故,启告陛下者也,而挚未尝及之。伏愿陛下特赐省察,量其才分别加任使,无令负天下之谤。”不报,又言:“警巡使冯祥进由刀笔,无他才能,第以惨刻督责为事,由是升职,恐长残虐之风,乞黜退以励余者”。诏即罢祥职,且谕规曰:“卿知臣子之分,敢言如此,朕甚嘉之。”

四年正月，上言：“伏见沿河悉禁物斛北渡，遂使河北艰食，人心不安。昔秦、晋为仇，一遇年饥则互输之粟。今圣主在上，一视同仁，岂可以一家之民自限南北。坐视困馁而不救哉。况军民效死御敌，使复乏食，生亦何聊，人心一摇，为害不细。臣谓宜于大阳、孟津等渡委官阅视，过河之物每石官收不过其半，则富有之家利其厚息，辐凑而往，庶几公私俱足。”宰执以河南军储为重，诏两渡委官取其八，二以与民，至春泽足，大兵北还，乃依规请。制可。

三月，上言：“臣因巡按至徐州。去岁河北红袄盗起，州遣节度副使纥石烈鹤寿将兵计之，而乃大掠良民家属为驱，甚不可也。乞明敕有司，凡鹤寿所虏俱放免之，余路军人有掠本国人为驱者，亦乞一体施行，庶几河朔有所系望，上恩无有极已。”事下尚书省，命徐州、归德行院拘括放之，有隐匿者坐掠人为奴婢法，仍许诸人告捕，依令给赏，被虏人自诉者亦赏之。

四月，上言：“河北濒河州县，率距一舍为一寨，籍居民为兵。数寨置总领官一人，并以宣差从宜为名。其人大抵皆闲官，义军之长、偏裨之属尤多无赖辈，征逐宴饮取给于下，日以为常。及敌至则伏匿不出，敌去骚扰如初。此辈小人假以重柄，朝廷号令威权无乃太轻乎。臣谓宜皆罢之，第委宣抚司从宜措画足矣。”制可。

七月，上章言：

陛下以上圣宽仁之姿，当天地否极之运，广开言路以求至论，虽狂妄失实者亦不坐罪。臣忝耳目之官，居可言之地，苟为缄默，何以仰酬洪造。谨条陈八事，愿不以人微而废之，即无可采，乞放归山林以惩尸禄之罪。

一曰：责大臣以身任安危。今北兵起自边陲，深入吾境，大小之战无不胜捷，以致神都覆没，翠华南狩，中原之民肝脑涂地，大河以北莽为盗区，臣每念及此，惊怛不已。况宰相大臣皆社稷生灵所系以安危者。岂得不为陛下忧虑哉。每朝奏议不过目前数条，特以碎末，互生异同，俱非救时之急者。况近诏军旅之务，专委枢府，尚书省坐视利害，泛然不问，以为责不在己，其于避嫌周身之计则得矣，社稷生灵将何所赖。古语云："疑则勿任，任则勿疑。"又曰："谋之欲众，断之欲独。"陛下既以宰相任之，岂可使亲其细而不图其大者乎。伏愿特出睿断，若军伍器械、常程文牍即听枢府专行，至于战守大计、征讨密谋皆须省院同议可否，则为大臣者知有所责，而天下可为矣。

二曰：任台谏以广耳目。人主有政事之臣，有议论之臣。政事之臣者宰相执政，和阴阳，遂万物，镇抚四夷，亲附百姓，与天子经纶于庙堂之上者也。议论之臣者谏官御史，与天子辨曲直、正是非者也。二者岂可偏废哉。昔唐文皇制中书门下入阁议事皆令谏官随之，有失辄谏。国朝虽设谏官，徒备员耳，每遇奏事皆令回避。或兼他职，或为省部所差，有终任不亲天颜、不出一言而去者。虽有御史，不过责以纠察官吏、照刷案牍、巡视仓库而已，其事关利害或政令更革，则皆以为机密而不闻。万一政事之臣专任胸臆、威福自由，或掌兵者以私见败事机，陛下安得而知之。伏愿遴选学术该博、通晓世务、骨鲠敢言者以为台谏，凡事关利害皆令预议，其或不当，悉听论列，不许兼职及充省部委差，苟畏徇不言则从而黜之。

三曰：崇节俭以答天意。昔卫文公乘狄人灭国之余，徙居楚丘，才革车三十两，乃躬行俭约，冠大帛之冠，衣大布之衣，季年致騋牝三千，遂为富庶。汉文帝承秦、项战争之后，四海困穷，天子不能具钧驷，乃示以敦朴，身衣弋绨，足履革舄，未几天下富安，四夷咸服。国家自兵兴以来，州县残毁，存者复为土寇所扰，独河南稍完，然大驾所在，其费不赀，举天下所奉责之一路，顾不难哉。赖陛下慈仁，上天眷佑，蝗灾之余而去岁秋禾、今年夏麦稍得支持。夫应天者要在以实，行俭者天必降福，切见宫中及东宫奉养与平时无异，随朝官吏、诸局承应人亦未尝有所裁省。至于贵臣、豪族、掌兵官莫不以奢侈相尚，服食车马惟事纷华。今京师鬻明金衣服及珠玉犀象者日增于旧，俱非克己消厄之道。愿陛下以卫文公、汉文帝为法，凡所奉之物痛自撙节，罢冗员，减浮费，戒豪侈，禁戢明金服饰，庶皇天悔祸，太平可致。

四曰：选守令以结民心。方今举天下官吏军兵之费、转输营造之劳，皆仰给河南、陕西。加之连年蝗旱，百姓荐饥，行赈济则仓廪悬乏，免征调则用度不足，欲其实惠及民，惟得贤守令而已。当赋役繁殷、期会促迫之际，若措画有言则百姓力省而易办，一或乖谬有不胜其害者。况县令之弊无甚于今，由军卫监当进纳劳效而得者十居八九，其桀黠者乘时贪纵，庸懦者权归猾吏。近虽遣官廉察，治其奸滥，易其疲软，然代者亦非选择，所谓除狼得虎也。代乞明敕尚书省，公选廉洁无私、才堪牧民者，以补州府官。仍清县令之选，及责随朝七品、外任六品以上官各保堪任县令者一员，如他日犯赃并从坐。其资历已系正七品，及见任县令者，皆听寄理，俟秩满升迁。复令监察以时巡按，有不法及不任职者究治之，则实惠及民而民心固矣。

五曰：博谋群臣以定大计。比者徙河北军户百万余口于河南，虽革去冗滥而所存犹四十二万有奇，岁支粟三百八十余万斛，致竭一路终岁之欲，不能赡此不耕不战之人，虽无边事，亦将坐困，况兵事方兴，未见息期耶。近欲分布沿河，使自种殖，然游惰之人不知耕稼，群饮赌博习以成风，是徒烦有司征索课租而已。举数百万众坐糜廪给，缓之则用阙，急之则民疲，朝廷惟此一事已不知所处，又何以待敌哉。是盖不审于初，不计其后，致此误也。使初迁将去留从其所愿，则欲来者是足以自赡之家，何假官廪，其留者必有避难之所，不必强遣，当不至今日措画之难。古昔人君将举大事，则谋及乃心，谋及卿士、庶人、卜筮，乞自今凡有大事必令省院台谏及随朝五品以上官同议为便。

六曰：重官赏以劝有功。陛下即位以来，屡沛覃恩以均大庆，不吝官爵以激人心，至有未满一任而并进十级，承应未出职而已带骠骑荣禄者，冗滥之极至于如此，复开鬻爵进献之门，然则被坚执锐效死行阵者何所劝哉。官本虚名，特出于人主之口，而天下之人极意趋慕者，以朝廷爱重耳。若不计勋劳，朝授一官，暮升一职，人亦将轻之而不慕矣。已然之事既不可咎，伏愿陛下重惜将来，无使公器为寻常之具，功赏为侥幸所乘。又今之散官动至三品，有司艰于迁授，宜于减罢八资内量增阶数，易以美名，庶几历官者不至于太骤，而国家恩权不失之太轻矣。

七曰：选将帅以明军法。夫将者国之司命，天下所赖以安危者也。举万众之命付之一人，呼吸之间以决生死，其任顾不重欤？自北兵入境，野战则全军俱殁，城守则阖郡被屠，岂皆士卒单弱、守备不严哉，特以庸将不知用兵之道而已。古语云：“三辰不轨，取士为相。四夷交侵，拔卒为将。”今之将帅大抵先论出身官品，或门阀膏粱之子，或亲故假托之流，平居则意气自高，遇敌则首尾退缩，将帅既自畏怯，士卒夫谁肯前。又居常衷刻，纳其馈献，士卒因之以扰良民而莫可制。及率之应敌，在途则前后乱行，顿次则排门择屋，恐逼小民，恣其求索，以此责其畏法死事，岂不难哉。况今军官数多，自千户而上有万户、有副统、有都统、有副提控，十羊九牧，号令不一，动相牵制。切闻国初取天下，元帅而下惟有万户，所统军士不下数万人，专制一路岂在多哉，多则难择，少则易精。今之军法，每二十五人为一谋克，四谋克为一千户，谋克之下有蒲辇一人，旗鼓司火头五人，其任战者才十有八人而已。又为头目选其壮健以给使令，则是一千户所统不及百人，不足成其队伍矣。古之良将常与士卒同甘苦，今军官既有俸廪，又有券粮，一日之给兼数十人之用。将帅则丰饱有余，士卒则饥寒不足，曷若裁省冗食而加之军士哉。伏乞明敕大臣，精选通晓军政者，分诣诸路，编列队伍，要必五十人为一谋克，四谋克为一千户，五千户为一万户，谓之散将。万人设一都统，谓之大将，总之帅府。数不足者皆并之,其副统、副提控及无军虚设都统、万户者悉罢省。仍敕省院大臣及内外五品以上,各举方略优长。武勇出众,材堪将帅者一二人,不限官品,以充万户以上都统、元帅之职。千户以下,选军中有谋略武艺为众所服者充。申明军法,居常教阅,必使将帅明于奇正虚实之数,士卒熟于坐作进退之节。至于弓矢铠仗须令自负,习于劳苦。若有所犯,必刑无赦。则将帅得人,士气日振,可以待敌矣。

八曰:练士卒以振兵威。昔周世宗常曰:"兵贵精而不贵多,百农夫不能养一战士,奈何朘民脂膏养此无用之卒。苟健懦不分,众何以劝。"因大搜军卒,遂下淮南、取三关,兵不血刃,选练之力也。唐魏征曰:"兵在以道御之而已。御壮健足以无敌于天下,何取细弱以增虚数。"比者凡战多败,非由兵少,正以其多而不分健懦,故为敌所乘,懦者先奔,健者不能独战而遂溃,此所以取败也。今莫若选差习兵公正之官,将已籍军人随其所长而类试之。其武艺出众者别作一军,量增口粮,时加训练,视等第而赏之。如此,则人人激厉,争效所长,而衰懦者亦有可用之渐矣。昔唐文皇出征,常分其军为上中下,凡临敌则观其强弱,使下当其上,而上当其中,中当其下。敌乘下军不过奔逐数步,而上军中军已胜其二军,用是常胜。盖古之将帅亦有以懦兵委敌者,要在预为分别,不使混淆耳。

上览书不悦,诏付尚书省诘之。宰执恶其纷更诸事,谓所言多不当。于是,规惶惧待罪,诏谕曰:"朕始以规有放归山林之语,故令诘之,乃辞以不识忌讳,意谓朕恶其言而怒也。朕初无意加罪,其令御史台谕之。"寻出为徐州帅府经历官。

正大元年,召为右司谏,数上章言事,寻权吏部郎中。时诏群臣议修复河中府,规与杨云翼等言:"河中今为无人之境,陕西民力疲乏,修之亦不能守,不若以见屯军士量力补治,待其可守即修之未晚也。"从之。未几,坐事解职。初,吏部尚书赵伯成坐铨选吏员出身王京与进士王著填开封警巡判官见阙,为京所讼免官,规亦坐之。是年十一月，改充补阙。十二月，言将相非材，且荐数人可用者。

二年正月，规及台谏同奏五事：一，乞尚书省提控枢密院，如大定、明昌故事。二，简留亲卫军。三，沙汰冗军，减行枢密院、帅府。四，选大臣为宣抚使，招集流亡以实边防。五，选官置所，议一切省减。略施行之。

四月，以大旱诏规审理冤滞，临发上奏："今河南一路便宜、行院、帅府、从宜凡二十处，陕西行尚书省二、帅府五，皆得以便宜杀人，冤狱在此不在州县。"又曰："雨水不时则责审理，然则职燮理者当何如。"上善其言而不能有为也。

十一月，上召完颜素兰及规入见，面谕曰："宋人轻犯边界，我以轻骑袭之，冀其惩创告和，以息吾民耳。宋果行成，尚欲用兵乎。卿等当识此意。"规进曰："帝王之兵贵于万全，昔光武中兴，所征必克，犹言'每一出兵，头须为白'。兵不妄动如此。"上善之。四年三月，上召群臣喻以陕西事曰："方春北方马渐羸瘠，秋高大势并来，何以支持。朕已喻合达尽力决一战矣，卿等以为如何。"又言和事无益，撒合辇力破和议，赛不言："今已遣和使，可中辍乎。"余皆无言，规独进曰："兵难遥度，百闻不如一见。臣尝任陕西官，近年又屡到陕西，兵将冗懦，恐不可用，未如圣料。"言未终，乌古论四和曰："陈规之言非是，臣近至陕西，军士勇锐，皆思一战。"监察御史完颜习显从而和之，上首肯，又泛言和事。规对曰："和事固非上策，又不可必成，然方今事势不得不然。使彼难从，犹可以激厉将士，以待其变。"上不以为然。明日，又令集议省中，欲罢和事，群臣多以和为便，乃诏行省斟酌发遣，而事竟不行。

十月，规与右拾遗李大节上章，劾同判大睦亲事撒合辇谄佞，招权纳贿及不公事。由是撒合辇竟出为中京留守，朝廷快之。五年二月，又与大节言三事：一，将帅出兵每为近臣牵制，不得专辄。二，近侍送宣传旨，公受赂遗，失朝廷体，可一切禁绝。三，罪同罚异，何以使人。上嘉纳焉。

初，宣宗尝召文绣署令王寿孙作大红半身绣衣，且戒以勿令陈规知。及成，进，召寿孙问曰：“曾令陈规辈知否？”寿孙顿首言：“臣侍禁庭，凡宫省大小事不敢为外人言，况亲被圣训乎。”上因叹曰：“陈规若知，必以华饰谏我，我实畏其言。”盖规言事不假借，朝望甚重，凡宫中举事，上必曰：“恐陈规有言。”一时近臣切议，惟畏陈正叔耳，挺然一时直士也。后出为中京副留守，未赴，卒，士论惜之。

规博学能文，诗亦有律度。为人刚毅质实，有古人风，笃于学问，至老不废，浑源刘从益见其所上八事，叹曰：“宰相材也。”每与人论及时事辄愤惋，盖伤其言之不行也。南渡后，谏官称许古、陈规，而规不以讦直自名，尤见重云。死之日，家无一金，知友为葬之。子良臣。

许古字道真，汾阳军节度使致仕安仁子也。登明昌五年词赋进士第。贞祐初，自左拾遗拜监察御史。时宣宗迁汴，信任丞相高琪，无恢复之谋，古上章曰：

自中都失守，庙社、陵寝、宫室、府库，至于图籍、重器、百年积累，一朝弃之。惟圣主痛悼之心至为深切，夙夜思惧所以建中兴之功者，未尝少置也。为臣子者食禄受责，其能无愧乎。且闻阎阎细民犹颙望朝廷整训师徒，为恢复计。而今才闻拒河自保，又尽徙诸路军户河南，彼既弃其恒产无以自生，土居之民复被其扰，臣不知谁为此谋者。然业已如是，但当议所以处之，使军无妄费，民不至困穷则善矣。

臣闻安危所系在于一相，孔子称“危而不持，颠而不扶，则将焉用”？事势至此，不知执政者每对天颜，何以仰答清问也。今之所急，莫若得人，如前御史大夫裴满德仁、工部尚书孙德渊，忠谅明敏，可以大用，近皆许告老，愿复起而任之，必能有所建立以利国家。太子太师致仕孙铎，虽颇衰疾，如有大议犹可赐召，或就问之。人才自古所难，凡知治体者皆当重惜况此耆旧，岂宜轻弃哉。若乃临事不尽其心，虽尽心而不明于理，得无益、失无损者，纵其尚壮，亦安所用。方时多难，固不容碌碌之徒备员尸素，以塞贤路也。惟陛下宸衷刚断，黜陟一新，以幸天下。臣前为拾遗时，已尝备论择相之道，乞取臣前奏并今所言，加审思焉。

臣又闻将者民之司命，国家安危所系，故古之人君必重其选，为将者亦必以天下为己任。夫将者贵谋而贱战，必也赏罚使人信之而不疑，权谋使人由之而不知，三军奔走号令以取胜，然后中心诚服而乐为之用。迩来城守不坚，临战辄北，皆以将之不才故也。私于所昵，赏罚不公，至于众怨，而惧其生变则抚摩尉籍，一切为姑息之事。由是兵轻其将，将畏其兵，尚能使之出死力以御敌乎？愿令腹心之臣及闲于兵事者，各举所知，果得真才，优加宠任，则战功可期矣。如河东宣抚使胥鼎、山东宣抚使完颜弼、涿州刺史内族从坦、昭义节度使必兰阿鲁带，或忠勤勇干，或重厚有谋，皆可任之以捍方面。

又曰：

河北诸路以都城既失，军户尽迁，将谓国家举而弃之，州县官往往逃奔河南。乞令所在根括，立期遣还，违者勿复录用。未尝离任者议加恩赉，如愿自效河北者亦听陈请，仍先赏之，减其日月。州县长贰官并令兼领军职，许择军中有才略胆勇者为头目，或加爵命以收其心，能取一府者即授以府长官，州县亦如之，使人怀复土之心。别遣忠实干济者，以文檄官赏招诸胁从人，彼既苦于敌役，来者必多，敌势当自削。有司不知出此，而但为清野计，事无缓急惟期速办，今晚禾十损七八，远近危惧，所谋可谓大戾矣。

又曰：

京师诸夏根本，况今常宿重兵，缓急征讨必由于此，平时尚宜优于外路，使百姓有所蓄积，虽在私室犹公家也。今有司搜括余粮，致转贩者无复敢入，宜即止之。

臣顷看读陈言，见其尽心竭诚以吐正论者率皆草泽疏贱之人，况在百僚，岂无为国深忧进章疏者乎？诚宜明敕中外，使得尽言不讳,则太平之长策出矣。

诏付尚书省,略施行焉。

寻迁尚书左司员外郎,兼起居注,无何,转右司谏。时丞相高琪立法,职官有犯皆的决,古及左司谏抹捻胡鲁剌上言曰:"礼义廉耻以治君子,刑罚威狱以治小人,此万世不易论也。近者朝廷急于求治,有司奏请从权立法:职官有犯应赎者亦多的决。夫爵禄所以驭贵也,贵不免辱,则卑贱者又何加焉。车驾所驻非同征行,而凡科征小过皆以军期罪之,不已甚乎。陛下仁恕,决非本心,殆有司不思宽静可以措安,而专事督责故耳。且百官皆朝廷遴选,多由文行、武功、阀阅而进,乃与凡庶等,则享爵禄者亦不足为荣矣。抑又有大可虑者,为上者将曰官犹不免,民复何辞,则苛暴之政日行。为下者将曰彼既亦然,吾复何耻,则陵犯之心益肆。其弊岂胜言哉。伏愿依元年赦恩'刑不上大夫'之文,削此一切之法,幸甚。"上初欲行之,而高琪固执以为不可,遂寝。

四年,以右司谏兼侍御史。时大兵越潼关而东,诏尚书省集百官议,古上言曰:"兵逾关而朝廷甫知,此盖诸将欺蔽罪也。虽然,大兵驻阌乡境数日不动,意者恐吾河南之军逆诸前,陕西之众议其后,或欲先令觇者伺趋向之便,或以深入人境非其地利而自危,所以观望未遽进也。此时正宜选募锐卒并力击之,且开其归路,彼既疑惑,遇敌必走,我众从而袭之,其破必矣。"上以示尚书省,高琪沮其议,遂不行。是月,始置招贤所,令古等领其事。

兴定元年七月,上闻宋兵连陷赣榆、涟水诸县,且获伪檄,辞多诋斥,因谕宰臣曰:"宋人构祸久矣,朕姑含容者,众虑开兵端以劳吾民耳。今数见侵,将何以处,卿等其与百官议。"于是集众议于都堂,古曰:"宋人孱弱,畏我素深,且知北兵方强,将恃我为屏蔽,虽时跳梁,计必不敢深入,其侮嫚之语,特市井屠沽儿所为,乌足较之。止当命有司移文,谕以本朝累有大造,及圣主兼爱生灵意。彼若有知,复寻旧好,则又何求。其或怙恶不悛,举众讨之,顾亦未晚也。"时预议者十余人,虽或小异而大略则一,既而丞相高琪等奏:

"百官之议,咸请严兵设备以逸待劳,此上策也。"上然之。

时朝廷以诸路把军官时有不和不听,更相诉讼,古上言曰:"臣以为善者有劝,恶者有惩,国之大法也。苟善恶不闻,则上下相蒙,惩劝无所施矣。"上嘉纳之。

古以朝廷欲举兵伐宋,上疏谏曰:"昔大定初,宋人犯宿州,已而屡败,世宗料其不敢遽乞和,乃敕元帅府遣人议之,自是太平几三十年。泰和中,韩侂胄妄开边衅,章宗遣驸马仆散揆讨之。揆虑兵兴费重不能久支,阴遣侂胄族人赍乃祖琦画像及家牒,伪为归附,以见丘崇,因之继好,振旅而还。夫以世宗、章宗之隆,府库充实,天下富庶,犹先俯屈以即成功,告之祖庙,书之史册,为万世美谈,今其可不务乎?今大兵少息,若复南边无事,则太平不远矣。或谓专用威武可使宋人屈服,此殆虚言,不究实用。借令时获小捷,亦不足多贺。彼见吾势大,必坚守不出,我军仓猝无得,须还以就粮,彼复乘而袭之,使我欲战不得、欲退不能,则休兵之期殆未见也。况彼有江南蓄积之余,我止河南一路征钦之弊,可为寒心。愿陛下隐忍包容,速行此策,果通和,则大兵闻之亦将敛迹,以吾无掣肘故也。河南既得息肩,然后经略朔方,则陛下享中兴之福,天下赖涵养之庆矣。惟陛下略近功、虑后患,不胜幸甚。"上是其言,即命古草议和牒文,既成以示宰臣,宰臣言其有哀祈之意,自示微弱,遂不用。

监察御史粘割梭失劾权货司同提举毛端卿贪污不法,古以词理繁杂辄为删定,颇有脱漏,梭失以闻,削官一阶,解职,特免殿年。三年正月,尚书省奏谏官阙员,因以古为请,上曰:"朕昨暮方思古,而卿等及之,正合朕意,其趣召之。"复拜左补阙。八月,削官四阶,解职。初,朝廷遣近侍局直长温敦百家奴暨刑部侍郎奥屯胡撒合徙吉州之民于丹以避兵锋,州民重迁,遮道控诉;百家奴谕以天子恐伤百姓之意,且令召晋安兵将护老幼以行。众意兵至则必见强也,乃噪入州署,索百家奴杀之。胡撒合畏祸,矫徇众情,与之会饮歌乐尽日,众肩舁导拥、欢呼拜谢而去。既还,诏古与监察御史纥石烈铁论鞫之,谕旨曰:"百家奴之死皆胡撒合所卖也,其阅实以闻。"奥屯胡撒合既下狱，上怒甚，亟欲得其情以正典刑，而古等颇宽纵之，胡撒合自缢死，有司以故出论罪，遂有是罚。

哀宗初即位，召为补阙。俄迁左司谏，言事稍不及昔时。未几，致仕，居伊阳，郡守为起伊川亭。古性嗜酒，老而未衰，每乘舟出村落间，留饮或十数日不归，及溯流而上，老稚争为挽舟，数十里不绝，其为时人受慕如此。正大七年卒，年七十四。古平生好为诗及书，然不为士大夫所重，时论但称其直云。

天兴间，有右司谏陈岢者，遇事辄言无少隐，上尝面奖。及汴京被兵，屡上封事言得失，《请战》一书尤为剀切，其略云：“今日之事，皆出陛下不断，将相怯懦，若因循不决，一旦无如之何，恐君臣相对涕泣而已。”可谓切中时病，而时相赤盏合喜等沮之，策为不行，识者惜焉。岢字和之，沧州人，大安元年进士。

赞曰：宣宗即位，孜孜焉以继述世宗为志，而其所为一切反之。大定讲和，南北称治，贞祐用兵，生民涂炭。石琚为相，君臣之间务行宽厚。高琪秉政，恶儒喜吏，上下苛察。完颜素兰首攻琪恶，谓琪必乱纪纲。陈规力言刀笔吏残虐，恐坏风俗。许古请与宋和，辞极忠爱。三人所言皆切中时病，有古诤臣之风焉。宣宗知其为直，而不用其言，如是而欲比隆世宗，难矣。

金史卷一一○
列传第四八

杨云翼　赵秉文　韩玉
冯璧　李献甫　雷渊　程震

杨云翼字之美，其先赞皇檀山人，六代祖忠客平定之乐平县，遂家焉。曾祖青、祖郁、考恒皆赠官于朝。云翼天资颖悟，初学语辄画地作字，日诵数千言。登明昌五年进士第一，词赋亦中乙科，特授承务郎、应奉翰林文字。承安四年，出为陕西东路兵马都总管判官。泰和元年，召为太学博士，迁太常寺丞，兼翰林修撰。七年，签上京、东京等路按察司事，因召见，章宗咨以当世之务，称旨。大安元年，翰林承旨张行简荐其材，且精术数，召授提点司天台，兼翰林修撰，俄兼礼部郎中。崇庆元年，以病归。贞祐二年，有司上官簿，宣宗阅之，记其姓名，起授前职，兼吏部郎中。三年，转礼部侍郎，兼提点司天台。

四年，大元及西夏兵入鄜延，潼关失守，朝议以兵部尚书蒲察阿里不孙为副元帅以御之。云翼言其人言浮于实，必误大事。不听，后果败。

兴定元年六月，迁翰林侍讲学士，兼修国史，知集贤院事，兼前职，诏曰："官制入三品者例外除，以卿遇事敢言，议论忠谠，故特留之。"时右丞相高琪当国，人有请榷油者，高琪主之甚力，诏集百官议，户部尚书高夔等二十六人同声曰："可。"云翼独与赵秉文、时戬等数人以为不可，议遂格。高琪后以事谴之，云翼不恤也。二年，拜礼部尚书，兼职如故。三年，筑京师子城，役兵民数万，夏秋之交病者相籍，云翼提举医药，躬自调护，多所全济。四年，改吏部尚书。凡军兴以来，入粟补官及以战功迁授者，事定之后，有司苛为程式，或小有不合辄罢去，云翼奏曰：“赏罚国之大信，此辈宜从宽录，以劝将来。”

是年九月，上召云翼及户部尚书爱、翰林学士秉文于内殿，皆赐坐，问以讲和之策，或以力战为言，上俯首不乐，云翼徐以《孟子》事大、事小之说解之，且曰：“今日奚计哉，使生灵息肩，则社稷之福也。”上色乃和。

十一月，改御史中丞。宗室承立权参知政事，行尚书省事于京兆，大臣言其不法，诏云翼就鞫之，狱成，廷奏曰：“承立所坐皆细事，不足问。向大兵掠平凉以西，数州皆破，承立坐拥强兵，瞻望不进，鄜延帅臣完颜合达以孤城当兵冲，屡立战绩。其功如此，而承立之罪如彼，愿陛下明其功罪以诛赏之，则天下知所劝惩矣。自余小失，何足追咎。”承立由是免官，合达遂掌机务。

哀宗即位，首命云翼摄太常卿，寻拜翰林学士。正大三年二月，复为礼部尚书，兼侍读。诏集百官议省费，云翼曰：“省费事小，户部司农足以办之。枢密专制军政，蔑视尚书。尚书出政之地，政无大小皆当总领。今军旅大事，社稷系焉，宰相乃不得预闻，欲使利病两不相蔽得乎？”上嘉纳之。

明年，设益政院，云翼为选首，每召见赐坐而不名。时讲《尚书》，云翼为言帝王之学不必如经生分章析句，但知为国大纲足矣。因举“任贤”“去邪”、“与治同道”“与乱同事”、“有言逆于汝心”“有言逊于汝志”等数条，一皆本于正心诚意，敷绎详明。上听忘倦。寻进《龟鉴万年录》、《圣学》、《圣孝》之类凡二十篇。

当时朝士，廷议之际多不尽言，顾望依违，浸以成俗。一日，经筵毕，因言：“人臣有事君之礼，有事君之义。礼，不敢齿君之路马，蹴其刍者有罚，入君门则趋，见君之几杖则起，君命召不俟驾而行，受命不宿于家，是皆事君之礼，人臣所当尽者也。然国家之利害，生民之休戚，一一陈之，则向所谓礼者特虚器耳。君曰可，而有否者献其否。君曰否，而有可者献其可。言有不从，虽引裾、折槛、断鞅、刭轮有不恤焉者。当是时也，姑徇事君之虚礼，而不知事君之大义，国家何赖焉。"上变色曰："非卿，朕不闻此言。"

云翼尝患风痹，至是稍愈，上亲问愈之之方，对曰："但治心耳。心和则邪气不干，治国亦然，人君先正其心，则朝廷百官莫不一于正矣。"上矍然，知其为医谏也。

夏人既通好，遣其徽猷阁学士李弁来议互市，往返不能决，朝廷以云翼往议乃定。五年卒，年五十有九，谥文献。

云翼天性雅重，自律甚严，其待人则宽，与人交分一定，死生祸福不少变。其于国家之事，知无不言。贞祐中，主兵者不能外御而欲取偿于宋，故频岁南伐。有言之者，不谓之与宋为地，则疑与之有谋。至于宰执，他事无不言者，独南伐则一语不敢及。云翼乃建言曰："国家之虑，不在于未得淮南之前，而在于既得淮南之后。盖淮南平则江之北尽为战地，进而争利于舟楫之间，恐劲弓良马有不得骋者矣。彼若扼江为屯，潜师于淮以断饷道，或决水以潴淮南之地，则我军何以善其后乎。"及时全倡议南伐，宣宗以问朝臣，云翼曰："朝臣率皆谀辞，天下有治有乱，国势有弱有强，今但言治而不言乱，言强而不言弱，言胜而不言负，此议论所以偏也。臣请两言之。夫将有事于宋者，非贪其土地也，第恐西北有警而南又缀之，则我三面受敌矣，故欲我师乘势先动，以阻其进。借使宋人失淮，且不敢来，此战胜之利也。就如所料，其利犹未可必然。彼江之南其地尚广，虽无淮南岂不能集数万之众，伺我有警而出师耶。战而胜且如此，如不胜害将若何。且我以骑当彼之步，理宜万全，臣犹恐其有不敢恃者。盖今之事势与泰和不同，泰和以冬征，今我以夏往，此天时之不同也。冬则水涸而陆多，夏则水潦而涂淖，此地利之不同也。泰和举天下全力，驱乣军以为前锋，今能之乎，此人事之不同也。议者徒见泰和之易，而不知今日之难。请以夏人观之，向日弓箭之手在西边者一遇敌则搏而战、袒而射，彼已奔北之不暇。今乃陷吾城而虏守臣,败吾军而禽主将。曩则畏我如彼,今则侮我如此。夫以夏人既非前日,奈何以宋人独如前日哉。愿陛下思其胜之之利,又思败之之害,无悦甘言,无贻后悔。”章奏不报。时全果大败于淮上,一军全没。宣宗责诸将曰:“当使我何面目见杨云翼耶。”

河朔民十有一人为游骑所迫,泅河而南,有司论罪当死,云翼曰:“法所重私渡者,防奸伪也。今平民为兵所迫,奔入于河,为逭死之计耳。今使不死于敌而死于法,后惟从敌而已。”宣宗悟,尽释之。哀宗以河南旱,诏遣官理冤狱,而不及陕西,云翼言:“天地人通为一体,今人一支受病则四体为之不宁,岂可专治受病之处而置其余哉。”朝廷是之。

司天有以《太乙新历》上进者,尚书省檄云翼参订,摘其不合者二十余条,历家称焉。所著文集若干卷,校《大金礼仪》若干卷,《续通鉴》若干卷,《周礼辨》一篇,《左氏》、《庄》、《列赋》各一篇,《五星聚井辨》一篇,《县象赋》一篇,《勾股机要》、《象数杂说》等著藏于家。

赵秉文字周臣,磁州滏阳人也。幼颖悟,读书若夙习。登大定二十五年进士第,调安塞簿,以课最迁邯郸令,再迁唐山。丁父忧,用荐者起复南京路转运司都勾判官。

明昌六年,入为应奉翰林文字,同知制诰。上书论宰相胥持国当罢,宗室守贞可大用。章宗召问,言颇差异,于是命知大兴府事内族膏等鞫之。秉文初不肯言,诘其仆,历数交游者,秉文乃曰:“初欲上言,尝与修撰王庭筠、御史周昂、省令史潘豹、郑赞道、高坦等私议。”庭筠等皆下狱,决罚有差。有司论秉文上书狂妄,法当追解,上不欲以言罪人,遂特免焉。当时为之语曰:“古有朱云,今有秉文,朱云攀槛,秉文攀人。”士大夫莫不耻之。坐是久废,后起为同知岢岚军州事,转北京路转运司支度判官。承安五年冬十月,阴晦连日,宰相张万公入对,上顾谓万公曰:“卿言天日晦冥,亦犹人君用人邪正不分,极有理。若赵秉文曩以言事降授,闻其人有才藻、工书翰,又且敢言,朕非弃不用,以北边军事方兴,姑试之耳。"泰和二年,召为户部主事,迁翰林修撰。十月,出为宁边州刺史。三年,改平定州。前政苛于用刑,每闻赦将至,先掊贼死乃拜赦,而盗愈繁。秉文为政一从宽简,旬月盗悉屏迹。岁饥,出禄粟倡豪民以赈,全活者甚众。

大安初,北兵南向,召秉文与待制赵资道论备边策,秉文言:"今我军聚于宣德,城小,列营其外,涉暑雨器械弛败,人且病,俟秋敌至将不利矣。可遣临潢一军捣其虚,则山西之围可解,兵法所谓'出其不意、攻其必救'者也。"卫王不能用,其秋宣德果以败闻。寻为兵部郎中,兼翰林修撰,俄转翰林直学士。

贞祐初,建言时事可行者三:一迁都,二导河,三封建。朝廷略施行之。明年,上书愿为国家守残破一州,以宣布朝廷恤民之意,且曰:"陛下勿谓书生不知兵,颜真卿、张巡、许远辈以身许国,亦书生也。"又曰:"使臣死而有益于国,犹胜坐縻廪禄为无用之人。"上曰:"秉文志固可尚,然方今翰苑尤难其人,卿宿儒当在左右。"不许。

四年,拜翰林侍讲学士,言:"宝券滞塞,盖朝廷初议更张,市肆已妄传其不用,因之抑遏,渐至废绝。臣愚以为宜立回易务,令近上职官通市道者掌之,给以银钞粟麦缣帛之类,权其低昂而出纳。"诏有司议行之。

兴定元年,转侍读学士。拜礼部尚书,兼侍读学士,同修国史,知集贤院事。又明年,知贡举,坐取进士卢亚重用韵,削两阶,因请致仕。金自泰和、大安以来,科举之文其弊益甚。盖有司惟守格法,所取之文卑陋陈腐,苟合程度而已,稍涉奇峭,即遭绌落,于是文风大衰。贞祐初,秉文为省试,得李献能赋,虽格律稍疏而词藻颇丽,擢为第一。举人遂大喧噪,诉于台省,以为赵公大坏文格,且作诗谤之,久之方息。俄而献能复中宏词,入翰林,而秉文竟以是得罪。

五年,复为礼部尚书,入谢,上曰:"卿春秋高,以文章故须复用卿。"秉文以身受厚恩,无以自效,愿开忠言、广圣虑,每进见从容为上言,人主当俭勤、慎兵刑,所以祈天永命者,上嘉纳焉。哀宗即位,再乞致仕,不许。改翰林学士,同修国史,兼益政院说书官。以上嗣德在初,当日亲经史以自裨益,进无逸直解、《贞观政要》、《申鉴》各一通。

正大九年正月,汴京戒严,上命秉文为赦文,以布宣悔悟哀痛之意。秉文指事陈义,辞情俱尽。及兵退,大臣欲称贺,且命为表,秉文曰:"《春秋》'新宫火,三日哭'。今园陵如此,酌之以礼,当慰不当贺。"遂已。时年已老,日以时事为忧,虽食息顷不能忘。每闻一事可便民,一士可擢用,大则拜章,小则为当路者言,殷勤郑重,不能自已。三月,草开《兴改元诏》,闾巷闲皆能传诵,洛阳人拜诏毕,举城痛哭,其感人如此。是年五月壬辰,卒,年七十四,积官至资善大夫、上护军、天水郡侯。

正大间,同杨云翼作《龟鉴万年录》上之。又因进讲,与云翼共集自古治术,号《君臣政要》为一编以进焉。秉文自幼至老未尝一日废书,著《易丛说》十卷,《中庸说》一卷,《扬子发微》一卷,《太玄笺赞》六卷,《文中子类说》一卷,《南华略释》一卷,《列子补注》一卷,删集《论语》、《孟子解》各一十卷,《资暇录》一十五卷,所著文章号《滏水集》者三十卷。

秉文之文长于辨析,极所欲言而止,不以绳墨自拘。七言长诗笔势纵放不拘一律,律诗壮丽,小诗精绝多以近体为之,至五言古诗则沉郁顿挫。字画则草书尤遒劲。朝使至自河、湟者,多言夏人问秉文及王庭筠起居状,其为四方所重如此。

为人至诚乐易,与人交不立崖岸,未尝以大名自居。仕五朝,官六卿,自奉养如寒士。杨云翼尝与秉文代掌文柄,时人号杨赵。然晚年颇以禅语自污,人亦以为秉文之恨云。

赞曰:杨云翼、赵秉文,金士巨擘,其文墨论议以及政事皆有足传。云翼《谏伐宋》一疏,宣宗虽不见听,此心何愧景略。庭筠之累,秉文所为,兹事大愧高允。

韩玉字温甫,其先相人,曾祖锡仕金,以济南尹致仕。玉明昌五年经义、辞赋两科进士,入翰林为应奉,应制一日百篇,文不加点。又作《元勋传》,称旨,章宗叹曰:"勋臣何幸,得此家作传耶。"泰和中,建言开通州潞水漕渠,船运至都。升两阶,授同知陕西东路转运使事。

大安三年,都城受围。夏人连陷邠、泾,陕西安抚司檄玉以凤翔总管判官为都统府募军,旬日得万人,与夏人战,败之,获牛马千余。时夏兵五万方围平凉,又战于北原,夏人疑大军至,是夜解去。当路者忌其功,驿奏玉与夏寇有谋,朝廷疑之,使使者授玉河平军节度副使,且觇其军。

先是,华州李公直以都城隔绝,谋举兵入援,而玉恃其军为可用,亦欲为勤王之举,乃传檄州郡云:"事推其本,祸有所基,始自贼臣贪容奸赂,继缘二帅贪固威权。"又云:"裹粮坐费,尽膏血于生民。弃甲复来,竭资储于国计。要权力而望形势,连岁月而守妻孥。"又云:"人谁无死,有臣子之当然。事至于今,忍君亲之弗顾。勿谓百年身后,虚名一听史臣。只如今日目前,何颜以居人世。"公直一军行有日矣,将有违约、国朝人有不从者,辄以军法从事。京兆统军便谓公直据华州反,遣都统杨珪袭取之,遂置极刑。公直曾为书约玉,玉不预知,其书乃为安抚所得,及使者觇玉军,且疑预公直之谋,即实其罪。玉道出华州,被囚死于郡学,临终书二诗壁间,士论冤之。

子不疑,字居之。以父死非罪,誓不禄仕。藏其父临终时手书云:"此去冥路,吾心皓然,刚直之气,必不下沉。儿可无虑。世乱时艰,努力自护,幽明虽异,宁不见尔。"读者恻然。

冯璧字叔献,真定县人。幼颖悟不凡,弱冠补太学生。承安二年经义进士,制策复优等,调莒州军事判官,宰相奏留校秘书。未几,调辽滨主簿。县有和籴粟未给价者余十万斛,散贮民居,以富人掌之,有腐败则责偿于民,民殊苦之。璧白漕司,即日罢之,民大悦。

四年,调郿州录事。明年,伐蜀,行部檄充军前检察,帅府以书橄委之。章宗欲招降吴曦,诏先以文告晓之,然后用兵。蜀人守散关不下,金兵杀获甚众,璧言:"彼军拒守而并祸其民,无乃与诏旨相戾乎?"主帅憾之,以璧招两当溃卒,璧即日率凤州已降官属淡刚、李果偕行。道逢军士所得子女金帛牛马皆夺付刚,使归其家,军士则以违制决遣之。比到两当,军民三万余众鼓舞迎劳,璧以朝旨慰遣之。及还,主帅嘉其能,奏迁一官。五年,自东阿丞召补尚书省令史,用宗室承晖荐授应奉翰林文字,兼韩王府记室参军。俄转太学博士。至宁初,忽沙虎弑逆,遂去官。

宣宗南迁,璧时避兵东方,由单父渡河诣汴梁,时相奏复前职。贞祐三年,迁翰林修撰。时山东、河朔军六十余万口,仰给县官,率不逞辈窜名其间。诏璧摄监察御史,汰逐之。总领撒合问冒券四百余口,劾案以闻,诏杖杀之,故所至争自首,减几及于半。复进一官。初,监察御史本温被命汰宗室从坦军于孟州,军士欲谋变,本温惧不知所为,寻有旨北军沈思忠以下四将屯卫州,余众果叛入太行。于是,密院奏以璧代本温竟其事。璧驰至卫,召四将喻以上意,思忠等挟叛者请还奏之,璧责以大义,将士惭服,不日就汰者三千人。

六月,改大理丞,与台官行关中,劾奏奸赃之尤者商州防御使宗室重福等十数人,自是权贵侧目。

四年,以宋人拒使者于淮上,遣兵南伐,诏京东总帅纥石烈牙吾塔攻盱眙,牙吾塔不从命,乃率精骑由滁州略宣化,纵兵大掠。故兵所至原野萧条,绝无所资,宋人坚壁不战,乃无功而归。行省奏牙吾塔故违节制,诏璧佩金符鞫之。璧驰入牙吾塔军,夺其金符,易以他帅摄。牙吾塔入狱,兵士哗噪,以吾帅无罪为言,璧怒责牙吾塔曰:"元帅欲以兵抗制使耶,待罪之礼恐不如此,使者还奏,狱能竟乎。"牙吾塔伏地请死,璧曰:"兵法,进退自专,有失机会以致覆败者斩。"即拟以闻,时议壮之。

十月,改礼部员外郎,权右司谏、治书侍御史。诏问时务所当先者,璧上六事,大略言减冗食,备选锋,缓疑似以慎刑,择公廉以检吏,屯戍革朘削之弊,权贵严请托之科。又条自治之策四,谓别贤佞，信赏罚，听览以通下情，贬损以谨天戒。

诏以东方饥馑，盗贼并起，以御史中丞完颜伯嘉为宣慰使，监察御史道远从行。道远发永城令簿奸赃，伯喜与令有违，付令有司，释簿不问，燕语之际又许参佐克忠等台职，璧皆劾之，伯嘉竟得罪去。

初，谍者告归德行枢密院言，河朔叛军有窃谋南渡者，行院事胡土门、都水监使毛花辇易其人，不为备。一日，红袄数百联筏南流，残下邑而去。命璧鞫之。璧以二将托疾营私，闻寇弛备，且来不战、去不追，在法皆当斩。或以为言："二将皆宠臣，而都水者赀累巨万，若求援禁近，必从轻典，君徒结怨权贵，果何益耶？"璧叹曰："睢阳行阙，东藩重兵所宿，门廷之寇且不能御，有大于此者复何望乎。"即具所拟闻。

四年，迁刑部郎中。关中旱，诏璧与吏部侍郎畏忻审理冤狱。时河中帅阿虎带及僚属十数人皆以弃城罪当死，系同州狱待报。同州官僚承望风旨，问璧何以处之，璧曰："河中今日重地，朝议拟为驻跸之所，若失此则河南、陕西有唇亡之忧。以彼宗室勋贵故使镇之，平居无事竭民膏血为浚筑计，一旦有警乃遽焚荡而去，此而不诛，三尺法无用矣。"竟以无冤上之。

冬十月，出为归德治中。未几，改同知保静军节度使，又改同知集庆军节度使，到官即上章乞骸骨，进一官致仕。正大九年，河南破，北归，又数年卒，年七十有九。

李献甫字钦用，献能从弟也。博通书传，尤精《左氏》及地理学。为人有干局，心所到则绝人远甚，故时人称其精神满腹。兴定五年登进士第，历咸阳簿，辟行台令史。

正大初，夏使来请和，朝廷以翰林待制冯延登往议，时献甫为书表官，从行。夏使有口辩，延登不能折，往复数日不定，至以岁币为言，献甫不能平，从旁进曰："夏国与我和好百年，今虽易君臣之名为兄弟之国，使兄输币宁有据耶。"使者曰："兄弟且不论。宋岁输吾国币二十五万匹,典故具在,君独不知耶。金朝必欲修旧好。非此例不可"。献甫作色曰:"使者尚忍言耶。宋以岁币饵君家而赐之姓,岸然以君父自居,夏国君臣无一悟者,诚谓使者当以为讳,乃今公言之。使者果能主此议,以从赐姓之例,弊邑虽岁捐五十万,献甫请以身任之。"夏使语塞,和议乃定。后朝廷录其功,授庆阳总帅府经历官。

寻辟长安令。京兆行台所在,供亿甚繁,献甫处之常若有余,县民赖之以安。入为尚书省令史。天兴元年,充行六部员外郎,守备之策时相倚任之。以功迁镇南军节度副使,兼右警巡使,死于蔡州之难,年四十。

所著文章号《天倪集》,留汴京。献甫死,其家亦破,同年华阴王元礼购得之,传于世。

雷渊字希颜,一字季默,应州浑源人。父思,名进士,仕至同知北京转运使,注《易》行于世。渊庶出,年最幼,诸兄不齿,父殁不能安于家,乃发愤入太学,衣弊履穿,坐榻无席,自以跣露恒兀坐读书,不迎送宾客,人皆以为倨。其友商衡每为辩之,且周恤焉。后从李之纯游,遂知名。登至宁元年词赋进士甲科,调泾州录事,坐高庭玉狱几死。

后改东平,河朔重兵所在,骄将悍卒倚外敌为重,自行台以下皆摩抚之,渊出入军中偓然不为屈。不数月,闾巷间多画渊像,虽大将不敢以新进书生遇之。寻迁东阿令,转徐州观察判官。

兴定末,召为英王府文学兼记室参军,转应奉翰林文字。拜监察御史,言五事称旨,又弹劾不避权贵,出巡郡邑所至有威誉,奸豪不法者立箠杀之。至蔡州,杖杀五百人,时号曰"雷半千",坐此为人所讼,罢去。久之,用宰相侯挚荐,起为太学博士、南京转运司户籍判官,迁翰林修撰。一夕暴卒,年四十八。

正大庚寅倒回谷之役,渊尝上书破朝臣孤注之论,引援深切,灼然易见,主兵者沮之,策竟不行。

为人躯干雄伟，髯张口哆，颜渥丹，眼如望洋，遇不平则疾恶之气见于颜间，或嚼齿大骂不休，虽痛自惩创，然亦不能变也。为文章诗喜新奇。善结交，凡当涂贵要与布衣名士无不往来。居京师，宾客踵门未尝去舍，家无余赀，及待宾客甚丰腆。苦官喜立名，初登第摄遂平县事，年少气锐，击豪右，发奸伏，一邑大震，称为神明。尝擅笞州魁吏，州檄召之不应，罢去。后凡居一职辄震耀，亦坐此不达。

程震字威卿，东胜人。与其兄鼎俱擢第。震入仕有能声。兴定初，诏百官举县令，震得陈留，治为河南第一，召拜监察御史，弹劾无所挠。时皇子荆王为宰相，家僮辈席势侵民，震以法劾之，奏曰："荆王以陛下之子，任天下之重。不能上赞君父，同济艰难。顾乃专恃权势，蔑弃典礼，开纳货赂，进退官吏。纵令奴隶侵渔细民，名为和市，其实胁取。诸所不法不可枚举。陛下不能正家，而欲正天下，难矣。"于是，上责荆王，出内府银以偿物直，杖大奴尤不法者数人。未几，坐为故吏所讼，罢官。岁余，呕血卒。

震为人刚直有材干，忘身徇国，不少私与。及为御史。台纲大振，以故小人侧目者众，不能久留于朝，士论惜之。

赞曰：韩玉、冯璧、李献甫、雷渊皆金季豪杰之士也。邠、泾之变，玉募兵旬日而得万人。牙吾塔之凶暴，璧以王度绳之，卒不敢动，夏人援宋例以邀岁币，献甫以宋赐夏姓一事折之，夏使语塞而和议定。渊为御史，权贵欲避，古之国士何加焉。玉以疑见冤，璧、渊疾恶太甚，议者以酷讥之，瑕岂可以掩瑜哉。程震劾荆抵罪，此纵冯、雷、然亦以群小龃龉而死，直士之不容于世也久矣。吁。

金史卷一一一
列传第四九

古里甲石伦　完颜讹可
撒合辇　强伸　乌林答胡土
思烈　纥石烈牙吾塔

　　古里甲石伦，隆安人。以武举登第。为人刚悍颇自用，所在与人不合，宣宗以其勇善战，每任用之。贞祐二年，累迁副提控、太原府判官，与从宜都提控、振武军节度使完颜蒲剌都议拒守不合，措置乖方，敌因大入，几不可御。既乃交章论列以自辨其无罪，上恶其不和，诏分统其兵。

　　未几，迁同知太原府事。奏请招集义军，设置长校，各立等差。都统授正七品职，副统正八品，万户正九品，千户正班任使，谋克杂班。仍三十人为一谋克，五谋克为一千户，四千户为一万户，四万户为一副统，两副统为一都统，外设一总领提控。制可。

　　四年，迁河东宣抚副使，上章言宣抚使乌古论礼不肯分兵御敌，且所行多不法。诏礼罢职，石伦迁绛阳军节度使，权经略使，寻知延安府事、兼鄜延路兵马都总管。大元兵围忻州，石伦率兵往援，以兵护其民入太原，所保军民甚众。

　　兴定元年七月，改河平军节度、兼卫州管内观察使，诏谕曰："朕初谓汝勇果，为国尽力，故倚以济事。寻闻汝嗜酒不法，而太原知府乌古论德升亦屡尝为朕言之，然皆琐屑，乃若不救汾州，岂细事哉。有司议罪如此,汝其悉之,益当戮力,以掩前过。"是年十一月,迁镇西军节度使、兼岚州管内观察使、行元帅府事。

二年四月,石伦言:"去岁北兵破太原,游兵时入岚州境,而官民将士悉力捍御,卒能保守无虞。向者河东内郡皆驻以精甲,实以资储,视边城尤为完富,然兵一至相继沦没。岚兵寡而食不足,惟其上下协同,表里相应,遂获安帖。当大军初入,郡县仓皇,非此帅府控制,则奥、管保德、岢岚、宁化皆不可知矣。今防秋不远,乞朝廷量加旌赏,务令益尽心力,易以镇守。"诏有功者各迁官一级,仍给降空名宣敕,令枢密院遣授之。

三年二月,石伦奏:"向者并、汾既破,兵入内地,臣谓必攻平阳,平阳不守,将及潞州,其还当由龙州谷以入太原。故臣尝请兵欲扼其归路,朝廷不以为然,既而皆如臣所料。始敌入河东时,郡县民皆携老幼徙居山险,后虽太原失守,而众卒不从,其意谓敌不久留,且望官军复至也。今敌居半岁,遣步骑扰诸保聚,而官军竟无至者,民其能久抗乎。夫太原,河东之要郡;平阳、陕西、河南之藩篱也。若敌兵久不去,居民尽从,屯兵积粮以固基本,而复扰吾郡县未残者,则边城指日皆下矣。北路不守,则南路为边,去陕西、河南益近,臣窃忧之,故复请兵以图战守。而枢府檄臣,并将权太原治中郭通祖、义军李天禄等万余人,就其粮五千石,会汾州权元帅右都监抹捻胡剌复太原。臣召通祖,欲号令其众,通祖不从。寻得胡剌报曰:'尝问军数于通祖,但称天禄等言之,未尝亲阅。问粮,则曰散在数处。'盖其情本欲视朝廷以己有兵粮,冀或见用,以取重职,不可指为实用也。虽然,臣已遣提控石盏吾里忻等领军以往矣。但敌势颇重,而往者皆新集白徒,绝无精锐,恐不能胜。乞于河南、陕西量分精兵,以增臣力,仍令陕西州郡近河东者给之资粮,更令南路诸军缀敌之南,以分其势,如此庶几太原可复也。"诏陕西、河东行省分粮与之,请兵之事以方伐宋不从。

三月,石伦复上言曰:"顷者大兵破太原,招民耕稼,为久驻之基。臣以太原要镇,所当必争,遣提控石盏吾里忻引官兵义兵共图收复。又以军士有功者宜速赏之，故拟令吾里忻得注授九品之职，以是请于朝，而执政以为赏功罚罪皆须中覆。夫河东去京师甚远，移报往返不暇数十日，官军皆败亡之余，锋锐略尽，而义兵亦不习行阵，无异乌合，以重赏诱之犹恐不为用，况用功而久不见报乎。夫众不可用则不能退敌，敌不退则太原不可复，太原不可复则平阳之势日危，而境土日蹙矣。今朝廷抑而不许，不过虑其滥赏耳。借使有滥赏之弊，其与失太原之害孰重？”于是诏从其请，自太原治中及他州从七品以下职、四品以下散官，并听石伦迁调焉。

是月，石伦复言：“日者遣军潜捣敌垒，欲分石州兵五百权屯方山，剿杀土寇，且备岚州，而同知蒲察桓端拒而不发。又召同知宁边军节度使姚里鸦鹘与之议兵，竟不听命。近领兵将取太原，委石州刺史纳合万家权行六部，而辞以他故，几误军粮。约武州刺史郭宪率所领并进，宪亦不至。臣猥当方面之任，而所统官属并不禀从，乞朝廷严为惩诫，庶人知职分，易以责办。”宰臣恶之，乃奏曰：“桓端、鸦鹘已经奏改，无复可议。石伦身兼行部，不自规画，而使万家往来应给，石州无人恐亦有失。武州边郡正当兵冲，使宪率军离城，敌或乘之，孰与守御。万家等不从，未为过也。”上以为然，因遣谕石伦曰：“卿尝行院于归德，卫州防备之事非不素知，乃屡以步骑为请何耶。比授卿三品，且数免罪谴卿，尝自誓以死报国，今所为如此，岂报国之道哉！意谓河南之众必不可分，但图他日得以藉口耳。卿果赤心为国，尽力经画，亦足自效。万家等若必惩戒，彼中谁复可使者，姑为容忍可也。”

闰三月，石伦驻兵太原之西，俟诸道兵至进战，闻协从人颇有革心，上言于朝，乞降空名宣敕、金银符，许便宜迁注，以招诱之。上从其请，并给付之，仍听注五品以下官职。

六月，保德州振威军万户王章、弩军万户齐镇杀其刺史孛术鲁银术哥，仍灭其家，胁官吏军民同状白岚州帅府，言银术哥专恣惨酷，私造甲仗，将谋不轨。石伦密令同知州事把蒲剌都图之，蒲剌都乃与兵吏置酒召章等饮，擒而族诛之。至是，朝廷命行省胥鼎量宜迁赏,仍令蒲刺都摄州事,抚安其众焉。

六月,迁金安军节度使,行帅府事于葭州。时鄜州元帅内族承立虑夏人入寇,遣纳合买住以兵驻葭州,石伦辄分留买住兵千八百人,令以余兵屯绥德,而后奏之。有司论罪当绞,既而遇赦,乃止除名。元光元年,起为郑州同知防御使,与防御使裴满羊哥部内酤酒不偿直,皆除名。三月,上谕元帅监军内族讹可曰:"石伦今以罪废,欲再起之,恐生物议,汝军前得无用之乎。此人颇善战,果可用便当遣去。古亦有白衣领职者,渠虽除名何害也。"十月,大元兵围青龙堡,诏以石伦权左都监,将兵会上党公、晋阳公往援之。兵次弹平寨东三十里,敌兵梗道不得进,会青龙堡破,召还。既而复以罪免。

正大八年,大兵入河南,州郡无不下者,朝议以权昌武军节度使粘葛全周不知兵事,起石伦代之。石伦初赴昌武,诏谕曰:"卿先朝宿将,甚有威望,故起拜是职。元帅苏椿、武监军皆晓兵事,今在昌武,宜与同议,勿复不睦失计也。"时北兵已至许,石伦赴镇几为游骑所获。数日,知两省军败,溃军踵来,有忠孝军完颜副统入城,两手皆拆,血污满身,州人忧怖不知所出。石伦遣归顺军提控岚州人高珪往斥候,珪因持在州军马粮草数目奔大元军,仍告以城池深浅。俄大兵至城下,以凤翔府韩寿孙持檄招降,言三峰败状。石伦、苏椿不诘问即斩之市中。既而武监军偏裨何魏辈开东门,内族按春开南门,夹谷太守开西门,大元军入城,擒苏椿,问以大名南奔之事,椿曰:"我本金朝人,无力故降,我归国得为大官,何谓反耶。"大将怒其不屈,即杀之。石伦投廨后井中,全周自缢州廨。武监军者初不预开门之谋,何魏辈欲保全之,故言于大将曰:"监军令我辈献门。"然亦怒其不迎军而降,亦杀之。

全周名晖,字子阳,策论进士,兴定间为徐州行枢密院参议官,上章言:"惟名与器不可假人,自古帝王靡不为重。今之金银牌,即古符节也,其上有太祖御画,往年得佩者甚难,兵兴以来授予颇滥,市井道路黄白相望,恐非所以示信于下也。乞宝惜之,有所甄别。"

上以语宰臣，而丞相高琪等奏："时方多难，急于用人，驾驭之方，此其一也，如故为便。"

苏椿，大名人，初守大名，归顺于大元，正大二年九月，自大名奔汴，诏置许州，至是见杀。

完颜讹可，内族也。时有两讹可，皆护卫出身，一曰"草火讹可"，每得贼好以草火燎之，一曰"板子讹可"，尝误以宫中牙牌报班齐者为板子，故时人各以是目之。

正大八年九月，大兵攻河中。初，宣宗议迁都，朝臣谓可迁河中："河中背负关陕五路，士马全盛，南阻大河，可建行台以为右翼。前有绛阳、平阳、太原三大镇，故兵不敢轻入。应三镇郡县之民皆聚之山寨，敌至则为昼攻夜劫之计。屯重军中条，则行在有万全之固矣。"主议者以河中在河朔，又无宫室，不及汴梁，议遂寝。

宣宗既迁河南，三二年之后，诏元帅都监内族阿禄带行帅府事。阿禄带惬怯不能军，竭民膏血为浚筑之计。未几，绛州破，阿禄带益惧，驰奏河中孤城可不守，有旨亲视，果不可守则弃之，无至资敌。阿禄带遂弃河中，烧民户官府，一二日而尽。寻有言河中重镇，国家基本所在，弃之为失策，设为敌人所据，则大河之险我不得专恃矣。宣宗悔悟，系阿禄带同州狱，累命完复之，随守随破。至是，以内族两讹可将兵三万守之。

大兵谋取宋武休关。未几，凤翔破，睿宗分骑兵三万入散关，攻破凤州，径过华阳，屠洋州，攻武休关。开生山，截焦崖，出武休东南，遂围兴元。兴元军民散走，死于沙窝者数十万，分军而西，西军由别路入洵州，取大安军路开鱼鳖山，撤屋为筏，渡嘉陵江入关堡，并江趋葭萌，略地至西水县而还。东军止屯兴元、泮州之间，遂趋饶峰。宋人弃关不守，大兵乃得入。

初，大兵期以明年正月合南北军攻汴梁，故自将攻河中。河中告急，合打蒲阿遣王敢率步兵一万救之。十二月，河中破，初，河中主将知大兵将至,惧军力不足,截故城之半守之。及被攻,行帐命筑松楼高二百尺,下瞰城中,土山地穴百道并进。至十一月,攻愈急。自王敢救军至,军士殊死斗,日夜不休,西北楼橹俱尽,白战又半月,力尽乃陷。草讹可战数十合始被擒,寻杀之。板讹可提败卒三千夺船走,北兵追及,鼓噪北岸上,矢石如雨。数里之外有战船横截之,败军不得过,船中有贲火炮名"震天雷"者连发之,炮火明,见北船军无几人,力斫横船开,得至潼关,遂入阌乡。寻有赦诏将佐以下,责讹可以不能死,车载入陕州,决杖二百。识者以为河中城守不下,德顺力竭而陷,非战之罪,故讹可之死人有冤之者。

初,讹可以元帅右监军、邠泾总帅、权参知政事,奉旨于邠、泾、凤翔往来防秋,奉御六儿监战,于讹可为孙行,而讹可动为所制,意颇不平,渐生猜隙。七年九月,召赴京师,改河中总帅,受京兆节制。此时六儿同赴召,谓讹可奉旨往来防秋,而乃畏怯避远,正与朝旨相违,上意颇罪讹可。及河中陷,苦战力尽,而北兵百倍临之,人谓虽至不守犹可以自赎,竟杖而死,盖六儿先入之言主之也。

刘祈曰:"金人南渡之后,近侍之权尤重。盖宣宗喜用其人以为耳目,伺察百官,故奉御辈采访民间,号'行路御史',或得一二事即入奏之,上因所责台官漏泄,皆抵罪。又方面之柄虽委将帅,又差一奉御在军中,号曰'监战',每临机制变多为所牵制,遇敌辄先奔,故师多丧败。"哀宗因之不改,终至亡国。

论曰:古里甲石论善战而好犯法,故见废者屡,晚起为将,卒死于难。金运将终,又用数奇之李广,其乏绝不亦宜乎。草讹可力战而死,板讹可亦力战,不死于阵而死于刑,论者以为有近侍先入之言。夫以嬖御治军,既掣之肘,又信其谗以杀人,金失政刑矣。唐之亡,坐以近侍监军,金蹈其辙,哀哉。

撒合辇字安之,内族也。宣宗朝,累迁同签枢密院事。元光二年十二月庚寅夜,宣宗病笃,英王盘都先入侍,哀宗后至,东华门已闭,闻英王在宫,遣枢密院官及东宫亲卫军总领移剌蒲阿勒兵东华门,都点检驸马都尉徒单合住奏中宫,得旨,领符钥启门。合住见上,上命撒合辇解合住刀佩之,哀宗遂入,明日即位,由是见亲信。正大元年正月庚申,以辇同判大睦亲府事,兼前职。刑部完颜素兰言:"把胡鲁策功第一,非超拜右丞相无以酬之。"然同功数人亦有不次之望,故胡鲁之命中辍,辇犹升二品云。

四年,大元既灭西夏,进军陕西。四月丙申,召尚书温迪罕寿孙、中丞乌古孙卜吉、祭酒裴满阿虎带、直学士蒲察世达、右司谏陈规、监察乌古论四和完颜习显、同判睦亲府事撒合辇同议西事,上曰:"已谕合达尽力决一战矣。"群臣多主和事,独辇力破和议,语在《陈规传》。

八月,朝廷得清水之报,令有司罢防城及修城丁壮,凡军需租调不急者权停。初,闻大兵自凤翔入京兆,关中大震,以中丞卜吉、祭酒阿忽带兼司农卿,签民兵,督秋税,令民入保为避迁计。当时议者以谓大兵未至而河南先乱,且曰:"御史监察城洛阳,治书供帐北使,中丞下兼司农签军督税,台政可知矣。"至是,上谓撒合辇曰:"谚云,水深见长人。朝臣或欲我一战,汝独言当静以待之,与朕意合,今日有太平之望,皆汝谋也。先帝尝言汝可用,可谓知人矣。"

未几,右拾遗李大节、右司谏陈规言,撒合辇谄佞纳贿及不公事,奏帖留中不报。明惠皇后尝传旨戒曰:"汝谄事上,上之骑鞠皆汝所教。"尉忻亦极言之,上颇悟,出为中京留守、兼行枢密院事。初,宣宗改河南府为金昌府,号中京,又拟少室山顶为御营,命移剌粘合筑之,至是撒合辇为留守。

九年正月,北兵从河清径渡,分兵至洛,出没四十余日。二月乙亥,立炮攻城。洛中初无军,得三峰溃卒三四千人,与忠孝军百余守御。时辇疽发于背,不能军,同知温迪罕斡朵罗主军务,有大事则就辇禀之。三月甲申,忠孝军百余骑入使宅,强拥辇出奔,辇不得已从之,并以官属及其子自随,才出南里城门,城上军觉,闭之瓮城中,矢石乱下,人马多死伤。辇知不能出,仰呼求救,军士知出奔非辇意，以绳引而上，送入其宅，不敢出。镇抚官缚出奔之党，欲杀之，已斩三人，辇亲为乞命，得免。

乙酉，斡朵罗赍金帛出北门，如前日巡城犒军之状，既出即沿城而西，直出外壕，城上人呼曰："同知讲和去矣。"军士及将领随而下者三四百人。少之，辇传令云："同知叛降，有再下城者斩。"凡斩三四人，乃定。丙戌夜，城东北角破，辇夺南门出不得，投濠水死。已而，大兵退，强伸复立帅府。

强伸，本河中射粮军子弟，貌极寝陋，而膂力过人。兴定初，从华州副都统安宁复潼关，以劳任使，尝监郿阳醋。后客洛下，选充官军，戍陕铁岭，军溃被虏，从都尉兀林答胡土窜归中京。时中京已破，留守兼行枢密院使内族撒合辇死之，元帅任守真复立府事，以便宜署伸警巡使。后守真率部曲军从行省思烈入援，郑州之败守真死。

天兴元年八月，中京人推伸为府签事，领所有军二千五百人，伤残老幼半之。甫三日，北兵围之，东西北三面多树大炮，伸括衣帛为帜，立之城上，率士卒赤身而战，以壮士五十人，往来救应，大叫，以"憨子军"为号，其声势与万众无异。兵器已尽，以钱为镞，得大兵一箭截而为四，以筒鞭发之。又创遏炮，用不过数人，能发大石于百步外，所击无不中。伸奔走四应，所至必捷。得二驼及所乘马皆杀之，以犒军士，人不过一啖，而得者如百金之赐。九月，大兵退百里外。闰月，复攻，兵数倍于前。又一月，不能拔。事闻，哀宗降诏褒谕，以伸为中京留守、元帅左都监、世袭谋克、行元帅府事。

十月，参知政事内族思烈自南山领军民十余万入洛，行省事。二年二月，伸建一堂于洛川驿之东，名曰"报恩"，刻诏文于石，愿以死自效。三月，中使至，以伸便宜从事。是月，大兵自汴驱思烈之子于东门下，诱思烈降。思烈即命左右射之，既而知崔立之变，病不能语而死。总帅忽林答胡土代行省事，伸行总帅府事，月余粮尽，军民稍稍散去。

　　五月,大兵复来,阵于洛南,伸阵水北。有韩帅者匹马立水滨,招伸降,伸谓帅曰:"君独非我家臣子耶?一日勤王,犹遗令名于世,君既不能,乃欲诱我降耶?我本一军卒,今贵为留守,誓以死报国耳。"遂跃而射之。帅奔阵,率步卒数百夺桥,伸军一旗手独出拒之,杀数人,伸乃手解都统银符与之佩,士卒气复振。初,筑战垒于城外四隅,至五门内外皆有屏,谓之迷魂墙。大兵以五百骑迫之,伸率卒二百鼓噪而出,大兵退。

　　六月,行省胡土率众走南山,鹰扬都尉献西门以降,伸知城不能守,率死士数十人突东门出,转战至偃师,力尽就执。载以一马,拥迫而行,伸宛转不肯进,强掖之,将见大帅塔察。及中京七里河,伸语不逊,兵卒相谓曰:"此人乖角如此,若见大帅其能降乎,不若杀之。"因好语诱之曰:"汝能北面一屈膝,吾贷汝命。"伸不从,左右力持使北面,伸拗头南向,遂杀之。

　　乌林答胡土。正大九年正月戊子,北兵以河中一军由洛阳东四十里白坡渡河。白坡故河清县,河有石底,岁旱水不能寻丈。国初以三千骑由此路趋汴,是后县废为镇,宣宗南迁,河防上下千里,常以此路为忧,每冬日命洛阳一军戍之。河中破,有言此路可徒涉者,已而果然。北兵既渡,夺河阴官舟以济诸军。时胡土为破虏都尉,戍潼关,以去冬十二月被旨入援,至偃师,闻白坡径渡之耗,直趋少室,夜至少林寺。时登封县官民已迁太平顶御寨。明日,胡土使人绐县官云:"吾军中家属辎重欲留此山,即率兵赴汴京。"因摄县官下山,使之前导,一军随之而上。山既险固,粮亦充足,遂有久住之意。寻纵军下山劫掠居民,甚于盗贼,旁近一二百里无不被害。胡土畏变,知而不禁,又所劫牛畜粮糒亦分有之。

　　七月,恒山公武仙、参政思烈两行省军,屯登封城南大林下,遣人约之入京。胡土百计不肯下,不得已,乃分其军四千,与思烈俱东。八月三日,两行省军溃于中牟,胡土狼狈上山,残卒三二十人外偏裨无一人至者。十二月,思烈自留山行省于中京,征兵同保洛阳,又迁延不行。思烈以檄来，言："若依前逗留，自有典宪，吾不汝容矣。"胡土惧，乃挈妻子及军往中京，留其半山上以为巢穴。天兴二年三月，思烈病卒，留语胡土代行省事。六月，敌势益重，强伸方尽力战御，而胡土即领轻骑、挈妻子弃城南奔，遂失中京。

初，胡土在太平顶既顾望不进，又惧人议己，乃出榜募人为救驾军，云："一旅之众可以兴复国家，诸人有能奋发许国捐躯者，岂不济大事乎！"于是，不逞之徒随募而出，得泽人缑麻觜、武录事等二十余人，促令赴京，行及卢店即行劫，械至，杖之二百，人无不窃笑。

既而，走蔡州，上召见慰问，而心薄之。会宋人攻唐州，元帅乌古论黑汉屡遣人告急，即命胡土领忠孝军百人，就征西山招抚乌古论换住、黄八儿等军赴之。胡土率兵至唐，宋人欲避，纵其半入城，夹击之，胡土大败，仅存三十骑以还，换住死焉。

既而，以胡土为殿前都点检，罢权参政。大兵围蔡，分军防守，胡土守西面。十一月，胡土之奴窃其金牌，夜縋城降，朝士喧播谓胡土纵之往，将有异志。胡土闻之，内不自安，乞解军职。上慰之曰："卿父子昆弟皆为帅臣，受恩不为不厚，顾肯降耶。且卿向在洛阳不即降，而千里远来降于蔡，岂人情也哉。闻卿遇奴太察，且其衣食不常给之，此盖往求温饱耳，卿何慊焉。"因赐馔以安其心。初，胡土罢机政，颇有怨言，左右劝上诛之，上不听。及令守西城，尤怏怏不乐，至是始感恩无他虑矣。

寻以总帅孛术鲁娄室与胡土皆权参政，娄室与右丞仲德同事，胡土防守如故，复以都尉承麟为东面元帅权总帅。先是，攻东城，娄室随机备御。二日移攻南城，乌古论镐易之，炮击城楼几仆，右丞仲德率军救援，乃罢攻。俄而四面受敌，促德艰于独援，遂荐承麟代娄室东面，而乞与娄室同救应。初，胡土失外城，颇惭恨，声言力小不能令众，仲德亦荐之，故有是命。蔡城破，投汝水死。

赞曰：撒合辇本以佞进，乌林答胡土战阵不武，付以孤城，望其捍御大难,岂得为知人乎。强伸一射粮卒耳,及授以兵,乃能应变制胜,远过二人,力尽乃毙,犹有烈丈夫之风焉。古人有言:"四郊多垒,拔士为将。"使金运未去,伸足以建功名矣夫。

内族思烈,南阳郡王襄之子也。资性详雅,颇知书史。自五六岁入充奉御,甚见宠幸,世号曰"自在奉御"。当宣宗入承大统,胡沙虎跋扈,思烈尚在髫龀,尝涕泣跪抱帝膝致说曰:"愿早诛权臣,以靖王室。"帝急顾左右掩其口。自是,帝甚器重之。后由提点近侍局迁都点检。

天兴元年,汴京被围,哀宗以思烈权参知政事,行省事于邓州。会武仙引兵入援,于是思烈率诸军发自汝州,过密县,遇大元兵,不用武仙阻涧之策,遂败绩于京水,语在《武仙传》。中京留守、元帅左监军任守真死之。上闻,罢思烈行省之职,以守中京。无何,大兵围中京未能下,崔立遣人监思烈子于中京城下,招之使降。思烈不顾,令军士射之,既而知崔立已以汴京归顺,病数日而死。

初,思烈会武仙等军入援,即与仙论议不同,仙以思烈方得君,每假借之。思烈谓仙本无入援意,特以朝廷遣一参政召兵,迫于不得已乃行耳。然仙知兵,颇以持重为事。思烈急于入京,不听仙策,于是左右司员外郎王渥乃劝思烈曰:"武仙大小数百战,经涉不为不多,兵事当共议。"思烈疑其与仙有谋,几斩之,渥自以无愧于内,不惧也。已而,思烈果败,渥殁于阵。

渥字仲泽,后名仲泽,太原人。性明俊不羁,博学善谈论,工尺牍,字画清美,有晋人风。少游太学,长于词赋,登兴定二年进士第。为时帅奥屯邦献、完颜斜烈所知,故多在兵间。后辟宁陵令,有治迹,入为尚书省令史。因使宋至扬州,应对敏给,宋人重之。及还,为太学助教,转枢密院经历官,俄迁右司都事,稍见信用。及思烈往邓州,以渥为左右司员外郎,从行。

　　赞曰：思烈夙惠，请诛权奸以立主威，有甘罗、辟疆之风，所谓"茂良不必父祖"者也。中京之围，崔立胁其子使招之降，不顾而趣射之，何愧乎桥玄。至如不从武仙之言，以至于败，此盖时人因惜王仲泽之死而有是言，仙无入援之意则非诬也。

　　纥石烈牙吾塔一名志。本出亲军，性刚悍喜战。贞祐间，仆散安贞为山东路宣抚使，以牙吾塔为军中提控。是时，山东群盗蜂起，安贞遣牙吾塔破巨蒙等四堝，又破马耳山寨，杀刘二祖贼党四千余人，降贼八千，虏其伪宣差程宽、招军大使程福，又降胁从民三万余人。贞祐四年六月，积功累迁拦通渡经略使。十月，为元帅左都监。十二月，行山东西路兵马都总管府事，兼武宁军节度使、徐州管内观察使。

　　兴定二年正月，宋兵万余攻泗州，牙吾塔赴援，至临淮，遇宋人三百，掩杀殆尽。及泗州，宋兵八千围甚急，督众进战，大破之，溺水死者甚众，获马三百余匹，俘五十余人。又围盱眙，宋人闭门坚守不敢出。以骑兵分掠境内，而时遣羸卒薄城诱之。宋人出骑数百来拒，牙吾塔麾兵伪北，发伏击之，斩首二百。宋人复出步骑八千来援，合击败之，杀一太尉，斩首三百。寻获觇者，称青平宋兵甚众，将救盱眙。牙吾塔移兵赴之，宋兵步骑七千人突出，兵少却，旋以轻骑扼其后，初逗留不与战，纵之走东南，薄诸河，斩首千余，溺死者无算，获马牛数百，甲仗以千计。师还，遇宋兵三千于连塘村，斩首千余级，俘五十人，获马三十五匹。宣宗以其有功，赐金带一。

　　三年正月，败宋人于濠州之香山村。二月，又败于滁州，斩首千级。拔小江寨，杀统制王大篷等，斩三万，俘万余人。又拔辅嘉平山寨，斩首数千，俘五百余人，获马牛数百，粮万斛。三月，提控奥敦吾里不大败宋人于上津县，兵还至濠州，宋人以军八千拒战，牙吾塔迎击败之，获马百余匹。

　　五年正月，上以红袄贼助宋为害，边兵久劳苦，诏牙吾塔遗宋人书求战，略曰："宋与我国通好，百年于此，顷岁以来，纳我叛亡，绝我贡币，又遣红袄贼乘间窃出，跳梁边疆，使吾民不得休息。彼国若以此曹为足恃，请悉众而来，一决胜负，果能当我之锋，沿边城邑当以相奉。度不能，即宜安分保境，何必狐号鼠窃、乘阴伺夜以为此态耶？且彼之将帅亦自受钺总戎，而临敌则望风远遁，被攻则闭垒深藏，逮吾师还，然后现形耀影以示武。夫小民尚气，女子有志者犹不尔也，切为彼国羞之。”

先是，宋将时青袭破泗州西城。二月，牙吾塔将兵取之，宋兵拒守甚力，乃募死士以梯冲并进，大败宋兵。时青乘城指麾，射中其目，遂拔众南奔。乃陈兵横绝走路击之，宋兵大溃，遂复泗州西城。三月，复出兵宋境，以报其役，破团山、贾家等诸寨，进逼濠州。牙吾塔虑州人出拒，躬率劲兵逆之，遇逻骑二百于城东，击杀过半。会侦者言前路刍粮甚艰，乃西掠定远，由涡口而还。九月，又率兵渡淮，大破宋兵于团山，诏迁官升职有差。

元光元年五月，以京东便宜总帅兼行户、工部事，上因谓宰臣曰：“牙吾塔性刚，人皆畏之，委之行部，无不办者。至于御下亦颇有术，提控有胡论出者，渠厚待之，常同器而食，其人感奋，遂以战死。”英王守纯曰：“凡为将帅，驾驭人材皆当如此。”上曰：“然。”未几，宋人三千潜渡淮，至聊林，尽伐堤柳，塞汴水以断吾粮道。牙吾塔遣精甲千余破之，获其舟及渡者七百人，汴流由是复通。

二年四月，上言：“赏罚国之大信，帝王所以劝善而惩恶，其令一出不可中变。向官军战殁者皆廪给其家，恩至厚也。臣近抵宿州，乃知例以楮币折支，往往不给，至于失所。此殆有司出给之吝，不能奉行朝廷德意之过也。自今愿支本色，令得赡济。”以粮储方艰，诏有司给其半。

红袄贼寇寿、颍，剽掠数日而去。牙吾塔闻之，率兵渡淮，侦知朱村、孝义村有贼各数百，分兵攻之，连破两栅，及焚其村坞数十。还遇宋兵数百，阵淮南岸，击杀其半，寻有兵千余自东南来追，复大败之。

先是，纳合六哥杀元帅蒙古纲，据邳州以叛。十月，牙吾塔围之，焚其楼橹，斩首百余。于是，宋铃辖高显、统制侯进、正将陈荣等知不能守，共诛六哥，持其首缒城降。六哥既诛，众犹拒守，方督兵进攻，宋总领刘斌、提控黄温等缚首乱颜俊、戚谊、完颜乞哥，及枭提控金山八打首，遣其校马俊、吴珪来献。既而红袄监军徐福、统制王喜等亦遣其总领孙成、总押徐琦纳款。刘斌等遂率军民出降，牙吾塔入城，抚慰其众，各使安集，又招获红袄统制十有五人，将官训练百三十有九人。十一月，遣人来报，仍函六哥首以献。宣宗大喜，进牙吾塔官一阶，赐金三百两、内府重币十端，将士迁赏有差。

正大三年十一月，北兵猝入西夏，攻中兴府甚急。召陕西行省及陕州、灵宝二总帅讹可、牙吾塔议兵。又诏谕两省曰："倘边方有警，内地可忧，若不早图，恐成噬脐。且夕事势不同，随机应变，若逐旋申奏，恐失事机，并从行省从宜规画。"

四年，牙吾塔复取平阳，获马三千。是岁，大兵既灭夏国，进攻陕西德顺、秦州、清水等城，遂自凤翔入京兆，关中大震。五年，围庆阳。六年十月，上命陕省以羊酒及币赴庆阳犒北帅，为缓师计。北中亦遣唐庆等往来议和，寻遣斡骨栾为小使，径来行省。十二月，诏以牙吾塔与副枢蒲阿权签枢密院事，内族讹可将兵救庆阳。七年正月，战于大昌原，庆阳围解。诏以牙吾塔为左副元帅，屯京兆。初，斡骨栾来，行省恐泄事机，因留之。蒲阿等既解庆阳之围，志气骄满，乃遣还，谓使者曰："我已准备军马，可战斗来。"语甚不逊，斡骨栾以此言上闻，太宗皇帝大怒，至应州，以九日拜天，即亲统大兵入陕西。八年，迁居民于河南，弃京兆东还。五月，至阌乡，得寒疾，汗不出，死。

"塔"亦作"太"，亦曰"牙忽带"，盖女直语，无正字也。是岁九月，国信使内族乘庆自北使还，始知牙吾塔不逊激怒之语，且言庆等在旁心魄震荡，殆不忍闻。当时以帅臣不知书，误国乃尔。

塔为人鸷狠狼戾，好结小人，不听朝廷节制。尝入朝，诣省堂，诋毁宰执，宰执亦不敢言，而上倚其镇东方，亦优容之。尤不喜文士，僚属有长裾者辄以刀截去。又喜凌侮使者，凡朝廷遣使来，必以酒食困之，或辞以不饮，因并食不给，使饿而去。司农少卿张用章以行户部过宿，塔饮以酒，张辞以寒疾，塔笑曰："此易治耳。"趋左右持艾来，卧张于床，灸之数十。又以银符佩妓，屡往州郡取赇，州将之妻皆远迎逆，号"省差行首"，厚赂之。御史康锡上章劾之，且曰："朝庭容之，适所以害之。欲保全其人，宜加裁制。"朝廷竟不治其罪。以屡败宋兵，威震淮、泗，好用鼓椎击人，世呼曰"卢鼓椎"，其名可以怖儿啼，大概如呼"麻胡"云。

有子名阿里合，世目曰"小鼓椎"，尝为元帅，从哀宗至归德，与蒲察官奴作乱，伏诛。

康锡字伯禄，赵州人。至宁元年进士。正大初，由省掾拜御史，劾侯挚、师安石非相材，近侍局宗室撒合辇声势熏灼，请托公行，不可使在禁近，时论韪之。转右司都事、京南路司农丞，为河中路治中。河中破，从时帅率兵南奔，济河，船败死。为人气质重厚，公家之事知无不为，与雷渊、冀禹锡齐名。

赞曰：金自胡沙虎、高琪用事，风俗一变，朝廷矫宽厚之政，好为苛察，然为之不果，反成姑息。将帅鄙儒雅之风，好为粗豪，然用非其宜，终至跋扈。牙吾塔战胜攻取，威行江、淮，而矜暴不法，肆侮王人，此岂可制者乎？弃陕而归，死于道途，殆其幸欤。其子效尤，竟陷大僇，君子乃知康锡之言不为过也。

金史卷一一二
列传第五〇

完颜合达　移剌蒲阿

　　完颜合达名瞻，字景山。少长兵间，习弓马，能得人死力。贞祐初，以亲卫军送岐国公主，充护卫。三年，授临潢府推官，权元帅右监军。时临潢避迁，与全、庆两州之民共壁平州。合达隶其经略使乌林答乞住，乞住以便宜授军中都统，累迁提控，佩金符。未几，会燕南诸帅将兵复中都城，行至平州迁安县，临潢、全庆两军变，杀乞住，拥合达还平州，推为帅，统乞住军。合达以计诛首乱者数人。其年六月，北兵大将喊得不遣监战提军至平州城下，以州人黄裳入城招降，父老不从，合达引兵逆战，知事势不敌，以本军降于阵。监战以合达北上，留半岁，令还守平州。已而，谋自拔归，乃遣奉先县令纥石烈布里哥、北京教授蒲察胡里安、右三部检法蒲察蒲女涉海来报。

　　四年十一月，合达果率所部及州民并海西南归国。诏进官三阶，升镇南军节度使，驻益都，与元帅蒙古纲相应接，充宣差都提控。十二月，大元兵徇地博兴、乐安、寿光，东涉潍州之境，蒙古纲遣合达率兵屡战于寿光、临淄。兴定元年正月，转通远军节度使、兼巩州管内观察使。七月，改平西军节度使、兼河州管内观察使。二年正月，知延安府事、兼鄜延路兵马都总管。

　　三年正月，诏伐宋，以合达为元帅右都监。三月，破宋兵于梅林关，擒统领张时。又败宋兵于马岭堡，获马百匹。又拔麻城县，获其令张倜、干办官郭守纪。

四月,夏人犯通秦寨,合达出兵安塞堡,抵隆州,夏人自城中出步骑二千逆战,进兵击之,斩首数十级,俘十人,遂攻隆州,陷其西南隅,会日暮乃还。六月,行元帅府事于唐、邓,上遣谕曰:"以卿才干故委卿,无使敌人侵轶,第固吾圉可也。"四年正月,复为元帅右都监,屯延安。十月,夏人攻绥德州,驻兵于拄天山,合达将兵击之,别遣先锋提控樊泽等各率所部分三道以进,毕会于山颠,见夏人数万余傅山而阵,即纵兵分击,泽先登,摧其左军,诸将继攻其右,败之。

五年五月,知延安府事,兼前职。上言:"诸军官以屡徙,故往往不知所居地形迂直险易,缓急之际恐至败事,自今乞勿徙。"又言:"河南、陕西镇防军皆分屯诸路,在营惟老稚而已。乞选老成人为各路统军以镇抚之,且督其子弟习骑射,将来可用。"皆从之。

十一月,夏人攻安塞堡,其军先至,合达与征行元帅纳合买住御之。合达策之曰:"比北方兵至,先破夏人则后易为力。"于是潜军裹粮倍道兼进,夜袭其营,夏人果大溃,追杀四十里,坠崖谷死者不可胜计。上闻之,赐金各五十两、重币十端,且诏谕曰:"卿等克成大功,朕闻之良喜。经画如此,彼当知畏,期之数年,卿等可以休息矣。"仍诏以合达之功遍谕河南帅臣。是月,与元帅买住又战延安,皆被重创。十二月,以保延安功赐金带一、玉吐鹘一、重币十端。

元光元年正月,迁元帅左监军,授山东西路吾改必剌世袭谋克。权参知政事,行省事于京兆。未几,真拜。是年五月,上言:"顷河中安抚司报,北将按察儿率兵入隰、吉、翼州,浸及荣、解之境,今时已暑,犹无回意,盖将踩吾禾麦。倘如此,则河东之土非吾有也。又河南、陕西调度仰给解盐,今正漉盐之时,而敌扰之,将失其利。乞速济师,臣已拟分兵二万,与平阳、上党、晋阳三公府兵同力御之。窃见河中、荣、解司县官与军民多不相谙,守御之闲或失事机。乞从旧法,凡司县官使兼军民,庶几上下相得,易以集事。"又言盐利,"今方敌兵迫境,不厚以分人,孰肯冒险而取之。若自输运者十与其八,则人争赴以济国用。"从之。

葭州提控王公佐言于合达曰:"去岁十月,北兵既破葭州,构浮梁河上。公佐寓治州北石山子,招集余众得二千余人,欲复州城。以士卒皆自北逃归者,且无铠仗,故尝请兵于帅府,将焚其浮桥,以取葭州,帅府不听。又请兵援护老幼稍徙内地,而帅府亦不应。今葭州之民迫于敌境,皆有动摇之心。若是秋敌骑复来,则公佐力屈死于敌手,而遗民亦俱屠矣。"合达乃上言,"臣愿驰至延安,与元帅买住议,以兵护公佐军民来屯吴堡,伺隙而动。"诏省院议之,于是命合达率兵取葭州。行至鄜州,千户张子政等杀万户陈纹,将掠城中。合达已勒兵为备,子政等乃出城走,合达追及之,众复来归,斩首恶数十人,军乃定。

六月,合达上言:"累获谍者,皆云北方已约夏人,将由河中、葭州以入陕西。防秋在近,宜预为计。今陕西重兵两行省分制之,然京兆抵平凉六百余里,万一敌梗其闲,使不得通,是自孤也。宜令平凉行省内族白撒领军东下,与臣协力御敌,以屏潼、陕,敌退后复议分司为便。"诏许之。二年二月,以保凤翔之功进官,赐金币及通犀带一。是时,河中已破,合达提兵复取之。

正大二年七月,陕西旱甚,合达斋戒请雨,雨澍,是岁大稔,民立石颂德。延安既残毁,合达令于西路买牛付主者,诏集散亡,助其耕垦,自是延安之民稍复耕稼之利。八月,巩州田瑞反,合达讨之,诸军进攻,合达移文谕之曰:"罪止田瑞一身,余无所问。"不数日,瑞弟济杀瑞以降,合达如约抚定一州,民赖以宁。三年,诏迁平凉行省。四年二月,征还,拜平章政事、芮国公。七年七月庚寅朔,以平章政事妨职枢密副使。初,蒲阿面奏:"合达在军中久,今日多事之际乃在于省,用违其长。臣等欲与枢密协力军务,擢之相位似亦未晚。"故有此授。

十月己未朔,诏合达及枢密副使蒲阿救卫州。初,朝廷以恒山公仙屯卫州,公府节制不一,欲合而一之。至是,河朔诸军围卫,内外不通已连月,但见塔上时举火而已。合达等既至,先以亲卫兵三千尝之，北兵小退，翼日围解。上登承天门犒军，皆授世袭谋克，赐良马玉带，全给月俸本色，盖异恩也。

未几，以蒲阿权参知政事，同合达行省事于阌乡，以备潼关。先是，陕省言备御策，朝官集议，上策亲征，中策幸陕，下策弃秦保潼关。议者谓止可助陕西军以决一战，使陕西不守，河南亦不可保。至是，自陕以西亦不守矣。

八年正月，北帅速不䚟攻破小关，残卢氏、朱阳，散漫百余里间。潼关总帅纳合买住率夹谷移迪烈、都尉高英拒之，求救于二省。省以陈和尚忠孝军一千，都尉夹谷泽军一万往应，北军退，追至谷口而还。两省辄称大捷，以闻。既而北军攻凤翔，二省提兵出关二十里，与渭北军交，至晚复收兵入关，凤翔遂破。二省遂弃京兆，与牙古塔起迁居民于河南，留庆山奴守之。九月，北兵入河中，时二相防秋还陕，量以军马出冷水谷以为声援。

十一月，邓州报，北兵道饶峰关，由金州而东。于是，两省军入邓，遣提控刘天山以劄付下襄阳制置司，约同御北兵，且索军食。两省以前月癸卯行，留杨沃衍军守阌乡。沃衍寻被旨取洛南路入商州，屯丰阳川备上津，与恒山公仙相掎角。合达复留御侮中郎将完颜陈和尚于阌乡南十五里，乃行。陈和尚亦随而往。沃衍军八千及商州之木瓜平，一日夜驰三百里入桃花堡，知北兵由丰阳而东，亦东还，会大军于镇平。恒山公仙万人元驻胡陵关，至是亦由荆子口、顺阳来会。十二月朔，俱至邓下，屯顺阳。乃遣天山入宋。

初，宋人于国朝君之、伯之、叔之，纳岁币将百年。南渡以后，宋以我为不足虑，绝不往来。故宣宗南伐，士马折耗十不一存，虽攻陷淮上数州，徒使骄将悍卒恣其杀虏、饱其私欲而已。又宣徽使奥敦阿虎使北方，北中大臣有以舆地图指示之曰："商州到此中军马几何？"又指兴云"我不从商州，则取兴元路入汝界矣。"阿虎还奏，宣宗甚忧之。哀宗即位，群臣建言可因国丧遣使报哀，副以遗留物，因与之讲解，尽撤边备，共守武休之险。遂下省院议之，而当国者有仰而不能俯之疾，皆以朝廷先遣人则于国体有亏为辞，元年，上谕南鄙诸帅,遣人往滁州与宋通好,宋人每以奏禀为辞,和事遂不讲。然十年之间,朝廷屡敕边将不妄侵掠,彼我稍得休息,宋人始信之,遂有继好之意。及天山以劄付至宋,劄付者指挥之别名,宋制使陈该怒辱天山,且以恶语复之。报至,识者皆为窃叹。

戊辰,北兵渡汉江而北,诸将以为可乘其半渡击之,蒲阿不从。丙子,兵毕渡,战于禹山之前,北兵小却,营于三十里之外。二相以大捷驿报,百官表贺,诸相署酒省中,左丞李蹊且喜且泣曰:“非今日之捷,生灵主祸可胜言哉。”盖以为实言也。先是,河南闻北兵出饶峰,峰百姓往往入城壁,保险固,及闻敌已退,至有晏然不动者,不二三日游骑至,人无所逃,悉为捷书所误。

九年正月丁酉,两省军溃于阳翟之三峰山。初,禹山之战,两军相拒,北军散漫而北,金军惧其乘虚袭京城,乃谋入援。时北兵遣三千骑趋河上,已二十余日,泌阳、南阳、方城、襄、陕至京诸县皆破,所有积聚焚毁无余。金军由邓而东无所仰给,乃并山入阳翟,既行,北兵即袭之,且行且战,北兵伤折亦多。恒山一军为突骑三千所冲,军殊死斗,北骑退走,追奔之际,忽大雾四塞,两省命收军。少之,雾散乃前,前一大涧长阔数里,非此雾则北兵人马满中矣。明日,至三峰山,遂溃,事载《蒲阿传》。合达知大事已去,欲下马战,而蒲阿已失所在。合达以数百骑走钧州,北兵堙其城外攻之,走门不得出,匿窟室中,城破,北兵发而杀之。时朝廷不知其死,或云已走京兆,赐以手诏,募人访之。及攻汴,乃扬言曰:“汝家所恃,惟黄河与合达耳。今合达为我杀,黄河为我有,不降何待。”

合达熟知敌情,习于行阵,且重义轻财,与下同甘苦,有俘获即分给,遇敌则身先之而不避,众亦乐为之用,其为人亦可知矣。左丞张行信尝荐之曰:“完颜合达今之良将也。”

移剌蒲阿本契丹人,少从军,以劳自千户迁都统。初,哀宗为皇太子,控制枢密院,选充亲卫军总领,佩金符。元光二年冬十二月庚寅,宣宗疾大渐,皇太子异母兄英王守纯先入侍疾,太子自东宫扣门求见，令蒲阿衷甲聚兵屯于艮岳，以备非常。哀宗即位，尝谓近臣言：“向非蒲阿，何至于此。”遂自遥授同知睢州军州事，权枢密院判官，自是军国大计多从决之。

正大四年十二月，河朔军突入商州，残朱阳、卢氏，蒲阿逆战至灵宝东，遇游骑十余，获一人，余即退，蒲阿辄以捷闻。赏世袭谋克，仍厚赐之。人共知其罔上，而无敢言，吏部郎中杨居仁以微言取怒。

六年二月丙辰，以蒲阿权枢密副使。自去年夏，北军之在陕西者駸駸至泾州，且阻庆阳粮道。蒲阿奏：“陕西设两行省，本以藩卫河南，今北军之来三年于兹，行省统军马二三十万，未尝对垒，亦未尝得一折箭，何用行省。”院官亦俱奏将来须用密院军马勾当，上下不语者久之。是后，以丞相赛不行尚书省事于关中，召平章政事合达还朝，白撒亦召至阙，蒲阿率完颜陈和尚忠孝军一千驻邠州，且令观北势。八月丙申，蒲阿再复潞州。十月乙未朔，蒲阿东还。

十二月乙未，诏蒲阿与总帅牙吾塔、权签枢密院事讹可救庆阳。七年正月，战北兵于太昌原，北军还，庆阳围解。诏以讹可屯邠州，蒲阿、牙吾塔还京兆。未几，以权参知政事与合达行省于阌乡。八年正月，北军入陕西，凤翔破，两行省弃京兆而东，至洛阳驿，被召议河中事，语在《白华传》。

十二月，北兵济自汉江，两省军入邓州，议敌所从出，谓由光化截江战为便、放之渡而战为便？张惠以“截江为便，纵之渡，我腹空虚能不为所溃乎？”蒲阿麾之曰：“汝但知南事，于北事何知。我向于裕州得制旨云，‘使彼在沙碛且当往求之’，况今自来乎。汝等更勿似太昌原、旧卫州、扇车回纵出之。”定住、高、樊皆谓蒲阿此言为然。合达乃问按得木，木以为不然。军中以木北人，知其军情，此言为有理，然不能夺蒲阿之议。

顺阳留二十日，光化探骑至，云“千骑已北渡”，两省是夜进军，比晓至禹山，控者续云“北骑已尽济”。癸酉，北军将近，两省立军高山，各分据地势，步迎于山前，骑屯于山后。甲戌，日未出，北兵至，大帅以两小旗前导来观，观竟不前，散如雁翅，转山麓出骑兵之后，分三队而进,辎重外余二万人。合达令诸军,"观今日事势不当战,且待之。"俄而北骑突前,金兵不得不战,至以短兵相接,战三交,北骑少退。北兵之在西者望蒲阿亲绕甲骑后而突之,至于三,为蒲察定住力拒而退。大帅以旗聚诸将,议良久。合达知北兵意向。时高英军方北顾,而北兵出其背拥之,英军动,合达几斩英,英复督军力战。北兵稍却观变,英军定,复拥樊泽军,合达斩一千夫长,军殊死斗,乃却之。

北兵回阵,南向来路。两省复议,"彼虽号三万,而辎重三之一焉。又相持二三日不得食,乘其却退当拥之。"张惠主此议,蒲阿言:"江路已绝,黄河不冰,彼入重地,将安归呼,何以速为。"不从。乙亥,北兵忽不知所在,营火寂无一耗。两省及诸将议,四日不见军,又不见营,邓州津送及路人不绝,而亦无见者,岂南渡而归乎。己卯,逻骑乃知北军在光化对岸枣林中,昼作食,夜不下马,望林中往来,不五六十步而不闻音响,其有谋可知矣。

初,禹山战罢,有二骑迷入营,问之,知北兵凡七头项,大将统之。复有诈降者十人,弊衣赢马泣诉艰苦,两省信之,易以肥马,饮之酒,及暖衣食而置之阵后,十人者皆鞭马而去,始悟其为觇骑也。

庚辰,两省议入邓就粮,辰巳间到林后,北兵忽来突,两省军迎击,交绥之际,北兵以百骑邀辎重而去,金兵几不成列,逮夜乃入城,惧军士迷路,鸣钟招之。樊泽屯城西,高英屯城东。九年正月壬午朔,耀兵于邓城下,北兵不与战,大将使来索酒,两省与之二十瓶。

癸未,大军发邓州,趋京师,骑二万,步十三万,骑帅蒲察定住、蒲察答吉卜,郎将按忒木,忠孝军总领夹谷爱答、内族达鲁欢,总领夹谷移特剌,提控步军临淄郡王张惠,珍寇都尉完颜阿排、高英、樊泽,中军陈和尚,与恒山公武仙、杨沃衍军合。是日,次五朵山下,取鸦路,北兵以三千骑尾之,遂驻营待杨武。

杨武至,知申、裕两州已降。七日至夜,议北骑明日当复袭我,彼止骑三千,而我示以弱,将为所轻,当与之战。乃伏骑五十于邓州道。明日军行,北骑袭之如故,金以万人拥之而东,伏发,北兵南避。是日雨,宿竹林中。庚寅,顿安皋。辛卯,宿鸦路、鲁山。河西军已献申、裕,拥老幼牛羊取鸦路,金军适值之,夺其牛羊饷军。

癸巳,望钧州,至沙河,北骑五千待于河北,金军夺桥以过,北军即西首敛避。金军纵击,北军不战,复南渡沙河。金军欲盘营,北军复渡河来袭。金军不能得食,又不得休息。合昏,雨作,明旦变雪。北兵增及万人,且行且战,至黄榆店,望钧州二十五里,雨雪不能进,盘营三日。丙申,一近侍入军中传旨,集诸帅听处分,制旨云:“两省军悉赴京师,我御门犒军,换易御马,然后出战未晚。”复有密旨云:“近知张家湾透漏二三百骑,已迁卫、孟两州,两省当常切防备。”领旨讫,蒲阿拂袖而起,合达欲再议,蒲阿言:“止此而已,复何所议。”盖已夺魄矣。军即行。

北军自北渡者毕集,前后以大树塞其军路,沃衍军夺路,得之。合达又议陈和尚先拥山上大势,比再整顿,金军已接竹林,去钧州止十余里矣。金军遂进,北军果却三峰之东北、西南。武、高前锋拥其西南,杨、樊拥其东北,北兵俱却,止有三峰之东。张惠、按得木立山上望北兵二三十万,约厚二十里。按得木与张惠谋曰:“此地不战欲何为耶。”乃率骑兵万余乘上而下拥之,北兵却。

须臾雪大作,白雾蔽空,人不相觑。时雪已三日,战地多麻田,往往耕四五过,人马所践泥淖没胫。军士被甲胄僵立雪中,枪槊结冻如椽,军士有不食至三日者。北兵与河北军合,四外围之,炽薪燔牛羊肉,更递休息,乘金困惫,乃开钧州路纵之走,而以生军夹击之。金军遂溃,声如崩山,忽天气开霁,日光皎然,金军无一人得逃者。

武仙率三十骑入竹林中,杨、樊、张三军争路,北兵围之数重,及高英残兵共战于柿林村南,沃衍、泽、英皆死,惟张惠步持大枪奋战而殁。蒲阿走京师,未至,追及,擒之。七月,械至官山,召问降否,往复数百言,但曰:“我金国大臣,惟当金国境内死耳。”遂见杀。

赞曰：金自南渡，用兵克捷之功史不绝书，然而地不加辟，杀伤相当，君子疑之。异时伐宋，唐州之役丧师七百，主将讳论匿之，而以捷闻。御史纳兰纠之，宣宗奖御史，而不罪讳论，是君臣相率而为虚声也。禹山之捷，两省为欺，遂致误国，岂非宣宗前事有以启之耶。至于三峰山之败，不可收拾，上下鄂眙，而金事已去十九。天朝取道襄、汉，悬军深入，机权若神，又获天助，用能犯兵家之所忌，以建万世之隽功，合达虽良将，何足以当之。蒲阿无谋，独以一死无愧，犹足取焉尔。

金史卷一一三
列传第五一

完颜赛不　白撒　赤盏合喜

完颜赛不,始祖弟保活里之后也。状貌魁伟,沉厚有大略。初补亲卫军,章宗时,选充护卫。明昌元年八月,由宿直将军为宁化州刺史。未几,迁武卫军副都指挥使。泰和二年,转胡里改路节度使。四年,升武卫军都指挥使,寻为殿前左副都点检。

及平章仆散揆伐宋,为右翼都统。六年六月,宋将皇甫斌遣率步骑数万由确山、襄信分路侵蔡,闻郭倬、李爽之败,阻溱水不敢进。于是,揆遣赛不及副统尚厩局使蒲鲜万奴、深州刺史完颜达吉不等以骑七千往击之。会溱水涨,宋兵扼桥以拒,赛不等谋潜师夜出,达吉不以骑涉水出其右,万奴等出其左,赛不度其军毕渡,乃率副统阿鲁带以精兵直趋桥,宋兵不能遏,比明大溃,万奴以兵断真阳路,诸军追击至陈泽,斩首二万级,获战马杂畜千余。兵还,进爵一级,赐金币甚厚。

贞祐初,拜同签枢密院事。三年,迁知临洮府事,兼陕西路副统军。上召见谕曰:“卿向在西京尽心为国,及治华州亦尝宣力,今始及三品。特升授汝此职者,以陕西安抚副使乌古论兖州不尊安抚使达吉不节制,多致败事。今已责罚兖州,命卿副之。宜益务尽心,其或不然,复当别议行之。”八月,知凤翔府事,兼本路兵马都总管,俄为元帅右都监。四年四月,调兵拔宋木陡关。五月,夏人于来羌城界河修折桥,以兵守护,赛不遣兵焚之。八月,夏人寇结耶猎川,遣兵击走之,寻又破其众于车儿堡。

兴定元年二月,转签枢密院事。时上以宋岁币不至,且复侵盗,诏赛不讨之。四月,与宋人战于信阳,斩首八千。生擒统制周光,获马数千、牛羊五百。又遇宋人于陇山、七里山等处,前后六战,斩获甚众。寻遣兵渡淮,略中渡店,拔光山、罗山、定城等县,破光州两关,斩首万余,获马牛及布,分给将士。诏赐玉兔鹘一、内府重币十端。

七月,上章言:"京都天下之根本,其城池宜极高深,今外城虽坚,然周六十余里,仓猝有警难于拒守。窃见城中有子城故基,宜于农隙筑而新之,为国家久长之利。及凡河南、陕西州府,皆乞量修。"从之。

二年正月,破宋人于铁山及上石店、唐县。四月,进兼西南等路招讨使、西安军节度使、陕州管内观察使。奉诏攻枣阳,宋出兵三万拒战,稍诱击之,宋兵败走城,薄诸濠,杀及溺死者三千余人,遂进兵围之。宋骑兵千、步卒万来援,逆战复大败之。七月,迁行山东西路兵马都总管,兼武宁军节度使。三年二月,夺宋白石关,杀其守者千余人,获铠仗千计。三月,破宋兵于七口仓,又夺宋小鹘仓。获粮九千石、兵仗三十余万。是月,复败宋兵三千于石鹘崖。

四年三月,奉诏出兵河北招降,晋安权府事皇甫圭、正平县令席永坚率五千余人来归,得粮万石。时河北所在义军官民坚守堡寨,力战破敌者众。赛不上章言:"此类忠赤可嘉,若不旌酬无以激人心。乞朝廷量加官赏,万一敌兵复来,将争先效用矣。"上览奏,召枢密官曰:"朕与卿等亦尝有此议,以不见彼中事势,故一听帅臣规画。今观此奏,甚称朕意,其令有司迁赏之。"是年四月,迁枢密副使。

五年五月,奉诏引兵救河东,战屡捷,复晋安、平阳二城。监察御史言其不能检束士众,纵之虏略,请正其罪。上以有功,诏勿问。元光二年五月,复河中。六月,诏谕宰臣曰:"枢密副使赛不本皇族,先世偶然脱遗。朕重其旧人,且久劳王家,已命睦亲府附于属籍矣。

卿等宜知之。"

正大元年五月,拜平章政事。未几,转尚书右丞相。雅与参知政事李蹊相得,及蹊以公罪出尹京洛,赛不数荐蹊比唐魏征,以故蹊得复相。三年,宣宗庙成,将禘祭,议配享功臣,论者纷纭。赛不为大礼使,因言"丞相福兴死王事,七斤谨守河南以迎大驾,功宜配享。"议遂定。

四年,吏部郎中杨居仁上封事,言宰相宜择人,上语大臣曰:"相府非其人,御史谏官当言,彼吏曹何与于此。"尚书左丞颜盏世鲁素嫉居仁,亦以为借,赛不徐进曰:"天下有道,庶人犹得献言,况在郎官。陛下有宽弘之德,故不应言者犹言。使其言可用则行之,不可用不必示臣下也。"上是之。居仁字行之,大兴人。泰和三年进士。天兴末时北渡,举家投黄河死。

五年,行尚书省于京兆,谓都事商衡曰:"古来宰相必用文人,以其知为相之道。赛不何所知,使居此位,吾恐他日史官书之,某时以某为相而国乃亡。"即促衡草表乞致仕。

平章政事侯挚朴直无蕴藉,朝廷鄙之,天兴九年兵事急,自致仕起为大司农,未几复致仕,徐州行尚书省无敢行者,复拜挚平章政事。都堂会议,挚以国势不支,因论数事,曰:"只是更无擘划。"白撒怒曰:"平章出此言,国家何望耶。"意在置之不测。赛不顾谓白撒曰:"侯相言甚当。"白撒遂含愤而罢。

时大元兵薄汴,白撒策后日讲和或出质必首相当行,力请赛不领省事,拜为左丞相,寻复致仕。是年冬,哀宗迁归德,起复为右丞相、枢密使,兼左副元帅,封寿国公,扈从以行。河北兵溃,从至归德,又请致仕。

二年七月,复诏行尚书省事于徐州。既至,以州乏粮,遣郎中王万庆会徐、宿、灵璧兵取源州,令元帅郭恩统之。九月,恩至源州城下,败绩而还。再命卓翼攻丰县,破之。初,郭恩以败为耻,托疾不行,乃密与河北诸叛将郭野驴辈谋归国用安,执元帅商瑀父子、元帅左都监纥石烈善住,并杀之。又逐都尉斡转留奴、泥厖古桓端、蒲察世谋、元帅右都监李居仁、员外郎常忠。自是，防城与守门者皆河北义军，出入自恣。赛不先病疽，久不视事，重为贼党所制，束手听命而已。

初，源、徐交攻，郭野驴者每辞疾不行，赛不遂授野驴徐州节度副使、兼防城都总领，实羁之也。野驴既见徐州空虚，乃约源州叛将麻琮内外相应。十月甲申，诘旦，袭破徐州。时蔡已被围，徐州将士以朝命阻绝，且逼大兵，议出降。赛不弗从，恐被执，至是投河求死，流三十余步不没，军士援出之。又五日，自缢于州第。麻琮乃遣人以州降大元。

子按春，正大中充护卫，坐与宗室女奸，杖一百收系。居许州，大兵至许，按春开南门以降。从攻京师，曹王出质，朝臣及近卫有从出者，按春极口大骂，以至指斥。是冬，复自北中逃回，诏令押入省，问事情，按春随近侍登阶作挥涕之状。诏问丞相云："按春自北中来，丞相好与问彼中息耗。"赛不附奏曰："老臣不幸生此贼，事至今日，恨不手刃之，忍与对面语乎。"十二月，车驾东狩，留后二相下开封，擒捕斩之狱中。

赞曰：赛不临阵对垒既有将略，洎秉钧衡，观其救解杨居仁、侯挚等言，殊有相度，按春之事尤有古人之风焉。晚以老病受制叛臣，致修匹夫匹妇之节，此犹大厦将倾，非一木之所能支也，悲夫。

内族白撒名承裔，末帝承麟之兄也，系出世祖诸孙。自幼为奉御。贞祐间，累官知临洮府事、兼本路兵马都总管。

兴定元年，为元帅左都监，行帅府事于凤翔。是年，诏陕西行省伐宋，白撒出巩州盐井，遇宋兵于皂郊堡，败之。又遇宋兵于天水军，掩击，宋兵大溃。二年四月，复败宋兵，至鸡公山，遂拔西和州，毁其诸隘营屯。遣合扎都统完颜习涅阿不率军趋成州，宋帅罗参政、统制李大亨焚庐舍弃城遁，留千余人城守，督兵赴之，遂克焉，获粮七万斛、钱数千万。河池县守将杨九鼎亦焚县舍走保清野原。统制高千据黑谷关甚固，遣兵袭之，千遁去，获粮二万斛，器械称是，因夷其险而还。

三年，破虎头关，败宋兵于七盘子、鸡冠关。襃城县官民自焚城宇遁，因取其城。兴元府提刑兼知府事赵希昔闻兵将至，率官民遁，于是白撒遂取兴元，以驻兵焉。命提控张秀华驰视洋州，官民亦遁，又取其城。寻闻汉江之南三十里，宋兵二千据山而阵，遣提控唐括移失不击走之。行省以捷闻，宣宗大悦，进白撒官一阶。时朝议以兰州当西夏之冲，久为敌据，将遣白撒复之，白撒奏曰：“臣近入宋境，略河池，下凤州，破兴元，抵洋州而还。经涉险阻数千里，士马疲弊，未得少休，而欲重为是举，甚非计也，不若息兵养士以备。”从之。

未几，权参知政事，行省事于平凉。四年，上言：“宋境山州宕昌东上拶一带蕃族，昔尝归附，分处德顺、镇戎之间。其后，有司不能存抚，相继亡去。近闻复有归心，然不招之亦无由自至。诚得其众，可以助兵，宁谧一方。臣以同知通远军节度使事乌古论长寿及通远军节度副使温敦永昌皆本蕃属，且久镇边鄙，深得彼心，已命遣人招之。其所遣及诸来归者皆当甄奖，请预定赏格以待之。”上是其言。

是年，夏兵三万由高峰岭入寇定西州，环城为栅，白撒遣刺史爱申阿失剌与行军提控乌古论长寿、温敦永昌出战，大败之，斩首千余，获马仗甚众。五年五月，白撒言：“近诏臣遣官谕诸蕃族以讨西夏，臣即令临洮路总管女奚烈古里间计约乔家丙令族首领以谕余族。又别遣权左右司都事赵梅委差官遥授合河县尉刘贞同往抚谕。未几，梅、贞报溪哥城等处诸族，与先降族共愿助兵七万八千余人，本国蕃族愿助兵九千，若更以官军继为声援，胜夏必矣。臣已令古里间将巩州兵三万，宜更择勇略之臣副之。梅、贞等既悉事势，当假以军前之职。蕃僧纳林心波亦招诱有功，乞迁官授职以奖励之。”上皆从其请。

元光元年二月，行省上言："近与延安元帅完颜合达、纳合买住议：河北郡县俱已残毁，陕西、河南亦经抄掠。比者西北二敌并攻鄜延，城邑随陷，惟延安孤埔仅得保全。若今秋复至，必长驱而深入，虽京兆、凤翔、庆阳、平凉已各益军，而率皆步卒，且相去阔远，卒难应援，倘关中诸镇不支，则河南亦不安矣。今二敌远去，西北少休，宜乘此隙径取蜀、汉，实国家基业万全之计。"诏枢密议之。

先是，夏兵数十万分寇龛谷、鄜延、大通诸城，上召白撒等授以方略，命发兵袭其浮桥，遂趋西凉。别遣将取大通城，出溪哥路，略夏地。白撒徐出镇戎，合达出环州，以报三道之役，白撒驰至临洮，遣总管女奚列古里间、积石州刺史徒单牙武各摄帅职，率兵西入，遇夏兵千余于蹹南寺，击走之。夏人据大通城，因围之，分兵夺其桥，与守兵七千人战，大败之，几杀其半，入河死者不可计，余兵焚其桥西遁。乃还军攻大通，克之，斩首三千，因招来诸寺族被胁僧俗人，皆按堵如故。以河梁既焚，塞外地寒少草，师遂还。

十二月，行省言："近有人自北来者，称国王木华里悉兵沿渭而西，谋攻凤翔，凤翔既下乃图京兆，京兆卒不可得，留兵守之，至春蹂践二麦以困我。未几，大兵果围凤翔，帅府遣人告急。臣以为二镇唇齿也，凤翔蹉跌则京兆必危，而陕右大震矣。然平川广野实骑兵驰骋之地，未可与之争锋。已遣提控罗桓将兵二千，循南山而进，伺隙攻其栅垒，以纾城围。更乞发河南步骑以备潼关。"诏付尚书省枢密院议之。

二年冬，哀宗即位，边事益急。正大五年八月，召白撒还朝，拜尚书右丞，未几，拜平章政事。白撒居西垂几十年，当宋、夏之交，虽颇立微效，皆出诸将之力。然本愓怯无能，徒以仪体为事，性愎贪鄙，及入为相，专愎尤甚。尝恶堂食不适口，每以家膳自随，国家颠覆，初不恤也。

九年正月，诸军败绩于三峰山。大兵与白坡兵合，长驱趋汴。令史杨居仁请乘其远至击之，白撒不从，且阴怒之。遂遣完颜麻斤出、邵公茂等部民万人，开短堤，决河水，以固京城。功未毕而骑兵奄至，麻斤出等皆被害，丁壮无二三百人得反者。

壬辰，弃卫州，运守具入京。初，大兵破卫州，宣宗南迁，移州治于宜村渡，筑新城于河北岸，去河不数步，惟北面受敌，而以石包之，岁屯重兵于此，大兵屡至不能近。至是，弃之，随为大兵所据。

甲午，修京城楼橹。初，宣宗以京城阔远难守，诏高琪筑里城，公私力尽仅乃得成。至是，议所守。朝臣有言里城决不可守，外城决不可弃。大兵先得外城，粮尽救绝，走一人不出。里城或不测可用，于是决计守外城。时在城诸军不满四万，京城周百二十里，人守一乳口尚不能遍，故议避迁之民充军。又召在京军官于上清宫，平日防城得功者如内族按出虎、大和儿、刘伯纲等皆随召而出，截长补短假借而用，得百余人。又集京东西沿河旧屯两都尉及卫州已起义军，通建威得四万人，益以丁壮六万，分置四城。每面别选一千，名"飞虎军"，以专救应，然亦不能军矣。

三月，京城被攻，大臣分守四面。白撒主西南，受攻最急，楼橹垂就辄摧，传令取竹为护帘，所司驰入城大索，竟无所得，白撒怒欲斩之。员外郎张衮附所司耳语曰："金多则济矣，胡不即平章府求之。"所司怀金三百两径往，赂其家僮，果得之。

已而兵退，朝廷议罢白撒，白撒不自安，乃谓令史元好问曰："我妨贤路久矣，得退是幸，为我撰乞致仕表。"顷之，上已遣使持诏至其第，令致仕。既废，军士恨其不战误国，扬言欲杀之。白撒惧，一夕数迁，上以亲军二百阴为之卫。军士无以泄其愤，遂相率毁其别墅而去。其党元帅完颜斜捻阿不领本部军戍汴，闻之径诣其所，斩经其垣下者一人以镇之。

是时，速不䚟等兵散屯河南，汴城粮且尽，累召援兵复无至者。冬十月，乃复起白撒为平章政事、权枢密使、兼右副元帅。于是，群臣为上画出京计，以赛不为右丞相、枢密使、兼左副元帅，内族讹出右副元帅、兼枢密副使、权参知政事，李蹊兵部尚书、权尚书左丞，徒单百家元帅左监军、行总帅府事。东面元帅高显，副以果毅都尉粘合咬住兵五千。南面元帅完颜猪儿，副以建威都尉完颜斡论出兵五千。西面元帅刘益、上党公张开,副以安平都尉纪纲军五千。北面元帅内族娄室,副以振威都尉张闰军五千。中翼都尉贺都喜军四千,隶总帅百家。都尉内族久住、副都尉王简、总领王福胤神臂军三千五百,左翼元帅内族小娄室亲卫军一千,右翼元帅完颜按出虎亲卫军一千,总领完颜长乐、副帅温敦昌孙马军三百,郡王王义深马军一百五十,郡王范成进、总领苏元孙圭军三千,隶总帅百家。飞骑都尉兼合里合总领术虎只鲁欢、总领夹谷得伯、纠军田众家奴等百人及诸臣下,发京师。

十二月甲辰,车驾至黄陵冈,白撒先降大兵两寨,得河朔降将,上赦之,授以印及金虎符。群臣议以河朔诸将前导,鼓行入开州,取大名、东平,豪杰当有响应者,破竹之势成矣。温敦昌孙曰:“太后、中宫皆在南京,北行万一不如意,圣主孤身欲何所为。若往归德,更五六月不能还京。不如先取卫州,还京为便。”白撒奏曰:“圣体不便鞍马,且不可令大兵知上所在,今可驻归德。臣等率降将往东平,俟诸军到,可一鼓而下,因而经略河朔,且空河南之军。”上以为然。时上已遣官奴将三百骑探沤麻冈未还,上将御船,赐白撒剑,得便宜从事决东平之策。官奴还奏卫州有粮可取,上召白撒问之,白撒曰:“京师且不能守,就得衙州欲何为耶。以臣观之,东平之策为便。”上主官奴之议。

明年正月朔,次黄陵冈。是日,归德守臣以粮糗三百余船来饷,遂就其舟以济南岸,未济者万人,大元将回古乃率四千骑追击之,贺都喜挥一黄旗督战,身中十六七箭,军殊死斗,得卒十余人,大兵少却。上遣送酒百壶劳之。须臾,北风大作,舟皆吹著南岸,诸兵复击之,溺死者近千人,元帅猪儿、都尉纥石烈讹论等死之。建威都尉完颜讹论出降于大元。上于北岸望之震惧,率从官为猪儿等设祭,哭之,皆赠官,录用其子侄,斩讹论出二弟以徇。

遂命白撒攻卫州。上驻兵河上,留亲卫军三千护从,都尉高显步军一万,元帅官奴忠孝军一千,郡王范成进、王义深、上党公张开、元帅刘益等军总帅百家总之,各赍十日粮,听承裔节制。发自蒲城，上时已遣赛不将马军北向矣，白撒以三十骑追及，谓赛不曰：
"有旨，令我将马军。"赛不谓上曰："北行议已决，不可中变。"上曰：
"丞相当与平章和同。"完颜仲德持御马衔苦谏曰："存亡在此一举，
卫州决不可攻。"上麾之曰："参政不知。"白撒遂攻卫州，兵至城下，
御旗黄伞招之不下。其夜，北骑三千奄至，官奴、和速嘉兀地不、按
出虎与之战，北兵却六十里。然自发蒲城迁延八日始至卫，而猝无
攻具，缚枪为云梯，州人知不能攻，守益严。凡攻三日不克。及闻河
南大兵济自张家渡至卫西南，遂班师。大兵踵其后，战于白公庙，败
绩，白撒等弃军遁，刘益、张开皆为民家所杀。车驾还次蒲城东三十
里，白撒使人密奏刘益一军叛去。点检末捻兀典、总领温敦昌孙时
侍行帐中，请上登舟，上曰："正当决战，何遽退乎。"少顷，白撒至，
仓皇言于上曰："今军已溃，大兵近在堤外，请圣主幸归德。"上遂登
舟，侍卫皆不知，巡警如故。时夜已四更矣，遂狼狈入归德。

　　白撒收溃兵大桥，得二万余人，惧不敢入。上闻，遣近侍局提点
移剌粘古、纥石烈阿里合、护卫二人以舟往迎之。既至，不听入见，
并其子下狱。诸都尉司军以白撒不战而退，发愤出怨言。上乃暴其
罪曰："惟汝将士，明听朕言。我初提大军次黄陵冈得捷，白撒即奏
宜渡河取卫州，可得粮十万石，乘胜恢复河北。我从其计，令率诸军
攻卫。去蒲城二百余里，白撒迁延八日方至，又不预备攻具，以致败
衄。白撒弃军窜还蒲城，便言诸军已溃，北兵势大不可当，信从登
舟，几死于水。若当时知诸军未尝溃，只河北战死亦可垂名于后。今
白撒已下狱，不复录用，籍其家产以赐汝众，其尽力国家，无效此
人。"囚白撒七日而饿死，发其弟承麟、子狗儿徐州安置。当时议者，
卫州之举本自官奴，归之白撒则亦过矣。

　　初，濒河居民闻官军北渡，筑垣塞户，潜伏洞穴，及见官奴一军
号令明肃，抚劳周悉，所过无丝发之犯，老幼妇子坦然相视，无复畏
避。俄白撒辈纵军四出，剽掠俘虏，挑掘焚炙，靡所不至。哭声相接，
尸骸盈野。都尉高禄谦、苗用秀辈仍掠人食之，而白撒诛斩在口，所
过官吏残虐不胜，一饭之费有数十金不能给者，公私皇皇，日皆徯

大兵至矣。

白撒目不知书，奸黠有余，簿书政事闻之即解，善谈议，多知，接人则煦煦然，好货殖，能捭阖中人主心，遂浸渍以取将相。既富贵，起第于汴之西城，规模拟宫掖，婢妾百数，皆衣金缕，奴隶月廪与列将等，犹以为未足也。上尝遣中使责之曰："卿汲汲于此，将无北归意耶。"白撒终不悛，以及于祸。

赞曰：白撒本非将才，怯怯误国，徒能阿合以取富贵，性愎贪鄙，当此危亡，方谋封殖以自逸，此犹大厦将焚而燕雀不悟者欤。

赤盏合喜，性刚愎，好自用，朝廷以其有才干任之。宣宗时，累迁兰州刺史、提控军马。贞祐四年十一月，夏人四万余骑围定西，辇致攻具，将取其城。合喜及杨干烈等率兵鏖战走之，斩首二千级，俘数十人，获马八百余匹，器械称是，余悉遁去。兴定元年正月，以屡败夏人，遥授同知临洮府事，兼前职。是冬，陕西行省奉诏伐宋，合喜权行元帅府，驻来远寨以张声势，既而获捷。二年四月，宋兵数千侵临洮，合喜击走之，斩获甚众。三年四月，迁元帅左都监，行元帅府事于巩州。

四年四月，夏人犯边，合喜讨之，师次鹿儿原，遇夏兵千人，遣提控乌古论世鲜率偏师败之，都统王定亦破其众一千五百于新泉城。九月，夏人攻巩州，合喜遣兵击之，一日十余战，夏人退据南冈，遣精兵三万傅城，又击走之，生擒夏将刘打、甲玉等。讯知夏大将你思丁、兀名二人谋，以为巩帅府所在，巩既下则临洮、积石、河、洮诸城不攻自破，故先及巩，且构宋统制程信等将兵四万来攻。合喜闻之，饬兵严备。俄而兵果至，合喜督兵搏战，却之，杀数千人。攻益急，将士殊死战，杀伤者以万计。夏人焚其攻具，拔栅而去。合喜已先伏甲要地邀之。复率众蹑其后，斩首甚众。十月，以功遥授平西军节度使。

元光元年，大将萌古不花攻凤翔，朝廷以主将完颜仲元孤军不足守御，命合喜将兵援之。二年二月，木华黎国王、斜里吉不花等及夏人步骑数十万围凤翔，东自扶风、岐山，西连汧、陇，数日百里间皆其营栅，攻城甚急，合喜尽力，仅能御之。于是，合喜以同知临洮府事颜盏虾蟆战尤力，遂以便宜升为通远军节度使，上嘉其功，许之。是岁，升签枢密院事。哀宗即位，拜参知政事、权枢密副使。

正大八年十一月，邓州驰报大元兵破峣峰关，由金州东下。报至时日已暮，省院官入奏，上曰："事至于此奈何。"上即位至是八年，从在东宫日立十三都尉，每尉不下万人，强壮赵捷，极为精练。步卒负担器甲粮糗重至六七斗，一日夜行二百里。忠孝军万八千人，皆回纥、河西及中州人被掠而逃归者，人有从马，以骑射选之乃得补。亲卫、骑兵、武卫、护卫，选外诸军又二十余万。故频年有大昌原、倒回谷之捷，士气既振，遂有一战之资。至是，院官同奏："北军冒万里之险，历二年之久，方入武休，其劳苦已极。为吾计者，以兵屯睢、郑、昌武、归德及京畿诸县，以大将守洛阳、潼关、怀、孟等处，严兵备之。京师积粮数百万斛，令河南州郡坚壁清野，百姓不能入城者聚保山寨。彼深入之师，欲攻不能，欲战不得，师老食尽，不击自归矣。"上太息曰："南渡二十年，所在之民破田宅、鬻妻子以养军士。且诸军无虑二十余万，今敌至不能迎战，徒以自保，京城虽存，何以为国，天下其谓我何。"又曰："存亡有天命，惟不负民可也。"乃诏合达、蒲阿等屯军襄、邓。

九年正月，两省军溃于三峰山，北兵进薄京师。三月庚子，议曹王出质。大兵北行，留速不觯攻城，攻具已办，既有纳质之请，即又云："我受命攻城，但曹王出则退，不然不罢也。"壬辰，曹王入辞，宴于宫中。癸卯，北兵立攻具，沿壕列木栅，以薪草填壕，顷刻平十余步。主兵者以议和之故不敢与战，但于城上坐视而已。

城中喧哄，上闻之，从六七骑出端门至舟桥。时新雨淖，车驾忽出，人惊愕失措，但跪于道傍，亦有望而拜者，上自麾之曰："勿拜，恐泥污汝衣。"仓皇中，市肆米豆狼藉于地，上敕卫士令各归其家，老幼遮拥至有悮触御衣者。少顷，宰相从官皆至，进笠不受，曰："军士暴露，我何用此为。"所过慰劳军士，皆勇跃称万岁，臣等战死无所恨，至有感泣者。西南军士五六十辈聚而若有言者，上就问之，跪曰："大兵刍土填壕，功已过半，平章传令勿放一镞，恐坏和事，想岂有计耶。"上顾谓其中长者云："朕为生灵，称臣进奉无不从顺，止有一子，养来成长，今往作质子矣。汝等略忍，待曹王出，大兵不退，汝等死战未晚。"复有拜泣者曰："事急矣，圣主毋望和事。"乃传旨城上放箭。西水门千户刘寿控御马仰视曰："圣主无信贼臣，贼臣尽，大兵退矣。"卫士欲击之，上止之曰："醉矣，勿问。"是日，曹王出诣军前，大兵并力进攻。甲辰，上复出抚东门将士，太学生杨奂等前白事，上问何所欲言，曰："臣等皆太学生，令执炮夫之役，恐非国家百年以来待士之意。"敕记姓名，即免其役。过南薰门，值被创者，亲傅以药，手酌卮酒以赐，且出内府金帛以待有功者。是日，大兵驱汉俘及妇女老幼负薪草填壕堑，城上箭镞四下如雨，顷刻壕为之平。

龙德宫造炮石，取宋太湖、灵璧假山为之，小大各有斤重，其圆如灯球之状，有不如度者杖其工人。大兵用炮则不然，破大碣或础礴为二三，皆用之。攒竹炮有至十三稍者，余炮称是。每城一角置炮百余枝。更递下上，昼夜不息，不数日石几与里城平。而城上楼橹皆故宫及芳华、玉溪所拆大木为之，合抱之木，随击而碎，以马粪麦秸布其上，网索旃褥固护之。其悬风板之外皆以牛皮为障，遂谓不可近。大兵以火炮击之，随即延蓻不可扑救。父老所传周世宗筑京城，取虎牢土为之，坚密如铁，受炮所击唯凹而已。大兵壕外筑城围百五十里，城有乳口楼橹，壕深丈许，阔亦如之，约三四十步置一铺，铺置百许人守之。

初，白撒命筑门外短墙。委曲狭隘容二三人得过，以防大兵夺门。及被攻，诸将请乘夜斫营，军乃不能猝出，比出已为北兵所觉。后又夜募死士千人，穴城由壕径渡，烧其炮坐。城上悬红纸灯为应，约灯起渡壕，又为围者所觉。又放纸鸢，置文书其上，至北营则断之，以诱被俘者。识者谓前日纸灯、今日纸鸢，宰相以此退敌难矣。右丞世鲁命作《江水曲》，使城上之人静夜唱之，盖河朔先有此曲以寄讴吟之思,其谬计如此。

合喜先以守凤翔自夸,及令守西北隅,其地受攻最急,而合喜当之,语言失措,面无人色,军士特以车驾数出慰劳,人自激昂,争为效命耳。其攻城之具有火炮名"震天雷"者,铁罐盛药,以火点之,炮起火发,其声如雷,闻百里外。所爇围半亩之上,火点著甲铁皆透。大兵又为牛皮洞,直至城下,掘城为龛,间可容人,则城上不可奈何矣。人有献策者,以铁绳悬"震天雷"者,顺城而下,至掘处火发,人与牛皮皆碎迸无迹。又飞火枪,注药以火发之,辄前烧十余步,人亦不敢近。大兵惟畏此二物云。

四月罢攻。至是十六昼夜矣,内外死者以百万计,大兵知不可下,乃谩为好语云:"两国已讲和,更相攻耶。"朝廷亦就应之。明日,遣户部侍郎杨居仁出宜秋门以酒炙犒师,于是营幕稍稍外迁,遂退兵。

壬午,合喜以大兵退,议入贺,诸相皆不欲,独合喜以守城为己功,持论甚力,呼令史元好问曰:"罢攻已三日而不入贺,何也。速召翰苑官作表。"好问以白诸相,权参政内族思烈曰:"城下之盟,诸侯以为耻,况以罢攻为可贺欤。"合喜怒曰:"社稷不亡,帝后免难,汝等不以为喜耶。"明日,近侍局直长张天任至省,好问私以贺议告之,天任曰:"人不知耻乃若是耶。"因谓诸相曰:"京城受兵,上深以为辱。闻百官欲入贺,诚有此否。"会学士赵秉文不肯撰表,议遂寝。

是月,以尚书省兼枢密院事,合喜罢枢密。合喜既失兵柄,意殊不乐,欲销院印,诸相谓院事仍在,印有用时,不宜毁。合喜怒,欲笞其掾。有投匿名书于御路云:"副枢合喜、总帅撒合、参政讹出皆国贼,朝廷不杀,众军亦须杀之,为国除害。"卫士以闻。撒合饮药死,讹出称疾不出,惟合喜坦然若无事者,上亦无所问,由是军国之事尽决于合喜矣。

初,大兵围汴,司谏陈岢屡上封事言得失,切中时病。合喜大怒,召入省,呼其名责之曰:"子为'陈山可'耶,果如子言能退大敌,我当世世与若为奴。"闻者无不窃笑。盖不识"岢"字,至分为两耳。

天兴元年七月，权参知政事思烈、恒山公武仙合军自汝州入援，诏以合喜为枢密使，统京城军万五千应之，且命赛不为之助。八月己酉朔，驻于近郊，侯益兵乃进中牟古城。凡三日，闻思烈军溃，即夜弃辎重驰还，黎明至郑门，聚军乃入。言者谓："合喜始则抗命不出，中则逗留不进，终则弃军先遁，委弃军资不可胜计，不斩之无以谢天下。"上贷其死，免为庶人，既而籍其家以赐军士。

既废，居汴中，常鞅鞅不乐。会大将速不�遣人招之，合喜即治装欲行，崔立邀至省酌酒饯送，且以白金二百两为赆。明日，复诣省别立，方对语，适一人自归德持文书至，发视之，乃行省传哀宗语以谕合喜者，其言曰："卿朕老臣，中间虽废出，未尝忘卿。今崔立已变，卿处旧人尚多，若能反正，与卿世袭公相。"立怒，叱左右系之狱，是日斩之。

论曰：合喜初年用兵西夏，屡著劳效，要亦诸将石盏虾蟆等功也。既当大任，遂自矜伐，汴城之役举措烦扰，质出兵退即图称贺，此岂有体国之诚心者乎。中牟之溃，众怒所归，幸逭一死，犹怀异图，卒殒猜疑，天盖假手于崔立也。

金史卷一一四
列传第五二

白华　斜卯爱实　石抹世勣

白华字文举,澥州人。贞祐三年进士。初为应奉翰林文字。正大元年,累迁为枢密院经历官。二年九月,武仙以真定来归,朝廷方经理河北,宋将彭义斌乘之,遂由山东取邢、洺、磁等州。华上奏曰:"北兵有事河西,故我得少宽。今彭义斌招降河朔郡县,骎骎及于真定,宜及此大举,以除后患。"时院官不欲行,即遣华相视彰德,实挤之也,事竟不行。

三年五月,宋人掠寿州,永州桃园军失利,死者四百余人。时夏全自楚州来奔。十一月庚申,集百官议和宋。上问全所以来,华奏:"全初在盱眙,从宋帅刘卓往楚州。州人讹言刘大帅来,欲屠城中北人耳。众军怒,杀卓以城来归。全终不自安,跳走盱眙,盱眙不纳,城下索妻孥,又不从,计无所出,乃狼狈而北,止求自免,无他虑也。"华因是为上所知。全至后,盱眙、楚州,王义深、张惠、范成进相继以城降。诏改楚州为平淮府,以全为金源郡王、平淮府都总管,张惠临淄郡王,义深东平郡王,成进胶西郡王。和宋议寝。

四年,李全据楚州,众皆谓盱眙不可守,上不从,乃以淮南王招全,全曰:"王义深、范成进皆我部曲而受王封,何以处我。"竟不至。

是岁,庆山奴败绩于龟山。五年秋,增筑归德城,拟工数百万,宰相奏遣华往相役,华见行院温撒辛,语以民劳,朝廷爱养之意,减工三之一。温撒,李辛赐姓也。

六年,以华权枢密院判官。上召忠孝军总领蒲察定住、经历王仲泽、户部郎中刁璧及华谕之曰:"李全据有楚州,睥睨山东,久必为患。今北事稍缓,合乘此隙令定住权监军,率所统军一千,别遣都尉司步军万人,以璧、仲泽为参谋,同往沂、海界招之,不从则以军马从事,卿等以为何如?"华对曰:"臣以为李全借大兵之势,要宋人供给馈饷,特一猾寇耳。老孤穴冢待夜而出,何足介怀。我所虑者北方之强耳。今北方有事,未暇南图,一旦事定,必来攻矣。与我争天下者此也,全何预焉。若北方事定,全将听命不暇,设不自量,更有非望,天下之人宁不知逆顺,其肯去顺而从逆乎。为今计者,姑养士马,以备北方。使全果有不轨之谋,亦当发于北朝息兵之日,当此则我易与矣。"上沉思良久曰:"卿等且退,容我更思。"明日,遣定住还屯尉氏。

时陕西兵大势已去,留脱或栾驻庆阳以扰河朔,且有攻河中之耗,而卫州帅府与恒山公府并立,虑一旦有警,节制不一,欲合二府为一,又恐其不和,命华往经画之。初,华在院屡承面谕云:"汝为院官,不以军马责汝。汝辞辩,特以合喜、蒲阿皆武夫,一语不相入,便为龃龉,害事非细,今以汝调停之,或有乖忤,罪及汝矣。院中事当一一奏我,汝之职也。今卫州之委,亦前日调停之意。"

国制,凡枢密院上下所倚任者名奏事官,其目有三,一曰承受圣旨,二曰奏事,三曰省院议事,皆以一人主之。承受圣旨者,凡院官奏事,或上处分,独召奏事官付之,多至一二百言,或直传上旨,辞多者即与近侍局官批写。奏事者,谓事有区处当取奏裁者殿奏,其奏每嫌辞费,必欲言简而意明,退而奉行,即立文字谓之检目。省院官殿上议事则默记之,议定归院亦立检目,呈覆。有疑则复禀,无则付掾史施行。其赴省议者,议既定,留奏事官与省左右司官同立奏草,圆覆诸相无异同,则右司奏上。此三者之外又有难者,曰备顾问,如军马粮草器械、军帅部曲名数、与夫屯驻地里厄塞远近之类,凡省院一切事务,顾问之际一不能应,辄以不用心被谴,其职为甚难,故以华处之。

五月，以丞相赛不行尚书省事于关中，蒲阿率完颜陈和尚忠孝军一千驻邠州，且令审观北势。如是两月，上谓白华曰："汝往邠州六日可往复否？"华自量日可驰三百，应之曰："可。"上令密谕蒲阿才侯春首，当事庆阳。华如期而还。上一日顾谓华言："我见汝从来凡语及征进，必有难色，今此一举特锐于平时，何也。"华曰："向日用兵，以南征及讨李全之事梗之，不能专意北方，故以北向为难。今日异于平时，况事至于此，不得不一举。大军入界已三百余里，若纵之令下秦川则何以救，终当一战摧之。与其战于近里之平川，不若战于近边之险隘。"上亦以为然。

七年正月，庆阳围解，大军还。白华上奏："凡今之计，兵食为急。除密院已定忠孝军及马军都尉司步军足为一战之资，此外应河南府州亦须签拣防城军，秋聚春放，依古务农讲武之义，各令防本州府城，以今见在九十七万，无致他日为资敌之用。"

五月，华真授枢密判官，上遣近侍局副使七斤传旨云："朕用汝为院官，非责汝将兵对垒，第欲汝立军中纲纪、发遣文移、和睦将帅、究察非违，至于军伍之阅习、器仗之修整，皆汝所职。其悉力国家，以称朕意。"

八年，大军自去岁入陕西，翱翔京兆、同、华之间，破南山寨栅六十余所。已而攻凤翔，金军自閺乡屯至渑池，两行省晏然不动。宰相台谏皆以枢院瞻望逗留为言，京兆士庶横议蜂起，以至诸相力奏上前。上曰："合达、蒲阿必相度机会，可进而进耳。若督之使战，终出勉强，恐无益而反害也。"因遣白华与右司郎中夹谷八里门道宰相百官所言，并问以"目今二月过半，有急归之形，诸军何故不动。"且诏华等往复六日。华等既到同，谕两行省以上意。合达言："不见机会，见则动耳。"蒲阿曰："彼军绝无粮饷，使欲战不得，欲留不能，将自敝矣。"合达对蒲阿及诸帅则言不可动，见士大夫则言可动，人谓合达近尝得罪，又畏蒲阿方得君，不敢与抗，而亦言不可动。华等观二相见北兵势大皆有惧心，遂私问樊泽、定住、陈和尚以为何如，三人者皆曰："他人言北兵疲困故可攻，此言非也。大兵所在岂可轻料，是真不敢动。"华等还，以二相及诸将意奏之，上曰："我故知其怯不敢动矣。"即复遣华传旨谕二相云："凤翔围久，恐守者力不能支。行省当领军出关宿华阴界，次日及华阴，次日及华州，略与渭北军交手。计大兵闻之必当奔赴，且以少纾凤翔之急，我亦得为掣肘计耳。"二相回奏领旨。华东还及中牟，已有两行省纳奏人追及，华取报密院副本读之，言"领旨提军出关二十里至华阴界，与渭北军交，是晚收军入关"，华为之仰天浩叹曰："事至于此，无如之何矣。"华至京，奏章已达，知所奏为徒然，不二三日凤翔陷，两行省遂弃京兆，与牙古塔起迁居民于河南，留庆山奴守之。

夏五月，杨妙真以夫李全死于宋，构浮桥于楚州之北，就北帅梭鲁胡吐乞师复仇。朝廷觇知之，以谓北军果能渡淮，淮与河南跬步间耳，遣合达、蒲阿驻军桃源界激河口备之。两行省乃约宋帅赵范、赵葵为夹攻之计。二赵亦遣人报聘，俱以议和为名，以张声势。二相屡以军少为言，而省院难之，因上奏云："向来附关屯驻半年，适还旧屯，喘不及息，又欲以暑月东行，实无可图之事，徒自疲而已。况兼桃源、青口蚊虻湫湿之地，不便牧养，目今非增进时月，决不敢妄动。且我之所虑，特楚州浮梁耳。姑以计图之，已遣提控王锐往视可否。"奏上，上遣白华以此传谕二相，兼领王锐行。二相不悦。蒲阿遣水军虹县所屯王提控者以小船二十四支令华顺河而下，必到八里庄城门为期，且曰："此中望八里庄如在云间天上，省院端坐徒事口吻，今枢判亲来可以相视可否，归而奏之。"华力辞不获，遂登舟，及淮与河合流处，才及八里庄城门相直，城守者以白鹘大船五十溯流而上，占其上流以截华归路。华几不得还，昏黑得径先归，乃悟两省怒朝省不益军，谓皆华辈主之，故挤之险地耳。是夜二更后，八里庄次将遣人送款云："早者主将出城开船，截大金归路，某等商议，主将还即闭门不纳，渠已奔去楚州，乞发军马接应。"二相即发兵骑、开船赴约，明旦入城安慰，又知楚州大军已还河朔，宋将烧浮桥，二相附华纳奏，上大喜。

初，合达谋取宋淮阴。五月渡淮。淮阴主者胡路钤往楚州计事于杨妙真,比还,提正官郭恩送款于金,胡还不纳,怮哭而去。合达遂入淮阴,诏改归州,以行省乌古论叶里哥守之,郭恩为元帅右都监。既而,宋人以银绢五万两匹来赎盱眙龟山,宋使留馆中,郭恩谋劫而取之,或报之于盱眙帅府,即以军至,恩不果发。明日,宋将刘虎、汤孝信以船三十艘烧浮梁,因遣其将夏友谅来攻盱眙,未下。泗州总领完颜矢哥利馆中银绢,遂反。防御使徒单塔剌闻变,扼罘山亭甬路,好谓之曰:“容我拜辞朝廷然后死。”遂取朝服望阙拜,怮良久,投亭下水死。矢哥遂以州归杨妙真,总帅纳合买住亦以盱眙降宋。

九月,陕西行省防秋,时大兵在河中,睿宗已领兵入界,庆山奴报粮尽,将弃京兆而东。一日,白华奏,侦候得睿宗所领军马四万,行营军一万,布置如此,“为今计者与其就汉御之,诸军比到可行半月,不若径往河中。目今沿河屯守一日可渡,如此中得利,襄、汉军马必当迟疑不进。在北为投机,在南为掣肘,臣以为如此便。”上曰:“此策汝画之,为得之他人?”华曰:“臣愚见如此。”上平日锐于武事,闻华言若欣快者,然竟不行。

未几,合达自陕州进奏帖,亦为此事,上得奏甚喜。蒲阿时在洛阳,驿召之,盖有意于此矣。蒲阿至,奏对之间不及此,止言大兵前锋忒木觯统之,将出冷水谷口,且当先御此军。上曰:“朕不问此,只欲问河中可捣否?”蒲阿不获已,始言睿宗所领兵骑虽多,计皆冗杂。大兵军少而精,无非选锋。金军北渡,大兵必遣辎重屯于平阳之北,匿其选锋百里之外,放我师渡,然后断我归路与我决战,恐不得利。”上曰:“朕料汝如此,果然。更不须再论,且还陕州。”蒲阿曰:“合达枢密使所言,此间一面革拨恐亦未尽,乞召至同议可否。”上曰:“见得合达亦止此而已,往复迟滞,转致误事。”华奏合达必见机会,召至同议为便。副枢赤盏合喜亦奏蒲阿、白华之言为是。上乃从之。召合达至,上令先与密院议定,然后入见。既议,华执合达奏帖举似再三,竟无一先发言者。移时,蒲阿言:“且勾当冷水谷一军何如。”合达曰:“是矣。”遂入见。上问卿等所议若何,合达敷奏,其

言甚多,大概言河中之事与前日上奏时势不同,所奏亦不敢自主,
议遂寝。二相还陕,量以军马出冷水谷,奉行故事而已。十二月,河
中府破。

九年,京城被攻,四月兵退,改元天兴。是月十六日,并枢密院
归尚书省,以宰相兼院官,左右司首领官兼经历官,惟平章白撒、副
枢合喜、院判白华、权院判完颜忽鲁剌退罢。忽鲁剌有口辩,上爱幸
之。朝议罪忽鲁剌,而书生辈妒华得君,先尝以语撼之,用是而罢。
金制,枢密院虽主兵,而节制在尚书省。兵兴以来,兹制渐改,凡在
军事,省官不得预,院官独任专见,往往败事。言者多以为将相权不
当分,至是始并之。

十二月朔,上遣近侍局提点曳剌粘古即白华所居,问事势至于
此,计将安出。华附奏:“今耕稼已废,粮斛将尽,四外援兵皆不可指
拟,车驾当出就外兵,可留皇兄荆王使之监国,任其裁处。圣主既
出,遣使告语北朝,我出非他处收整军马,止以军卒擅诛唐庆,和议
从此断绝,京师今付之荆王,乞我一二州以老耳。如此则太后皇族
可存,正如《春秋》纪季入齐为附庸之事,圣主亦得少宽矣。”于是起
华为右司郎中。初,亲巡之计决,诸将皆预其议,将退,首领官张衮、
聂天骥奏:“尚有旧人谙练军务者,乃置而不用,今所用者皆不见军
中事体,此为未尽。”上问未用者何人,皆曰院判白华,上颔之,故有
是命。

明日,召华谕之曰:“亲巡之计已决,但所往群议未定,有言归
德四面皆水可以自保者,或言可沿西山入邓。或言设欲入邓,大将
速不𬭼今在汝州,不如取陈、蔡路转往邓下。卿以为如何?”华曰:
“归德城虽坚,久而食尽,坐以待毙,决不可往。欲往邓下,既汝州有
速不𬭼,断不能往。以今日事势,博徒所谓孤注者也。孤注云者,止
有背城之战。为今之计当直赴汝州,与之一决,有楚则无汉,有汉则
无楚。汝州战不如半涂战,半涂战又不如出城战,所以然者何,我军
食力犹在,马则豆力犹在。若出京益远,军食日减,马食野草,事益
难矣。若我军便得战,存亡决此一举,外则可以激三军之气,内则可

以慰都人之心。或止为避迁之计,人心顾恋家业,未必毅然从行。可详审之。"遂召诸相及首领官同议,禾速嘉兀地不、元帅猪儿、高显、王义深俱主归德之议,丞相赛不主邓,议竟不能决。

明日,制旨京城食尽,今拟亲出,聚集军士于大庆殿,谕以此意,谕讫,诸帅将佐合辞奏曰:"圣主不可亲出,止可命将,三军欣然愿为国家效死。"上犹豫,欲以官奴为马军帅,高显为步军帅,刘益副之,盖采舆议也,而三人者亦欲奉命。权参政内族讹出大骂云:"汝辈把锄不知高下,国家大事,敢易承邪。"众默然。惟官奴曰:"若将相可了,何至使我辈。"事亦中止。

明日,民间哄传车驾欲奉皇太后及妃后往归德,军士家属留后。目今食尽,坐视城中俱饿死矣。纵能至归德,军马所费支吾复得几许日。上闻之,召赛不、合周、讹出、乌古孙卜吉、完颜正夫议,余人不预。移时方出,见首领官、丞相言,前日巡守之议已定,止为一白华都改却,今往汝州就军马索战去矣。遂择日祭太庙誓师,拟以二十五日启行。是月晦,车驾至黄陵冈,复有北幸之议,语在《白撒传》。

天兴二年正月朔,上次黄陵冈,就归德饳船北渡,诸相共奏,京师及河南诸州闻上幸河北,恐生他变,可下诏安抚之。是时,在所父老僧道献食,及牛酒犒军者相属,上亲为拊慰,人人为之感泣。乃赦河朔,招集兵粮,赦文条画十余款,分道传送。二日,或有云:"昨所发河南诏书,倘落大军中,奈泄事机何。"上怒,委近侍局官传旨,谓首领官张衮、白华、内族讹可当发诏时不为后虑,皆量决之。

是时,卫州军两日至蒲城,而大军徐蹑其后。十五日,宰相诸帅共议上前,郎中完颜胡鲁剌秉笔书,某军前锋,某军殿后,余事皆有条画。书毕,惟不言所往,华私问胡鲁剌,托以不知。是晚,平章及诸帅还蒲城军中。夜半,讹可、衮就华帐中呼华云:"上已登舟,君不知之耶?"华遂问其由,讹可云:"我昨日已知上欲与李左丞、完颜郎中先下归德,令诸军并北岸行,至凤池渡河。今夜,平章及禾速嘉、元帅官奴等来,言大军在蒲城曾与金军接战,势莫能支,遂拥主上登舟，军资一切委弃，止令忠孝军上船，马悉留营中。计舟已行数里矣。"华又问："公何不从往？"云："昨日拟定首领官止令胡鲁刺登舟，余悉随军，用是不敢。"是夜，总帅百家领诸军舟往凤池，大军觉之，兵遂溃。

上在归德。三月，崔立以汴京降，右宣徽提点近侍局移剌粘古谋之邓，上不听。时粘古之兄瑗为邓州节度使、兼行枢密院事，其子与粘古之子并从驾为卫士。适朝廷将召邓兵入援，粘古因与华谋同之邓，且拉其二子以往，上觉之，独命华行，而粘古改之徐州。华既至邓，以事久不济，淹留于馆，遂若无意于世者。会瑗以邓入宋，华亦从至襄阳，宋署为制干，又改均州提督，后范用吉杀均之长吏送款于北朝，遂因而北归。士大夫以华夙儒贵显，国危不能以义自处为贬云。

用吉者，本姓宇术鲁，名久住。初归入宋，谒制置赵范，将以计动其心，故更姓名范用吉。赵怒其触讳，斥之，用吉犹应对如故。赵良久方悟，且利其事与己符，遂擢置左右，凡所言动略不加疑，遂易其姓曰花，使为太尉，改镇均州。未几，纳款于北。后以家人诬以欲叛，为同列所害。

赞曰：白华以儒者习吏事，以经生知兵，其所论建，屡中事机，然三军败衄之余，士气不作，其言果可行乎。从瑗归宋，声名扫地，而犹得列于金臣之传者，援蜀谯周等例云。

斜卯爱实字正之，策论进士也。正大间，累官翰林直学士，兼左司郎中。天兴元年正月，闻金兵将至，以点检夹谷撒合为总帅，率步骑三万巡河渡，命宿直将军内族长乐权近侍局使，监其军。行至封丘而还。入自梁门，枢密副使合喜遇之，笑语撒合曰："吾言信矣，当为我作主人。"盖世俗酬谢之意也。明日，大兵遂合，朝廷置而不问。于是爱实上言曰："撒合统兵三万，本欲乘大兵远至，喘息未定而击之。出京才数十里，不逢一人骑，已畏缩不敢进。设遇大兵，其肯用命乎？乞斩二人以肃军政。"不报。盖合喜辈以京师倚此一军为命，初不敢俾之出战，特以外议哄然，故暂出以应之云。

卫绍、镐厉二王家属，皆以兵防护，且设官提控，巡警之严过于狱犴。于是，卫绍宅四十年，镐厉宅二十年，正大间，朝臣屡有言及者，不报。爱实乃上言曰："二族衰微，无异匹庶，假欲为不善，孰与同恶。男女婚嫁，人之大欲，岂有幽囚终世，永无伉俪之望，在他人尚且不忍，况骨肉乎。"哀宗感其言，始听自便。未几，有青城之难。

爱实愤时相非其人，尝历数曰："平章白撒固权市恩，击丸外百无一能。丞相赛不菽麦不分，更谓乏材，亦不至此人为相。参政兼枢密副使赤盏合喜粗暴，一马军之材止矣，乃令兼将相之权。右丞颜盏世鲁居相位已七八年，碌碌无补，备员而已。患难之际，倚注此类，欲冀中兴难矣。"于是，世鲁罢相，赛不乞致仕，而白撒、合喜不恤也。

是年四月，京城罢攻，大兵退。既而，以害唐庆事，和议遂绝。于是，再签民兵为守御备。八月，括京城粟，以转运使完颜㧓颣、张俊民、曳剌克忠等置局，以推举为名，珠颣谕民曰："汝等当从实推唱，果如一旦粮尽，令汝妻子作军食，复能吝否。"既而，罢抬粟令，复以进献取之。

前御史大夫内族合周复冀进用，建言京城括粟可得百余万石。朝廷信之，命权参知政事，与左丞李蹊总其事。先令各家自实，壮者存石有三斗，幼者半之，仍书其数门首，敢有匿者以升斗论罪。京城三十六坊，各选深刻者主之，内族完颜久住尤酷暴。有寡妇二口，实豆六斗，内有蓬子约三升，久住笑曰："吾得之矣。"执而以令于众。妇泣诉曰："妾夫死于兵，姑老不能为养，故杂蓬秕以自食耳，非敢以为军储也。且三升，六斗之余。"不从，竟死杖下。京师闻之股栗，尽投其余于粪溷中。或白于李蹊，蹊辇蹙曰："白之参政。"其人即白合周，周曰："人云'花又不损，蜜又得成'。予谓花不损，何由成蜜。且京师危急，今欲存社稷耶，存百姓耶。"当时皆莫敢言，爱实遂上奏，大概言："罢括粟，则改虐政为仁政，散怨气为和气。"不报。

时所括不能三万斛,而京城益萧然矣。自是之后,死者相枕,贫富束手待毙而已。上闻之,命出太仓米作粥以食饿者,爱实闻之叹曰:"与其食之,宁如勿夺。"为奉御把奴所告。又近侍干预朝政,爱实上章谏曰:"今近侍权太重,将相大臣不敢与之相抗。自古仆御之臣不过供给指使而已,虽名仆臣,亦必选择正人。今不论贤否,惟以世胄或吏员为之。夫给使令之材,使预社稷大计,此辈果何所知乎。"章既上,近侍数人泣诉上前曰:"爱实以臣等为奴隶,置至尊何地耶。"上益怒,送有司。近侍局副使李大节从容开释,乃赦之,出为中京留守,后不知所终。

合周者一名永锡。贞祐中,为元帅左监军,失援中都,宣宗削除官爵,杖之八十。已而复用。四年,以御史大夫权尚书右丞,总兵陕西。合周留渑池数日,进及京兆,而大兵已至,合周竟不出兵,遂失潼关。有司以敌至不出兵当斩,诸皇族百余人上章救之,上曰:"向合周救中都,未至而军溃,使宗庙山陵失守,罪当诛,朕特宽贷以全其命。寻复重职,今镇陕西,所犯乃尔,国家大法岂敢私耶。"遂再夺爵,免死除名。至是,为参知政事。性好作诗词,语鄙俚,人采其语以为戏笑。因自草《括粟榜文》,有"雀无翅儿不飞,蛇无头儿不行"等语,以"而"作"儿",掾史知之不敢易也。京城目之曰"雀儿参政"。哀宗用而不悟,竟致败事。

石抹世勣字景略。幼勤学,为文有体裁。承安二年,以父元毅死王事,收充擎执。五年,登词赋、经义两科进士第。贞祐三年,累官为太常丞,预讲议所事。时朝廷徙河北军户河南,宰职议给以田,世勣上言曰:"荒闲之田及牧马地,其始耕垦,费力当倍,一岁断不能熟。若夺民素莳者与之,则民将失所,且启不和之端。况军户率无耕牛,虽或有之,而廪给未敢遽减。彼既南来,所捐田宅为人所有,一旦北归,能无争夺。切谓宜令军户分人归守本业,收其晚禾,至春复还为固守计。"会侍御史刘元规亦言给田不便,上大悟,乃罢之。未几,迁同知金安军节度使。

兴定二年,选为华州元帅府参议官。初,右都监完颜合达行帅府于桢州,尝以前同知平凉府事卓鲁回蒲乃速为参议,及移驻华州,陕西行省请复用蒲乃速,令世勣副之。上曰:"蒲乃速但能承奉人耳,余无所长,非如世勣可任以事。华为要镇,而轻用其人,或致败事。"遂独用世勣焉。

寻入为尚书省左司郎中。元光元年,夺一官,解职。初,世勣任华州,有荐其深通钱谷者,覆察不如所举,未籍行止中。后主者举觉,平章英王以世勣避都司之繁,私属治籍吏冀改他职,奏下有司,故有是责。久之,起为礼部侍郎,转司农,改太常卿。正大中,为礼部尚书,兼翰林侍讲学士。

天兴元年冬,哀宗将北渡,世勣率朝官刘肃、田芝等二十人求见仁安殿。上问卿等欲何言,世勣曰:"臣等闻陛下欲亲出,切谓此行不便。"上曰:"我不出,军分为二,一军守,一军出战。我出则军合为一。"世勣曰:"陛下出则军分为三,一守、一战、一中军护从,不若不出为愈也。"上曰:"卿等不知,我若得完颜仲德、恒山公武仙付之兵事,何劳我出。我岂不知今日将兵者,官奴统马兵三百止矣,刘益将步兵五千止矣,欲不自将得乎?"上又指御榻曰:"我此行岂复有还期,但恨我无罪亡国耳。我未尝奢侈,未尝信任小人。"世勣应声曰:"陛下用小人则亦有之。"上曰:"小人谓谁?"世勣历数曰:"移剌粘古、温敦昌孙、兀撒惹、完颜长乐皆小人也。陛下不知为小人,所以用之。"肃与世勣复多有言,良久,君臣涕泣而别。初,肃等求见,本欲数此四人。至是,世勣独言之,于是哀宗以世勣从行。自蒲城至归德。明年六月,走蔡州,次新蔡县之姜寨。

世勣子嵩,时为县令,拜上于马前,兵乱后父子始相见。上嘉之,授嵩应奉翰林文字,以便养亲。蔡城破,父子俱死。嵩字企隆,兴定二年经义进士。

赞曰:爱实言卫、镐家属禁锢之虐,京城括粟之暴,近侍干政之横；世勣言河北军户给田之不便，亲出渡河之非计；皆药石之言也。然金至斯时，病在膏肓间矣，仓扁何施焉。其为忠说，则不可废也。

金史卷一一五

列传第五三

完颜奴申　崔立　聂天骥
赤盏尉忻

完颜奴申字正甫,素兰之弟也。登策论进士第,仕历清要。正大三年八月,由翰林直学士,充益政院说书官。五年,转吏部侍郎。监察御史乌古论石鲁剌劾近侍张文寿、仁寿、李麟之受敌帅馈遗,诏奴申鞫问,得其奸状,上曲赦其罪,皆斥去,朝论快之。九月,改侍讲学士,以御史大夫奉使大元,至龙驹河,朝见太宗皇帝。十二月,还。明年六月,迁吏部尚书,复往。八年春,还。朝廷以劳拜参知政事。

天兴元年春,大兵驻郑州海滩寺,遣使招哀宗降。复以奴申往乞和。不许,攻汴益急。汴受围数月,仓库匮乏,召武仙等人援不至,哀宗惧,以曹王讹可出质,请罢攻。

冬十月,哀宗议亲出捍御,以奴申参知政事、兼枢密副使,完颜习捏阿不枢密副使、兼知开封府、权参知政事,总诸军留守京师。又以翰林学士承旨乌古孙卜吉提控诸王府,同判大睦亲府事兼都点检内族合周管宫掖事,左副点检完颜阿撒、右副点检温敦阿里副之,户部尚书完颜珠颗兼里城四面都总领,御史大夫裴满阿虎带兼镇抚军民都弹压,谏议大夫近侍局使行省左右司郎中乌古孙奴申兼知宫省事。又以把撒合为外城东面元帅,述甲咬住南面元帅,崔立西面元帅,孛术鲁买奴北面元帅。乙酉,除拜定,以京城付之。又以户部侍郎刁璧为安抚副使,总招抚司,规运京外粮斛。设讲议所,受陈言文字,以大理卿纳合德辉、户部尚书仲平、中京副留守爱失等总其事。

十二月辛丑,上出京,服绛纱袍,乘马导从如常仪。留守官及京城父老从至城外奉辞,有诏抚谕,仍以鞭挥之。速不觹闻上已出,复会兵围汴。初,上以东面元帅李辛跋扈出怨言,罢为兵部侍郎,将出,密喻奴申等羁縶之。上既行,奴申等召辛,辛惧,谋欲出降,弃马逾城而走,奴申等遣人追及之,斩于省门。汴民以上亲出师,日听捷报,且以二相持重,幸以无事。俄闻军败卫州,苍黄走归德,民大恐以为不救。时汴京内外不通,米升银二两,百姓粮尽,殍者相望,缙绅士女多行乞于市,至有自食其妻子者,至于诸皮器物皆煮食之,贵家第宅、市楼肆馆皆撤以焚。及归德遣使迎两宫,人情益不安,于是民间有立荆王监国以城归顺之义,而二相皆不知也。

天兴二年正月丙寅,省令史许安国诣讲议所言:“古者有大疑,谋及卿士,谋及庶人。今事势如此,可集百官及僧道士庶,问保社稷、活生灵之计。”左司都事元好问以安国之言白奴申,奴申曰:“此论甚佳,可与副枢议之。”副枢亦以安国之言为然。好问曰:“自车驾出京今二十日许,又遣使迎两宫。民间汹汹,皆谓国家欲弃京城,相公何以处之?”阿不曰:“吾二人惟有一死耳。”好问曰:“死不难,诚能安社稷、救生灵,死而可也。如其不然,徒欲一身饱五十红衲军,亦谓之死耶。”阿不款语曰:“今日惟吾二人,何言不可。”好问乃曰:“闻中外人言,欲立二王监国,以全两宫与皇族耳。”阿不曰:“我知之矣,我知之矣。”即命召京城官民,明日皆聚省中,谕以事势危急当如之何。有父老七人陈词云云,二相命好问受其词。白之奴申,顾曰:“亦为此事也。”且问副枢“此事谋议今几日矣”?阿不屈指曰:“七日矣。”奴申曰:“归德使未去,慎勿泄。”或曰是时外围不解,如在陷井,议者欲推立荆王以城出降,是亦《春秋》纪季入齐之义,况北兵中已有曹王也。众愤二人无策,但曰“死守”而已。忽闻召京城士庶计事,奴申拱立无语,独阿不反覆申谕,“国家至此无可奈何,凡有可行当共议之”，且继以涕泣。

明日戊辰，西面元帅崔立与其党孛术鲁长哥、韩铎、药安国等为变，率甲卒二百横刀入省中，拔剑指二相曰：“京城危困已极，二公坐视百姓饿死，恬不为虑何也？”二相大骇，曰：“汝辈有事，当好议之，何遽如是。”立麾其党先杀阿不次，杀奴申及左司郎中纳合德辉等，余见《崔立传》。

刘祁曰：“金自南渡之后，为宰执者往往无恢复之谋，临事相习低言缓语互相推让，以为养相体。每有四方灾异、民间疾苦，将奏必相谓曰：“恐圣主心困。”事至危处辄罢散，曰：“俟再议”，已而复然。或有言当改革者，辄以生事抑之，故所用必择惯熟无锋芒易制者用之。每北兵压境，则君臣相对泣下，或殿上发长吁而已。兵退，则大张具，会饮黄阁中矣。因循苟且，竟至亡国。又多取浑厚少文者置之台鼎，宣宗尝责丞相仆散七斤“近来朝廷纪纲安在”？七斤不能对，退谓郎官曰：“上问纪纲安在，汝等自来何尝使纪纲见我。”故正人君子多不见用，虽用亦未久而遽退也。”祁字京叔，浑源人。

赞曰：刘京叔《归潜志》与元裕之《壬辰杂编》二书虽微有异同，而金末丧乱之事犹有足征者焉。哀宗北御，以孤城弱卒托之奴申、阿不二人，可谓难矣。虽然，即墨有安平君，玉壁有韦孝宽，必有以处此。

崔立，将陵人。少贫无行，尝为寺僧负钹鼓，乘兵乱从上党公开为都统、提控，积阶遥领太原知府。正大初，求入仕，为选曹所驳，每以不至三品为恨。围城中授安平都尉。天兴元年冬十二月，上亲出师，授西面元帅。性淫姣，常思乱以快其欲。

药安国者管州人，年二十余，有勇力。尝为岚州招抚使，以罪系开封狱，既出，贫无以为食。立将为变，潜结纳之，安国健啖，日饱之以鱼，遂与之谋。先以家置西城上，事不胜则挈以逃。日与都尉扬善入省中候动静，布置已定，召善以早食，杀之。二年正月，遂帅甲卒二百，撞省门而入。二相闻变趋出，立拔剑曰：“京城危困，二公欲如何处之?"二相曰:"事当好议之"。立不顾,麾其党张信之、字水鲁长哥出省,二相遂遇害。驰往东华门,道遇点检温屯阿里,见其衷甲,杀之。即谕百姓曰:"吾为二相闭门无谋,今杀之,为汝一城生灵请命。"众皆称快。是日,御史大夫裴满阿忽带、谏议大夫左右司郎中乌古孙奴申、左副点检完颜阿散、奉御忙哥、讲议蒲察琦、户部尚书完颜珠颗皆死。

立还省中,集百官议所立。立曰:"卫绍王太子从恪,其妹公主在北兵中,可立之。"乃遣其党韩铎以太后命往召从恪,须臾入,以太后谕命梁王监国。百官拜舞山呼,从恪受之,遂遣送二相所佩虎符诣速不𥳑纳款。凡除拜皆以监国为辞。立自称太师、军马都元帅、尚书令、郑王,出入御乘舆,称其妻为王妃,弟倚为平章政事,侃为殿前都点检。其党字术鲁长哥御史中丞,韩铎都元帅兼知开封府事,折希颜、药安国、张军奴并元帅,师肃左右司郎中,贾良兵部郎中兼右司都事,内府之事皆主之。初,立假安国之勇以济事,至是复忌之,闻安国纳一都尉夫人,数其违约斩之。

壬申,束不𥳑至青城,立服御衣,仪卫往见。大帅喜,饮之酒,立以父事之。既还,悉烧京城楼橹,火起,大帅大喜,始信其实降也。立托以军前索随驾官吏家属,聚之省中,人自阅之,日乱数人犹若不足。又禁城中嫁娶,有以一女之故杀数人者。未几,迁梁王及宗室近族皆置宫中,以腹心守之,限其出入。以荆王府为私第,取内府珍玩实之。二月乙酉,以天子衮冕后服上进。又括在城金银,搜索薰灌,讯掠惨酷,百苦备至,郧国夫人及内侍高祐、京民李民望之属,皆死杖下。温屯卫尉亲属八人,不任楚毒皆自尽。白撒夫人、右丞李蹊妻子皆被掠死。同恶相济,视人如仇,期于必报而后已。人人窃相谓曰:"攻城之后七八日之中,诸门出葬者开封府计之凡百余万人,恨不早预其数而值此不幸也。"立时与其妻入宫,两宫赐之不可胜计。立因讽太后作书陈天时人事,遣皇乳母招归德。当时冒进之徒争援刘齐故事以冀非分者,比肩接武。

三月壬辰,立以两宫、梁王、荆王及诸宗室皆赴青城,甲午北行,立妻王氏备仗卫送两宫至开阳门。是日,宫车三十七两,太后先,中宫次之,妃嫔又次之,宗族男女凡五百余口,次取三教、医流、工匠、绣女皆赴北。四月,北兵入城。立时在城外,兵先入其家,取其妻妾宝玉以出,立归大恸,无如之何。

李琦者山西人,为都尉,在陈州与粘哥、奴申同行省事,陈州变,入京,附崔立妹胥折希颜,娶夹谷元之妻。妻年二十余,有姿色,立初拘随驾官之家属,妻舆病而往,得免。琦娶之后,有言其美者,立欲强之。琦每见立欲夺人妻,必差其夫远出,一日差琦出京,琦以妻自随,如是者再三,立遂欲杀琦。琦又数为折希颜所折辱,乃首建杀立之谋。李伯渊者宝坻人,本安平都尉司千户,美姿容,深沉有谋,每愤立不道,欲仗义杀之。李贱奴者燕人,尝以军功遥领京兆府判,壬辰冬,车驾东狩,以都尉权东面元帅。立初反,以贱奴旧与敌体,颇貌敬之。数月之后,势已固,遂视贱奴如部曲然。贱奴积不能平,数出怨言,至是与琦等合。

三年六月甲午,传近境有宋军,伯渊等阳与立谋备御之策。翌日晚,伯渊等烧外封丘门以警动立。是夜,立殊不安,一夕百卧起。比明,伯渊等身来约立视火,立从苑秀、折希颜数骑往,谕京城民十五以上、七十以下男子皆诣太庙街点集。既还,行及梳行街,伯渊欲送立还二王府,立辞数四,伯渊必欲亲送,立不疑,仓卒中就马上抱立。立顾曰:"汝欲杀我耶?"伯渊曰:"杀汝何伤。"即出匕首横刺之,洞而中其手之抱处,再刺之,立坠马死。伏兵起,元帅黄掴三合杀苑秀。折希颜后至不知,见立坠马,谓与人斗,欲前解之,随为军士所斫,被创走梁门外,追斩之。伯渊系立尸马尾,至内前号于众曰:"立杀害劫夺,烝淫暴虐,大逆不道,古今无有,当杀之不?"万口齐应曰:"寸斩之未称也"。乃枭立首,望承天门祭哀宗。伯渊以下军民皆恸,或剖其心生啖之。以三尸挂阙前槐树上,树忽拔,人谓树有灵亦厌其为所污。已而,有告立匿宫中珍玩,遂籍其家,以其妻王花儿赐丞相镇海帐下士。

初,立之变也,前护卫蒲鲜石鲁负祖宗御容五,走蔡。前御史中丞蒲察世达、西面元帅把撒合挈其家亦自拔归蔡。七月己巳,以世达为尚书吏部侍郎,权行六部尚书。世达尝为左司郎中,同签枢密院事,充益政院官,皆称上意。及上幸归德,遣世达督陈粮运。陈变,世达亦与胁从,寻间道之汴,至是徒往行在,上念其旧,录用之。左右司官因奏把撒合、石鲁亦宜任用,上曰:"世达曲从非出得已,然朕犹少降资级以示薄罚。彼散合掌军一面,石鲁宿卫九重,崔立之变曾不闻发一矢,束手于人。今虽来归,待以不死足以示恩,又安得与世达等。撒合老矣,量用其子可也。石鲁但当酬其负御容之劳。"未几,以撒合为北门都尉,其子为本军都统。石鲁复充护卫。世达字正夫,泰和三年进士。

论曰:崔立纳款,使其封府库、籍人民以俟大朝之命可也。乘时僭窃,大肆淫虐,征索暴横,辄以供备大军为辞,逞欲由己,欲怨归国,其为罪不容诛矣。而其志方且要求刘豫之事,我大朝岂肯效尤金人者乎。金俘人之主,帝人之臣,百年之后适启崔立之狂谋,以成青城之烈祸。曾子曰:"戒之,戒之,出乎尔者反乎尔者也。"岂不信哉。

聂天骥字元吉,五台人。至宁元年进士,调汝阴簿,历睢州司候、封丘令。兴定初,辟为尚书省令史。时胥吏擅威,士人往往附之,独天骥不少假借,彼亦不能害也。寻授吏部主事,权监察御史。夏使贺正旦,互市于会同馆,外戚有身贸易于其间者,天骥上章曰:"大官近利,失朝廷体,且取轻外方。"遂忤太后旨。出为同知汝州防御使事,未赴,陕西行尚书省驿召,特旨遥领金安军节度副使,兼行尚书省都事。未几,入为右司员外郎,转京兆治中,寻为卫州行尚书六部事。

庆阳围急,朝廷遣宿州总帅牙古塔救之,以天骥充经历官。围解,从别帅守邠,帅欲弃州而东,天骥力劝止之,不从,帅坐是被系逮,天骥降京兆治中。寻有讼其冤者,即召为开封签事,旬月复右司员外郎。丁母忧,未卒哭,夺哀复职。

　　哀宗迁归德，天骥留汴中。崔立变，天骥被创甚，卧一十余日，其女舜英谒医救疗，天骥叹曰：“吾幸得死，儿女曹乃为谒医，尚欲我活耶。”竟郁郁以死。舜英葬其父，明日亦自缢，有传。

　　天骥沉静寡言，不妄交。起于田亩，能以雅道自将，践历台省若素宦然，诸人多自以为不及也。

　　赤盏尉忻字大用，上京人。当袭其父谋克，不愿就，中明昌五年策论进士第。后选为尚书省令史、吏部主事、监察御史，言“诸王驸马至京师和买诸物，失朝廷体”。有诏禁止。迁镇南军节度副使、息州刺史。耕鞠场种禾，两禾合穗，进于朝，特诏褒谕。改丹州，迁郑州防御使，权许州统军使。丞相高汝砺尝荐其才可任宰相。元光二年正月，召为户部侍郎。未几，权参知政事。二月，为户部尚书，权职如故。三月，拜参知政事，兼修国史。诏谕近臣曰：“尉忻资禀纯质，事可倚任，且其性孝，朕今相之，国家必有望，汝辈当效之也。”

　　正大元年五月，拜尚书右丞，哀宗欲修宫室，尉忻极谏，至以卧薪尝胆为言，上悚然从之。同判睦亲府内族撒合辇交结中外，久在禁近。哀宗为太子，有定策功，由是颇惑其言，复倚信日深，台谏每以为言。太后尝戒敕曰：“上之骑鞠举乐皆汝教之，再犯必杖汝。”哀宗终不能去。尉忻谏曰：“撒合辇奸谀之最，日在天子左右，非社稷福。”上悔悟，出为中京留守，朝论快之。

　　五年，致仕，居汴中。崔立之变明日，召家人付以后事，望睢阳恸哭，以弓弦自缢而死，时年六十三。一子名董七，没于兵间。弟秉甫字正之。

　　赞曰：聂天骥素履清慎，赤盏尉忻天资忠谅，在治世皆足为良臣，不幸仕乱离之朝，以得死为愿欲，哀哉。

金史卷一一六
列传第五四

徒单兀典　石盏女鲁欢
蒲察官奴　承立

　　徒单兀典,不知其所始,累官为武胜军节度使,驻邓州。寻迁中京留守,知金昌府事,驻洛阳。邓及洛阳兀典皆城之,且招亡命千人,号"熊虎军",以剽掠南鄙为事,宋人亦时时报复,边民为之搔动。兀典资性深刻,而以大自居,好设耳目,凡诸将官属下及民家细事,令亲昵日报之,务为不可欺。正大间,以兵部尚书权参知政事,行省事于徐州。自恃得君,论议之际不少假贷,同列皆畏之。

　　天兴元年正月,朝廷闻大兵入饶风,移兀典行省阌乡,以备潼关。徒单百家为关陕总帅,便宜行事。百家驰入陕,榜州民云:"淮南透漏军马,虑其道由潼关,势不能守,县镇迁入大城,粮斛辎重聚之陕州,近山者入山寨避兵。"会阿里合传旨召兀典入援,兀典遂与潼关总帅纳合合闰、秦蓝总帅都点检完颜重喜、高平都尉苗秀、荡寇都尉术甲某、振武都尉张翼及虎威、鹰扬、葭州刘赵二帅,军十有一万、骑五千,尽撤秦蓝诸隘之备,从虢入陕。同、华、阌乡一带军粮数十万斛,备关船二百余艘,皆顺流东下。俄闻大兵近,粮皆不及载,船悉空下。复尽起州民,运灵宝、硖石仓粟,游骑至,杀掠不胜计。又遣陕州观察副使兼规措转运副使抹捻速也以船八十往运潼关、阌乡粮,行及灵宝北河夹滩。义军张信、侯三集壮士三百余,保老幼,立水栅。北将忽鲁罕只乘浅攻之不能克,遇速也船至即降,大兵得此船遂破侯、张,杀戮殆尽。

是时陕州同知内族探春愿从行省征进,兀典授以帅职,听招在城民充军。探春厚拟官赏,数日无一人,乃以兀典命招之,得壮士八百。宣差赵三三名伟,亦依探春招募,伟人所知识,不二日得军八百余,号"破敌军。"兀典忌伟得众,欲挟诈坑之,完颜素兰时为同华安抚使,力谏乃止。寻以伟权兴宝军节度使,兼行元帅府事,领军三百,屯金鸡堡。

大兵既知潼关焚弃,长驱至陕,贺都喜不待命出城迎战,马蹶几为所获,兀典易以一马,遂下令不复令一人出,大兵亦去。自此潼关诸渡船筏俱尽,伟亦无船可渡矣。

初,兀典发阌乡,拜天,赏军,人白金三两,将校有差。州之库藏,军资器械,为之一空。期日进发,已而不行,日造银器及兵幕牌印,陕州及盐司牌亦夺取之。又欲劫州民财物以资军,素兰谏之而止。二月戊午,乃行。有李先生者谏曰:"方今大兵俱在河南,河北空虚,相公可先取卫州,出其不意。彼知我军在北,必分兵北渡,京师即得少宽,相公入援亦易为矣。"兀典大怒,以当泄军机,斩之于市,遂行。军士各以老幼自随。州中亦有关中、河中迁避商贾老幼,亦倚兵力从行,妇女皆嫁士卒,军中亦有强娶夺者。

是日,军出两东门及南门,不遵洛阳路,乃由州西南径入大山冰雪中。葭州刘、赵两帅即日叛去,大兵以数百骑遥蹑其后。明日,张翼军叛往朱阳,入鹿卢关,大兵追及降之。山路积雪,昼日冻释,泥淖及胫,随军妇女弃掷幼稚,哀号盈路。军至铁岭,大兵潜召洛阳大军从西三县过卢氏,所至烧官民庐舍积聚,虑为金军所据,又反守铁岭,以断归路。金兵知必死,皆有斗志,然已数日不食,行二百里许,困惫不支,颇亦散走。于是,完颜重喜先降,大军斩于马前。郑侗劫苗英降,英不从,杀之,携其首以降,于是士卒大溃。兀典、合闰提数十骑走山间,追骑禽得,皆杀之。

先是,兀典尝为邓州节度使,世袭谋克黄掴三合时为宣差都总领，与兀典亲厚，故决计入邓。是役也，安平、荡寇、鹰扬、振威诸都尉，及西安、金鸡等军，脱走者百才一二。

二月，素兰审归，有报徒单百家言"行省至"，百家欲出迎，父老遮马前哀诉云："行省复来，吾州碎矣，愿无出迎。"百家晓之曰："前日兀典欲劫此州，为素兰力劝而止，此行省非兀典乃素兰也。"父老乃听百家出城。陕州自军出，日有逃还者，百家皆抚纳之，所得及万人。百家又募收所弃甲仗。若获二副，即以一与之，其一官出直买之。由是军稍振。

五月，总帅副点检颜盏领军复立商州总帅。华州人王某立虢州，权刺史。七月，制旨召百家入援，以权西安军节度使、行元帅府事阿不罕奴十剌为金安军节度使、关陕总帅。九月，巩昌知府元帅完颜忽斜虎入陕州，诏拜参知政事，行尚书省事。以河中总帅府经历李献能充左右司员外郎。献能字钦叔，贞祐三年进士。复立山寨，安抚军民。十月朔，制旨召忽斜虎赴南阳留山寺，以阿不罕奴十剌权参知政事，行省。

时赵伟为河解元帅，屯金鸡堡，军务隶陕省，行省月给粮以赡其军，明年五月，麦熟，省劄令伟计置兵食，权罢月给。十月，伟军食又尽，屡白陕省，云无粮可给，伟私谓其军言："我与李员外郎有隙，坐视我军饥饿，不为存恤。"于是，自往永宁劝喻，伟颇为小民所信，往往献粮，或导其发藏。南县把隘军提控以伟横恣言于行省，行省遣赵提控者权元帅，守永宁元村寨，伟还金鸡。

十一月冬至，大兵已攻破元村寨，伟攻解州不能下，于是蜜遣总领王茂军士三十人入陕州，匿菜圃中凡三四日，乘夜，王茂杀北城逻卒，举号召伟军八百渡河，入城劫杀阿不罕奴十剌、李献能、提控蒲鲜某、总领来道安，因诬奏："奴十剌等欲反，臣诛之矣。"朝廷知其冤而莫敢诘，就授伟元帅左监军，兼西安军节度使，行总帅府事。食尽。括粟，粟又尽，以明年三月降大兵。

或谓伟军饷不继，以劫掠自资，一日诣李献能，献能靳之，曰："从宜破敌不易。"由是憾之。乃乘奴十剌宴饮不设备，选死士二十八人，夜由后河滩逾城而上，取饼炉碎石掷屋瓦门扇为箭镞声。州人疑叛军多，不敢动，遂开门纳军。杀行省以下官属二十一人，献能最为所恨，故被害尤酷。

伟之变，绛州录事张升字进之，大同人，户工部令史出身，曾为渔阳簿，迁绛州录事，谓知识者曰："我本小人，受国家官禄，今日国家遭不幸，我不能从反贼。"言讫赴水死，岸上数百人皆嗟惜之。

及徒单百家郑西之败，单骑间道数百里入京，为上言兀典等铁岭败状。于是籍重喜、合闰、兀典家赀，暴兀典为罪首，榜通衢云。

石盏女鲁欢，本名十六。兴定三年，以河南路统军使为元帅右都监，行平凉元帅府事。先是，陕西行省胥鼎言："平凉控制西垂，实为要地。都监女奚烈古里间材识凡庸，不闲军务，且以入粟补官，遂得升用，握重兵，当方面，岂能服众。防秋在迩，宜选才谋、有宿望、善将兵者代之。"故以命女鲁欢。

十一月，女鲁欢上言："镇戎赤沟川，东西四十里，地无险阻，当夏人往来之冲，比屡侵突，金兵常不得利。明年春，当城镇戎，彼必出兵来挠。乞于二三月间，征傍郡兵声言防护，且令鄜、巩各屯兵境上示进伐之势，以掣其肘。臣领平凉之众由镇戎而入，攻其心腹。彼自救之不暇，安能及我，如此则镇戎可城，而彼亦不敢来犯。又所在官军多河北、山西失业之人，其家属仰给县官，每患不足。镇戎土壤肥沃，又且平衍，臣裨将所统几八千人，每以迁徙不常为病。若授以荒田，使耕且战，则可以御备一方，县官省费而食亦足矣。其余边郡亦宜一体措置。"上嘉纳焉。迁昌武军节度使。

元光二年九月，又言："商洛重地，西控秦陕，东接河南，军务繁密，宜选才干之士为防御使、摄帅职以镇之。又旧来诸隘守御之官，并从帅府辟置，其所辟者多其亲昵，殖产营私，专事渔猎，及当代去，又复保留，此最害之甚者。宜令枢府选举，以革其弊。又州之戍兵艰于馈运，亦合依上屯田，以免转输之费。"又言："每年防秋，诸隘守者不过数十人，余众尽屯保安、石门、大荆、洛南以为应援，中间相距远至百里,仓猝岂能征集。宜近隘筑营,徒见兵居之,以待缓急。又南边所设巡检十员,兵率千人,此乃平时以诘奸细者,已有大军,宜悉罢去。"朝廷略施行之。

正大九年二月,以行枢密院事守归德。乙丑,大元将忒木觯率真定、信安、大名、东平、益都诸军来攻。是日,无云而雷,有以《神武秘略》占之者,曰"其城无害",人心稍安。适庆山奴溃军亦至,城中得之,颇有斗志。己巳,提控张定夜出斫营,发数炮而还,定平日好谈兵,女鲁欢令自募一军,使为提控,小试而胜,上下遂恃以为可用。初患炮少,欲以泥或砖为之,议者恐为敌所轻,不复用。父老有言北门之西一菜圃中时得古炮,云是唐张巡所埋,掘之得五千有奇,上有刻字或"大吉"字者。大兵昼夜攻城,驻营于南城外,其地势稍高。相传是安禄山将尹子奇于此攻巡、远,得睢阳。时经历冀禹锡及官属王璧、李琦、傅瑜极力守御,城得不拔。

方大兵围城,议决凤池大桥水以护城,都水官言,去岁河决敖游堌时,曾以水平量之,其地与城中龙兴塔平,果决此口则无城矣。及大兵至,不得已遣招抚陈贵往决之,才出门为游骑所钞,无一返者。三月壬午朔,攻城不能下,大军中有献决河之策者,主将从之。河即决,水从西北而下,至城西南,入故滩水道,城反以水为固。求献策者欲杀之,而不知所在。四月,以女鲁欢为总帅,佩金虎符。罢司农司,以其官蒲察世达为集庆军节度使、行六部侍郎。温特罕道僧归德府同知,李无党府判。五月,围城稍缓,颇迁民出城就食。

十二月,哀宗次黄陵冈,遣奉职术甲搭失不、奉职权奉御粘合斜烈来归德征粮。女鲁欢遣侍郎世达,治中王元庆权郎中,仪封从宜完颜胡土权元帅,护送载粮千五百石。是月晦二更发船。二年正月,达蒲城东二十里。六军给粮尽,因留船不听归,且命张布为幄,上遂用此舟以济。

及上来归德,随驾军往往出城就粮,时城中止有马用一军近七百人。用,山西人,与李辛同乡里,尝为辛军弹压,在归德权果毅都尉,车驾至,授以帅职。此军外复有官奴忠孝军四百五十人,河北溃军至者皆纵遣之,故城中惟此两军。上时召用计事,而不及官奴,故官奴有异心。朝廷知两人不协,恐生变。二月戊辰,朝制旨令宰相锡宴省中,和解之。是夜,用撒备,官奴以兵乘之为乱。明日,攻用军,用败走被杀,众下城投水夺船而去者斯须而尽。

官奴在双门,驱知府女鲁欢至,言汝自车驾到府,上供不给,好酱亦不与,汝罪何辞。遂以一马载之,令军士拥至其家,检其家杂酱凡二十瓮,且出所有金具,然后杀之。即提兵入见,言"石盏女鲁欢等反,臣杀之矣。"上不得已,就赦其罪,且暴女鲁欢之恶。后其侄大安入蔡,上言求湔雪,上复其官,语在《乌古论镐传》。

禾速嘉兀底代女鲁欢为总帅,军变,官奴无意害兀底,使二卒召之,道官奴有善意,兀底喜,各以金十星与之,同见官奴。二卒复恐受金事泄,亦杀之。

初,河北溃军至归德,粮饷不给。朝廷命孛术鲁阿海行总帅府事,以亲军武卫皆隶之。往宿州就食,军士有不愿者,谇语道中,朝廷闻之,使问其故。或言愿入京或陈州,阿海请从其愿,以券给之,军心稍定。既而令求谇语者,阿海得四人,斩之国子监前,由是诸军汹汹。二月庚子夜,劫府民武邦杰及蒲察咬住等凡九家。一军遂散。数日,遂有官奴之变。

蒲察官奴,少尝为北兵所虏,往来河朔。后以奸事系燕城狱,劫走夏津,杀回纥使者得鞍马资货,即自拔归。朝廷以其种人,特恩收充忠孝军万户。此军月给甚优,官奴日与群不逞博,为有司所劾。事闻,以其新自河朔来,未知法禁,诏勿问。

移剌蒲阿攻平阳,官奴请行,论功第一,迁本军提控,佩金符。三峰山之败,走襄阳,说宋制使以取邓州自效,制使信之,至兴同燕饮。已而,知汴城罢攻,复谋北归。遣移剌留哥入邓,说邓帅粘合,称欲劫南军为北归计。留哥以情告粘合,官奴继以骑卒十余人入城议事,粘合欲就瓮城中擒之。官奴知事泄,即驰还,见制使得骑兵五百,掠邓之边面小城,获牛羊数百,宋人不疑。官奴掩宋军得马三百,至邓州城下,移书粘合辨理屈直,留马于邓而去。乃缚忠孝军提控姬旺,诈为唐州太守,械送北行,随营帐取供给,因得入汴。有言其出入南北军、行数千里而不慑,其智略有可取者,宰相以为然,乃使权副都尉。未几,提军数百驰入北军猎骑中,生挟一回纥而还。遂巡黄陵、八谷等处,劫牛羊粮资甚众,寻转正都尉。又以军至黄陵,几获镇州大将,于是中外皆以为可用,遂拜为元帅,统马军。

天兴元年十二月,从哀宗北渡。上次黄陵冈,平章白撒率诸将战,官奴之功居多。及渡河朔,惟官奴一军号令明肃,秋毫无犯。明年正月,上至归德。知府石盏女鲁欢以军众食寡,惧不能给,请于上,令河北溃军至者就粮于徐、宿、陈三州,亲卫军亦遣出城就食,上不得已从之。乃召谕官奴曰:“女鲁欢尽散卫兵,卿当小心。”

是时,惟官奴忠孝军四百五十人,马用军七百人,留府中。用本果毅都尉,上至归德始升为元帅,又尝召之谋事,而不及官奴,故官奴始有图用之志。是时,大元将忒木觯守归德。官奴既总兵柄,私与国用安谋,欲邀上幸海州。及近侍局直长阿勒根兀惹使用安回,附奏帖,谓海州可就山东豪杰以图恢复,且已具舟楫,可通辽东。上览奏不从。又尝请上北渡,再图恢复,女鲁欢沮之,自是有异心矣。且一军倚外兵肆为剽掠,官奴不之禁。于是,左丞李蹊、左右司郎中张天纲、近侍局副使李大节俱为上言官奴有反状。上窃忧之,以马军总领纥石烈阿里合、内族习显阴察其动静,与朝臣言及,则曰:“我从官奴微贱中起为大帅,何负而反耶。卿等勿过虑。”阿里合、习显知官奴渐不能制,反泄上意。上亦惧官奴、马用相图,因以为乱,命宰执置酒和解之。用撒备。俄官奴乘隙率其军攻用,用军败走。官奴乱杀军民,以卒五十人守行宫,劫朝官皆聚于都水毛花辇宅,以兵监焉。驱参知事石盏女鲁欢至其家,悉出所有金具,然后杀之。乃遣都尉马实被甲持刃劫直长把奴申于上前,上初握剑,见实,掷剑于地曰:“为我言于元帅,我左右止有此人,且留侍我。”实不敢迫,逡巡而退。凡杀朝官左丞李蹊已下三百余人,军将、禁卫、民庶死者三千。郎中完颜胡鲁剌、都事冀禹锡赴水死。

禹锡字京甫,龙山人。至宁元年进士,仕历州郡有能声。归德受兵,禹锡为行院都事,经画守御一府倚重。闻变,或劝以微服免,不从,见害。

是日薄暮,官奴提兵入见,言:"石盏女鲁欢等反,臣杀之矣。"上不得已,赦其罪,以为枢密副使、权参知政事。

初,官奴之母,自河北军溃,北兵得之。至是,上乃命官奴因其母以计请和,故官奴密与忒木䚟议和事,令阿里合往言,欲劫上以降。忒木䚟信之,还其母,因定和计。官奴乃日往来讲议,或乘舟中流会饮。其遣来使者二十余辈,皆女直、契丹人,上密令官奴以金银牌与之,勿令还营。因知王家寺大将所在,故官奴画斫营之策。

先是,忠孝军都统张姓者,谓官奴决欲劫上北降,遂率本军百五十人围官奴之第,数之曰:"汝欲献主上,我辈皆大朝不赦者,使安归乎。"官奴惧,乃以其母出质,云:"汝等若以吾母自北中来,疑我与北有谋,即杀之,我不恨。"张意稍解,即以好语与之约曰:"果如参政所言,今后勿复言讲和,北使至即当杀之。"官奴曰:"杀亦可,不杀亦可,奏而杀之亦可。"张乃退。官奴即聚军北草场,自言无反情,今勿复相疑也。遂画斫营之策。

五月五日,祭天,军中阴备火枪战具,率忠孝军四百五十人,自南门登舟,由东而北,夜杀外堤逻卒,遂至王家寺。上御北门,系舟待之,虑不胜则入徐州则通。四更接战,忠孝初小却。再进,官奴以小船分军五七十出栅外,腹背攻之。持火枪突入,北军不能支,即大溃,溺水死者凡三千五百余人,尽焚其栅而还。遂真拜官奴参知政事、兼左副元帅,仍以御马赐之。

枪制,以敕黄纸十六重为筒,长二尺许,实以柳炭、铁滓、磁末、硫黄、砒霜之属,以绳系枪端。军士各悬小铁罐藏火,临阵烧之,焰出枪前丈余,药尽而筒不损。盖汴京被攻已尝得用,今复用之。

兵既退,官奴入亳州,留习显总其军。上御照碧堂,无一人敢奏对者,日悲泣云:"自古无不亡之国、不死之君,但恨我不知用人,故为此奴所囚耳。"于是,内局令宋乞奴与奏御吾古孙爱实、纳兰㪍答、女奚烈完出密谋诛官奴。或言,官奴密令兀惹计构国用安,胁上传位,恢复山东。事不成则献上于宋,自赎反复之罪。

官奴以己未往亳州。辛酉,召之还,不至。再召,乃以六月己卯还。上谕以幸蔡事,官奴愤而出,至于扼腕顿足,意趣叵测。上决意欲诛之,遂与内侍宋乞奴处置,令裴满抄合召宰相议事,完出伏照碧堂门间。官奴进见,上呼参正,官奴即应。完出从后刺其肋,上亦拔剑斫之。官奴中创投阶下以走,完出叱忔答、爱实追杀之。

忠孝军闻难皆擐甲,完出请上亲抚慰之。名呼李泰和,授以虎符,使往劳军,因召范陈僧、王山儿、白进、阿里合。进先至,杀之堂下。阿里合中路觉其事,悔发之晚,为乱箭所射而死。乞奴、爱实、忔答皆授节度使、世袭千户,完出兼殿前右卫将军,范陈僧、王山儿忠孝军元帅。于是,上御双门,赦忠孝军以安反侧。除崔立不赦外,其余常所不原者咸赦之。

初,官奴解睢阳之围,侍从官属久苦饥窘,闻蔡州城池坚固、兵众粮广,咸劝上南幸。惟官奴以尝从点检内族斜烈过蔡,知其备御不及睢阳,力争以为不可,故号于众曰:“敢言南迁者斩。”众以官奴为无君,讽上早为计,会其变,遂以计诛之。后遣乌古论蒲鲜如蔡,还言其城池兵粮果不足恃,上已在道,无事奈何。及蔡受兵,始悔不用官奴之言,特诏尚省月给其母妻粮,俾无失所。

习显既党官奴,一日率忠孝军劫官库金四千两。上命归德治中温特罕道僧、帅府经历把奴申鞫问,显伏罪下狱。官奴变,显脱走,杀总领完颜长乐于宫门,杀道僧、奴申于其家,遂奔亳。及官奴伏诛,诏点检阿勒根阿失答即亳州斩显及忠孝军首领数人。兀惹使用安未还,伺于中路,数其罪杀之。

内族庆山奴名承立,字献甫,统军使拐山之子,平章白撒之从弟也。为人仪观甚伟,而内惟怯无所有。至宁初,宣宗自彰德赴阙,庆山奴迎见于台城。宣宗喜,遣先还中都观变。宣宗既即位,以承立为西京副留守,权近侍局直长,进官五阶,赐钱五千贯,且诏曰:

"汝虽授此职，姑留侍朕，遇阙赴之，仍给汝副留守禄。此朕特恩，宜知悉也。"贞祐初，迁武卫军副都指挥使，兼提点近侍局。胡沙虎专权僭窃，尝为宣宗言之，后胡沙虎伏诛，庆山奴愈见宠幸，以为殿前右副都点检。三年，大元兵围中都，诏以庆山奴为宣差便宜都提控，率所募兵往援。俄为元帅右都监，行帅府事，兼前职。

四年，知庆阳府事，兼庆原路兵马都总管，以所获马驼进，诏谕曰："此皆军士所得，即以与之可也。朕安用哉，后勿复进。"因令遍谕诸道帅府焉。

兴定元年正月，大元兵及夏人回经宁州，庆山奴以兵邀击败之，以功进元帅左都监、兼保大军节度使，行帅府事于鄜州。二年五月，夏人率步骑三千由葭州入寇，庆山奴以兵逆之，战于马吉峰，杀百余人，斩酋首二级，生擒数十人，获马三十余疋。三年四月，夏人据通秦寨，庆山奴遣提控纳合买住讨之。夏人以步骑二万逆战，买住击败之，夏人由葭芦川遁去，凡斩首八百级。俄而，复攻寨据之，庆山奴率兵与战，斩首五千级，复其寨。诏赐庆山奴金带一，将士赏赉有差。四年四月，破夏兵于宥州，斩首千余级，遂围神堆府。庆山奴四面攻之，士卒方登埤，援兵大至，复击走之。

正大四年，李全据楚州，诏以庆山奴为元帅，同总帅完颜讹可将兵守盱眙，且令城守勿出战。已而，全军盱眙界，二帅迎敌大败，死者万余人，委弃资仗甚众。时军无见粮，转输不继，民疲奔命，愁叹盈路。诸相不肯正言，枢密判官白华拜章气斩之谢天下，不报。降为定国军节度使，又以受略夺一官。

八年正月，凤翔破，两行省徙京兆居民于河南，令庆山奴以行省守之。时京兆行省止有病卒八百，瘦马二百，承立惧不能守，屡上奏请还。每奏一帖，附其兄白撒一书，令为地，朝廷不许。十月，庆山奴弃京兆还朝，留同知乾州军州事，保义军提控苟琪守之。

庆山奴行至阌乡，哀宗遣近侍裴满七斤授以黄陵冈从宜，不听入见。未几，代徒单兀典行省于徐州。九年正月，自徐引兵入援，选精锐一万五千，与徐帅完颜兀论统之，将趋归德。义胜军总领候进、杜政、张兴等率所部三千人降大兵。庆山奴留睢州三日不敢进,闻大兵且至,惧此州不可守,退保归德。二月,行次扬驿店,遇小乃駙军,遂溃。兀论战死,庆山奴马踬被擒,惟元帅郭恩、都尉乌林答阿督率之三百余人走归德。

大兵以一马载庆山奴,拥迫而行,道中见真定史帅,承立问曰:"君为谁?""史帅言"我真定五路史万户也。"承立曰:"是天泽乎?"曰:"然。"曰:"吾国已残破,公其以生灵为念。"及见大帅忒木駙,诱之使招京城,不从,又偃蹇不屈,左右以刀斫其足折,亦不降,即杀亡。议者以承立累败不能解其军职,死有余责,而能以死报国,亦足称云。

初,睢州刺史张文寿闻大兵将至,迁旁县居民入城,大聚刍粟,然无固守意,日夜谋走以自便。既而,闻承立入援,即以州事付其僚佐,托以应援徐兵,夜启关契家走归德,庆山奴以为行部郎中,死杨驿。俄大兵围睢州,以无主将,故残破之甚也。

兀论,丞相赛不之侄,元光间例以诸帅为总领,兀论以丞相故独不罢。金朝防近族而用疏属,故白撒、承立、兀论辈皆腹心倚之。

赞曰:官奴素行反侧,倏南倏北,若龙断然。哀宗一旦倚为腹心,终为所制,照碧之处何异幽囚,其事与梁武、侯景大同而小异。徒单兀典、庆山奴为将皆贪,宜数取败。女鲁欢无大失行,而死于官奴,哀宗犹暴其罪,冤哉。

金史卷一一七
列传第五五

徒单益都　粘哥荆山　王宾
国用安　时青

徒单益都，不详其履历，尝累官为延安总管。正大九年正月，行省事于徐州。时庆山奴撒东方之备入援，未至睢州，徐、邳义胜军总领侯进、杜政、张兴率本军降大兵于永州。辛丑，大兵守徐张盆渡。益都到官才三日，惧兵少不能守，即令移剌长寿率甲士千人迎大兵。长寿军无纪律，大兵掩之，一军皆覆，徐危甚。益都籍州人及运粮埽兵得万人。乙巳，大兵傅城，烧南关而去。侯进既降北，即以为京东行省，进遂请千人来袭。二月庚申未明，大兵坎南城而上，守者皆散走，城中大呼曰："大兵入南门矣。"益都闻之不及甲，率州署夜直兵三百，由黄楼而南，力战御敌。乱定，迁赏有差。

由是，军势稍振，复夺张盆渡，取萧县，破白塔，战于土山，救被俘老幼五千还徐。既而，侯进亡命驻灵璧，杜政、张兴亦虑为北所害，穷窘自归。益都抚而纳之，兴留徐，杜政还邳州。

益都资禀仁厚，持大体，二子两侄为军将，颇侵渔军民。青州人王祐为埽兵总领，将兵千七百人，益都常倚之，虽有过亦不责。以故祐亦横恣，与河间张祚、下邑令李闻、义胜都统封仙、遥授永州刺史成进忠辈，乘军政废驰，城中空虚，以六月丁巳夜烧草场作乱。时张兴卧病，祐恐事不成，起兴与同行。益都疑左右皆叛，挈妻子缒城而出，就从宜众僧奴及东面总领刘安国军。张兴推祐为都元帅，复惧祐图已，遂诛祐，并张祚杀之，因大掠城中。壬戌，国用安以行山东路尚书省事率兵至徐，张兴率甲士迎之。用安轻骑而入，执兴与其党十余人，斩之于市，遂以封仙为元帅，兼节度使，主徐州。

益都窘无所归，乃奔宿州，节度使纥石烈阿虎以益都为人所逐不纳，乃与诸将驻于城南。时宿之镇防军有逃还者，阿虎以为叛归亦不纳。城中镇防千户高腊哥，结小吏郭仲安，谋就徐州将士内外相应以取宿，因归杨妙真。甲戌夜半，开门纳徐州总领王德全及妻弟高元哥军。刘安国寻亦入城，缚阿虎父子杀之。州中请益都主帅府事，益都不从曰："吾国家旧人，为将帅亦久，以资性疏迂不能周防，遂失重镇。今大事已去，方逃罪不暇，岂有改易鬐发、夺人城池、以降外方乎。"即日，率官吏而行，至谷熟东，遇大兵，不屈而死。

徐州既归海州，邳帅兀林答某亦让印于杜政，遂送款于用安。已而，宿州王德全、刘安国亦送款海州。惟益都不改鬐发，以至于死云。

粘哥荆山，不知其所始，正大中，累官亳州节度使。九年正月己丑，游骑自邓至亳，钞鹿邑，营于卫真西北五十里。鹿邑令高昂霄知太康已降，即夜趋亳，道出卫真，呼县令楚珩约同行。珩知势不支，即明谕县人以避迁之意，遂同走亳。丁未，二邑皆降。是日，军至亳州城下。州止有单州兵四百人，号"镇安军"，提控杨春、邢某、都统戴兴屯已六年。荆山悉籍城中丁壮为军，修守具，而大兵亦不暇攻。四月，拥降民而北，城门闭，不之知也。

五月，纵迁民收麦，老幼得出，丁壮悉留之。民往往不肯留而遁，数日，城为之空。荆山遣将领各诣所属招之，并将领亦不返。"镇安"者皆红袄余党，力尽来归，变诈反履，朝廷终以盗贼待之。荆山以迁民为军，盖防之也。及召外兵不至，乃请于归德，得甲骑百余，两总领统之。既至"镇安"疑其谋已，乃乘将士新到不设备，至夜，掩杀殆尽。荆山出走卫真，楚珩与之马而去，州中豪贵悉被剽略。

刘坚者,初为大兵守城父,亳州复擒之,囚之于狱。杨春谋欲北降,乃出之,使为宣差。乙巳,大兵石总管入州,改州为顺天府,春为总管,戴兴为同知,刘顺治中,留党项军千人戍之。属县皆下,惟城父令李用宜不降,其妻子在亳,春以为质,竟不屈而死。春既据州,与刘坚坐楼上,召副提控邢某。邢刚直循理,将士严惮之,时卧病,闻春乱,流涕不自禁。春遣人舁致之,邢指春大骂,春惭恶无言。春欲杀荆山家,邢力劝止之,且令给道路费送之出城,邢寻病卒。

二年夏四月,北省㪍木犓攻归德,春以戴兴提精卒以往,独与疲弱者守城,州人王宾遂反正,春渡河北遁。既而,崔七斤为乱,杀王宾,朝廷不得已,以七斤为节度使,就其兵仗入蔡。八月,刘顺攻亳州,破之,七斤为城父令所杀。未几,单州军以州人杀其家属,召大兵来攻,不能拔,杀属县民而去。既渡河,知亳人不疑,复来攻,州竟为春所破。是年六月,宋人来攻,春出降,刘坚北走。

刘均者林虑人,时为亳州观察判官。春既逐荆山,纳款大兵,胁均同降。均佯应之,归其家取朝服服之,顾谓妻子曰:"我起身刀笔,仰荷上知,始列朝著,又佐大藩,死亦足矣。今头颅已如此,假使有十年寿,何以见先帝于地下乎。"即仰药而死。

王宾字德卿,亳州人。贞祐二年进士。外若旷达,而深有谋画。初调兰陵主簿,辟虹县令,寻入为尚书省令史,坐事罢归乡里。

天兴元年正月,亳州军变,节度使粘哥荆山出走,杨春以州出降。既而,自以羸兵守之。宾与前谯县尉王进、魏节亨、吕钧约城中军民复其州,杨春遂遁,遣节亨诣归德以闻。哀宗嘉之,授进节度使,宾同知节度使,节亨节度副使,钧观察判官。杨春复以兵来攻,月余不能拔,即渡河而北。

六月,哀宗迁蔡,宾奉迎于州北之高安,上与语大悦,恨用之晚,擢为行部尚书、世袭谋克。上初至亳,宾等适征民丁负铁甲入蔡,及会计忠孝军家属口粮,故留参知政事张天纲董之,就迁有功将士。时亳之粮储不广,宾等常吝惜,军士以此归怨。及运甲之役,复不欲行。会天纲与宾等于一楼上铨次立功等第,镇防军崔复哥、王六十之徒摌甲哗噪登楼,天纲问曰:"即欲见杀,容我望阙拜辞。"贼曰:"无预相公。"即拽宾乃吕钧往市中。钧且行且跪,涕泪俱下。宾岸然不惧,大叫曰:"不过杀我。但杀,但杀。"乃并害之。节度副使魏节亨、节度判官孙良、观察副使孙九住皆被害。又数日,杀节度使王进。

进尝应荆山之募,由间道入汴京纳奏,赏以物不受,又散家所有济贫民,以死自励。至汴,以劳迁本州节度判官,赐以白金,亦不受,一时甚称之。

有李喜住者,本宿州众僧奴下宣差。天兴二年四月,进粮入归德,将还,闻亳州王进反正,制旨以喜住为振武都尉,将兵三千应援。是时,太赤围亳步骑十万,喜住以众寡不敌,独与三人间道入城,王进方议迁左军林,喜住不可,进即以兵付喜住。大兵攻八日不能下,五月壬子,兵退。

己未,官奴与阿里合提忠孝军百人至亳,与诸将议迁可否。以为不可,当留辎重于蔡,选军扈从入圣朵就武仙军,遂入关中。关中地利可恃,又有郭虾蟆等军在西可恃。五月甲子,召官奴还归德,不赴,再召,留其军半于亳乃赴。

六月壬辰,车驾舟行至亳,王进奏:"臣本军伍,不知治体,如李喜住扈从入蔡,则亳不守矣。乞留治此州。"诏以喜住为集庆军节度使,便宜从事,进领帅职。七月,进死。喜住先往城父督粮饷,闻乱遂不敢入亳,后投宋。

论曰:金季之乱,军士欲代其偏裨,偏裨欲代其主将,即群起而偾之,无复忌惮。益都、荆山皆忠亮之士,宾、进才略尤足取焉,而并不免于难,惜哉。

　　国用安先名安用,本名咬儿,淄州人。红袄贼杨安儿、李全余党也。尝归顺大元,为都元帅、行山东路尚书省事。

　　天兴元年六月,徐州埽兵总领王祐、义胜军都统封仙、总领张兴等夜烧草场作乱,逐元帅徒单益都。安用率兵入徐,执张兴与其党十余人斩之,以封仙为元帅兼节度使,主徐州。宿州镇防军千户高腊哥与东面总帅刘安国构徐州总帅王德全,杀宿帅纥石烈阿虎,以其州归海州。邳州从宜兀林答某亦让州于杜政,送款海州。既而,皆归安用。

　　北大将阿术钱闻安用据徐、宿、邳,大怒曰:"此三州我当攻取,安用何人,辄受降。"遣信安、张进等率兵入徐,欲图安用,夺其军。安用惧,谋于德全,劫杀张进及海州元帅田福等数百人,与杨妙真绝,乃还邳州。会山东诸将及徐、宿、邳主帅,刑马结盟,誓归金朝。既盟,诸将皆散去,安用无所归,遂同德会、安国托从宜众僧奴自通于朝廷。众僧奴遣人上奏:"安用以数州反正,功甚大。且其兵力强盛,材略可称。国家果欲倚用,非极品重权不足以坚其许国之心。"未报。安用率兵万人攻海州,未至,众稍散去。安国因劝安用当赤心归国,安用亦自知反复失计,事已无可奈何,于是复金朝衣冠。妙真怒其叛已,又惧为所图,悉屠安用家走益都。安用遂选兵分将,期必得妙真,自此淮海之上无宁岁矣。

　　未几,朝廷遣近侍局直长因世英、都事高天祐持手诏至邳,以安用为开府仪同三司、平章政事、兼都元帅、京东山东等路行尚书省事,特封兖王,赐号"英烈戡难保节忠臣",锡姓完颜,附属籍,改名用安,赐金镀银印、驼纽金印、金虎符、世袭千户宣命、敕样、牌样、御画体宣、空头河朔山东赦文,便宜从事,且以彭王妃诰委用安招妙真。用安始闻使者至,犹豫未决,以总领杨懋迎使者入。监于州廨,问所从来。世英对以封建事,意颇顺。诸帅王杜辈皆不欲宣言,欲杀使者。明日,用安乃出见使者,跪揖如等夷,坐定,语世英曰:"予向随大兵攻汴,尝于开阳门下与侯挚议内外夹击。此时大兵病死者众，十七头项皆在京城，若从吾计出军，中兴久矣。朝廷乃无一人敢决者，今日悔将何及。"言竟而起。既而选人取朝廷赐物遍观之，喜见颜色。复与使者私议，欲不以朝礼受之，世英等不可，即设宴拜授如仪，以主事常谨等随使者奉表入谢。

上复遣世英、天祐赐以铁券一、虎符六、龙文衣一、玉鱼带一、弓矢二、封赠其父母妻诰命，及郡王宣、世袭宣、大信牌、玉兔鹘带各十，听同盟可赐者赐之。使者至邳，用安迎受如礼，始有入援意。及闻上将迁蔡州，乃遣人以蜡书言迁蔡有六不可，大率以谓："归德环城皆水，卒难攻击，蔡无此险，一也。归德虽乏粮储，而鱼芡可以取足，蔡若受围，廪食有限，二也、大兵所以去归德者，非畏我也，纵之出而蹑其后，舍其难而就其易者攻焉，三也。蔡去宋境不百里，万一资敌兵粮，祸不可解，四也。归德不保，水道东行犹可以去，蔡若不守，去将安之，五也。时方暑雨，千里泥淖，圣体丰泽，不便鞍马，仓卒遇敌，非臣子所敢言，六也。虽然，陛下必欲去归德，莫如权幸山东。山东富庶甲天下，臣略有其地，东连沂、海、西接徐、邳，南扼肝、楚，北控淄、齐。若銮舆少停，臣仰赖威灵，河朔之地可传檄而定。惟陛下审察。"上以其言示宰臣。宰臣奏用安反复，本无匡辅志，此必参议张介等议之，业已迁蔡，议遂寝。

初，世英等过徐，王德全、刘安国说之曰："朝廷恩命岂宜出自用安，郡王宣吾二人最当得者，乞就留之。"世英乃留郡王宣、世袭宣、玉带各二。由是与用安有隙，又惧为所图，皆不听其节制。十郡王者，李明德、封仙、张瑀、张友、卓翼、唐琮、杜政、吴歪头、王德全、刘安国也。用安必欲取山东，累征徐、宿兵，止以勤王为辞，二帅不应。用安怒，令杜政等率兵三千，以取粮为名，袭徐、宿。既入城，德全觉之，就留杜政、封仙不遣。用安愈怒，谓德全、安国必有谋，乃执桃园帅吴某等八九人下狱鞫问。二帅遣温特罕张哥以杜政、封仙欲袭取徐州白用安，不听，驱吴帅、张哥辈九人并斩之。张哥将死大呼曰："国咬儿，汝无尺寸功，受国家大封爵。何负于汝，而从杜政等变乱，又杀无罪之人。今虽死，当与汝辨于地下矣。"

会上遣臧国昌以密诏征兵东方，故用安假朝命声言入援，檄刘安国为前锋，亲率兵三千驻徐州城下招德全。德全终疑见图，不出，系封仙于狱，杀之，遣杜政出城。安国既至宿州，用安复召安国还，安国不从，独与众僧奴赴援。行及临涣龙山寺，用安使人劫杀之，遂攻徐州，逾三月不能下，退归涟水。于是，因世英以用安终不赴援，乃还朝，至宿州西遇大兵，不屈而死，事闻，赠汝州防御使。

既而，用安军食不给，乞粮于宋，宋阳许之，即改从宋衣，而私与朝使相亲。寻益乏食，军民多亡去，乃命萧均以严刑禁亡者，血流满道。大元东平万户查剌将兵至涟水，遂降焉。查剌既渡河，趋蔡州，用安以诡计还涟水，复叛归于宋，受浙东总管、忠州团练使，隶淮阃，甲午正月，闻大兵围沛，用安投往救之，败走徐州。会移兵攻徐，用安投水死，求得其尸。剐面系马尾，为怨家田福一军脔食而尽。

用安形状短小无须，喜与轻薄子游，日击鞠衢市间，顾眄自矜，无将帅大体。

介字介甫，平州人，正大元年经义进士第一，时为用安参议。

初，天祐等出汴，微服间行，经北军营幕，至通许崔桥始有义军招抚司官府，去京师二百里矣。至陈州，防御使粘葛奴申始立州事。留二日，至项城，县令朱珍立县事，有士卒千二百人。至泰和县，县令王义立县已五月矣。八月，至宿州，众僧奴得报，且知朝廷授以权宿州节度使、兼元帅左都监之命，具彩舆仪卫出城五里奉迎。时东方不知朝庭音问已八月矣，官民见使者至，且拜且哭。有张显者任侠尚气知义理，即谓天祐曰："东方不知朝廷音问已数月，今见使者，百姓皆感动。若不以圣旨抚慰之，恐失东民之心。我欲矫称制旨宣谕，如何。"天祐书生守规矩，不敢从，但以宰相旨集州民慰抚之，州民复大哭。明日，往徐州。

时青，滕阳人。初与叔父全俱为红袄贼，及杨安儿、刘二祖败，承赦来降,隶军中。兴定初,青为济州义军万户。是时,叔父全为行枢密院经历官。兴定二年冬,全驰驿过东平,青来见,因告全将叛入宋,全秘之。顷之,青率其众入于宋。宋人置之淮南,屯龟山,有众数万。

兴定四年,泗州行元帅府纥石烈牙吾塔遣人招之,青以书来。书曰:"青本滕阳良民,遭时乱离,扶老携幼避地草莽。官吏不明此心,目以叛逆,无所逃死,窜匿淮海。离亲旧、去乡邑,岂人情之所乐哉。仆虽偷生寄食他国,首丘之念未尝一日忘之。如朝廷赦青之罪,乞假邳州以屯老幼。当袭取盱眙,尽定淮南,以赎往昔之过。"牙吾塔复书曰:"公等初亦无罪,诚能为国建功,全军来归,即吾人也。邳州吾城,以吾人居之亦何不可。《易》曰:'君子见几而作,不俟终日。'公其亟图之。生还父母之邦,富贵终身,传芳后世,与其羁縻异域,目以兵虏,孰愈哉。"牙吾塔奏其事。十月,诏加青银青荣禄大夫,封滕阳公,仍为本处兵马总领元帅、兼宣抚使。青潜表陈谢,复以邳州为请。枢密院奏:"恐青意止欲得邳州。可谕牙吾塔,若青诚实来归,即当授之。如审其诈,可使人入宋境宣布往来之言,及所授官爵,亦行间之术也。"青既不得邳州,复为宋守。

兴定五年正月二十五日夜,青袭破泗州西城,提控王禄遇害。是时,时全为同签枢密院事,朝廷不知青袭破西城,止称宋人而已。诏全往督泗州兵取西城。全至泗州,获红袄贼一人,诏问之,乃知青为宋京东钤辖,袭破西城。全颇喜,乃杀其人以灭口。牙吾塔昼夜力战,募死士以梯冲逼城,青缒兵出拒不得前。牙吾塔遣提控王应孙穴城东北隅,青夜出兵来袭,击却之。越二日,复出又却之。攻城益急,青以舟兵二千合城中兵来犯牙吾塔营,提控斡鲁朵先知,设伏掩击,青兵大败,溺淮水死者千人,自是不复出矣。王应孙穴城将及城中,青隧地然薪逼出之。青乘城指麾,流矢中其目,余众往往被创,楼堞相继摧坏,城中汹惧,遂无固志。二月二十六日夜,青拔众走,遂复西城。

元光元年二月,全与元帅左监军讹可,节制三路军马伐宋。诏曰：“卿等重任，毋致不和以贻丧败。其资粮可取，规取失宜不能得之，罪在讹可。既已得之，不能运致以为我用，罪在全。”全与讹可由颍、寿进渡淮，败宋人于高塘市，攻固始县，破宋庐州将焦思忠兵。无何，获生口言，时青受宋诏与全兵相拒，全匿其事。

五月，兵还，距淮二十里，诸军将渡，全矫称密诏“诸军且留收淮南麦”，遂下令人获麦三石以给军。众惑之，讹可及诸将佐劝之不听，军留三日。讹可谓全曰：“今淮水浅狭，可以速济。时方暑雨，若值暴涨，宋乘其后，将不得完归矣。”全力拒之。从宜达阿、移失不、斜烈、李辛稍稍不平，全怒曰：“讹可一帅耳，汝曹党之。汝曹致身至此，皆吾之力。吾院官也，于汝无不可者。”众乃不敢言。是夜，大雨。明日，淮水暴涨，乃为桥渡军。宋兵袭之，军遂败绩。桥坏，全以轻舟先济，士卒皆覆没。宣宗乃下诏诛之，遣官招集溃军，诏曰：“大军渡淮，每立功效。诸将谬误，部曲散亡，流离忧苦，朕甚闵焉。各归旧营，勉图自效。”又诏曰：“阵亡把军品官子孙，十五以上者依品官子孙例随局承应，十五以下、十岁以上者依品从随局给俸，至成人本局差使。无子孙官，依例给俸。应赠官、赙钱、军人家口当养赡者，并如旧制。”

赞曰：金自章宗季年，宋韩侂胄构难，招诱邻境亡命以挠中原，事竟无成。而青、徐、淮海之郊民心一摇，岁遇饥馑，盗贼蜂起，相为长雄，又自屠灭，害及无辜，十余年访靡沸未息。宣宗不思靖难，复为伐宋之举，迄金之亡，其祸尤甚。简书所载国用安、时青等遗事，至今仁人君子读之犹蹙頞终日。当时烝黎，如鱼在釜，其何以自存乎。兵，凶器也。金以兵得国，亦以兵失国，可不慎哉，可不慎哉。

金史卷一一八
列传第五六

苗道润　王福　移刺众家奴
武仙　张甫　靖安民
郭文振　胡天作　张开
燕宁

　　苗道润,贞祐初,为河北义军队长。宣宗迁汴,河北土人往往团结为兵,或为群盗。道润有勇略、敢战斗,能得众心。比战有功,略定城邑,遣人诣南京求官封。宰相难其事,宣宗召河南转运使王扩问曰:"卿有智虑,为朕决道润事。今即以其众使为将,肯终为我尽力乎?"扩对曰:"兼制天下者以天下为度。道润得众,有功因而封之,使自为守,羁縻使之,策之上也。今不许,彼负其众,何所不可为。"宣宗顾谓宰执曰:"王扩之言,实契朕心。"于是,除道润宣武将军、同知顺天军节度使事。贞祐四年,复以功迁怀远大将军、同知中山府事。再阅月,复战有功,迁骠骑上将军、中都路经略使、兼知中山府事。顷之,加中都留守、兼经略使。道润前后抚定五十余城。
　　兴定元年,诏道润恢复中都,以山东兵益之。道润奏:"去年十一月,臣遣总领张子明招降蠡州独吉七斤。近日,河北东路兵马都总管移刺铁哥移军蠡州,袭破子明军,杀数百人,子明亦被创。臣将提兵问罪,重以铁哥自拔来归,但备之而已。今欲复取都城,乞无罪

铁哥，直令受臣节制，庶可集事。”宣宗以问宰相，奏曰：“道润、铁哥
不协，不可相统属。”诏以完颜寓行元帅府事，督道润复中都，和辑
铁哥军。

初，道润与顺天军节度使李琛不相能，两军士兵因之相攻，琛
遣兵攻满城、完州，道润军拒战，杀琛兄荣及弟明等。琛奏：“潞州提
控乌林答吾典承道润风指，日谋侵害。山东行省数谕道润与臣通
和，竟不见从，且杀臣兄荣、弟明等，恣横如此，将为后患。”又奏：
“乞令河北州府官不相统摄，并听帅府节制。仍遣官增减诸路兵力，
使权均势敌无相并吞，则百姓安农亩矣。”道润奏李琛以众叛，陷满
城，攻完州。琛亦奏道润叛。廷议以为两人失和，故至于此，令山东
行省枢密院谕琛：“行省在彼，自当俱听节制，何待帅府。士兵本以
义团结，且耕且战。今乃聚之城寨，遂相并吞。百姓不安，皆由官长
无所忌惮使之然也。严为约束，依时树艺，无致生事。”有诏道润与
移刺铁哥合兵抚定河北，令诸道兵互相应援。

既而，道润与贾全、贾瑀互相攻击，诏道润、贾全、王福、武仙、
贾瑀分画各路元帅府控制之，彭德卫辉招抚司隶枢密院。贾瑀既与
道润相攻，已而诈为约和，道润信之，遂伏兵刺杀道润。朝廷不能
问，一军彷徨无所依，提控靖安民乞权隶潞州行元帅府，听其节制。
时兴定二年也。

右丞侯挚乞以保、蠡、完三州隶真定，而蠡州旧受移刺众家奴
节制，一旦改隶真定，恐因而交争。靖安民等愿隶潞州，乃令河北行
省审处之。经略副使张柔奏：“贾瑀攻易州寨，杀刺史马信及其裨
校，夺所佩金符而去。”顷之，张柔攻贾瑀杀之。道润既死，靖安民代
领其众，是后乃封建矣。

初，贞祐四年，右司谏术甲直敦乞封建河朔，诏尚书省议，事寝
不行。兴定三年，以太原不守，河北州县不能自立，诏百官议所以为
长久之利者。翰林学士承旨徒单镐等十有六人以谓“制兵有三，一
曰战，二曰和，三曰守。今欲战则兵力不足，欲和则彼不肯从，唯有

守耳。河朔州郡既残毁，不可一概守之，宜取愿就迁徙者屯于河南、陕西，其不愿者许自推其长，保聚险阻。"刑部侍郎奥屯胡撒合三人曰："河北于河南有辅车之势，蒲、解于陕西有襟喉之要，尽徙其民，是撤其藩篱也。宜令诸郡，选才干众所推服、能纠众迁徙者，愿之河南或晋安、河中及诸险隘，量给之食，授以旷土，尽力耕稼。置侨治之官，以抚循之。择其壮者，教之战阵。敕晋安、河中守臣橄石、岚、汾、霍之兵，以谋恢复，莫大之便。"兵部尚书乌林答与等二十一人曰："河朔诸州，亲民掌兵之职，择土人尝居官、有材略者授之，急则走险，无事则耕种。"宣徽使移剌光祖等三人曰："度太原之势，虽暂失之，顷亦可复。当募土人威望服众者，假以方面重权。能克复一道，即以本道总管授之。能捍州郡，即以长佐授之。必能各保一方，使百姓复业。"提点尚食局石抹穆请以高爵募民，大概同光祖议。宰臣欲置公府，宣宗意未决，御史中丞完颜伯嘉曰："宋人以虚名致李全，遂有山东实地。苟能统众守土，虽三公亦何惜焉"宣宗曰："他日事定，公府无乃多乎。"伯嘉曰："若事定，以三公就节镇何不可者。"宣宗意乃决。

　　四年二月，封沧州经略使王福为沧海公，河间路招抚使移剌众家奴为河间公，真定经略使武仙为恒山公，中都东路经略使张甫为高阳公，中都西路经略使靖安民为易水公，辽州从宜郭文振为晋阳公，平阳招抚使胡天作为平阳公，昭义军节度使完颜开为上党公，山东安抚副使燕宁为东莒公。九公皆兼宣抚使，阶银青荣禄大夫，赐号"宣力忠臣"，总帅本路兵马，署置官吏，征敛赋税，赏罚号令得以便宜行之。仍赐诏曰："乃者边防不守，河朔失宁，卿等自总戎昭，备殚忠力，若能自效，朕复何忧。宜膺茅土之封，复赐忠臣之号。除已画定所管州县外，如能收复邻近州县者，亦听管属。"

　　王福，本河北义军，积战功累迁同知横海军节度使事、沧州经略副使。

　　兴定元年，福遣提控张聚、王进复滨、棣二州，以聚摄棣州防御史,进摄滨州刺史。久之,福与聚有隙,聚以棣州附于益都张林。

兴定三年九月,福上言:"沧州东滨沧海,西连真定,北备大兵,可谓要地。乞选重臣为经略使,得便宜从事,以镇抚军民。"朝廷以福初率义兵复沧州,招集残民,今有众万余,器甲完具,自雄一方。与益都张林、棣州张聚皆为邻境。今利津已不守,辽东道路艰阻,且其意本欲自为使,但托词耳。因而授之,使招集滨、棣之人,通辽东音问。今若不许,宋人或以大军迫胁,或以官爵招之,将贻后悔。宣宗以为然,乃以福为本州经略使,仍令自择副使。会福有战功,迁遥授同知东平府事、权元帅右都监,经略节度如故。兴定四年,封为沧海公,以清、沧、观州,盐山、无棣、乐陵、东光、宁津、吴桥、将陵、阜城、蓨县隶焉。

四月,红祆贼李二太尉寇乐陵,棣州张聚来攻,福皆击却之。李二复寇盐山,经略副使张文与战,李二大败,擒其统制二人,斩首二千级,获马三十匹。七月,宋人与红祆贼入河北,福婴城固守。益都张林、棣州张聚日来攻掠,沧州危蹙,福将南奔,为众所止,遂纳款于张林。东平元帅府请讨福,乞益河南步卒七千、骑兵五百,滑、浚、卫州资助刍粮,先定赏格以待有功。朝廷以防秋在近,河南兵不可往,东平兵少不能独成功,待至来年春,使东平帅府与高阳公并力讨之,乃止。

移剌众家奴,积战功,累官河间路招抚使,遥授开州刺史,权元帅右都监,赐姓完颜氏。兴定四年,与张甫俱封。众家奴封河间公,以献、蠡、安、深州、河间、肃宁、安平、武强、饶阳、六家庄、郎山寨隶焉。

兴定末,所部州县皆不可守。元光元年,移屯信安,本张甫境内。张甫因奏:"信安本臣北境,地当冲要,乞权改为府以重之。"诏改信安为镇安府。是岁,与甫合兵,复取河间府及安、蠡、献三州,与张甫皆迁金紫光禄大夫。二年,众家奴及张甫同保镇安,各当一面,别遣总领提领孙汝楫、杨寿、提控袁德、李成分保外垣,遂全镇安。

未几，众家奴奏："镇安距迎乐堈海口二百余里，实辽东往来之冲。高阳公甫有海船在镇安西北，可募人直抵辽东，以通中外之意。若赏不重不足以使人，今拟应募者特迁忠显校尉、授八品职，仍赏宝泉五千贯。如官职已至忠显八品以上者，迁两官、升职一等，回日再迁两官，升职二等。"诏从之。

武仙，威州人。或曰尝为道士，时人以此呼之。贞祐二年，仙率乡兵保威州西山，附者日众，诏仙权威州刺史。兴定元年，破石海于真定，宣差招抚使惟宏请加官赏，真授威州刺史，兼真定府治中，权知真定府事。迁洺州防御使、兼同知真定府事，遥授河平军节度使。兴定四年，迁知真定府事，兼经略使，遥领中京留守，权元帅右都监。无何，封恒山公，以中山、真定府，沃、冀、威、镇宁、平定州，抱犊寨，栾城、南宫县隶焉。同时九府，财富兵强恒山最盛。

是岁，归顺于大元，副史天倪治真定。仙兄贵为安国军节度使，史天祥击之，贵亦归顺于大元。仙与史天倪俱治真定且六年，积不相能，惧天倪图已，尝欲南走。宣宗闻之，诏枢密院牒招之，仙得牒大喜，正大二年，仙贼杀史天倪，复以真定来降。大元大将笑乃觯讨仙，仙走。阅月，乘夜复入真定，笑乃觯复击之，仙乃奔汴京。

五年，召见，哀宗使枢密判官白华导其礼仪，复封为恒山公，置府卫州。七年，仙围上党，已而大兵至，仙遁归。未几，卫州被围，内外不通。诏平章政事合达、枢密副使蒲阿救之，徙仙兵屯胡岭关，扼金州路。

八年十一月，大元兵涉襄汉，合达、蒲阿驻邓州，仙由荆子口会邓州军。天兴元年正月丁酉，合达、蒲阿败绩于三峰山，仙从四十余骑走密县，趋御寨，都尉乌林答胡土不纳，几为追骑所得。乃舍骑，步登嵩山绝顶清凉寺，谓登封兰若寨招抚使霍琢僧秀曰："我岂敢入汴京。一旦有急，缚我献大国矣。"遂走南阳留山，收溃军得十万人，屯留山及威远寨。立官府，聚粮食，修器仗，兵势稍振。

三月，汴京被围，哀宗以仙为参知政事、枢密副使、河南行省，诏与邓州行省思烈合兵入救。八月,至密县东,遇大元大将速不觯兵过之,仙即按军眉山店,报思烈曰:"阻涧结营待仙至俱进,不然败矣。"思烈急欲至汴,不听,行至京水,大兵乘之,不战而溃。仙亦令其军散走,期会留山。仙至留山,溃军至者益众。哀宗罢思烈为中京留守,诏仙曰:"思烈不知兵,向使从卿阻涧之策,岂有败哉。军务一以付卿,日夕以待,戮力一心以图后举。"十一月,遣刑部主事乌古论忽鲁召仙,仙不欲行,乃上疏陈利害,请缓三月,生死入援。

初,思烈至邓州,承制授宣差总领黄掴三合五朵山一带行元帅府事、兼行六部尚书。及仙还留山,恶三合权盛,改为征行元帅,屯比阳。三合怨仙夺其权,乃归顺于大元,大将速不觯署三合守裕州,三合乃诈以书约仙取裕州,可以得志,仙信之。三合乃报大元大将,遣兵夹击,败仙于柳河,仙跳走圣朵寨。

初,沈丘尉曹政承制召兵西山,裕州防御使李天祥不用命,政斩之以徇。仙至圣朵,谓政曰:"何故擅诛吾将?"政曰:"天祥违诏逗遛不行,政用便宜斩之。"仙怒曰:"今日宣差来起军,明日宣差来起军,因此军卒战亡殆尽矣。自今选甚人来亦不听,且教儿郎辈山中休息。"又曰:"天祥果有罪,待我来处置,汝何人辄敢杀之。"政曰:"参政柳河失利、不知存亡,天祥违诏,何为不杀。"仙大怒,叱左右夺政所佩银牌,令总领杨全械系之。会赦,犹囚之,及仙败始得释,与杨全俱降宋。

是时,哀宗走归德,遣翰林修撰魏璠间道召仙。行至裕州,会仙败于柳河,璠矫诏招集溃军以待仙,仙疑璠图已。二年正月,仙阅兵,选锋尚十万,璠曰:"主上且夕西首望公,公不宜久留于此。"仙怒,几杀璠。璠及忽鲁剌还归德,仙乃奏请诛璠,哀宗不听,以璠为归德元帅府经历官。璠字邦彦,浑源人,贞祐二年进士云。

仙部将董祐有战功,诏赐虎符,仙畏其逼已,久不与佩。祐憾之,乃结官奴欲杀仙,犹豫未敢发。近侍局使完颜四和有谋敢断,尝征兵邓州,御牧使移剌呆合有异志,四和以计诛之。祐使谓四和曰:"仙终不肯入援,祐等位卑,力不能诛,惟君为国家图之。"四和曰:

"已杀呆合,复杀武仙,他日使者来,人谁肯信。"不从。仙知祐尝有此谋,使祐使河北,其后竟杀之。

三月,仙以圣朵军食不足,徙军邓州,仰给于邓州总帅移剌瑗,邓州仓廪亦乏,乃分军新野、顺阳、淅川就食民家,遣讲议官朱概、刘琢往襄阳,借粮于宋制置使史嵩之。琢、概持两端,畏留,乃以情告史嵩之曰:"仙兵势不复振矣。"且曰:"名为借粮,实欲纳款,待将军一诺耳。"嵩之以为实然,遣田俊持书报仙。四月,仙遣大理少卿张伯直取粮于襄阳,屯军小江口以待之。嵩之闻张伯直至大喜,谓仙送款矣,发书乃谢状也,大怒,留伯直不遣。

仙自顺阳入邓州,移剌瑗畏逼,以女女仙,仙不疑纳之,乃还顺阳。郑州粮尽,瑗终疑仙。五月,瑗举城降宋。嵩之益知仙军虚实,使孟珙率兵五千袭仙军于顺阳。是时,仙令士卒刈麦供军,未至二里许始觉,仙率帐下百余人迎击之,孟珙不敢前。俄顷,军士稍集,有五六百人,大败珙兵。珙与数百人脱走,生擒其统制、统领数十人,获马千余。至是,概、琢妄谓将纳款于嵩之之语泄矣,仙皆诛之。

移剌瑗本名粘合,字廷玉。世袭契丹猛安,累功邓州便宜总帅。既至襄阳,使更姓名,称归正人刘介,具将校礼谒制置使。瑗大悔恨,明年三月,疽发背死。

孟珙虽败而去,仙惧宋兵复来,七月,徙淅川之石穴。是时,哀宗在蔡州,遣近侍兀颜责仙赴难,诏曰:"朕平日未尝负卿,国家危难至此,忍拥兵自恃,坐待灭亡邪。"将士闻之,相视哽咽,皆愿赴难与国同生死。仙惧众心有变,乃杀马牛,与将士三千人歃血盟誓,不负国家,众乃大喜。

无何,仙复谓众曰:"蔡州道梗,吾兵食少,恐不能到。且蔡不可坚守,纵到亦无益。近遣人觇视宋金州,百姓据山为栅极险固,广袤百里,积粮约三百万石。今与汝曹共图之,可不劳而下,留老弱守此寨以为根本,然后选劲勇趋蔡,迎上西幸未晚也。"众未及应,即令戒行李。取淅川溯流而上,山路险阻,霖雨旬日水湍悍,老幼溺死者不可胜数,粮食绝,军士亡者八九。

仙计无所出，八月，乃由荆子口东还，自内乡将入圣朵寨，至峡石左右八叠秋林，闻总领杨全已降宋，留秋林十日乃迁大和。九月，至黑谷泊，进退失据，遂谋北走，行部尚书卢芝、侍郎石玠不从。

芝字庭瑞，河东人，任子补官，以西安军节度使行尚书。玠字子坚，河中人，崇庆二年进士，以汝州防御使行侍郎。二人相与谋曰："吾等知仙不恤国家久矣。谏之不从，去之未可，事至今日，正欠蔡州一死耳，假若不得到蔡州，死于道中犹胜死于仙也。"既去，仙始觉，追玠杀之。芝走至南阳，为土贼所害。

甲午，蔡州破。粮且尽，将士大怨，皆散去。仙无所归，乃从十八人北渡河，又亡五人。五月，趋泽州，为泽之戍兵所杀。

张甫，赐姓完颜氏。初归顺大元。涿州刺史李痂驴招之，兴定元年正月，甫与张进俱来降。东平行省蒙古纲承制除甫中都路经略使，进经略副使。二年，苗道润死，河北行省侯挚承制以李痂驴权道润中都路经略使，甫与张柔为副。顷之，苗道润之众请以靖安民代道润。是时，张柔、安民实分掌道润部众，朝廷乃以痂驴为中都东路经略使，自雄、霸以东皆隶之。

甫，进与永定军节度使贾全不协，以兵相攻，夺据全地，取全马以遗经略使李痂驴，痂驴受之。朝廷怪痂驴不能和辑州府，乃有向背，召痂驴别与官职。诏东平蒙古纲讲睦甫与贾全。纲遣同知安武军王郁、博野令高常住往平之，辄留痂驴不遣，因奏曰："张甫本受痂驴招降，情意厚善，今遣郁先与痂驴议所以平之者然后可。况甫等不识礼义之人，痂驴就征则皆自疑，恐生他变，故不避专擅之罪。"诏从纲奏。未几，贾全复以兵捕甫部民，杀甫参议官邢玤，甫率兵攻之。贾全败走，遂自缢死。甫请符印以安辑部众，诏与之。

无何，李痂驴归顺大元。甫为中都东路经略使、遥授同知彰德府事、权元帅右都监。三年，张进为中都南路经略使。甫奏："真定兵冲，乞遣重臣与恒山公武仙并力守之。"不报。及真定不守，甫复奏："权元帅右都监柴茂保冀州水寨，孤立无援，若不益兵，非臣之所知也。"

四年,甫封高阳公,以雄、莫、霸州,高阳、信安、文安、大城、保定、静海、宝坻、武清、安次县隶焉。元光元年,移剌众家奴不能守河间,甫居之信安。是岁,以功进金紫光禄大夫,始赐姓完颜。二年二月,张进亦迁元帅左监军,赐姓完颜。

靖安民,德兴府永兴县人。贞祐初,充义军,历谋克、千户、总领、万户、都统,皆隶苗道润麾下。以功遥授安定县令,迁涿州刺史,遥授顺天军节度使,充提控。光定元年,遥授安武军节度使。

兴定二年,迁知德兴府事、中都路总领招抚使。是岁,苗道润死,安民代领其众,行省承制以涿州刺史李瘸驴权中都路经略使。三年,诏瘸驴自雄、霸以东为中都东路经略使,自易州以西安民为中都西路经略使,西山义军屯垒诸招抚皆隶焉。

四年,遥授知德兴府事,权元帅左监军,行中都西路元帅府事。三月,安民上书曰:"苗道润抚定州县五十余城,其功甚大。西京路经略使刘铎嫉其功,反间贾瑀、李琛与道润不协,转相攻伐,竟以阴谋杀道润。铎令所部刘智元等掠镇抚孙资孙、招抚杨德胜家人二十余口,锢之山寨。若铎常居此,恐致败事。"刘铎亦遣副使刘璋诣南京自诉,且言:"安民侵入飞狐之境,冒滥封拜,诱惑人心,强抑总领冯通等输银粟。索飞狐总领王彦晖,弹压刘智元、杜贵,欲充偏裨。彦晖等拒之,辄杀贵而杖智元,竟驱彦晖而去。"又言:"经略职卑,以致从宜李柏山等日谋见害,乞许罢去。"廷议,刘铎本行招诱逋亡,今乃与安民互相论列以起争端。苗道润死,安民实代领其众,彦晖等军本隶道润,当听安民节制。乃召铎还。顷之,封易水公,以涿、易、安肃、保州、君氏川、季鹿、三保河、北江、矾山寨、青白口、朝天寨、水谷、欢谷、东安寨隶焉。十月,安民出兵至矾山,复取檐车寨。

大元兵围安民所居山寨,守寨提控马豹等以安民妻子及老弱出降,安民军中闻之骇乱,众议欲降以保妻子,安民及经历官郝端不肯从,遂遇害。诏赠金紫光禄大夫。

　　郭文振字拯之，太原人。承安二年进士。累官辽州刺史。贞祐四年，昭义节度使必兰阿鲁带请升辽州为节镇，廷议辽州城郭人户不称节镇，而文振有功当迁，乃以本官充宣差从宜都提控。兴定元年，诏文振接应苗道润，恢复中都，会道润与贾全相攻而止。

　　文振治辽州，深得众心。兴定三年，迁遥授中都副留守，权元帅左都监，行河东北路元帅府事，刺史、从宜如故。文振招降太原东山二百余村，迁老幼于山寨，得壮士七千，分驻营栅，防护秋获。文振奏："若秋高无兵，直取太原，河东可复。"优诏许之。十月，权元帅右都监、行元帅府事，与张开合坚、台州兵复取太原。四年，诏升乐平县为皋州，寿阳县西张寨为晋州，从文振之请也。

　　文振上疏曰："扬子云有言，'御得其道则天下狙诈咸作使，御失其道则天下狙诈咸作敌。'有天下者审所御而已。河朔自用兵之后，郡邑萧然，并无官长，武夫悍卒因缘而起以为得志，僭越名位，瓜分角竞以相侵攘，虽有内除之官亦不得领其职，所为不法，可胜言哉？乞行帅府擅请便宜，妄自夸张以尊大其权，包藏之心盖可知也。朝廷因而抚之，假权传授，至与各路帅府力侔势均，不相统属。陕西行省总为节制，相去辽远，道路梗塞，卒难闻知。故飞扬跋扈无所畏惮，邻道相望莫敢谁何。自平阳城破以来，河北不置行省，朝廷信臣不复往来布扬声教，但令曳剌行报而已。所司劳以酒食，悦以货财，借其声誉共欺朝廷。奸幸既行，遂至骄恣，变故之生何所不有，此臣所以夙夜痛心而为之忧惧也。乞分遣公廉之官遍诣访察，庶知所在利害之实。伏见泽、潞等处刍粮犹广，人民犹众，地多险阻，乞选重臣复置行省，皆听节制，上下相维可臂指使之，则国势日重，奸恶不萌矣。"是时，泽、潞已诏张开规划，不能尽用文振之言，但令南京兵马使术甲赛也行帅府于怀、孟而已。是岁，封晋阳公，河东北路皆隶焉。

　　文振奏："孟州每以豪猾不逞之人摄行州事，朝廷重于更代，就令主之。去年，伯德和摄刺史，提控伯德安杀之，夺其职。河东行省以陈景瑄代安，安内不能平，因诬告景瑄死罪，朝廷未及按问，安辄逐之。耻受臣节制，宣言于众，待道路稍通当隶恒山公节制。今真定已不守，安犹向慕不已。臣征兵诸郡，安辄诡辞不遣。臣若兴师，是自生一敌，非国家之便也。闻安有女，臣辄违律令为侄孙述娶之，安遂见许。臣非愿与安为姻，为公家计，屑就之耳。自结亲以来，安颇循率以从王事，法不当娶而辄娶之，敢以此罪为请。"宣宗嘉其意，遣近臣慰谕之。

文振复奏："武仙所统境土甚大，虽与林州元帅府共招抚之，乞更选本土州县官，重其职任，同与安集，可使还定。"宣宗用其策。

五年，文振奏："臣所统岚、管、隩、石、宁化、保德诸州，境土阔远，不能周知利害，恐误军国大计。伏见葭州刺史古里甲蒲察智勇过人，深悉河东事势，乞令行元帅府事，或为本路兵马都总管，与臣分治。"诏文振就择可者处之便地，仍受文振节制。

上党公张开以厚赏诱文振将士，颇有亡归者。诏分辽、潞粟赈太原饥民，张开不与。文振奏其事，诏遣使慰谕之。文振复申前请，以葭州刺史古里甲蒲察分治岚、管以西诸州，制可，仍令防秋后再度其宜。文振请分上党粟以赡太原，诏文振与张开计度。顷之，诏以石州隶晋阳公府。

元光元年，林州行元帅府惟良得罪召还，文振奏："近闻惟良召还，臣窃以为不可。惟良在林州五岁，政尚宽厚，大得民心，今兹被召，军民遮路泣留。其去未几，羲尖之众作乱，逐招抚使康瑭。乞遣惟良还林州为便。"不许。

文振上书："乞遣前平章政事胥鼎行省河北，诸公府、帅府并听节制，诏谕百姓使知不忘遗黎之意，然后以河南、陕西精税并力恢复。"不报。文振复奏："河朔百姓引领南望，臣再四请于枢府，但以会合府兵为言。公府虽号分封，力实单弱，且不相统摄，所在被兵。朝廷不即遣兵复河北，人心将以为举河朔而弃之，甚非计也。"文振大抵欲起胥鼎为行省，定河北，朝廷不能用。

二年,诏文振应援史咏复河东。是岁,辽州不能守,徙其军于孟州,以部将郝安等为文振副,护沿山诸寨,文振辞公府,诏不许。顷之,文振部将汾州招抚使王遇与孟州防御使纳兰谋古鲁不相能,复徙卫州,然亦不可以为军,迄正大间,寓于卫而已。

胡天作字景山,管州人。初以乡兵守御本州,累功少中大夫、管州刺史。兴定二年,遥授同知太原府事,刺史如故。是岁,平阳失守,改同知平阳府事。

三年,复取平阳,天作言:"汾、潞皆置帅府,平阳大镇,今稍完复,所管州县不下十万户,复业者相继不绝,其过汾、潞达甚,宜一体置之。"是时,晋安、岚州皆有帅府,乃以天作充便宜诏抚使、权元帅左都监。四年,封平阳公,以平阳、晋安府,隰、吉州隶焉。天作请以晋安府之翼城县为翼州,以垣曲、绛县隶焉。置平水县于汾河之西,朝廷皆从之。

初,轩成本隶程琢麾下,琢死,成率众保隰州,以为同知隰州军州事、兼提控军马。成增缮器甲,招纳亡命,颇有他志。是时,隰州方用兵,未可制,天作请增置要害州县,以分其势。隰州之境蒲县最居其冲,可改为州,隰川之仵城镇可改为县,选官守备。诏升蒲县为蒲州,以大宁县隶之,仵城镇为仵城县。天作守平阳凡四年,屡有功,诏录其子定哥为奉职。

元光元年十月,青龙堡危急,诏遣古里甲石伦会张开、郭文振兵救之,次弹平寨东三十里,不得进。知府事术虎忽失来、总领提控王和各以兵归顺,临城索其妻子,兵民皆溃,执天作出。天作已归顺,诏诛忽失来子之南京者,命天作子定哥承应如故。天作已受大元官爵,佩虎符,招抚怀、孟之民,定哥闻之乃自经死,赠信武将军、同知睢州军州事。诏张开、郭文振招天作,天作至济源欲脱走,先遣人奏表南京,大元大将恶其反覆,遂诛之。

天作死后,宣宗以同知平阳府事史咏权行平阳公府事,后封平阳公。平阳初破,咏父祚、母萧氏藏于窟室,索出之,使祚招咏,祚乃自缢死，萧氏逃归。咏妻梗氏亦自死。宣宗赠祚荣禄大夫、京兆郡公，谥成忠。萧氏封京兆郡太夫人，赐号归义。梗氏赠京兆郡夫人，谥义烈。未几，咏乞内徙，徙其军于解州河中府。

　　张开赐姓完颜氏，景州人。至宁末，河北兵起，开团结乡兵为固守，累功遥授同知清州防御事，兼同知观州事。

　　贞祐四年，开率所部复取河间府及沧、献二州十有三县。开有宣抚司留付空名宣敕二百道，奏乞从权署置，就任所复州县旧官，阙者补之。诏迁同知观州军州事。开复清州，乞输盐易粮，诏与之粮。迁观州刺史、权本州经略使。至是，始赐姓完颜氏。开奏乞许便宜，及论淇门、安阳、黎阳皆作堰塞水，河运不通，乞开发水道，不报。观州粮尽，是岁秋，徙军辉州，乞麦种三千石、驴骡三百或宝券二百贯，户部不与。御史台奏："开自观州转战来此，久著劳绩，欲令其军耕种以自给，有司计小费拒不与。乞断自宸衷，与之麦种，若无牛可与，给以宝券。"制可。

　　是岁。潼关不守，被召入卫南京。兴定元年，遥授泽州刺史。二年，遥授同知彰德府、兼总领提控。三年，充潞州招抚使。林州元帅府徙潞人实林州，既复遣还。开乞隶晋安元帅府，或与林州并置元帅府，各自为治。十月，开以权昭义军节度使、遥授孟州防御使、权元帅左都监、行元帅府事，与郭文振共复太原。四年，封上党公，以泽、潞、沁州隶焉。五年，诏复以涉县为崇州，从开请也。

　　元光元年，复取高平县及泽州。二年，大战壶关，有功。既而潞州危急，开奏："封建公府以固屏翰，今胡天作出平阳，郭文振南徙河东，公府独臣与史咏而已。乞升泽、沁二州为节镇，以重守御。"诏以泽为忠昌军，沁为义胜军。林州羲尖寨众乱，逐招抚使康瑭，推杜仙为招抚使，开请以卢芝瑞为副，代领其众。又奏："比闻郭文振就食怀、孟，史咏徙解州，高伦迁葛伯寨，各自保守，民安所仰哉？臣领孤军，内无储峙，外无应援，臣不敢避失守之罪，恐益重朝廷之忧。"

　　正大间，潞州不守，开居南京，部曲离散，名为旧公，与匹夫无异。天兴初，起复，与刘益为西面元帅，领安平都尉纪纲军五千攻卫州，败绩于白公庙。是时，哀宗走归德，开与刘益谋收溃兵从卫，不果，遂与承裔西走，皆为民家所杀。

初置公府，开与恒山公武仙最强。后驻兵马武山，遣人间道请粮二万石，用事者难之，止给二千石。公府将佐得报皆不敢白，开闻，置酒召诸将曰："朝廷待某特厚，今日与诸君一醉。"诸将问故，曰："顷以粮竭为请，祈二万而得二千，是吾君相不以武仙辈待我也。"是时，郭文振处开西北，当兵之冲，民贫地瘠，开又不奉命以粮振文振军。文振穷窘，开势愈孤，以至于败。

燕宁，初为莒州提控，守天胜寨，与益都田琢、东平蒙古纲相依为辅车之势，山东虽残破，犹倚三人为重。红袄贼五公喜据注子堌，率众袭据沂州。宁击走之，遂复沂州，语在《田琢传》。宁既屡破红袄贼，招降胡七、胡八，引为腹心，贼中闻之多有欲降者，累官遥授同知安化军节度使事、山东安抚副使。兴定四年，封东莒公，益都府路皆隶焉。

五年，与蒙古纲、王庭玉保全东平，以功迁金紫光禄大夫。还天胜，战死。蒙古纲奏："宁克尽忠孝，虽位居上公，祖考未有封爵，身没之后老稚无所衣食，乞降异恩以励节义之士。"诏赠故祖皋银青荣禄大夫，祖母张氏范阳郡夫人，父希迁金紫光禄大夫，母彭氏、继母许氏、妻霍氏皆为范阳郡夫人，族属五十二人皆廪给之。

自益都张林逐田琢，继而宁死，蒙古纲势孤，徙军邳州，山东不复能守矣。

赞曰：苗道润死，中分其地，靖安民有其西之半，中分以东者其后张甫有之，然无北境矣。大凡九公封建，《宣宗实录》所载如此。他书载沧海公张进、河间公移剌中哥、易水公张进、晋阳公郭栋，此必正大间继封，如史咏继胡天作者，然不可考矣。

金史卷一一九
列传第五七

粘葛奴申　完颜娄室三人
乌古论镐　张天纲
完颜仲德

　　粘葛奴申,由任子入官,或曰策论进士。天兴初,倅开封府,以严干称。其年五月,擢为陈州防御使。时兵戈抢攘,道路不通,奴申受命,毅然策孤骑由间道以往。陈自兵兴,军民皆避迁他郡,奴申为之择官吏,明号令,完城郭,立庐舍,实仓廪,备器械。未几,聚流亡数十万口,米一斛直白金四两,市肆喧哄如汴之阛阓,京城危困之民望而归者不绝,遂指以为东南生路。

　　明年,哀宗走归德,改陈州为金兴军,驰使褒谕,以奴申为节度使。俄拜参知政事,行尚书省于陈。于是,奴申立五都尉以将其兵,建威来猪粪、虎威蒲察合达、振武李顺儿、振威王义、果毅完颜某,凡招抚司至者皆使隶都尉司。

　　是时,交战无虚日,州所屯军十万有余。奴申与官属谋曰:“大兵日至,而吾州粮有尽,奈何。”乃减军所给,月一斛五斗者作一斛,又作八斗,又作六斗。将领则不给。人心稍怨。故李顺儿、崔都尉因而有异志,刘提控及完颜不如哥提控者预焉。

　　奴申知其谋,常以兵自防,及闻大元兵往朱仙镇市易,奴申遣五都尉军各二百人,以李顺儿、副都尉崔某将之,袭项城寨。令孙镇抚者召顺儿议兵事,孙至其家,顺儿已擐甲,孙欲观其刀,顺儿拔示之,孙色动,即出门奔去。顺儿追杀之,乃上马,引兵二百人入省,说军士曰:"行省克减军粮,汝辈欲饱食则从我,不欲则从行省。"于是,省中军士皆坐不起。奴申闻变走后堂,追杀之。提控刘某加害,解其虎符以与顺儿,并杀其子侄胥及乡人王都尉。顺儿令五都尉军皆甲,守街曲。自称行省,署元帅,都尉。以刘提控语不顺,斩之坐中。明日,遂遣克石烈正之送款于汴。崔立乃遣其弟倚就加顺儿淮阳军节度使,行省如故。

未几,虎威都尉蒲察合达与高元帅者尽杀顺儿之徒,举城走蔡州。大兵觉,追及孙家林,老幼数十万少有脱者。

初,奴申闻崔立之变,遣人探其事情,而顺儿、崔都尉亦密令人结构崔立,适与奴申所遣者同往同还。顺儿惧其谋泄,故发之益速。奴申亦知其谋,故遣袭项城,欲因其行袭杀之,然已为所先。

刘天起者起于匹夫,初甚庸鄙。汴京戒严,尝上书以干君相,愿暂假一职以自效。每言战国兵法,平章白撒等信之,令景德寺监造革车三千两。天兴元年,授都招抚使,佩金符。召见,乞往陈州运粮,上从之,一时皆窃笑其侥幸。及至陈,行军殊有方略,每出战数有功,陈人甚倚重之。顺儿之变,天起偃蹇不从,为所杀。同时一唐括招抚者亦不屈而死。

完颜娄室三人,皆内族也,时以其名同,故各以长幼别之。

正大八年,庆山奴弃京兆,适鹰扬都尉大娄室运军器至白鹿原,遇大兵与战,兵刃既尽,以绦系掉金牌,力战而死。

九年正月,大兵至襄城,元帅中娄室、小娄室以马军三千遇之于汝坟。时大兵以三四十骑入襄城,驱驿马而出,又入东营,杀一千夫长,金人始觉之。两娄室以正旦饮将校,皆醉不能军,遂败,退走许州。会中使召入京师。天兴二年正月,河朔军溃,哀宗走归德,中娄室为北面总帅,小娄室左翼元帅,收溃卒及将军夹谷九十奔蔡州。蔡帅乌古论栲栳知其跋扈不纳,遂走息州,息帅石抹九住纳之。

时白华以上命送虎符于九住为息州行帅府事。九住出近侍,好自标致,驺从盈路。三人者妒之,各以招集勤王军士为名,得五六百人,州以甲仗给之。久之,渐生猜贰,九住亦招负贩牙侩数百人为"虎子军",夜则摄甲为备。一日,九住使一万户巡城,三帅执而驱之,使大呼云"勿学我欲开西门反",即斩之。乃召九住,九住欲不往,惧州人及祸,乃从三百卒以往。三帅令甲士守街曲,九住从者过,处处执之。九住独入,三帅问汝何为欲反,九住曰:"我何缘反。"三帅怒,欲杀者久之,小娄室意稍解,颇为救护得不杀,使人锁之。以夹谷九十为帅,兼权息州。

蔡帅栲栳闻九住为三帅所诬,上奏辨之,三帅亦捃摭九住之过上闻。朝廷主栲栳之辨,且不直三帅。六月,赦至蔡,栲栳惧九住为三帅所诛,遣二卒驰送诏书于息,乃得免。及上将幸蔡,密召中娄室引兵来迓,娄室迟疑久之,乃率所招卒奉迎。七月,上遣近侍局使入息州括马,即召九住。九住至,与中娄室辨于上前。时中娄室已授同签枢密院事,上不欲使之终讼,乃罢九住帅职,授户部郎中,以乌古论忽鲁为息州刺史。

时有土豪刘秃儿、马安抚者自蔡朝还,以军储不给叛入宋,州之北关为所焚毁。是时,城中军无几,日有叛去者,且觇知宋人有窥息之意,息帅惧,上奏请益兵为备。朝廷以参知政事抹捻兀典行省事于息州,中娄室以同签枢密院事为总帅,小娄以副点检为元帅,王进为弹压帅,夹谷九十为都尉,以忠孝马军二百,步军五百属之,行省、院于息。将行,上谕之曰:"北兵所以常取金胜者,恃北方之马力,就中国之技巧耳。我实难与之敌,至于宋人,何足道哉。朕得甲士三千,纵横江、淮间有余力矣。卿等勉之。"

八月壬辰,行省遣人奏中渡店之楚。初,兀典等赴息,既至之夜,潜遣忠孝军百余骑袭宋营于中渡。我军皆北语,又散漫似之,宋人望之骇愕奔溃,斩获甚众。复奏元帅张闰不尊约束,失亡军士,乞正典刑。娄室表闰无罪,上遣人赦之,比至,已死狱中。盖闰为娄室腹心,九住之狱皆闰发之,兀典廉得其事,因其失律而诛之也。九月,以忽鲁退缩,不能抚御,民多叛去,夺其职,以夹谷九乂权息州事。

十一月,宋人以军二万来攻。城中食尽,乃和籴,既而括之,每石止留一斗,并括金帛衣物,城中皆无聊矣。前两月,蔡州以军护老幼万口来就食,北兵觉之,追及于二十里之外,至息者才十余人。至是,蔡问不通。行省及诸帅日以歌酒为事,声乐不绝。下及军士强娶寡妇幼女,绝灭人理,无所不至。

三年甲午正月,蔡凶问至,诸帅杀之以灭口,然民间亦颇有知者。初,诸帅欲北降,而递相猜忌,无敢先发者。数日,蔡信哄然,诸帅屏人聚议,皆言送款南中为便。时李裕为睦亲府同金桓端国信使下经历官,乃使送款于宋。遂发丧设祭,谥哀宗曰昭宗。州民奉行省为领省,丞相、总帅、左平章皆娶妇。十三日,举城南迁,宋人焚州楼橹。州人老幼渡淮南行,入罗山,委曲之信阳。北兵见火起,追及之,无有免者,且诛索行省已下官属于宋。宋人令官属入城,托以犒赏,从万户以上六七百人皆杀之,军中亦有夺命死敌者。宋人谕诸军,行省已下有罪已处置,汝等就迷魂寨安屯,遂以军防之。既而与北军接,南军敛避,一军悉为所杀。

乌古论镐本名栲栳,东北路招讨司人。由护卫起身,累官庆阳总管。

天兴初,迁蔡、息、陈、颍等州便宜总帅。二年,哀宗在归德,蒲察官奴、国用安欲上幸海州,未决。会镐馈米四百余斛至归德,且请幸蔡,上意遂决。先遣直学士乌古论蒲鲜如蔡,告蔡人以临幸之意。六月,征蔡、息军马来迓,以蔡重镇,且虑有不测,诏镐勿远迎。

辛卯,车驾发归德,时久雨,朝士扈从者徒行泥水中,掇青枣为粮,数日足胫尽肿,参政天纲亦然。壬辰,至亳,上黄衣皂笠金兔鹘带,以青黄旗二导前,黄伞拥后,从者二三百人,马五十余匹而已。行次城中,僧道父老拜伏道左,上遣近侍谕以“国家涵养汝辈百有余年,今朕无德,令尔涂炭。朕亦无足言者,汝辈无忘祖宗之德可也。"皆呼万岁,泣下。留一日。进亳之南六十里,避雨双沟寺中,蒿艾满目,无一人迹,上太息曰:"生灵尽矣。"为之一恸。是日,小娄室自息来迓,得马二百。己亥,入蔡。蔡之父老千人罗拜于道,见上仪卫萧条,莫不感泣,上亦歔欷者久之。

七月,以镐为御史大夫,总帅如故。初,镐守蔡,门禁甚严,男女樵采必以墨识其面,人有以钱出者,十取一分有半以赡军。上至蔡,或言其非便,即弛其禁。时大兵去远,商贩颇集,小民鼓舞以为复见太平,公私宿酿一日俱尽。

郾城土豪卢进杀其长吏,自称招抚使,以前关、陕帅府经历范天保为副,至是,天保来见,进麦三百石及獐鹿脯、茶、密等物,遂赐进金牌,加天保官,自是进物者踵至。既而,遣内侍殿头宋圭与镐妻选室女备后宫,已得数人,右丞忽斜虎谏曰:"小民无知,将谓陛下驻跸以来不闻恢复远略,而先求处女以示久居。民愚而神不可不畏。"上曰:"朕以六宫失散,左右无人,故令采择。今承规诲,敢不敬从。止留解文义者一人,余皆放遣。"

是时,从官近侍率皆穷乏,悉取给于镐,镐亦不能人满其欲,日夕交谮于上,甚以尚食阙供为言。上怒,虽擢拜大夫,而召见特疏。小娄室之在息州也,与石抹九住有隙,怨镐为九住辨曲直。及上幸蔡,娄室见于双沟,因厚诬镐罪,上颇信之。镐自知被谗,忧愤郁抑,常称疾在告。会前参知政事石盏女鲁欢佺大安来,以女鲁欢无反状,为官奴所杀,白尚书省求改正,尚书省以闻。上曰:"朕尝谓女鲁欢反邪,而无迹可寻。谓不反邪,朕方暴露,遣人征援兵,彼留精锐自防,发其羸弱者以来。既到睢阳,彼厚自奉养,使朕醯酱有阙。朕为人君,不当语此细事,但四海郡县孰非国家所有?坐保一城,臣子之分,彼乃自负而有骄君上之心,非反而何。然朕方驾驭人材以济艰难,录功忘过此其时也,其厘正之。"群臣知上意之在镐也,数为右丞仲德言之。仲德每见上必称镐功业,宜令预参机务,又荐以自代,上怒少解。及参政抹捻兀典行省息州,镐遂以御史大夫权参知政事。

九月，大兵围蔡，镐守南面，忠孝军元帅蔡八儿副之。未几，城破被执，以招息州不下，杀之。

乌古论先生者，本贵人家奴，为全真师。佯为狂态，裸颠露足，缀麻为衣，人亦谓之"麻帔先生"。宣宗尝召入宫，问以秘术。因出入大长主家，殊有秽迹，上微闻之，敕有司掩捕，已逃去。正大末，从镐来官汝南，人皆知与其妻通，而镐不知。生不自安，求出，镐为营道宇，亲率僧道送使居之。车驾将至蔡，生欲遁无所往，因自言能使军士服气不费粮。右丞仲德知其妄，乃奏："欲如田单假神师退敌之意，授一真人之号，旋出奇计，北兵信巫必骇异之，或可以有成功。"参政天纲以为不可，遂止。复求入见，言有诡计可以退敌。及见，长揖不拜，且多大言，欲出说大帅喷盏为脱身计。时郎中移剌克忠、员外郎王鹗具以向者"麻帔"为言，上怒杀之。

赞曰：晋刘越石长于抚纳，短于驾驭，以故取败。粘葛奴申陈州之事，殆类之矣。三娄室皆金内族，唯大娄室死得其所，其两娄室谀贼人也，襄城事急，醉不能军，乃遄一死，金失政刑一至于是。乌古论镐幸蔡之请，虽非至谋，区区效忠以谗见忌，哀宗之明盖可知矣。

张天纲字正卿，霸州益津人也。至宁元年词赋进士。性宽厚端直，论议醇正，造次不少变。累官咸宁、临潼令，入补尚书省令史，拜监察御史，以鲠直闻。升户部郎中，权左右司员外郎。哀宗东幸，迁左右司郎中，扈从至归德，改吏部侍郎。知元帅官奴有反状，屡为上言之，上不从，官奴果变，遂擢天纲权参知政事。及从上迁蔡，留亳州，适军变，天纲以便宜授作乱者官，州赖之以安。及蔡，转御史中丞，仍权参政。

扶沟县招抚司知事刘昌祖上封事，请大举伐宋，其略云："官军在前，饥民在后，南践江、淮，西入巴、蜀。"颇合上意。上命天纲面诘其蕴藉,召与语无可取者,然重违上命,且恐闭塞言路,奏以为尚书省委差官。

护卫女奚烈完出、近侍局直长粘合斜烈、奉御陈谦、权近侍局直长内族泰和四人,以食不给出怨言,乞往陈州就食。天纲奏令监之出门任所往。才出及汝南岸,遇北兵皆见杀,时人快之。

妖人乌古论先生者自言能使军士服气,可不费粮。右丞仲德援田单故事,欲假其术以骇敌,语在《乌古论镐传》。上颇然之,天纲力辨以为不可,遂止,且曰:"向非张天纲,几为此贼所诳。"军吏石抹虎儿者求见仲德,自谓有奇计退敌,出马面具如狮子状而恶,别制青麻布为足、尾,因言:"北兵所恃者马而已,欲制其人,先制其马。如我军进战,寻少却,彼必来追。我以驯骑百余皆此状,仍系大铃于颈,壮士乘之,以突彼骑,骑必惊逸,我军鼓噪继其后,此田单所以破燕也。"天纲曰:"不可。彼众我寡,此不足恃,纵使惊去,安保其不复来乎。恐徒费工物,只取敌人笑耳。"乃罢之。

蔡城破,为宋将孟珙得之,槛车械至临安,备礼告庙,既而,命临安知府薛琼问曰:"有何面目到此?"天纲对曰:"国之兴亡,何代无之。我金之亡,比汝二帝何如?"琼大叱曰:"曳去。"明日,遂奏其语,宋主召问曰:"天纲真不畏死耶?"对曰:"大丈夫患死之不中节尔,何畏之有。"因祈死不已。宋主不听。初,有司令供状必欲书虏主,天纲曰:"杀即杀,焉用状为。"有司不能屈,听其所供,天纲但书故主而已。闻者怜之。后不知所终。

完颜仲德本名忽斜虎,合懒路人。少颖悟不群,读书习策论,有文武才。初试补亲卫军,虽备宿卫而学业不辍。中泰和三年进士第,历仕州县。贞祐用兵,辟充军职,尝为大元兵所俘,不逾年尽解其语,寻率诸降人万余来归。宣宗召见,奇之,授邳州刺史、兼从宜。增筑城壁,汇水环之,州由是可守。哀宗即位,遥授同知归德府事,同签枢密院事,行院于徐州。徐州城东西北三面皆黄河而南犹平陆,仲德叠石为基,增城之半,复浚隍引水为固,民赖以安。

正大五年，诏关陕以南行元帅府事，以备小关及扇车回。时北兵叩关，仲德适与前帅奥屯阿里不酌酒更代，而兵猝至，遂驱而东。阿不里素无守御之策，为有司所劾，罪当死。仲德上书引咎，以谓"北兵越关之际，符印已交，安得归罪前帅，臣请受戮"。上义之，止杖阿里不而贳其死。

六年，移知巩昌府，兼行总帅府事。时陕西诸郡已残，仲德招集散亡，得军数万，依山为栅，屯田积谷，人多归焉。一方独得小康，号令明肃，至路不拾遗。八年四月，诏授仲德巩昌行省及虎符、银印。

天兴元年九月，拜工部尚书、参知政事，行尚书省事于陕州。时兀典新败，陕州残破，仲德复立山寨，安抚军民。会上以蜡丸书征诸道兵入援，行省院帅府往往观望不进，或中道遇兵而溃，惟仲德提孤军千人，历秦、蓝、商、邓，撷果菜为食，间关百死至汴。至之日，适上东迁。妻子在京师五年矣，仲德不入其家，趋见上于宋门，问东幸之意。知欲北渡，力谏云："北兵在河南，而上远徇河北，万一无功，得完归乎。国之存亡，在此一举，愿加审察。臣尝屡遣人奏，秦、巩之间山岩深固，粮饷丰赡。不若西幸，依险固以居，命帅臣分道出战，然后进取兴元，经略巴蜀，此万全策也。"上已与白撒议定，不从，然素重仲德，且嘉其赴难，进拜尚书省右丞、兼枢密副使，军次黄陵冈。

二年正月，车驾至归德，以仲德行尚书省于徐州。既至，遣人与国用安通问。沛县卓翼、孙璧冲者初投用安，用安封翼为东平郡王，璧冲博平公，升沛县为源州。已而，翼、璧冲来归，仲德界之旧职，令统河北诸寨，行源州帅府事。用安累檄王德全入援，不赴，仲德至徐，德全大恐，求赴归德，仲德留之，遣人纳奏帖云："徐州重地，德全不宜离镇。"仲德虚州廨不居，亦无兵卫自防，日以观书为事，而德全自疑益甚。

二月，鱼山总领张瑀作乱，杀元帅完颜胡土降北。仲德累议讨之，德全不从，即领麾下十许人，亲劝民兵得三百人，径往鱼山，而从宜岩禄已诛瑀反正，仲德抚慰军民而还。有曹总领者，盗御马东行,制旨谕行省讨之,仲德既杀贼,德全欲功出已,杀曹党四十八人。

三月,阿术鲁攻萧县,游骑至徐,德全马悉为所邀。仲德时往宿州,德全以失马故始议救萧县,遣张元哥、苗秀昌率骑八百以往。未及交战,元哥退走,北兵掩之,皆为所擒杀之,萧县遂破。四月,仲德阳以关粮往邳州,州官出迎,就执德全并其子杀之,余党之外一无所问,阖郡称快。

初,完颜胡土以遥授徐州节度,往帅严禄军于永州北保安镇。时禄已为从宜,在砀山数年,又得士心。忽土到,军士不悦,二月辛卯夜,遂为总领张瓛、崔振所害。吏部郎中张敏修,忽土下经历官,乃以军变胁严禄降北。禄佯应之,阴召永州守陈立、副招抚郭升,会诸义军赴保安镇诛作乱者。军夜至,禄遣敏修召瓛、振计事,二人不疑,介胄而至,及其党与皆为禄所杀。徐州去保安百里,行省闻之来讨,会禄已反正,乃以便宜授禄行元帅左都监,就佩忽土虎符。朝廷复授禄遥领归德知府、兼行帅府事。未几,大元将阿术鲁兵至保安,禄夜遁。后禄闻官奴变,一军顿徐、宿间几一月,遂投涟水,敏修入徐。

五月,诏仲德赴行在。时官奴已变,官属惧为所绐,劝勿往。仲德曰:“君父之命,岂辨真伪耶,死亦当行。”寻使者至,果官奴之诈。六月,官奴诛,诏仲德议迁蔡,仲德雅欲奉上西幸,因赞成之。及蔡,领省院,事无巨细率亲为之,选士括马,缮治甲兵,未尝一日无西志。近侍左右久困睢阳,幸即汝阳之安,皆娶妻营业不愿迁徙,日夕为上言西行不便。未几,大兵梗路,竟不果行。仲德每深居燕坐,瞑目太息,以不得西迁为恨。

是月,上至蔡,命有司修见山亭及同知廨,为游息之所。仲德谏曰:“自古人君遭难,播越于外,必痛自刻苦贬损,然后可以克复旧物。况今诸郡残破,保完者独一蔡耳。蔡之公廨固不及宫阙万一,方之野处露宿则有加矣。且上初行幸已尝劳民葺治,今又兴土木之役以求安逸,恐人心解弛,不足以济大事。”上遽命止之。

八月，定进马迁赏格，每甲马一匹或二匹以上，迁赏有差。自是，西山帅臣范真、姬汝作等各以马进，凡得千余匹，以抹捻阿典领之。又遣使分诣诸道征兵赴蔡，得精锐万人。又以器甲不完，命工部侍郎术甲咬住监督修缮，不逾月告成。军威稍振，扈从诸人苟一时之安，遂以蔡为可守矣。

鲁山元帅元志领军千余来援。时诸帅往往拥兵自固，志独冒险数百里，且战且行，比至蔡几丧其半。上表异之，赐以大信牌，升为总帅。息州忠孝军帅蔡八儿、王山儿亦来援。

壬午，忠孝军提控李德率十余人乘马入省大呼，以月粮不优，几于骂詈。郎中移剌克忠白之仲德，仲德大怒，缚德堂下，杖之六十。上谕仲德曰："此军得力，方欲倚用，卿何不容忍，责罚乃尔。"仲德曰："时方多故，录功隐过自陛下之德。至于将帅之职则不然，小犯则决，大犯则诛，强兵悍卒不可使一日不在纪律。盖小人之情纵则骄，骄则难制，睢阳之祸岂独官奴之罪，亦有司纵之太过耳。今欲更易前辙，不宜爱克厥威，赏必由中，罚则臣任其责。"军士闻之，至于国亡不敢有犯。

九月，蔡城戒严。行六部尚书蒲察世达以大兵将至，请谕民并收晚田，不及者践毁之，毋资敌，制可。丙辰，诏裁冗员，汰冗军，及定官吏军兵月俸，自宰执以下至于皂隶，人月支六斗。初，有司定减粮，人颇怨望。上闻之，欲分军为三，上军月给八斗，中七斗，下六斗，人复怨不均。乃立射格，而上中军辄多受赏，连中者或面赐酒，人益为劝，且阴有所增而人不知，仲德之谋也。甲子，分军防守四面。

十月壬申朔，大兵壕垒成，耀兵城下，旗帜蔽天。城中骇惧，及暮，焚四关，夷其墙而退。十一月辛丑，大兵以攻具傅城，有司尽籍民丁防守，不足则括妇女壮健者，假男子衣冠使运木石。蔡既受围，仲德营画御备，未尝一至其家，拊存军士，无不得其欢心，将校有战亡者，亲为赗祭，哭之尽哀。已丑，西城破，城中前期筑栅浚濠为备，虽克之不能入也。但于城上立栅，南北相去百余步而已。仲德摘三面精锐日夕战御,终不能拔。

三年正月庚子朔,大兵以正旦会饮,鼓吹相接,城中饥窘愁叹而已。围城以来,战殁者四帅、三都尉,其余总帅以下,不可胜纪。至是,尽出禁近,至于舍人、牌印、省部掾属,亦皆供役。戊申,大兵凿西城为五门,整军以入,督军鏖战及暮乃退,声言来日复集。

己酉,大兵果复来,仲德率精兵一千巷战,自卯及巳,俄见子城火起,闻上自缢,谓将士曰:“吾君已崩,吾何以战为。吾不能死于乱兵之手,吾赴汝水,从吾君矣。诸君其善为计。”言讫,赴水死。将士皆曰:“相公能死,吾辈独不能耶。”于是参政孛术鲁娄室、兀林答胡土,总帅元志,元帅王山儿、纥石烈柏寿、乌古论桓端及军士五百余人,皆从死焉。

仲德状貌不逾常人,平生喜怒未尝妄发,闻人过,常护讳之。虽在军旅,手不释卷,门生故吏每以名分教之。家素贫,敝衣粝食,终其身晏如也。雅好宾客,及荐举人材,人有寸长,极口称道。其掌军务。尝罚明信,号令严整,故所至军民为用,至危急死生之际,无一士有异志者。南渡以后,将相文武,忠亮始终无瑕,仲德一人而已。

赞曰:金之亡,不可谓无人才也。若完颜仲德、张天纲,岂非将相之器乎。昔者智伯死又无后,其臣豫让不忘国士之报,君子谓其无所为而为之,真义士也。金亡矣,仲德、天纲诸臣不变所守,岂愧古义士哉。

金史卷一二○
列传第五八

世　戚

石家奴　　裴满达　　徒单恭

乌古论蒲鲁虎　　唐括德温

乌古论粘没曷　　蒲察阿虎迭

乌林答晖　　蒲察鼎寿　　徒单思忠

徒单绎　　乌林答复　　乌古论元忠

唐括贡　　乌林答琳　　徒单公弼

徒单铭　　徒单四喜

　　金昭祖娶徒单氏,后妃之族自此始见。世祖时,乌春为难,世祖欲求昏以结其欢心,乌春曰:"女直与胡里改岂可为昏。"世宗时,赐夹谷清臣族同国人。清臣,胡里改人也。然则四十七部之中亦有不通昏因者矣,其故则莫能诘也。有国家者,昏因有恒族,能使风气淳固、亲义不渝、而贵贱等威有别焉,盖良法也欤。作《世戚传》。

　　石家奴,蒲察部人,世居案出虎水。祖斛鲁短,世祖外孙。恒赦、散达之乱昭肃皇后父母兄弟皆在敌境,斛鲁短以计迎还之。石家奴自幼时抚养于太祖家,及长太祖以女妻之。年十五,从攻宁江州,败辽主亲军，攻临潢府皆有功，袭谋克。其后，自山西护齐国王谋良虎之丧归上京，道由兴中。是时，方攻兴中未下，石家奴置柩于驿，率其所领猛安兵助王师，遂破其城。

从宗望讨张觉，再从宗翰伐宋。宗翰闻宗望军已围汴，遣石家奴计事，抵平定军遇敌兵数万，败之，遂见宗望。已还报，宗翰闻其平定之战，甚嘉之。

明年，复伐宋，石家奴隶娄室军。娄室讨陕西未下，石家奴领所部兵援之。既而，以本部屯戍西京，会契丹大石出奔，以余睹为元帅，石家奴为副，袭诸部族以还。未几，有疾，退居乡里。

天眷间，授侍中、驸马都尉。再以都统定边部，熙宗赐御书嘉奖之。封兰陵郡王。除东京留守，以病致仕。卒，年六十三，加赠郧王。正隆夺王爵，封鲁国公。

裴满达本名忽挞，婆卢木部人。为人淳直孝友。天辅六年，从蒲家奴追叛寇于铁吕川，力战有功。熙宗娶忽挞女，是为悼平皇后。天眷元年，授世袭猛安。明年，以皇后父拜太尉，封徐国公。皇统元年，除会宁牧。居数岁，以太尉奉朝请。

九年，悼后死。无何，海陵弑熙宗，欲邀众誉，扬熙宗过恶，以悼后死非罪，于是封忽挞为王。天德三年，薨。子忽睹，为燕京留守，以罪免，居中都，海陵命驰驿赴之。及葬，使秘书监纳合椿年致祭，赙银五百两。

忽睹，天眷三年权猛安，皇统元年为行军猛安。历横海、崇义军节度使，以后戚怙势赃污不法。其在横海，拜富人为父，及死，为之行服而分其资。在崇义，讽寺僧设斋而受其施。及留守中京，益骄恣，苟或可以得财无不为者。选诸猛安富人子弟为扎野，规取财物，时号"闲郎君"。朝廷以忽睹与徒单恭等污滥至甚，命秉德黜陟天下官吏，忽睹以赃罢。海陵以忽睹所至纵家奴扰民，乃定禁外官任所闲杂人条约。天德三年，复起为郑州防御使，改安国军节度使。卒，年三十九。

　　徒单恭本名斜也。天眷二年，为奉国上将军。以告吴十反事，超授龙虎卫上将军。为户部侍郎，出为济南尹，迁会宁牧，封谭国公。复出为太原尹。斜也贪鄙，使工绘一佛像，自称尝见佛，其像如此，当以金铸之。遂赋属县金，而未尝铸佛，尽入其家，百姓号为"金总管"。秉德廉访官吏，斜也以赃免。

　　海陵篡立，海陵后徒单氏，斜也女，由是复用为会宁牧，封王。未几，拜平章政事。海陵猎于胡剌浑水，斜也编列围场，凡平日不相能者辄杖之。海陵谓宰相曰："斜也为相，朕非私之。今闻军国大事凡斜也所言，卿等一无取，岂千虑无一得乎？"他宰相无以对，温都思忠举数事对曰："某事本当如此，斜也辄以为如彼，皆妄生异议，不达事宜。臣逮事康宗，累朝宰相未尝有如斜也专恣者。"海陵默然。斜也于都堂脊杖令史冯仲尹，御史台劾之，海陵杖之二十。斜也猛安部人撒合出者，言斜也强率取部人财物，海陵命侍御史保鲁鞫之。保鲁鞫不以实，海陵杖保鲁，而以撒合出为符宝祗候，改隶合扎猛安。

　　斜也兄定哥尚太祖长女兀鲁，定哥死无子，以季弟之子查剌为后。斜也谋取其兄家财，强纳兀鲁为室而不相能，兀鲁尝怨詈斜也。斜也妾忽挞与兀鲁不叶，乃谮兀鲁于海陵后徒单氏曰："兀鲁怨上杀其兄宗敏，有怨望语。"会韩王亨改广宁尹，诸公主宗妇往贺其母，兀鲁以言慰亨母，忽挞亦以怨望指斥诬兀鲁。海陵使萧裕鞫之，忽挞得幸于徒单后，左验皆不敢言，遂杀兀鲁，斜也因而尽夺查剌家财。大定间皆追正之。海陵以兀鲁有怨望语，斜也不奏，遂杖斜也，免所居官。俄，复为司徒，进拜太保，领三省事，兼劝农使。再进太师，封梁、晋国王。

　　贞元二年九月，斜也从海陵猎于顺州。方猎，闻斜也薨，即日罢猎，临其丧，亲为择葬地，遣使营治。及葬，赐辒辌车，上及后率百官祭之，赐谥曰忠。正隆间，改封赵国公，再进齐国公。

其妻先斜也卒，海陵尝至其葬所致祭，起复其子率府率吾里补为谏议大夫。大定间，海陵降为庶人，徒单氏为庶人妻，斜也降特进巩国公。

乌古论蒲鲁虎。父当海，国初有功。蒲鲁虎通契丹大小字，娶宋王宗望女昭宁公主什古。熙宗初，为护卫，改牌印，常侍左右。转通进，袭父谋克，再迁临海军节度使，改卫州防御使。海陵赐食内殿，谓之曰："卫州风土甚佳，勿以防御为降也。"对曰："颇闻卫州官署不利守者。"即日，改汾阳军节度使，赐衣服、佩玉、带剑。入为太子詹事，卒，年四十一。海陵亲临哭之，后妃皆吊祭，赗赠甚厚。有司给丧事，赠特进驸马都尉。正隆例赠光禄大夫。

唐括德温本名阿里，上京率河人也。曾祖石古，从太祖平腊醅麻产，领谋克。祖脱孛鲁，领其父谋克，从太祖伐辽，攻宁江、泰州战有功。父挞懒，尚康宗女，从宋王宗望以军二万收平州，至城东十里许遇敌兵甚众，战败之，太祖赏赉甚厚，授行军猛安。皇统初，迁龙虎卫上将军，历兴平、临海等军节度使。

德温善射，尚睿宗皇帝女楚国长公主。天眷三年，授宣武将军。皇统元年，从都元帅宗弼南征，以善突战迁广威将军。六年，迁定远大将军。七年，授殿前右副都点检。天德初，改殿前左副都点检，迁兵部尚书。出为大名尹兼本路兵马都总管，改横海军节度使，延安尹兼鄜延路兵马都总管。世宗即位，封道国公，为殿前都点检、驸马都尉。大定二年，以父祖功授按出虎猛安所管世袭谋克。三年九月九日，世宗以故事出猎，谓德温曰："扈从军士二千，饮食刍秣能无扰百姓乎。"严为约束，仍以钱一万贯分给之。四年，为劝农使，出为西京留守，赐犀弓玉带，召入为皇太子太傅，卒。上辍朝，亲临丧奠祭，赗赠甚厚。

十八年，追录其父挞懒并德温前后功，授其长子驸马都尉鼎世袭西北路没里山猛安，徙隶泰州。

　　乌古论粘没曷,上京胡剌温屯人也,移屯河间。祖唤端,太祖伐辽常侍左右,追辽主延喜、却夏人援兵皆有功,授世袭谋克。父欢睹,官至广威将军。

　　粘没曷尚睿宗女冀国长公主,初为护卫,天德二年袭谋克。海陵伐宋,为押军猛安。世宗即位,军还,授侍卫亲军步军都指挥使,加驸马都尉。历左副点检,禁直被酒不亲视扃鐍,杖四十。迁右宣徽使、劝农使,出为兴平军节度使。改广宁尹,赐钱三千贯。

　　粘没曷至广宁,嗜酒不视事,上以兵部员外郎宗安为少尹,诏宗安戒谕之,上谓宗安曰:"汝能继修前政,朕不忘汝,勉之。"大定中,粘没曷卒。上闻之,遣其子驸马都尉公说驰驿奔丧,赐钱三千贯,沿路祭物并从官给。

　　蒲察阿虎迭,初授信武将军,尚海陵姊辽国长公主迪钵,为驸马都尉。辽国薨,继尚邓国长公主崔哥。皇统三年,为右副点检。五年,使宋为贺正旦使,改左副点检,礼部、工部尚书,广宁、咸平、临潢尹,武定军节度使,封葛王。薨年二十八。海陵亲临葬,赠谭王。正隆例赠特进楚国公。

　　乌林答晖本名谋良虎,明德皇后兄也。天眷初,充护卫,以捕宗磐、宗隽功授忠勇校尉,迁明威将军。从宗弼北征,迁广威将军,赏以金币、尚厩击球马。久之,除殿中侍御史,再除蒲速碗群牧使,谨畜牧,不事游宴,孳产蕃息,进秩,改特满群牧使。

　　世宗即位,召见行在,除中都兵马都指挥使。世宗至中都,将遣使于宋,以晖为使。世宗曰:"晖尝私用官钱五百贯。"乃数其罪而罢之,遣高忠建往。因谓宰臣曰:"朕于赏罚,豪发无所假借。果公廉办治,虽素所不喜必加升擢,若抵冒公法,虽至亲不少恕。"迁都点检、兼侍卫亲军副都指挥使,卒。遣官致祭,皇太子诸王百官会丧,赠银千两、重彩四十端、绢四十匹。诏以晖第三子天锡世袭纳邻河猛安亲管谋克。

蒲察鼎寿本名和尚,上京曷速河人,钦怀皇后父也。赋性沉厚有明鉴,通契丹、汉字,长于吏事。尚熙宗女郑国公主。贞元三年,以海陵女弟庆宜公主子加定远大将军,为尚衣局使,累官器物局使。大定二年,加驸马都尉,职如故。历符宝郎、蠡州刺史、浚州防御使,有惠政,两州百姓刻石纪之。迁泰宁军节度使,历东平府、横海军、入为右宣徽史,改左宣徽,授中都路昏得浑山猛安曷速木单世袭谋克。

改河间尹,号令必行,豪右屏迹。有宗室居河间,侵削居民,鼎寿奏徙其族于平州,郡内大治。卒官。上闻之深加悼惜。丧至香山,皇太子往奠,百官致祭,赗银彩绢。明昌三年,以皇后父赠太尉、越国公。

鼎寿既世连姻戚,女为皇后,长子辞不失凡三尚定国、景国、道国公主。其宠遇如此,未尝以富贵骄人,当时以为外戚之冠云。

徒单思忠字良弼,本名宁庆。曾祖赛补,尚景祖女。从太祖伐辽,战殁于临潢之浑河。父赛一,尚熙宗妹。正隆末,为乣碗群牧使,契丹贼窝翰扰北边,赛一与战死之。大定初,赠金吾卫上将军。

思忠通敏有才,颇通经史。世宗在潜邸,抚养之。赋性宽厚。十有二岁从上在济南,一日,与姻戚公子出游近郊,有醉人腰弓矢策马突过,诸公子怒欲鞭之,思忠曰:“醉人昏昧,又何足责。”遂释之。其人行数十步,忽执弓矢,思忠恐欲伤人,速驰至其傍,夺其弓,弛而还之。上闻之,嘉有识量,由是常使侍侧。尚皇弟二女唐国公主。

大定初,世宗使思忠迎南征万户高忠建、完颜福寿于辽口,察其去就,思忠知其诚意,乃与俱至东京。世宗即位,如中都,思忠从行,军国庶事补益弘多。大定元年十月,拜殿前左卫将军,二年,加驸马都尉,卒。上为辍朝,即丧所临奠,命有司备礼葬之,营费从官给。

十九年，上追念思忠辅立功，赠骠骑卫上将军，仍授其子铎武功将军、世袭中都路乌独浑谋克。

徒单绎本名术辈，其先上京按出虎达阿人。祖撒合懑，国初有功，授隆安府路合扎谋克、夺古阿邻猛安。

绎美姿仪，通诸国语。尚熙宗第七女沈国公主。充符宝祗候，迁御院通进，授符宝郎。历宣德、泰安、淄州刺史，有廉名。改同知广宁府事，以母鄂国公主忧，不赴。世宗特许以忧制中袭父封。服阕，授同知济南府事。二十六年，迁隶州防御使，以政迹闻，升临海军节度使，卒。

绎家世贵宠，自曾祖照至绎尚公主者凡四世云。

乌林答复本名阿里剌，东平人也。奉御出身，大定七年尚世宗第七女宛国公主，授驸马都尉。改引进使、兼符宝郎，出为蠡州刺史，三迁归德军节度使。明昌三年，转知兴中府事，久之，为曷懒路兵马都总管。承安四年，拜绛阳军节度使，卒。

乌古论元忠本名讹里也，其先上京独拔古人。父讹论，尚太祖女毕国公主。元忠幼秀异，世宗在潜邸以长女妻之，后封鲁国大长公主。正隆末，从海陵南伐。世宗即位辽阳，时太保昂为海陵左领军大都督，遣元忠朝于行在，遂授定远大将军，擢符宝郎。谕之曰："朕初即位，亲密无如汝者，侍从宿卫宜戒不虞。"大定二年，加驸马都尉，除近侍局使，迁殿前左卫将军。从世宗猎，上欲射虎，元忠谏止之。进殿前右副都点检，为贺宋正旦使，还，转左副都点检。坐家奴结揽民税，免官。十一年，复旧职。明年，升都点检。十五年，北边进献，命元忠往受之，及还，诏谕曰："朕每遇卿直宿，其寝必安。今夏幸景明宫，卿去久，朕甚思之。"

会大兴府守臣阙，遂以元忠知府事。有僧犯法，吏捕得置狱，皇姑梁国大长公主属使释之，元忠不听，主奏其事，世宗召谓曰："卿不徇情,甚可嘉也,治京如此,朕复何忧。"秩满,授吏部尚书,以其子谊尚显宗长女薛国公主。

十八年,擢御史大夫,授撒巴山世袭谋克。世宗问左丞相纥石烈良弼孰可相者,良弼以元忠对,乃拜平章政事,封任国公,进尚书右丞相。策论进士之科设,元忠赞成之。世宗将幸会宁,元忠进谏不听,出知真定府,寻复诏为右丞相。

世宗欲甓上京城,元忠曰:"此邦遭正隆军兴,百姓凋弊,陛下休养二十余年,尚未完复。况土性疏恶,甓之恐难经久,风雨摧坏,岁岁缮完,民将益困矣。"驾东幸久之未还,元忠奏曰:"銮舆驻此已阅岁,仓储日少,市买渐贵,禁卫暨诸局署多逃者,有司捕置诸法恐伤陛下仁爱。"世宗嘉纳之。

寻出为北京留守,责谕之曰:"汝强悍自用,专权而结近密。汝心叵测,其速之官。"后左丞张汝弼奏事,世宗恶其阿顺,谓左右曰:"卿等每事依违苟避,不肯尽言,高爵厚禄何以胜任。如乌古论元忠为相,刚直敢言,义不顾身,诚可尚也。"于是,改知真定府事,移知河间。

明昌二年,知广宁府。以河间修筑球场扰民,会赦下,除顺义军节度使。乞致仕不许,特加开府仪同三司、北京留守。徙知济南府,过阙令预宴,班平章政事之上。承安二年,移守南京,寻改知彰德府,卒。讣闻,上遣宣徽使白琬烧饭,赙物甚厚。元忠素贵,性粗豪而内深忌,世宗尝责之。又所至不能戢奴仆,世以此为訾云。子谊。

谊本名雄名。大定八年,尚海陵女。宴宗室及六品以上官,命妇预焉,上曰:"此女亦太祖之曾孙,犹朕之女,乃父废亡,非其女之罪也。"海陵女卒,大定二十一年,尚显宗女广平郡主。谊历仕宫卫,为人粗豪类其父。二十六年,上谓原王曰:"元忠勿望其可复相也。雄名又不及乃父,朕尝宥待,殊不知恩,汝宜知其为人。"谓平章政事襄曰:"雄名可令补外。自今宫掖官已有旨补外者,比及庭授,即母令入宫。"于是,谊除同知澄州军州事。章宗即位,广平郡主进封邺国长公主，谊改顺天军节度副使，加驸马都尉。承安元年，累迁秘书监兼吏部侍郎，改刑部，迁工部尚书。泰和元年，遇父元忠忧。二年，以本官起复。三年，知东平府事，改知真定府事。六年，伐宋，迁元帅左都监。七年。转左监军。八年，拜御史大夫。大安中，知大名府。至宁初，以谋逆伏诛。

唐括贡本名达哥，太傅阿里之子也。尚世宗第四女吴国公主，授驸马都尉，充奉御。特授拱卫直副都指挥使，五迁刑部侍郎，坐擅离职削官一阶，出为德州防御使。升顺天军节度使，移镇横海，召为左宣徽使，迁兵部尚书，改吏部，转礼部尚书、兼大理卿。

先是，大理卿阙，世宗命宰臣选可授者，左丞张汝弼举西京副留守杨子益法律详明。上曰："子益虽明法，而用心不正，岂可任之以分别天下是非也？大理须用公正人。"右丞粘割斡特剌举贡可任以闲简部分而兼领是职，遂以贡为之。

二十八年，拜枢密副使。章宗立，为御史大夫。会贡生日，右丞相襄、参知政事刘玮、吏部郎中裔、中都兵马都指挥使和喜为贡寿，遂犯夜禁，和喜遣军人送襄至第。监察御史徒单德胜劾其事，下刑部逮裔等问状。上以襄、玮大臣释之，而贡等各解职。

寻知大兴府事，复为枢密副使。乞致仕不许，进枢密使，封莘国公，改封萧。复上表乞退，上曰："向已尝告，续知意欲外除，今之告将复若何。"遂优诏许之。寻起知真定府事。泰和二年，薨。

乌林答琳，本名留住。尚鄁国公主，加驸马都尉。贞祐元年为静难军节度使，夏人犯邠州，琳降。会延安府遣通事张福孙至夏国，夏人使福孙见琳，时已中风，公主令人以状付福孙，属以恳祷朝廷，冀早太平得还乡之意。福孙具以闻，诏赐以药物。

徒单公弼本名习烈，河北东路算主海猛安人。父府君奴，尚熙宗女，加驸马都尉，终武定军节度使。公弼初充奉御，大定二十七年，尚世宗女息国公主，加定远大将军、驸马都尉，改器物局直长。转副使、兼近侍局直长。丁父忧，起复本局副使。章宗秋山射中虎，虎怒突而前，侍卫皆避去，公弼不动，虎亦随毙。诏责侍卫而慰谕公弼。除滨州刺史，再迁兵部侍郎，累除知大名府事。

是时，伐宋军兴，有司督逋租及牛头税甚急，公弼奏："军士从戎，民亦疲弊，可缓征以纾民。"朝廷从之。大安初，知大兴府事，潞武清盗，疑其有冤，已而果获真盗。岁余拜参知政事，进右丞，转左丞。至宁初，拜平章政事，封定国公。

贞祐初，进拜右丞相，罢知中山府事。是时，中都围急不可行，围解，宣宗曰："中山新被兵，不如河中善。"乃改知河中府。历定国军节度使事、太孙太师、同判大睦亲府事。兴定五年薨，宣宗辍朝，赙赠，谥恪愿。

徒单铭字国本，显宗赐名重泰。祖贞，别有传。父特进、泾国公。性重默寡言，粗通经史，事母尽孝。大定末，充奉御。章宗即位，特敕袭中都路浑特山猛安。明昌五年，授尚酝署直长，累迁侍仪司令、宿直将军、尚衣局使、兵部郎中，与大理评事孙人鉴为采访使，覆按提刑司事。改右卫将军，转左卫，出为永定军节度使，移河东北路按察使、转运使。大安三年，改知大名府，就升河北东西、大名路安抚使。大名荐饥重困，铭乞大出交钞以赈之。崇庆初，移知真定府，复充河北东西、大名路宣抚使。至宁元年九月，奉迎宣宗于彭德府，俄拜尚书右丞，出为北京留守，以路阻不能赴。贞祐二年，卒。

赞曰：天子娶后，王姬下嫁，岂不重哉。秦、汉以来，无世世甥舅之家。《关雎》之道缺，外戚骄盈，《何彼秾矣》不作，王姬肃雍之义几希矣。盖古者异姓世爵公侯与天子为昏因，他姓不得参焉。女为王后，已尚王姬，而自贵其贵，富厚不加焉，宠荣不与焉。使汉、唐行此道，则无吕氏、王氏、武氏之难，公主下嫁各安其分、各得其所矣。金之徒单、拿懒、唐括、蒲察、裴满、纥石烈、仆散皆贵族也，天子娶后必于是,公主下嫁必于是,与周之齐、纪无异,此昏礼之最得宜者,盛于汉、唐矣。

徒单四喜,哀宗皇后之弟也。正大九年正月辛酉夜,四喜、内侍马福惠至自归德,时河朔已失利,京城犹未知,二人被旨迎两宫,遂托以报捷,执小黄旗以入,至则奏两宫以奉迎之意。是日,召二相入议,二相及乌古孙奴申谏不可行。四喜作色曰:"我奉制旨迎两宫,有敢言不行者当以别敕从事矣。"二相不复敢言,行议遂决。制旨所取两宫、柔妃裴满氏及令人张秀蕊、都辖、承御、汤药、皇乳母巩国夫人等十余人外,皆放遣之。又取宫中宝物,马蹄金四百枚、大珠如栗黄者七千枚、生金山一、龙脑板二及信瑞御玺,仍许赐忠孝军以两宫随行物之半。

壬寅,太后御仁安殿,出锭金及七宝金洗分赐忠孝军。是夜,两宫骑而出,至陈留,见城外二三处火起,疑有兵,迟回间,奴申初不欲行,即承太后旨驰还。癸卯,入京顿四喜家,少顷,还宫。复议以是夜再往,太后惫于鞍马不能动,遂止。

明日,崔立变。四喜、术甲塔失不及塔失不之父咬住、四喜妻完颜氏,以忠孝卒九十七骑夺曹门而出,将往归德,不得出,转陈州门,亦为门卒所止。门帅裕州防御使阿不罕斜合已遁去,经历官完颜合住权帅职,麾门卒放塔失不等去,且曰:"罪在我,非汝等之过。"明日,立以数十骑召合住,合住自分必死,易衣冠而往。立左右扼腕欲加刃。立遥见,问:"汝是放忠孝军出门者耶?"合住曰:"然。天子使命,某实放之,罪在某。"立忽若所省,顾群卒言:"此官人我识之,前筑里城时与我同事。我所部十余卒盗官木罪当死,此官人不之问,但答数十而已。此家能杀人,能救人。"因好谓合住曰:"业已放出,吾不汝罪也。"

四喜等至归德,上惊问两宫何如,二人奏京城军变不及入宫。上曰:"汝父汝妻独得出耶。"下之狱,皆斩于市。

赞曰：四喜奉迎两宫，而值崔立之变，智者居此，与两宫周旋兵间，以俟事变之定而徐图之。万一不然，以一死徇之耳，他无策也。四喜奉其私亲以归，而望人主贷其死，岂非愚乎。

金史卷一二一
列传第五九

忠义一

胡沙补　特虎　仆忽得
粘割韩奴　曹珪　温迪罕蒲睹
讹里也　纳兰绰赤　魏全　鄯阳
夹谷守中　石抹元毅　伯德梅和尚
乌古孙兀屯　高守约　和速嘉安礼
王维翰　移剌古与涅　宋扆
乌古论荣祖　乌古论仲温　九住
李演　刘德基　王毅　王晦
齐鹰扬等三人　术甲法心等四人
高锡

　　栾共子曰："民生于三,事之如一,唯其所在则致死焉。"公卿大
夫居其位,食其禄,国家有难,在朝者死其官,守郡邑者死城郭,治
军旅者死行阵,市井草野之臣发愤而死,皆其所也。故死得其所,则
所欲有甚于生者焉。金代褒死节之臣,既赠官爵,仍录用其子孙。贞
祐以来,其礼有加,立祠树碑,岁时致祭,可谓至矣。圣元诏修《辽》、

《金》、《宋史》,史臣议凡例,凡前代之忠于所事者请书之无讳,朝廷从之,乌乎,仁哉圣元之为政也。司马迁记豫让对赵襄子之言曰:"人主不掩人之美,而忠臣有成名之义。"至哉斯言,圣元之为政足为万世训矣。作《忠义传》。

胡沙补,完颜部人。年三十五从军,颇见任用。太祖使仆刮剌往辽国请阿疎,实观其形势。仆刮剌还言辽兵不知其数,太祖疑之,使胡沙补往,还报曰:"辽方调兵,尚未大集。"及见统军,使其孙被甲立于傍,统军曰:"人谓汝辈且反,故为备耳。"及行道中,遇渤海军,渤海军向胡沙补且笑且言曰:"闻女直欲为乱,汝辈是邪。"具以告太祖,又曰:"今举大事不可后时,若俟河冻,则辽兵盛集来攻矣。乘其未集而早伐之,可以得志。"太祖深然之。及破宁江州,战于达鲁古城,皆有功,赐以旗鼓并御器械。

高永昌请和,胡沙补往招之,取胡突古以归。高永昌诈降于斡鲁,斡鲁使胡沙补、撒八往报。会高桢降,言永昌非真降者,斡鲁乃进兵。永昌怒,遂杀胡沙补、撒八,皆支解之。胡沙补就执,神色自若,骂永昌曰:"汝叛君逆天,今日杀我,明日及汝矣。"骂不绝口,至死。年五十九。天会中,与撒八俱赠遥镇节度使。

特虎雅挞澜水人。躯干雄伟,敢战斗。达鲁古城之役,活女陷敌,特虎救出之。攻照散城,辽兵三千来拒,特虎先登,败之。攻卢葛营,麻吉堕马,特虎独杀辽兵数辈,掖而出之。赏赍逾渥。自临潢班师,至辽河,余睹来袭,娄室已引去,特虎独殿,马毙乃步斗,娄室与数骑来救,特虎止之曰:"我以一死捍敌,公勿来,俱毙无益。"遂没于阵。皇统间,赠明威将军。

仆忽得,宗室子。初事国相撒改,伐萧海里有功。与酬斡俱,招降烛偎水部族,酬斡为谋克,仆忽得领行军千户。从破黄龙府,战于达鲁古城,皆有功。宁江州渤海乙塞补叛,仆忽得追复之。天辅五年九月，酬斡、仆忽得往鳖古河籍军马，烛偎水部实里古达等七人杀酬斡、仆忽得，投其尸水中，俱年四十三。太祖悼惜，遣使吊赙加等。六年正月，斡鲁伐实里古达于石里罕河，追及于合挞剌山，杀四人，抚定余众。诏斡鲁求酬斡、仆忽得尸以葬。天眷中，赠酬斡奉国上将军、仆忽得昭义大将军。

酬斡，亦宗室子也，年十五隶军，从太祖伐辽，率涛温路兵招抚三坦、石里很、跋苦三水鳖古城邑，皆降之。败室韦五百于阿良葛城，获其民众，至是死焉。

粘割韩奴，以护卫从宗弼征伐，赐铠甲弓矢战马。初，太祖入居庸关，辽林牙耶律大石自古北口亡去，以其众来袭奉圣州，壁于龙门东二十五里，娄室往取之，获大石并降其众。宗望袭辽主辎重于青冢以大石为乡导，诏曰："辽赵王习泥烈、林牙大石、北王喝里质、节度使讹里剌、孛堇赤狗儿、招讨迪六、详稳六斤、同知海里及诸官民，并释其罪。"复诏斡鲁曰："林牙大石虽非降附，其为乡导有劳，可明谕之。"时天辅六年也。既而亡去，不知所往。

天会二年，辽详稳挞不野来降，言大石称王于北方，署置南北面官僚，有战马万匹，畜产甚众。诏曰："追袭辽主，必酌事宜而行。攻讨大石，须俟报下。"三年，都统完颜希尹言，闻夏人与耶律大石约曰："大金既获辽主，诸军皆将归矣，宜合兵以取山西诸部"诏答曰："夏人或与大石合谋为衅，不可不察，其严备之。"七年，泰州路都统婆卢火奏："大石已得北部二营，恐后难制，且近群牧，宜列屯戍。"诏答曰："以二营之故发兵，诸部必扰，当谨斥候而已。"八年，遣耶律余睹、石家奴、拔离速追讨大石，征兵诸部，诸部不从，石家奴至兀纳水而还。余睹报元帅府曰："闻耶律大石在和州之域，恐与夏人合，当遣使索之。"夏国报曰："小国与和州壤地不相接，且不知大石所往也。"

皇统四年，回纥遣使入贡，言大石与其国相邻，大石已死。诏遣韩奴与其使俱往,因观其国风俗,加武义将军,奉使大石。韩奴去后不复闻问。

大定中。回纥移习览三人至西南招讨司贸易,自言:"本国回纥邹括番部,所居城名骨斯讹鲁朵,俗无兵器,以田为业,所获十分之一输官。耆老相传,先时契丹至不能拒,因臣之。契丹所居屯营,乘马行自旦至日中始周匝。近岁契丹使其女婿阿本斯领兵五万北攻叶不辇等部族,不克而还,至今相攻未已。"诏曰:"此人非隶朝廷番部,不须发遣,可于咸平府旧有回纥人中安置,毋令失所。"

是岁,粘拔恩君长撒里雅、寅特斯率康里部长孛古及户三万余求内附,乞纳前大石所降牌印,受朝廷牌印。诏西南招讨司遣人慰问,且观其意。秃里余睹、通事阿鲁带至其国见撒里雅,具言愿归朝廷,乞降牌印,无他意也。因曰:"往年大国尝遣粘割韩奴自和州往使大石,既入其境,大石方适野,与韩奴相遇,问韩奴何人敢不下马,韩奴曰:'我上国使也,奉天子之命来招汝降,汝当下马听诏。'大石曰:'汝单使来,欲事口舌耶。'使人捽下,使韩奴跪,韩奴骂曰:'反贼,天子不忍于尔加兵,遣招汝。尔纵不能面缚请罪阙下,亦当尽敬天子之使,乃敢反加辱乎。'大石怒乃杀之。此时大石林牙已死,子孙相继,西方诸部仍以大石呼之。"

余睹,阿鲁带还奏,并奏韩奴事。世宗嘉韩奴忠节,赠昭毅大将军,召其子永和县商酒都监详古、汝州巡检娄室谕之曰:"汝父奉使万里,不辱君命,能尽死节,朕甚闵之。"以详古为尚辇局直长,迁武义将军,娄室为武器署直长。

曹珪,徐州人。大定四年,州人江志作乱,珪子弼在贼党中,珪谋诛志,并弼杀之。尚书省议,当补二官杂班叙。诏曰:"珪赤心为国,大义灭亲,自古罕闻也。法虽如是,然未足以当其功,更进一官,正班用之。"

温迪罕蒲睹,为乣者群牧使。西北路契丹撒八等反,诸群牧皆应之。蒲睹闻乱作，选家奴材勇者数十人，给以兵仗，阴为之备。贼不得发，乃绐诸奴曰："官阅兵器，愿借兵仗以应阅。"诸奴以为实然，遂借与之。明旦，贼至，蒲睹无以御之。贼执蒲睹而问之曰："今欲反未？"蒲睹曰："吾家世受国厚恩，子侄皆仕宦，不能从汝反而累吾族也。"贼怒，脔而杀之，子与孙皆与害。

是时，迪斡群牧使徒单赛里、副使赤盏胡失答，耶鲁瓦群牧使鹤寿，欧里不群牧完颜术里骨、副使完颜辞不失，卜迪不部副使赤盏胡失赖，速木典糺详稳加古买住，胡睹糺详稳完颜速没葛，辖木糺详稳高彭祖等皆遇害。

鹤寿，郓王昂子，本名吾都不。五院部人老和尚率众来招鹤寿与俱反，鹤寿曰："吾宗室子，受国厚恩，宁杀我，不能与贼俱反。"遂与二子皆被杀。

讹里也，契丹人。为尚厩局直长。大定初，招谕契丹，窝斡叱令讹里也跪见，讹里也不从，谓曰："我朝廷使也，岂可屈节于汝。汝等早降可全性命，若大军至，汝辈悔将何及。"窝斡怒曰："汝本契丹人，而不我从，敢出是言。"遂害之。从行骁骑军士闰孙、史大、习马小底颇答皆被害。三年，赠讹里也宣武将军，录其子阿不沙为外帐小底。闰孙、史大皆赠修武校尉。颇答赠忠翊校尉。

纳兰绰赤，咸平路伊改河猛安人。契丹括里使人招之，绰赤不从。括里兵且至，绰赤遂团结帝近村寨为兵，出家马百余匹给之，教以战阵击刺之法，相与拒括里于改渡口，由是贼众月余不得进。既而括里兵四万人大至，绰赤拒战，贼兵十倍，遂见执，脔而杀之。诏赠官两阶，二子皆得用荫。

魏全，寿州人。泰和六年，宋李爽围寿州，刺史徒单羲尽籍城中兵民及部曲厮役得三千余人，随机拒守坚甚。羲善抚御，得众情，虽妇人皆乐为用。同知蒲烈古中流矢卒，羲益励不衰，募人往斫爽营，全在选中，为爽兵所执。爽谓全曰："若为我骂金主，免若死。"全至城下，反骂宋主，爽乃杀之，至死骂不绝口。

仆散揆遣河南统军判官乞住及买哥等以骑二千人救寿州，去寿州十余里与爽兵遇，乞住分两翼夹击爽兵，大破之，斩首万余级，追奔至城下，拔其三栅，焚其浮梁。羲出兵应之，爽兵大溃，赴淮死者甚众。爽与其副田林仅脱身去，余兵脱者十之四。诏迁羲防御使、乞住同知昌武军节度使事、买哥河南路统军判官。

赠蒲烈古昭勇大将军，官其子图刺。

赠全宣武将军、蒙城县令，封其妻为乡君，赐在州官舍三间、钱百万，俟其子年至十五岁收充八贯石正班局分承应，用所赠官荫，仍以全死节送史馆，镂版颁谕天下。

鄯阳，宗室子。为符宝祗候。完颜石古乃为护卫十人长。至宁元年八月，纥石烈执中作乱，入自通玄门。是日，变起仓猝，中外不知所为，鄯阳、石古乃往天王寺召大汉军五百人赴难，与执中战于东华门外。执中扬言曰："大汉军反矣，杀一人者赏银一定。执中兵众，大汉军少，二人不胜而死。须臾，执中兵杀五百人殆尽。

执中死，诏削官爵。诏曰："宣武将军、护卫十人长完颜石古乃，修武校尉、符宝祗候鄯阳，忠孝勇果，没于王事，石古乃赠镇国上将军、顺州刺史，鄯阳赠宣武将军、顺天军节度副使。尝从拒战猛安赏钱五百贯、谋克三百贯、蒲辇散军二百贯，各迁两阶，战没者，赠赏付其家。石古乃子尚幼，以八贯石俸给之。俟年十五以闻。"

夹谷守中，咸平人，本名阿土古。大定二十二年进士，历清池、闻喜主簿，补尚书省令史，除刑部主事、监察御史、修起居注。转礼部员外郎、大名治中，历嵩瑑、北京、临洮路按察副使。以忧去官，起复同知曷懒路兵马都总管府事，坐事谪韩州刺史，寻复同知平凉府事。大安二年，为秦州防御使，迁通远军节度使。

至宁末,移彰德军,未行,夏兵数万入巩州。守中乘城备守,兵少不能支,城陷,官吏尽降,守中独不屈。夏人壮之,且诱且胁,守中益坚,遂载而西。至平凉,要以招降府人,守中佯许,至城下即大呼曰:"外兵矢尽且遁矣,慎勿降。"夏人交刃杀之。

兴定元年,监察御史郭著按行秦中,得其事以闻。诏赠资善大夫,东京留守,仍收其子兀母为笔砚承奉。

石抹元毅本名神思,咸平府路酌赤烈猛安莎果歌仙谋克人也。以荫补吏部令史。再调景州宁津令,有剧盗白昼恣劫为民害,元毅以术防捍,贼散去。入为大理知法,除同知亳州防御使事,被省檄,录陕右五路刑狱,无冤人。复委受宋岁币,故事有私遗物元毅一无所受。

明昌初,驿召为大名等路提刑判官,以最迁汾阳军节度副使。时石、岚间贼党啸聚,肆行剽掠,朝廷命元毅捕之,贼畏而遁,元毅追袭,尽殪之,二境以安。迁同知武胜军节度使事,别郡有杀人者,屡鞠不伏,元毅讯不数语即具服。河东北路田多山坂硗瘠,大比时定为上赋,民力久困,朝廷命相地更赋,元毅以三壤法平之,民赖其利。

改彰德府治中,寻以边警授抚州刺史。会边将失守,刍粮马牛焚剽殆尽,元毅率吏卒三十余人出州经画军饷,卒与敌遇。州倅暨从吏坚请还,元毅曰:"我辈责任边守,遇敌而奔其如百姓何,纵得自安,复何面目见朝廷乎。"遂执弓矢令众,众感其忠,争为效死。元毅力战,射无不中,敌去而复合,元毅气愈厉,鏖战久之,众寡不敌遂遇害,时年四十七。事闻,上深惊悼,赠信武将军,召用其子世勣侍仪司承应。

世勣后登进士第,奏名之日,上谓宰臣曰:"此神思子耶。"叹赏者久之。元毅性沈厚,武勇过人,每读书见古人忠义事未尝不嗟叹赏慕,喜动颜色,故临难能死所事云。

伯德梅和尚,泰州人也。性鲠直,尚气节。正隆五年,收充护卫,授曷鲁碗群牧副使。未几,复召为护卫十人长,改尚厩局副使,迁本局使,转右卫将军拱卫使。典尚厩者十余年,积劳特迁官二阶,除复州刺史。明昌初,为西北路副招讨,改秦州防御使,升武胜军节度使。六年,移镇崇义军。时有事北边,左丞相夹谷清臣行省于临潢,檄为副统。

会敌入临潢,梅和尚暨护卫辟合土等领军逆击之。敌积阵以待,梅和尚直捣其阵,杀伤甚重。敌知孤军无继,聚兵围之。度不能免,乃下马相背射,复杀百余人,矢尽犹以弓提击,为流矢所中死,辟合土等皆没。

上闻之震悼,诏赠龙虎卫上将军,躐迁十阶,特赐钱二十万,命以礼葬之,物皆官给,以其子都奴为军前猛安,中奴护丧,就差权同知临潢府事李达可为敕祭使,同知德军昌节度使事石抹和尚为敕葬使。

承安五年,上谕尚书省曰:"梅和尚死王事,其子都奴从军久有功,其议所以酬之。"乃命为典署丞。

乌古孙兀屯,上京路人。大定末,袭猛安。明昌七年,以本兵充万户,备边有功,除归德军节度副使,改盘安军,察廉,迁同知速频路节度使事。以忧去官,起复归德府治中,迁唐州刺史。

泰和六年四月,宋皇甫斌步骑万人侵唐州,兀屯兵甚少,遣泌阳尉白撒不、巡检蒲闲各以五十人乘城拒守,兀屯见宋兵在城东北者可破,令军事判官撒虎带以精兵百人自西门出,绕出东北宋兵营后掩击之,杀数十百人,宋兵大乱,殆夜乃遁去。五月,皇甫斌复以兵数万来攻,行省遣泌阳副巡检纳合军胜救唐州。兀屯出兵与军胜合兵城东北,设伏兵以待之。乃分骑兵为三,一出一入以致宋兵。宋兵陷于淖,伏兵发,中冲宋兵为二,遂大溃。追奔至湖阳,斩首万余级,获马三百匹。宋别将以兵三千来袭,遇之竹林寺,殪之。纳合军胜手杀宋将,取其金带印章以献。诏迁兀屯同知河南府事。军胜迁梁县令,各进两阶。兀屯赏银三百五十两、重彩十端,为右副元帅完颜匡右翼都统。

匡取枣阳,遣兀屯袭神马坡,宋兵五万人夹水阵,以强弩拒岸,兀屯分兵夺其三桥,自辰至午连拔十三栅,遂取神马坡。从攻襄,至汉江,兀屯乱流径度。复进一阶,号平南虎威将军。宋人请和,迁河南副统军。大安初,迁昌武军节度使,副统军如故。迁西南路招讨使。兀屯御下严酷,军士多亡,杖六十。除同知上京留守事。大安三年,将兵二万入卫中都,迁元帅右都监,转左都监、兼北京留守。有功,赐金吐鹘、重彩十端。迁元帅左监军,留守如故。

贞祐元年闰月,以兵入卫中都,诏以兵万六千人守定兴,军败,兀屯战没。

高守约字从简,辽阳人。大定二十八年进士,累官观州刺史。大元兵徇地河朔,郭邦献已归顺,从至城下,呼守约曰:"从简当计全家室。"守约弗顾,至再三,守约厉声曰:"吾不汝识也。"城破被执,使之跪,守约不屈,遂死。诏赠崇义军节度使,谥忠敬。

和速嘉安礼字子敬,本名酌,大名路人。颖悟博学,淹贯经史。大定二十八年进士。至宁末,为泰安州刺史。贞祐初,山东被兵,郡县望风而遁,或劝安礼去之,安礼曰:"我去,城谁与守,且避难负国家之恩乎?"乃团练缮完,为御守计。已而,大元兵至,战旬日不能下,谓之曰:"此孤城耳,内无粮储,外无兵援,不降无遗类矣。"安礼不听。城破被执,初不识其为谁,或妄以酒监对,安礼曰:"我刺史也,何以讳为?"使之跪,安礼不屈,遂以戈撞其胸而杀之。诏赠泰定军节度使,谥坚贞。

王维翰字之翰,利州龙山人。父庭,辽季率县人保县东山,后以众降。维翰好学不倦,中大定二十八年进士。调贵德州军事判官,察廉迁永霸令。县豪欲尝试维翰,设事陈诉维翰穷竟之,遂伏其诈,杖杀之,健讼衰息。历弘政、获嘉令,佐胥持国治河决,有劳,迁一阶。改北京转运户籍判官,补尚书省令史。

除同知保静军节度使事,检括户籍,一郡称平。属县有奴杀其主人者。诬主人弟杀之,刑部疑之。维翰审谳,乃微行物色之,得其状,奴遂引服。改中都转运副使,摄侍御史,奏事殿中,章宗曰:"佳御史。"就除侍御史。改左司员外郎,转右司郎中。仆散揆伐宋,维翰行省左右司郎中。

泰和七年,河南旱蝗,诏维翰体究田禾分数以闻。七月,雨,复诏维翰曰:"雨虽沾足,秋种过时,使多种蔬菜犹愈于荒莱也。蝗蝻遗子,如何可绝?旧有蝗处来岁宜菽麦,谕百姓使知之。"

八年,宋人受盟,还为右司郎中,进官一阶。上问:"宋人请和复能背盟否?"维翰对曰:"宋主息于政事,南兵佻弱,两淮兵后千里萧条,其臣惩韩侂胄、苏师旦,无复敢执其咎者,不足忧也。唯北方当劳圣虑耳。"

久之,迁大理卿、兼潞王傅,同知审官院事。新格,教坊乐工阶至四品,换文武正资,服金紫。维翰奏:"伶优贱工,衣缙绅之服,非所以尊朝廷也。"从之。大安初,权右谏议大夫,三司欲税间架,维翰谏不听。转御史中丞,无何,迁工部尚书、兼大理卿,改刑部尚书,拜参知政事。

贞祐初,罢为定海军节度使。是时,道路不通,维翰舟行遇盗,呼谓之曰:"尔辈本良民,因乱至此,财物不惜,勿恐吾家。"盗感其言而去。至镇,无兵备,邻郡皆望风奔溃,维翰谓吏民曰:"孤城不可守。此州阻山浮海,当有生地,无俱为鱼肉也。"乃纵百姓避难。维翰率吏民愿从者奔东北山,结营堡自守,力穷被执不肯降。妻姚氏亦不肯屈,与维翰俱死。诏赠中奉大夫,姚氏芮国夫人,谥贞洁。

移剌古与涅,安化军节度使。贞祐初,大元兵取密州,古与涅率兵力战,流矢连中其颈,既拔去复中其颊,死焉。贞祐三年,诏赠安远大将军、知益都府事。

　　宋扆，中都宛平人也。正隆五年进士。历辰州、宁化州军事判官，曹王府记室参军，陕西西路转运都勾判官。补尚书省令史，除武定军节度副使、中都右警巡使。时固安县丞刘昭与部民裴原争买邻瓅田，扆用昭属，抑原使毋争。御史台劾奏，夺一官，解职，降广宁府推官。改辽东路盐使。丁父忧，起复吏部员外郎，历苏、曹、景州刺史，同知中都路转运使事，迁北京、临潢等路按察使。改安国军节度使、河东南路转运使。御史劾其前任按察侵民舍不称职，降沂州防御使，移浚州，迁山东西路转运使，改定海军节度使。

　　贞祐二年，改沁南军，正月，大元兵至怀州，城破死焉，扆天资刻酷，所至不容物，以是蹭蹬于世云。

　　乌古论荣祖本名福兴，河间人。明昌二年进士，历官补尚书省令史，除都转运司都勾判官，转弘文校理，升中都总管府判官，察廉除震武军节度副使、彰德府司马，累迁户部员外郎、宁海州刺史。贞祐二年城破，荣祖犹力战，死之。赠安武军节度使，赐谥毅勇。

　　乌古论仲温本名胡刺，盖州按春猛安人。大定二十五年进士，累官太学助教、应奉翰林文字、河东路提刑判官，改河北东路转运副使。御史荐前任提刑称职，迁同知顺天军节度使事，签上京、东京等路按察司事，改提举肇州漕运、兼同知武兴军节度使事、东胜州刺史。坐前在上京不称职，降镇宁军节度副使。改滑州刺史、河东南路按察副使、寿州防御使。

　　贞祐初，迁镇西军节度使。是时，中都被围，遂至太原，移书安抚使贾益谦，约以乡兵救中都。因驰驿如平阳，将与益谦会于绛，不能进，抵平阳而还。仲温尝治平阳，吏民争留之，仲温曰："平阳巨镇，易为守御，于私计得矣，如岚州何。"遂还镇。已而，大元兵大至，城破，不屈而死。赠资德大夫、婆速路兵马都总管，谥忠毅，岁时致祭。

　　九住,宗室子,为武州刺史,唐括孛果速为军事判官。贞祐二年十一月,大元兵取九住子倳抵城下,谓之曰:"山东、河北今皆降我,汝之家属我亦得已,苟不速降且杀之也。"九住曰:"当以死报国,遑恤家为。"无何,城破,力战而死,孛果速亦不屈死焉。诏赠九住临海军节度使,加骠骑卫上将军。孛果速建州刺史,加镇国上将军。仍令树碑,岁时致祭。

　　李演字巨川,任城人。泰和六年进士第一,除应奉翰林文字。再丁父母忧,居乡里。贞祐初,任城被兵,演墨衰为济州刺史,画守御策。召集州人为兵,搏战三日,众皆市人不能战,逃散。演被执,大将见其冠服非常,且知其名,问之曰:"汝非李应奉乎?"演答曰:"我是也。"使之跪不肯,以好语抚之亦不听,许之官禄,演曰:"我书生也,本朝何负于我,而利人之官禄哉。"大将怒,击折其胫,遂曳出杀之,时年三十余。赠济州刺史,诏有司为立碑云。

　　刘德基,大兴人。贞祐元年,特赐同进士出身。守官边邑,夏兵攻城、德基坐厅事,积薪其傍,谓家人曰:"城破即焚我。"及城破,其家人不忍纵火,遂被执。胁使跪降,德基不屈,同僚故人绐夏人曰:"此人素病狂,故敢如此。"德基曰:"为臣子当如此尔,吾岂狂耶?"夏人壮其义,乃系诸狱,冀其改图。已而召问,德基大骂,终不能从,曰:"吾岂苟生者哉。"遂害之。赠朝列大夫、同知通远军节度使事。

　　王毅,大兴人。经义进士,累官东明令。贞祐二年,东明围急,毅率民兵愿战者数百人拒守。城破,毅犹率众抗战,力穷被执,与县人王八等四人同驱之郭外。先杀二人,王八即前跪将降,毅以足蹋之,厉声曰:"忠臣不佐二主,汝乃降乎。"驱毅者以刃斫其胫,毅不屈而死。赠曹州刺史。

　　王晦字子明,泽州高平人。少负气自熹,常慕张咏之为人,友妻与人有私,晦手刃杀之。中明昌二年进士,调长葛主簿,有能声。察廉除辽东路转运司都勾判官,提刑司举其能,转北京转运户籍判官。迁安阳令,累除签陕西西路按察司事,改平凉治中。召为少府少监,迁户部郎中。贞祐初,中都戒严,或举晦有将帅才,俾募人自将,得死士万余统之。率所统卫送通州粟入中都,有功,迁霍王傅。以部兵守顺州。

　　通州围急,晦攻牛栏山以解通州之围。赐赍优渥,迁翰林侍读学士,加劝农使。九月,顺州受兵,晦有别部在沧、景,遣人突围召之,众皆踊跃思奋,而主者不肯发。王臻,晦之故部曲也,免胄出见,且拜曰:"事急矣,自苦何为,苟能相从,可不失富贵。"晦曰:"朝廷何负汝耶?"臻曰:"臻虽负国,不忍负公。"因泣下。晦叱曰:"吾年六十,致位三品,死则吾分,讵从汝耶?"将射之,臻掩泣而去。无何,将士缒城出降,晦被执,不肯降,遂就死。

　　初,晦就执,谓其爱将牛斗曰:"若能死乎?"曰:"斗蒙公见知,安忍独生。"并见杀。诏赠荣禄大夫、枢密副使,仍命有司立碑,岁时致祭。录其子汝霖为笔砚承奉。

　　齐鹰扬,淄州军事判官。杨敏中,屯留县尉致仕。张乞驴,淄州民。贞祐初,大元兵取淄州,鹰扬等募兵备御,城破,率众巷战。鹰扬等三人创甚被执,欲降之,鹰扬伺守者稍息,即起夺槊杀数人,敏中、乞驴皆不屈以死。诏赠鹰扬嘉议大夫、淄州刺史,仍立庙于州,以时致祭。敏中赠昭勇大将军、同知横海军节度使事。乞驴特赠宣武将军、同知淄州军州事。

　　术甲法心,蓟州猛安人。官至北京副留守。贞祐二年,为提控,与同知顺州军州事温迪罕咬查剌俱守密云县。法心家属在蓟州,大元兵得之,以示法心曰:"若速降当以付汝,否则杀之。"法心曰:"吾事本朝受厚恩,战则速战,终不能降也,岂以家人死生为计耶?"城破,死于阵。咬查剌被执,亦不屈而死。

盘安军节度判官蒲察纥舍与鸡泽县令温迪罕十方奴同守蓟州,众溃而出,纥舍、十方奴死之。

诏赠法心开府仪同三司,枢密副使、封宿国公、咬查剌镇国上将军、顺州刺史、纥舍金紫光禄大夫、蓟州刺史,十方奴镇国上将军、蓟州刺史。仍命树碑,以时致祭。

高锡字永之,德基子。以荫补官。积劳调淄州酒使,课最。迁萍乡令。察廉迁辽东路转运支度判官、太仓使、法物库使、兼尚林署直长、提举都城所,历北京、辽东转运副使、同知南京路转运使事。贞祐初,累迁河北东路按察转运使。城破,遂自投城下而死。

金史卷一二二
列传第五三

忠义二

　　吴僧哥　　乌古论德升　　张顺　　马骧
　　伯德窊哥　　奥屯丑和尚　　从坦
　　孛术鲁福寿　　吴邦杰　　纳合蒲剌都
　　女奚烈斡出　　时茂先　　温迪罕老儿
　　梁持胜　　贾邦献　　移剌阿里合
　　完颜六斤　　纥石烈鹤寿　　蒲察娄室
　　女奚烈资禄　　赵益　　侯小叔　　王佐
　　黄掴九住　　乌林答乞住　　陀满斜烈
　　尼庞古蒲路虎　　兀颜畏可
　　兀颜讹出虎　　粘割真

　　吴僧哥,西南路唐古乙剌糺上沙燕部落人。拳勇善骑射。大安间,选籍山西人为兵,僧哥充马军千户,有功。贞祐初,迁万户,权顺义军节度使。朔州失守,僧哥复取之,真授同知节度使事。弟权同知节度使事迪剌真授节度副使。权节度副使燕曹儿真授节度判官。提控马寿儿以下,迁授有差。

众苦乏食，僧哥乞赐粮十五万斛，朝廷以为应州已破，朔为孤城，其势不可守，乃迁朔之军民九万余口分屯于岚、石、隰、吉、绛、解之间。未行，大元兵至朔州，战七昼夜，有功，加遥授同知太原府事、兼同知节度使事，迪剌石州刺史，曹儿同知岢岚州防御使事。

四年，始迁其民南行，且战且行者数十里，僧哥力惫马踬死焉，时年三十。诏赠镇国上将军、顺义军节度使。

乌古论德升本名六斤，益都路猛安人。明昌二年进士。累官补尚书省令史，知管差除。除吏部主事、绛阳军节度副使。丁父忧，起复太常博士、东平治中。大安初，知弘文院。改侍御史，论西京留守纥石烈执中奸恶，卫绍王不听，迁肇州防御使。

宣宗迁汴，召赴阙，上言：“泰州残破，东北路招讨司猛安谋克人皆寓于肇州，凡征调往复甚难。乞升肇州为节度使，以招讨使兼之。置招讨副使二员，分治泰州及宜春。”诏从之。进翰林侍读学士、兼户部侍郎。俄以翰林侍读权参知政事，与平章政事抹捻尽忠论近侍局预政，宣宗怒，语在《尽忠传》。无何，出为集庆军节度使，改汾阳军节度使、河东北路宣抚副使，复改知太原府事、权元帅左监军。

兴定元年，大元兵急攻太原，粮道绝。德升屡出兵战，粮道复通，诏迁官一阶。德升上言：“皇太子聪明仁孝，保训之官已备，更宜选德望素著之士朝夕左右之。日闻正言、见正行，此社稷之洪休、生民之大庆也。”宣宗嘉纳之。

二年，真授左监军，行元帅府事。大元兵复围太原，环之数匝，已破濠垣，德升植栅为拒，出其家银币及马赏战士。北军坏城西北隅以入，德升联车塞之，三却三登，矢石如雨，守陴者不能立。城破，德升至府署，谓其姑及其妻曰：“吾守此数年，不幸力穷。”乃自缢而死。其姑及其妻皆自杀。诏赠翰林学士承旨。子兀里伟尚幼，诏以奉御俸养之。

张顺，淄州士伍。淄州被围，行省侯挚遣总领提控王庭玉将兵救之。庭玉募顺等三十人往觇兵势,且欲令城中知援兵之至。乘夜潜至城下,顺为所得。执之使宣言行省军败绩,庭玉亦死,宜速降。顺阳许诺,既乃呼谓城中曰:"外兵无多,王节度军且至,坚守毋降。"兵刃交下,顺曰:"得为忠孝鬼,足矣。"遂死。淄人知救兵至,以死守,城赖以完。后赠宣武将军、同知棣州防御使事。诏有司给养其亲,且访其子孙,优加任用。

马骧,禹城人也。登进士,历官有声。贞祐三年,为曹州济阴令。四月,大元克曹州,骧被执。军卒捞掠求金,骧曰:"吾书生,何从得是。"又使跪,骧曰:"吾膝不能屈,欲杀即杀,得死为大金鬼,足矣。"遂死。赠朝列大夫、泰定军节度副使,仍树碑于州,岁时致祭。贞祐四年七月,诏以其男惟贤于八贯石局分收补。

伯德窊哥,西南路咩乣奚人。壮健沉勇。大元兵克西南路,邻郡皆降,窊哥独不屈。贞祐五年,东胜州已破,窊哥与姚里鸦胡、姚里鸦儿招集义军,披荆棘复立州事。河东北路行元帅府承制除窊哥武义将军、宁远军节度副使,姚里鸦胡武义将军、节度判官,姚里鸦儿武义将军、观察判官。窊哥等以恩不出朝廷,颇怀觖望,纵兵剽掠。兴定元年,诏窊哥遥授武州刺史、权节度使,姚里鸦胡权同知节度使事,姚里鸦儿权节度副使,各迁官两阶。

兴定三年,窊哥特迁三官,遥授同知晋安府事,寻真授东胜军节度使。东胜被围,城中粮尽,援兵绝,窊哥率众溃围,走保长宁寨,诏各进一官,战没者赠三官。九月,复被围,窊哥死之。

奥屯丑和尚,为代州经略使。贞祐四年八月,大元兵攻代州,和尚御战败绩,身被数创,被执。欲降之,不屈,遂死。

从坦,宗室子。大安中,充尚书省祗候郎君。贞祐二年,自募义兵数千,充宣差都提控,诏从提举奉先、范阳三都统兵。除同知涿州事,迁刺史,佩金牌,经略海州。

顷之,充宣差都提控,安抚山西军民,应援中都。上书曰:"绛、解二州仅能城守,而村落之民皆尝被兵,重以连岁不登,人多艰食,皆恃盐布易米。今大阳等渡乃不许粟麦过河,愿罢其禁,官税十三,则公私皆济矣。"又曰:"绛、解、河中必争之地,惟令宝昌军节度使从宜规画盐地之利,以实二州,则民受其利,兵可以强矣。"又曰:"中条之南,垣曲、平陆、芮城、虞乡,河东之形势,陕、洛之襟喉也。可分陕州步骑万二千人为一提控、四都统,分成四县,此万全之策也。"又曰:"平陆产银铁,若以盐易米,募工炼冶,可以广财用、备戎器,小民佣力为食,可以息盗。"又曰:"河北贫民渡河逐食,已而复还济其饥者,艰苦殊甚。苛暴之吏抑止诛求,弊莫大焉。"又曰:"河南、陕西调度未急,择骑军牝马群牧,不二三年可增数万骑,军势自振矣。"又曰:"诸路印造宝券,久而益多,必将积滞。止于南京印造给降,庶可久行。"又曰:"河北职任虽除授不次,而人皆不愿者,盖以物价十倍河南,禄廪不给,饥寒且至。若实给俸粟之半,少足养廉,则可责其效力。"又曰:"河北之官,朝廷减资迁秩躐等以答其劳。闻河南官吏以贬逐目之,彼若以为信然,谁不解体。"书奏,下尚书省议,惟许放大阳等渡、宣抚司量民力给河北官俸、目河北为贬所者有禁而已。

四年,行枢密院于河南府,上书曰:"用兵累年。出辄无功者,兵不素励也。士庶且充行伍,况于皇族与国同休戚哉。皆当从军,亲冒矢石为士卒先,少宽圣主之忧。族人道哥实同此心,愿隶臣麾下。"宣宗嘉其忠,许之。

兴定元年,改辉州刺史,权河平军节度使、孟州经略使。初,御史大夫权尚书右丞永锡被诏经略陕西,宣宗曰:"敌兵强则谨守潼关,毋使得东。"永锡既行,留渑池数日,至京兆驻兵不动。顷之,潼关破,大元兵次近郊。由是永锡下狱,久不决。从坦乃上疏救之,略曰:"窃闻周祚八百,汉享国四百余载,皆以封建亲戚,犬牙相制故也。孤秦、曹魏亡国不永,晋八王相鱼肉,犹历过秦、魏,自古同姓之亲未有不与国存亡者。本朝胡沙虎之难,百僚将士无敢谁何,鄱阳、石古乃奋身拒战,尽节而死。御史大夫永锡才不胜任,而必用之,是朝廷之过也。国之枝叶已无几矣,伏惟陛下审图之。"于是,宗室四百余人上书论永锡,皆不报。久之,永锡杖一百,除名。

当是时诸路兵皆入城自守,百姓耕稼失所,从坦上书曰:"养兵所以卫民。方今河朔惟真定、河间之众可留捍城,其余府州皆当散屯于外,以为民防,俟稼穑毕功然后移于屯守之地,是为长策。"从之。加遥授同知东平府事,权元帅左监军、行元帅府事,与参知政事李革俱守平阳。

兴定二年十月,从坦上奏:"太原已破,行及平阳。河东郡县皆不守,大抵屯兵少,援兵不至故耳。行省兵不满六千。平阳,河东之根本,河南之藩篱也。乞并怀、孟、卫州之兵以实潞州,调泽州、沁水、端氏、高平诸兵并山为营,为平阳声援。惟祈圣断,以救倒悬之急。"是月壬子,大元兵至平阳,提控郭用战于城北濠垣,被执不屈而死。癸丑,城破,从坦自杀。赠昌武军节度使。

字术鲁福寿,为唐邑主薄。大元兵攻唐邑,福寿与战,死之。赠官三阶,赙钱五百贯。

吴邦杰,登州军事判官。邦杰寓居日照之村墅,为大元兵所得,驱令攻城,邦杰曰:"吾荷吾国恩,讵忍攻吾君之城。"与之酒食不顾,乃杀之。诏赠朝列大夫、定海军节度副使。

纳合蒲剌都,大名路猛安人。承安二年进士,调大名教授。累除比阳令,补尚书省令史,除彰德军节度副使,以忧去官。贞祐二年,调同知西安军节度使事,历同知临洮、平凉府事,河州防御使。三年,夏人围定羌,蒲剌都击走之,以功加遥授彰化军节度使。

四年,升河州为平西军,就以蒲剌都为节度使。上言:"古者一人从军,七家奉之,兴十万之师,不得操事者七十万家。今籍诸道民为兵者十之七八,奉之者才二三,民安得不困。夫兵贵精,不在众寡,择勇敢谋略者为兵,脆懦之徒使归农亩,是亦纾民之一端也。"又请补官赎罪以足用,及请许人射佃陕西荒田、开采矿冶,不报。

改知平凉府事,入为户部尚书。是时,伐宋大捷,蒲剌都奏:"宋人屡败,其气必沮,可乘此遣人谕说,以寻旧盟。若宋人不从,然后伐之,疾仇怒顽,易以成功。"朝廷不能用。蒲剌都又言:"诸军当汰去老弱,妙选精锐,庶可取胜。陕西弓箭手不习骑射,可选善骑者代之。延安屯兵甚众,分徙万人驻平凉。关中元帅猥多,除京兆重镇,其余皆可罢。巩县以北,黄河南岸,及金钩、吊桥、虎牢关、虢州崿岭,凡斜径僻路俱当置兵防守。"诏下尚书省、枢密院议,竟不施行。

未几,改元帅右监军、兼昭义军节度使、行元帅府事。兴定二年,潞州破,力战而死。赠御史大夫。

女奚烈斡出,仕至桢州刺史,被行省牒徙州人于金胜堡。已而大兵至,斡出拒战,中流矢,病创卧。花帽军张提控言:"兵势不可当,宜速降。"斡出曰:"吾曹坐食官禄,可忘国家恩乎。汝不闻赵坊州乎,以金帛子女与敌人,终亦不免。我辈但当力战而死耳。"至夜,张提控引数人持兵仗以入,胁斡出使出降,斡出曰:"听汝所为,吾终不屈也。"遂杀之,执其妻子出降。

初,桢州人迁金胜堡多不能至,军事判官王谨收遗散之众,别屯周安堡。周安堡不缮完楼堞、置战守之具,兵至,谨拒战十余日,内溃,被执不屈而死。诏斡出、谨各赠官六阶、升职三等。

时茂先,日照县沙沟酒监,寓居诸城。红袄贼方郭三据密州,过其村,居民相率迎之。贼以元帅自称,茂先怒谓众曰:"此贼首耳,何元帅之有。"方郭三闻而执之,断其腕,茂先大骂,贼不胜忿,复剔其目,乱刃锉之,至死骂不绝。诏赠武节将军、同知沂州防御使事。

温迪罕老儿,为同知上京留守事。蒲鲜万奴攻上京,其子铁哥生获老儿，胁之使招余人，不从，铁哥怒，乱斫而死。赠龙虎卫上将军、婆速兵马都总管，以其侄黑厮为后，特授四官。

梁持胜字经甫，本名询谊，避宣宗嫌名改焉。保大军节度使襄之子。多力善射。泰和六年进士，复中宏词。累官太常博士，迁咸平路宣抚司经历官。

兴定初，宣抚使蒲鲜万奴有异志，欲弃咸平徙曷懒路，持胜力止之，万奴怒，杖之八十。持胜走上京，告行省太平。是时，太平已与万奴通谋，口称持胜忠，而心实不然，署持胜左右司员外郎。

既而，太平受万奴命，焚毁上京宗庙，执元帅承充，夺其军。持胜与提控咸平治中裴满赛不、万户韩公恕约，杀太平，复推承弃行省事，共伐万奴。事泄，俱被害。诏赠持胜中顺大夫、韩州刺史，赛不镇国上将军、显德军节度使，公恕明威将军、信州刺史。

贾邦献，霍州霍邑县陈村人也。举进士第。质直有勇略。大元攻河东，邦宪集居民为守御计。既而，兵大至，居民悉降，邦宪弃其家，独与子懿保于松平寨。是时，权知州事刘珍在寨，与之共守，竟能成功。珍每欲辟之，邦献辄以衰老为辞。

兴定四年十月，兵复大至，病不能避，与懿俱被执。欲以为镇西元帅，且持刃胁之，邦献不屈，密遣懿归松平，遂自刭。赠奉直大夫、本县令。

移剌阿里合，辽人。兴定间，累迁霍州刺史。兴定四年正月，移霍州治好义堡。大元兵至，阿里合力战不能敌，兵败被执。诱使降，阿里合曰：“吾有死无贰。”叱使跪，但向阙而立，于是丛矢射杀之。

宝昌军节度副使孔祖汤同时被获。既又令祖汤跪，祖汤不从，亦死。

诏赠阿里合龙虎卫上将军、泰定军节度使，祖汤资善大夫、同知平阳府事。祖汤，泰和三年进士。

完颜六斤，中都路胡土爱割蛮猛安人。大安中，以荫补官，选充亲军。调阜平尉，迁方城令，改通州军事判官，以功迁本州刺史。顷之，元帅右都监蒲察七斤执之以去。未几，挈家脱归，除同知临洮府事，徙庆阳，迁保大军节度使。兴定五年，鄜州破，六斤自投崖下死焉。赠特进、知延安府事。诏陕西行省访其子孙以闻。

纥石烈鹤寿，河北西路山春猛安人。性淳质，躯干雄伟。初充亲军。中泰和三年武举，调褒信县副巡检。六年，宋人围蔡州，鹤寿请于防御使，与勇士五十人夜斫宋营，使诸军噪于城上，斩三百余级，宋兵自相蹂践，死者千余人。迟明，宋人解围去。鹤寿追之，使殿曳柴，宋人顾尘起，以为大兵且至，遂奔，追至陈寨而还。已而，宋兵复据新蔡、新息、褒信三县，鹤寿皆复取之，得马三百匹。充行军万户，从大军出寿春，败宋人于涡口，夺马千余匹，攻下真、滁二州及盱眙军。军还，进九官，迁同知息州军州事。改万宁宫同提举。

大安三年，充西南路马军万户。夏人五万围东胜，鹤寿救之，突围入城，夏兵解去。迁两阶，赐银百两、重彩十端。迁尚方署令，充行军副统，升充行省左翼都统。转武卫军都统。充马军副提控，转铃辖，充都城东面宣差副提控。

贞祐二年，丁父忧，起复武宁军节度副使。破红袄贼于兰陵石城堙，一切掠良人为生口。监察御史陈规奏："乞敕有司，凡鹤寿所获俱从放免。"诏徐州、归德行院拘括放之。寻遥授同知武宁军节度使事，兼节度副使。坐出猎纵火延烧官草，杖一百，改同知河平军节度使事。

兴定元年，充马军都提控，入宋襄阳界，遥授同知武胜军节度使事，改遥授睢州刺史。二年，攻枣阳，三败宋兵，改遥授同知归德府事。三年，夺宋石渠寨，决去枣阳濠水，加宣差邓州路军马从宜，遥授汝州防御使。四年，宋扈太尉步骑十万围邓州，鹤寿分兵拒守，出府库金帛赏士，许以迁官加爵。自将余众日出搏战，宋兵焚营去，鹤寿被创不能骑马,遣招抚副使术虎移剌答追及之,杀数十人,夺其俘而还。诏所散金帛勿问,将士优迁官爵,鹤寿迁金紫光禄大夫,遥授武胜军节度使。

俄丁母忧,以本官起复,权元帅左都监,行元帅府于鄜州。兴定五年闰十二月,鄜州破,鹤寿与数骑突山城。追及之,鹤寿据土出力战而死。谥果勇。

蒲察娄室,东北路按出虎割里罕猛安人。泰和三年进士。调庆都、牟平主簿,以廉能迁中都右警巡副使。补尚书省令史,知管差除。贞祐初,除吏部主事、监察御史。丁母忧,服阙,充行省经历官,改京兆治中,遥授定西州刺史,充元帅参议官。

兴定二年,与元帅承裔攻下西和州。白撒由秦州进兵抵栈道,宋人悉锐来拒,娄室乘高立帜,策马旋走,扬尘为疑兵,别遣精骑掩出其后。宋兵大溃,乘胜遂拔兴元。进一阶,除丹州刺史。

再迁同知河中府事,权元帅右都监、河东路安抚使。复取平阳、晋安,优诏褒宠,进一阶,赐银二百两、重币二十端,遥授孟州防御使,权都监如故。将兵救鄜州,转战而至,城破死之。赠资德大夫、定国军节度使,谥襄勇。敕行省求其尸以葬。

女奚烈资禄本姓张氏,咸平府人。泰和伐宋,从军有功,调易县尉,迁潞县主簿。贞祐初,遥授同知德州防御事,改秦州。三年,遥授同知通远军节度事。兴定元年,改西宁州刺史,赐今姓。久之,遥授同知临洮府事,兼定西州刺史。从元帅右都监完颜阿邻破宋兵于梢子岭。三年,攻破武休关,资禄功最。诏比将士迁五官、职二等外,资禄更加官、职一等,遥授通远军节度使,刺史如故。

五年,遥授陇安军节度使,俄改金安军,诏曰:“陕西行省奏军官阙员。卿久在行阵,御下有法,旧隶士卒多在京兆。今正防秋,关、河要冲、悉心备御。”将兵救鄜州。闰十二月,鄜州破,被执不肯降,遂死。赠银青荣禄大夫、中京留守。元光元年,言事者谓资禄褒赠尚薄，诏录其二子烈山、林泉，升职一等，陕西行省军中用之。

赵益，太原人。读书肄业。大元兵入境，益鸠合土豪，保聚山硖，屡战有功。晋阳公郭文振署为寿阳令，驻兵榆次重原寨。遂率众收复太原，夜登其城，斩馘甚众，所获马仗不可计，护老幼二万余口以出。升太原治中，复擢同知府事、兼招抚使。

元光元年八月，大元兵大至，攻城益急，知不可支，乃自焚其府库，杀妻子，沉其符印于井，遂自杀。宣宗闻之嘉叹，赠银青荣禄大夫、河东北路宣抚使，仍谕有司求其子孙录用。

侯小叔，河东县人。为河津水手。贞祐初，籍充镇威军，以劳补官。元光元年，迁河中府判官，权河东南路安抚副使。小叔尽护农民入城，以家财赏战士。河中围解，迁治中，安抚如故。枢密院奏："小叔才能可用，权位轻不足以威众，乞假符节。"十二月，诏权元帅右都监，便宜从事。

提控吴德说小叔出降，叱出斩之。表兄张先从容言大兵势重，可出降以保妻子，小叔怒谓先曰："我舟人子，致身至此，何谓出降。"缚先于柱而杀之，饭僧祭葬，以尽戚党之礼。

顷之，枢密院遣都监讹论与小叔议兵事，小叔出城与讹论会，石天应乘之取河中府，作浮桥通陕西。小叔驻乐李山寨，众兵毕会，夜半坎城以登，焚楼橹，火照城中，天应大惊不知所为，尽弃辎重、牌印、马牛杂畜，死于双市门。小叔烧绝浮桥，抚定其众。迁昭毅大将军，遥授孟州防御使、同知府事，监军、安抚如故。

二年正月，大元军骑十万围河中，总帅讹可遣提控孙昌率兵五千，枢密副使完颜赛不遣李仁智率兵三千，俱救河中。小叔期以夜中鸣钲，内外相应。及期，小叔出兵战，昌、仁智不敢动。小叔欲众入城，围益急，众议出保山寨，小叔曰："去何之？"密遣经历官张思祖溃围出，奔告于汴京。

明日，城破，小叔死，不得其尸。总帅讹可以河中府推官籍阿外代小叔权右都监。枢密院奏："小叔功卓异，或疑尚在，遽令阿外代之，绝归向之路。"至是，小叔已亡四十余日，中条诸寨无所统领，乃诏阿外权领。宣宗思小叔功，下诏褒赠，切责讹可不救河中之罪。

王佐字辅之，霍州农家子。豁略不事产业，轻财好施，善骑射。兴定中，聚兵数千人，权领霍州事。平阳胡天作承制加忠勇校尉、赵城丞，迁霍邑令、同知蒲州军事，权招抚副使、蒲州经略使。诏迁宣武将军，遥授宝昌军节度副使。

大元兵取青龙堡，佐被获，署霍州守将，隶元帅崔环，质其妻子。招抚使成天祐与环有隙，佐与天祐谋杀环，天祐曰："君妻子为质奈何？"佐曰："佐岂顾家者邪？"元光二年七月，因环出猎杀之，率军民数万请命，加龙虎卫上将军、元帅右监军、兼知平阳府事。

佐与平阳公史咏素不协，请徙沁州玉女寨，诏从之，仍令听上党公完颜开节制。是岁七月，救襄垣，中流矢卒。赠金吾卫上将军，以其子为符宝典书。

黄摑九住，临潢人。大定间，以荫补部令史，转枢密院令史，调安肃州军事判官。明昌四年，为大理执法，同知蓟州军事，再迁潞王府司马，累官河东北路按察使、转运使，改知彰德府事。战殁。赠荣禄大夫、南京留守，仍录用其子孙。

乌林答乞住，大名路猛安人。大定二十八年进士。累官补尚书省令史，除山东提刑判官、英王府司马。御史台举前在山东称职，改太原府治中。签陕西按察司事，历汝州、沁州刺史。北京、临潢按察副使，迁蒲与路度主使。未几，以罪夺三官，解职，降德昌军节度副使。崇庆初，戍边有功，迁一官，赏银百两、重币十端，转利州刺史。贞祐初，改同知咸平府事，迁归德军节度使。改兴平军，就充东面经略使。寻罢经略司，改元帅右都监。赴援中都战殁。赠荣禄大夫、参知政事，以参政半俸给其家。

陀满斜烈,咸平路猛安人。袭父猛安。明昌中,以所部兵充押军万户,戍边。承安中,讨契丹有功,除陈州防御使。迁知平凉府事,改保大军节度使,徙知彰德府事。贞祐四年,大元兵复取彰德,斜烈死焉。

尼庞古蒲鲁虎,中都路猛安人。明昌五年进士。累官补尚书省令史,从平章政事仆散揆伐宋。兵罢,除同知崇义军节度使事。察廉,改东平府治中。历环州、裕州刺史,翰林待制,开封府治中,大理卿。寻擢知河南府事,兼河南路副统军。贞祐四年,急备京西,为陕州宣抚副使、兼西安军节度使。是岁,大元兵取潼关,戍卒皆溃,蒲鲁虎御战,兵败死焉。

兀颜畏可,隆安路猛安人。补亲军,充护卫,除益都总管府判官、中都兵马副都指挥使,累官会州刺史。贞祐初,为左卫将军、拱卫直都指挥使、山东副统军、安化军节度使。土贼据九仙山为巢穴,畏可拥众不击,贼愈炽。东平行省蒙古纲劾奏畏可不任将帅,朝廷不问。改镇西军,权经略副使,历全安、武胜军。兴定四年,改泰定军。是岁五月,兖州破,死焉。

兀颜讹出虎,隆安府猛安人。大定二十八年进士。累官补尚书省令史,除顺天军节度副使,召为治书侍御史、刑部员外郎、单州刺史、户部郎中、河东北路按察副使、同知大兴府事、秦州防御使。丁母忧,起复泗州防御使,迁武宁军节度使,徙河平军、兼都水监。坐前在武宁奏军功不实,降沂州防御使,迁汾阳军节度使、兼经略使。兴定二年九月,城破死焉。

粘割真本名抄合,西南路招讨司人。大定二十八年进士。历教授、主簿,用荐举除河北大名提刑知事。察廉迁都转运户籍判官,累官泰定军节度副使。丁父忧，服阙，除德兴治中、宣德州刺史。贞祐元年十二月，贞以礼部郎中摄国子祭酒，与恩州刺史摄武卫军副都指挥使粘割合达、河间府判官摄同知顺天军节度使事梅只乞奴、保州录事摄永定军节度副使伯德张奴出议和事。二年，和议成。赏银二百两、重币十端、玉吐鹘。改户部侍郎，历沁南、河平、镇南、集庆、汾阳军节度使。贞祐四年，改昭义军，充潞州经略使。

兴定二年，入为工部尚书。由寿州伐宋，攻正阳有功。权元帅左都监，守晋安府。兴定三年十一月，城破，贞与府官十余人皆死之。

金史卷一二三
列传第六一

忠义三

徒单航　完颜陈和尚　杨沃衍
乌古论黑汉　驼满胡土门　姬汝作
爱申　禹显

徒单航一名张僧,驸马枢密使某之子也。父号九驸马,卫王有事北边,改授都元帅,仍权平章,殊不允人望。张僧时为吏部侍郎,力劝其父请辞帅职,遂拜平章。至宁元年,胡沙虎弒逆,降航为安州刺史。会北兵大至城下,声言都城已失守,汝可速降。航谓其民曰:"城守虽严,万一攻破,汝辈无孑遗矣。我家两世驸马,受国厚恩,决不可降。汝辈计将安出?"其民曰:"太守不屈,我辈亦何忍降,愿以死守。"航乃尽出家财以犒军民,军民皆尽力备御。又五日,城危,航度不可支,谓其妻挐曰:"今事急矣,惟有死尔。"乃先谥其妻挐,谓其家人曰:"我死即撤屋焚之。"遂自谥死。城破,人犹力战,曰:"太守即死,我辈不可独降。"死者甚众。

完颜陈和尚名彝字良佐,世以小字行,丰州人。系出萧王诸孙。父乞哥,泰和南征,以功授同知阶州军事,及宋复阶州,乞哥战殁于嘉陵江。

　　贞祐中，陈和尚年二十余，为北兵所掠，大帅甚爱之，置帐下。时陈和尚母留丰州，从兄安平都尉斜烈事之甚谨。陈和尚在北岁余，托以省母，乞还，大帅以卒监之至丰。乃与斜烈劫杀监卒，夺马奉其母南奔，大兵觉，合骑追之，由他路得免。既而失马，母老不能行，载以鹿角车，兄弟共挽，南渡河。宣宗奇之。

　　斜烈以世官授都统，陈和尚试补护卫，未几转奉御。乃斜烈行寿、泗元帅府事，奏陈和尚自随，诏以充宣差提控，佩金符。斜烈辟太原王渥为经历。渥字仲泽，文章论议与雷渊、李献能相上下，故得师友之。陈和尚天资高明，雅好文史，自居禁卫日，人以秀才目之。至是，渥授以《孝经》、《小学》、《论语》、《春秋左氏传》，略通其义。军中无事，则窗下作牛毛细字，如寒苦之士，其视世味漠然。

　　正大二年，斜烈落帅职，例为总领，屯方城。陈和尚随以往，凡兄军中事皆预知之。斜烈时在病，军中李太和者与方城镇防军葛宜翁相殴，诉于陈和尚，宜翁事不直，即量笞之。宜翁素凶悍，耻以理屈受杖，竟郁郁以死，留语其妻必报陈和尚。妻讼陈和尚以私忿侵官，故杀其夫，诉于台省，于近侍，积薪龙津桥南，约不得报则自焚以谢其夫。以故陈和尚系狱。议者疑陈和尚，狃于禁近倚兵阃之重必横恣违法，当以大辟。奏上，久不能决。陈和尚聚书狱中读之，凡十有八月。明年，斜烈病愈，诏提兵而西，入朝，哀宗怪其瘦甚，问："卿宁以方城狱未决故耶？卿但行，吾今赦之矣。"以台谏复有言，不敢赦。未几，斜烈卒。上闻，始驰赦陈和尚，曰："有司奏汝以私忿杀人。汝兄死，失吾一名将。今以汝兄故，曲法赦汝，天下必有议我者。他日，汝奋发立功名，国家得汝力，始以我为不妄赦矣。"陈和尚且泣且拜，悲动左右，不能出一言为谢。乃以白衣领紫微军都统，逾年转忠孝军提控。

　　五年，北兵入大昌原，平章合达问谁可为前锋者，陈和尚出应命，先已沐浴易衣，若将就木然者，擐甲上马不反顾。是日，以四百骑破八千众，三军之士踊跃思战，盖自军兴二十年始有此捷。奏功第一，手诏褒谕，授定远大将军、平凉府判官，世袭谋克。一日名动天下。忠孝一军皆回纥、乃满、羌、浑及中原被俘避罪来归者。鸷狠凌突号难制。陈和尚御之有方，坐作进退皆中程式，所过州邑常料所给外秋毫无犯，街曲间不复喧杂，每战则先登陷阵，疾若风雨，诸军倚以为重。六年，有卫州之胜。八年，有倒回谷之胜。自刑徒不四五迁为御侮中郎将。

　　副枢移剌蒲阿无持重之略，尝一日夜驰二百里趋小利，军中莫敢谏止。陈和尚私谓同列曰："副枢以大将军为剽略之事，今日得生口三百，明日得牛羊一二千，士卒喘死者则不复计。国家数年所积，一旦必为是人破除尽矣。"或以告蒲阿，一日，置酒会诸将饮，酒行至陈和尚，蒲阿曰："汝曾短长我，又谓国家兵力当由我尽坏，诚有否？"陈和尚饮毕，徐曰："有。"蒲阿见其无惧容，漫为好语云："有过当面论，无后言也。"

　　九年正月，三峰山之败，走钧州。城破，大兵入，即纵军巷战。陈和尚趋避隐处，杀掠稍定乃出，自言曰："我金国大将，欲见白事。"兵士以数骑夹之，诣行帐前。问其姓名，曰："我忠孝军总领陈和尚也。大昌原之胜者我也，卫州之胜亦我也，倒回谷之胜亦我也。我死乱军中，人将谓我负国家，今日明白死，天下必有知我者。"时欲其降，斫足胫折不为屈，豁口吻至耳，噀血而呼，至死不绝。大将义之，酹以马湩，祝曰："好男子，他日再生，当令我得之。"时年四十一。是年六月，诏赠镇南军节度使，壔像褒忠庙，勒石纪其忠烈。

　　斜烈名鼎，字国器，毕里海世袭猛安。年二十，以善战知名。自寿、泗元帅转安平都尉，镇商州，威望甚重，敬贤下士，有古贤将之风。初至商州，一日搜伏，于大竹林中得欧阳修子孙，问而知之，并其族属乡里三千余人皆纵遣之。

　　杨沃衍一名斡烈，赐姓兀林答，朔州静边官庄人，本属唐括迪剌部族。少尝为北边屯田小吏，会大元兵入境，朝命徙唐括族内地，沃衍留不徙，率本部族愿从者入保朔州南山茶杞沟，有众数千，推沃衍为招抚使,号其沟曰府。故残破镇县徒党日集,官军不能制,又与大兵战,连获小捷,及乏食遂行剽劫,官军捕之,拒战不下,转走宁、隩、武、朔、宁边诸州,民以为病。朝廷遣人招之,沃衍即以众来归。时宣宗适南迁,次淇门,闻之甚喜,遂以为武州刺史。

武州屡经残毁,沃衍入州未几而大兵来攻,死战二十七昼夜不能拔,乃退,时贞祐二年,二月也。既而,朝廷以武州终不可守,令沃衍迁其军民驻岢岚州,以武州功擢为本州防御使。俄升岢岚为节镇,以沃衍为节度使,仍诏谕曰:"卿于国尽忠,累有劳绩。今特升三品,恩亦厚矣,其益励忠勤,与宣抚司辑睦以安军民。"沃衍自奉诏即以身许国,曰:"为人不死王事而死于家,非大丈夫也。"

三年,奉旨屯泾、邠、陇三州,沃衍分其军九千人为十翼五都统,亲统者十之四。是冬,西夏四十万余骑围定西州,元帅右都监完颜赛不以沃衍提控军事,率兵与夏人战,斩首几二千,生擒数十人,获马八百余疋,器械称是,余悉遁去。诏陕西行省视功官赏之。

兴定元年春,上以沃衍累有战功,赐今姓。未几,遥授通远军节度使、兼巩州管内观察使。是冬,诏陕西行省伐宋,沃衍与元帅左都监内族白撒、通远军节度使温迪罕娄室、同知通远军节度使事乌古论长寿、平西军节度副使和速嘉兀迪将兵五千出巩州盐川,至故城逢夏兵三百,击走之。又入西和州至岐山堡,遇兵六千凡三队,遣军分击,逐北三十余里,斩首四百级,生获十人、马二百匹、甲仗不胜计。寻复得散关。二年正月,捷报至,上大喜,诏迁沃衍官一阶,遥授知临兆府事。三年,武休关之捷,沃衍功居多,诏特迁一官。

元光元年正月,遥授中京留守。六月,进拜元帅右监军,仍世袭纳古胡里爱必剌谋克。二年春,北兵游骑数百掠延安而南,沃衍率兵追之,战于野猪岭,获四人而还。俄而,兵大至,驻德安寨,复击走之。未几,大兵攻凤翔还,道出保安,沃衍遣提控完颜查剌破于石楼台,前后获马二百、符印数十。诏有司论赏。

初,闻野猪岭有兵,沃衍约陀满胡土门以步军会战。胡土门宿将,常轻沃衍,至是失期。沃衍战还,会诸将欲斩胡土门,诸将哀请乃释之。时大兵声势益振,陕西行省檄沃衍清野,不从,曰:"我若清野,明年民何所得食。"遂隔大涧持势使民毕麦事。正大二年,进拜元帅左监军,遥领中京留守。

八年冬,平章合达、参政蒲阿由邓州而西,沃衍自丰阳川遇于五朵山下,问禹山之战如何,合达曰:"我军虽胜,而大兵已散漫趋京师矣。"沃衍愤云:"平章、参政蒙国厚恩,握兵柄,失事机,不能战御,乃纵兵深入,尚何言耶。"

三峰山之败,沃衍走钧州。其部曲白留奴、呆刘胜既降,请于大师,愿入钧招沃衍。大帅质留奴,令胜入钧见沃衍,道大帅意,降则当授大官。沃衍善言慰抚之,使前,拔剑斫之,曰:"我起身细微,蒙国大恩,汝欲以此污我耶。"遂遗语部曲后事,望汴京拜且哭曰:"无面目见朝廷,惟有一死耳。"即自缢。部曲举火并所寓屋焚之,从死者十余人。沃衍死时年五十二。

初,大兵破西夏,长驱而至,关辅千里皆汹汹不安,虽智者亦无如之何。沃衍与其部将刘兴哥者率兵往来邠、陇间,屡战屡胜,故大军猝不能东下。

兴哥,凤翔虢县人,起于群盗,人呼曰:"热刘"。后于清化战死,大兵至酹酒以吊,西州耆老语之至为泣下。

乌古论黑汉,初以亲军入仕,尝为唐、邓元帅府把军官。天兴二年,唐州刺史内族斜鲁病卒,邓州总帅府以蒲察都尉权唐州事。宋军两来围唐,又唐之粮多为邓州所取,以故乏食。六月,遣万户夹谷定住入归德,奏请军粮,不报。七月,镇防军冯总领、甄改住为变,杀蒲察都尉。时朝廷道梗,帅府承制以黑汉权刺史行帅府事。

既而,镇防军有归宋之谋,时裕州大成山聂都统一军五百人在州,独不欲归宋,与镇防军为敌,镇防不能胜,弃老幼奔枣阳,宋人以故知唐之虚实。会邓帅移刺瑗以城叛归于宋,遗书招黑汉,黑汉杀其使者不报。

宋王安抚率兵攻唐，鄂司王太尉继至，攻益急。黑汉闻哀宗迁蔡，遣人求救，上命权参政兀林答胡士将兵以往。宋人设伏，纵其半入城，邀击之，胡土大败，仅存三十骑以还。

城中粮尽，人相食，黑汉杀其爱妾啖士，士争杀其妻子。官属聚议欲降，黑汉与聂都统执议益坚，冯总领乃私出城与王安抚会饮，约明日宋军入城。冯归，宋军不得入，聂都统请冯议事，即坐中斩之，及其党皆死。总领赵丑儿者初与冯同谋，内不自安，开西门纳宋军。黑汉率大成山军巷战，自辰至午，宋军大败而出，杀伤无数。宋人城下大呼赵丑儿，约并力杀大成山军。大成军败，宋人获黑汉，胁使降，黑汉不屈，为所杀。其得脱走者十余人，总领移剌望军、女奚烈军、丑儿走蔡州，皆得迁赏，后俱死于甲午之难。

驼满胡土门字子秀，策论进士也。累官翰林待制。贞祐二年，迁知中山府。三年，改知临洮府、兼本路兵马都总管。叛贼兰州程陈僧等诱夏人入寇，围临洮凡半月，城中兵数千而粟且不支，众皆危之。胡土门日为开谕逆顺祸福，皆自奋，因捕其党欲为内应者二十人，斩之，掷首城外。贼四面来攻，乃夜出袭贼垒，夏兵大乱，金军乘之，遂大捷，夏人遁去。

四年，知河中府事，权河东南路宣抚副使。十月，进元帅右监军、兼前职。兴定二年，为绛阳军节度使、兼绛州管内观察使。十月，迁元帅左监军、行元帅府事、兼知晋安府、河东南路兵马都总管。于是，修城池，缮甲兵，积刍粮，以备战守。民不悦，行省胥鼎闻之，遗以书曰："元帅始镇河中，惠爱在民，移旆晋安，远近忻仰。去岁兵入，平阳不守，河东保完者惟绛而已。盖公坐筹制胜，威德素著，故不动声气以至无虞也。迩来传闻，治政太刚，科征太重，鼎切忧之。古人有言，御下不宽则人多惧祸，用人有疑则士不尽心。况大兵在迩，邻境已虚，小人易动，诚不可不虑也。愿公以谦虚待下，忠孝结人，明赏罚，平赋税，上以分圣主宵旰之忧，下以为河东长城之托。"

胡土门得书，惧民不从且或生变，乃上言："臣本琐材，猥膺重寄,方将治隍陴、积刍粮为捍御之计,而小民难与虑始,以臣政令颇急,皆有怨言,遂贻行省之忧。自闻训谕,措身无所,内自悛悔,外加宽抚,庶几少慰众心。而近以朝命分军过河,则又欢言帅臣不益兵保守,而反助河南,将弃我也。人心如此,恐一旦遂生他变。向者李革在平阳,人不安之,而革隐忍不言,以至于败,臣实拙缪,无以服人,敢以鼎书上闻,惟朝廷图之。”朝廷以鼎言,遣吏部尚书完颜间山代之。或曰,胡土门欲以计去晋安,乃大兴役,恣为杀戮,务失民心,故鼎言及之。未几,晋安失守,死者几百万人,遂失河东。

三年八月,改太常卿、权签枢密院事、知归德府事。元光二年二月,坐上书不实,削一官。正大三年七月,复为临洮府总管。四年五月,城破被执,诱之降不应,使之跪不从,以刀乱斫其膝胫,终不为屈,遂杀之。五年,诏赠中京留守,立像褒忠庙,录用其子孙。其妻乌古论氏亦死节,有传。

姬汝作字钦之,汝阳人,全州节度副使端修之侄孙也。父懋以荫试部掾,转尚书省令史。汝作读书知义理,性豪宕不拘细行,平日以才量称。正大末,避兵嵩山,保乡邻数百家,众以长事之。后徙居交牙山寨,会近侍局使乌古论四和抚谕西山,以便宜授汝作北山招抚使,佩银符,遂迁入汝州。

初,汝州残破之后,天兴元年正月,同知宣徽院事张楷授防御使,自汴率襄、郏县土兵百余人入青阳垛。时呼延实者领青阳寨事。实,赵城人,本杨沃衍部曲,以战功至宝昌军节度使,闲居汝之西山。楷自揣不能服众,乃以州事托实,寻往邓州从恒山公武仙。后大元兵至,城破,杀数千人,乃许降,以张宣差者管州事。三月,钧州溃军柳千户者入州,张逃去,柳遂据之。未几,城复破。

及汝作至,北兵虽去,但空城尔。汝作招集散亡,复立市井,北兵屡招之不从,数战互有胜负。已而,北兵复来攻,汝作亲督士卒,以死拒之。兵退,间道纳奏,哀宗宣谕:“此州无险固可恃,汝乃能为国用命,今授以同知汝州防御使,便宜从事。”

是时，此州南通邓州，西接洛阳，东则汴京，使传所出，供亿三面，传通音耗。然呼延实在青阳为总帅，忌汝作城守之功，不能相下，州事动为所制。实欲迁州入山，谓他日必为大兵所破。汝作以为仓中粮尚多，四面溃军日至，此辈经百死，激之皆可用，朝廷倚我守此州，总帅乃欲弃之，何心哉。谗间既行，有相图之隙，详议官杨鹏释之曰“外难未解而顾私忿”，语甚谆切。实乃还山，鹏因劝汝作纳奏，乞死守此州，以坚军民之心。其冬，战于襄、郏，得马百余，士气颇振，遂以汝作为总帅，不复与实相关矣。

天兴二年六月，哀宗在蔡州，遣使征兵入援。州人为逻骑所扰，农事尽废，城中粮亦垂尽。是月，中京破，部曲私议有唇亡之惧，谋以城降，惧汝作，不敢言，乃以迁州入山白之。汝作怒曰：“吾家父祖食禄百年，今朝廷又以州事帅职委我，吾生为金民，死为金鬼。汝辈欲避于山，非欲降乎？有再言迁者吾必斩之。”

八月，塔察将大兵攻蔡，经汝州。州人梁皋作乱，与故吏温泽、王和七八人径入州廨，汝作不为备，遂为所杀。时宣使石珪体究洛阳所以破及强伸死节事，以路阻，留汝州驿。梁皋既杀汝作，走告珪曰：“汝作私积粮斛，不恤军民，众怒杀之矣。皋不图汝作官职，惟宣使裁之。”珪惧，乃以皋权汝州防御使、行帅府事。脱走入蔡，以皋杀汝作事闻。

哀宗甚嗟惜之，遣近侍张天锡赠汝作昌武军节度使，子孙世袭谋克，仍诏岷山帅呼延实、登封帅范真并力讨皋。天锡避岷山远，先约范真，真以麾下李某者往，以抚谕军民为名。皋率军士迎于东门，知朝廷图己，阴为之备，李犹豫不敢发。皋馆天锡于望嵩楼，隐毒于食，天锡遂中毒而死。皋后为大元兵所杀。

杨鹏字飞卿，能诗。

爱申逸其族与名，或曰一名忙哥。本虢县镇防军，累功迁军中总领。李文秀据秦州，宣宗诏凤翔军讨之，军围秦州城。时爱申在军中，有罪当死。宣宗问之枢帅，有知其名者奏此人将帅材，忠实可倚。宣宗命驰赦之，以为德顺节度使、行元帅府事。

正大四年春，大兵西来，拟以德顺为坐夏之所，德顺无军，人甚危之。爱申识凤翔马肩龙舜卿者可与谋事，乃遣书招之。肩龙得书欲行，凤翔总管禾速嘉国鉴以大兵方进，吾城可恃，德顺决不可守，劝勿往。肩龙曰："爱申平生未尝识我，一见许为知己。我知德顺不可守，往则必死，然以知己故，不得不为之死耳。"乃举行橐付族父，明为死别，冒险而去。既至，不数日受围，城中惟有义兵乡军八九千人，大兵举天下之势攻之。爱申假舜卿凤翔总管府判官，守御一与共之。凡攻百二十昼夜，力尽乃破，爱申以剑自刭，时年五十三。军中募生致肩龙，而不知所终。台谏有言当赠德顺死事者官，以劝中外。诏各赠官，配食褒忠庙。

肩龙字舜卿，宛平人。先世辽大族，有知兴中府者，故人号兴中马氏。祖大中，金初登科，节度全、锦两州。父成谊，明昌五年登科，仕为京兆府路统军司判官。肩龙在太学有赋声。

宣宗初，有诬宗室从坦杀人，将置之死。人不敢言其冤，肩龙上书，大略谓："从坦有将帅材，少出其右者，臣一介书生，无用于世，愿代从坦死，留为天子将兵。"书奏，诏问："汝与从坦交分厚欤？"肩龙对曰："臣知有从坦，从坦未尝识臣。从坦冤人不敢言，臣以死保之。"宣宗感悟，赦从坦，授肩龙东平录事，委行省试验。

宰相侯挚与语不契，留数月罢归，将渡河，与排岸官纷竞，搜箧中得军马粮料名数及利害数事，疑其为奸人侦伺者，系归德狱根勘，适从坦至，立救出之。正大三年，客凤翔，元帅爱申深器重之，至是，同死于难。

禹显，雁门人。贞祐初，隶上党公张开，累以战功授义胜军节度使、兼沁州招抚副使。元光二年四月，大帅达儿觻、按察儿攻河东，张开遣显扼龙猪谷，夹攻败之，擒元帅韩光国，获辎重甲仗甚众，追至祁县而还，所历州县悉复之。

　　显将军三百人，守襄垣，八年不迁。大帅尝集河朔步骑数万攻之，至于数四不能拔。既而，战于玉女寨，大获。开言于朝，权元帅右都监。

　　正大六年冬十二月，军内变，城破被擒。帅义之，不欲加害。初以铁绳钤之，既而，密与旧部曲二十人遁去，闻上党公军复振，将往从之。大兵四向来追，显适与负釜一兵相失，乞饭山寺中，僧走报焉，被执不屈死，时年四十一。

　　秦州人张邦宪字正叔，登正大中进士第，为永固令。天兴二年，避兵徐州。卓翼兵至城，邦宪被执，将驱之北，邦宪骂曰："我进士也，误蒙朝廷用为邑长，可从汝曹反耶。"遂遇害。

　　刘全者，彭城民也。率乡邻数百避兵沬沟，推为寨主。北兵至徐，尽俘其老幼，全父亦在其中，北兵质之以招全，全缚其人送徐州，因窃其父以归。徐帅益都嘉其忠，承制以为昭信校尉，遥领彭城县尉。后遇国用安，怒其不附己，见杀。

金史卷一二四
列传第六二

忠义四

马庆祥　商衡　术甲脱鲁灰
杨达夫　冯延登　乌古孙仲端
乌古孙奴申　蒲察琦　蔡八儿
毛佺　温敦昌孙　完颜绛山
毕资伦　郭虾蟆

　　马庆祥字瑞宁，本名习礼吉思。先世自西域入居临洮狄道，以马为氏，后徙家净州天山。泰和中，试补尚书省译史。大安初，卫王始通问大元，选使副，上曰："习礼吉思智辩通六国语，往必无辱也。"使还，授开封府判官。内城之役充应办使，不扰而事集。未几，大元兵出陕右，朝廷命完颜仲元为凤翔元帅，举庆祥为副，上曰："此朕志也，且筑城有劳。"即拜凤翔府路兵马都总管判官。

　　元光元年冬十一月，闻大将萌古不花将攻凤翔，行省檄庆祥与治中胥谦分道清野。将行，命画工肖其貌，付其家人。或曰："君方壮，何乃为此不祥？"庆祥曰："非汝所知也。"明日遂行。遇先锋于浍水，战不利。且行且战，将及城，会大兵邀其归路，度不能脱，令其骑曰："吾属荷国厚恩，竭力效死乃其职也。"诸骑皆曰："诺。"人殊死战，良久矢尽。大兵围数匝，欲降之，军拥以行，语言往复，竟不屈而死,年四十有六。元帅郭仲元舁其尸以归,葬凤翔普门寺之东。事闻,诏赠辅国上将军、恒州刺史,谥忠愍。

胥谦及其子嗣亨亦不屈死,谦赠辅国上将军、彰化军节度使,嗣亨赠威远将军、凤翔府判官。

桢州金胜堡提控仆散胡沙亦死,赠银青荣禄大夫。

正大二年,哀宗诏褒死节士,若马习礼吉思、王清、田荣、李贵、王斌、冯万奴、张德威、高行中、程济、姬玭、张山等十有三人,为立褒忠庙,仍录其孤。二人者逸其名,余亦无所考。

商衡字平叔,曹州人。至宁元年,特恩第一人,授郇州洛郊主簿。以廉能换郿县,寻辟威戎令。兴定三年,岁饥,民无所籴,衡白行省,得开仓赈贷,全活者甚众。后因地震城圮,夏人乘衅入侵,衡率蕃部土豪守御应敌,保以无虞。秩满,县人为立生祠。再辟原武令。未几,入为尚书省令史,转户部主事,两月拜监察御史。

哀宗姨郕国夫人不时出入宫闱,干预政事,声迹甚恶。衡上章极言,自是郕国被召乃敢进见。内族庆山奴将兵守盱眙,与李全战败,朝廷置而不问。衡上言:"自古败军之将必正典刑,不尔则无以谢天下。"诏降庆山奴为定国军节度使。户部侍郎权尚书曹温之女在掖庭,亲旧干预权利,其家人填委诸司,贪墨彰露。台臣无敢言者,衡历数其罪。诏罢温户部,改太后府卫尉。再上章言:"温果可罪当贬逐,无罪则臣为妄言,岂有是非不别而两可之理。"哀宗为之动容,乃出温为汝州防御使。

未几,为右司都事,改同知河平军节度使,未赴,改枢密院经历官。遥领昌武军同知节度使事。丞相完颜赛不领陕西行省,奏衡为左右司员外郎,密院表留,有旨"行省地重,急于得人,可从丞相奏"。明年,召还,行省再奏留之。

正大八年,以母丧还京师。十月,起复为秦蓝总帅府经历官。天兴元年二月,关陕行省徒单兀典等败于铁岭,衡未知诸帅存殁,招集溃军以须其至。遂为兵士所得,欲降之,不为屈。监至长水县东岳祠前,诱之使招洛阳,衡曰:"我洛阳识何人为汝招之耶?"兵知不可诱,欲捽其巾。衡瞋目大呼曰:"汝欲胁从我耶?"终不肯降,望阙瞻拜曰:"主将无状,亡兵失利。臣之罪责亦无所逃,但以一死报国耳。"遂引佩刀自刭,年四十有六。

正大初,河间许古诣阙拜章,言:"八座率非其材,省寺小臣有可任宰相者,不大升黜之则无以致中兴。"章奏,诏古赴都堂,问孰为可相者,古以衡对,则衡之材可知矣。

术甲脱鲁灰,上京人,世为北京路部长。其先有开国功,授北京路宋阿答阿猛安,脱鲁灰自幼袭爵。贞祐二年,宣宗迁汴,率本部兵赴中都扈从,上喜,特授御前马步军都总领。

宋人略南鄙,命同签枢密院事时全将大军南伐,脱鲁灰率本部屡摧宋兵破城寨,以功遥授武昌军节度使、元帅右都监、行蔡、息等路元帅府事。既而,宋人有因畜牧越境者,逻卒擒之,法当械送朝廷,脱鲁灰曰:"国家自迁都以来,境土日蹙,民力凋耗,幸边无事人稍得息。若戮此曹则边衅复生,兵连祸结矣。不如释之,以绝兵端。"

哀宗即位,授镇南军节度使、蔡州管内观察使、行户、工部尚书。时大元兵入陕西,乃上章曰:"宋人与我为仇敌,顷以力屈自保,非其本心。今陕西被兵,河南出师,转战连年不绝,兵死于阵,民疲于役,国力竭矣。寿、泗一带南接盱、楚,红袄贼李全巢穴也。万一宋人谍知,与全乘虚而入,腹背受敌,非计之得也。臣已令所部沿边警斥,以备非常。宜敕寿、泗帅臣谨斥候,严烽燧,常若敌至,此兵法所谓'无恃其不来,恃吾有以待之'之道也。"上是而行之。

二年秋,传言宋人将入侵,农司令民先期刈禾,脱鲁灰曰:"夫民所恃以仰事俯育及供亿国家者,秋成而已。今使秋无所获,国何以仰,民何以给。"遂遣军巡逻,听民待熟而刈,宋人卒不入寇。谍者又报光州汪太尉将以八月发兵来取真阳,议者请籍丁男以备,脱鲁灰曰:"汪太尉恇怯人耳,宁敢为此?必奸人声言来寇,欲使吾民废务也,不可信。"已而果然。

　　叛人焦风子者,沿何南北屡为反覆,朝廷授以提控之职,令将三千人成遂平。四年春,风子谋率其众入宋,脱鲁灰策之,以兵数千伏鄱阳道,贼果夜出此途,伏发殪之。

　　七年,大元兵攻蓝关,至八渡仓退。举朝皆贺,以为无事。脱鲁灰独言曰:"潼关险隘,兵精足用。然商、洛以南濒于宋境,大山重复,宋人不知守,国家亦不能逾宋境屯戍。大兵若由散关入兴元,下金、房,绕出襄、汉,北入邓鄘,则大事去矣。宜与宋人释怨,谕以辅车之势,唇亡齿寒,彼必见从。据其险要以备,不然必败。"是秋,改授小关子元帅,屯商州大吉口。

　　九年春,从行省参政徒单吾典将潼关兵入援,至商山遇雪,大兵邀击之,士卒饥冻不能战而溃。脱鲁灰被执不屈,拔佩刀自杀。

　　杨达夫字晋卿,耀州三原人。泰和三年进士。有才干,所至可纪。召补省掾,草奏章,坐字误,降平凉府判官。尝主鄠县簿,事一从简,吏民乐之。达夫亦爱其山水之胜,因家焉。日以诗酒自娱,了无宦情。

　　会有诏徙民东入关,达夫与众行,及韶,避兵于州北之横岭,为游骑所执,将裸衣害之。达夫挺然直立马首,略无所惧,稍侵辱之,即大言曰:"我金国臣子,既为汝所执,不过一死,忍裸袒以黩天日耶。"遂见杀。两山潜伏之民窃观之者,皆相告曰:"若此好官,异日祠之,当作我横岭之神。"

　　冯延登字子俊,吉州吉乡人。世业医。延登幼颖悟,既长事举业,承安二年登词赋进士第。调临真簿、德顺州军事判官。泰和元年,转宁边令。大安元年秋七月,霜害稼,民艰于食,延登发粟赈贷,全活甚众。贞祐二年,补尚书省令史,寻授河中府判官、兼行尚书省左右司员外郎。兴定五年,入为国史院编修官,改太常博士。元光二年,知登闻鼓院,兼翰林修撰,奉使夏国,就充接送伴使。

　　正大七年十二月,迁国子祭酒。假翰林学士承旨,充国信使。以八年春奉国书朝见于虢县御营。有旨问："汝识凤翔帅否？"对曰："识之。"又问："何如人？"曰："敏于事者也。"又问："汝能招之使降即贯汝死，不则杀汝矣。"曰："臣奉书请和，招降岂使职乎。招降亦死，还朝亦死，不若今日即死为愈也。"明日，复问："汝曾思之不？"对如前，问至再三，执义不回。又明日，乃喻旨云："汝罪应死，但古无杀使者理，汝爱汝须髯犹汝命也。"叱左右以刀截去之，延登岸然不动，乃监之丰州。二年后放还，哀宗抚慰久之，复以为祭酒，历礼、吏二部侍郎，权刑部尚书。

明年，大元兵围汴京，仓猝逃难，为骑兵所得，欲拥而北行。延登辞情慷慨，义不受辱，遂跃城旁井中，年五十八。

乌古孙仲端本名卜吉，字子正。承安二年策论进士。宣宗时，累官礼部侍郎。与翰林待制安延珍奉使乞和于大元，谒见太师国王木华黎，于是安延珍留止，仲端独往。并大夏，涉流沙，逾葱岭，至西域，进见太祖皇帝，致其使事乃还。自兴定四年七月启行，明年十二月还至。朝廷嘉其有奉使劳，进官两阶，延珍进一阶。历裕州刺史。正大元年，召为御史中丞，奉诏安抚陕西。及归，权参知政事。

正大五年十二月，知开封府事完颜麻斤出、吏部郎中杨居仁以奉使不职，尚书省具狱，有旨释之备再使。仲端言曰："麻斤出等辱君命，失臣节，大不敬，宜偿礼币诛之。"奏上，麻斤出等免死除名。会议降大军事，及净太后奉佛，涉亡家败国之语，上怒，贬同州节度使。

哀宗将迁归德，召为翰林学士承旨，兼同签大睦亲府事，留守汴京。及大元兵围汴，日久食尽，诸将不相统一，仲端自度汴中事变不测。一日与同年汝州防御裴满思忠小饮，谈太学同舍事以为笑乐，因数言"人死亦易事耳"。思忠曰："吾兄何故频出此语？"仲端因写一诗示之，其诗大概谓人生大似巢燕，或在华屋杏梁，或在村居茅茨，及秋社甫临，皆当逝去。人生虽有富贵贫贱不同，要之终有一死耳。书毕，连饮数杯，送思忠出门，曰："此别终天矣。"思忠去，仲端即自缢,其妻亦从死。明日,崔立变。

仲端为人乐易宽厚知大体,奉公好善,独得士誉。一子名爱实,尝为护卫、奉御,以诛官奴功授节度、世袭千户。

思忠名正之,本名蒲刺笃,亦承安二年进士。

乌古孙奴申,字道远。由译史入官。性伉特敢为有直气,尝为监察御史,时中丞完颜百家以酷烈闻,奴申以事纠罢,朝士耸然。后为左司郎中、近侍局使,皆有名。哀宗东迁,为谏议大夫、近侍局使、行省左右司郎中、兼知宫省事,留汴京居守。崔立变之明日,同御史大夫裴满阿虎带自缢死于台中。是日,户部尚书完颜珠颗亦自缢。

阿虎带字仲宁,珠颗字仲平,皆女直进士。

时不辱而死者,奉御完颜忙哥、大睦亲府事吾古孙端。大理裴满德辉、右副点检完颜阿撒、参政完颜奴申之子麻因,可知者数人,余各有传。

蒲察琦本名阿怜,字仁卿,棣州阳信人。试补刑部掾。兄世袭谋克,兄死,琦承袭。正大六年,秦、蓝总帅府辟琦为安平都尉粘葛合典下都统兼知事。其冬,小关破,事势已迫,琦常在合典左右,合典令避矢石,琦不去,曰:“业已从公,死生当共之,尚安所避耶。”哀宗迁归德,汴京立讲议所,受陈言文字,其官则御史大夫纳合宁以下十七人,皆朝臣之选,而琦以有论议预焉。时左司都事元好问领讲议,兼看读陈言文字,与琦甚相得。

崔立变后,令改易巾帻,琦谓好问曰:“今日易巾帻,在京人皆可,独琦不可。琦一刑部译史,袭先兄世爵,安忍作此。今以一死付公,然死则即死,付公一言亦剩矣。”因泣涕而别。琦既至其家,母氏方昼寝,惊而寤。琦问阿母何为,母曰:“适梦三人潜伏梁间,故惊寤。”仁卿跪曰:“梁上人,鬼也。儿意在悬梁,阿母梦先见耳。”家人辈泣劝曰:“君不念老母欤。”母止之曰:“勿劝,儿所处是矣。”即自缢,时年四十余。

琦性沉静好读书，知古今事。其母完颜氏，以孝谨称。

蔡八儿，不名其所始。趫捷有勇，性纯质可任。时为忠孝军元帅。天兴二年，自息州入援，会大将奔盏遣数百骑驻城东，令人大呼曰："城中速降，当免杀戮，不然无噍类矣。"于是，上登城，遣八儿率挽强兵百余潜出暗门，渡汝水，左右交射之。自是兵不复薄城，筑长垒为久困计。上令分军防守四城，以殿前都点检兀林答胡土守西面，八儿副之。

已而，哀宗度蔡城不守，传位承麟。群臣入贺，班定，八儿不拜，谓所亲曰："事至于此，有死而已，安能更事一君乎。"遂战死。

毛佺者，恩州人。贞祐中为盗，宣宗南渡，率众归国，署为义军招抚。哀宗迁蔡，以佺为都尉。围城之战，佺力居多，城破自缢。其子先佺战殁。

时死事者则有闫忠、郝乙、王阿驴、樊乔焉。

忠，滑州人。卫王时，开州刺史赛哥叛，忠单骑入城，缚赛哥以出，由是渐被擢用。

乙，磁州人，同日战死，哀宗赠官。

阿驴、樊乔皆河中人，初为炮军万户。凤翔破，北降，从军攻汴，司炮如故，即给主者曰："炮利于短，不利于长。"信之，使截其木数尺、缏十余握，由是机虽起伏，所击无力。即日，二人皆捐家走城。

是时，女直人无死事者，长公主言于哀宗曰："近来立功效命多诸色人，无事时则自家人争强，有事则他人尽力，焉得不怨。"上默然。余各有传。

温敦昌孙，皇太后之侄，卫尉七十五之子。为人短小精悍，性复恺弟。累迁诸局分官。上幸蔡，授殿前左副点检。围城中，数引军潜出巡逻。时尚食须鱼，汝河鱼甚美，上以水多浮尸，恶之。城西有积水曰练江，鱼大且多，往捕必军卫乃可。昌孙常自领兵以往，所得动千余斤,分赐将士。后知其出,左右设伏,伺而邀之,力战而死。蔡城破,前御史监察纳坦胡失打闻之,恸哭,投水而死。

完颜绛山,哀宗之奉御也,系出始祖。天兴二年十月,蔡城被围,城中饥民万余诉于有司求出,有司难之,民大呼于道。上闻之,遣近侍官分监四门,门日出千人,必老稚羸疾者听其出。绛山时在北门,悯人之饥,出过其数,命杖之四十。然出者多泄城中虚实,寻止之。

三年正月己酉,蔡城破,哀宗传位承麟,即自缢于幽兰轩。权点检内族斜烈矫制召承御石盏氏、近侍局大使焦春和、内侍局殿头宋珪赴上前,晓以名分大义,及侍从官巴良弼、阿勒根文卿皆从死。斜烈将死,遗言绛山,使焚幽兰轩。

火方炽,子城破,大兵突入,近侍左右皆走避,独绛山留不去,为兵所执,问曰:“汝为谁?”绛山曰:“吾奉御绛山也。”兵曰:“众皆散走,而独后何也?”曰:“吾君终于是,吾候火灭灰寒,收瘗其骨耳。”兵笑曰:“若狂者耶,汝命且不能保,能瘗而君耶?”绛山曰:“人各事其君。吾君有天下十余年,功业弗终,身死社稷,忍使暴露遗骸与士卒等耶?吾逆知君辈必不遗吾,吾是以留,果瘗吾君之后,虽寸斩吾不恨矣。”兵以告其帅,奔盏曰:“此奇男子也。”许之。绛山乃掇其余烬,裹以弊衾,瘗于汝水之旁,再拜号哭,将赴汝水死。军士救之得免,后不知所终。

毕资伦,缙山人也。泰和南征,以佣雇从军,军还,例授进义副尉。崇庆元年,改缙山为镇州,术虎高琪为防御使、行元帅府事于是州,选资伦为防城军千户。至宁元年秋,大元兵至镇州,高琪弃城遁。资伦行及昌平,收避迁民兵,转战有功,擢授都统军。军数千,与军中将领沈思忠、宁子都辈同录一府,屯郑州及卫州,时号“沈、毕军”。积功至都总领,思忠为副都尉。

仆散阿海南征,军次梅林关不得过,阿海问诸将谁能取此关者,资伦首出应命,问须军士几何,曰:"止用资伦所统足矣,不烦余军。"明日迟明,出宋军不意,引兵薄之,万众崩,遂取梅林关。阿海军得南行,留提控王禄军万人守关。不数日,宋兵夺关守之,阿海以梅林归途为敌据,计无所出,复问"谁能取梅林者,以帅职赏之",资伦复出应命,以本军再夺梅林。阿海破蕲、黄,按军而还,论功资伦第一,授遥领同知昌武军节度使、宣差总领都提控。

　　既而,枢密院以资伦、思忠不相能,恐败事,以资伦统本军屯泗州。兴定五年正月戊戌,提控王禄汤饼会军中宴饮,宋龟山统制时青乘隙袭破泗州西城。资伦知失计,堕南城求死,为宋军所执,以见时青。青说之曰:"毕宣差,我知尔好男子,亦宜相时达变。金国势已衰弱,尔肯降我,宋亦不负尔。若不从,见刘大师即死矣。"资伦极口骂曰:"时青逆贼听我言。我出身至贫贱,结柳器为生,自征南始得一官,今职居三品。不幸失国家城池,甘分一死尚不能报,肯从汝反贼求生耶。"青知无降意,下盱眙狱。

　　时临淮令李某者亦被执,后得归,为泗州从宜移刺羊哥言其事。羊哥以资伦恶语骂时青必被杀,即以死不屈节闻于朝。时资伦子牛儿年十二,居宿州,收充皇后位奉阁舍人。

　　宋人亦赏资伦忠愤不挠,欲全活之,钤以铁绳,囚于镇江府土狱,略给衣食使不至寒饿,胁诱百方,时一引出问云:"汝降否?"资伦或骂或不语,如是十四年。及盱眙将士降宋,宋使总帅纳合买住已下北望哭拜,谓之辞故主,驱资伦在旁观之。资伦见买住骂曰:"纳合买住,国家未尝负汝,何所求死不可,乃作如此觜鼻耶。"买住俯首不敢仰视。

　　及蔡州破,哀宗自缢,宋人以告资伦。资伦叹曰:"吾无所望矣。容我一祭吾君乃降耳。"宋人信之,为屠牛羊设祭镇江南岸。资伦祭毕,伏地大哭,乘其不防投江水而死。宋人义之,宣示四方,仍议为立祠。

　　镇江之囚有方士者亲尝见之,以告元好问,及言泗州城陷资伦被执事,且曰:"资伦长身,面赤色,颧颊微高,髯疏而黄。资禀质直,重然诺,故其坚忍守节卓卓如此。"《宣宗实录》载资伦为乱兵所杀,当时传闻不得其实云。

　　郭虾蟆,会州人。世为保甲射生手,与兄禄大俱以善射应募。兴定初,禄大以功迁遥授同知平凉府事、兼会州刺史,进官一阶,赐姓颜盏。夏人攻会州,禄大遥见其主兵者人马皆衣金,出入阵中,约二百余步,一发中其吭,殪之。又射一人,矢贯两手于树,敌大骇。城破,禄大、虾蟆俱被禽。夏人怜其技,囚之,兄弟皆誓死不屈。朝廷闻之,议加优奖,而未知存没,乃特迁禄大子伴牛官一阶,授巡尉职,以旌其忠。其后兄弟谋奔会,自拔其须,事觉,禄大竟为所杀,虾蟆独拔归。上思禄大之忠,命复迁伴牛官一阶,遥授会州军事判官,虾蟆遥授巩州钤辖。会言者乞奖用禄大弟,遂迁虾蟆官两阶,授同知兰州军州事。

　　兴定五年冬,夏人万余侵定西,虾蟆败之,斩首七百,获马五十匹,以功迁同知临洮府事。

　　元光二年,夏人步骑数十万攻凤翔甚急,元帅赤盏合喜以虾蟆总领军事。从巡城,濠外一人坐胡床,以箭力不及,气貌若蔑视城守者。合喜麻指似虾蟆云:"汝能射此人否?"虾蟆测量远近,曰:"可。"虾蟆平时发矢,伺腋下甲不掩处射之无不中,即持弓矢伺坐者举肘,一发而毙。兵退,升遥授静难军节度使,寻改通远军节度使,授山东西路斡可必剌谋克,仍遣使赏赉,遍谕诸郡焉。

　　是年冬,虾蟆与巩州元帅田瑞攻取会州。虾蟆率骑兵五百皆被赭衲,蔽州之南山而下,夏人猝望之以为神。城上有举手于悬风版者,虾蟆射之,手与版俱贯。凡射死数百人。夏人震恐,乃出降。盖会州为夏人所据近十年,至是复焉。

　　正大初,田瑞据巩州叛,诏陕西两行省并力击之。虾蟆率众先登,瑞开门突出,为其弟济所杀,斩首五千余级,以功迁遥授知凤翔府事、本路兵马都总管、元帅左都监、兼行兰、会、洮、河元帅府事。六年九月,虾蟆进西马二匹,诏曰:"卿武艺超绝。此马可充战用,朕乘此岂能尽其力。既入进,即尚厥物也,就以赐卿。"仍赐金鼎一、玉兔鹘一,并所遣郭伦哥等物有差。

天兴二年,哀宗迁蔡州,虑孤城不能保,拟迁巩昌,以粘葛完展为巩昌行省。三年春正月,完展闻蔡已破,欲安众心,城守以待嗣立者,乃遣人称使者至自蔡,有旨宣谕。绥德州帅汪世显亦知蔡凶问,且嫉完展制己,欲发矫诏事,因以兵图之,然惧虾蟆威望,乃遣使约虾蟆并力破巩昌,使者至,虾蟆谓之曰:"粘葛公奉诏为行省,号令孰敢不从。今主上受围于蔡,拟迁巩昌。国家危急之际,我辈既不能致死赴援,又不能叶众奉迎,乃欲攻粘葛公,先废迁幸之地,上至何所归乎。汝帅若欲背国家,任自为之,何及于我。"世显即攻巩昌破之,劫杀完展,送款于大元,复遣使者二十余辈谕虾蟆以祸福,不从。

甲午春,金国已亡,西州无不归顺者,独虾蟆坚守孤城。丙申岁冬十月,大兵并力攻之。虾蟆度不能支,集州中所有金银铜铁,杂铸为炮以击攻者,杀牛马以食战士,又自焚庐舍积聚,曰:"无至资兵。"日与血战,而大兵亦不能卒拔。及军士死伤者众,乃命积薪于州廨,呼集家人及城中将校妻女,闭诸一室,将自焚之。虾蟆之妾欲有所诉,立斩以徇。火既炽,率将士于火前持满以待。城破,兵填委以入,鏖战既久,士卒有弓尽矢绝者,挺身入火中。虾蟆独上大草积,以门扉自蔽,发二三百矢无不中者,矢尽,投弓剑于火自焚,城中无一人肯降者。虾蟆死时年四十五。土人为立祠。

完展字世昌。泰和三年策论进士。初为行省,以蜡丸为诏,期以天兴二年九月集大军与上会于饶峰关,出宋不意取兴元。既而不果云。

金史卷一二五
列传第六三

文艺上

韩昉　蔡松年　吴激　马定国
任询　赵可　郭长倩　萧永祺
胡砺　王竞　杨伯仁　郑子聃
党怀英

　　金初未有文字。世祖以来渐立条教。太祖既兴,得辽旧人用之,使介往复,其言已文。太宗继统,乃行选举之法,及伐宋,取汴经籍图,宋士多归之。熙宗款谒先圣,北面如弟子礼。世宗、章宗之世,儒风丕变,庠序日盛,士繇科第位至宰辅者接踵。当时儒者虽无专门名家之学,然而朝廷典策、邻国书命,粲然有可观者矣。金用武得国,无以异于辽,而一代制作能自树立唐、宋之间,有非辽世所及,以文而不以武也。《传》曰:“言之不文,行之不远。”文治有补于人之家国,岂一日之效哉。作《文艺传》。

　　韩昉字公美,燕京人。仕辽,累世通显。昉五岁丧父,哭泣能尽哀。天庆二年,中进士第一。补右拾遗,转史馆修撰。累迁少府少监、乾文阁待制。加卫尉卿,知制诰,充高丽国信使。
　　高丽虽旧通好,天会四年,奉表称藩而不肯进誓表,累使要约,皆不得要领。而昉复至高丽,移督再三。高丽征国中读书知古今者,商榷辞旨,使酬答专对。凡涉旬乃始置对,谓昉曰:"小国事辽、宋二百年无誓表,未尝失藩臣礼。今事上国当与事辽、宋同礼。而屡盟长乱圣人所不与,必不敢用誓表。"昉曰:"贵国必欲用古礼,舜五载一巡狩,群后四朝。周六年五服一朝,又六年王乃时巡,诸侯各朝于方岳。今天子方事西狩,则贵国当从朝会矣。"高丽人无以对,乃曰:"徐议之。"昉曰:"誓表朝会,一言决耳。"于是高丽乃进誓表如约,昉乃还。宗干大说曰:"非卿谁能办此。"因谓执事者曰:"自今出疆之使皆宜择人。"

明年,加昭文馆直学士,兼堂后官。再加谏议大夫,迁翰林侍讲学士。改礼部尚书,迁翰林学士,兼太常卿、修国史,尚书如故。昉自天会十二年入礼部,在职凡七年。当是时,朝廷方议礼,制度或因或革,故昉在礼部兼太常甚久云。除济南尹,拜参知政事。皇统四年,表乞致仕,不许。六年,再表乞致仕,乃除汴京留守,封郓国公。复请如初,以仪同三司致仕。天德初,加开府仪同三司。薨。年六十八。

昉性仁厚,待物甚宽。有家奴诬告昉以马资送叛人出境,考之无状,有司以奴还昉,昉待之如初,曰:"奴诬主人以罪,求为良耳,何足怪哉。"人称其长者。昉虽贵,读书未尝去手,善属文,最长于诏册,作《太祖睿德神功碑》,当世称之。自使高丽归,后高丽使者至必问方安否云。

蔡松年字伯坚。父靖,宋宣和末,守燕山。松年从父来,管勾机宜文字。宗望军至白河,郭药师败,靖以燕山府降,元帅府辟松年为令史。天会中,辽、宋旧有官者皆换授,松年为太子中允,除真定府判官,自此为真定人。

尝从元帅府与齐俱伐宋。是时,初平真定西山群盗,山中居民为贼污者千余家,松年力为辨论,竟得不坐。齐国废,置行台尚书省于汴,松年为行台刑部郎中。都元帅宗弼领行台事,伐宋,松年兼总军中六部事。宋称臣，师还，宗弼入为左丞相，荐松年为刑部员外郎。

皇统七年，尚书省令史许霖告田珏党事，松年素与珏不相能。是时宗弼当国，珏性刚正好评论人物，其党皆君子，韩企先为相爱重之。而松年、许霖、曹望之欲与珏相结，珏拒之，由是构怨。故松年、许霖构成珏等罪状，劝宗弼诛之，君子之党熄焉。是岁，松年迁左司员外郎。

松年前在宗弼府，而海陵以宗室子在宗弼军中任使，用是相厚善。天德初，擢吏部侍郎，俄迁户部尚书。海陵迁中都，徙榷货务以实都城，复钞引法，皆自松年启之。海陵谋伐宋，以松年家世仕宋，故亟擢显位以耸南人观听，遂以松年为贺宋正旦使。使还，改吏部尚书，寻拜参知政事。是年，自崇德大夫进银青光禄大夫，迁尚书右丞，未几，为左丞，封郜国公。

初，海陵爱宋使人山呼声，使神卫军习之，及孙道夫贺正隆三年正旦，入见，山呼声不类往年来者。道夫退，海陵谓宰臣曰："宋人知我使神卫军习其声，此必蔡松年、胡砺泄之。"松年皇恐对曰："臣若怀此心，便当族灭。"

久之，进拜右丞相，加仪同三司，封卫国公。正隆四年薨，年五十三。海陵悼惜之，奠于其第，命作祭文以见意。加封吴国公，谥文简。起复其子三河主簿珏为翰林修撰，璋赐进士第。遣翰林待制萧玘护送其丧，归葬真定，四品以下官离都城十里送之，道路之费皆从官给。

松年事继母以孝闻，喜周恤亲党，性复豪侈，不计家之有无。文词清丽，尤工乐府，与吴激齐名，时号"吴、蔡体"。有集行于世。子珏。

珏字正甫。中进士第，不求调，久乃除澄州军事判官，迁三河主簿。丁父忧，起复翰林修撰，同知制诰。在职八年，改户部员外郎，兼太常丞。珏号为辨博，凡朝廷制度损益，珏为编类详定检讨删定官。

初，两燕王墓旧在中都东城外，海陵广京城围，墓在东城内。前尝有盗发其墓，大定九年诏改葬于城外。俗传六国时燕王及太子丹之葬，及启圹，其东墓之枢题其和曰："燕灵王旧。""旧"，古"枢"字，通用。乃西汉高祖子刘建葬也。其西墓，盖燕康王刘嘉之葬也。珪作《两燕王墓辩》，据葬制名物款刻甚详。

安国军节度判官高元鼎坐监临奸事，求援于太常博士田居实、大理司直吴长行、吏部主事高震亨、大理评事王元忠。震亨以属鞫问官御史台典事李仲柔，仲柔发之。珪与刑部员外郎王脩、宛平主簿任询、前卫州防御判官阎恕、承事郎高复亨、文林郎翟询、敦武校尉王景晞、进义校尉任师望，坐与居实等转相传教，或令元鼎逃避，居实、长行、震亨、元忠各杖八十，脩、珪、询、恕、复亨、翟询各笞四十，景晞、师望各徒二年，官赎外并的决。

久之，除河东北路转运副使，复入为修撰，迁礼部郎中，封真定县男。珪已得风疾，失音不能言，乃除潍州刺史，同辈已奏谢，珪独不能入见。世宗以让右丞唐括安礼、参政王蔚曰："卿等阅书史，亦不能言之人可以从政者乎。"又谓中丞刘仲海曰："蔡珪风疾不能奏谢，卿等何不纠之。人言卿等相为党蔽，今果然邪。"珪乃致仕，寻卒。

珪之文有《补正水经》五篇，合沈约、萧子显、魏收《宋》、《齐》、《北魏志》作《南北史志》三十卷，《续金石遗文跋尾》十卷，《晋阳志》十二卷，文集五十五卷。《补正水经》、《晋阳志》、文集今存，余皆亡。

吴激字彦高，建州人。父拭，宋进士，官终朝奉郎、知苏州。激，米芾之婿也，工诗能文，字画俊逸得芾笔意。尤精乐府，造语清婉，哀而不伤。将宋命至金，以知名留不遣，命为翰林待制。皇统二年，出知深州，到官三日卒。诏赐其子钱百万、粟三百斛、田三顷以周其家。有《东山集》十卷行于世。"东山"，其自号也。

马定国字子卿，茌平人。自少志趣不群。宣、政末，题诗酒家壁，坐讥讪得罪，亦因以知名。阜昌初，游历下，以诗撼齐王豫，豫大悦，授监察御史，仕至翰林学士。《石鼓》自唐以来无定论，定国以字画考之，云是宇文周时所造，作辩万余言，出入传记，引据甚明，学者以比蔡正甫《燕王墓辩》。初，学诗未有入处，梦其父与方寸白笔，从是文章大进。有集传于世。

任询字君谟，易州军市人。父贵有才干，善画，喜谈兵，宣、政间游江、浙。询生于虔州，为人慷慨多大节。书为当时第一，画亦入妙品，评者谓画高于书，书高于诗，诗高于文，然王庭筠独以其才具许之。登正隆二年进士第。历益都都勾判官，北京盐使。年六十四致仕，优游乡里，家藏法书名画数百轴。年七十卒。

赵可字献之，高平人。贞元二年进士。仕至翰林直学士。博学高才，卓荦不羁。天德、贞元间，有声场屋。后入翰林，一时诏诰多出其手，流辈服其典雅。其歌诗乐府尤工，号《玉峰散人集》。

郭长倩字曼卿，文登人。登皇统丙寅经义乙科。仕至秘书少监，兼礼部郎中，修起居注。与施朋望、王无竞、刘岩老、刘无党相友善。所撰《石决明传》为时辈所称。有《昆仑集》行于世。

萧永祺字景纯，本名蒲烈。少好学，通契丹大小字。广宁尹耶律固奉诏译书，辟置门下，因尽传其业。固卒，永祺率门弟子服齐衰丧。固作《辽史》未成，永祺继之，作纪三十卷、志五卷、传四十卷，上之。加宣武将军，除太常丞。

海陵为中京留守，永祺特见亲礼。天德初，擢左谏议大夫，迁翰林侍讲学士，同修国史，再迁翰林学士。明年，迁承旨。尚书左丞耶律安礼出守南京，海陵欲以永祺代之，召见于内阁，谕以旨意，永祺辞曰："臣材识卑下，不足以辱执政。"海陵曰："今天下无事，朕方以文治,卿为是优矣。"永祺固辞,既出,或问曰:"公遇知人主,进取爵位,以道佐时,何多让也。"永祺曰:"执政系天下休戚,纵欲贪冒荣宠,如苍生何。"海陵尝选廷臣十人备谘访,独永祺议论宽厚,时称长者。卒年五十七。

胡砺字元化,磁州武安人。少嗜学。天会间,大军下河北,砺为军士所掠,行至燕,亡匿香山寺,与佣保杂处。韩昉见而异之,使赋诗以见志,砺操笔立成,思致清婉,昉喜甚,因馆置门下,使与其子处,同教育之,自是学业日进。昉尝谓人曰:"胡生才器一日千里,他日必将名世。"十年,举进士第一,授右拾遗,权翰林修撰。久之,改定州观察判官。定之学校为河朔冠,士子聚居者常以百数,砺督教不倦,经指授者悉为场屋上游,称其程文为"元化格"。

皇统初,为河北西路转运都勾判官。砺性刚直无所屈。行台平章政事高桢之汴,道真定,燕于漕司。砺欲就坐,桢责之,砺曰:"公在政府则礼绝百僚,今日之会自有宾主礼。"桢曰:"汝他日为省吏当何如?"砺曰:"当官而行,亦何所避。"桢壮其言,改谢之。

改同知深州军州事,加朝奉大夫。郡守暴戾,蔑视僚属,砺常以礼折之,守愧服,郡事一委于砺。州管五县,例置弓手百余,少者犹六七十人,岁征民钱五千余万为顾直。其人皆市井无赖,以迹盗为名,所至扰民。砺知其弊,悉罢去。继而有飞语曰:"某日贼发,将杀通守。"或请为备,砺曰:"盗所利者财耳,吾贫如此,何备为。"是夕,令公署撤关,竟亦无事。

再补翰林修撰,迁礼部郎中,一时典礼多所裁定。海陵拜平章政事,百官贺于庙堂,砺独不跪。海陵问其故,砺以令对,且曰:"朝服而跪,见君父礼也。"海陵深器重之。天德初,再迁侍讲学士,同修国史。以母忧去官。起复为宋国岁元副使,刑部侍郎白彦恭为使,海陵谓砺曰:"彦恭官在卿下,以其旧劳,故使卿副之。"迁翰林学士,改刑部尚书。扈从至汴得疾,海陵数遣使临问,卒,深悼惜之。年五十五。

王竞字无竞，彰德人。警敏好学。年十七以荫补官。宋宣和中，太学两试合格，调屯留主簿。入国朝，除大宁令，历宝胜盐官，转河内令。时岁饥盗起，竞设方略以购贼，不数月尽得之。夏秋之交，泌水泛溢，岁发民筑堤，豪民猾吏因缘为奸，竞核实之，减费几半。县民为之谚曰："西山至河岸，县官两人半。"盖以前政韩希甫与竞相继治县，皆有干能，绛州正平令张元亦有治绩而差不及，故云然。

天眷元年，转固安令。皇统初，参政韩昉荐之，召权应奉翰林文字，兼太常博士。诏作《金源郡王完颜娄室墓碑》，竞以行状尽其实，乃请国史刊正之，时人以为法。二年，试馆阁，竞文居最，遂为真。

迁尚书礼部员外郎。时海陵当国，政由己出，欲令百官避堂讳，竞言人臣无公讳，遂止。萧仲恭以太傅领三省事封王，欲援辽故事，亲王用紫罗伞。事下礼部，竞与郎中翟永固明言其非是，事竟不行，海陵由是重之。天德初，转翰林待制，迁翰林直学士，改礼部侍郎，迁翰林侍讲学士，改太常卿，同修国史，擢礼部尚书，同修国史如故。

大定二年春，从太傅张浩朝京师，诏复为礼部尚书。是岁，奉迁睿宗山陵，仪注不应典礼，竞削官两阶。诏改创五龙车，兼翰林学士承旨，修国史。四年，卒官。

竞博学而能文，善草隶书，工大字，两都宫殿榜题皆竞所书，士林推为第一云。

杨伯仁字安道，伯雄之弟也。天性孝友，读书一过成诵。登皇统九年进士第，事亲不求调。天德二年，除应奉翰林文字。初名伯英，避太子光英讳，改今名。

海陵尝夜召赋诗，传趣甚亟，未二鼓奏十咏，海陵喜，解衣赐之。海陵射鸟，伯仁献《获乌诗》以讽。丁父忧，起复，赐金带袭衣，及赐白金以奉母。改左拾遗。进士吕忠翰廷试已在第一，未唱名，海陵以忠翰程文示伯仁，问其优劣，伯仁对曰："当在优等。"海陵曰:"此今试状元也。"伯仁自以知忠翰姓名在第一,遂宿谏省,俟唱名乃出,海陵嘉其慎密。转翰林修撰。

孟宗献发解第一,伯仁读其程文称之"此人当成大名"。是岁,宗献府试、省试、廷试皆第一,号"孟四元",时论以为知文。故事,状元官从七品,阶承务郎,世宗以宗献独异等,与从六品,阶授奉直大夫。

改著作郎。居母丧,服除,调镇西节度副使。入为起居注兼左拾遗,上书论时务六事。改大名少尹。郡中豪民横恣甚,莫可制,民受其害,伯仁穷竟渠党,四境帖然。漱馆陶大辟,得其冤状,馆陶人为立祠。府尹荆王文坐赃削封,降德州防御使,同知裴满子宁及伯仁、判官谢奴皆以不能匡正解职。伯仁降南京留守判官,改同知安化军节度使,到官三日,召为太子右谕德、兼侍御史,改翰林待制,复兼右谕德。

除滨州刺史。郡俗有遣奴出亡,捕之以规赏者,伯仁至,责其主而杖杀其奴,如是者数辈,其弊遂止。入为左谏议大夫,兼礼侍部郎、翰林直学士。故事,谏官词臣入直禁中,上闵其劳,特免入直。改吏部侍郎,直学士如故。郑子聃卒,宰相举伯仁代之,乃迁侍讲,兼礼部侍郎。

伯仁久在翰林,文词典丽,上曰:"自韩昉、张钧后,则有翟永固,近日则张景仁、郑子聃,今则伯仁而已,其次未见能文者。吕忠翰草《降海陵庶人诏》,点窜再四终不能尽朕意,状元虽以词赋甲天下,至于辞命未必皆能。凡进士可令补外,考其能文者召用之。"不数月,兼左谏议大夫,俄兼太常卿。

大臣举可修起居注者数人,上以伯仁领之。从幸上京,伯仁多病,至临潢,地寒因感疾,还中都。明年,上还幸中都,遣使劳问,赐以丹剂。是岁,卒。

郑子聃字景纯,大定府人。父宏,辽金源令,二子子京、子聃。杨丘行尝谓人曰:"金源二子,凤毛也。小者尤特达,后必名世。"子聃及冠有能赋声。天德三年，丘行为太子左卫率府率，廷试明日，海陵以子聃程文示丘行，对曰："可入甲乙。"及拆卷，果中第一甲第三人。调翼城丞，迁赞皇令，召为书画直长。

子聃颇以才望自负，常慊不得为第一甲第一人。正隆二年会试毕，海陵以第一人程文问子聃，子聃少之。海陵问作赋何如，对曰："甚易。"因自矜，且谓他人莫已若也。海陵不悦，乃使子聃与翰林修撰綦戬、杨伯仁、宣徽判官张汝霖、应奉翰林文字李希颜同进士杂试。七月癸未，海陵御宝昌门临轩观试，以"不贵异物民乃足"为赋题，"忠臣犹孝子"为诗题，"忧国如饥渴"为论题。上谓读卷官翟永固曰："朕出赋题，能言之或能行之，未可知也。诗、论题，庶戒臣下。"丁亥，御便殿亲览试卷，中第者七十三人，子聃果第一，海陵奇之。有顷，进官三阶，除翰林修撰。改侍御史。

京畿旱，诏子聃决囚，遂澍雨，人以比颜真卿。迁待制，兼吏部郎中，改秘书少监。迁翰林直学士，兼太子左谕德，显宗深器重之。以疾求补外，遂为沂州防御使，皇太子币赒甚厚，命以安舆之官。召还，为左谏议大夫、兼直学士。改吏部侍郎、同修国史，直学士如故。迁侍讲、兼修国史，上曰："修《海陵实录》，知其详无如子聃者。"盖以史事专责之也。二十年，卒，年五十五。子聃英俊有直气，其为文亦然。平生所著诗文二千余篇。

党怀英字世杰，故宋太尉进十一代孙，冯翊人。父纯睦，泰安军录事参军，卒官，妻子不能归，因家焉。应举不得意，遂脱略世务，放浪山水间。箪瓢屡空，晏如也。大定十年，中进士第，调莒州军事判官，累除汝阴县尹、国史院编修官、应奉翰林文字、翰林待制、兼同修国史。

怀英能属文，工篆籀，当时称为第一，学者宗之。大定二十九年，与凤翔府治中郝俣充《辽史》刊修官，应奉翰林文字移剌益、赵沨等七人为编修官。凡民间辽时碑铭墓志及诸家文集，或记忆辽旧事，悉上送官。

是时，章宗初即位，好尚文辞，旁求文学之士以备侍从，谓宰臣曰："翰林阙人如之何？"张汝林奏曰，"郝俣能属文，宦业亦传。""上曰："近日制诏惟党怀英最善。"移剌履进曰："进士擢第后止习吏事，吏不复读书，近日始知为学矣。"上曰："今时进士甚灭裂，《唐书》中事亦多不知，朕殊不喜。"上谓宰臣曰："郝俣赋诗颇佳，旧时刘迎能之，李晏不及也。"

明昌元年，怀英再迁国子祭酒。二年，迁侍讲学士。明年，议开边防濠堑，怀英等十六人请罢其役，诏从之。迁翰林学士。六年，有事于南郊，摄中书侍郎读祝册，上曰："读册至朕名，声微下，虽曰尊君，然在郊庙，礼非所宜，当平读之。"承安二年乞致仕，改泰宁军节度使。明年，召为翰林学士承旨。泰和元年，增修《辽史》编修官三员，诏分纪、志、列传刊修官，有改除者以书自随。久之，致仕。大安三年卒，年七十八，谥文献。怀英致仕后，章宗诏直学士陈大任继成《辽史》云。

金史卷一二六
列传第六四

文艺下

赵沨　周昂　王庭筠　刘昂　李经
刘从益　吕中孚　李纯甫　王郁
宋九嘉　庞铸　李献能　王若虚
王元节　麻九畴　李汾　元德明

赵沨字文孺,东平人。大定二十二年进士,仕至礼部郎中。性冲澹,学道有所得,尤工书,自号"黄山"。赵秉文云:"沨之正书体兼颜、苏,行草备诸家体,其超放又似杨凝式,当处苏、黄伯仲间。"党怀英小篆,李阳冰以来鲜有及者,时人以沨配之,号曰:"党、赵"。有《黄山集》行于世。

周昂字德卿,真定人。父伯禄字天锡,大定进士,仕至同知沁南军节度使。

昂年二十四擢第。调南和簿,有异政。迁良乡令,入拜监察御史。路铎以言事被斥,昂送以诗,语涉谤讪,坐停铨,久之,起为隆州都军,以边功复召为三司官。大安兵兴,权行六部员外郎。

其甥王若虚尝学于昂,昂教之曰:"文章工于外而拙于内者,可以惊四筵而不可以适独坐,可以取口称而不可以得首肯。"又云:

"文章以意为主,以言语为役,主强而役弱则无令不从。今人往往骄其所役,至跋扈难制,甚者反役其主,虽极辞语之工,而岂文之正哉。"

昂孝友,喜名节,学术醇正,文笔高雅,诸儒皆师尊之。既历台省,为人所挤,竟坐诗得罪,谪东海上十数年。始入翰林,言事愈切。出佐三司非所好,从宗室承裕军,承裕失利,跳走上谷,众欲径归,昂独不从,城陷,与其从子嗣明同死于难。嗣明字晦之。

王庭筠字子端,河东人。生未期,视书识十七字。七岁学诗,十一岁赋全题。稍长,涿郡王修一见,期以国士。登大定十六年进士第。调恩州军事判官,临政即有声。郡民邹四者谋为不轨,事觉,逮捕千余人,而邹四窜匿不能得。朝廷遣大理司直王仲轲治其狱,庭筠以计获邹四,分别诖误,坐预谋者十二人而已。再调馆陶主簿。

明昌元年三月,章宗谕旨学士院曰:"王庭筠所试文,句太长,朕不喜此。亦恐四方效之。"又谓平章张汝霖曰:"王庭筠文艺颇佳,然语句不健,其人才高,亦不难改也。"四月,召庭筠试馆职,中选。御史台言庭筠在馆陶尝犯赃罪,不当以馆阁处之,遂罢。乃卜居彰德,买田隆虑,读书黄华山寺,因以自号。是年十二月,上因语及学士,叹其乏材,参政守贞曰:"王庭筠其人也。"三年,召为应奉翰林文字,命与秘书郎张汝方品第法书、名画,遂分入品者为五百五十卷。

五年八月,上顾谓宰执曰:"应奉王庭筠,朕欲以诏诰委之,其人才亦岂易得。近党怀英作《长白山册文》,殊不工。闻文士多妒庭筠者,不论其文顾以行止为訾。大抵读书人多口颊,或相党。昔东汉之士与宦官分朋,固无足怪。如唐牛僧孺、李德裕,宋司马光、王安石,均为儒者,而互相排毁何耶。"遂迁庭筠为翰林修撰。

承安元年正月,坐赵秉文上书事,削一官,杖六十,解职,语在《秉文传》。二年,降授郑州防御判官。四年,起为应奉翰林文字。泰和元年,复为翰林修撰,扈从秋山,应制赋诗三十余首,上甚嘉之。

明年,卒,年四十有七。上素知其贫,诏有司赙钱八十万以给丧事,求生平诗文藏之秘阁。又以御制诗赐其家,其引云:“王遵古,朕之故人也。乃子庭筠,复以才选直禁林者首尾十年,今兹云亡,玉堂、东观无复斯人矣。”

庭筠仪观秀伟,善谈笑,外若简贵,人初不敢与接。既见,和气溢于颜间,殷勤慰籍如恐不及,少有可取极口称道,他日虽百负不恨也。从游者如韩温甫、路元亨、张进卿、李公度,其荐引者如赵秉文、冯璧、李纯甫,皆一时名士,世以知人许之。

为文能道所欲言,暮年诗律深严,七言长篇尤工险韵。有《藂辨》十卷,文集四十卷。书法学米元章,与赵沨,赵秉文俱以名家,庭筠尤善山水墨竹云。

子曼庆,亦能诗并书,仕至行省右司郎中,自号“澹游”云。

刘昂字之昂,兴州人。大定十九年进士。曾、高而下七世登科。昂天资警悟,律赋自成一家,作诗得晚唐体,尤工绝句。李纯甫《故人外传》云,昂早得仕,年三十三为尚书省掾,调平凉路转运副使。时术士有言昂官止五品,昂不信。俄以母忧去职,连蹇十年,卜居洛阳,有终焉之志。有荐其才于章宗者,泰和初,自国子司业擢为左司郎中。会掌书大中与贾铉漏言除授事,为言者所劾,狱辞连昂。章宗震怒。一时闻人如史肃、李著、王宇、宗室从郁皆遣逐之,铉寻亦罢政。昂降上京留守判官,道卒,竟如术者之言。

李经字天英,锦州人。作诗极刻苦,喜出奇语,不蹈袭前人。李纯甫见其诗曰:“真今世太白也。”由是名大震。再举不第,拂衣去。南渡后,其乡帅有表至朝廷,士大夫识之曰:“此天英笔也。”朝议以武功就命倅其州,后不知所终。

刘从益字云卿,浑源人。其高祖挢,天会元年词赋进士,子孙多由科第入仕。从益登大安元年进士第,累官监察御史,坐与当路辨曲直,得罪去。

久之,起为叶县令,修学励俗,有古良吏风。叶自兵兴,户减三之一,田不毛者万七千亩有奇,其岁入七万石如故。从益请于大司农,为减一万,民甚赖之,流亡归者四千余家。未几,被召,百姓诣尚书省乞留,不听。入授应奉翰林文字,逾月以疾卒,年四十四。叶人闻之,以端午罢酒为位而哭,且立石颂德,以致哀思。

从益博学强记,精于经学。为文章长于诗,五言尤工,有《蓬门集》。

子祁字京叔。为太学生,甚有文名。值金末丧乱,作《归潜志》以纪金事,修《金史》多采用焉。

吕中孚字信臣,冀州南宫人。张建字吉甫,蒲城人。皆有诗名。中孚有《清漳集》。

建,明昌初,授绛州教官,召为宫教、应奉翰林文字。以老请致仕,章宗爱其纯素,不欲令去,授同知华州防御使,仍赐诗以宠之。自号"兰泉",有集行于世。

李纯甫字之纯,弘州襄阴人。祖安上,尝魁西京进士。父采,卒于益都府治中。纯甫幼颖悟异常,初业词赋,及读《左氏春秋》,大爱之,遂更为经义学。擢承安二年经义进士。为文法庄周、列御寇、左氏、《战国策》,后进多宗之。又喜谈兵,慨然有经世心。章宗南征,两上疏策其胜负,上奇之,给送军中,后多如所料。宰执爱其文,荐入翰林。及大元兵起,又上疏论时事,不报。宣宗迁汴,再入翰林。时丞相高琪擅威福柄,擢为左司都事。纯甫审其必败,以母老辞去。既而高琪诛,复入翰林,连知贡举。正大末,坐取人逾新格,出倅坊州。未赴,改京兆府判官。卒于汴,年四十七。

纯甫为人聪敏,少自负其材,谓功名可俯拾,作《矮柏赋》,以诸葛孔明、王景略自期。由小官上万言书,援宋为证,甚切,当路者以迂阔见抑。中年,度其道不行,益纵酒自放,无仕进意。得官未成考,旋即归隐。日与禅僧士子游，以文酒为事，啸歌袒裼出礼法外，或饮数月不醒。人有酒见招，不择贵贱必往，往辄醉，虽沉醉亦未尝废著书。然晚年喜佛，力探其奥义。自类其文，凡论性理及关佛老二家者号“内藁”，其余应物文字为“外藁”。又解《楞严》、《金刚经》、《老子》、《庄子》。又有《中庸集解》、《鸣道集解》，号“中国心学、西方文教”，数十万言，以故为名教所贬云。

王嶲字飞伯，大兴人。仪状魁奇，目光如鹘。少居钓台，闭门读书，不接人事。久之，为文法柳宗元，闳肆奇古，动辄数千言。歌诗俊逸，效李白。尝作《王子小传》以自叙。

天兴初元，汴京被围，上书言事，不报。四月，围稍解，挺身突出，为兵士所得。其将遇之甚厚，嶲经行无机防，为其下所忌，见杀。临终，怀中出书曰：“是吾平生著述，可传付中州士夫曰：王嶲死矣。”年三十余。同时以诗鸣者，雷琯、侯册、王元粹云。

宋九嘉字飞卿，夏津人。为人刚直豪迈，少游太学，有能赋声。长从李纯甫读书，为文有奇气，与雷渊、李经相伯仲。中至宁元年进士第。历蓝田、高陵、扶风、三水四县令，咸以能称。入为翰林应奉。正大中，以疾去。没于癸巳之难。

庞铸字才卿，辽东人。少擢第，仕有声。南渡后，为翰林待制，迁户部侍郎。坐游贵戚家，出倅东平，改京兆路转运使，卒。博学能文，工诗，造语奇健不凡，世多传之。

李献能字钦叔，河中人。先世有为金吾卫上将军者，时号“李金吾家”。迨献能昆弟皆以文学名，从兄献卿、献诚、从弟献甫相继擢第，故李氏有“四桂堂”。

献能苦学博览，于文尤长于四六。贞祐三年，特赐词赋进士，廷试第一人，宏词优等。授应奉翰林文字。在翰苑凡十年，出为鄜州观察判官。用荐者复为应奉，俄迁修撰。正大末，以镇南军节度副使充河中帅府经历官。大元兵破河中，奔陕州，行省以权左右司郎中，值赵三三军变遇害，年四十三。

献能为人眇小而墨色，颇有髯。善谈论，每敷说今古，声铿亮可听。作诗有志于风雅，又刻意乐章。在翰院，应机敏捷号得体。赵秉文、李纯甫尝曰："李献能天生今世翰苑材。"故每荐之，不令出馆。

家故饶财，尽于贞祐之乱，在京师无以自资。其母素豪奢，厚于自奉，小不如意则必诃谴，人视之殆不堪忧，献能处之自若也。时人以纯孝称之。尝谓人云："吾幼梦官至五品，寿不至五十。"后竟如其言。

王若虚字从之，槁城人也。幼颖悟，若夙昔在文字间者。擢承安二年经义进士。调鄜州录事，历管城门山二县令，皆有惠政，秩满，老幼攀送，数日乃得行。用荐入为国史院编修官，迁应奉翰林文字。奉使夏国，还授同知泗州军州事，留为著作佐郎。正大初，《宣宗实录》成，迁平凉府判官。未几，召为左司谏，后转延州刺史，入为直学士。

天兴元年，哀宗走归德。明年春，崔立变。群小附和，请为立建功德碑，翟奕以尚省命召若虚为文。时奕辈恃势作威，人或少忤，则谗构立见屠灭。若虚自分必死，私谓左右司员外郎元好问曰："今召我作碑，不从则死。作之则名节扫地，不若死之为愈。虽然，我姑以理谕之。"乃谓奕辈曰："丞相功德碑当指何事为言。"奕辈怒曰："丞相以京城降，活生灵百万，非功德乎？"曰："学士代王言，功德碑谓之代王言可乎。且丞相既以城降，则朝官皆出其门，自古岂有门下人为主帅诵功德而可信乎后世哉。"奕辈不能夺，乃召太学生刘祁、麻革辈赴省，好问、张信之喻以立碑事，曰："众议属二君，且已白郑王矣，二君其无让。"祁等固辞而别。数日，促迫不已，祁即为草定，以付好问。好问意未惬，乃自为之，既成以示若虚，乃共删定数字，然止直叙其事而已。后兵入城，不果立也。

金亡，微服北归镇阳，与浑源刘郁东游泰山，至黄岘峰，憩萃美亭，顾谓同游曰："汩没尘土中一生，不意晚年乃造仙府，诚得终老此山，志愿毕矣。"乃令子忠先归，遣子恕前行视夷险，因垂足坐大石上，良久瞑目而逝，年七十。所著文章号《傭夫集》若干卷，《溽南遗老》若干卷，传于世。

王元节字子元，弘州人也。祖山甫，辽户部侍郎。父诩，海陵朝，左司员外郎。元节幼颖悟，虽家世贵显，而从学甚谨。浑源刘挒爱其才俊，以女妻之，遂传其赋学。登天德三年词赋进士第。雅尚气节，不能随时俯仰，故仕不显。及迁密州观察判官。既罢，即逍遥乡里，以诗酒自娱，号曰"遁斋"。年五十余卒。有诗集行于世。

弟元德，亦第进士。有能名于时，终南京路提刑使。

孙国纲字正之。业儒术，尤长吏事。为人端重乐易，或有忤者略不与校，亦未尝形于怒色。大安三年，试补尚书吏部掾，未几，转御史台令史。宣宗闻其材干，兴定三年特召为近侍，奉职承应，甚见宠遇，勒留凡三考，出为同知申州事。无何，召为笔砚直长，擢监察御史，秩满，敕留再任，盖知其材器故也。

开兴元年，关陕完颜总帅屯河中府，与大元军战败绩，哀宗遣国纲乘上厩马，径诣河中问败军之由，还至中途，值大兵见杀，时年四十四。

麻九畴字知几，易州人。三岁识字，七岁能草书，作大字有及数尺者，一时目为神童。章宗召见，问："汝入宫殿中亦惧怯否？"对曰："君臣，父子也。子宁惧父耶？"上大奇之。弱冠入太学，有文名。

南渡后，寓居郾、蔡间，入遂平西山，始以古学自力。博通《五经》，于《易》、《春秋》为尤长。兴定末，试开封府，词赋第二，经义第一。再试南省，复然。声誉大振，虽妇人小儿皆知其名。及廷试，以误绌,士论惜之。已而,隐居不为科举计。正大初,门人王说、王采苓俱中第,上以其年幼,怪而问之,乃知尝师九畴。平章政事侯挚、翰林学士赵秉文连章荐之,特赐卢亚榜进士第。以病,未拜官告归。再授太常寺太祝,权博士,俄迁应奉翰林文字。

九畴性资野逸,高蹇自便,与人交,一语不相入则迳去不返顾。自度终不能与世合,顷之,复谢病去。居郾城,天兴元年,大元兵入河南,挈家走确山,为兵士所得,驱至广平,病死,年五十。

九畴初因经义学《易》,后喜邵尧夫《皇极书》,因学算数,又喜卜筮、射覆之术。晚更喜医,与名医张子和游,尽传其学,且为润色其所著书。为文精密奇健,诗尤工致。后以避谤忌,持戒不作。明昌以来,称神童者五人,太才常添寿四岁能作诗,刘滋、刘微、张汉臣后皆无称,独知几能自树立,耆旧如赵秉文,以征君目之而不名。

李汾字长源,太原平晋人。为人尚气,跌宕不羁。性褊躁,触之辄怒,以是多为人所恶。喜读史。工诗,雄健有法。避乱入关,京兆尹子容爱其材,招致门下。留二年去,之泾州,谒左丞张行信,一见即以上客礼之。

元光间,游大梁,举进士不中,用荐为史馆书写。书写,特抄书小史耳,凡编修官得日录,纂述既定,以藁授书写,书写录洁本呈翰表。汾既为之,殊不自聊。时赵秉文为学士,雷渊、李献能皆在院,刊修之际,汾在旁正襟危坐,读太史公、左丘明一篇,或数百言,音吐洪畅,旁若无人。既毕,顾四坐漫为一语云"看"。秉笔诸人积不平,而雷、李尤切齿,乃以嫚骂官长讼于有司,然时论亦有不直雷、李者,寻罢入关。

明年来京师,上书言时事,不合,去客唐、邓间。恒山公武仙署行尚书省讲议官。既而,仙与参知政事完颜思烈相异同,颇谋自安,惧汾言论,欲除之。汾觉,遁泌阳,仙令总帅王德追获之,销养马平,绝食而死,年未四十。

汾平生诗甚多,不自收集,世所传者十二三而已。

元德明，系出拓拔魏，太原秀容人。自幼嗜读书，口不言世俗鄙事，乐易无畦畛，布衣疏食处之自若，家人不敢以生理累之。累举不第，放浪山水间，饮酒赋诗以自适。年四十八卒。有《东岩集》三卷。子好问，最知名。

好问字裕之。七岁能诗。年十有四，从陵川郝晋卿学，不事举业，淹贯经传百家，六年而业成。下太行，渡大河，为《箕山》、《琴台》等诗，礼部赵秉文见之，以为近代无此作也。于是名震京师。

中兴定五年第，历内乡令。正大中，为南阳令。天兴初，擢尚书省掾，顷之，除左司都事，转行尚书省左司员外郎。金亡，不仕。

为文有绳尺，备众体。其诗奇崛而绝雕剧，巧缛而谢绮丽。五言高古沈郁。七言乐府不用古题，特出新意。歌谣慷慨挟幽、并之气。其长短句，揄扬新声，以写恩怨者又数百篇。兵后，故老皆尽，好问蔚为一代宗工，四方碑板铭志尽趋其门。其所著文章诗若干卷、《杜诗学》一卷、《东坡诗雅》三卷、《锦机》一卷、《诗文自警》十卷。

晚年尤以著作自任，以金源氏有天下，典章法度几及汉、唐，国亡史作，已所当任。时金国实录在顺天张万户家，乃言于张，愿为撰述，既而为乐夔所沮而止。好问曰："不可令一代之迹泯而不传。"乃构亭于家，著述其上，因名曰"野史"。凡金源君臣遗言往行，采撷所闻，有所得辄以寸纸细字为记录，至百余万言。今所传者有《中州集》及《壬辰杂编》若干卷。年六十八卒，纂修《金史》，多本其所著云。

赞曰：韩昉、吴激，楚材而晋用之，亦足为一代之文矣。蔡珪、马定国之该博，胡砺、杨伯仁之敏赡，郑子聃、麻九畴之英俊，王郁、宋九嘉之迈往。三李卓荦，纯甫知道，汾任气，献能尤以纯孝见称。王庭筠、党怀英、元好问自足知名异代。王竞、刘从益、王若虚之吏治，文不掩其所长。蔡松年在文艺中，爵位之最重者，道金人言利，兴党狱，杀田珏，文不能掩其所短者欤？事继母有至行，其死家无余赀，有足取云。

金史卷一二七
列传第六四

孝　友

温迪罕斡鲁补　陈颜　刘瑜　孟兴
王震　刘政

隐　逸

褚承亮　王去非　赵质　杜时昇
郝天挺　薛继先　高仲振　张潜
王汝梅　宋可　辛愿　王子可

　　孝友者人之至行也,而恒性存焉。有子者欲其孝,有弟者欲其
友,岂非人之恒情乎。为子而孝,为弟而友,又岂非人之恒性乎。以
人之恒情责人之恒性,而不副所欲者恒有焉。有竭力于是,岂非难
乎。天生五谷以养人,五谷之有恒性也。服田力穑以望有秋,农夫
之有恒情也。五谷熟,人民育,岂异事乎。然以唐、虞之世,"黎民阻
饥"不免以命稷,"百姓不亲、五品不逊"不免以命契,以是知顺成不
可必,犹孝友之不易得也。是故"有年"、大有年"以异书于圣人之

经,孝友以至行传于历代之史,劝农、兴孝之教不废于历代之政,孝弟、力田自汉以来有其科。章宗尝言:"孝义之人,素行已备,虽有希觊犹不失为行善。"庶几帝王之善训矣。夫金世孝友见于旌表、载于史册者仅六人焉。作《孝友传》。

温迪罕翰鲁补,西北路宋葛斜斯浑猛安人。年十五,居父丧,不饮酒食肉,庐于墓侧。母疾,刲股肉疗之,疾愈。诏以为护卫。

陈颜,卫州汲县人。世业农。父光,宋季擢武举第,调寿阳尉,未赴。值金兵取汴,光病,围城中。颜艰关渡河,往省其父,因扶疾北归。光家奴谋良不可,诬告光与贼杀人。光系狱,榜掠不胜,因自诬服。颜诣郡请代父死,太守徐某哀之,不敢决,适帅臣至郡,以其状白,帅曰:"此真孝子也。"遂并释之。天会七年,诏旌表其门闾。

刘瑜,棣州人。家贫甚,母丧不能具葬,乃质其子以给丧事。明昌三年,诏赐粟帛,复其终身。

孟兴,蚤丧父,事母孝谨,母没,丧葬尽礼。事兄如事其父。明昌三年,诏赐帛十匹、粟二十石。

王震,宁海州文登县人。为进士学。母患风疾,刲股肉杂饮食中,疾遂愈。母没,哀泣过礼,目生翳。服除,目不疗而愈,皆以为孝感所致。特赐同进士出身,诏尚书省拟注职任。

刘政,洺州人。性笃孝,母老丧明,政每以舌舐母目,逾旬母能视物。母疾,昼夜侍侧,衣不解带,刲股肉啖之者再三。母死,负土起坟,乡邻欲佐其劳,政谢之。葬之日,飞鸟哀鸣,翔集丘木间。庐于墓侧者三年。防御使以闻,除太子掌饮丞。

孔子称逸民伯夷、叔齐、夷逸、朱张、柳下惠、少连,其立心造行之异同,各有所称谓,而柳下惠则又尝仕于当世者也。长沮、桀溺之徒,则无所取焉。后世,凡隐遁之士其名皆列于史传,何欤?盖古之仕者,其志将以行道,其为贫而仕下列者,犹必先事而后食焉。后世干禄者多,其先人尚人之志与叹老嗟卑之心,能去是者鲜矣。故君子于士之远引高蹈者特称述之,庶闻其风犹足以立懦廉顽也。作《隐逸传》。

褚承亮字茂先,真定人。宋苏轼自定武谪官过真定,承亮以文谒之,大为称赏。宣和五年秋,应乡试,同试者八百人,承亮为第一。明年,登第。调易州户曹,未赴,会金兵南下。

天会六年,斡离不既破真定,拘籍境内进士试安国寺,承亮名亦在籍中,匿而不出。军中知其才,严令押赴,与诸生对策。策问“上皇无道、少帝失信”。举人承风旨,极口诋毁。承亮诣主文刘侍中曰:“君父之罪岂臣子所得言耶。”长揖而出。刘为之动容。余悉放第,凡七十二人,遂号七十二贤榜。状元许必仕为郎官,一日出左掖门,堕马,首中阃石死,余皆无显者。刘多承亮之谊,荐知稿城县。漫应之,即弃去。年七十终,门人私谥曰“玄贞先生”。

子席珍,正隆二年进士,官州县有声。

王去非字广道,平阴人。尝就举,不得意即屏去,督妻孥耕织以给伏腊。家居教授,束修有余辄分惠人。弟子班忱贫不能朝夕,一女及笄,去非为办资装嫁之。北邻有丧忌东出。西与北皆人居,南则去非家,去非坏蚕室使丧南出,遂得葬焉。大定二十四年卒,年八十四。

赵质字景道,辽相思温之裔。大定末,举进士不第,隐居燕城南,教授为业。明昌间,章宗游春水过焉,闻弦诵声,幸其斋舍,见壁间所题诗,讽咏久之,赏其志趣不凡。召至行殿,命之官。固辞曰:

"臣僻性野逸,志在长林丰草,金镳玉络非所愿也。况圣明在上,可不容巢、由为外臣乎。"上益奇之,赐田亩千,复之终身。泰和二年卒,年八十五。

杜时昇字进之,霸州信安人。博学知天文,不肯仕进。承安、泰和间,宰相数荐时昇可大用。时昇谓所亲曰:"吾观正北赤气如血,东西亘天,天下当大乱,乱而南北当合为一。消息盈虚,循环无端,察往考来,孰能违之。"是时,风俗侈靡,纪纲大坏,世宗之业遂衰。时昇乃南渡河,隐居嵩、洛山中,从学者甚众。大抵以"伊洛之学"教人自时昇始。

正大间,大元兵攻潼关,拒守甚坚,众皆相贺,时昇曰:"大兵皆在秦、巩间,若假道于宋,出襄、汉入宛、叶,铁骑长驱势如风雨,无高山大川为之阻,土崩之势也。"顷之,大元兵果自饶峰关涉襄阳出南阳,金人败绩于三峰山,汴京不守,皆如时昇所料云。正大末,卒。

郝天挺字晋卿,泽州陵川人。早衰多疾,厌于科举,遂不复充赋。太原元好问尝从学进士业,天挺曰:"今人赋学以速售为功,六经百家分磔缉缀,或篇章句读不之知,幸而得之,不免为庸人。"又曰:"读书不为艺文,选官不为利养,唯通人能之。"又曰:"今之仕多以贪败,皆苦饥寒不能自持耳。丈夫不耐饥寒,一事不可为。子以吾言求之,科举在其中矣。"或曰:"以此学进士无乃戾乎?"天挺曰:"正欲渠不为举子尔。"

贞祐中,居河南,往来淇卫间。为人有崖岸,耿耿自信,宁落魄困穷,终不一至豪富之门。年五十,终于舞阳。

薛继先字曼卿。南渡后,隐居洛西山中,课童子读书。事母孝,与人交谦逊和雅,所居化之。子纯孝字方叔,有父风。有诈为曼卿书就方叔取物者,曼卿年已老状貌如少者,客不知其为曼卿而以为方叔也,而与之书,曼卿如所取付之。

　　监察御史石玠行部过曼卿，曼卿不之见。或言君何无乡曲情，曼卿曰："君未之思耳。凡今时政未必皆善，御史一有所劾，将谓自我发之，同恶相庇，他日并邻里必有受祸者。"其畏甚皆此类。壬辰之乱，病没宜阳。

　　高仲振字正之，辽东人，其兄领开封镇兵，仲振依之以居。既而以家业付其兄，挈妻子入嵩山。博极群书，尤深《易皇极经世》学。安贫自乐，不入城市，山野小人亦知敬之。尝与其弟子张潜、王汝梅行山谷间，人望之翩然如仙。或自仲振尝遇异人教以养生术，尝终日燕坐，骨节戛戛有声，所谈皆世外事，有扣之者辄不复语云。

　　张潜字仲升，武清人。幼有志节，慕荆轲、聂政为人，年三十始折节读书。时人高其行谊，目曰："张古人。"后客嵩山，从仲振受《易》。年五十，始娶鲁山孙氏，亦有贤行，夫妇相敬如宾，负薪拾穗，行歌自得，不知其贫也。邻里有为潜种瓜者，及熟让潜，潜弗许，竟分而食之。尝行道中拾一斧，夫妇计度移时，乃持归访其主还之。里有兄弟分财者，其弟曰："我家如此，独不畏张先生知耶。"遂如初。天兴间，潜挈家避兵少室，乃不食七日死，孙氏亦投绝涧死焉。

　　王汝梅字大用，大名人。始由律学为伊阳簿，秩满，遂隐居不仕。性嗜书，动有礼法。生徒以法经就学者，兼授以经学。诸生服其教，无敢为非义者。同业尝悯其贫，时周之，皆谢不受。后不知所终。

　　宋可字予之，武陟人。其姑适大族槁氏，贞祐之兵，夫及子皆死于难。姑以白金五十笏遗可，可受不辞。其后姑得槁氏疏族立为后，挈之省外家。可乃置酒会乡邻，谓姑曰："姑往时遗可以金，可以槁氏无子故受之。今有子矣，此金槁氏物，非姑物也，可何名取之。"因呼妻子舁金归之，乡里用是重之。

未几，北兵驻山阳，军中有闻可名者，访知所在，质其子，使人招之曰："从我者祸福共之，不然，汝子死矣。"亲旧竞劝之往，可皆谢不从，曰："吾有子无子，与吾儿死生，皆有命焉。岂以一子故，并平生所守者亡之。"后竟以无子。

辛愿字敬之，福昌人。年二十五始知读书，取《白氏讽谏集》自试，一日便能背诵。乃聚书环堵中读之，至《书伊训》、《诗河广》颇若有所省，欲罢不能，因更致力焉。由是博极书史，作文有绳尺，诗律精严有自得之趣。

性野逸不修威仪，贵人延客，麻衣草履、足胫赤露坦然于其间，剧谈豪饮，傍若无人。尝谓王郁曰："王侯将相，世所共嗜者，圣人有以得之亦不避。得之不以道，与夫居之不能行已之志，是欲澡其身而伏于厕也。是难与他人道，子宜保之。"其志趣如此。

后为河南府治中高廷玉客。廷玉为府尹温迪罕福兴所诬，愿亦被讯掠，几不得免，自是生事益狼狈。

愿雅负高气，不能从俗俯仰，迫以饥冻流离，往往见之于诗。有诗数千首，常贮竹橐中。正大末，殁洛下。其诗有云："黄、绮暂来为汉友，巢、由终不是唐臣。"真处士语也。

王予可字南云，河东吉州人。父本军校，予可亦尝隶籍。年三十许，大病后忽发狂，久之能把笔作诗文，及说世外恍惚事。南渡后，居上蔡、遂平、郾城之间，遇文士则称"大成将军"，于佛前则称"谛摩龙什"，于道则称"骀天玄俊"，于贵游则称"威锦堂主人"。

为人躯干雄伟，貌奇古，戴青葛巾，项后垂双带若牛耳，一金镂环在顶额之间。两颊以青涅之为翠靥。衣长不能掩胫。落魄嗜酒，每入城，市人争以酒食遗之。夜宿土室中，夏月或尸秽在傍、蛆虫狼藉不恤也。

人与之纸，落笔数百言，或诗或文，散漫碎杂，无句读、无首尾，多六经中语及韵学家古文奇字，字画峭劲，遇宋讳亦时避之。或问以故事，其应如响，诸所引书皆世所未见。谈说之际稍若有条贯，则又以诞幻语乱之。麻九畴、张珏与之游最狎，言其诗以百分为率，可晓者才二三耳。

壬辰兵乱，为顺天将领所得，知其名，窃议欲挈之北归，馆于州之瑞云观。予可明日见将领自言曰："我不能住君家瑞云观也。"不数日卒。后复有见于淮上者。

赞曰：金世隐逸不多见，今于简册所有，得十有二人焉。其卓尔不群者三人。褚承亮宋人，勒试进士，主司发策问宋徽、钦之罪，承亮长揖而去之。方金人重举业，杜时升居山中，首以"伊洛之学"教后进。宋可不愿仕，人执其子为质，宁弃而不就，遂以无子。虽制行过中，岂不贤于杀妻以求大将者乎。大夫士见善明、用心刚，故能为人所难为者如此。

金史卷一二八
列传第六六

循　吏

卢克忠　牛德昌　范承吉　王政
张奕　李瞻　刘敏行　傅慎微
刘焕　高昌福　孙德渊　赵鉴
蒲察郑留　女奚烈守愚　石抹元
张彀　赵重福　武都　纥石烈德
张特立　王浩

　　金自穆宗号令诸部不得称都字堇，于是诸部始列于统属。太祖命三百户为谋克，十谋克为猛安，一如郡县置吏之法。太宗既有中原，申画封疆，分建守令。熙宗遣廉察之使循行四方。世宗承海陵凋敝之余，休养生息，迄于明昌、承安之间，民物滋殖，循吏迭出焉。泰和用兵，郡县多故，吏治衰矣。宣宗尚刀笔之习，严考核之法，能吏不乏，而岂弟之政罕见称述焉。金百余年吏治始终可考，于是作《循吏传》。

　　卢克忠，贵德州凤集人。高永昌据辽阳，克忠走诣金源郡王斡鲁营降，遂以撒屋出为乡导。斡鲁克东京，永昌走长松岛，克忠与渤

海人挞不也追获之。收国二年,授世袭谋克。其后,定燕伐宋皆与
有功,除登州刺史,改刺澶州。

天德间,同知保大军节度使。绥德州军卒数人道过鄜城,求宿
民家,是夜有贼剽主人财而去。有司执假宿之卒,系狱榜掠诬服。克
忠察其冤,独不肯署,未几果得贼,假宿之卒遂释。

大定二年,除北京副留守,会民艰食,克忠下令凡民有蓄积者
计留一岁,悉平其价籴之,由是无捐瘠之患。转陈州防御使,后以静
难军节度使致仕,卒。

牛德昌字彦钦,蔚州定安人。父铎,辽将作大监。德昌少孤,其
母教之学,有劝以就荫者,其母曰:"大监遗命不使作承奉也。"中皇
统二年进士第,调矾山簿。

迁万泉令。属蒲、陕荐饥,群盗充斥,州县城门昼闭。德昌到官,
即日开城门纵百姓出入,榜曰:"民苦饥寒,剽掠乡聚以偷旦夕之
命,甚可怜也。能自新者一不问。"贼皆感激解散,县境以安。府尹
王伯龙嘉之,礼待甚厚。累官刑部、吏部侍郎,中都路都转运使,广
宁、太原尹。卒,赠中奉大夫。

范承吉字宠之。好学问,属辽季盗贼起,虽避地未尝废书。天
庆八年中进士丙科,授秘书省校书郎,至大定府金源令。归朝为御
前承应文字。天会初,迁殿中少监。四年,从攻太原,迁少府监。五
年,宗翰克宋,所得金珠承吉司其出入,无毫发欺,及还,犊车载书
史而已。寻迁昭文馆直学士,知绛州。

先是,军兴,民有为将士所掠而逃归者,承吉使吏遍谕,俾其自
实,凡数千人,具白元帅府,许自赎为良,或贫无赀者以公厨代输。
六年,改河东北路转运使。时承宋季之弊,民赋繁重失当,承吉乃为
经画,立法简便,所入增十数万斛,官既足而民有余。历同知平阳
尹、西京副留守,迁河东南路转运使,改同签燕京留守事、顺天军节
度使。属地震坏民庐舍,有欲争先营葺者,工匠过取其直,承吉命官

属董其役,先后以次,不间贫富,民赖以省费。

历镇西军节度使、行台礼尚书、泰宁军节度使,复镇顺天。奚卒散居境内,率数千人为盗,承吉绳以法不少贷,惧而不敢犯。贞元二年以光禄大夫致仕,卒年六十六。

王政,辰州熊岳人也。其先仕渤海及辽,皆有显者。政当辽季乱,浮沈州里。高永昌据辽东,知政材略,欲用之。政度其无成,辞谢不就。永昌败,渤海人争缚永昌以为功,政独逡巡引退。吴王阇母闻而异之,言于太祖,授卢州渤海军谋克。从破白霫,下燕云。及金兵伐宋,滑州降,留政为安抚使。前此,数州既降,复杀守将反为宋守。及是,人以为政忧,政曰:"苟利国家,虽死何避。"宋王宗望壮之,曰:"身没王事,利及子孙,汝言是也。"政从数骑入州。是时,民多以饥为盗,坐系。政皆释之,发仓廪以赈贫乏,于是州民皆悦,不复叛。傍郡闻之,亦多降者。宋王召政至辕门,抚其背曰:"吾以汝为死矣,乃复成功耶。"慰谕者久之。

天会四年,为燕京都麹院同监。未几,除同知金胜军节度使事。改权侍卫亲军都指挥使.兼掌军资。是时,军旅始定,管库纪纲未立,掌吏皆因缘为奸。政独明会计,严扃锸,金帛山积而出纳无锱铢之失。吴王阇母戏之曰:"汝为官久矣,而贫不加富何也?"对曰:"政以杨震四知自守,安得不贫。"吴王笑曰:"前言戏之耳。"以黄金百两、银五百两及所乘马遗之。

六年,授左监门将军,历安州刺史、檀州军州事、户吏房主事。天眷元年,迁保静军节度使,致仕卒,年六十六。

政本名南撒里,尝使高丽,因改名政。子遵仁、遵义、遵古。遵古子庭筠有传。

张奕字彦微,其先泽州高平人。以荫补官,仕齐为归德府通判。齐国废,齐兵之在郡者二万人谋为乱,约夜半举燎相应。奕知之,选市人丁壮授以兵,结阵扼其要巷,开小南门以示生路,乱不得作,比明亡匿略尽，擒其首恶诛之。后五日，都统完颜鲁补以军至归德，欲根株余党，奕以阖门保郡人无他，遂止。行台承制除同知归德尹。

天眷元年，以河南与宋，改同知沂州防御使事。三年，宗弼复取河南，征奕赴行省，既定汴京，授汴京副留守。历陈、秦州防御使，同知太原尹。

晋宁军报夏人侵界，诏奕往征之。奕至境上，按籍各归所侵土，还奏曰："折氏世守麟府，以抗夏人。本朝有其地遂以与夏。夏人夷折氏坟垅而戮其尸，折氏怨入骨髓而不得报也。今复使守晋宁，故激怒夏人使为鼠侵，而条上其罪，苟欲开边衅以雪私仇耳。独可徙折氏他郡，则夏人自安。"朝廷从之，遂移折氏守青州。

政隆间，同知西京留守事，迁河东北路转运使。大定二年，征为户部尚书，甫视事，得疾卒。

李瞻，蓟州玉田人。辽天庆二年进士，为平州望云令。张觉据平州叛，以瞻从事。宗望复平州，觉亡去，城中复叛，瞻逾城出降，其子不能出，为贼所害。宋王宗望嘉之，承制以为兴平府判官。

天会三年，迁大理少卿，从宗望南伐，为汉军粮料使。四年，金兵围汴，宋人请割河北三镇，瞻与礼部侍郎李天翼安抚河北东、西两路，略定怀、浚、卫等州卫汤阴等县。七年，知宁州，累迁德州防御使。为政宽平，民怀其惠，相率诣京师请留者数百千人。

贞元三年，迁济州路转运使，改忠顺军节度使。正隆末，盗贼蜂起，瞻增筑城垒为备，蔚人赖之以安。大定初，卒于官。

刘敏行，平州人。登天会三年进士。除太子校书郎，累迁肥乡令。岁大饥，盗贼掠人为食。诸县老弱入保郡城，不敢耕种，农事废，畎亩荒芜。敏行白州，借军士三十护县民出耕，多张旗帜为疑兵，敏行率军巡逻，日暮则阅民入城，由是盗不敢犯而耕稼滋殖。

转高平令。县城圮坏久不修，大盗横恣，掠县镇不能御。敏行出已俸，率僚吏出钱顾役缮治，百姓欣然从之，凡用二千人，版筑遂完。乡村百姓入保，贼至不能犯。凡九迁，为河北东路转运使。致仕，卒。

傅慎微字几先。其先秦州沙溪人，后徙建昌。慎微迁居长安。宋末登进士，累官河东路经制使。宋翰已克汴京，使娄室定陕西，慎微率众迎战，兵败被获，送至元帅府。元帅宗翰爱其才学，弗杀，羁置归化州，希尹收置门下。宗弼复取河南地，起为陕西经略使，寻权同州节度使事。明年，陕西大旱，饥死者十七八，以慎微为京兆、鄜延、环庆三路经济使，许以便宜。慎微募民入粟，得二十余万石，立养济院饲饿者，全活甚众。改同知京兆尹，权陕西诸路转运使。复修三白、龙首等渠以溉田，募民屯种，贷牛及种子以济之，民赖其利。转中京副留守，用廉改忻州刺史，累迁太常卿，除定武军节度使，移静难军，忤用事者，蔺保衡救之得免。

大定初，复为太常卿，迁礼部尚书，与翰林侍讲学士徒单子温、翰林待制移剌熙载俱兼同修国史。卒官，年七十六。

慎微博学喜著书，尝奏《兴亡金镜录》一百卷。性纯质，笃古喜谈兵，时人以为迂阔云。

刘焕字德文，中山人。宋末兵起，城中久乏食，焕尚幼，煮糠核而食之，自饮其清者，以酏厚者供其母，乡里异之。稍长就学，天寒拥粪火读书不息。登天德元年进士。调任丘尉。县令贪污，焕母规正之，秩满，令持杯酒谢曰：“尉廉慎，使我获考。”调中都市令。枢密使仆散忽土家有缘结工，牟利于市，不肯从市籍役，焕系之。忽土召焕，焕不往，暴工罪而笞之。焕初除市令，过谢乡人吏部侍郎石琚，琚不悦曰：“京师浩穰，不与外郡同，弃简就烦。吾所不晓也。”至是，始重之。

以廉升京兆推官，再迁北京警巡使。捕二恶少杖于庭中，戒之曰：“孝弟敬慎，则为君子。暴戾隐贼，则为小人。自今以往，毋狃于故习，国有明罚，吾不得私也。”自是，众皆畏惮，毋敢犯者。召为监察御史，父老数百人或卧车下，或挽其靴镫，曰："我欲复留使君期年，不可得也。"

以本官摄户部员外郎。代州钱监杂青铜铸钱，钱色恶，类铁钱民间盗铸，抵罪者众，朝廷患之，下尚书省议。焕奏曰："钱宝纯用黄铜精制之，中濡以锡，若青铜可铸，历代无缘不用。自代州取二分与四六分，青黄杂糅，务省铜而功易就。由是，民间盗铸，陷罪者众，非朝廷意也。必欲为天下利，宜纯用黄铜，得数少而利远。其新钱已流行者，宜验数输纳准换。"从之。

再迁管州刺史，耆老数百人疏其著迹十一事，诣节镇请留焕，曰："刺史守职奉法，乞留之。"以廉升郑州防御使，迁官一阶，转同知北京留守事。

世宗幸上京，所过州郡大发民夫治桥梁驰道，以希恩赏，焕所部惟平治端好而已。上嘉其意，迁辽东路转运使，卒。

高昌福，中都宛平人。父履，辽御史中丞致仕，太宗闻其名召之，未及入见而卒，特诏昌福释服应举。登天会十年进士第，补枢密院令史。明年，辟元帅府令史。

皇统初，宗弼复河南，元帅府治汴，人有疑似被获，皆目为宋谍者，即杀之。昌福谳得其实，释去者甚众。

许州都统韩常用法严，好杀人，遣介送囚于汴，或道亡，监吏自度失囚恐得罪，欲尽杀诸囚以灭口。昌福识监吏意，穷竟其状，免死者十七八，而诸吏遂怨昌福，欲构害之。是时方用兵，梁、楚间夜多阴雨，元帅府选人侦宋兵动静，诸吏遣昌福。昌福不辞即行，尽得敌军虚实报元帅府。师还，除震武军节度副使，转行台礼部员外郎。天德间，行台罢，改绛阳军节度副使，入为兵部员外郎，改河间少尹。

世宗即位，上书陈便宜事，上披阅再三，因谓侍臣曰："内外官皆上书言事，可以知人材优劣，不然，朕何由知之。"三除同知东京留守事，治最，迁山东西路转运使、工部尚书，改彰德军节度使。上书言赋税太重，上问翰林学士张景仁曰："税法比近代为轻，而以为重何也?"景仁曰:"今之税殊轻,若复轻之,国用且不足。"事遂寝。累迁河中尹,致仕,卒。

孙德渊字资深,兴中府人也。大定十六年进士,调石州军事判官、涞水丞,察廉迁沙河令。有盗秋桑者,主逐捕之,盗以叉自刺其足面,曰:"秋桑例不禁采,汝何得刺我。"主惧,赂而求免,盗不从,诉之县。德渊曰:"若逐捕而伤,疮必在后,今在前,乃自刺也。"盗遂引服。选尚书省令史,不就。丁父忧去官,民为刻石祠之。

察廉起复北京转运司都勾判官,以累荐迁中都左警巡使、监察御史、山东东路转运副使,累官大理丞、兼左拾遗。审官院奏德渊刚正干能,可任繁剧,遂再任。丁母忧,服除特迁恩州刺史,入为右司郎中,滕州刺史,迁同知河间府事,历大兴治中、同知府事。大安初,迁盘安军节度使,改河北西路按察转运使,改昭义军节度使。潞州破被执,俄有拜于前者,皆沙河旧民也,密护德渊,由是得脱。

贞祐二年,拜工部尚书,摄御史中丞。是时,山东乏兵食,有司请鬻恩例举人,居丧者亦许纳钱就试。德渊奏,此大伤名教,事遂寝。寻致仕。监察御史许古论德渊"忠亮明敏,可以大用,近许告老,士大夫窃叹。望朝廷起复,必能建明以利国家"。宣宗嘉纳,未及用而卒。

赵鉴字择善,济南章丘人。宋建炎二年进士,调庐州司理参军。是时江、淮方用兵,鉴弃官还乡里。齐国建,除历城丞,转长清令,皆剧邑难治,鉴政甚著。刘豫召见,迁直秘阁、提举泾原路弓箭手、兼提点本路刑狱公事,诚之曰:"边将多不法,可痛绳之。"原州守将武悍自用,以鉴年少易之,鉴发其奸,守将坐免,郡县闻风无敢犯者。

齐废,除知城阳军,改山东东路转运副使,摄行台左司郎中。行台宰相欲以故宋宦者权都水监,鉴曰:"误国阉竖,汴人视为寇仇,付以美官,将失人望。"遂不用。以母忧解职,天德初,起为济州刺史,移涿州。海陵召鉴入朝,应对失旨,遣还郡,俄除知火山军,以病免。

大定初,起知宁海军。秋禾方熟,子方虫生,鉴出城行视,虫乃自死。再迁镇西军节度使,改河北西路转运使,致仕,卒。

蒲察郑留子文叔,东京路斡底必剌猛安人。大定二十二年进士,调高苑主簿、浚州司侯,补尚书省令史,除监察御史,累迁北京、临潢按察副使、户部侍郎。御史台奏郑留前任北京称职,迁陕西路按察使,改顺义军节度使。

西京人李安兄弟争财,府县不能决,按察司移郑留平理,月余不问。会释奠孔子庙,郑留乃引安兄弟与诸生叙齿,列坐会酒,陈说古之友悌数事,安兄弟感悟,谢曰:“节使父母也,誓不复争。”乃相让而归。

朔州多盗,郑留禁绝游食,多蓄兵器,因行春抚谕之,盗乃衰息,狱空。赐锡宴钱以褒之。

改利涉军节度使,诏括马,郑留使百姓饲养以须,御史劾之。既而伐宋,诸路括马皆瘦,惟隆州马肥,乃释郑留。大安初,徙安国军。二年,知庆阳府事。三年,夏人犯边,郑留击走之。至宁元年,改知平凉府。是时,平凉新被兵,夏人复来攻,郑留招溃卒为御守计,夏兵退,迁官四阶。贞祐二年,改东京留守,致仕。贞祐四年,卒。

郑留重厚寡言笑,人不见其喜愠,临终取奏稿尽焚之。

女奚烈守愚字仲晦,本名胡里改门,真定府路吾直克猛安人也。六岁知读书。既龀,或谓食肉昏神识,乃戒而不食。性至孝,父没时年十五,营葬如礼,治家有法,乡人称之。中明昌二年进士。调深泽主簿,治有声。迁怀仁令,改弘文校理,秩满为临沂令。有不逞辈五百人,结为党社,大扰境内,守愚下车,其党散去。蝗起莒、密间,独不入临沂境。

先是,朝廷括河朔、山东地,隐匿者没入官,告者给赏。莒州刺史教其奴告临沂人冒地，积赏钱三百万，先给官镪乃征于民，民甚苦之。守愚列其冤状白州，州不为理，即闻于户部而征还之，流民归业，县人勒其事于石。

改秘书郎。母丧，勺饮不入口三日，终丧未尝至内寝。太常寺、劝农司交辟守愚，皆不听，服除，除同知登闻检院，改著作郎、永定军节度副使。泰和伐宋，守愚为山东行六部员外郎，改大兴都总管判官。大安元年，除修起居注，转刑部员外郎、户部郎中、太子左谕德。贞祐初，除户部侍郎，数月拜谏议大夫、提点近侍局。二年，除保大军节度使，改翰林学士、参议陕西路安抚司事。安抚完颜弼重其为人，每事咨而后行。未几，有疾，诏赐御药。三年，卒。

守愚为人忠实无华，孜孜于公，盖天性然也。

石抹元字希明，懿州路胡土虎猛安人。七岁丧父，号泣不食者数日。十三居母丧如成人。尝为击鞠戏，马蹄，叹曰："生无兄弟，而数乘此险，设有不测奈何。"由是终身不复为之。补枢密院尚书省译史，调同知恩州军州事，迁监察御史，为同知淄州军州事。剧盗刘奇久为民患，一日捕获，方讯鞫，闻赦将至，亟命杖杀之，阖郡称快。改大兴府判官、沂王府司马、沁南军节度副使。河内民家有多美橙者，岁获厚利。仇家夜入残毁之，主人捕得，乃以劫财诬其人，仇家引服，赃不可得。元摄州事，究得其情。寻改河北西转运副使，累迁山东西路按察转运使。

贞祐初，黄掴吾典征兵东平，拥众不进，大括民财，众皆忿怨。副统仆散扫合杀吾典于坐，取其符佩之，纵恣尤甚。元密疏劾扫合擅杀近臣，无上不道，扫合坐诛。移知济南府，到官六月卒。

元生平寡言笑，尚节俭，居官自守，不交权要，人以是称之。

张彀字伯英，许州临颍人。大定二十八年进士，调宁陵县主簿。改泰定军节度判官，率儒士行乡饮酒礼。改同州观察判官。是时，出兵备边，州征箭十万，限以雕雁羽为之。其价翔跃不可得。彀曰：

"矢去物也，何羽不可。"节度使曰："当须省报。"毂曰："州距京师二千里，如民急何。万一有责，官身任其咎。"一日之间，价减数倍。尚书省竟如所请。补尚书省令史，除同知郑州防御使事，改北京盐使。丁父忧，服除，再迁监察御史。从伐宋，迁武宁军节度副使。居母忧。贞祐二年，改惠民司令，历河南治中、隰州刺史、刑部郎中、同知河南府事，迁河东南路转运使、权行六部尚书、安抚使。兴定元年，以疾卒。

毂天性孝友，任子悉先诸弟，俸入所得亦委其弟掌之，未尝问有无云。

赵重福字履祥，丰州人。通女直大小字，试补女直诰院令史。转兵部译史、陕西提刑知法，迁陕西东路都勾判官、右藏库副使、同知陈州防御事。宋谍人苏泉入河南，重福迹之，至鱼台将渡河，见前一舟且渡，令从者大呼泉姓名，前舟中忽有苍惶失措者，执之果泉也。

改沧州盐副使。岁饥，民煮卤为盐卖以给食，盐官往往杖杀之。重福曰："宁使课殿，不忍杀人。"岁满，课殿当降，尚书右丞完颜匡、三司使按出虎知其事，乃以岁荒薄其罚，除织染署令。

大安三年，佐户部尚书张炜调兵食于古北口，迁都水少监，行西北路六部郎中，治密云县，俄兼户部员外郎。贞祐二年，以守密云功迁同知河间府事，行六部侍郎，权清州防御使，摄河北东路兵马都总管。三年，河间被围，有刘中者尝与重福密云联事，劝重福出降，重福不听。是时，河间兵少，多羸疾不任战，欲亡去。重福劝其父老率其子弟，强者战、弱者守，会久雨围乃解去。迁河东北路转运使，致仕。元光二年，卒。

武都字文伯，东胜州人。大定二十二年进士，调阳谷主簿，迁商水令。县素多盗，凡奸民尝纵火行劫、椎埋发冢者，都皆廉得姓名，榜之通衢，约毋再犯，悉奔他境。察廉迁南京路转运度支判官，累迁中都路都转运副使，以亲老，与弟监察御史郁俱乞侍。寻丁忧，服除,调太原治中,复为都转运副使,迁滦州刺史。充宣差北京路规措官,都拘括散逸官钱百万。入为户部郎中,权右司郎中,奏事称旨。被诏由海道漕辽东粟赈山东,都高其价直募人入粟,招海贾船致之。三迁中都、西京按察副使。大安三年,充宣差行六部侍郎,以劳迁本路按察使,行西南路六部尚书,佐元帅抹捻尽忠备御西京,有劳,召为户部尚书,赏银二百两、绢一百匹。

宣宗即位,议卫绍王降封,语在《卫绍王纪》。顷之,中都戒严,都知大兴府,佩虎符便宜行事,弹压中外军民。都醉酒以亵衣见诏使,坐是解职。起为刑部尚书。中都解围,为河东路宣抚使,俄以参知政事胥鼎代之。兴定元年,以疾卒。

纥石烈德字广之,真定路山春猛安人。明昌二年进士,调南京教授。察廉能迁厌次令,补尚书省令史,除同知泗州防御事、监察御史、大名治中、安、曹、裕三州刺史,历同知临潢、大兴府事。

贞祐二年,迁肇州防御使。是岁,肇州升为武兴军节度,德为节度使宣抚司署都提控。肇州围急,食且尽,有粮三百船在鸭子河,去州五里不能至。德乃浚濠增陴,筑甬道濠水属之河。凿陷马阱,伏甲其傍以拒守,一日兵数接,士殊死战。渠成,船至城下,兵食足,围乃解。改辽东路转运使。军民遮道挽留,乘夜乃得去。

蒲鲜万奴逼上京,德与部将刘子元战却之。迁东京留守,历保静、武胜军节度使。兴定二年,以本官行六部事。三年,以节度权元帅右都监,与左都监单州经略使完颜仲元俱行元帅府于宿州。四年,迁工部尚书。明年,召还中都。是岁,卒。

张特立字文举,曹州东明人。泰和三年中进士第,调宣德州司候。郡多皇族巨室,特立律之以法,阃境肃然。调莱州节度判官,不赴,躬耕杞之围城,以经学自乐。正大初,左丞侯挚、参政师安石荐其才,授洛阳令。

四年,拜监察御史。拜章言:“镐、厉二宅,久加禁锢,棘围柝警,如防寇盗。近降赦恩,谋反大逆皆蒙湔雪,彼独何罪,幽囚若是。世宗神灵在天,得无伤其心乎。圣嗣未立,未必不由是也。"又言:"方今三面受敌,百姓凋敝,宰执非才,臣恐中兴之功未可以岁月期也。"又言:"尚书右丞颜盏世鲁遣其奴与小民争田,失大臣体。参知政事徒单兀典谄事近习,得居其位。皆宜罢之。"

当路者忌其直,阴有以挤之。因劾省掾高桢辈受请托,饮娼家。时平章政事白撒犒军陕西归,桢等泣诉于道,以当时同席并有省掾王宾,张为其进士故不劾。白撒以其私且不实,并治特立及宾。特立左迁邳州军事判官,杖五十,宾亦勒停。士论皆惜特立之去。后卒癸丑岁,年七十五。

王浩,由吏起身,初辟泾阳令,廉白为关辅第一。时西台檄州县增植枣果,督责严急,民甚被扰,浩独无所问,主司将坐之,浩曰:"是县所植已满其数,若欲增植,必盗他人所有,取彼置此,未见其利。"其爱民多此类。所在有善政,民丝毫无所犯,秦人为立生祠,岁时思之。

南迁后,为扶沟令。开兴元年正月,民钱大亨等执县官送款于北,大亨以浩有恩于民,不忍加刃,日遣所知劝之降,浩终不听,于是杀之,无血。主簿刘坦、尉宋乙并见害。弃尸道路,自春徂夏,独浩尸俨然如生,目且不瞑,乌犬莫敢近,殆若有神护者。

初,辟举法行,县官甚多得人,如咸宁令张天纲、长安令李献甫、洛阳令张特立三人有传。余如兴平师夒、临潼武天祯、汜水党君玉、偃师王登庸、高陵宋九嘉、登封薛居中、长社李天翼、河津鼎臣、郏城李无党、荥阳李过庭、尉氏张瑜、长葛张子玉、猗氏安德璋、三原萧邦杰、蓝田张德直、叶县刘从益皆清慎才敏,极一时之选,而能扶持百年将倾之祚者,亦曰吏得其人故也。

金史卷一二九
列传第六七

酷　吏

高闾山　蒲察合住

佞　幸

萧肄　张仲轲　李通　马钦
高怀贞　萧裕　胥持国

太史公有言,"法家严而少恩"。信哉斯言也。金法严密,律文虽因前代而增损之,大抵多准重典。熙宗迭兴大狱,海陵蕲灭宗室,钩棘傅会,告奸上变者赏以不次。于是,中外风俗一变,咸尚威虐以为事功,而谗贼作焉。流毒远迩,惨矣。金史卷多阙逸,据其旧录得二人焉,作《酷吏传》。

高闾山,澄州析木人。选充护卫,调顺义军节度副使,转唐括、移刺都乣详稳,改震武军节度副使、曹王府尉、大名治中。迁汝州刺史,改单州。制禁不依法用杖决人者,闾山见之笑曰:"此亦难行。"是日,特用大杖杖死部民杨仙,坐削一官,解职。久之,降风翔治中,历原州、济州、泗州刺史,改郑州防御使,迁蒲与路节度使,移临海军、盘安军、宁昌军。贞祐二年,城破死之。

蒲察合住,以吏起身,久为宣宗所信,声势烜赫,性复残刻,人知其蠹国而莫敢言。其子充护卫,先逐出之。继而合住为恒州刺史,需次近县。后大兵入陕西,关中震动,或言合住赴恒州为北走计,朝廷命开封羁其亲属,合住出怨言曰:“杀却我即太平矣。”寻为御史所劾,初议笞赎,宰相以为悖理,斩于开封府门之下。故当时有宣朝三贼之目,谓王阿里、蒲察咬住,合住其一也。

兴定中,驸马仆散阿海之狱,京师宣勘七十余所,阿里辈乘时起事以肆其毒,朝士喘喘莫克自保,惟独吉文之在开封府幕,明其不反,竟不署字,阿海诛,文之亦无所问。

咬住,正大初致仕,居睢阳,溃军变,与其家皆被杀。

初,宣宗喜刑罚,明士往往被笞楚,至用刀杖决杀言者。高琪用事,威刑自恣。南渡之后习以成风,虽士大夫亦为所移,如徒单右丞思忠好用麻椎击人,号“麻椎相公”。李运使特立号“半截剑”,言其短小锋利也。冯内翰璧号“冯剑”。雷渊为御史,至蔡州得奸豪,杖杀五百人,号曰“雷半千”。又有完颜麻斤出,皆以酷闻,而合住、王阿里、李涣之徒,胥吏中尤狡刻者也。

世之有嗜欲者,何尝不被其害哉。龙,天下之至神也,一有嗜欲,见制于人,故人君亦然。嗜欲不独柔曼之倾意也,征伐、畋猎、土木、神仙,彼为佞者皆不以投其所好焉。金主内蛊声色,外好大喜功,莫甚于熙宗、海陵,而章宗次之。金史卷自萧肄至胥持国得佞臣之尤者七人,皆被宠遇于三君之朝,以亡其身,以蠹其国,其祸皆始于此,可不戒哉。作《佞幸传》。

萧肄,本奚人,有宠于熙宗,复诣事悼后,累官参知政事。皇统九年四月壬申夜,大风雨,雷电震坏寝殿鸱尾,有火自外入,烧内寝

帏幔。帝徙另殿避之，欲下诏罪己，翰林学士张钧视草。钧意欲奉
答天戒，当深自贬损，其文有曰："惟德弗类，上干天威"及"顾兹寡
昧眇予小子"等语。肄译奏曰："弗类是大无道，寡者孤独无亲，昧则
于人事弗晓，眇则目无所见，小子婴孩之称，此汉人托文字以詈主
上也。"帝大怒，命卫士拽钧下殿，榜之数百，不死，以手剑劙其口而
醢之。赐肄通天犀带。

　　凭恃恩幸，倨视同列，遂与海陵有恶。及篡立，加大臣官爵，例
加银青光禄大夫。数日，召肄诘之曰："学士张钧何罪被诛，尔何功
受赏？"肄不能对。海陵曰："朕杀汝无难事，人或以我报私怨也。"于
是，诏除名，放归田里，禁锢不得出百里外。

　　张仲轲幼名牛儿，市井无赖，说传奇小说，杂以俳优诙谐语为
业。海陵引之左右，以资戏笑。海陵封岐国王，以为书表，及即位，
为秘书郎。海陵尝对仲轲与妃嫔亵渎，仲轲但称死罪，不敢仰视。又
尝令仲轲裸形以观之，侍臣往往令裸裼，虽徒单贞亦不免此。兵部
侍郎完颜普连、大兴少尹李惇皆以赃败，海陵置之要近。伶人于庆
儿官五品，大氏家奴王之彰为秘书郎。之彰置珠偏僻，海陵亲视之
不以为亵。唐括辩家奴和尚、乌带家奴葛温、葛鲁，皆置宿卫，有侥
幸至一品者。左右或无官职人，或以名呼之，即授以显阶，海陵语其
人曰："尔复能名之乎。"常置黄金茵褥间，喜之者令自取之，其滥赐
如此。宋余唐弼贺登宝位，且还，海陵以玉带附赐宋帝，使谓宋帝
曰："此带卿父所常服，今以为赐，使卿如见而父，当不忘朕意也。"
使退，仲轲曰："此希世之宝，可惜轻赐。"上曰："江南之地，他日当
为我有，此置之外府耳。"由是知海陵有南伐之意。

　　俄迁秘书丞，转少监。是时，营建燕京宫室，有司取真定府潭园
材木，仲轲乘间言其中材木不可用，海陵意仲轲受请托，免仲轲官。
未几，复用为少监。海陵猎于途你山，次于铎瓦，酹天而拜，谓群臣
曰："朕幼时习射，至一门下，默祝曰，'若我异日大贵，当使一矢横
加门脊上'。及射，果横加门脊上。后为中京留守，尝大猎于此地，

围未合，祷曰，‘我若有大位，百步之内当获三鹿。若止为公相，获一而已’。于是不及百步连获三鹿。又祝曰，‘若统一海内，当复获一大鹿’。于是果获一大鹿。此事尝与萧裕言之，朕今复至此地，故拜奠焉。”海陵意欲取江南，故先设机祥以讽群臣，是以仲轲每先逢其意，导之南伐。

贞元二年正月，宋贺正旦使施巨朝辞，海陵使左宣徽使敬嗣晖问施巨曰："宋国几科取士？"对曰："诗赋、经义、策论兼行。"又问："秦桧作何官，年今几何？"对曰："桧为尚书左仆射中书门下平章事，年六十五矣。"复谓之曰："我闻秦桧贤，故问之。"

正隆二年，仲轲为左谏议大夫，修起居注，但食谏议俸，不得言事。三年正月，宋贺正使孙道夫陛辞，海陵使左宣徽使敬嗣晖谕之曰："归白尔帝，事我上国多有不诚，今略举二事：尔民有逃入我境者，边吏皆即发还，我民有逃叛入尔境者，有司索之往往托辞不发，一也。尔于沿边盗买鞍马，备战阵，二也。且马待人而后可用，如无其人，得马百万亦奚以为？我亦岂能无备。且我不取尔国则已，如欲取之，固非难事。我闻接纳叛亡、盗买鞍马，皆尔国杨太尉所为，常因俘获问知其人无能为者也。"又曰："闻秦桧已死，果否？"道夫对曰："桧实死矣，陪臣亦桧所荐用者。"又曰："尔国比来行事，殊不似秦桧时何也？"道夫曰："容陪臣还国，一一具闻宋帝。"海陵盖欲南伐，故先设纳叛亡、盗卖马二事，而杂以他辞言之。

海陵召仲轲、右补阙马钦、校书郎田与信、直长习失入便殿侍坐。海陵与仲轲论《汉书》，谓仲轲曰："汉之封疆不过七八千里，今吾国幅员万里，可谓大矣。"仲轲曰："本朝疆土虽大，而天下有四主，南有宋，东有高丽，西有夏，若能一之，乃为大耳。"海陵曰："彼且何罪而伐之？"仲轲曰："臣闻宋人卖马修器械，招纳山东叛亡，岂得为无罪。"海陵喜曰："向者梁珫尝为朕言，宋有刘贵妃者姿质艳美，蜀之华蕊、吴之西施所不及也。今一举而两得之，俗所谓‘因行掉手’也。江南闻我举兵，必远窜耳。"钦与与信俱对曰："海岛、蛮越，臣等皆知道路，彼将安往。"钦又曰："臣在宋时，尝帅军征蛮，所以知也。"海陵谓习失曰："汝敢战乎?"对曰："受恩日久,死亦何避。"海陵曰："汝料彼敢出兵否,彼若出兵,汝果能死敌乎?"习失良久曰："臣虽懦弱,亦将与之为敌矣。"海陵曰："彼将出兵何地?"曰："不过淮上耳。"海陵曰："然则天与我也。"既而曰："朕举兵灭宋,远不过二三年,然后讨平高丽、夏国。一统之后,论功迁秩,分赏将士,彼必忘劳矣。"

四年三月,仲轲死。冬至前一夕,海陵梦仲轲求酒,既觉,嗟悼良久,遣使者奠其墓。

李通,以便辟侧媚得幸于海陵。累官右司郎中,迁吏部尚书。请谒贿赂辐凑其门。正隆二年正月乙酉,诏左右司御史中丞以下奏事便殿,海陵曰："知子莫若父,知臣莫若君,朕尝试之矣。朕询及人材,汝等若不举同类,必举其相善者。朕闻女直、契丹之仕进者,必赖刑部尚书乌带、签书枢密遥设为之先容,左司员外郎阿里骨列任其事。渤海、汉人仕进者,必赖吏部尚书李通、户部尚书许霖为之先容,左司郎中王蔚任其事。凡在仕版,朕识者寡,不识者众,莫非人臣,岂有远近亲疏之异哉。苟奉职无愆,尚书侍郎节度使便可得,万一获罪,必罚无赦。"顷之,拜参知政事。

海陵恃累世强盛,欲大肆征伐,以一天下,尝曰："天下一家,然后可以为正统。"通揣知其意,遂与张仲轲、马钦、宦者梁珫近习群小辈,盛谈江南富庶,子女玉帛之多,逢其意而先道之。海陵信其言,以通为谋主,遂议兴兵伐江南。四年二月,海陵谕宰相曰："宋国虽臣服,有誓约而无诚实,比闻沿边买马及招纳叛亡,不可不备。"遣使籍诸路猛安部族、及州县渤海丁壮充军,仍括诸道民马。于是,遣使分往上京、速频路、胡里改路、曷懒路、蒲与路、泰州、咸平府、东京、婆速路、曷苏馆、临潢府、西南招讨司、西北招讨司、北京、河间府、真定府、益都府、东平府、大名府、西京路,凡年二十以上、五十以下者皆籍之,虽亲老丁多,求一子留侍,亦不听。五年十一月,使益都尹京等三十一人押诸路军器于军行要会处安置,俟军至分给之。其分给之余与缮完不及者,皆聚而焚之。

六年正月,海陵使通谕旨宋使徐度等曰:“朕昔从梁王尝居南京,乐其风土。帝王巡狩,自古有之。淮右多隙地,欲校猎其间,从兵不逾万人。汝等归告汝主,令有司宣谕朕意,使淮南之民无怀疑惧。”二月,通进拜右丞,诏曰:“卿典领缮完兵械,今已毕功,朕嘉卿忠谨,故有是命,俟江南事毕,别当旌赏。”

四月,签书枢密院事高景山为赐宋帝生日使,右司员外郎王全副之,海陵谓全曰:“汝见宋主,即面数其焚南京宫室.沿边买马、招致叛亡之罪,当令大臣某人某人来此,朕将亲诘问之,且索汉、淮之地,如不从,即厉声诋责之,彼必不敢害汝。”海陵盖使王全激怒宋主,将以为南伐之名也。谓景山曰:“回日,以全所言奏闻。”全至宋,一如海陵之言诋责宋主,宋主谓全曰:“闻公北方名家,何乃如是?”全复曰:“赵桓今已死矣。”宋主遽起发哀而罢。海陵至南京,宋遣使贺迁都,海陵使韩汝嘉就境上止之曰:“朕始至此,比闻北方小警,欲复归中都,无庸来贺。”宋使乃还。

于是,大括天下羸马,官至七品听留一马,等而上之。并旧籍民马,其在东者给西军,在西者给东军,东西交相往来,昼夜络绎不绝,死者狼籍于道。其亡失多者,官吏惧罪或自杀。所过蹂践民田,调发牵马夫役。诏河南州县所贮粮米以备大军,不得他用,而羸马所至当给刍粟,无可给,有司以为请,海陵曰:“此方比岁民间储畜尚多,今禾稼满野,羸马可就牧田中,借令再岁不获,亦何伤乎。”及征发诸道工匠至京师,疫死者不可胜数,天下始骚然矣。调诸路马以户口为率,富室有至六十匹者。凡调马五十六万余匹,仍令本家养饲,以俟师期。

海陵因出猎,遂至通州观造战船,籍诸路水手得三万余人。及东海县人张旺、徐元反,遣都水监徐文等率师浮海讨之,海陵曰:“朕意不在一邑,将试舟师耳。”

于是,民不堪命,盗贼蜂起,大者连城邑,小者保山泽,遣护卫普连二十四人,各授甲士五十人,分往山东、河北、河东、中都等路节镇州郡屯驻,捕捉盗贼。以护卫顽屖为定武军节度副使,尚贤为安武军节度副使,蒲甲为昭义军节度副使,皆给银牌,使督责之。是时,山东贼犯沂州,临沂令胡撒力战而死。大名府贼王九等据城叛,众至数万。契丹边六斤、王三辈皆以十数骑张旗帜,白昼公行,官军不敢谁何,所过州县开劫府库物置于市,令人攘取之,小人皆喜贼至,而良民不胜其害。太府监高彦福、大理正耶律道、翰林待制大颍出使还朝,皆言盗贼事,海贼恶闻,怒而杖之,颍仍除名,自是人人不复敢言。

海陵自将,分诸道兵为神策、、神威、神捷、神锐、神毅、神翼、神勇、神果、神略、神锋、武胜、武定、武威、武安、武捷、武平、武成、武毅、武锐、武扬、武翼、武震、威定、威信、威胜、威捷、威烈、威毅、威震、威略、威果、威勇三十二军,置都总管、副总管各一员,分隶左右领军大都督及三道都统制府。置诸军巡察使、副各一员。以太保奔睹为左领军大都督,通为副大都督。海陵以奔睹旧将,使帅诸军以从人望,实使通专其事。

海陵召诸将授方略,赐宴于尚书省。海陵曰:“太师梁王连年南伐,淹延岁月。今举兵必不如彼,远则百日,近止旬月。惟尔将士无以征行为劳,戮力一心,以成大功,当厚加旌赏,其或弛慢刑兹无赦。”海陵恐粮运不断,命诸军渡江无以僮仆从行,闻者莫不怨咨。徒单后与太子光英居守,尚书令张浩、左丞相萧玉、参知政事敬嗣晖留治省事。

九月甲午,海陵戎服乘马,具装启行。明日,妃嫔皆行,宫中恸哭久之。十月乙巳,阴晦失路,是夜二更始至蒙城。丁未,大军渡淮,至中流,海陵拜而酹之。至宿次,见筑缭垣者,杀四方馆使张永铃。将至庐州,见白兔,驰射不中。既而,后军获之以进,海陵大喜,以金帛赐之,顾谓李通曰:“昔武王伐纣,白鱼跃于舟中。今朕获此,亦吉兆也。”癸亥,海陵至和州,百官表奉起居,海陵谓其使“汝等欲伺我动静邪。自今勿复来,俟平江南始进贺表”。

是时,梁山泺水涸,先造战船不得进,乃命通更造战船,督责苛急,将士七八日不得休息,坏城中民居以为材木,煮死人膏为油用之。遂筑台于江上,海陵被金甲登台,杀黑马以祭天,以一羊一豕投于江中。召都督昂、副都督蒲卢浑谓之曰:"舟楫已具,可以济江矣。"蒲卢浑曰:"臣观宋舟甚大,我舟小而行迟,恐不可济。"海陵怒曰:"尔昔从梁王追赵构入海岛,岂皆大舟邪。明日汝与昂先济。"昂闻令已渡江,悲惧欲亡去。至暮,海陵使谓昂曰:"前言一时之怒耳,不须先渡江也。"明日,遣武平军督总管阿邻、武捷军副总管阿撒,率舟师先济。宿直将军温都奥剌,国子司业马钦、武库直长习失皆从战。海陵置黄旗红旗于岸上,以号令进止,红旗立则进,黄旗仆则退。既渡江,两舟先逼南岸,水浅不得进,与宋兵相对射者良久,两舟中矢尽,遂为所获,亡一猛安、军士百余人。海陵遂还和州。

　　于是尚书省使右司郎中吾补可、员外郎王全奏报:世宗即位于东京,改元大定。海陵前此已遣护卫谋良虎、特离补往东京,欲害世宗,行至辽水,遇世宗诏使撒八,执而杀之,遂还军中。海陵拊髀叹曰:"朕本欲平江南改元大定,此岂非天乎。"乃出素所书取一戎衣天下大定改元事,以示群臣。遂召诸将帅谋北归,且分兵渡江。

　　议定,通复入奏曰:"陛下亲师深入异境,无功而还,若众散于前,敌乘于后,非万全计。若留兵渡江,车驾北还,诸将亦将解体。今燕北诸军近辽阳者恐有异志,宜先发兵渡江,欲舟焚之,绝其归望。然后陛下北还,南北皆指日而定矣。"海陵然之,明日遂趋扬州。过乌江县,观项羽祠,叹曰:"如此英雄不得天下,诚可惜也。"

　　海陵至扬州,使符宝耶律没答护神果军扼淮渡,凡自军中还至淮上,无都督府文字皆杀之。乃出内箭饰以金龙,题曰御箭,系帛书其上,使人乘舟射之南岸,其书言"宋国遣人焚毁南京宫室、及沿边买马、招诱军民,今兴师问罪,义在吊伐,大军所至,必无秋毫之犯"。以此招谕宋人。于是,宋将王权亦纵所获金军士三人,赍书数海陵罪,通奏其书,即命焚之。

　　海陵怒,亟欲渡江。骁骑高僧欲诱其党以亡,事觉,命众刃锉之。乃下令,军士亡者杀其蒲里衍,蒲里衍亡者杀其谋克,谋克亡者杀其猛安,猛安亡者杀其总管,由是军士益危惧。甲午,令军中运鸦鹘船及粮船于瓜洲渡,期以明日渡江,敢后者死。

乙未,完颜元宜等以兵犯御营,海陵遇弑。都督府以南伐之计皆通等赞成之,徒单永年乃其姻戚,郭安国众所共恶,皆杀之。大定二年,诏削通官爵,人心始快。

马钦,幼名韩哥,尝仕江南,故能知江南道路。正隆三年,海陵将南伐,遂召用钦,自贵德县令为右补阙。钦为人轻脱不识大体,海陵每召见与语,钦出宫辄以语人曰:"上与我论某事,将行之矣。"其视海陵如僚友然。累迁国子司业。

海陵至和州,欲遣蒲卢浑渡江,蒲卢浑言舟小不可济,海陵使人召钦,先戒左右曰:"钦若言舟小不可渡江,即杀之。"钦至,问曰:"此舟可渡江否?"钦曰:"臣得筏亦可渡也。"

大定二年,除名。是日,起前翰林待制大颖为秘书丞。颖在正隆间尝言山东盗贼,海陵恶其言,杖之除名。世宗嘉颖忠直,恶钦巧佞,故复用颖而放钦焉。

高怀贞,为尚书省令史,素与海陵狎昵。海陵久蓄不臣之心,尝怀贞名言所志,海陵曰:"吾志有三:国家大事皆自我出,一也。帅师伐国,执其君长问罪于前,二也。得天下绝色而妻之,三也。"由是小人佞夫皆知其志。争进谀说。大定县丞张忠辅谓海陵言:"梦公与帝击球,公乘马冲过之,帝坠马下。"海陵闻之大喜。会熙宗在位久,委政大臣,海陵以近属为宰相,专威福柄,遂成弑逆之计,皆怀贞辈小人从臾导之。

海陵篡立,以怀贞为修起居注,怀贞故父宾州刺史赠中奉大夫。怀贞累迁礼部侍郎。

大定二年,降奉政大夫,放归田里。五年,与许霖俱赐起复,怀贞为定国军节度使,上戒之曰:"汝等在正隆时,奸佞贪私,物论鄙之。朕念没身不齿则无以自新。若怙旧不悛,必不贷汝矣。"

　　萧裕,本名遥折,奚人。初以猛安居中京,海陵为中京留守,与裕相结,每与论天下事。裕揣海陵有觊觎心,密谓海陵曰:"留守先太师,太祖长子。德望如此,人心天意宜有所属,诚有志举大事,愿竭力以从。"海陵喜受之,遂与谋议。海陵竟成弑逆之谋者,裕启之也。

　　海陵为左丞,除裕兵部侍郎,改同知南京留守事,改北京。海陵领行台尚书省事,道过北京,谓裕曰:"我欲就河南兵建立位号,先定两河,举兵而北。君为我结诸猛安以应我。"定约而去。海陵虽自良乡召还,不能如约,遂弑熙宗篡立,以裕为秘书监。

　　海陵心忌太宗诸子,欲除之,与裕密谋。裕倾险巧诈,因构致太傅宗本、秉德等反状,海陵杀宗本,唐括辩遣使杀秉德、宗懿及太宗子孙七十余人、秦王宗翰子孙三十余人。宗本已死,裕乃求宗本门客萧玉,教以具款反状,令作主名上变。海陵既诏天下,天下冤之。海陵赏诛宗本功,以裕为尚书左丞,加仪同三司,授猛安,赐钱二千万、马四百匹、牛四百头、羊四千口。再阅月,为平章政事、监修国史。旧制,首相监修国史,海陵以命裕,谓裕曰:"太祖以神武受命,丰功茂烈光于四海,恐史官有遗逸,故以命卿。"久之,裕为右丞相、兼中书令。裕在相位,任职用事颇专恣,威福在己,势倾朝廷。海陵倚信之,他相仰成而已。

　　裕与高药师善,尝以海陵密语告药师,药师以其言奏海陵,且曰:"裕有怨望心。"海陵召裕戒谕之,而不以为罪也。或有言裕擅权者,海陵以为忌裕者众,不之信。又以为人见裕弟萧祚为左副点检,妹夫耶律辟离剌为左卫将军,势位相凭藉,遂生忌嫉,乃出祚为益都尹,辟离剌为宁昌军节度使,以绝众疑。

　　裕不知海陵意,遽见出其亲表补外,不令己知之,自是深念恐海陵疑己。海陵弟太师衮领三省事,共在相位,以裕多自用,颇防闲之,裕乃谓海陵使衮备之也。而海陵猜忍嗜杀,裕恐及祸,遂与前真定尹萧冯家奴、前御史中丞萧招折、博州同知遥设、裕女夫遏剌补谋立亡辽豫王延禧之孙。

　　裕使亲信萧屯纳往结西北路招讨使萧好胡，好胡即怀忠。怀忠依违未决，谓屯纳曰："此大事，汝归遣一重人来。"裕乃使招折往。招折前为中丞，以罪免，以此得诣怀忠。怀忠问招折与谋者复有何人，招折曰："五院节度使耶律朗亦是也。"怀忠旧与朗有隙，而招折尝上挞懒变事，怀忠疑招折反覆，因执招折，收朗系狱，遣使上变。

　　遥设亦与笔砚令史白答书，使白答助裕以取富贵，白答奏其书。海陵信裕不疑，谓白答构诬之，命杀白答于市。执白答出宣华门，点检徒单贞得萧怀忠上变事入奏，遇见白答，问其故，因止之。徒单贞已奏变事，以白答为请，海陵遂使释之。

　　海陵使宰相问裕，裕即款伏。海陵甚惊愕，犹未能尽信，引见裕，亲问之。裕曰："大丈夫所为，事至此又岂可讳。"海陵复问曰："汝何怨于朕而作此事？"裕曰："陛下凡事皆与臣议，及除祚等乃不令臣知之。领省国王每事谓臣专权，颇有提防，恐是得陛下旨意。陛下与唐括辩及臣约同生死，辩以强忍果敢致之死地，臣皆知之，恐不得死所，以此谋反，幸苟免耳。太宗子孙无罪皆死臣手，臣之死亦晚矣。"海陵复谓裕曰："朕为天子，若于汝有疑，虽汝弟辈在朝，岂不能施行，以此疑我，汝实错误，太宗诸子岂独在汝，朕为国家计也。"又谓之曰："自来与汝相好，虽有此罪，贷汝性命，惟不得作宰相，令汝终身守汝祖先坟垅。"裕曰："臣子既犯如此罪逆，何面目见天下人，但愿绞死，以戒其余不忠者。"海陵遂以刀刺左臂，取血涂裕面，谓之曰："汝死之后，当知朕本无疑汝心。"裕曰："久蒙陛下非常眷遇，仰恋徒切，自知错缪，虽悔何及。"海陵哭送裕出门，杀之，并诛遥设及冯家奴。冯家奴妻，豫王女也，与其子谷皆与反谋，并杀之。遣护卫庞葛往西北路诏讨司诛朗及招折，而屯纳、遏剌补皆出走，捕得屯纳弃市，遏剌补自缢死。

　　屯纳出走，过河间少尹萧之详，之详初不知裕事，留之三日。屯纳往之详茶扎家，茶扎遣人诣之详告公引，得之，付屯纳遣之他所。茶扎家奴发其事，吏部侍郎宓产鞫之，之详曰："屯纳宿二日而去。"

法家以之详隐其间,欺尚书省,罪当赎。海陵怒,命杀之,杖窊产及议法者,荼扎杖四百死。

庞葛杀招折等,并杀无罪四人,海陵不问,杖之五十而已。以裕等罪诏天下。赏上变功,怀忠迁枢密副使,以白答为牌印云。高药师迁起居注,进阶显武将军。药师尝奏裕有怨望,至是赏之云。

胥持国字秉钧,代州繁畤人。经童出身,累调博野县丞。上书者言民间冒占官地,如"太子务"、"大王庄",非私家所宜有。部委持国按核之。持国还言"此地自异代已为民有,不可取也"。事遂寝。寻授太子司仓,转掌饮令,兼司仓。皇太子识之,擢祗应司令。章宗即位,除宫籍副监,赐宫籍库钱五十万、宅一区。俄改同签宣徽院事、工部侍郎,并领宫籍监。阅三月,迁工部尚书,使宋。明昌四年,拜参知政事,赐孙用康榜下进士第。会河决阳武,持国请督役,遂行尚书省事。明年,进尚书右丞。

持国为人柔佞有智术。初,李妃起微贱,得幸于上。持国久在太子宫,素知上好色,阴以秘术干之,又多赂遗妃左右用事人。妃亦自嫌门地薄,欲藉外廷为重,乃数称誉持国能,由是大为上所信任,与妃表里,管擅朝政。诛郑王永蹈、镐王永中,罢黜完颜守贞等事,皆起于李妃、持国。士之好利躁进者皆趋走其门下。四方为之语曰:"经童作相,监婢为妃。"恶其卑贱庸鄙也。

承安三年,御史台劾奏:"右司谏张复亨、右拾遗张嘉贞、同知安丰军节度使事赵枢、同知定海军节度使事张光庭、户部主事高元甫、刑部员外郎张岩叟、尚书省令史傅汝梅、张翰、裴元、郭郛,皆趋走权门,人戏谓"胥门十哲"。复亨、嘉贞尤卑佞苟进,不称谏职。俱宜黜罢。"奏可。于是持国以通奉大夫致仕,嘉贞等皆补外。

顷之,起知大名府事,未行,改枢密副使,佐枢密使襄治军于北京。一日,上召翰林修撰路铎问以他事,因语及董师中、张万公优劣,铎曰:"师中附胥持国进。持国奸邪小人,不宜典军马,以臣度之,不惟不允人望,亦必不能服军心,若回日再相,必乱天下。"上曰："人臣进退人难，人君进退人易，朕岂以此人复为相耶。第迁官二阶，使之致仕耳。"寻卒于军，谥曰"通敏"。后上问平章政事张万公曰："持国今已死，其为人竟如何？"万公对曰："持国素行不纯谨，如货酒平乐楼一事，可知矣。"上曰："此亦非好利。如马琪位参政，私鬻省酝，乃为好利也。"子鼎，别有传。

金史卷一三〇
列传第六八

列　女

阿邻妻沙里质　李宝信妻
韩庆民妻　雷妇师氏　康住住
李文妻　李英妻　相琪妻　阿鲁真
独吉氏　许古妻　冯妙真　蒲察氏
乌古论氏　完颜素兰妻　温特罕氏
尹氏　白氏　聂舜英　完颜仲德妻
哀宗宝符李氏　张凤奴

　　汉成帝时,刘向始述三代贤妃淑女,及淫泆奢僭、兴亡盛衰之所由,汇分类别,号《列女传》,因以讽谏。范晔始载之汉史。古者女子生十年有女师,渐长有麻枲丝茧之事,有祭祀助奠之事,既嫁职在中馈而已,故以无非无仪为贤。若乃嫠居寡处,患难颠沛,是皆妇人之不幸也。一遇不幸,卓然能自树立,有烈丈夫之风,是以君子异之。

　　阿邻妻沙里质者,金源郡王银术可之妹。天辅六年,黄龙府叛卒攻钞旁近部族。是时,阿邻从军,沙里质纠集附近居民得男女五百人，树营栅为保守计。贼千余来攻，沙里质以毡为甲，以裳为旗，男夫授甲，妇女鼓噪，沙里质仗剑督战，凡三日贼去。皇统二年，论功封金源郡夫人。大定间，以其孙药师为谋克。

李宝信妻王氏。宝信为义丰县令，张觉以平州叛，王氏陷贼中。贼欲逼室之，王氏骂贼，贼怒遂支解之。大定十二年，赠"贞烈县君"。

韩庆民妻者，不知何许人，亦不知其姓氏。庆民事辽为宜州节度使。天会中，攻破宜州，庆民不屈而死，以其妻配将士，其妻誓死不从，遂自杀。世宗读《太宗实录》，见庆民夫妇事，叹曰："如此节操，可谓难矣。"

雷妇师氏，夫亡，孝养舅姑。姑病，刲臂肉饲之，姑即愈。舅姑既殁，兄师逵与夫侄规其财产，乃伪立媒证致之官。欲必嫁之。县官不能辨曲直，师氏畏逼，乃投县署井中死。诏有司祭其墓，赐谥曰"节"。

康住住，鄜州人。夫早亡，服阕，父取之归家，许严沂为妻。康氏誓死弗听，欲还夫家不可得，乃投崖而死。诏有司致祭其墓。

李文妻史氏，同州白水人。夫亡，服阕，誓死弗嫁。父强取之归，许邑人姚乙为妻。史氏不听，姚诉之官，被逮，遂自缢死。诏有司致祭其墓。

李英妻张氏。英初为监察御史，在中都，张居潍州。贞祐元年冬，大元兵取潍州，入其家，张氏尽以所有财物与之。既而，令张氏上马，张曰："我尽以物与汝，犹不见赎邪？"答曰："汝品官妻，当复为夫人。"张曰："我死则为李氏鬼。"顿坐不起，遂见杀。追封陇西郡夫人，谥"庄洁"。英仕至御史中丞，有传。

相琪妻栾氏，有姿色。琪为莱州掖县司史。贞祐三年八月，红袄贼陷掖县，琪与栾氏及子俱为所得。贼见栾悦之，杀琪及其子而诱栾。栾奋起以头触贼而仆，骂曰："我岂为犬彘所污者哉。"贼怒，杀之。追封西河县君，谥"庄洁"。

阿鲁真，宗室承充之女，胡里改猛安夹谷胡山之妻。夫亡寡居，有众千余。兴定元年，承充为上京元帅，上京行省太平执承充应蒲鲜万奴。阿鲁真治废垒，修器械，积刍粮以自守。万奴遣人招之，不从，乃射承充书入城，阿鲁真得而碎之，曰："此诈也。"万奴兵急攻之，阿鲁真衣男子服，与其子蒲带督众力战，杀数百人，生擒十余人，万奴兵乃解去。后复遣将击万奴兵，获其将一人。诏封郡公夫人，子蒲带视功迁赏。

承充已被执，乘间谓其二子女胡、蒲速乃曰："吾起身宿卫，致位一品，死无恨矣。若辈亦皆通显，未尝一日报国家，当思自处，以为后图。"二子乃冒险自拔南走，是年四月至南京。

独吉氏，平章政事千家奴之女，护卫银术可妹也。自幼动有礼法，乃适内族撒合辇，闺门肃如。撒合辇为中京留守，大兵围之，撒合辇疽发背不能军，独吉氏度城必破，谓撒合辇曰："公本无功能，徒以宗室故尝在禁近，以至提点近侍局，同判睦亲府，今又为留守外路第一等官，受国家恩最厚。今大兵临城，公不幸病，不能战御。设若城破，公当率精锐夺门而出，携一子走京师。不能则独赴京师，又不能，战而死犹可报国，幸无以我为虑。"撒合辇出巡城，独吉氏乃取平日衣服妆具玩好布之卧榻，资货悉散之家人，艳妆盛服过于平日，且戒女使曰："我死则扶置榻上，以衾覆面，四围举火焚之，无使兵见吾面。"言讫，闭门自经而死。家人如言，卧尸榻上，以衾覆之。撒合辇从外至，家人告以夫人之死，撒合辇拊榻曰："夫人不辱我,我肯辱朝廷乎。"因命焚之。年三十有六。少顷,城破,撒合辇率死士欲夺门出,不果,投壕水死,有传。

许古妻刘氏,定海军节度使仲洙之女也。贞祐初,古挈家侨居蒲城,后留刘氏母子于蒲,仕于朝。既而,兵围蒲,刘谓二女曰:"汝父在朝,而兵势如此,事不可保。若城破被驱,一为所污奈何?不若俱死以自全。"已而,功城益急,于是刘氏与二女相继自尽。有司以闻于朝,四年五月,追封刘氏为郡君,谥曰"贞洁",其长女谥曰"定姜",次"肃姜,"以其事付史馆。

冯妙真,刑部尚书延登之女也。生十有八年,适进士张恺。兴定五年,恺为洛川主簿。大元兵破葭州,绥德,遂入鄜延。鄜人震恐具守备,守臣以西路输刍粟不时至,檄恺诣平凉督之。时延登为平凉行省员外郎,恺欲偕妙真以往,妙真辞曰:"舅姑老矣,虽有叔姒,妾能安乎。子行,妾留奉养。"十一月,洛川破,妙真从舅姑匿窟室,兵索得之。妙真泣与舅姑诀曰:"妇生不辰,不得终执箕帚,义不从辱。"即携三子赴井死。县人从而死者数十人。明年春,恺发井得尸,殡于县之东郭外。死时年二十四。

蒲察氏字明秀,鄜州帅讷申之女,完颜长乐之妻也。哀宗迁归德,以长乐为总领,将兵扈从。将行,属蒲察氏曰:"无他言,夫人慎毋辱此身。"明秀曰:"君第致身事上,无以妾为念。妾必不辱。"长乐一子在幼,出妻柴氏所生也,明秀抚育如己出。崔立之变,驱从官妻子于省中,人自阅之。蒲察氏闻,以幼子付婢仆,且与之金币,亲具衣棺祭物,与家人诀曰:"崔立不道,强人妻女,兵在城下,吾何所逃,惟一死不负吾夫耳。汝等惟善养幼子。"遂自缢而死,欣然若不以死为难者。时年二十七。

乌古论氏,伯祥之妹,临洮总管陀满胡土门之妻也。伯祥朝贵

中声誉藉甚，胡土门死主事。崔立之变，衣冠家妇女多为所污，乌古
论氏谓家人曰："吾夫不辱朝廷，我敢辱吾兄及吾夫乎。"即自缢。一
婢从死。

参政完颜素兰妻，亡其姓氏。当崔立之变，谓所亲曰："吾夫有
天下重名，吾岂肯随众陷身以辱吾夫乎。今日一死固当，但不可无
名而死，亦不可离吾家而死。"即自缢于室。

温特罕氏，夫完颜忙哥，五朵山宣差提控回里不之子也，系出
萧王。忙哥叔父益都，节度秦州，为大元兵所攻，适病不能军，忙哥
为提控，独当一面。兵退而益都死，忙哥以城守功世袭谋克，收充奉
御。及崔立之变，忙哥义不受辱，与其妻诀。妻曰："君能为国家死，
我不能为君死乎。"一婢曰："主死，婢将安归。"是日，夫妇以一绳同
缢，婢从之。

尹氏，完颜猪儿之妻也。猪儿系出萧王，天兴二年正月从哀宗
为南面元帅，战死黄陵冈。其妻金源郡夫人闻猪儿死，聚家资焚之，
遂自缢，年三十一。猪儿赠官，弟长住即日诏补护卫。

白氏，苏嗣之之母，许州人，宋尚书右丞子由五世孙妇也。初，
东坡、颍滨、叔党俱葬郏城之小峨眉山，故五世皆居许昌。白氏年二
十余即寡居，服除，外家迎归，兄嫂窃议改醮。白氏微闻之，牵车径
归，曰："我为苏学士家妇，又有子，乃欲使我失身乎。"自是，外家非
有大故不往也。尝于宅东北为祭室，画两先生像，图黄州、龙川故事
壁间，香火严洁，躬自洒扫，士大夫求瞻拜者往往过其家奠之。天兴
元年正月庚戌，许州被兵，嗣之为汴京厢官，白拜辞两先生前曰：
"儿子往京师，老妇死无恨矣，敢以告。"即自缢于室侧。家人并屋焚
之。年七十余。嗣之本名宗之，避讳改焉。

聂孝女字舜英，尚书左右司员外郎天骥之长女也。年二十三，适进士张伯豪。伯豪卒，归父母家。及哀宗迁归德，天骥留汴。崔立劫杀宰相，天骥被创甚，日夜悲泣，恨不即死。舜英谒医救疗百方，至刲其股杂他肉以进，而天骥竟死。

时京城围久食尽，闾巷间有嫁妻易一饱者，重以崔立之变，剽夺暴凌，无复人理。舜英颇读书知义理，自以年尚少艾，夫既亡，父又死非命，比为兵所污，何若从吾父于地下乎。葬其父之明日，绝脰而死。一时士女贤之，有为泣下者。其家以舜英合葬张伯豪之墓。

完颜仲德妻，不知其族氏。崔立之变，妻自毁其容服，携妾及二子绐以采蔬，自汴走蔡。蔡被围，丁男皆乘城拒守，谓仲德曰："事势若此，丈夫能为国出力，妇人独不能耶。"率诸命妇自作一军，亲运矢石于城下，城中妇女争出继之。城破自尽。

哀宗宝符李氏，国亡从后妃北迁。至宣德州，居摩诃院，日夕寝处佛殿中，作幡旆。会当赴龙庭，将发，即于佛像前自缢死，且自书门纸曰："宝符御侍此处身故。"后人至其处，见其遗迹，怜而哀之。

天兴元年，北兵攻城，矢石之际忽见一女子呼于城下曰："我倡女张凤奴也，许州破被俘至此。彼军不日去矣，诸君努力为国坚守，无为所欺也。"言竟，投濠而死。朝廷遣使驰祭于西门。

正大、天兴之际，妇人节义可知者特数人耳。凤奴之事别史录之，盖亦有所激云。

金史卷一三一
列传第六九

宦　者

梁珫　宋珪

方　伎

刘完素　张从正　李庆嗣　纪天锡
张元素　马贵中　武祯　李懋
胡德新

古之宦者皆出于刑人，刑余不可列于士庶，故掌宫寺之事，谓之"妇寺"焉。东汉以来，宦者养子以继世。唐世，继者皆为阉人，其初进也，性多巧慧便僻、善固恩宠，及其得志，党比纠结不可制。东汉以宦者亡，唐又甚焉。世儒论宦者之害，如毒药猛虎之不可拯也。金法置近侍局，尝与政事，而宦者少与焉。惟海陵时有梁珫，章宗时有梁道、李新喜干政，二君为所误多矣。世传梁道劝章宗纳李妃后宫，金史卷不载梁道始末，弗得而论次之。惟宋珪、潘守恒颇能讽谏宣、哀，时有裨益，盖佣之佼佼、铁之铮铮者也。作《宦者传》。

梁珫，本大臭家奴，随元妃入宫，以阉竖事海陵。珫性便佞，善迎合，特见宠信。旧制，宦者惟掌掖廷宫闱之事。天德三年，始以王光道为内藏库使，卫愈、梁安仁皆以宦官领内藏，海陵谓光道等曰："人言宦者不可用，朕以为不然。后唐庄宗委张承业以军，竟立大功，此中岂无人乎。卿等宜悉此意。帑藏之物皆出民力，费十致一，当纠察奸弊，犯者必罚无赦。"宦者始与政事，而珫委任尤甚，累官近侍局使。及营建南京宫室，海陵数数使珫往视工役。是时，一殿之费已不可胜计，珫或言其未善，即尽撤去。虽丞相张浩亦曲意事之，与之均礼。

海陵欲伐宋，珫因极言宋刘贵妃绝色倾国。海陵大喜，及南征将行，命县君高师姑儿贮衾褥之新洁者俟得刘贵妃用之。议者言珫与宋通谋，劝帝伐宋，征天下兵以疲弊中国。

海陵至和州，闻珫与宋人交通有状，谓珫曰："闻汝与宋国交通，传泄事情。汝本奴录，朕拔擢至此，乃敢尔耶。若至江南询得实迹，杀汝亦未晚也。"又谓校书郎田与信曰："尔面目亦可疑，必与珫同谋者。"皆命执于军中。海陵遇弑，珫、与信皆为乱军所杀。

宋珪本名乞奴，燕人也。为内侍殿头。宣宗尝以元夕欲观灯戏，命乞奴监作，乞奴诨语云："社稷弃之中都，南京作灯戏有何看耶。"宣宗微闻之，杖之二十，既而悔之，有旨宣谕。

哀宗放鹘后苑，鹘逸去，敕近侍追访之。市中一农民臂此鹘，近侍不敢言宫中所逸者，百方索之，农民不与，与之物直，仅乃得。事闻，哀宗欲送其人于有司，乞奴从旁谏曰："贵畜贱人，岂可宣示四方。"哀宗恶其大讦，又杖之，寻亦悔，赐物慰遣之。

及哀宗至归德，马军元帅蒲察官奴为变，杀左丞李蹊、参政石盏女鲁欢以下从官三百余人。仓皇之际，哀宗不得已，以官奴权参知政事，既为所制，含恨欲诛之未能也。及官奴往亳州，珪阴与奉御吾古孙爱实、纳兰忔答，护卫女奚烈完出、范陈僧、王山儿等谋诛之。官奴自亳还，哀宗御临漪亭，召参政张天纲及官奴议事。官奴入见，珪等即从旁杀之，及其党阿里合、白进、习显。

及蔡城破，哀宗自缢于幽兰轩，珪与完颜斜烈、焦春和等皆从死。

有潘守恒者亦内侍也，素称知书，南迁后规益甚多。及哀宗自蒲城走归德，道次民家，守恒进粣，曰："愿陛下还宫之日无忘此草庐中，更加俭素，以济大业。"上闻其言，惨惋咨嗟久之。

太史公叙九流，述《日者》、《龟策》、《扁鹊仓公列传》。刘歆校中秘书，以术数、方伎载之《七略》。后世史官作《方伎传》，盖祖其意焉。或曰《素问》、《内经》言天道消长、气运赢缩，假医术，托岐、黄，以传其秘奥耳。秦人至以《周易》列之卜筮，斯岂易言哉，第古之为术以吉凶导人而为善，后世术者或以休咎导人为不善，古之为医以活人为功，后世医者或因以为利而误杀人，故为政于天下，虽方伎之事亦必慎其所职掌而务旌别其贤否焉。金世，如武祯、武亢之信而不诬，刘完素、张元素之治疗通变，学其术者皆师尊之，不可不记云。

刘完素字守真，河间人。尝遇异人陈先生，以酒饮守真，大醉，及寤洞达医术，若有授之者。乃撰《运气要旨论》、《精要宣明论》，虑庸医或出妄说，又著《素问玄机原病式》，特举二百八十八字，注二万余言。然好用凉剂，以降心火、益肾水为主。自号"通元处士"云。

张从正字子和，睢州考城人。精于医，贯穿《难》、《素》之学，其法宗刘守真，用药多寒凉，然起疾救死多取效。古医书有《汗下吐法》，亦有不当汗者汗之则死，不当下者下之则死，不当吐者吐之则死，各有经络脉理，世传黄帝、岐伯所为书也。从正用之最精，号"张子和汗下吐法"。妄庸浅术习其方剂，不知察脉原病，往往杀人，此庸医所以失其传之过也。其所著有"六门、二法"之目，存于世云。

李庆嗣，洺人。少举进士不第，弃而学医，读《素问》诸书，洞晓其义。天德间，岁大疫，广平尤甚，贫者往往阖门卧病。庆嗣携药与米分遗之，全活者众。庆嗣年八十余无疾而终。所著《伤寒纂类》四卷、《改证活人书》三卷、《伤寒论》三卷、《针经》一卷，传于世。

纪天锡字齐卿，泰安人。早弃进士业，学医，精于其技，遂以医名世。集注《难经》五卷，大定十五年上其书，授医学博士。

张元素字洁古，易州人。八岁试童子举。二十七试经义进士，犯庙讳下第。乃去学医，无所知名，夜梦有人用大斧长凿凿心开窍，纳书数卷于其中，自是洞彻其术。河间刘完素病伤寒八日，头痛脉紧，呕逆不食，不知所为。元素往候，完素面壁不顾，元素曰："何见待之卑如此哉。"既为诊脉，谓之曰："脉病云云，"曰："然。""初服某药，用某味乎？"曰："然。"元素曰："子误矣。某味性寒，下降走太阴，阳亡汗不能出。今脉如此，当服某药则效矣。"完素大服，如其言遂愈，元素自此显名。

平素治病不用古方，其说曰："运气不齐，古今异轨，古方新病不相能也。"自为家法云。

马贵中，天德中，为司天提点。与校书郎高守元奏天象灾异忤旨，海陵皆杖之，黜贵中为大同府判官。久之，迁司天监。正隆三年三月辛酉朔，日当食。是日，候之不食，海陵谓贵中曰："自今凡遇日食皆面奏，不须颁示内外。"

海陵伐宋，问曰："朕欲自将伐宋，天道何如？"贵中对曰："去年十月甲戌，荧惑顺入太微，至屏星，留、退、西出。《占书》，荧惑常以十月入太微庭，受制出伺无道之国。十二月，太白昼见经天，占为兵丧、为不臣、为更主，又主有兵兵罢、无兵兵起。"

镇戎军地震大风，海陵以问，贵中对曰："伏阴逼阳，所以震也。"又问曰:"当震,大风何也?"对曰:"土失其性则地震,风为号令,人君命令严急则有烈风及物之灾。"

六年二月甲辰朔,日有晕珥戴背,海陵问:"近日天道何如?"贵中对曰:"前年八月二十九日,太白入太微右掖门,九月二日,至端门,九日,至左掖门出,并历左右执法。太微为天子南宫,太白兵将之象,其占,兵入天子之廷。"海陵曰:"今将征伐而兵将出入太微,正其事也。"贵中又曰:"当端门而出,其占为受制,历左右执法为受事,此当有出使者,或为兵,或为贼。"海陵曰:"兵兴之际,小盗固不能无也。"及被害于扬州,贵中之言皆验。

大定八年,世宗击球于常武殿,贵中上疏谏曰:"陛下为天下主,守宗庙社稷之重,围猎击球皆危事也。前日皇太子坠马,可以为戒,臣愿一切罢之。"上曰:"祖宗以武定天下,岂以承平遽忘之邪。皇统尝罢此事,当时之人皆以为非,朕所亲见,故示天下以习武耳。"

十年十一月,皇太子生日,世宗宴百官于东宫。上饮欢甚,贵中被酒前跪欲言事,错乱失次,上不之罪,但令扶出。

武祯,宿州临涣人。祖官太史,靖康后业农,后画界属金。祯深数学。贞祐间,行枢密院仆散安贞闻其名,召至徐州,以上客礼之,每出师必资焉,其占如响。正大初,征至汴京,待诏东华门。其友王铉问祯曰:"朝廷若问国祚修短,子何以对?"祯曰:"当以实告之,但更言周过其历,秦不及期,亦在修德耳。"

时久旱祈祷不应,朝廷为忧,祯忽谓铉曰:"足下今日早归,恐为雨阻。"铉曰:"万里无云,赤日如此,安得有雨。"祯笑曰:"若是,则天不诚也。天何尝不诚。"既而东南有云气,须臾蔽天,平地雨注二尺,众皆惊叹。寻除司天台管勾。

子亢,寡言笑,不妄交。尝与一学生终日相对,握筹布画,目炯炯若有所营,见者莫测也。哀宗至蔡州,右丞完颜仲德荐其术。召至,屏人与语,大悦,除司天长行,赏赉甚厚。上书曰:"比者有星变于周、楚之分,彗星起于大角西,扫轸之左轴,盖除旧布新之象。"又言:"郑、楚、周三分野当赤地千里,兵凶大起,王者不可居也。"又曰:"蔡城有兵丧之兆,楚有亡国之征,三军苦战于西垣前后有日矣。城壁倾颓,内无见粮,外无应兵,君臣数尽之年也。"闻者悚然夺气,哀宗惟嗟叹良久,不以为罪。性颇倨傲,朝士以此非之。

天兴二年九月,蔡州被围,亢奏曰:"十二月三日必攻城,"及期果然。末帝问曰:"解围当在何日?"对曰:"明年正月十三日,城下无一人一骑矣。"帝不知其由,乃喜围解有期,日但密计粮草使可给至其日不阙者。明年甲午正月十日,蔡州破,十三日,大元兵退。是日,亢赴水死云。

李懋,不知何许人。有异术。正大间,游京兆,行省完颜合达爱其术,与俱至汴京,荐于哀宗。遣近侍密问国运否泰,言无忌避。居之繁台寺,朝士日走问之,或能道隐事及吉凶之变,人以为神。帝恶其言太泄,遣使者杀之。使者乃持酒肴入寺,懋出迎,笑曰:"是矣。"使者曰:"何谓也?"懋曰:"我数当尽今日,尚复何言。"遂索酒,痛饮就死。

胡德新,河北士族也。寓居南阳,往来宛、叶间,嗜酒落魄不羁,言祸福有奇验。正大七年夏,与燕人王铉邂逅于叶县村落中。与铉初不相识,坐中谬以兵官对,胡曰:"此公在吾法中当登科甲,何以谓之兵官。"众愕然,遂以实告。二人相得甚欢,即命家人具鸡酒以待,酒酣,举大白相属曰:"君此去事业甚远,不必置问。某有所见,久不敢对人言,今欲告子。"遂邀至野田,密谓曰:"某自去年来,行宛、叶道中,见往来者十且八九有死气。今春至陈、许间,见其人亦有太半当死者。若吾目可用,则时事可知矣。"铉惊问应验迟速,曰:"不过岁月间耳,某亦不逃此厄,请密志之。"明年,大元兵由金、房入,取峭石滩渡汉,所过庐舍萧然,胡亦举家及难,其精验如此。

金史卷一三二
列传第七〇

逆　臣

秉德　唐括辩　言　大兴国
徒单阿里出虎　仆散师恭　徒单贞
李老僧　完颜元宜　纥石烈执中

　　昔者孔子作《春秋》而乱臣贼子惧，其法有五焉：微而显，志而晦，婉而成章，尽而不污，惩恶而劝善。夫惩恶乃所以劝善也，作《逆臣传》。

　　秉德，本名乙辛。初为西南路招讨使，改汴京留守。丁母忧，起复为兵部尚书，拜参知政事。皇统八年，与乌林答蒲卢虎等廉察郡县，使还，拜平章政事。廷议欲徙辽阳渤海人屯燕南，秉德及左司郎中三合议其事。近侍高寿星在徙中，寿星诉于悼后，后以白帝，帝怒，杖秉德而杀三合。是时，熙宗在位久，悼后干政，而继嗣未立，帝无聊不平，屡杀宗室，箠辱大臣。秉德以其故怀忿，乃与唐招辩、乌带等谋废立。

　　乌带以其谋告海陵，海陵乃与秉德谋弑熙宗。皇统九年十二月九日，遂与唐括辩、乌带、乌土、阿里出虎、大兴国、李老僧、海陵妹夫特斯，弑熙宗于寝殿。秉德初意不在海陵，已弑熙宗，未有所属，忽土奉海陵坐，秉德等皆拜称万岁。杀曹国王宗敏、左丞相宗贤。时秉德位在海陵上，因被杖怨望谋废立，而海陵因之以为乱。既立，以秉德为左丞相，兼侍中、左副元帅，封萧王，赐铁券，与钱二千万、绢一千匹、马牛各三百、羊三千。久之，为乌带所谮，出领行台尚书省事。

时秉德方在告，亟召之，限十日内发行。会海陵欲除太宗诸子，并除秉德，以秉德首谋废立，及弑熙宗不即劝进，衔之。乌带因言秉德与宗本谋反有状，曰：“昨来秉德曾于宗本家饮酒，海州刺史子忠言，秉德有福，貌类赵太祖，秉德偃仰笑受其言。臣妻言秉德妻尝指斥主上，语皆不顺。及秉德与宗本相别时，指斥尤甚，且谓历数有归。秉德招刑部侍郎漫独曰，‘已前曾说那公事，颇记忆否’。漫独曰，‘不存性命事何可对众便说’。似此逆状甚明。”海陵遣使就行台杀秉德，并杀前行台参知政事乌林答赞谋。

赞谋妻，秉德乳母也。初，赞谋与前行台左丞温敦思忠同在行台，思忠黩货无厌，赞谋薄之，由是有隙，故思忠乘是并诬赞谋及其子，杀之。赞谋不肯跪受刑，行刑者立而缢杀之。海陵以赞谋家财奴婢尽赐思忠。

秉德与乌带以口语致怨，既死遂并杀其弟特里、幺里，及宗翰子孙，死者三十余人，宗翰之后遂绝。世宗即位，追复秉德官爵，赠仪同三司。

初，撒改薨，宗翰袭其猛安亲管谋克。秉德死，海陵以赏乌带，传其子兀答补。大定六年，世宗悯宗翰无后，诏以猛安谋克还撒改曾孙盆买，遣使改葬撒改、宗翰于山陵西南二十里，百官至奠，其家产给近亲以奉祭祀。

秉德既死，其中都宅第，左副元帅杲居之。杲死，海陵迁都，迎其嫡母徒单氏居之。徒单遇害，世宗恶其不祥，施为佛寺。

唐括辩本名斡骨剌。尚熙宗女代国公主，为驸马都尉。累官参知政事、尚书左丞。与右丞相秉德谋废立，而乌带以告海陵，海陵谓辩曰:"我辈不能匡救,且暮且及祸。若行大事,谁可立者?"辩曰:"无乃胙王常胜乎?"海陵问其次,辩曰:"邓王子阿楞。"海陵曰:"阿楞属疏,安得立。"辩曰:"公岂有意邪?"海陵曰:"若不得已,舍我其谁。"于是,且夕相与密谋。护卫将军特思疑之,以告悼后曰:"辩等因间每窃窃偶语,不知议何事。"悼后以告熙宗,熙宗怒,召辩责之曰:"尔与亮谋何事,将如我何。"杖而遣之。自是谋益甚。

十二月九日,代国公主为其母悼后作佛事,居寺中,故海陵、秉德等俱会于辩家。至夜,辩等以刀藏衣下,相随入宫。门者以辩驸马不疑,皆内之。至殿门,直宿护卫觉之,辩举刀呵之使无动。既弑熙宗,立海陵,辩为尚书右丞相兼中书令,封王,赐钱二千万、绢千匹、马牛各三百,羊三千,并铁券。进拜左丞相。父彰德军节度使重国,迁东平尹。

初,辩与海陵谋逆,辩尝言其家奴多可用者,海陵固已怀之。及行弑之夕会于辩家,待兴国出宫,辩因设馔,众皆惴惧不能食,辩独饱食自若,海陵由此知其忮忍,畏忌之。及即位,尝与辩观太祖画像,海陵指示辩曰:"此眼与尔相似。"辩色动,海陵亦色动,由是疑辩,益忌之。及与萧裕谋致宗本罪,并致辩尝与宗本谋反,即杀之。

重国坐夺官,正隆二年,起为沂州防御使,改清州防御使。大定初,重国与徒单拔改俱以政迹著闻,历安国、彰化、横海军节度使。

后辩子孙上书,言辩死天德间,祖重国亦坐追削。正隆初,重国已复官职,乞追复辩官爵。是时,海陵已降为庶人,以辩与弑逆,不许。

言本名乌带,行台左丞相阿鲁补子也。熙宗时,累官大理卿。熙宗晚年喜怒不常,大臣往往危惧,右丞相秉德、左丞唐括辩谋废立,乌带即诣海陵启之,遂与俱弑熙宗。海陵即位,乌带为平章政事,封许国王,赐钱、绢、马、牛、羊、铁券,并如其党。

乌带妻唐括氏淫泆,旧与海陵通,又私其家奴阎乞儿,秉德尝对熙宗斥其事,乌带衔之未发也。时海陵多忌,会有疾,少间,乌带遂诬奏"秉德有指斥语,曰:主上数日不视朝,若有不讳,谁当继者?臣曰:主上有皇子。秉德曰:婴儿岂能胜天下大任,必也葛王乎"。海陵以为实然,故出秉德,已而杀之,以秉德世袭猛安谋克授乌带。进右丞相。乌带与宗本有亲,海陵以乌带告秉德事,故宗本之祸乌带独免,遂以秉德千户谋克及其子妇家产尽赐之。进司空、左丞相、兼侍中。

居数月,乌带早朝,以日阴晦将雨,意海陵不视朝,百官皆随之去。已而海陵御殿,知乌带率百官出朝,恶之,遂落司空,出为崇义军节度使。后海陵思慕唐括容色,因其侍婢来候问起居,海陵许立为后,使杀乌带。海陵诈为乌带哀伤,使其子兀答补佩金符乘驿赴丧,追封为王,仍诏有司送其灵车,赐绢三百为道途费。纳唐括于宫中,封贵妃。

兀答补袭猛安谋克。大定六年,以猛安谋克还撒改曾孙,以阿鲁补谋克授兀答补,终同知大兴尹。子瑭,本名乌也阿补,以曾祖阿鲁补功,充笔砚祗候。

大兴国,事熙宗为寝殿小底,权近侍局直长,最见亲信,未尝去左右。每逮夜,熙宗就寝,兴国时从主者取符钥归家,主者即以付之,听其出入以为常。皇统九年,海陵生日,熙宗使兴国以宋司马光画像及他珍玩赐海陵,悼后亦以物附赐,熙宗不悦,杖兴国一百。

海陵谋弑,意先得兴国乃可伺间入宫行大事,且度兴国无罪被杖必有怨望心,可乘此说之,乃因李老僧结兴国。即而,知无异心可与谋,乃召至卧内,令解衣,欲与之俱卧,意有所属者。兴国固辞不敢,曰:"即有使,惟大王之命。"海陵曰:"主上无故杀常胜,又杀皇后。乃以常胜家产赐阿楞,既又杀阿楞,遂以赐我。我深以为忧,奈何?"兴国曰:"是固可虑也。"海陵曰:"朝臣且夕危惧,皆不自保。向者我生日,因皇后附赐物,君遂被杖,我亦见疑。主上尝言会须杀君,我与君皆将不免,宁坐待死何如举大事。我与大臣数人谋已议定,尔以为如何?"兴国曰:"如大王言,事不可缓也。"

乃约十二月九日夜起事。兴国取符钥开门,矫诏召海陵入。夜二更,海陵、秉德等入。熙宗常置佩刀于御榻上,是夜兴国先取投榻下,及乱作,熙宗求佩刀不得,遂遇弑。

海陵既立,以兴国为广宁尹,赐奴婢百口、犀玉带各一、钱绢马牛铁券如其党,进阶金紫光禄大夫。再赐兴国钱千万、黄金四百两、银千两、良马四匹、驼车一乘、橐驼三头、真珠巾、玉钩带、玉佩刀、及玉校鞍辔。天德四年,改崇义军节度使,赐名邦基。再授绛阳、武宁节度使,改河间尹。

世宗即位,废于家,凡海陵所赐皆夺之。大定中,邦基兄邦杰自京兆判官还,世宗曰:“大邦杰因其弟进,滥厕缙绅,岂可复用。”并罢其子弟与所赠父官。及海陵降为庶人,诏曰:“大邦基与海陵同谋弑逆,逭诛至今,为幸多矣。”遂磔于思陵之侧。

徒单阿里出虎,会宁葛马合窟申人,徙懿州。父拔改,太祖时有战功,领谋克,曷速馆军帅,皇统四年为兵部侍郎,历天德军节度使,改兴中尹,与宗干世为姻家。皇统九年,阿里出虎与仆散忽土俱为护卫十人长。海陵将弑熙宗,欲得二人者为内应,遂许以女妻阿里出虎子,而以逆谋告之。阿里出虎素凶暴,闻其言喜甚至,曰:“阿家此言何晚邪,废立之事亦男子所为。主上不能保天下,人望所属惟在阿家,今日之谋乃我素志也。”遂与忽土俱以十二月九日直禁中,海陵故以是夜二更入宫,至寝殿,阿里出虎先进刃,忽土次之,熙宗顿仆,海陵复刃之,血溅其面及衣。

海陵既立,以阿里出虎为右副点检,赐钱绢马牛羊如其党,子术斯剌尚荣国公主合女,加昭毅大将军驸马都尉。天德二年,留守东京,加仪同三司。八月,改河间尹,世袭临潢府路斜剌阿猛安领亲管谋克。以忧去职,起复为太原尹,封王。

阿里出虎自谓有佐立功,受铁券,凶狠益甚,奴视僚属,少忤其意辄箠辱无所恤。尝问休咎于卜者高鼎,遂以鼎所占问张王乞。王乞以谓当有天命,阿里出虎喜,以王乞语告鼎。鼎上变,阿里出虎伏诛,并杀其妻及王乞。海陵使其子术斯剌焚其尸,投骨水中。

拔改自西京留守历西南路招讨使、忠顺军节度使,入为劝农使,复为河间尹,改临洮尹,入为工部尚书,改兴平军节度使、济南尹,卒。

仆散师恭本名忽土,上京老海达葛人,本微贱,宗干尝周恤之,擢置宿卫为十人长。海陵谋逆,以忽土出自其家,有恩,欲使为内应,谓之曰:“我有一言欲告君久矣,恐泄于人,未敢也。”忽土曰:“肌肉之外皆先太师所赐,苟有补于国王,死不敢辞。”先太师,谓宗干也。海陵曰:“主上失道,吾将行废立事,必得君为助乃可。”忽土许之。

十二月九日,忽土直宿,海陵因之入宫。至寝殿,熙宗闻步屧声,咄之,众皆却立不敢动,忽土曰:“事至此,不进得乎。”乃相与排闼而入。既弑熙宗,秉德等尚未有所属,忽土曰:“始者议立平章,今复何疑。”乃奉海陵坐,众前称万岁。遂召曹国王宗敏至,即使忽土杀之。

既即位,忽土为左副点检,赐钱绢马牛羊铁券。转都点检,改名思恭。迁会宁牧,拜太子少师、工部尚书,封王。倾之,以忧解职。起复为枢密副使,进拜枢密使。贞元三年,为右丞相。正隆初,拜太尉,复为枢密使。无何,以忧去,起复为太尉、枢密使。

海陵至汴京,赐忽土第一区,邻宁德宫。宫,徒单太后所居也,忽土时时入见太后。及契丹撒八反,海陵命忽土与萧怀忠北伐。比行,忽土入辞宁德,太后与语久之。海陵闻而恶之,疑其与太后有异谋。是时,萧秃剌、斡卢补与契丹撒八连战皆无功,粮连不继,乃退军临潢。而撒八闻师恭以大军且至,乃谋归大石,沿龙驹河西去。师恭至临潢,追之不及。海陵使枢密副使白彦敬等讨撒八,师恭还,遣其子忽杀虎乘传逆之,至则执而戮于市。师恭临刑,绳杖窒口不能言,但举首视天日而已。遂族灭之,并诛灭萧秃剌、萧赜、萧怀忠家。

大定初,皆复官爵。及海陵降为庶人,师恭以预弑复削之。世宗幸上京,过老海达葛,师恭族人临潢尹守中、定远大将军阿里徒等皆夺官。二十八年,上谓宰臣曰:"海陵遣仆散师恭、萧秃剌、萧怀忠追撒八不及,皆坐诛,遂夷其族,虐之甚也。"平章政事襄对曰:"是时臣在军中,忽土、蹀有精甲一万三千有余,贼军虽多皆胁从之人,以毡纸为甲,易与也。忽土等恇怯迁延,贼乃遁去。上曰:"审如是,则诛之可也。"兄浑坦。

徒单贞,本名特思,忒黑辟剌人也。祖抄,从太祖伐辽有功,授世袭猛安。父婆卢火,以战功累官开府仪同三司。贞娶辽王宗干女,海陵同母女弟也。皇统九年,贞与海陵俱弑熙宗。海陵既立,以贞为左卫将军,封贞妻平阳长公主,贞为驸马都尉、殿前左副点检。转都点检,兼太子少保,封王。改大兴尹,都点检如故。俄授临潢府路昏斯鲁猛安。

居二年,海陵召贞勖之曰:"汝自幼常在左右,颇著微劳,而近日乃怠忽,纵有罪,树私恩。凡人富贵而骄,皆死征也。汝若不制汝心,将无所不至,赐之死复何辞。朕念弟襄及公主与朕同胞,故少示惩戒。"贞但号泣。即日解点检职,仍为大兴尹,复戒之曰:"今而后能以勤自励,朕当思之。不然,黜尔归田里矣。"逾月,复为都点检、大兴尹如故。正隆二年,例封沈。迁枢密副使,赐佩刀入宫,转同判大宗正事。

海陵将伐宋,诏朝官除三国人使宴饮,其余饮酒者死。六年正月四日立春节。益都尹京、安武节度使爽、金吾上将军阿速饮于贞第。海陵使周福儿赐土牛至贞第,见之以告,海陵召贞诘之曰:"戎事方殷,禁百官饮酒,卿等知之乎?"贞等伏地请死,海陵数之曰:"汝等若以饮酒杀人太重,固当谏,古人三谏不听亦勉从君命。魏武帝《军行令》曰:'犯麦者死'。已而所乘马入麦中,乃割发以自刑。犯麦,微事也,然必欲以示信。朕为天下主,法不能行于贵近乎?朕念慈宪杖太后子四人,惟朕与公主在,而京等皆近属,曲贷死罪。"于是杖贞七十,京等三人各杖一百,降贞为安武军节度使,京为滦州刺史,爽归化州刺史。

无何,拜贞御史大夫,以本官为左监军,从伐宋。至扬州,海陵死,北还。见世宗于中都,诏以贞女为皇太子妃,除贞为太原尹,改咸平。贞在咸平贪污不法,累赃钜万,徙真定尹,事觉。世宗使大理卿李昌图鞫之,贞即引伏,昌图还奏,上问之曰:"贞停职否?"对曰:"未也。"上怒,抵昌图罪,复遣刑部尚书移剌道往真定问之,征其赃还主。有司征给不以时,诏先以官钱还其主,而令贞纳官。凡还主赃,皆准此例。降贞为博州防御使,降贞妻为清平县主。

顷之,迁震武节度使,遣使者往戒敕之,诏曰:"朕念卿懿戚,不待终考,更迁大镇。非常之恩不可数得,卿勿蹈前过。"转河中尹。进封其妻为任国公主,赐黄金百两、重彩二十端,赐贞击球马二匹。改东京留守,赐玉吐鹘、弓矢,赐贞妻钱万贯。

有司奏"海陵已贬为庶人,宗干不当犹称帝"。于是,以宗干有社稷功,诏追封为辽王,其子孙及诸女皆降,贞妻降永平县主,贞自仪同三司降特进,夺猛安,不称驸马都尉。再徙临潢尹。

初,与弑熙宗凡九人,海陵以暴虐自毙,秉德、辩、忽土、阿里出虎以疑见杀,言以妻殂,裕、老僧以反诛,至是贞与大兴国尚在。而兴国摈弃不用,独贞以世姻籍恩宠,虽夫妇降削爵号,而世宗虑久远,终不以私恩曲庇,久之,诏诛贞及其妻与二子慎思、十六,而宥其诸孙。俄而,兴国亦诛,皇统逆党尽矣。

章宗即位,尊母皇太子妃为皇太后,追封贞为太尉梁国公,贞祖抄司空鲁国公,父婆卢火司徒齐国公,贞妻梁国夫人,子陁补火、慎思、十六俱为镇国上将军。无何,再赠贞太师、广平郡王,谥庄简。贞妻进封梁国公主。

李老僧,旧为将军司书吏,与大兴国有亲,素相厚。海陵秉政,兴国属诸海陵,海陵以为省令史。及将举事,使老僧结兴国,兴国终为海陵取符钥,纳海陵宫中成弑逆者,老僧为之也。海陵既立,以老僧为同知广宁尹事,赐钱千万、绢五百匹、马牛各二百、羊二千。

久之，海陵恶韩王亨，将杀之，求其罪不可得，遂以亨为广宁尹，再任老僧同知，使伺察亨，构致其罪。亨喜博，及至广宁，常与老僧博，待之甚厚。老僧由是不忍致亨死罪，迟疑者久之。海陵再使小底讹论促老僧，老僧乃与亨家奴六斤谋，杀亨狱中，语在《亨传》。及耶律安礼自广宁还朝，海陵谓之曰："辛迭三罪，伏其一已见觖望。尔乃梁王故吏，若亨伏辜，必罪及亲族，故榜杀之。"

海陵以老僧于亨有迟回意，遂降老僧为易州刺史。久之，迁同知大兴尹，赐名惟忠，改延安府同知。大定二年，与兵部尚书可喜谋反，诛。

论曰：《书》曰："王左右常伯、常任、准人、缀衣、虎贲。周公曰：呜呼，休兹知恤，鲜哉。"穆王告伯冏曰："慎简乃僚，其无以巧言令色、便辟侧媚，其惟吉士。"金人所谓寝殿小底犹周之缀衣，所谓护卫犹周之虎贲也，则皆群仆侍御之臣矣。海陵弑逆，而大兴国、忽土、阿里出虎为之扼掔，皆出于小底护卫之中，熙宗固不知恤之也。一日，熙宗与近侍饮酒，会夜，稽古殿火，上欲往视，都点检辞不失引帝裾止之，奏曰："臣在此，陛下何患，愿无亲往。"熙宗谓辞不失被酒，甚怒之，明日，杖而出之，已而思其忠，复见召用。海陵与唐括辩时时屏人私语，护卫特思察其非常，海陵挤而杀之。皇统末年，群臣解体，无尊君谨上之心，而群奸窃发，仆御之臣不复有如辞不失、特思者矣。《绵》之诗曰："予曰有疏附，予曰有先后，予曰有奔走，予曰有御侮。"呜呼，先后御侮之臣岂可少哉。

完颜元宜，本名阿列，一名移特辇，本姓耶律氏。父慎思，天辅七年，宗望追辽主至天德，慎思来降，且言夏人以兵迎辽主，将渡河去。宗望移书夏人谕以祸福，夏人乃止。赐慎思姓完颜氏，官至仪同三司。

元宜便骑射，善击球。皇统元年，充护卫，累迁瓯里本群牧使，入为武库署令，转符宝郎。海陵篡立，为兵部尚书。天德三年，诏凡赐姓者皆复本姓,元宜复姓耶律氏。历顺义、昭义节度使,复为兵部尚书、劝农使。

海陵伐宋,以本官领神武军都总管,以大名路骑兵万余益之。前锋渡淮,拔昭关,遇宋兵万余于柘皋,力战却之。至和州,宋兵十万来拒,元宜麾军力战,抵暮而罢。宋人乘夜袭营,元宜击走之,黎明追及宋兵,斩首数万,以功迁银青光禄大夫。海陵增置浙西道都统制,使元宜领之,督诸军渡江,佩金牌,赐衣一袭。

是时,世宗已即位于辽阳,军中多怀去就。海陵军令惨急,亟欲渡江,众欲亡归,决计于元宜。猛安唐括乌野曰:“前阻淮渡,皆成擒矣。比闻辽阳新天子即位,不若共行大事,然后举军北还。”元宜曰:“待王祥至谋之。”王祥者元宜子,为骁骑副都指挥使,在别军。元宜使人密召王祥,既至,遂约诘旦卫军番代即行事。元宜先欺其众曰:“有令,尔辈皆去马,诘旦渡江。”众皆惧,乃以举事告之,皆许诺。

十月乙未黎明,元宜、王祥与武胜军都总管徒单守素、猛安唐括乌野、谋克斡卢保、娄薛、温都长寿等率众犯御营。海陵闻乱,以为宋兵奄至,览衣遽起,箭入帐中,取视之,愕然曰:“乃我兵也。”大庆山曰:“事急矣,当出避之。”海陵曰:“走将安往。”方取弓,已中箭仆地。延安少尹纳合斡鲁补先刃之,手足犹动,遂缢杀之。骁骑指挥使大磐整兵来救,王祥出语之曰:“无及矣。”大磐乃止。军士攘取行营服用皆尽,乃取大磐衣巾裹海陵尸,焚之。遂收尚书右丞李通、浙西道副统制郭安国、监军徒单永年、近侍局使梁琉、副使大庆山,皆杀之。元宜行左领军副大都督事,使使者杀皇太子光英于南京。大军北还。

大定二年春,入见,拜御史大夫,诏曰:“高桢为御史大夫,号为正直,颇涉烦碎,臣下衣冠不正亦被纠举。职事有大于此者,尔宜勉之。”未几,拜平章政事,封冀国公,赐玉带、甲第一区,复赐姓完颜氏。

往泰州路规措讨契丹事,元宜使忠勇校尉李荣招窝斡,窝斡杀荣,诏追赠荣进官四阶。五月,上闻元宜将还,遣使止之。契丹已平,元宜还朝,奏请益诸群牧铠甲。诏从之,每群牧益二十副。元宜复请益临潢戍军士马,诏给马六百匹。久之,罢为东京留守。乞还所赐甲第,上从之,赐以袭衣、吐鹘、厩马、海东青鹘。未几,致仕,薨于家。上闻之,遣使致祭,赙赠甚厚。

大定十一年,尚书省奏拟纳合斡鲁补除授,上曰:"昔废海陵,此人首入弑之,人臣之罪莫大于是,岂可复加官使?其世袭谋克姑听仍旧。"大定十八年,扎里海上言:"凡为人臣能捍灾御侮有功者,宜录用之。今弑海陵者以为有功,赏以高爵,非所以劝事君也。宜削夺,以为人臣之戒。臣在当时亦与其党,如正名定罪。请自臣始。"上曰:"扎里海自请其罪以劝事君,此亦人之所难。"遂以扎里海充赵王府祇候郎君。

元宜子习涅阿补,大定二十五年为符宝祇候,乞依女直人例迁官,上曰:"赐姓一时之权宜。"令习涅阿补还本姓。

论曰:《春秋》书"齐公子商人弑其君舍",又曰:"齐人弑其君商人。"嗟乎,弑舍者商人也,弑商人者邴歜、阎职也。海陵弑熙宗,完颜元宜弑海陵。商人之弑也,邴歜、阎职去之。海陵之弑也,元宜归于世宗。邴、阎贱役,元宜都将也,握君之亲兵,窥利以弑之,其罪岂容诛乎,世宗仅能不大用之而已。扎里海犹杀人而自首者也,在律,杀人未闻准首免罪而又予赏者也,况弑逆乎。海陵弑五十三年,复有胡沙虎之事。

纥石烈执中,本名胡沙虎,阿踈裔孙也。徙东平路猛安。大定八年,充皇太子护卫,出职太子仆丞,改鹰坊直长,再迁鹰坊使、拱卫直指挥使。明昌四年,使过阻居,监酒官移剌保迎谒后时,饮以酒,酒味薄,执中怒,殴伤移剌保,诏的决五十。未几,迁右副点检,肆傲不奉职,降肇州防御使。逾年,迁兴平军节度使。丁母忧,起复归德军节度使,改开远军兼西南路招讨副使。俄知大名府事。承安二年,召为签枢密院事。诏佐丞相襄征伐,执中不欲行,奏曰:"臣与襄有隙,且杀臣矣。"上怒其言不逊,事下有司,既而赦之,出为永定军节度使。改西北路招讨使,复为永定军,坐夺部军马解职。

泰和元年,起知大兴府事。诏契丹人立功官赏恩同女直人,许存养马匹,得充司吏译人,著为令。执中格诏不下,上责之曰:"汝虽意在防闲,而不知朝廷自有定格,自今勿复如此烦碎生事也。"乃下诏行之。

涞州人魏廷实祖任儿,旧为靳文昭家放良,天德三年,编籍正户,已三世矣。文昭孙勃诋廷实为奴,及妄诉殴晋,警巡院鞠对无状,法当诉本贯。勃诉于府,执中使廷实纳钱五百贯与勃。廷实不从,还涞水,执中径遣锁致廷实。御史台请移问,执中转奏御史台不依制,府未结断,令移推。诏吏部侍郎李炳、户部侍郎粘割合答推问。炳、合答奏御史台理直,诏乃切责执中。

御史中丞孟铸奏弹执中"贪残专恣,不奉法令。释罪之后,累过不悛。既蒙恩贷,转生跋扈。如雄州诈认马,平州冒支俸,破魏廷实家,发其冢墓,拜表不赴,祈雨聚妓,殴晋同僚擅令停职,失师帅之体,不称京尹之任"。上曰:"执中粗人,似有跋扈尔。"铸对曰:"明天子在上,岂容有跋扈之臣。"上意悟,取阅奏章,诏尚书省问之。由是改武卫军都指挥使。

平章政事仆散揆宣抚河南,执中除山东东西路统军使。揆行省汴京伐宋,升诸道统军司为兵马都统府,执中为山东两路兵马都统,定海军节度使完颜撒刺副之。执中分兵驻金城、朐山,请益发东平路兵屯密、沂、宁海、登、莱以遏兵冲,诏从之,时泰和六年四月也。

五月,宋兵犯金城,执中遣巡检使周奴以骑兵三百御之。会宋益兵转趋沭阳,谋克三合伏卒五十人篁竹中,伺宋兵过突出击之,杀十数人,追至县城,宋兵不敢出。会周奴以兵入城,宋兵逾城走,三合已焚其舟,合击大破之,斩首五百余级,杀宋统领李藻,擒忠义军将吕璋。

十月,执中率兵二万出清口,宋以步骑万余列南岸,战舰百艘拒上流，相持累日。执中以舟兵二千搏战，遏宋舟兵，遣副统移剌古与涅率精骑四千自下流径渡。宋兵望骑兵登南岸，水陆俱溃。追斩及溺死者甚众，尽获其战舰及战马三百，遂克淮阴，进兵围楚州。迁元帅左监军。执中纵兵虏掠，上闻之，杖其经历官阿里不孙，放还所掠。未几，宋人请和，诏罢兵。除西南路招讨使，改西京留守。

大安元年，授世袭谋克，复知大兴府事，出知太原府，复为西京留守，行枢密院，兼安抚使。以劲兵七千遇大兵，战于定安之北，薄暮，先以麾下遁去，众遂溃。行次蔚州，擅取官库银五千两及衣币诸物，夺官民马，与从行私人入紫荆关，杖杀涞水令。至中都，朝廷皆不问。乃迁右副元帅，权尚书左丞，执中益无所忌惮，自请步骑二万屯宣德州，与之三千，令驻妫川。

崇庆元年正月，执中乞移屯南口或屯新庄，移文尚书省曰："大兵来必不能支，一身不足惜，三千兵为可忧，十二关、建春、万宁宫且不保。"朝廷恶其言，下有司按问，诏数其十五罪，罢归田里。

明年，复召至中都，预议军事。左谏议大夫张行信上书曰："胡沙虎专逞私意，不循公道，蔑省部以示强梁，媚近臣以求称誉，骪法行事，枉害平民。行院山西，出师无律，不战先退，擅取官物，杖杀县令。屯驻妫川，乞移内地，其谋略概可见矣。欲使改易前非，以收后效，不亦难乎。才诚可取，虽在微贱皆当擢用，何必老旧始能立功。一将之用，安危所系，惟朝廷加察，天下幸甚。"丞相徒单镒以为不可用，参知政事瑝跪奏其奸恶，乃止。执中善结近幸，交口称誉。五月，诏给留守半俸，预议军事。张行信复谏曰："伏闻以胡沙虎，老臣欲起而用。人之能否，不在新旧。彼向之败，朝廷既知之矣，乃复用之，无乃不可乎。"遂止。

上终以执中为可用，赐金牌，权右副元帅，将武卫军五千人屯中都城北。执中乃与其党经历官文绣局直长完颜丑奴、提控宿直将军蒲察六斤、武卫军钤辖乌古论夺剌谋作乱。是时，大元大兵在近，上使奉职即军中责执中止务驰猎，不恤军事。执中方饲鹘，怒掷杀之，遂妄称知大兴府徒单南平及其子刑部侍郎驸马都尉没烈谋反，奉诏讨之。南平姻家福海，别将兵屯于城北，遣人以好语招之，福海不知，既至乃执之。

八月二十五日未五更，分其军为三军，由章义门入，自将一军由通玄门入。执中恐城中出兵来拒，乃遣一骑先驰抵东华门大呼曰："大军至北关，已接战矣。"既而再遣一骑亦如之。使徒单金寿召知大兴府徒单南平，南平不知，行至广阳门西富义坊，马上与执中相见，执中手枪刺之堕马下，金寿斫杀之。使乌古论夺剌召没烈，杀之。符宝祗候鄱阳、护卫十人长完颜石古乃闻乱，遽召汉军五百人赴难，与执中战不胜，皆死之。执中至东华门，使呼门者亲军百户冬儿、五十户蒲察六斤，皆不应，许以世袭猛安、三品职事官，亦不应。呼都点检徒单渭河，渭河即徒单镐也。渭河缒城出见执中，执中命聚薪焚东华门，立梯登城。护卫斜烈乞儿、亲军春山共掊锁开门纳执中。执中入宫，尽以其党易宿卫，自称监国都元帅，居大兴府，陈兵自卫。急召都转运使孙椿年取银币赏金寿、夺剌及军官军士、大兴府舆录。是夜，召声妓与亲党会饮。明日，以兵逼上出居卫邸，诱左丞完颜纲至军中，即杀之。执中意不可测，丞相徒单镒劝执中立宣宗，执中然之。

是时，庄献太子在中都，执中以皇太子仪仗迎庄献入居东宫。召符宝郎徒单福寿取符宝，陈于大兴府露阶上。盗用御宝出制，除完颜丑奴德州防御使，乌古论夺剌顺天军节度使，蒲察六斤横海军节度使，徒单金寿永定军节度使，虽除外官，皆留之左右。其余除拜犹数十人。同时有两蒲察六斤，其一守东华门不肯从乱者。召礼部令史张好礼欲铸监国元帅印，好礼曰："自古无异姓监国者。"乃止。遣奉御完颜忽失来等三人，护卫蒲鲜班底、完颜丑奴等十人，迎宣宗于彰德。使宦者李思忠弒上于卫邸。尽彻沿边诸军赴中都平州、骑兵屯蓟州以自重，边戍皆不守矣。

九月甲辰，宣宗即位，拜执中太师、尚书令、都元帅、监修国史，封泽王，授中都路和鲁忽土世袭猛安。以其弟同知河南府特末也为都点检，兼侍卫亲军都指挥使，子猪粪除濮王傅、兵部侍郎，都点检徒单渭河为御史中丞，乌古论夺剌遥授知真定府事，徒单金寿遥授知东平府事，蒲察六斤遥授知平阳府事，完颜丑奴同知河中府事，权宿直将军。诏以乌古论谊居第赐执中，仪鸾局给供张，妻王赐紫结银铎车。

戊申，执中侍朝，宣宗赐之坐，执中就坐不辞。无何，执中奏请降卫绍王为庶人，奏再上，诏百官议于朝堂。太子少傅奥屯忠孝、侍读学士蒲察思忠附执中议，众相视莫敢言，独文学田廷芳奋然曰："先朝素无失德，尊号在礼不当削。"于是从之者礼部张敬甫、谏议张信甫、户部武文伯、庞才卿、石抹晋卿等二十四人。宣宗曰："譬诸问途，百人曰东行是，十人曰西行是，行道之人果适东乎、适西乎。岂以百人、十人为是非哉？"既而曰："朕徐思之。"数日，诏降为东海郡侯。

大元游骑至高桥，宰臣以闻。宣宗使人问执中，执中曰："计画已定矣。"既而让宰执曰："吾为尚书令，岂得不先与议而遽奏耶？"宰执逊谢而已。

提点近侍局庆山奴、副使惟弼、奉御惟康请除执中，宣宗念援立功，隐忍不许。

元帅右监军术虎高琪屡战不利，执中戒之曰："今日出兵果无功，当以军法从事矣。"高琪出战复败，自度不免，颇闻庆山奴诸人有谋，十月辛亥，高琪遂率所将乣军入中都，围执中第。执中闻变，弯弓注矢外射，不胜，登后垣欲走，衣挂堕而伤股，军士就斩之。高琪持执中首诣阙待罪，宣宗赦之，以为左副元帅。

执中之党呼于衢路曰："乣军反矣，杀之者有赏。"市人从之，乣军死者甚众，一军皆汹汹，宣宗遣近侍抚谕之，诏有司量加赙赠，众乃稍安。明日，除特末也泰宁军节度使，乌古论夺剌真授知济南府事，徒单金寿真授知归德府事，蒲察六斤真授知平阳府事。

甲寅，左谏议大夫张行信上封事曰："《春秋》之法，国君立不以道，若尝与诸侯盟会，即列为诸侯。东海在位已六年矣，为其臣者谁敢干之。胡沙虎握兵入城，躬行弑逆，当是时惟鄯阳、石古乃率众赴援，至于战死，论其忠烈，在朝食禄者皆当愧之。陛下始亲万机，海内望化，褒显二人，延及子孙，庶几少慰贞魂，激天下之义气。宋徐羡之、傅亮、谢晦弑营阳王立文帝，文帝诛之，以江陵奉迎之诚，免其妻子。胡沙虎国之大贼，世所共恶，虽已死而罪名未正，合暴其过恶，宣布中外，除名削爵，缘坐其家，然后为快。陛下若不忍援立之劳，则依仿元嘉故事，亦足以示惩戒。"宣宗乃下诏暴执中过恶，削其官爵。赠鄯阳、石古乃，加恩其子。庆山奴、惟弼、惟康皆迁赏，近侍局自此用事矣。

论曰：金九主，遇弑者三，其逆谋者十人。熙宗之弑，惟大兴国一人世宗声其罪而磔之思陵之侧。徒单贞虽诛，未闻暴其罪状，后以戚畹又复赠官追封。余秉德、唐括辩等六人，皆以他罪诛。海陵之弑，其首恶为完颜元宜，则令终焉。卫绍王之弑曰胡沙虎，不死于司败之诛，而死于高琪之手。古所谓弑君之贼人得而讨之者，谓请于公上而致讨焉，如孔子之请讨陈恒是也。岂有如琪之擅杀而以为功者乎。金之政刑，其乱若此，国欲不亡，其或得乎。

金史卷一三三
列传第七一

叛　臣

张觉　耶律余睹　移剌窝斡

古书"畔"与"叛"通，畔之为言界也。《左氏》曰，政犹"农之有畔"，是也。君臣上下之定分，犹此疆彼界之截然，违此向彼，即为叛矣。善恶判于跬步，祸患极于怀襄，吁，可畏哉！作《叛臣传》。

张觉亦书作珏，平州义丰人也。在辽第进士，仕至辽兴军节度副使。太祖定燕京，时立爱以平州降，当时宋人以海上之盟求燕京及西京地，太祖以燕京、涿、易、檀、顺、景、蓟与之。平州自入契丹别为一军，故弗与，而以平州为南京，觉为留守。既而闻觉有异志，上遣使刘彦宗及斜钵谕之，诏曰："平山一郡今为南京，节度使今为留守，恩亦厚矣。或言汝等阴有异图，何为当此农时辄相扇动，非去危就安之计也。其谕朕意。"

太祖每收城邑，往往徙其民以实京师，民心多不安，故时立爱因降表曾言及之。及以燕京与宋而迁其人，独以空城与之，迁者道出平州，故觉因之以作乱。天辅七年五月，左企弓、虞仲文、曹勇义、康公弼赴广宁，过平州，觉使人杀之于栗林下，遂据南京叛入于宋，宋人纳之。

太祖下诏谕南京官吏，诏曰："朕初驻跸燕京，嘉尔吏民率先降附,故升府治以为南京,减徭役,薄赋税,恩亦至矣,何苦辄为叛逆。今欲进兵攻取,时方农月,不忍以一恶人而害及众庶。且辽国举为我有,孤城自守,终欲何为。今止坐首恶,余并释之。”

觉兵五万屯润州近郊,欲胁迁、来、润、隰四州。阇母自锦州往讨之,已败觉兵,欲乘胜攻南京,时暑雨不可进,退屯于海壖。无何,阇母再败觉兵,复与战于兔耳山,阇母大败,觉报捷于宋。宋建平州为泰宁军,以觉为节度使,张敦固等皆加徽猷阁待制,以银绢数万犒军。

宗望军至南京城东,觉兵大败宵遁,遂奔宋,入于燕京。宗望以纳叛责宋宣抚司,索张觉。宣抚王安中匿之于甲仗库,绐曰:“无之。”宗望索愈急,安中乃斩貌类觉者一人当之,金人识之曰:“非觉也。”安中不得已,引觉出,数以罪,觉骂宋人不容口,遂杀觉函其首以与金人。燕京降将及常胜军皆泣下,郭药师自言曰:“若来索药师当奈何?”自是,降将卒皆解体。及金人伐宋,竟以纳平州之叛为执言云。子仅言。

仅言幼名元奴。宗望攻下平山,仅言在襁褓间,里人刘承宣得之,养于家。其邻韩夫人甚爱之,年数岁,因随韩夫人得见贞懿皇后,留之藩邸。稍长,侍世宗读书,遂使仅言主家事,绳检部曲,一府惮之。

世宗留守东京,海陵用兵江、淮,将士往往亡归,诣东京,愿推戴世宗为天子。仅言劝进,世宗即位,除内藏库副使,权发遣宫籍监事。海陵死扬州,仅言与礼部尚书乌居仁、殿前左卫将军阿虎带、御院通进刘玠发遣六宫百司图书府藏在南京者。还以本职提控尚食局,转少府监丞,仍主内藏。

仅言能心计,世宗倚任之,凡宫室营造、府库出纳、行幸顿舍皆委之。世宗尝曰:“一经仅言,无不惬朕意者。”

六年,提举修内役事,役夫掘地得白金匿之,事觉,法当死,仅言责取其物与官,释其罪。寻兼祇应司。迁少府监,提控宫籍监、祇应司如故。护作太宁宫，引宫左流泉溉田，岁获稻万斛。十七年，复提点内藏，典领昭德皇后山陵，迁劝农使，领诸职如故。

仅言虽旧臣，出入左右，然世宗终不假以权任。二十一年，尚书省奏，宫苑司直长黎伦在职十六年，请与迁叙。上曰："此朕之家臣，质直人也，今已老矣。如劝农使张仅言亦朕旧臣，纯实颇解事，凡朝廷议论、内外除授，未尝得干预。朕观自古人君为谗谄蒙蔽者多矣，朕虽不及古人，然近习憸言未尝入耳。"宰臣曰："诚如圣训，此国家之福也。"世宗欲以为横海军节度使，而不可去左右，遂止。

仅言始得疾，犹扶杖视事，疾亟，诏太医诊视；近侍问讯相属。及卒，上深惜之，遣官致祭，赙银五百两、重彩十端、绢二百匹，棺椁、衣衾、银汞、敛物、葬地皆官给，赠辅国上将军。

耶律余睹，辽宗室子也，辽主近族，父祖仕辽，具载《辽史》。初，太祖起兵，辽人来拒，余睹请自效，以功累迁金吾卫大将军，为东路都统。天辅元年，与都统耶律马哥军于浑河，银术哥、希尹拒之，余睹等不敢战。比银术哥等至，马哥、余睹已遁去。银术哥、希尹坐稽缓，太祖皆罚之，所获生口财畜入于官。天辅二年，龙化州人张应古等来降，而余睹复取之，辽以挞不野为节度使。未几，应古等逐挞不野自效。太祖于国中以问辽主，"龙化州已经降附，何为问罪而杀其主者"。辽主托以大盗群起，使余睹收之。

太祖已取临潢府，赐诏余睹曰："汝将兵在东路，前后战未尝不败。今闻汝收合散亡，以拒我师。朕已于今月十五日克上京，今将往取辽主矣。汝若治兵一决胜负，可指地期日相报。若知不敌，当率众来降，无贻后悔。"及太祖班师，阇母等还至辽河，方渡，余睹来袭，完颜背答、乌塔等殿，力战却之，获甲马五百匹。

天辅五年，余睹送款于咸州路都统，以所部来降，乞援接于桑林渡。都统司以闻，诏曰："余睹到日，使与其官属偕来，余众处之便地。"无何，余睹送上所受辽国宣诰、及器甲旗帜等，与将吏韩福奴、阿八、谢老、太师奴、萧庆、丑和尚、高佛留、蒲答、谢家奴、五哥等来降。

余睹作书，具言所以降之意，大概以谓："辽主沉湎荒于游畋，不恤政事，好佞人，远忠直，淫刑吝赏，政烦赋重，民不聊生。"又言："枢密使得里底本无材能，但阿谀取容，其子磨哥任以军事。"又言："文妃长子晋王素系人望，宜为储副，得里底以元妃诸子己所自出，使晋王出继文妃。"又言："晋王与驸马乙信谋复其枢密使，来告余睹共定大计，而所图不成。"又言："己粗更军事，进策辽主，得里底蔽之，辽主亦不省察。"又曰："大金疆土日辟，余睹灼知天命，遂自去年春与耶律慎思等定议，约以今夏来降。近闻得里底、高十捏等欲发，仓卒之际不及收合四远，但率傍近部族户三千、车五千两、畜产数万，辽北军都统以兵追袭，遂弃辎重，转战至此。所有官吏职位姓名、人户畜产之数，遣韩福奴具录以闻。"遂与其将吏来见，上抚慰之，遂赐坐，班同宰相，赐宴尽醉而罢。上命余睹以旧官领所部，且谕之曰："若能为国立功，别当奖用。"自余睹降，益知辽人虚实矣。

余睹在军中屡乞侍妾及子，太祖疑之，诏咸州路都统司曰："余睹家属，善监护之。"复诏曰："余睹降时，其民多强率而来者，恐在边生变，宜徙之内地。"都统杲取中京，余睹为乡导，与希尹等招抚奚部。奉圣州降，其官吏皆遁去，余睹举前监酒李师夔为节度使，进士沈璋为副使，州吏裴颐为观察判官。沈璋招集居民还业者三千余，迁太常少卿。

久之，耶律麻者告余睹，吴十、铎剌结党谋叛，及其未发宜先收捕。上召余睹等从容谓之曰："今闻汝谋叛，诚然邪，其各无隐。若果去，必须鞍马甲胄器械之属，当悉付汝，吾不食言。若再被擒，无祈免死。欲留事我，则无怀异志，吾不汝疑。"余睹等战慄不能对，乃杖铎剌七十，余皆不问。

天会三年，大举伐宋，余睹为元帅右都监，宋兵四万救太原，余睹、屋里海逆击于汾河北，擒其帅郝仲连、张关索，统制马忠，杀万余人。

　　宗翰伐宋，余睹留西京。天会十年，余睹谋反，云内节度使耶律奴哥等告之。余睹亡去，其党燕京统军萧高六伏诛，蔚州节度使萧特谋自杀。边部斩余睹及其诸子，函其首以献。耶律奴哥加守太保兼侍中，赵公鉴、刘儒信、刘君辅等并授遥镇节度使以赏之。

　　移剌窝斡，西北路契丹部族。先从撒八为乱，受其伪署，后杀撒八，遂有其众。

　　撒八者，初为招讨司译史。正隆五年，海陵征诸道兵伐宋，使牌印煬合、杨葛尽征西北路契丹丁壮，契丹人曰：“西北路接近邻国，世世征伐，相为仇怨。若男丁尽从军，彼以兵来，则老弱必尽系累矣。幸使者入朝言之。”煬合畏罪不敢言，杨葛深念后西北有事得罪，遂以忧死。煬合复与牌印耶律娜、尚书省令史没答涅合督起西北路兵。契丹闻男丁当尽起，于是撒八、孛特补与部众杀招讨使完颜沃侧及煬合，而执耶律娜、没答涅合，取招讨司贮甲三千，遂反。议立豫王延禧子孙，众推都监老和尚为招讨使，山后四群牧、山前诸群牧皆应之。迪斡群牧使徒单赛里、耶鲁瓦群牧使鹤寿等皆遇害，语在《鹤寿传》中。五院司部人老和尚那也亦杀节度使术甲兀者以应撒八。

　　会宁八猛安牧马于山后，至迪谋鲁，贼尽夺其马。辟沙河千户十哥等与前招讨使完颜麻泼杀乌古迪列招讨使乌林答蒲卢虎，以所部趋西北路。室鲁部节度使阿厮列追击败之，十哥与数骑遁去，合于撒八。

　　咸平府谋克括里，与所部自山后逃归，咸平少尹完颜余里野欲收捕括里家属，括里与其党招诱富家奴隶，数日得众二千，遂攻陷韩州及柳河县，遂趋咸平。余里野发兵迎击之，兵败，贼遂据咸平，于是缮完器甲，出府库财物以募兵，贼势益张。权曹家山猛安绰质，集兵千余，扼干夜河，贼不得东。绰质兵败，括里遂犯济州。会宿直将军孛术鲁吴括剌征兵于速频路，遇括里于信州，与猛安乌延查剌兵二千，击败括里。括里收余众趋京，是时世宗为东京留守，以兵四百人拒之。贼至常安县，闻空中击鼓声如数千鼓者，候见旌旗蔽野，传言留守以十万兵至矣，即引还，亦以其众合于撒八。

海陵使枢密使仆散忽土、西京留守萧怀忠将兵一万，与右卫将军萧秃剌讨平之。秃剌与之相持数日，连与战皆无功，而粮饷不继，秃剌退归临潢。秃剌虽不能克敌，而撒八自度大军必相继而至，势不可支，谋归于大石，乃率众沿龙驹河西出。及仆散忽土、萧怀忠等兵至，与秃剌合兵追至河上，不及而还。忽土、怀忠、秃剌坐逗遛不即追贼，皆诛死。北京留守萧赜不能制其下，杀降人而取其妇女，亦坐诛。于是，白彦恭为北面兵马都统，纥石烈志宁副之，完颜毂英为西北面兵马都统，西北路招讨使唐括孛姑副之，以讨撒八等。

撒八既西行，而旧居山前者皆不欲往，伪署六院节度使移剌窝斡、兵官陈家杀撒八，执老和尚、孛特补等。

至是，窝斡始自为都元帅，陈家为都监，拥众东还，至临潢府东南新罗寨。世宗使移剌扎八、前押军谋克播斡、前牌印麻䯽、利涉军节度判官马脑等招之。扎八等见窝斡，以上意谕之。窝斡已约降，已而复谓扎八曰：“若降，尔能保我辈无事乎？”扎八曰：“我知招降耳，其他岂能必哉。”

扎八见窝斡兵众强，车帐满野，意其可以有成，因说之曰：“我之始来，以汝辈不能有为，今观兵势强盛如此，汝等欲如群羊为人所驱去乎，将欲待天时乎？若果有大志，吾亦不复还矣。”贼将有前孛特本部族节度使逐斡者，言：“昔谷神丞相，贤能人也，尝说他日西北部族当有事。今日正合此语，恐不可降也。”于是，窝斡遂决意不复肯降矣。扎八亦留贼中，惟麻䯽、播斡还归。

窝斡乃引兵攻临潢府，总管移室懑出城战，兵少被执，贼遂围临潢，众至五万。正隆六年十二月己亥，窝斡遂称帝，改元天正。

是时，北面都统白彦敬、副统纥石烈志宁在北京，闻世宗即位，以兵来归。世宗使元帅左都监吾扎忽、同知北京留守事完颜骨只救临潢，昼夜兼行，比至临潢，贼已解围去攻泰州。吾扎忽追及于窊历，两军已阵将战，押军猛安契丹忽剌叔以所部兵应贼，吾扎忽军遂败。

泰州节度使乌里雅率千余骑与窝斡遇,乌里雅兵复败,仅以数骑脱归。贼势愈振,城中震骇,莫敢出战。贼四面登城,押军猛安乌古孙阿里补率军士数人,各持刀以身率先循城击贼力战,斫刈甚众,贼乃退走,城赖以完。泰州司吏颜盏蒲查奏捷,除忠翊校尉,赐银五十两、重彩十端。

二年正月,右副元帅完颜谋衍率诸军北征窝斡。二月壬戌诏曰:"应诸人若能于契丹贼中自拔归者,更不问元初首从及被威胁之由,奴婢、良人罪无轻重并行免放。曾有官职及纠率人众来归者,仍与官赏,依本品量材叙使。其同来人各从所愿处收系,有才能者亦与录用。内外官员郎君群牧直撒百姓人家驱奴、宫籍监人等,并放为良,亦从所愿处收系,与免三年差役。或能捕杀首领而归者,准上施行,仍验劳绩约量迁赏。如捕获窝斡者,猛安加三品官授节度使,谋克加四品官授防御使,庶人加五品官授刺史。"诏曰:"尚书省,如节度防御使捉获窝斡者与世袭猛安,刺史捉获者与世袭谋克,驱奴、宫籍监人亦与庶人同。"复诏宰臣,遍谕将士,能捕杀窝斡者加特进、授真定总管。

于是,括里将犯韩州,闻元帅兵至,不战遁去,将转趋懿、宜州。谋衍屯懿州庆云县,及屯川州武平县,奏请粮运当遣人护送,兵仗乞选精良者付之。诏以南征逃还军士就往屯戍,如不足,量于富家签调,就近地签步军,给仗护送粮运。诏平章政事移剌元宜往泰州规措边事。前安远大将军斡里衮、猛安七斤、庶人阿里葛、磨哥等自窝斡中来降,斡里衮、七斤加昭武大将军,阿里葛武义将军,磨哥忠勇校尉。

窝斡遂自泰州往攻济州,欲邀粮运。元帅完颜谋衍与右监军完颜福寿、左都监吾扎忽合兵,甲士万三千人,曷懒路总管徒单克宁、广宁尹仆散浑坦、同知广宁尹完颜岩雅、肇州防御使唐括乌也为左翼,临海节度使纥石烈志宁、曷速馆节度使神土懑、同知北京留守完颜骨只、淄州刺史尼庞古钞兀为右翼,至术虎崖,尽委辎重,士卒赍数日粮,轻骑袭之。

纠碗群牧人契丹纠者,与其弟孛迭、挼剌,皆弃家自贼中来降。纠者谓谋衍曰:"贼中马肥健,官军马疲弱,此去贼八十里,比遇贼马已惫。贼辎重去此不远,我攻之,贼必救其巢穴,贼至马必疲,我马少得息,所谓攻其所必救,以逸待劳者也。"谋衍从之,乘夜亟发,会大风路暗不能辨,迟明行三十里许,与贼辎重相近,整兵少憩。窝斡趋济州,知大军取其辎重,乃还救,遇于长洖。既阵,谋衍别设伏于左翼之侧,贼四百余骑突出左翼伏兵之间,徒单克宁射却之。是日,别部诸将与贼对者,胜负未分,相去五里许而立。左翼万户襄别与贼战,贼阵动,襄麾军乘之,突出其后。俱与大军不相及,襄以善射者二十骑,率众自贼后击之,贼不能支,乘势麾军击其一偏,贼遂却。襄遂与大军合,而别部诸将皆至,整阵力战,忽反风扬砂石,贼阵乱,官军驰击,大破之,追北十余里,斩获甚众。诏以纠者为武义将军,孛迭昭信校尉,挼剌忠翊校尉。纠者除同知建州事,未之官,卒。孛迭取家贼中,遂被害,上悯之,后以挼剌为汝州都巡检使。

窝斡率其众西走,谋衍追及之于雾霿河。贼已济,毁其津口,纥石烈志宁军先至,不克渡,乃对岸为疑兵,以夹谷清臣、徒单海罗两万户于下流渡河,值支港两岸斗绝且泞淖,命军士束柳填港而过。追之数里,得平地,方食,贼众奄至。志宁军急整阵,贼自南冈驰下,冲阵者三,志宁力战,流矢中左臂,战自若。大军毕至,左翼骑兵先与贼接,贼据上风纵火,乘烟击官军,官军步兵亦至,并力合战,凡十余合,军士苦风烟皆植立如痴,会天降雨,风止,官军奋击,大败之。徒单克宁追奔十五里,贼前厄溪涧不得亟渡,多杀伤。贼既渡,官军亦渡,少憩,贼反斾来政,克宁以大军不继,令军士皆下马射贼。贼引却而南,克宁亦将引而北,士未及骑马,贼复来冲突,官军少却,回渡涧北。大军至,贼遂引去。

四月,诏元帅府曰:"应契丹贼人,与大军未战已前投降者,不得杀伤,仍加安抚。败走以后,招诱来降者,除奴婢准已虏为定外,亲属分付圆聚,仍官为换赎。"

窝斡既败，谋衍不复追讨，驻军白泺。窝斡攻懿州不克，遂残破
川州，将遁于山西，而北京亦不邀击之。于是，发骁骑军二千、曷懒
路留屯京师军三千，号称二万，会宁济州军六千亦号二万。元帅左
都监高忠建总兵，沃州刺史乌古论蒲查为曷懒路押军万户，邳州刺
史乌林答刺撒为济州押军万户，右骁骑副都指挥使乌延查剌为骁
骑万户，祁州刺史宗宁为会宁路押军万户，右宣徽使亨为北京路都
统，吏部郎中完颜达吉为副统，会元帅府讨击之。

诏使尚厩局副使蒲察蒲卢浑往懿州戒敕将帅，上曰："朕委卿
等讨贼，乃闻不就贼趋战，而驻兵闲缓，经涉累月，虽曾追袭，乃不
由有水草之地，以致马疲弱不能百里而还。后虽破贼，而纵诸军劫
掠，数日后方追北雾霿河，亦不乘胜，辄复引还。贼遂入涉近地，北
京、懿州由此受兵。朕欲重遣汝等，以方任兵事，且图后功。当尽心
一力，毋得似前怠驰。"上谓蒲卢浑曰："卿若闻贼在近，即当监督讨
伐。用命力战者疏记以闻，朕将约量迁赏。无或承徇上官，抑有功、
滥署无功者。善战士卒，勿纵房掠。"以纥石烈志宁为元帅右监军，
右监军完颜福寿召还京师，咸平路总管完颜兀带复旧职。谋衍男斜
哥在军中多暴横，诏押归本管。窝斡使所亲招节度使移里董窟域，
窟域执其使送官，与窝斡连战有功，迁宣武将军，赐银五百两、衣二
袭。起运在中都弓万五千、箭一百五十万赴懿州。

平章政事移剌元宜、宁昌军节度使宗叙入见，诏使自中道却还
军中，宣谕元宜、谋衍注意经略边事。师久无功，尚书右丞仆散忠义
愿效死力除边患，世宗嘉叹。六月，忠义拜平章政事兼右副元帅，宗
叙为兵部尚书，各赐弓矢、具鞍勒马。出内府金银十万两佐军用。诏
曰："军中将士有犯，除连职奏闻，余依军法约量决责，有功者依格
迁赏。"以大名尹宗尹为河南路统军使，河南路统军都监蒲察世杰
为西北路副统，赐弓矢佩刀厩马，从忠义征行。诏谕诸军将士曰：
"兵久驻边陲，蠹费财用无成功，百姓不得休息。今命平章政事仆散
忠义兼右副元帅，同心戮力以底戡定。右副元帅谋衍罢为同判大宗
正事。"

诏居庸关、古北口讥察契丹奸细，捕获者加官赏。万户温迪罕阿鲁带以兵四千屯北口，蓟州、石门关等处各以五百人守之。海陵末年，阿鲁带为猛安，移剌娜为牌印祗候，起契丹部族兵被执，至是挺身来降。世宗以阿鲁带为济州押军万户，移剌娜为同知滦州事。

西南路招讨使完颜思敬为都统，赐金牌一、银牌二，西北路招讨使唐括孛古底副之，以兵五千往会燕子城旧戍军，视地形冲要或于狗泺屯驻，远斥候，贼至即战，不以昼夜为限。诏思敬曰："契丹贼败必走山后，可选新马三千，加刍秣以备追袭。"

仆散忠义至军中。是时，窝斡西走花道，众尚八万。忠义、高建军与贼遇，万户查剌、蒲查为左翼，宗亨统之，宗宁、剌撒为右翼，宗叙统之，世杰亦在左翼中，与贼夹河为阵。贼渡河，以兵四万余先犯左翼军，查剌以六百骑奋击败之。复以四万众与左翼军战，宗亨、世杰七谋克指画失宜，阵乱败于贼。世杰挺身投于查剌军中，贼围查剌军，查剌力战，宗叙以右翼军来救，贼乃去。

诏曰："自契丹作逆，有为贼诖误者，不问如何从贼，但能复业，与免本罪。如能率众来附，或能杀捕首领而降，或执送贼所扇诱作乱之人，皆与量加官爵。朕念正隆南征，猛安亡者招还被戮，已命其子孙袭其职。尔等勿惩前事，故怀迟疑。贼军今既破散，山后诸处皆命将士遏其逃路，尔等虽欲不降终将安往？若犹疑贰，俱就焚灭，悔无及矣。"

窝斡自花道西走，仆散忠义、纥石烈志宁以大军追及于袅岭西陷泉。明日，贼军三万骑涉水而东。大军先据南冈，左翼军自冈为阵，迤逦而北，步军继之，右翼军继步军北引而东，作偃月阵，步军居中，骑兵据其两端，使贼不见首尾。是日，大雾晦冥，既阵雾开，少顷晴霁。贼见左翼据南冈不敢击，击右翼军，乌延查剌力战，贼稍却。志宁与夹谷清臣、乌林答刺撒、铎剌合战，贼大败，将涉水去，泥泞不得亟渡。大军逐北，人马相蹂践而死，不可胜数，陷泉皆平，余众蹂籍而过，或奔溃窜匿林莽间。大军踵击之，俘斩万计，生擒其弟伪六院司大王袅。窝斡仅与数骑脱去，钞兀、清臣追四十余里不及，斩千余级,获车帐甚众。其母徐辇举营自落括冈西走,志宁追之,尽获辎重,俘五万余人,杂畜不可胜计。伪节度使六及其部族皆降。

诏北京副统完颜达吉括本部马,规办刍粮,仍使达吉为监战官,录有功者闻奏。诏选中都、西京两路新旧军万人备守御,以窝斡败走,恐或冲突也。

仆散忠义使使奏捷,诏略曰:"平章政事右副元帅忠义使使来奏大捷。或被军俘获,或自能来服,或无所归而投拜,或将全属归附,或分领家族来降,或尝受伪命,及自来曾与官军斗敌,皆释其罪。其散亡人内,除窝斡一身,不以大小官员是何名色,却来归附者,亦准释放。有能诛捕窝斡,或于不从招纳亡去人内诛捕以来,及或能率众于掌军官及随处官司投降者,并给官赏。各路抚纳来者,毋得辄加侵损。无资给者,不以是何路分,随有粮处安置,仍官为养济。"

窝斡收合散卒万余人,遂入奚部,以诸奚自益,时时出兵寇速鲁古淀、古北口、兴化之间。温迪罕阿鲁带守古北口,与战败焉。诏完颜谋衍、蒲察乌里雅、蒲察蒲卢浑以兵三千,合旧屯兵五千,击之。诏完颜思敬以所部兵入奚地,会大军讨窝斡。

贼党雾霿河猛安蒲速越遣人至帅府约降,诏令擒捕窝斡,许以官赏。贼将者甚众,其散走者闻诏书招降,亦多降者。其余多疾疫而死,无复斗志。窝斡自度势穷,乃谋自羊城道西京奔夏国,大军追之益急,其众复多亡去,度不得西,乃北走沙陀间。

诏尚书省:"凡胁从之家被俘掠遂致离散,宜从改正。将士往往藏匿其人,有司检括分付。"

监军志宁获贼稍合住,释而弗杀,纵还贼中,使诱其亲近捕窝斡以自效,许以官赏。九月庚子,稍合住与神独斡执窝斡,诣右都监完颜恩敬降,并获其母徐辇及其妻、子、子妇、弟、侄,尽收伪金银牌印。唐括孛古底获前胡里改节度使什温及其家属。西北路招讨使李家奴获伪枢密使逐斡等三十余人,复与猛安泥本婆果追伪监军那也至天成县,那也乃降,仍获伪都元帅丑哥及金牌一、银牌五。志宁与清臣、宗宁、速哥等追余党至燕子城,尽得其党。前至抹拔里达之地,悉获之,逆党遂平。

甲辰,皇太子率百官上表贺。乙巳,诏天下。辛亥,完颜思敬献俘于京师,窝斡枭首于市,磔其手足,分悬诸京府。其母徐辇及妻子皆戮之。契丹降人皆拘其器仗,贫不能自给者官为养济。

括里、扎八率众南走,诏左宣徽使宗亨追及之。扎八诈称降,宗亨信其言,遂不与战。扎八绐之曰:“括里惊走,愿追之。”宗亨纵扎八去。益都猛安欲以所部追括里、扎八,宗亨恐分其功,不听,而纵军士取贼所弃资囊人畜而自有之。括里、扎八由是得亡去,遂奔于宋。宗亨降宁州刺史。其后,宋李世辅用括里、扎八,遂取宿州,颇为边患。

神独斡除同知安化军节度使,稍合住除同知震武军节度使事。大定六年,点检司奏,亲军中有逆党子弟,请一切罢去。诏曰:“身预逆党者罢之,余勿问。”

赞曰:金人以燕山与宋,遂启张觉跳梁之心,觉岂为宋者哉,盖欲乘时以徼利耳。耶律余睹从宗望追天祚,曾不遗余力,功成骄溢,自取诛灭,咈哉。正隆佳兵,契丹作难,《传》曰:“夫兵犹火也,弗缉将自焚。”可不戒哉。

金史卷一三四
列传第七二

外国上

西　夏

　　夏国王李乾顺。其先曰托跋思恭，唐僖宗时，为夏、绥、银、宥节度使，与李茂贞、李克用等破黄巢，复京师，赐姓李氏。唐末，天下大乱，藩镇连兵，惟夏州未尝为唐患。历五代至宋，传数世至元昊，始称帝。辽人以公主下嫁李氏，世修朝贡不绝，事具《辽史》。

　　天辅六年，金破辽兵，辽主走阴山，夏将李良辅将兵三万来救辽，次天德境野谷，斡鲁、娄室败之于宜水，追至野谷，涧水暴至，漂没者不可胜计。宗望至阴山，以便宜与夏国议和，其书曰：“奉诏有之：夏王，辽之自出，不渝终始，危难相救。今兹已举辽国，若能如事辽之日以效职贡，当听其来，毋致疑贰。若辽主至彼，可令执送。”天会二年，始奉誓表，以事辽之礼称藩，请受割赐之地。宗翰承制，割下寨以北、阴山以南、乙室耶刮部吐禄泺之西，以赐之。

　　天会二年，乾顺遣把里公亮等来上誓表，曰：“臣乾顺言：今月十五日，西南、西北两路都统遣左谏议大夫王介儒等赍牒奉宣，若夏国追悔前非，捕送辽主，立盟上表，仍依辽国旧制及赐誓诏，将来或有不虞，交相救援者。臣与辽国世通姻契，名系藩臣，辄为援以启端，曾犯威而结衅。既速违天之咎，果罹败绩之忧。蒙降德音以宽前罪，仍赐土地用广藩篱，载惟含垢之恩，常切戴天之望。自今已后,凡于岁时朝贺、贡进表章、使人往复等事,一切永依臣事辽国旧例。其契丹昏主今不在臣境,至如奔窜到此,不复存泊,即当执献。若大朝知其所在,以兵追捕,无敢为地及依前援助。其或征兵,即当依应。至如殊方异城朝觐天阙,合经当国道路,亦不阻节。以上所叙数事,臣誓固此诚,传嗣不变,苟或有渝,天地鉴察,神明殛之,祸及子孙,不克享国。"所谓西北、西南两路都统者宗翰也。盖宗望以太祖命与之通书,而宗翰以便宜割地议和云。

太宗使王阿海、杨天吉往赐誓诏曰:"维天会二年岁次甲辰,闰三月戊寅朔,皇帝赐誓诏于夏国王乾顺;先皇帝诞膺骏命,肇启鸿图,而卿国据夏台,境连辽右,以效力于昏主,致结衅于王师。先皇帝以谓忠于所事,务施恩而释过。追眇躬之纂绍,仰遗训以遵行,卿乃深念前非,乐从内附,饬使轺而奉贡,效臣节以称藩。载锡宠光,用彰复好,所有割赐地土、使聘礼节、相为援助等事,一切恭依先朝制诏。其依应征兵,所请宜允。三辰在上,朕岂食言,苟或变渝,亦如卿誓。远垂戒谕,毋替厥诚。"

于是,宋人与夏人具受山西地,宋人侵取之,乾顺遣使表谢赐誓诏、并论宋所侵地。诏曰:"省所上表,具悉,已命西南、西北两路都统府从宜定夺。"是时,宗翰朝京师未还,录夏国奏付权都统斡鲁,宋人侵略新受疆土、及使人王阿海争仪物事,与夏通问以便宜决之。

初,以山西九州与宋人,而天德远在一隅,缓急不可及,割以与夏。后破宋都获二帝,乃画陕西分界,自麟府路洛阳沟东距黄河西岸、西历暖泉堡,鄜延路米脂谷至累胜寨,环庆路威边寨过九星原至委布谷口,泾原威川寨略古萧关至北谷川,秦凤路通怀堡至古会州,自此直距黄河,依见今流行分熙河路尽西边以限封域。复分陕西北鄙以易天德、云内,以河为界。

及娄室定陕西,婆卢火率兵先取威戎城。军至威戎东与敌遇,击走之,生致二人,问之,乃知为夏将李遇取威戎也,乃还其人而与李遇通问。李遇军威戎西,蒲察军威戎东,而使使议事于娄室。娄室报曰："元帅府约束，若兵近夏境，则与夏人相为掎角，毋相侵犯。"李遇使人来曰："夏国既以天德、云内归大国，大国许我陕西北鄙之地，是以至此。"蒲察等遂旋军。睿宗既定陕西，元帅府不欲以陕西北鄙与夏国，诏曰："卿等审处所宜从事。"

天眷二年，国王乾顺薨，子仁孝立，遣使册命，加开府仪同三司上柱国。皇统元年，请置榷场，许之。

初，王阿海等以太宗誓诏赐夏国，乾顺以契丹旧仪见使者，阿海不肯曰："契丹与夏国甥舅也，故国王坐受，使者以礼进。今大金与夏国君臣也，见大国使者当如仪。"争数日不能决，于是始起立受焉。厥后不遣赐生日使，至是始遣使赐之。

初，慕洧以环州降，及割陕西、河南与宋人，洧奔夏国，夏人以为山讹首领。及撒离喝再定陕西，洧思归，夏人知之，遂族洧，以表闻，诏书责让之。及海陵弑熙宗，遣使报谕至境上，夏人问曰："圣德皇帝何为见废。"不肯纳。朝廷乃使有司以废立之故移文报之。天德二年七月，夏使御史中丞杂辣公济等来贺，如旧礼。

正隆末伐宋，宋人入秦、陇，夏亦乘隙攻取荡羌、通峡、九羊、会川等城寨，宋亦侵入夏境。世宗即位，夏人复以城寨来归，且乞兵复宋侵地，诏书嘉奖，仍遣吏部郎中完颜达吉体究陕西利害。边吏奏，夏人已归城寨，而所侵掠人口财畜尚未还，请索之。大定四年二月甲申，夏遣其武功大夫细卧文忠等贺万春节，入见，附状奏告，略曰："众军破荡之时，幸而免者十无一二，继以冻馁死亡，其存几何。兼夏国与宋兵交，人畜之被俘僇亦多，连岁勤动，士卒暴露，势皆腠削。又坐为宋人牵制，使忠诚之节无繇自达，中外咸知，愿止约理索，听纳臣言，不胜下国之幸。"其后屡以为请，诏许之。

久之，其臣任得敬专国政，欲分割夏国。因贺大定八年正旦，遣奏告使殿前太尉芭里昌祖等以仁孝章乞良医为得敬治疾，诏保全郎王师道佩银牌往焉。诏师道曰："如病势不可疗，则勿治。如可治，期一月归。"得敬疾有瘳，遣谢恩使任得聪来，得敬亦附表进礼物，上曰："得敬自有定分，附表礼物皆不可受。"并却之。

初，仁孝嗣位，其臣屡作乱，任得敬抗御有功，遂相夏国二十余年，阴蓄异志，欲图夏国，诬杀宗亲大臣，其势渐逼，仁孝不能制。大定十年，乃分西南路及灵州啰庞岭地与得敬，自为国，且上表为得敬求封。世宗以问宰相，尚书令李石等曰："事系彼国，我何预焉，不如因而许之。"上曰："有国之主岂肯无故分国与人，此必权臣逼夺，非夏王本意。况夏国称藩岁久，一旦迫于贼臣，朕为四海主，宁容此邪？若彼不能自正，则当以兵诛之，不可许也。"乃却其贡物，赐仁孝诏曰："自我国家戡定中原，怀柔西土，始则画疆于乃父，继而锡命于尔躬，恩厚一方，年垂三纪，藩臣之礼既务践修，先业所传亦当固守。今兹请命，事颇靡常，未知措意之由来，续当遣使以询尔。所有贡物，已令发回。"

得敬密通宋人求助，宋以蜡丸书答得敬，夏人得之。得敬始因求医附表进礼物，欲以尝试世宗，既不可行，而求封又不可得，仁孝乃谋诛之。八月晦，仁孝诛得敬乃其党与，上表谢，并以所执宋人及蜡丸书来上。其谢表曰："得敬初受分土之后，曾遣使赴大朝代求封建，蒙诏书不为俞纳，此朝廷怜爱之恩，夏国不胜感戴。夏国妄烦朝廷，冒求贼臣封建，深亏礼节。今既贼臣诛讫，大朝不用遣使询问。得敬所分之地与大朝熙秦路接境，恐自分地以来别有生事，已根勘禁约，乞朝廷亦行禁约。"

十二年，上谓宰臣曰："夏国以珠玉易我丝帛，是以无用易我有用也。"乃减罢保安、兰州榷场。

仁孝深念世宗恩厚，十七年，献本国所造百头帐，上曰："夏国贡献自有方物，可却之。"仁孝再以表上曰："所进帐本非珍异，使人亦已到边，若不蒙包纳，则下国深诚无所展效，四方邻国以为夏国不预大朝眷爱之数，将何所安。"乃许与正旦使同来。

先是，尚书奏："夏国与陕西边民私相越境，盗窃财畜，奸人托名榷场贸易，得以往来，恐为边患。使人入境与富商相易，亦可禁止。"于是，复罢绥德榷场，止存东胜、环州而已。仁孝表请复置兰州、保安、绥德榷场如旧，并乞使人入界相易用物。诏曰："保安、兰州地无丝枲,惟绥德建关市以通货财。使副往来,听留都亭贸易。"
章宗即位,诏曰:"夏使馆内贸易且已。"明昌二年,复旧。

顷之,夏人肆牧于镇戎之境,逻卒逐之,夏人执逻卒而去。边将
阿鲁带率兵诘之,夏厢官吴明契、信陵都、卜祥、徐余立等伏兵三千
于涧中,阿鲁带口中流矢而死,取其弓甲而去。诏索杀阿鲁带者,夏
人处以徒刑,诏索之不已,夏人乃杀明契等。

明昌四年,仁孝薨,子纯祐嗣立。承安二年,复置兰州、保安榷
场。承安六年,纯祐母病风求医,诏太医判官时德元及王利贞往,仍
赐御药。八月,再赐医药。泰和六年三月,仁孝弟仁友子安全,废纯
祐自立,再阅月死于废所。七月,使纯祐母罗氏为表,言纯祐不能嗣
守,与大臣定议立安全为王,遣使奏告。夏使私问馆伴官:"奏告事
诏许否?"馆伴官曰:"此不当问也。"夏使曰:"明日当问诸客省,若
又不答,则升殿奏请。"上闻之,使客省谕以许所祈之意,乃赐罗氏
诏询其意,夏人复以罗氏表来,乃封安全为夏国王。

大安三年,安全薨,族子遵顼立。遵顼先以状元及第,充大都督
府主,立在安全薨前一日,卫绍王无实录,不知其故。然是时金兵败
绩于会河堡,夏人乘其兵败侵略边境,而通使如故。

崇庆元年三月,攻葭州。至宁元年六月,攻保安州。贞祐元年
十一月,攻会州,都统徒单丑儿击走之。十二月,陷泾州。二年八月,
归国人乔成赍夏国书,大概言金边吏侵略,乞禁戢。诏移文答之,宰
臣言"既非公牒,今将责问,彼必饰词,徒为虚文,无益于事"。乃止。
未几,夏人攻庆原、延安、积石州,乃诏有司移文责问。

十一月,兰州译人程陈僧结夏人以州叛,边将败其兵三千。三
年正月,夏兵攻武延川,宣宗曰:"此不足虑,恐由他道入也。"既而
闻边吏侵夏境,夏人乃攻环州,诏治边吏罪。夏兵攻积石州,都统姜
伯通败之。夏兵入安乡关,都统曹记僧、万户忽三十却之。三月,攻
环州,刺史乌古论延寿败之于境上。

三月,诏议伐夏,陕西宣抚司奏:"往者,夏人侵我环、庆、河、
兰、积石以兵应之,悉皆遁去,遽还巢穴,盖为我备也。今兰州溃兵

犹未集,军实多不完,沿边地寒,春草始生,未可刍牧,两界无烟火者三百余里,不宜轻举。"从之。

四月,诏河州提控曹记僧、通远军节度使完颜狗儿讨程陈僧,夏人援之。九月,遂破西关堡。夏人复攻第五将城,万户杨再兴击走之。诏陕西宣抚司及沿边诸将,降空名宣敕,临阵立功,五品以下并听迁授。十月,攻保安及延安,都统完颜国家奴破之。既而深入临洮,总管陀满胡土门不能御,陕西宣抚副使完颜胡失来救临洮,大败于渭源堡,城破,胡失来被执。十一月,夏兵败于克戎寨,复败于熟羊寨,宰相入贺,宣宗曰:"此忠贤之力也。"夏兵进围临洮,陀满胡土门破之。四年四月,夏莭俄族总管汪三郎率众来降,进羊千口,诏纳之,优给其直。来远镇获谍人,言宋、夏相结来攻,诏陕西行省备之。

夏于来羌城界河起折桥,元帅右都监完颜赛不焚之,斩馘甚众。六月,鄜延路奏,夏人牒报用彼国光定年号,诏封还其牒。闰月,庆阳总管庆山奴伐夏,出环州,陕西行省请中分其军,令庆山奴出第三将怀安寨,环州刺史完颜胡鲁出环州,宣宗曰:"闻夏人移军备其王城,尚恐诈我,勿堕其计中也。"提控完颜狗儿抵兰州西关堡,招得旧部曲九人,掩击夏兵于阿弥湾,杀其将士百余人。八月,左监军乌古论庆寿败夏兵于安塞堡。右都监赛不击走夏兵于结耶觜川,复破之于车儿堡。十一月,提控石盏合喜、杨斡烈解定西之围。

十二月丙寅,宣宗与皇太子议伐夏,左监军陀满胡土门、延安总管古里甲石伦攻盐、宥、夏州,庆阳总管庆山奴、知平凉府移剌答不也攻威、灵、安、会等州。

兴定元年正月,夏兵三万自宁州还,庆山奴以兵邀击,败之。诏河东行省胥鼎选兵三万五千,付陀满胡土门伐夏。鼎驰奏不可,遂止,语在《鼎传》。右都监完颜仲元请试兵西夏,出其不意必获全胜,兵威既振,国力益完。诏下尚书省、枢密院议。

夏人福山以俘户来降,除同知泽州军州事。

五月,夏兵入大北岔,都统纥石烈猪狗掩击,败之。宣宗欲与夏议和，右都监庆山奴屯延安，奏曰：“夏国决不肯和，徒见欺耳。”既而，获谍者言，遵顼闻大金将约和，戒谕将士无犯西鄙。宰臣奏曰：“就令如此，边备亦不宜弛。”宣宗以为然。

右都监完颜间山败夏兵于黄鹤岔。夏人围羊狠寨，都统党世昌与战，完颜狗儿遣都统夹谷瑞夜斫夏营，遂解其围，犹驻近地，左都监白撒发定西锐兵、龛谷副统包孝成绯翻翅军，合击走之。八月，安定堡马家平总押李公直败夏兵三千。九月，都统罗世晖却夏兵于克戎寨。

兴定二年三月，右都监庆山奴奏：“夏人有乞和意，保安、绥德、葭州得文报，乞复互市，以寻旧盟。以臣观之，此出于遵顼，非边吏所敢专者。”朝廷不以为然。

五月，夏人入葭州，庆山奴破之于马吉峰。七月，犯龛谷，夹谷瑞、赵防败之，追至质孤堡。三年闰月，夏人破通秦寨，提控纳合买住击败之，自葭庐州遁去。华州元帅完颜合达出安寨堡至隆州，败其兵二千。进攻隆州，克其西南，会暮乃还。十二月，诏有司移文夏国。

四年二月，夏人犯镇戎，金师败绩，夏人公移语不逊，诏词臣草牒折之。四月，夏兵犯边，元帅石盏合喜遇于鹿儿原，提控乌古论世显以偏师败之，都统王定复破其众于新泉城。元帅庆山奴攻宥州，围神堆府，穴其城，士卒有登者，援兵至，击走之，斩首二千，俘百余人，获杂畜三千余。八月，夏人陷会州，刺史乌古论世显降，复犯龛谷，夹谷瑞连战败之，夏人乃去。是月，诏有司移文议和，事竟不克。

夏人三万自高峰镇围定西，刺史爱申阿失剌、提控乌古论长寿、温敦永昌击走之。九月，夏人围绥平寨、安定堡，未几，陷西宁州，遂攻定西，乌古论长寿击却之。乃袭巩州，石盏合喜逆战，一日十余战，乃解去。

五年正月，诏枢院议夏事，奏曰：“夏人聚兵境上，欲由会州入，已遣行省白撒伏兵险要以待之。鄜延元帅府伺便发兵以缀其后，足以无虑。”二月，宁远军节度使夹谷海寿破夏兵于搜鬼堡。三月，复取来羌城。十月,攻龛谷,白撒连败之。元光元年正月,夏人陷大通城,复取之。三月,提控李师林败夏兵于永木岭。八月,攻宁安寨,攻神林堡,十二月,入质孤堡,提控唐括昉败之。

二年,遵顼使其太子德任来伐,德任谏曰:"彼兵势尚强,不若与之约和。"遵顼笑曰:"是非尔所知也。彼失兰州竟不能复,何强之有。"德任固谏不从,乞避太子位,愿为僧。遵顼怒,幽之灵州,遣人代将,会天旱不果。

是岁,大元兵问罪夏国,延安、庆原元帅府欲乘夏人之困弊伐之,陕西行省白撒、合达以为不可,乃止。

陇安军节度使完颜阿邻日与将士晏饮,不治军事,夏人乘之,掠民五千余口、牛羊杂畜数万而去。

自天会议和,八十余年与夏人未尝有兵革之事。及贞祐之初,小有侵掠,以至构难十年不解,一胜一负精锐皆尽,而两国俱弊。

是岁,遵顼传位于子德旺。正大元年,和议成,自称兄弟之国。

三年二月,遵顼死,七月,德旺死,嗣立者史失其名。明年,夏国亡。

先是,夏使精方瓯匣使王立之来聘,未复命国已亡,诏于京兆安置,充宣差弹压,主管夏国降户。八年五月,立之妻子三十余口至环州,诏以归立之,赐以币帛。立之上言,先世本申州人,乞不仕,居申州。诏如所请,以本官居申州,主管唐、邓、申、裕等处夏国降户,听唐、邓总帅府节制,给上田千亩、牛具农作云。

赞曰:夏之立国旧矣,其臣罗世昌普叙世次称,元魏衰微,居松州者因以旧姓为托跋氏。按《唐书》党项八部有托跋部,自党项入居银、夏之间者号平夏部。托跋思恭以破黄巢功赐姓李氏,兄弟相继为节度使,居夏州,在河南。继迁再立国,元昊始大,乃北渡河,城兴州而都之。

其地初有夏、绥、银、宥、灵、盐等州,其后遂取武威、张掖、酒泉、敦煌郡地,南界横山,东距西河,土宜三种,善水草,宜畜牧,所谓凉州畜牧甲天下者是也。土坚腴，水清冽，风气广莫，民俗强梗尚气，重然诺，敢战斗。自汉、唐以水利积谷食边兵，兴州有汉、唐二渠，甘、凉亦各有灌溉，土境虽小，能以富强，地势然也。

　　五代之际，朝兴夕替，制度礼乐荡为灰烬，唐节度使有鼓吹，故夏国声乐清厉顿挫，犹有鼓吹之遗音焉。然能崇尚儒术，尊孔子以帝号，其文章辞命有可观者。立国二百余年，抗衡辽、金、宋三国，徊乡无常，视三国之势强弱以为异同焉。故近代学者记西北地理，往往皆臆度言之。圣神有作，天下会于一，驿道往来视为东西州矣。

金史卷一三五
列传第七三

外国下

高丽

　　高丽国王,王楷。其地,鸭绿江以东,曷懒路以南,东南皆至于海。自辽时,岁时遣使修贡,事具《辽史》。

　　唐初,靺鞨有粟末、黑水两部,皆臣属于高丽。唐灭高丽,粟末保东牟山渐强大,号渤海,姓大氏,有文物礼乐。至唐末稍衰,自后不复有闻。金伐辽,渤海来归,盖其遗裔也。黑水靺鞨居古肃慎地,有山曰白山,盖长白山,金国之所起焉。女直虽旧属高丽,不复相通者久矣。及金灭辽,高丽以事辽旧礼称臣于金。

　　初,有医者善治疾,本高丽人,不知其始自何而来,亦不著其姓名,居女直之完颜部。穆宗时戚属有疾,此医者诊视之,穆宗谓医者曰:“汝能使此人病愈,则吾遣人送汝归汝乡国。”医者曰:“诺。”其人疾果愈,穆宗乃以初约归之。乙离骨岭仆散部胡石来勃堇居高丽、女直之两间,穆宗使族人叟阿招之,因使叟阿送医者,归之高丽境上。医者归至高丽,因谓高丽人,女直居黑水部者部族日强,兵益精悍,年谷屡稔。高丽王闻之,乃通使于女直。既而,胡石来来归,遂率乙离骨岭东诸部皆内附。

　　穆宗十年癸未,阿踈自辽使其徒达纪来说曷懒甸人。曷懒甸人执之。穆宗以达纪送高丽,谓高丽王曰:“前此为乱于汝鄙者,皆此辈也。"及破萧海里,使斡鲁罕往高丽报捷,高丽亦使使来贺。未几,复使斜葛与斡鲁罕往聘,高丽王曰:"斜葛,女直之族弟也,其礼有加矣。"乃以一大银盘为谢。

厥后,曷懒甸诸部尽欲来附,高丽闻之不欲使来附,恐近于己而不利也,使人邀止之。斜葛在高丽及往来曷懒道中,具知其事,遂使石适欢往纳曷懒甸人。未行而穆宗没,康宗嗣,遣石适欢以星显统门之兵往至乙离骨岭,益募兵趋活涅水,徇地曷懒甸,收叛亡七城。高丽使人来告曰:"事有当议者。"曷懒甸官属使斜勒详稳、冶剌保详稳往,石适欢亦使杯鲁往,高丽执冶剌保等,而遣杯鲁曰:"无与尔事。"于是,五水之民皆附于高丽,团练使陷者十四人。

二年甲申,高丽来攻,石适欢大破之,杀获甚众,追入其境,焚略其戍守而还。四月,高丽复来攻,石适欢以五百人御于辟登水,复大破之,追入辟登水,逐其残众逾境。于是,高丽王曰:"告边衅者皆官属祥丹、傍都里、昔毕罕辈也。"十四团练、六路使人在高丽者,皆归之,遣使来请和。遂使斜葛经正疆界,至乙离骨水、曷懒甸活袮水,留之两月,斜葛不能听讼,每一事辄至枝蔓,民颇苦之。康宗召斜葛还,而遣石适欢往。石适欢立幕府于三潺水,其尝阴与高丽往来为乱阶者,即正其罪,余无所问。康宗以为能。

四年丙戌,高丽使使黑欢方石来贺嗣位,康宗使杯鲁报聘,且寻前约,取亡命之民。高丽许之,曰:"使使至境上受之。"康宗以为信然,使完颜部阿聒、乌林答部胜昆往境上受之。康宗畋于马纪岭乙只村以待之。阿聒、胜昆至境上,高丽遣人杀之,而出兵曷懒甸,筑九城。

康宗归,众咸曰:"不可举兵也,恐辽人将以罪我。"太祖独曰:"若不举兵,岂止失曷懒甸,诸部皆非吾有也。"康宗以为然,乃使斡塞将兵伐之,大破高丽兵。六月,高丽率众来战,斡塞败之,进围其城。七月,高丽复请和,康宗曰:"事若酌中,则与之和。"高丽许归亡入之民,罢九城之戍,复所侵故地,遂与之和。

收国元年九月,太祖已克黄龙府,命加古撒喝攻保州。保州近高丽，辽侵高丽置保州。至是，命撒喝取之，久不下，撒喝请济师，且言高丽王将遣使来。太祖使纳合乌蠢以百骑益之，诏撒喝曰："汝领偏师，屡破重敌，多所俘获，及闻胡沙数战有功，朕甚嘉之。若保州未下，但守边戍。吾已克黄龙府，闻辽主且至，俟破大敌复益汝兵。所言高丽遣使事，未知果否，至则护送以来。边境之事，慎之毋忽。"十一月，系辽女直麻懑太弯等十五人皆降，攻开州取之，尽降保州诸部女直。太祖以撒喝为保州路都统。

太祖已破走辽主军，撒喝破合主、顺化二城，复请济师攻保州，使斡鲁以甲士千人往。二年闰月，高丽遣使来贺捷，且曰："保州本吾旧地，愿以见还。"太祖谓使者曰："尔其自取之。"诏撒喝、乌蠢等曰："若高丽来取保州，益以胡刺古、石显等军备之，或欲合兵，无得辄往，但谨守边戍。"及撒喝、阿实赉等攻保州，辽守将遁去，而高丽兵已在城中。既而，高丽国王使蒲马请保州，诏谕高丽王曰："保州近尔边境，听尔自取，今乃勤我师徒，破敌城下。且蒲马止是口陈，俟有表请，即当别议。"

天辅二年十二月，诏谕高丽国王曰："朕始兴师伐辽，已尝布告，赖皇天助顺，屡败敌兵，北自上京，南至于海，其间京府州县部族人民悉皆抚定。今遣孛堇术孛报谕，仍赐马一匹，至可领也。"

三年，高丽增筑长城三尺，边吏发兵止之，弗从，报曰："修补旧城。"曷懒甸孛堇胡刺古、习显以闻，诏曰："毋得侵轶生事，但慎固营垒，广布耳目而已。"

四年，咸州路都统司以兵分屯于保州、毕里围二城，请益兵，诏曰："汝等分列屯戍，以固封守，甚善。高丽累世臣事于辽，或有交通，可常遣人侦伺。"

使习显以获辽国州郡谕高丽，其国方诛乱者，使谓习显曰："此与先父国王之书。"习显就馆。凡诛戮官僚七十余人，即依旧礼接见，而以表来贺，并贡方物。复以辽帝亡入夏国报之。

高随、斜野奉使高丽，至境上，接待之礼不逊，随等不敢往，太宗曰："高丽世臣于辽，当以事辽之礼事我，而我国有新丧，辽主未获，勿遽强之。"命高随等还。天会二年，同知南路都统鹘实答奏，高丽纳叛亡、增边备，必有异图。诏曰："凡有通问，毋违常式。或来侵略，则整尔行列与之从事。敢先犯彼者，虽捷必罚。"诏阇母以甲士千人戍海岛，以备之。

四年，国王王楷遣使奉表称藩，优诏答之。上使高伯淑、乌至忠使高丽，凡遣使往来当尽循辽旧，仍取保州路及边地人口在彼界者，须尽数发还。敕伯淑曰："若一一听从，即以保州地赐之。"高伯淑至高丽，王楷附表谢，一依事辽旧制。八年，楷上表，乞免索保州亡入边户。是岁，高丽十人捕鱼，大风飘其船抵海岸，曷苏馆人获之，诏还其国。既而勖上表请不索保州亡入高丽户口，太宗从之，自是保州封域始定。

皇统二年，诏加楷开府仪同三司、上柱国。六年，楷薨，子晛嗣立。

大定四年，诏鸭绿江堡戍颇被侵越焚毁。五年正月，世宗因正旦使朝辞，谕之曰："边境小小不虞，尔主使然邪，疆吏为之邪？若果疆吏为之，尔主亦当惩戒之也。"初，高丽使者别有私进礼物以为常，是岁万春节，上以使者私进不应典礼，诏罢之。

十年，王晛弟翼阳公晧废晛自立。十月，赐生日使、大宗正丞矵至界上，高丽边吏称前王已让位，不肯受使者。十一年三月，王晧以让国来奏告，诏婆速路勿受，有司移文详问。高丽告曰："前王久病，昏耄不治，以母弟晧权摄国事。"上曰："让国大事也，何以不先陈请。"诏有司再详问。高丽乃以王晛让国表来，大略称先臣楷遗训传位于弟，又言其子有罪不可立之意。上疑之，以问宰执，丞相良弼奏曰："此不可信。晛止一子，往年生孙，尝有表自陈生孙之喜，一也。晧尝作乱，晛囚之，二也。今晛不遣使，晧乃遣使，三也。朝廷赐晛生日使，晧不转达于晛，乃称未敢奉受，四也。是晧篡兄诬请于天子，安可忍也。"右丞孟晧曰："当询彼国士民，果皆推服，即当遣使封册。"上曰："封一国之君询于民众，此与除拜猛安谋克何异。"乃却其使者，而以诏书详问王晛，吏部侍郎靖为宣问王晛使。

晧实篡国,囚睍于海岛。靖至高丽,晧称王睍已避位出居他所,病加无损,不能就位拜命,往复险远,非使者所宜往。靖竟不得见睍,乃以诏授晧,转取睍表附奏,其言与前表大概相同。靖还,上问大臣,皆曰:"睍表如此,可遂封之。"丞相良弼、平章政事守道曰:"待晧祈请未晚也。"十二月,晧遣其礼部侍郎张翼明等请封。十二年三月,遂赐封册。晧生日在正月十九日,是岁十二月将尽,未及遣使,有司请至来岁举行焉。

十五年,高丽西京留守赵位宠叛晧,遣徐彦等九十六人上表曰:"前王本非避让,大将军郑冲夫、郎将李义方实弑之。臣位宠请以慈悲岭以西至鸭绿江四十余城内属,请兵助援。"上曰:"王晧已加封册,位宠辄敢称兵为乱,且欲纳土,朕怀抚万邦,岂助叛臣为虐。"诏执徐彦等送高丽。顷之,王晧定赵位宠之乱,遣使奏谢。自位宠之乱,晧所遣生日回谢、横赐回谢、贺正旦、进奉、万春节等使,皆阻不通,至是,晧并奏之。诏答其意,其合遣人使令节次入朝。

十七年,贺正旦礼物,玉带乃石似玉者,有司请移问,上曰:"彼小国无能识者,误以为玉耳,不必移问。"乃止。十二月,有司奏高丽下节押马官顺成例外带甲三过界,上以使人所坐罪重,但令发还本国而已。二十三年,晧母任氏薨,晧乞免赐生日及贺谢等事,诏从之。

章宗即位,诏使至界上颇稽滞,诏移问,高丽逊谢。明昌三年,下节金挺回至平州抚宁县,殴死当驿人何添儿,有司请"凡人使往还,乞量设兵卫"。参知政事张万公曰:"可于宿顿之地巡护之。"上可其奏。诏自今接送伴使副,失关防者当坐。故事,贺正旦使十二月二十九日入见,明昌六年十二月己卯立春,诏于前二日丁丑入见云。

承安三年,晧表自陈衰病,以国让其弟晫。晫权国事。是岁,晧废,晫嗣立。

泰和四年正月乙丑朔,高丽兼人以小佩刀割梨虎下巡廊,奉职见而纠之,诏馆伴官自今前期移文禁止。是岁,王晫薨,子韺嗣立。

　　泰和七年正月，是时用兵伐宋，夏亦有故，独高丽遣正旦使，诏不赐曲宴。及天寿节，夏、高丽使者皆在，有司奏："大定初，宋未请和，夏、高丽使者赐曲宴，今请依大定故事。"诏从之。

　　至宁元年八月，王祦薨，嗣子未行起复。九月，宣宗即位，边吏奏："高丽牒称，嗣子未起复，不可以凶服迎吉诏，又不可以草土名衔署表。"礼官议："人臣不以私恩废公义，宜权用吉服迎诏，署表用权国事名衔。俟高丽告哀使至阙，然后遣使致祭、慰问及行封册。"制可。

　　明年，宣宗迁汴，辽东道路不通，兴定三年，辽东行省奏高丽复有奉表朝贡之意，宰臣奏："可令行省受其表章，其朝贡之礼俟他日徐议。"宣宗以为然，乃遣使抚谕高丽，终以道路不通，未遑迎迓，诏行省且羁縻勿绝其好，然自是不复通问矣。

　　赞曰：金人本出靺鞨之附于高丽者，始通好为邻国，既而为君臣，贞祐以后道路不通，仅一再见而已。入圣朝犹子孙相传自为治，故不复备论，论其与金事相涉者焉。

金国语解

今文《尚书》辞多奇涩,盖亦当世之方言也。《金史》所载本国之语,得诸重译,而可解者何可阙焉。若其臣僚之小字,或以贱,或以疾,犹有古人尚质之风,不可文也。国姓为某,汉姓为某,后魏孝文以来已有之矣。存诸篇终,以备考索。

官称

都勃极烈,总治官名,犹汉云冢宰。

谙版勃极烈,官之尊且贵者。

国论勃极烈,尊礼优崇得自由者。

胡鲁勃极烈,统领官之称。

移赉勃极烈,位第三曰"移赉"。

阿买勃积烈,治城邑者。

乙室勃极烈,迎迓之官。

札失哈勃极烈,守官署之称。

昃勃极烈,阴阳之官。

迭勃极烈,倅贰之职。

猛安,千夫长。谋克,百夫长也。

诸乣"详稳",边戍之官。

诸"移里堇",部落虚寨之首领。

详稳、移里堇,本辽语,金人因之而稍异同焉。

秃里,掌部落词讼,察非违者。

乌鲁古,牧圉之官。

斡里朵,官府治事之所。

人事

孛论出,胚胎之名。

阿胡迭,长子。骨赧,季也。蒲阳温,曰幼子。

益都,次第之通称。第九曰"乌也"。十六曰"女鲁欢"。

按答海,客之通称。

山只昆,舍人也。

散亦孛,奇男子。

撒答,老人之称也。

什古乃,瘠人。

撒合辇,黧黑之名。

保活里,侏儒。

阿里孙,貌不扬也。

阿徒罕,采薪之子。

答不也,耘田者。

阿土古,善采捕者。　　阿里喜,围猎也。

拔里速,角抵戏者。

阿离合懑,臂鹰鹘者。

胡鲁剌,户长。　　阿合,人奴也。

兀术,曰头。　　粘罕,心也。　　畏可,牙,又曰吾亦可。

盘里合,将指。

三合,人之厴也。

牙吾塔,疡疮。

蒲剌都,目赤而盲也。

石哥里,溲疾。

谩都哥,痴骏之谓。

谋良虎,无赖之名。皆不美之称也。

与人同受福曰"忽都"。以力助人曰"阿息保"。

辞不失,酒醒也。

奴申,和睦之义。

讹出虎,宽容之名也。

赛里,安乐。

迪古乃,来也。

撒八,迅速之义。

乌古出,方言曰再休,犹言再不复也。

凡事之先者曰"石伦"。 以物与人已然曰"阿里白"。

吾里补,畜积之名。

习失,犹人云常川也。

凡市物已得曰"兀带",取以名子者,犹言货取如物然也。

物象

兀典,明星。

阿邻,山。太神,高也。 山之上锐者曰"哈丹"。 坡陀曰"阿懒"。
大而峻曰"斜鲁"。

忒邻,海也。 沙忽带,舟也。

生铁曰"斡论"。 釜曰"阇母"。 刃曰"斜烈"。

婆卢火者槌也。

金曰"桉春"。

银术可,珠也。

布囊曰"蒲卢浑"。 盆曰"阿里虎"。 罐曰"活女"。

乌烈,草廪也。

沙剌,衣襟也。

活腊胡,色之赤者也。

胡剌, 灶突。

物类

桓端,松。 阿虎里,松子。孰辇,莲也。

活离罕,羔。合喜,犬子。讹古乃,犬之有文者。

斜哥,貂鼠。

蒲阿,山鸡。窝谋罕,乌卵也。

姓氏

完颜,汉姓曰王。乌古论曰商。纥石烈曰高。徒单曰杜。女奚烈曰郎。兀颜曰朱。蒲察曰李。颜盏曰张。温迪罕曰温。石抹曰萧。奥屯曰曹。孛术鲁曰鲁。移剌曰刘。斡勒曰石。纳剌曰康。夹谷曰仝。裴满曰麻。尼忙古曰鱼。斡准曰赵。阿典曰雷。阿里侃曰何。温敦曰空。吾鲁曰惠。抹颜曰孟。都烈曰强。散答曰骆。呵不哈曰田。乌林答曰蔡。仆散曰林。术虎曰董。古里甲曰汪。

其后氏族或因人变易,难以遍举,姑载其可知者云。

金国语解终。